전쟁의 세계사

# The Pursuit of Power

William H. McNeill

Yeesan Publishing Co.

# 전쟁의 세계사

윌리엄 H. 맥닐 지음 / 이내주 감수 / 신미원 옮김

히스토리아 문디 05

이산

히스토리아 문디 05
**전쟁의 세계사**

2005년 9월 30일 1쇄 발행
2021년 6월 14일 5쇄 발행
지은이 윌리엄 H. 맥닐
옮긴이 신미원
펴낸이 강인황
도서출판 이산
서울특별시 중구 필동로8가길 10
TEL: 334-2847 / FAX: 334-2849
E-mail: yeesan@yeesan.co.kr
등록 1996년 8월 8일 제 2015-000001호
편집 문현숙·이선주·박연진
인쇄 한영문화사/제본 한영제책

ISBN 978-89-87608-48-8 04900
KDC 900

가격은 뒤표지에 있습니다. 잘못된 책은 바꿔드립니다.

THE PURSUIT OF POWER by William H. McNeill
Copyright© William H. McNeill, 1982
All rights reserved.
Korean translation copyright© 2005 by Yeesan Publishing Co.
Korean translation rights arranged with Gerard McCauley Agency, Inc. through Eric Yang Agency, Seoul, Korea.

이 책의 한국어판 저작권은 Eric Yang Agency를 통한 Gerard McCauley Agency, Inc.사와 독점계약으로 도서출판「이산」에 있습니다. 저작권법에 의해 한국 내에서 보호를 받는 저작물이므로 무단전재와 무단복제를 금합니다. 특히 무단으로 책의 내용이나 사진 등을 복사·전송하거나 웹상의 수집과 게시를 해서는 안됩니다.

www.yeesan.co.kr

# 차례

| | |
|---|---|
| 머리말 | 7 |
| **1 고대와 중세 초기의 전쟁과 사회** | 13 |
| **2 중국 우위의 시대, 1000~1500년** | 45 |
| 중세 중국의 시장과 명령 | 48 |
| 중국 국경 밖에서의 시장의 활성화 | 76 |
| **3 유럽에서의 전쟁이라는 비즈니스, 1000~1600년** | 91 |
| 북부 이탈리아에서의 전쟁 비즈니스의 선구 | 95 |
| 화약혁명과 대서양 연안 유럽의 발흥 | 112 |
| 시장이 주도권을 쥐다 | 140 |
| **4 유럽 전쟁기술의 진보, 1600~1750년** | 161 |
| 지리적인 확산 | 163 |
| 군대에 대한 통제의 개선 | 172 |
| 유럽 각국 군대의 표준화와 준(準)고정화 | 190 |
| **5 유럽의 관료화된 폭력, 시련을 맞다, 1700~1789년** | |
| 변경지대의 확대로 인해 생겨난 불균형 | 199 |
| 의도적인 재편에서 생겨난 도전 | 214 |
| **6 프랑스의 정치혁명과 영국의 산업혁명이 군사에 미친 영향, 1789~1840년** | 249 |
| 인구압을 완화하는 프랑스의 방식 | 252 |
| 인구압을 완화하는 영국의 방식 | 277 |
| 전후의 안정, 1815~1840년 | 288 |

## 7 전쟁의 초기 산업화, 1840~1884년 299
국가간의 상업적인 군비경쟁 302
새로운 패러다임, 프로이센식 전쟁 323
전지구적인 영향 343

## 8 군사·산업 간 상호작용의 강화, 1884~1914년 351
영국의 전략적 우위의 붕괴 352
영국에서 출현한 군산복합체 360
해군 군비와 경제의 정치화 380
합리적 설계와 합리적 경영의 한계 392
국제적인 영향 399

## 9 20세기의 두 세계대전 409
제1·2차 세계대전에서의 세력균형과 인구변화 411
제1차 세계대전기 경영의 변모: 첫 번째 국면, 1914~1916년 422
제1차 세계대전기 경영의 변모: 두 번째 국면, 1916~1918년 438
전간기의 반동과 제2차 세계대전기 '관리경제'로의 회귀 457

## 10 1945년 이후, 군비경쟁과 명령경제의 시대 477

## 결론 507

지은이 주 511
찾아보기 561

# 머리말

이 책은 나의 전작(前作) 『전염병의 세계사』(Plagues and Peoples)의 자매편인 셈이다. 『전염병의 세계사』에서는 인간집단과 그 미시기생체인 병원균의 상호작용에 비추어 세계사의 주요한 사건들을 살펴보려 했다. 그 과정에서 나는 여러 가지 병원균이 생태계에서 차지하는 지위에 때때로 갑작스러운 변화가 일어나곤 한다는 사실에 크게 주목했다. 즉 병원균이 갑자기 변종을 일으키거나 혹은 새로운 지리적 환경에 침입한 경우, 단기간이기는 하지만 그때까지의 생태학적 한계를 뛰어넘어 과다 증식하는 현상이 일어난다는 것이다. 이번에 『전쟁의 세계사』(The Pursuit of Power)에서는 인간들 사이의 거시기생 패턴에 때때로 일어나는, 마찬가지로 갑작스러운 변화를 해명하려 한다. 인간이 상대해야 하는 여러 가지 미시기생생물 가운데 가장 중요한 것이 병원균이라면, 인간에게 유일하고 중요한 거시기생체는 다른 인간, 즉 폭력행위의 전문가로서 자기가 소비하는 식량이나 생활물자를 스스로 생산하지 않고도 살 수 있는 종류의 인간이다. 따라서 인간들 사이의 거시기생을 연구하려면 그 연구대상은 단연 군사조직이며, 거기에서 특히 주목해야 할 것은 전사(戰士)들이 사용하는 다양한 장비의 변화이다. 전사의 무장에서 일어나는 변화는 병원체의 돌연변이와 비슷하기 때문이다. 즉 무장이 달라짐에 따라 새로운 지리적 공간을 착취할 수 있게 되거나 혹은 그때까지 숙주사회 내부에서 실력을 행사하는 데 걸림돌이 되었던 제약이 해소될 수도 있는 것이다.

그렇지만 인간사회에서 군대가 조직되어온 방식이 어떻게 달라져왔는지 서술하면서, 나는 역학(疫學)이나 생태학의 용어는 사용하지 않으려고 했다. 이는 한편으로는 본래 다른 종 사이의 관계를 의미하는 '거시기생'이라는 말을 인간 사이의 관계에 적용하는 것은 비유적인 확대해석이기 때문이며, 다른 한편으로는 유능한 군대와 그것을 뒷받침하는 사회 사이의 관계에는 조직 유지를 위해 민간의 경제자원을 빨아들인다는 기생의 개념만으로는 충분히 설명되지 않는 공생의 요소가 있기 때문이다. 질병생태학이 다루는 미시기생에도 공생의 요소가 없지는 않다. 『전염병의 세계사』에서 서술했지만, 두 인간집단 사이에 접촉이 일어나고 이전까지 고립되어 있던 탓에 질병을 별로 경험하지 않은 인간집단이 새로운 감염증에 노출되었을 때는 문명화된, 다시 말해 갖가지 전염병을 경험한 인간집단이 상대집단에 대하여 생사여탈권을 쥘 만큼 우위에 서게 마련이다. 그리고 훌륭한 장비와 조직을 갖춘 군대는 전쟁에 대비한 조직화가 갖추어지지 않은 사회와 접촉할 경우, 질병의 경험이 풍부한 사회가 가지고 있는 병원균과 같은 작용을 한다. 이런 접촉이 따르는 전투에서 약한 인간집단은 심대한 인적 손실을 입는다. 약한 사회가 입는 최대의 손실은 강한 사회와의 무력충돌 자체보다 경제적·역학적(疫學的) 침입 때문인 경우가 많지만, 그런 침입 또한 강한 사회의 군사적 우월성 때문에 가능한 것이었다. 그러나 그런 여러 원인들이 어떻게 조합되었든지 간에, 외적의 침입에 대하여 자신을 방어할 수 없는 사회는 결국 자주성을 잃을 수밖에 없으며, 경우에 따라서는 집단으로서의 정체성마저 잃고 만다.

전쟁을 비롯한 인간의 조직적인 폭력행위에는 결코 지워버릴 수 없는 양의성(兩義性)이 있다. 한편으로 인간의 사회성은 전쟁터에서 일어나는 영웅적 행위나 자기희생, 용맹을 통해 최고도로 발휘된다. 어깨를 나란히 하고 싸우는 전사들 사이에서 단결의 유대는 살벌할 정도로 강고하다. 저쪽에는 증오스럽고 두려우며 처부숴야 할 적이 있고 이쪽에는 폭력행위의 위험과 승리를 공유하는 전우가 있는 상황에서, 인간이라는 종이 지닌 집단형성 본능은 유감없이 발휘된다. 우리의 먼 조상인 수렵민들은 끼리끼리 모여서 수렵집단을 형성하며 살아갔다. 단 그들의 적은 같은 인간보다 동물인 경우가 많기는 했다. 그러나 그 옛날의 정신적 성향은 여전히 우리 의식의 표층 바로 밑에 남아 있어서, 전쟁이 일어날 경우 생각지도 못한 위력을 발휘하는 것이다.

그러나 다른 한편으로 인명과 자산에 대한 조직적이고 계획적인 파괴행위는 현대인의 도덕의식에 깊은 혐오감을 불러일으킨다. 특히 원거리에서 비인격적인 방법으로 인명을 살상하는 능력이 비약적으로 진보한 1945년 이후에는 더욱더 그러하다. 실제로 근대전의 기술은 과거의 백병전에서 체현되던 체력 위주의 영웅적 행위나 단순한 동물적 용맹 같은 요소를 거의 모두 쓸어냈다. 그리하여 지금부터 100년쯤 전에 시작된 전쟁의 산업화가 병사들의 활동상을 예전과는 전혀 다른 것으로 바꾸어버렸지만, 집단적인 힘의 행사와 관련하여 오래전부터 이어져온 정신적 성향은 그대로 남아 있다. 이것은 위험한 불안정 요인이다. 군대와 무기기술과 민간인을 포함한 인간사회 전체가 어떻게 공존해 나갈 수 있을 것인가? 이것이야말로 우리 시대의 근본적인 문제 가운데 하나다.

과거에 어떻게 군사력이 강화되어왔는지를 살펴보고 기술과 군사조직과 사회라는 세 요소 간의 균형이 어떻게 변해왔는지를 분석한다고 해서 오늘날의 딜레마에 대한 해결책을 바로 찾을 수 있는 것은 아니다. 그러나 그 과정에서 깊이 있는 시야가 열리고 역사의식을 갖게 됨으로써, 일도양단적인 해결책이나 자포자기적인 급진주의 같은 것에 매력을 느끼지는 않게 될 것이다. 눈앞에 닥친 재앙 앞에서 갈팡질팡하면서도 어떻게든 난국을 타개해온 것이 모든 과거 세대의 운명이었다. 우리도 미래의 세대도 그와 같이 헤쳐 나가게 될 것이다. 더욱이 날마다 수많은 결정을 내려야 하는 우리로서는 오늘날 어떻게 해서 이 가공할 딜레마에 빠지게 되었는지를 조금이라도 알아두는 것이 도움이 될 것이다.

『전쟁의 세계사』는 그런 지식의 유용성에 대한 내 신념의 조심스러운 표현이다. 경우에 따라서는 그런 지식이 좀더 현명한 행동을 하기 위한 근거가 될 수도 있을 것이며, 설령 그 신념이 결과적으로 배반당하더라도, 옛날에는 지금과 어떻게 달랐고 어떻게 해서 지금과 같이 변했는지를 밝히는 지적 작업은 그 자체로 즐거운 일임에 틀림없다.

*　　*　　*

나는 이 책을 20년 가까이 끼고 다듬어왔는데, 그 계기가 된 것은 나의 책 『서구의 발흥』(*The Rise of the West*)에 대한 어떤 서평이었다. 그 서평은 내가 군사기술과 정치형태의 상호관계라는 주제를 고대 및 중세와 관련해서는 매우 강조하면서도 근대를 다루면서는 전혀 언급하지 않은 점이 납득되지 않는다고 비판했다. 따라서 『전쟁의 세계사』는 『서구의 발흥』에 대한 뒤늦은 각주라고 할 수 있다.

기술과 군대와 사회에 관한 생각이 정립되기까지 나는 지난 20년 동안 시카고 대학을 거쳐 간 수많은 학생들의 안내에 큰 도움을 받았다. 그들은 내가 여러 가지 아이디어를 강의에서 시험적으로 이야기하도록 해주었고, 관심과 흥분과 회의와 몰이해가 뒤섞인 자극적인 반응을 돌려주었다. 또한 바튼 C. 해커, 월터 맥두걸, 스티븐 로버츠, 하워드 로즌, 존 스미다 등이 시카고 대학에서 집필한 박사학위 논문에도 많은 신세를 졌다. 그들은 내가 미처 알지 못했던 것을 많이 가르쳐주었을 뿐 아니라, 이 책의 내용을 미리 훑어보고 내가 실수를 피할 수 있도록 도와주었다.

시카고 대학 동료인 존 보이어, 빙디 허, 할릴 이날치크, 에메트 라킨도 원고 전체 또는 일부를 읽어주었다. 그 밖에도 옥스퍼드 대학의 마이클 하워드와 하트무트 포고 폰 스트란트만, 이스트앵글리아 대학의 폴 케네디, 미국 공군의 존 길마틴, 콜로라도 칼리지의 데니스 쇼월터가 각자의 전문지식을 아낌없이 나눠주었다. 또한 중국사를 전공하는 세 대학원생—시카고 대학의 휴 스코진과 제임스 리, 하와이 대학의 스티븐 새지—에게 특별히 신세를 졌다. 그들은 이 책 2장과 관련한 나의 연구에 관심을 갖고 복잡다기한 중국사 사료 속에서 필요한 내용을 찾는 데 도움을 주었다. 케임브리지 대학의 로빈 예이츠도 2장의 내용을 개선하는 데 아낌없이 시간을 내주었다.

마지막으로 시카고 대학의 온정 넘치는 연구지원제도와, 1979년에 번스 기념강좌 객원교수로 나를 초빙하여 이 책의 주제에 대해 강의할 수 있게 해준 하와이 대학, 그리고 1980~1981년에 이스트먼 기념강좌 교수로서 같은 강의를 하도록 해준 옥스퍼드 대학과 베일리얼 칼리지에 감사드린다.

이런 격려와 자극에 힘입어 이 책은 마침내 완성단계에 이르렀다. 그래도 남아 있는 결함이나 미진한 부분은 물론 내 책임이다. 아내 엘리자베스와 딸 루스가 두 눈을 반짝이며 살펴보지 않았더라면 그런 부분은 훨씬 더 많았을 것이다. 이전에 책을 썼을 때도 그랬지만, 두 사람은 내가 쓰고자 하는 것과 실제로 원고에 쓰인 것이 엄밀하게 일치하도록 나를 격려해주었다.

1981년 11월 28일

**일러두기**

1. 이 책은 William H. McNeill, *The Pursuit of Power* (The University of Chicago, 1982)의 완역이다.
2. 외래어는 외래어 표기법에 따라 표기했다.
3. 일련번호가 붙은 주는 모두 지은이 주이며 후주로 처리했다. 단, 독해 도중 그때그때 필요하다고 판단되는 지은이 주는 \*† 등을 표시하고 해당 페이지 하단에 각주로 처리했으며, 옮긴이가 덧붙인 각주는 옮긴이의 것이라고 따로 명기했다.
4. 본문 중에 옮긴이의 설명이 필요한 경우 〔 〕 안에 병기했다.
5. 원서의 성서 인용부분은 옮긴이가 번역하지 않고 우리말 공동번역 성서의 해당 부분을 그대로 인용했다.

# 1장
## 고대와 중세 초기의 전쟁과 사회

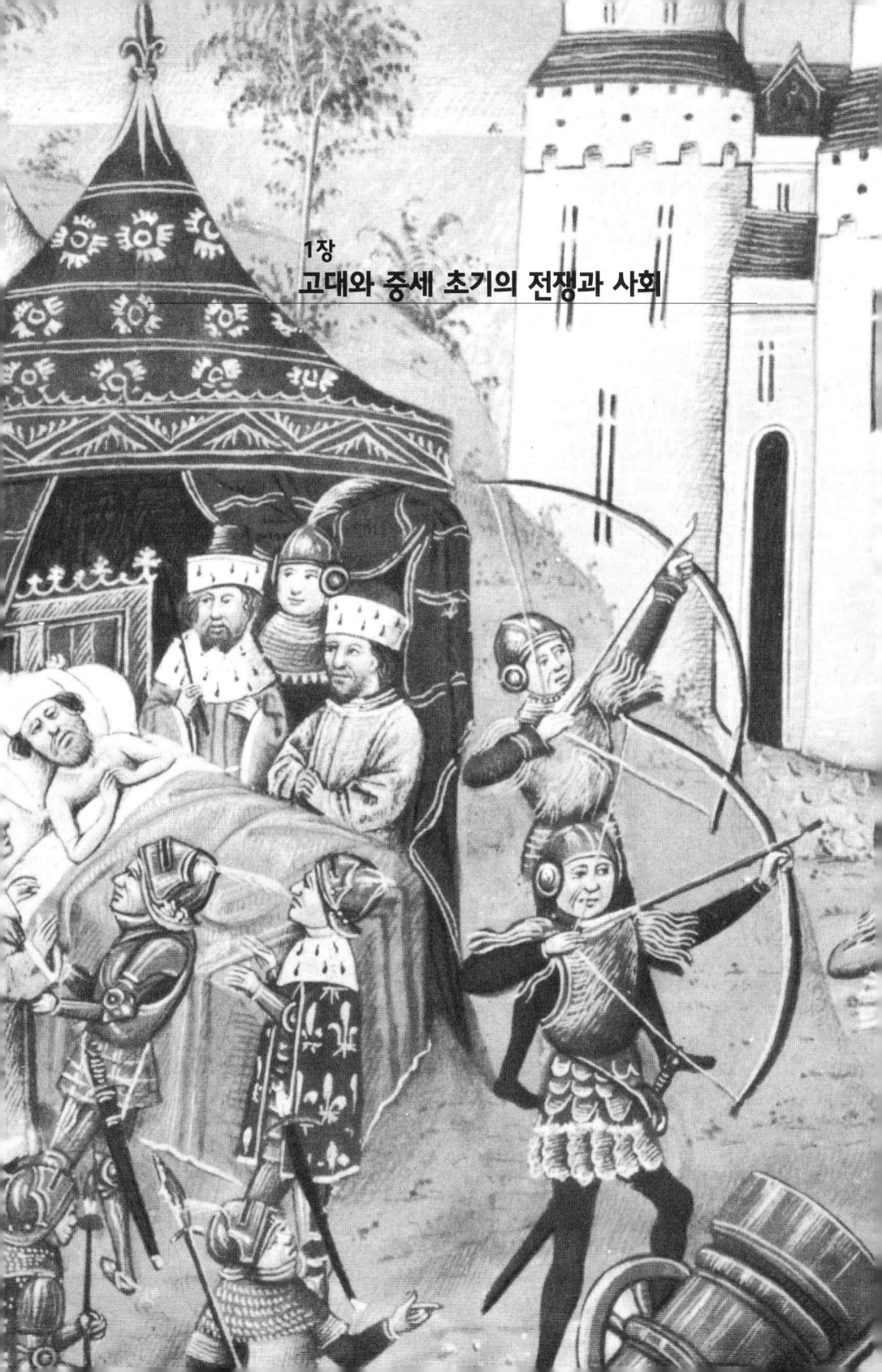

전쟁의 산업화라는 현상은 어떤 의미에서는 문명 자체만큼이나 오래되었다. 청동야금이 도입된 후로 무기와 갑옷을 제조하기 위해서는 특별한 기능을 지닌 직인이 불가결해졌기 때문이다. 더구나 청동은 원료를 구하기 어렵고 값이 비싸서 소수의 특권적인 전사계급만이 청동 무기와 갑옷 일체를 갖출 수 있었다. 그것은 청동야금 전문가가 생겨남에 따라 전쟁 전문가도 생겨났음을 뜻한다. 적어도 처음에는 전쟁 전문가만이 야금 전문가가 제작한 물건들을 거의 독점적으로 사용했다.

그렇지만 큰 하천 유역에 꽃핀 메소포타미아·이집트·인도·중국의 고대문명 중 어느 것도 '전쟁의 산업화'라는 말과 딱 들어맞지는 않는다. 첫 번째, 숙련된 직인이 만드는 청동제품 등의 소비자로서 신관(神官)과 사원이 전사나 사령관들과 경합하고 있었다. 그리고 여명기의 통치자들은 권력의 토대를 자신이 수행하는 군사적 역할보다 종교적 역할에 두는 경우가 많았다. 두 번째, 사회 전체적으로는 인구의 압도적 다수가 아직 농업생산자로 자신이 먹을 식량을 생산하는 것조차 버거워하고 있었다. 잉여생산이 매우 적었고 그에 따라 지배계급—신관이든 전사든 그 둘을 합쳐서든—의 수도, 직인의 수도 얼마 안되었다. 그 적은 직인들 중에서도 산업활동 종사자의 수는 훨씬 더 미미했다. 무기나 갑옷은 일단 거푸집에서 주조해내면 거의 영구적으로 사용할 수 있었고 전투 중에 이가 빠지거나 우그러지더라도 잠깐 갈거나 두드리면 다시 쓸 수 있었다. 따라서 무기 직인의 수는 전사의 수보다 훨씬 적을 수밖에 없었다.

일반적으로 주석과 구리는 같은 광산에서 나오지 않으며, 또한 주석은 비교적 희소한 금속이었기 때문에 때로는 아주 멀리서 구해 와야만 했다. 따라서 고대에 야금 생산력과 전쟁 수행능력의 한계를 결정짓는 것은 가공기술이라기보다는 적당한 원료금속이나 광석을 입수하는 능력이었다. 다시 말해 직인보다 무역상과 운송업자가 더 중요했다. 또한 정부가 정책을 세울 때는 경우에 따라서 금속의 공급원이 될 수 있는 사람들과의 관계를 고려해야만 했다. 이들은 행정기관의 직접통제가 미치지 않는 장소에 살고 있었다. 교역로를 적이나 도적떼로부터 안전하게 지키는 것 역시 중요하고도 어려운 일이었다. 반면 야금 직인은 집단 내에 일단 그 전통이 적절하게 확립되고 나면 으레 존재하기 마련이었다.

전쟁은 통상적으로 이미 만들어 비축해놓은 무기나 갑옷으로 치러졌고, 그 비축량은 작전수행과정에서 발생하는 득실 여하에 의해서만 증감할 뿐이었다. 작전 중에 군대에 계속 공급되어야 하는 것은 무기가 아니라 군량(軍糧)과 말에게 줄 먹이였다. 따라서 군량의 입수가능성이야말로 군사행동과 군대의 규모를 제약하는 가장 중요한 요소였다. 전염병이 퍼져서 갑작스럽게 전력의 균형이 깨지는 경우도 가끔은 있었다. 구약성서의 기록 가운데 기원전 701년 예루살렘에 쳐들어온 아시리아군의 궤멸에서 보듯이, 그것은 때로 기적적인 양상을 띠기도 했다.[1]

역병을 비롯한 신의 노여움의 징표에 대해 방비책을 강구하는 것은 종교의례와 기도에 관한 지식을 가진 신관들의 일이었다. 한편 이곳저곳으로 이동하는 군대를 위해 그때마다 작전지의 민간인들로부터 식량과 사료 보급을 늘릴 방안을 강구하는 것은 통치자와 행정관들의 몫이었다. 언제 어디서나 가장 손쉬운 방법은 직접적인 실력행사였다. 즉 작전지의 식량생산자들을 약탈하고 곡물과 가축을 빼앗아, 그 자리에서 또는 아주 짧은 이동 뒤에 소비하는 것이었다. 이런 군대는 적을 재빨리 제압하고 다른 장소로 이동할 필요가 있었다. 현지 민간인들로부터 약탈한 보급품을 금세 다 써버렸기 때문이다. 황폐한 들판만 남기고 그들이 떠나면 곡물과 가축을 빼앗긴 농민들은 굶기 마련이었으며, 이듬해 밭에 뿌릴 종자조차 구하기 어려웠다. 이런 군사행동이 남긴 황폐한 상처가 아무는 데는 수년, 경우에 따라서는 수십 년이 걸렸다.

기원전 2250년경 수도 키시로부터 사방으로 진출하여 메소포타미아 전역을 약탈한 아카드의 왕 사르곤의 이력은 이런 식의 조직적 강탈의 위력과 한계를 잘 보여준다. 그의 비문에는 다음과 같은 구절이 있다.

> 키시의 왕 사르곤은 34차례 출정하여 승리를 거두고, 바다 끝까지 그가 닿는 모든 곳의 성벽을 무너뜨렸다. ……엔릴(신들의 우두머리)의 손은 왕인 사르곤에게 대적하려는 자를 용납하지 않았다. 그 앞에서는 날마다 5만 4천 명의 병사가 식사를 했다.[2]

5만 4천 명의 병사를 늘 거느리고 있었다는 것으로 보아, 이 대정복자가 메소포타미아 권역 내의 모든 적에 대해 확실히 우위를 차지하고 있었다는 것은 의심할 여지가 없다. 바로 그렇기 때문에 34차례나 승리를 거두었을 것이다. 그러나 이런 군대를 유지하려면 해마다 출정을 하여 농업 지대를 하나씩 황폐화시키면서 병사들에게 식량을 공급해야 했다. 말할 것도 없이 일반 주민이 입는 피해는 매우 컸다. 말하자면, 사르곤의 군대는 전염병의 유행과도 같았다. 전염병은 인간숙주의 상당수를 죽여버리는데, 그 대신 전염병이 지나가고 나면 살아남은 자는 몇 년간 면역력을 얻게 된다. 사르곤의 군대도 마찬가지였다. 이런 약탈로 토지생산성이 낮아지면, 인구와 지력이 회복될 때까지 그만한 규모의 군대가 다시 그곳을 통과하는 일은 현실적으로 불가능했기 때문이다.*[3]

그러나 병을 일으키는 미생물과 숙주인 인간집단 사이의 상호작용이

---

\* 동시대의 어떤 사람은 이렇게 적고 있다. "왕은 카사라(키시의 이웃 지방)에 출정하여, 그곳을 여기저기 흙더미만 남은 폐허로 만들었다. 왕은 이 나라를 파괴하고, 새 한 마리 내려앉을 자리조차 남기지 않았다."

어느 정도 이상으로 규모가 커지고 밀접해지면 전염병은 풍토병으로 바뀌게 된다. 전쟁의 경우도 마찬가지다. 사르곤 시대에서 아케메네스 왕조의 페르시아 제국 시대(B.C.539~B.C.332)로 눈을 돌리면, 그 사이 오랜 시간을 지내오면서 전쟁이 그 신민들에게도 그다지 파멸적이지 않게 되었음을 알 수 있다. 예컨대 크세르크세스 왕은 유명한 그리스 침공작전(B.C.480~B.C.479)을 개시하기로 결정하고는 페르세폴리스에 있는 궁전에서 명령을 내려, 관리들로 하여금 각자의 관할구역에서 식량을 거두어 예정된 진군로를 따라 설치된 저장소로 보내게 했다. 그 결과 크세르크세스는 사르곤보다 열 배나 많은 군사를 이끌고 그리스까지 행군하면서도 도중에 거쳐 간 지역들을 황폐화시키지 않았다. 그러나 그리스처럼 현지의 식량공급이 불충분한 곳에서는 그만한 규모의 군대를 겨우 몇 주밖에 유지할 수 없었다. 그리하여 반도의 남단에 있는 몇몇 그리스 도시들이 투항을 거부하자 크세르크세스 대왕은 원정군의 일부를 철수시킬 수밖에 없었다. 겨울을 나는 동안 원정군 전체에 식량을 공급할 방법이 없었기 때문이다.*4)

사료(史料)를 통해 알 수 있는 한, 크세르크세스의 군대가 거쳐 간 각 지방으로부터 세금이나 지대의 흐름이 중단된 흔적은 찾을 수 없다. 사실은 정반대였다. 바로 그렇게 규칙적인 국고수입이 있었기 때문에 그것을 진군로를 따라 설치된 저장고에 모아둠으로써 진군로 주변의 주민들은 파괴적인 약탈을 면할 수 있었던 것이다. 물자징발을 매년 일정 수준으로 고정하는 이런 시스템이 사르곤의 즉석 약탈 시스템에 비해 지배자와 피지배자 모두에게 이익이 되었던 것은 분명하다. 왕과 그의 군대는 더 확실하게 식량공급을 보장받았으며, 약탈을 위해 도중에 진군을 멈춰야 하는 군대에 비해 훨씬 더 멀리까지 행군하고 더 양호한 상태로 전장

* 두말할 나위 없이 페르시아 전쟁에 관해서는 헤로도토스가 기본사료이지만, 크세르크세스 군대의 규모에 관한 수치는 어이가 없을 정도로 과장되어 있다.

에 도착할 수 있었다. 마찬가지로 농민측에서도 수확 때마다 생산물의 일정 비율을 징세인에게 넘겨줌으로써, 부정기적으로 가진 걸 다 빼앗기고 기아에 허덕이는 위험을 피할 수 있었다. 고대제국에서 농민의 여건은 생물학적 생존에 요구되는 최저수준에 가까웠을 것이므로 이런 납세가 분명 힘겨운 일이었을 것이다. 그래도 세금이나 지대의 예측가능성과 규칙성 덕분에, 크세르크세스의 제국 시스템은 닥치는 대로 마구 약탈하는 사르곤의 방식보다는 훨씬 나았다. 사르곤의 약탈이 몇 년에 한 번씩 있는 데 비해 세금과 지대는 해마다 내야 한다는 점을 감안하더라도 말이다. 따라서 세금과 지대의 부과는 통치자나 지주의 이익과 직접생산자인 농민의 이익이 충돌하는 것이긴 했지만, 일정 수준으로 고정된 징발로 약탈을 대신하는 것이 양쪽 모두에게 실질적인 이익이 되었다.

다른 고대제국에서는, 남아 있는 사료를 통해 서아시아의 경우만큼 선명하게 세금과 지대 시스템의 발생을 추적하는 것이 불가능하다. 그렇지만 고대 중국이나, 인도에서도, 그리고 지중해세계에서도 조금 늦게 로마의 대두와 더불어 유사한 관료제적 제국 시스템이 생겨났던 것은 분명하다. 시기는 많이 다르지만 아메리카 인디언 문명에서도 그와 같은 행정 시스템이 발달했다. 그리하여 농업 잉여는 멀리 있는 통치자의 관리들 수중으로 넘어가고, 통치자는 그렇게 모은 식량이나 물자를 측근과 상의하여 전쟁을 벌이거나 신들을 숭배하는 데 썼다.

한 가지 지적해두자면, 전쟁이 언제나 우선적인 관심사였던 것은 아니다. 군대 유지에 자원을 집중하기보다는 복잡한 종교의식 수행이나 장대한 건축물 조영에 더 관심이 많은 통치자도 있었다. 고대 이집트의 경우 지리적 조건 덕분에 국경을 수비하기가 비교적 수월했다. 그 대신 제5왕조의 파라오들은 대대로 피라미드를 한 기씩 쌓는 데 나라의 노동력을 동원했다. 그 놀라운 규모를 통해, 이들이 피라미드 건설에 동원할 수 있었던 노동자의 수가 엄청났음을 짐작할 수 있다. 심지어 전란이 끊이지 않았던 메소포타미아에서도 신전을 건설하는 데 군사작전 못지않게 많은 세수가 사용되었다. 그리고 어느 시대, 어느 지역을 보든, 군사와 복지* 사이의 경제자원 배분은 고대에도 근대와 마찬가지로 제각각 달랐다.

그러나 경제자원이 투입되는 목적이 무엇이든, 고대의 대규모 집단행동은 언제나 상명하달 식으로 이루어졌다고 보는 편이 옳을 것이다. 제왕이나 그 대리인인 관리가 명령을 하고 나머지 사람들은 거기에 따랐다. 예나 지금이나 인간 개개인은 공공사업의 운영을 위해 명령을 사용하는 이 방식에 어린 시절의 경험을 통해 무의식중에 적응하는 것 같다. 부모와 자식의 관계에서 으레 부모가 명령이나 지시를 내리고 자식들은 거기에 따를 것을 기대받거나 강요당하기 때문이다. 이 관계에서 부모가 자식들보다 지식이 풍부하고 육체적으로 강한 것과 마찬가지로, 고대의 제왕은 행정적 위계를 통해 아래에서 위로 전달된 정보를 접할 기회가 많기 때문에 다른 사람보다 지식도 풍부하고, 또 직업화된 군대의 도움을 받기 때문에 물리적으로도 신민보다 강했다. 뿐만 아니라 경우에 따라서는 살아 있는 신으로서 지식이나 힘과는 또 다른 권력의 원천에 기댈 수 있었다.

이런 전체 구조 속에서 원격지 무역과 그 종사자는 이질적인 요소였다. 그러나 원격지로부터 물자를 전혀 수입하지 않을 수는 없었다. 예컨대 청동을 만드는 데 필요한 주석은 대개 가까운 곳에서 얻을 수 없었다. 그런데 먼 곳에 사는 인간집단에게 광석을 캐서 제련하고 봉을 만든 다음 그것을 해로나 육로를 거쳐 제왕이나 대신관이 원하는 장소로 가져오도록 명령할 수는 없었다. 주석 외에도 무조건적인 명령으로 손에 넣을 수 없는 희소물질은 많이 있었다. 통치자나 권력자는 이런 물자를 가지고 있는 상대를 어느 정도까지 자기와 대등한 존재로 대우하고 명령 대

---

* 더욱 찬란한 의식을 거행하여 신들의 마음을 움직이는 것, 그리고 더 큰 무덤을 만들어서 불멸성을 확보하는 것이 당시에는 관개수로나 제방을 쌓아 개간지를 넓히는 것과 마찬가지로 복지사업으로 꼽혔다. 이런 국가사업은 모두 농업생산고를 늘리는 것이라고 생각되었다.

신 외교적 방법의 사용을 배워야 했다.

명령에서 교역과 외교로의 이행은 분명 더디고 어려운 과정이었다. 아주 먼 옛날에, 통치자는 원격지에서 필요한 물자를 확보하기 위해 군사원정을 조직했다. 예컨대 우루크의 왕 길가메시(기원전 3천년경?)는 머나먼 곳에 있는 삼나무숲에서 목재를 얻으려고 여행을 준비했다.

> "그러나 나는 이 사업을 시작할 것이고
> 삼나무를 베어 넘길 것이다.
> 나는 나 자신을 위해 불멸의 명성을 세울 것이다.
> 친구여, 나는 무기 직인에게 명령을 내릴 것이다.
> 그들은 우리 눈앞에서 무기를 주조할 것이다."
> 그들은 무기 직인에게 명령을 내렸다.
> 직인들은 앉아서 회의를 열었다.
> 그들은 큰 무기를 주조했다.
> 그들은 하나에 3달란트나 되는 도끼를 만들었다.
> 그들은 큰 칼을 만들었다…….*5)

그러나 희소물자를 얻기 위한 약탈원정은 위험부담이 큰 사업이었다. 전하는 바에 따르면, 길가메시는 삼나무숲에서 돌아온 후 친구이자 동료인 엔키두를 잃었다. 다음 대목이 보여주듯이 엔키두의 죽음은 그가 적과의 거래를 거부한 데 대한 일종의 인과응보였다.

> 그리하여 [삼나무숲의 주인] 훔바바는 항복했다.

---

\* 길가메시 서사시는 여러 다른 판본을 기록한 단편들을 통해 전해지며, 그 기록은 모두 길가메시 자신의 역사적 연대보다 훨씬 후대의 것이다. 그렇지만 그 텍스트는 의심의 여지없이 태고의 요소를 포함하고 있으며 초기 문명에 가까운 수메르 시대의 상황을 반영하고 있다.

훔바바는 길가메시에게 말했다.
"나를 풀어주게, 길가메시여
그러면 그대는 나의 주인이 되고 나는 그대의 종이 되리니.
그리고 나는 내 산에서 기른 나무들을 베어
그대의 집을 지으리."
그러나 엔키두는 길가메시에게 말했다.
"훔바바의 말에 귀 기울이지 말게,
훔바바를 살려두어서는 안되네."[6]

그래서 두 영웅은 훔바바를 죽이고 우루크로 개선했다. 이야기에는 분명히 나와 있지 않지만, 아마도 전리품으로 삼나무 목재를 가지고 돌아왔을 것이다.

훔바바를 살해한다는 결정은 매우 불안정한 역학관계를 반영한 것이었다. 길가메시는 삼나무숲에서 오래 머물 수가 없었다. 이런 원격지에서 그는 아주 잠시만, 그것도 간신히 적보다 우월한 군사력을 가질 수 있을 뿐이었다. 엔키두와 길가메시가 훔바바를 죽이지 않았더라면 원정군이 철수하자마자 훔바바는 이방인의 요구를 거부할 수 있을 정도로 권력을 회복했을 것이다. 분명한 것은 길가메시가 훔바바의 항복을 받아들였든 거부했든, 이런 실력행사로는 우루크에 충분한 목재를 공급할 수 없었을 것이라는 점이다.

통상적인 명령구조 내에서 원격지로부터 희소자원을 입수하기 위해서는 이보다 훨씬 신뢰할 만한 방법이 필요했다. 이쪽에서도 그 자원과 맞바꿀 어떤 물품을 보내겠다고 제시하는 것, 즉 약탈이 아니라 교역이었다. 문명화된 사회에서 제공할 수 있는 것은 특히 전문화된 직인의 생산물이었다. 애초에 그런 물품들은 신이나 통치자의 즐거움을 위해 개발된 것이었다.

이런 사치품은 물론 대단히 귀해서 평생 한 번이라도 가질 수 있는 사람은 극소수였다. 따라서 몇 세기 동안 교역은 대체로 문명지역의 통치자 및 행정관과 원격지의 토착호족 사이에 이루어지는 희소물자 교환에 국한되어 있었다. 문명화된 지역의 통치자나 관리는 특별한 기능을 보유한 직인이 명령에 따라 만들어낸 사치품을 손에 넣을 수 있는 유일한 사람들이었다. 더욱이 이들은 원격지의 호족 중에서도 광석 채굴이나 벌목 등 문명지역의 소비자에게 물자를 모아서 보내는 데 필요한 일을 하기 위한 노동력을 조직할 능력을 가진 자에게만 관심을 가졌다. 그러므로 이런 종류의 교역은 문명지역의 명령구조를 그 주위의 인간집단 속에 복제해내는(처음에는 그저 작은 규모로) 경향이 있었다. 그것은 마치 DNA나 RNA가 최적의 환경에서 자신의 복잡한 분자구조를 복제하는 것과도 비슷했다.

교역조건을 둘러싼 교섭은 어느 정도는 공급이나 수요 등 시장의 힘에 따라 결정되었고, 또 어느 정도는 권력이나 위신, 종교의례에 대한 고려에 따라 결정되었다. 제국의 명령에 확고하게 복속되지 않은 원격지의 공급원에 의존하는 것은 고대제국의 경영에서 하나의 한계를 의미했다. 그러나 제국이 이런 한계에 부딪치는 일은 드물었다. 군대와 관료기구 — 크세르크세스를 비롯한 모든 제왕들의 권력을 지탱하던 두 지주 — 를 유지하는 데 필수적인 물자는 국내에서 조달할 수 있었고, 명령을 통해 효과적으로 동원할 수 있었기 때문이다. 물론 이런 물자 가운데 가장 중요한 것은 식량이었다. 인간은(그리고 짐을 나르는 짐승도) 먹지 않고는 단 며칠도 견딜 수 없다는 단순한 사실로 인해 다른 어떤 물자보다도 식량이 중요했다.

사실 외부세력과의 교역관계와 제국 내부의 행정 사이에 위의 내용에서 시사하는 것만큼 현저한 차이가 있었던 것은 아니다. 국왕의 대리인 역할을 하는 지방의 총독이나 행정관에 대해서도 직무상의 부수입과 상벌을 적절히 섞어서 그들의 봉사에 대한 대가를 지불해야 하는 것은 마찬가지였다. 명령에 의한 동원은 관리가 복종할 때에만 제대로 작동할 수 있었으며, 관리의 복종은 종종 모종의 대가를 치르고 사들여야만 했다. 이런 대가는 더 완전한 독립성을 가진 더 먼 곳의 지방호족에게 지불해야 하는 대가와 정도의 차이만 있을 뿐이었다.

고대의 문명은 생산자로부터 통치자나 권력자에게로 식량이 이전한 덕분에 존재할 수 있었다. 통치자나 권력자는 그렇게 확보한 식량으로 그 자신과 더불어 군사전문가와 전문직인으로 이루어진 직속 가신들을 부양했다. 다수자인 식량생산자의 노동력은 수로를 파거나 도시를 요새화하거나 신전을 건립하는 등의 공공사업에 동원되기도 했다. 이 다수자에게서 소수자로의 자원 이전이 사회의 기초를 이루고, 그것을 보완하는 형태로 지배엘리트층 간의 사치품 유통, 즉 상위자가 지지자나 복속자에게 하사품을 주고 복속자가 상위자에게 공물을 바쳤다. 정치적 국경을 넘어 행해지는 교역은 사실 이렇게 권력자들 사이에 이루어지는 보다 광범위한 교역형태의 한 변종이었다. 다른 점이 있다면 국내에서 이루어지는 교환에 비해 방해받기 쉽고, 문명화된 국가의 지배엘리트층 내부에서 볼 수 있는 상위자에 대한 하위자의 경의와 하위자에 대한 상위자의 겸양 같은 것이 덜하다는 것 정도였다.*

고대제국에는 또 한 가지 주목할 만한 특징이 있었다. 바로 이런 종류의 정치조직에는 최적의 규모가 있었다는 점이다. 징세행정이 원활하게 이루어지려면 제왕은 적어도 해마다 일정 기간 동안 수도에 머물러야 했다. 왕권을 섬기는 주요 관리들의 성적을 평가하여 상벌을 결정하기 위

---

* 그러나 동아시아에서는 기원전 1세기에, 중화제국이 주변의 통치자들과 '조공무역'의 패턴을 확립했다. 이 관계의 핵을 이루는 것은 의례적인 경의의 표명이었다. 실제로 중국의 조정은 자국의 우월성에 대한 의례적인 승인의 대가로, 유형의 물자를 아낌없이 제공했다. 그러나 다른 한편으로 흉노와 같은 변경의 민족은 중국의 전례(典禮)에 조금씩 복종해가는 과정을 통해 스스로를 중국화함으로써 눈에 보이지는 않지만 매우 값비싼 대가를 치렀다.[7]

해서는 필요한 정보를 한곳에 집중하는 것이 가장 효율적이었기 때문이다. 이런 일은 신속하게 처리되어야 하며, 그렇지 않으면 행정기구는 곧 느슨해져서 국가사업에 자원을 집중함에 있어 최대의 역량을 발휘하지 못하게 된다. 또 통치자의 신변을 보호하는 것 역시 절대적으로 중요했으며, 반란을 꾀할 수 있는 적이 애초에 엄두도 낼 수 없도록 하고 혹 그들이 결행에 나설 경우에는 철저히 궤멸시켜야 했다. 이를 위해서도 제왕은 어떤 한 지점에 상주하지는 않더라도 가능한 한 오랫동안 머무르는 것이 현명했다. 그 지점은 왕국의 중심에 위치하고 해마다 주변 농업지대로부터 필요한 저장식량을 모을 수 있도록 자연수송로, 가능하면 수로가 갖추어져 있는 곳이어야 했다.

그런데 만약 반드시 수도를 정해야 하고 또 제왕이 해마다 일정 기간 또는 항상 수도에 머물러야만 한다면, 제국 영역의 확장 범위에 자동적으로 한계가 주어진다. 최고 권력을 효과적으로 행사하기 위해, 제왕은 제국 내부의 반란이든 외부로부터의 공격이든 실력에 의한 도전을 받았을 때 즉시 적보다 우월한 군사력을 발동해야 한다. 그런데 만약 제왕과 그 호위대가 해마다 적어도 일정 기간을 수도에서 지내야 한다면, 수도로부터 행군하여 대략 90일 이상이 걸리는 먼 곳까지 원정하는 것은 위험했다.

그리스 침공 당시, 크세르크세스는 이란 고원에 있는 자신의 수도로부터 90일 간 행군할 수 있는 거리를 훨씬 넘어섰다.[*8)] 그 결과 그가 결정적 승리를 거두기에는 출병지에서 작전을 펼 수 있는 시일이 너무나 짧아져버렸다. 그리스에 침입함으로써 페르시아인은 제국 확장의 실질적인 한계를 넘어버렸던 것이다. 이와 마찬가지로, 지구상의 다른 지역에서 번영을 누렸던 여러 제국들도 각각의 한계에 만족하지 않을 수 없었

---

* 헤로도토스에 따르면, 크세르크세스의 군대는 헬레스폰토스(다다넬스) 해협에서 아테네까지 3개월이 걸렸다.(『역사』 8권 51장 1절)

다. 단, 제국의 국경 너머에 두려워할 만한 적이 존재하지 않는 경우는 예외였다. 그런 경우에는 비교적 소수의 거점수비군과, 병력의 극히 일부를 기병으로 편성한 원정군(크세르크세스가 그리스에 이끌고 갔던 것 같은)만으로도 제왕이 충분히 통치권을 행사하고 확장해 나갈 수 있었다. 예컨대 한족이 양쯔 강을 건너 중국 남부까지 단계적으로 영역을 확대해 갔던 과정이 여기에 해당하는 것 같다. 그러나 현지세력의 효과적인 저항에 맞닥뜨렸을 때 한족의 군대는 크세르크세스의 군대가 그리스에서 맞은 것과 같은 운명을 맞았다. 베트남이 역사적으로 중국으로부터 독립을 유지할 수 있었던 것은 이 때문이다.

따라서 고대의 통치자와 그 군대가 직면한 가장 중요한 한계는 수송과 보급이었다. 금속과 무기의 공급은 중요하기는 해도 좀처럼 결정적 요인이 되지는 않았으므로, 전쟁에서 산업적 측면의 중요성은 아직 매우 낮았다고 할 수 있다. 그럼에도 불구하고 고대사 사료를 보면 무기 시스템에 여러 차례 중대한 전환점이 있었음을 알 수 있다. 산발적인 기술상의 발명과 발견이 누적되어 마침내 전쟁과 군대조직을 둘러싼 기존의 조건 자체를 바꿔버렸던 것이다. 이런 무기 시스템의 변화는 그때마다 광범위한 사회정치적 동란을 수반했다. 고대사란 왕조나 제국 개별사의 복잡다단한 추이인데, 그것을 조금이라도 쉽게 이해하는 한 가지 방법은 정치권력의 토대가 되는 군사제도의 변화라는 관점에서 이 제국들의 흥망을 다시 보는 것이다.[9]

이런 전환점 가운데 첫 번째에 관해서는 이미 언급했다. 그것은 문명의 역사가 시작됨과 동시에 또는 그 직후에 일어난 청동제 무기와 갑옷의 채용으로, 기원전 3500년경 메소포타미아에서 시작되었다. 무기 시스템의 두 번째 중요한 변화는, 후대에 크세르크세스 휘하에 있었던 것과 같은 제국적 명령구조가 고대 메소포타미아에서 아직 확고하게 뿌리내리지 않은 가운데 일어났다. 그 변화란 전차(戰車) 설계의 근본적 개량이었다. 기원전 1800년 직후에 발명된 이 가볍고 견고한 이륜수레는 날랜 말들이 끌게 하여, 뒤집히거나 부서지는 일 없이 전장을 누빌 수 있었다. 이로써 기동력과 화력은 그 어느 때보다 높아졌다. 전차를 비길 데 없는 전쟁도구로 만든 결정적인 개량은 바퀴살을 사용하여 바퀴를 가볍게 하고, 바퀴축과 수레축의 마찰을 줄인 설계였다. 바퀴축과 바퀴살이 달린 목제 바퀴를 정확한 원형으로 또 역학적으로 균형 잡히게 만들어서, 수백kg의 무게를 싣고 고속으로 달리더라도 바퀴가 뒤틀려 부서지지 않도록 하는 것은 쉬운 일이 아니었다. 이런 바퀴를 만들려면 전문적인 직인의 기술이 필요했다. 전차만큼이나 전차병에게 중요한 것이 짧지만 강한 합성궁(合成弓)이었는데, 이 또한 높은 수준의 직인 기술이 있어야 제작할 수 있었다.\*

전차 설계가 완성되자, 전차 위에 마부와 나란히 선 숙련된 사수는 적군의 보병부대에 화살을 빗발치듯 퍼부을 수 있었고, 전차의 속도 덕분에 여간해서는 적의 화살에 맞지 않았다. 평탄한 지형에서 기동력이 있는 전차부대는 적의 보병부대를 쉽게 우회할 수 있었고, 때로는 그들과 보급기지 사이를 끊어놓기도 했다. 전차 설계가 개량된 후 초기 몇 년 동안 전차부대를 저지할 수단은 아무것도 없었다. 기복이 심한 지형이나 경사가 급한 비탈은 전차부대를 피할 수 있는 안전한 피난처였다. 그러나 전차전이 벌어지던 시대에는 문명생활의 주요한 중심지가 모두 평탄한 지대에 있었기 때문에 전차의 이런 한계는 큰 문제가 되지 않았다. 중요한 것은 말의 공급, 그리고 바퀴와 합성궁을 만드는 전문직인의 기량이었다. 청동야금 또한 여전히 중요했다. 모든 문명국의 전사들이 오래전부터 그래왔듯이 전차전사도 칼이나 창을 휴대하고, 금속 갑옷으로 몸

---

\* 합성궁이란 목제 활의 한쪽 면에는 충분히 늘어날 수 있는 동물의 힘줄을 붙이고 다른 쪽에는 충분히 압축될 수 있는 뿔을 붙여서 사출력을 높인 것이다. 이것이 전차와 같은 시기에 개발되었는지 아니면 그전부터 있었는지에 관해서는 논란이 있다.[10]

을 보호하고 있었기 때문이다.

전차전의 가능성을 가장 잘 살릴 수 있었던 사람은 일상생활 곳곳에서 말을 이용하던 유라시아 초원지대의 거주자들이었다. 이로 인해 전차로 무장한 야만족 정복자들이 기원전 1800년부터 기원전 1500년 사이에 중동의 모든 문명화된 지역을 유린했다. 이 새로운 정복자들은 어디에서나 '봉건적' 국가를 세웠다. 그것은 전차전사라는 소수 엘리트가 결정적인 군사력을 쥐고 실질적인 통치권을 군주와 공유하는 국가체제였다. 군주의 명령은 단지 전차 소유계급의 대다수가 동의했을 때에만 효력을 발휘할 수 있었던 것이다. 승리를 거둔 전차전사 무리는 자신들이 정복한 중동 각지로 흩어져서, 입수할 수 있는 농업생산 잉여의 대부분을 군주에게 넘기지 않고 자기 수중에 넣었다. 처음에는 약탈을 했고, 이윽고 점차 정기적인 지대로 징발했다. 그 결과 중앙정부의 권력은 약해졌다. 그러나 중동 각 지역에서는 이미 제국정부의 관료국가적 전통이 발달해 있었기 때문에 오래지 않아 중앙정부가 권력을 회복하고 전차라는 새로운 군사기술을 장악했다. 예컨대 기원전 1520년 이래, 이집트 신왕국은 누비아산(産) 황금으로 전차전사를 고용하여 직업적 상비군을 확보함으로써 몇 세대에 걸쳐 모든 경쟁상대를 압도했다.

중국과 인도에서 전차의 도래는 더욱 근본적인 변화를 가져왔다. 인도에서는 기원전 1500년경 전차전사집단이 침입하여 고래의 인더스 문명을 파괴했고, 인도는 새로운 형태의 문명생활이 다시 등장하기까지 몇 세기 동안 '암흑시대'에 빠졌다. 중국에서는 정반대의 변화가 일어났다. 전차를 이용하던 신흥왕조 상(商)은 황허 유역에서 그때까지 존재했던 어떤 사회보다도 더 분명하게 기능이 분화된 사회를 발전시켰다. 전차전사로 이루어진 상왕조의 귀족계급은 전에 없이 호화로운 생활과 지대수입을 누렸고, 이로써 그 이후 중국 문명의 특징이 된 몇 가지 기술이 이전보다 한층 더 뚜렷이 드러나게 되었다.

유럽에서는 전차의 중요성이 이보다 덜했다. 물론 에게 해 지역에서 미노아로부터 미케네로 패권이 옮겨간 것은 같은 시기 혹은 조금 늦게 그리스에 전차가 출현한 것과 분명 관계가 있다. 그로부터 몇 세기 지나지 않아 전차는 훨씬 먼 스칸디나비아와 브리튼 섬에도 출현했다. 그러나 미케네 시대의 전술에 관한 호메로스의 이야기가 맞다면, 유럽의 전사들은 기동성과 화력을 조화시킨 이 전차라는 신무기를 효과적으로 활용하는 방법을 알지 못했다. 호메로스의 영웅들은 막상 전투가 벌어지면 전차에서 내려 걸어다니면서 창 같은 근접전 무기로 싸웠기 때문이다. 그들은 전차를 전장으로 진격하고 퇴각하는 데 편리한 탈것이나 과시용 정도로 사용했다.*

전차에는 비용이 많이 들었다. 전차를 제작하려면 고도의 기량을 보유한 직인이 필요했고, 또 사시사철 풀을 구할 수 없는 지역에서는 풀이 나지 않는 동안 말에게 곡물을 먹여야 했기 때문이다. 이 때문에 전차전사에 의해 지배되는 사회는 편협하게 귀족주의적으로 변했다. 즉 극소수의 전사계급이 직접생산자인 농민에게서 짜낸 잉여농산물 중 가장 많은 부분을 마음대로 처분할 수 있는 지위를 차지했다. 직인도 무역상도 음유시인도, 심지어 신관마저도 지배계급인 군사엘리트보다 낮은 지위에 만족해야 했다. 흔히 있는 일이지만 이런 엘리트가 다수자와 서로 다른 민족일 경우, 지배자와 피지배자의 관계는 전반적으로 공감대가 형성되지 못했다.

무기 시스템에서 일어난 세 번째 큰 변화는 고대세계의 전쟁에 근본적

---

* 예컨대 『일리아드』 16가(歌) 426행 이하를 보자. 호메로스의 보고는 이치에 맞지 않는 듯하지만 아마도 맞을 것이다. 그가 서술하고 있는 전술은 전차의 수와 지형이라는 조건에서 보면 지당할 수도 있다. 전차부대의 공격이 성공하려면 전차병력이 어떤 임계량에 도달해 있을 필요가 있었다. 쏘아대는 화살과 돌격하는 전차가 충분해야 비로소 적의 보병대열을 무너뜨리고 각개격파할 수 있었다. 그러나 언덕이 많고 말먹이가 적은 그리스 같은 곳에서는 전차수가 적었고, 그런 전력으로는 전투에서 결정적인 효과를 거둘 수 없었을 것이다. 그렇긴 하지만 중동에서 대승을 거둠으로써 전차의 위상이 현격히 높아져 있었기 때문에 이를테면 오늘날 고급승용차처럼, 유럽의 수장들은 전장에서 효과적으로 사용할 수 있든 없든 간에 전차를 한 대쯤 갖고 싶어 했다.

인 민주화를 가져왔고, 그에 따라 사회적 균형이 크게 달라졌다. 철제 도구나 무기를 만드는 기술은 기원전 1400년경 소아시아 동부 어딘가에서 개발되었고, 기원전 1200년경 이후 발상지를 넘어 널리 퍼져갔다. 이 신기술이 보급되자 청동기시대에 비해 금속제품의 값이 엄청나게 싸졌다. 철광석은 지구상 어디에나 있고, 또 야금에 필요한 숯도 특별히 만들기 어려운 것이 아니었기 때문이다. 사상 처음으로 많은 평민이 소량이나마 금속을 소유하고 사용할 수 있게 되었다. 특히 철제 쟁기로 경작의 효율을 향상시켜, 점토질의 단단한 토양으로까지 경작지를 넓힐 수 있었다. 그에 따라 서서히 그러나 확실하게 사회의 부가 늘어났다. 평민계급의 경작자들은 처음으로 그들이 직접 만들어낼 수 없는 물품의 덕을 보기 시작했다. 다시 말해 농민들은 문명의 지표인 기능분화로부터 처음으로 실감할 수 있는 유형의 이익을 얻게 된 것이다. 이로 인해 문명사회의 구조는 이전보다 훨씬 더 안정되었다. 이전에는 인더스 계곡의 예처럼 지배엘리트가 무너지면 사회적 기능분화 자체가 거의 다 붕괴하는 일도 간혹 있었지만, 이제 더 이상 그런 일은 일어나지 않게 되었다.

군사와 관련해서 보면, 철은 값이 쌌으므로 남성인구의 상당수가 금속 무기와 갑옷을 가질 수 있게 되었다. 그리하여 평범한 농민이나 목동이 전장에서는 강력한 병사가 될 수 있었기 때문에, 전차시대의 특징이던 편협한 귀족주의적 사회구조는 급격히 무너져갔다. 철제 무기를 쓰는 침략자들이 각지에서 전차의 독점을 권력기반으로 삼아온 지배엘리트를 쓰러뜨림에 따라 한층 민주적인 시대가 시작되었다.

값싼 새로운 금속으로부터 가장 직접적인 이익을 얻은 것은 산악민족을 비롯한 문명사회 주변부의 야만족들이었다. 이들의 사회에서는 지도자와 추종자 사이의 정신적 연대가 굳건했고 또 유지되기도 쉬웠다. 조악하나마 평등주의적인 전통적 생활양식이 집단 전체를 하나로 묶고 있었기 때문이다. 전차전사들은 새롭게 금속으로 무장한 이 강력한 야만족들을 능가할 만큼 많은 수의 백성을 무장시켜 대응할 수가 없었다. 그렇게 할 경우 자신들의 권력에 맞서 내부반란이 일어날 게 뻔했기 때문이다. 더러 아래로부터 확고한 지지를 얻지 못한 전차전사의 귀족지배가 야만족의 부족민들에 의해 전복되었다. 이들의 철제 방패와 투구가 전차전사들의 화살을 막아주었고, 이로써 천하무적이던 전차전술은 효력을 잃어버린 것이다.

이렇게 해서 중동에서는 철의 야금 및 가공 기술이 보급됨과 더불어 기원전 1200년부터 기원전 1000년 사이에 침입과 이민의 새로운 시대가 시작되었다. 히브리인, 페르시아인, 도리아인, 그 밖의 많은 새로운 민족이 역사에 등장하여 야만적이면서 훨씬 평등주의적인 시대를 열었다. 성서 「판관기」의 저자는 폭력과 유혈로 가득 찬 그 이야기를 이렇게 요약하고 있다.

> 그때는 이스라엘에 왕이 없어서 사람마다 제멋대로 하던 시대였다.[11]

그러나 평등주의와 무질서한 폭력사태의 시대는 오래가지 않았다. 전문화된 군대의 우월성이 곧 명백해졌다. 전차전사가 침입해 오기 전부터 이집트와 바빌로니아에서 발달해 있던 중앙집권정부의 전통은 사울이나 다윗 그리고 그들의 무수한 적과 같은 야심만만한 국가건설자들이 이용할 수 있는 형태로 이 시대에도 여전히 남아 있었다. 그리하여 기원전 1000년 이후에는 관료주의적 왕정(王政)이 다시 중동을 지배하게 되었다. 왕정은 각각 상비병력에 의해 군사적으로 뒷받침되었고, 필요할 때면 민병(民兵)을 징집하여 상비군을 보충하기도 했다. 직업군인들을 유지하기 위한 국고지출은 조세수입으로 마련되었기 때문에, 훗날 크세르크세스 대제국의 바탕이 되었던 것 같은 명령구조가 발달하는 길이 열렸다.

아시리아의 왕들은 초기 철기시대에 관료적인 군대경영기법을 가장 성공적으로 구사했다. 아시리아는 각 구성원의 계급에 따라 누가 명령해야 하고 누가 복종해야 하는지가 결정되는 군대조직을 발달시켰다. 군장비의 표준화, 부대체계의 표준화, 능력에 따른 승진 등 군대경영에서 흔히 볼 수 있는 관료제적 원리들은 모두 아시리아 왕들의 시대에 처음 등장했거나 적어도 표준화되었던 것 같다. 이와 병행하여 정비된 문관 관료기구 또한 예정된 작전을 위해 식량을 비축하거나 군대가 장거리를 쉽게 이동할 수 있도록 도로를 건설하거나 요새 구축을 위해 노동력을 동원하거나 하는 일에서 힘을 발휘했다.

아시리아의 행정 패턴은 대부분 기원전 3000년기까지 거슬러 올라가는 선례가 있지만, 그것을 정착시킨 것은 분명히 아시리아 사람들이었다. 그러나 일반적으로 아시리아인의 업적에 대한 역사가들의 평가는 구약성서로부터 이어받은 색안경에 가려지기 일쑤다. 구약성서에서 아시리아는 기원전 722년에 이스라엘 왕국을 멸망시킨 장본인이자, 기원전 701년에는 또 유다 왕국을 단숨에 무너뜨린 흉포한 정복자로 묘사되고 있다. 그러나 다음과 같이 말하더라도 지나치지는 않을 것이다. 즉 대부분의 문명세계에서 19세기까지 줄곧 하나의 표준으로서 제국적 권력을 행사하기 위해 사용된 기본적인 행정기구는 기원전 935년부터 기원전 612년 사이에 아시리아인들이 역사상 처음으로 명료하게 정비한 것이었다. 뿐만 아니라 아시리아의 역대 정복왕들은 군대의 새로운 장비나 편성방식을 개발하는 면에서도 상당히 창의적이었다. 예를 들어 그들은 요새화된 도시를 포위공격하기 위한 여러 가지 정교하고 복잡한 장치를 발명했고, 정복원정에는 공성(攻城)기계를 실은 병참부대를 이끌고 가는 것이 보통이었다. 대체로 아시리아의 군사행정 전반에는 합리성이 철저하게 관철되고 있었으며, 바로 그것이 아시리아 군대를 기존의 어떤 군대보다도 강력하고 기강 잡힌 군대로 만들었던 것이다.

어쩌면 역설적으로 새로운 군사기술이라면 무엇이든 시도해보려는 태도가 아시리아의 붕괴를 앞당겼을지도 모른다. 말에 직접 올라탄 스키타이의 기마전사가, 기원전 612년 니네베의 수도를 약탈하고 아시리아 제국을 멸망시킨 동맹군의 결정적인 새 전력이었던 것이다. 말 등에 올라타는 기술이 언제 어디서 어떻게 정착되었는지는 아무도 확실하게 말할 수 없지만, 가장 오래된 기마전사의 도상은 말에 걸터앉은 아시리아의 병사를 재현하고 있다.* 그렇다면 말을 타고 조종하면서 양손으로 활을 쏘는 기술을 개발한 사람은 지칠 줄 모르고 더 효율적인 군대경영기법을 찾으려던 아시리아인이었을 가능성이 크다. 처음에 아시리아인은 기마전사를 2인1조로 짜서, 한쪽 전사가 양쪽 말의 고삐를 쥐고 있는 동안 다른 쪽 전사가 활을 쏘는 방식을 썼다. 이는 오랫동안 전차전술을 가능하게 해왔던 마부와 사수의 협동을 모방한 것이다. 사실상 이런 2인조 기마전사는 전차 없는 전차전사라고 할 수 있다. 전차를 끄는 말에 직접 올라타고 달리는 방법을 터득한 전차전사들이 이제 쓸데없는 짐이 되어버린 전차를 떼어내 버렸던 것이다.[12] 그 후 인간과 말이 서로 충분히 친숙해지자 혼자 말을 탄 기마전사가 고삐를 놓고 두 손으로 활을 쏘게 되었던 것이다.

대부분의 역사가는 말의 속력과 지구력을 활용하는 이 새로운 기법을 유라시아 스텝의 유목민들이 창안했다고 추정한다. 그들이야말로 기마혁명으로 가장 눈부신 혜택을 입은 사람들이었기 때문이다. 물론 그랬을 수도 있지만, 이런 주장을 뒷받침할 만한 확실한 증거가 전혀 없다. 후대

* 일찍이 기원전 14세기에 인간은 간혹 직접 말에 타기도 했다. 현재 뉴욕의 메트로폴리탄 미술관에 소장된 아마르나 시대 이집트의 소형 조상에서 그 점을 확인할 수 있다. Yadin, *Art of Warfare in Biblical Lands*, 1권 218쪽 참조. 이 책 220쪽에는 동시대의 또 다른 기마인물상(대영박물관 소장) 사진이 실려 있다. 그러나 안장도 등자도 없이 말 등에 꼿꼿이 앉아 있기란 매우 어렵다. 특히 그 상태에서 두 손으로 활을 쏘거나 다른 무기를 휘두르거나 하기는 더더욱 어려웠다. 특별히 훈련된 전령이 재빨리 말을 달려 사령관에게 정보를 전하는 경우는 있었겠지만, 몇 세기 동안 실제 교전현장에서 기마는 별로 중요하지 않았다. 앞의 두 예보다 시대적으로 훨씬 후대에 속하는 카데시 전투(B.C.1298)를 묘사한 이집트의 얕은 부조에 기마전사가 등장하는데, 야딘의 해석에 따르면 이것이 바로 그런 전령이었다.

에 스텝 유목민들이 말타기와 말 타고 활쏘기의 달인이 된 것은 사실이지만, 그 점이 스텝 유목민들이 그 기술의 발명자임을 증명하는 것은 아니다. 그것은 단지 그들이 다른 민족에 비해 이 새로운 전쟁 스타일을 더 잘 활용할 수 있었음을 의미할 뿐이다. 아시리아 군이 최초로 2인조 기마전사를 사용했다는 점을 생각하면, 오히려 아시리아인이야말로 빨리 달리는 말의 기동력을 군사에 이용하는 이 새로운 방식의 주요한 창시자라고 보는 것이 분명 더 타당하다.

많은 스텝 유목민이 말타기를 익히고 마침내 여러 문명지역으로 대규모 약탈원정에 나서게 된 뒤에도, 기마전투술이 광대한 유라시아 스텝 전역에 보급되기까지는 몇 세기가 더 걸렸다. 스텝으로부터 기마에 의한 약탈원정이 시작된 연대는 기원전 690년 무렵이다. 당시 그리스인에게 킴메르인이라는 이름으로 알려져 있던 민족이 소아시아의 대부분을 휩쓸었던 것이다. 덧붙이자면 이것은 아시리아인이 기마전술을 전쟁에 대규모로 이용하기 시작한 지 2세기쯤 뒤의 일이다. 킴메르인은 우크라이나의 초지가 많은 평원에 살았으며, 프리기아 왕국을 초토화시킨 후 그곳으로 돌아갔다. 그 후 스키타이인이 중앙아시아의 알타이 지역에서 서쪽으로 이주하여 킴메르인을 압도했다. 이 스키타이인은 기원전 612년 대규모 기마부대를 보내, 킴메르인에 이어 두 번째로 중동을 휩쓸고 니네베 약탈에도 가담했다.

이 두 차례에 걸친 대약탈원정은 군사적으로 보았을 때 중동에서 그 특질이 기원후 14세기까지 이어지는 한 시대의 개막을 알리는 서곡이었다. 동아시아의 몽골 고원과 그 주변지역에서 기마전사들이 행한 소규모 약탈원정이 분명하게 기록된 것은 기원전 4세기가 되어서였다. 단, 기원전 771년 서주(西周) 왕조의 붕괴를 알타이 지역에서 온 스키타이 기마전사들의 약탈원정의 결과로 보는 학자들도 있다.[13]

유라시아에서 기마혁명의 영향은 오랫동안 광범위하게 지속되었다.

스텝 주민들은 일단 말타기를 충분히 익히고 제 고장에서 얻은 재료로 활과 화살을 비롯한 장비를 제작하는 기술을 익히고 나자, 문명세계의 민족들이 전장에 투입하는 군대보다 훨씬 비용도 적게 들고 기동성이 뛰어난 군대를 거느리게 되었다. 그리하여 스텝의 전사들은 남쪽의 문명지역들을 습격하여 자기네는 거의 아무런 손실 입지 않고 약탈을 할 수 있었다. 이들의 약탈원정은 문명지역의 통치자들이 자기들 군대 내부에 야만족에 필적하는 기동성과 사기를 만들어내기 전에는 결코 막을 수 없는 일이었다.

한 가지 분명한 전술은 이이제이(以夷制夷)의 전술이었다. 사실 이것이야말로 크세르크세스와 그 이전 아케메네스 왕조의 선왕들이 스텝 쪽으로 열려 있는 변경지대를 지키기 위해 취한 수단이었다. 중국의 지배자들도 대부분 같은 전술을 썼다. 다른 부족민을 매수하여 약탈원정에 나설 만한 스텝 부족민으로부터 국경선을 지키게 함으로써 변경을 따라 난공불락의 장벽을 펼쳐놓았던 것이다. 그러나 이런 식의 조치는 언제든 무너질 우려가 있었다. 즉 야만족으로 이루어진 변경수비대는 자신들이 대항해야 할 상대인 외부 야만족과 손을 잡고 싶은 유혹에 끊임없이 노출되어 있었다. 해마다 반대급부를 더 많이 받아내기 위해 정부관리를 상대로 재교섭을 하는 것보다는 약탈에 나서는 쪽이 당장 훨씬 많은 수입을 가져다주었기 때문이다.

이와 같은 큰 틀에서 스텝 부족민과 문명지역의 통치자 및 관료 사이에 끝없이 다양한 군사적·외교적·경제적 관계가 이후 2000년 동안 전개되었다. 보호비 요구와 약탈원정이 번갈아 이루어졌고, 때때로 일어나는 파괴적인 대약탈은 빼앗기는 쪽과 빼앗는 쪽 모두를 피폐하게 만들었다. 상황에 영향을 주는 또 하나의 변수는 뛰어난 군사지도자 개인을 중심으로 스텝 유목민 사이에 형성되는 군사대연합의 성쇠였다. 대연합을 이끄는 군사지도자 가운데 역대 최고의 거물인 칭기즈칸(1162~1227)의 예처럼 카리스마를 앞세운 지도자가 연합을 주도하곤 했다. 초원과 경작지 간의 정치적·군사적 관계는 끊임없이 변화했지만, 월등한 기동성과 값싼 군사장비 덕분에 스텝 사람들이 줄곧 우위에 있었다. 이로 인해 유목민이 문명화된 지역을 주기적으로 정복한다는 하나의 패턴이 생겨나게 되었다.

즉 어떤 이유에서건 한 지역의 방위가 허술해지면 유목민은 그 틈을 타 약탈원정에 나섰고, 원정이 성공했을 경우 그 소식은 스텝 전역으로 퍼져 나가 해마다 점점 더 많은 유목민이 습격에 나서게 되었다. 그 지역의 방위가 완전히 붕괴해버리면 약탈자는 자위능력을 잃은 지역을 점령하고 그곳에 항구적으로 눌러앉고 싶은 유혹에 사로잡혔다. 그럴 경우 당연히 약탈자는 지배자로 바뀌게 되며, 머지않아 약탈 대신 과세를 이용하는 것이, 그리고 경쟁상대인 다른 약탈자로부터 이제 자기 소유가 된 납세자 신민을 보호하는 것이 자신에게도 이익임을 깨닫는다. 이런 조건에서 그 지역의 효과적인 방위는 한동안 다시 회복되었다. 적어도 새로운 지배자가 부족적 연대성과 전사로서의 습성을 상실하고 도시생활의 안락함에 안주하기 전까지는 말이다.(그럴 경우에는 약탈과 정복의 사이클이 또 한 번 반복될 가능성이 높아진다.)

스텝 주민에게 영향을 미치는 또 하나의 패턴이 있었다. 서쪽의 우크라이나에서 스텝을 가로질러 동쪽으로 갈수록 기온은 떨어지고 강수량은 적어진다. 몽골 고원에 이르면 초원의 기후조건은 인간에게도 가축에게도 아주 가혹해진다. 그런데 더 동쪽으로 가서 만주에 이르면 다시 강수량이 늘어 목초가 풍부해지고 추위도 한층 누그러진다. 이런 지리적 분포로 인해, 몽골 고원을 터전으로 하는 부족민들은 기회가 있을 때마다 더 좋은 목초지를 찾아서 자신들의 땅을 떠나 동쪽이나 서쪽으로 몰려가게 되었다. 기원전 8세기에 스키타이인이 알타이 산맥에서 우크라이나로 이동한 것도 서쪽의 더 나은 초원에 이끌렸기 때문이라 생각된다. 다른 여러 민족이 몇 세기 동안 그들의 뒤를 따랐다. 처음에는 인도유럽어를 사용하는 민족들이, 이어서 투르크인이, 그리고 마지막으로 몽골인이 동유럽으로 옮겨왔다. 이들은 모두 유라시아 스텝의 지리적 경사를 따라 이동했던 것이다.

이처럼 기마혁명의 결과 북에서 남으로, 동에서 서로, 두 줄기를 이루는 스텝 유목민의 흐름이 생겨났다. 스텝의 부족민은 초원에 인접한 문명화된 지역 곳곳을 정복하는 데 간헐적으로 성공하곤 했다. 경우에 따라 그곳은 중국이기도 했고 중동이기도 했고 유럽이기도 했다. 북쪽의 목초지에서 남쪽의 경작지로 향하는 이런 움직임과 더불어, 스텝 안에서는 동에서 서로 이동하는 움직임이 진행되었다. 북에서 남으로 이동하는 유목민은 기존의 생활양식을 버리고 문명화한 농업지대의 지주나 지배자가 되어야 했다. 반면 동에서 서로 이동할 경우에는 자신들에게 친숙한 유목생활의 패턴을 훨씬 더 좋은 자연환경 속에서 지속할 수 있었다. 유목민의 압박을 저지하려는 문명지역의 통치자나 군대의 노력은 성공하는 일이 매우 드물었다. 중국의 만리장성조차 약탈원정이나 정복을 막지 못했다.

초원과 경작지 간의 균형은 지리적·사회정치적 조건에 따라 변동했다. 대부분의 스텝지역에서는 강수량이 부족해 농사를 지을 수 없다. 물론 스텝에서도 우크라이나처럼 물 걱정이 없는 지역에서는 곡물농경을 통해 풍성한 수확을 거둘 수 있었다. 밀도 일종의 풀이기 때문이다. 따라서 우크라이나를 비롯하여 그와 같은 조건을 가진 만주·소아시아·시리아 등지에서는 초원을 목초지로 이용하는 유목과 또 다른 토지 이용방식인 곡물농업이 서로 경합을 벌였다. 유목민은 이런 주변적인 농업지역에 침입해서는 그곳을 항구적으로 점유하기 위해 경작민들을 완전히 몰아내 버리곤 했다. 그래도 농경지의 식량생산력이 훨씬 높기 때문에, 평화롭고 인구가 증가하는 시기에는 농경지가 초원지역으로 서서히 확산되었다. 그러나 이윽고 어떤 새로운 군사적·정치적 혼란이 일어나면 유목민은 새로운 약탈원정과 파괴를 시도하여 그 지역을 다시 목축경제로 되돌려 놓았다.

이처럼 곡물농경을 하는 농민과 방목을 하는 유목민 사이의 경계선이 밀물과 썰물처럼 밀려갔다 밀려오는 일이, 중동과 동유럽의 상당히 넓은 지역에서 기원전 900년부터 기원후 1350년까지 2천 년 이상 계속되었다. 이 오랜 기간 동안 기마전술을 구사하는 유목민이 대체로 군사적 우위에 있었기 때문에, 목초지로 이용되는 토지는 넓게 확대된 반면 농업적 토지이용은 늘 그 기후적 한계선보다 안쪽으로 크게 억제되는 경향이 있었다.

동아시아에서는 몬순 기후의 강우 패턴 때문에 농업지대와 초원 사이에 애매한 중간지대 없이 경계선이 또렷했다. 더구나 중국식 집약적 농경이 화베이(華北) 반(半)건조지역의 황토지대에서 높은 수확을 가져다준 반면, 같은 지대에서 목축으로 거둘 수 있는 이익은 훨씬 적었다. 이 때문에 중국의 이 변경지대에서는 유목민이 침입하여 농민의 황토지대를 점유하더라도 그때마다 비교적 빨리 다시 농경이 정착했다.*

지리적 요인 및 사회경제적 요인과 더불어, 새로운 무기 시스템의 변화라는 또 하나의 요인이 유목부족민과 정착농경민 사이의 균형을 바꾸어놓았다. 이런 변화는 이제까지 서술한 청동제 무기, 전차전술, 철제 무기, 기마전술만큼 광범위하게 영향을 미치지는 못했지만 서아시아의 많은 지역과 유럽의 대부분에서 사회구조의 패턴을 변모시킬 정도로 중요한 것이었다. 기원전 6세기부터 기원전 1세기 사이에 이란의 지주들과 전사들은 갑옷을 입은 인간을 등에 태우고 달릴 수 있는 몸집이 크고 힘

* 그럼에도 불구하고 화베이의 황토지대에서 농민이 모조리 쫓겨나는 사태가 역사상 적어도 두 차례 있었다. 13~14세기 몽골의 침입과, 기원후 3세기에 후한 왕조의 붕괴 후 몇 세기 동안 계속된 유목민의 공격이 너무나 치열하게 장기간 계속되었던 탓에 화베이의 상당한 지역에서 정착농경이 파괴되어버렸다. 불완전하나마 남아 있는 인구통계가 그 점을 말해준다.[14]

이 센 새로운 품종의 말을 육종했다.* 이런 종류의 말에는 종종 화살을 막기 위해 금속조각을 붙인 일종의 덧옷을 입혔다. 몸집이 큰 말이라고 해도 이 정도의 중량이 더해지고 나면 맨몸으로 달리는 스텝 유목민의 조랑말을 따라잡을 수 없었다. 그러나 장갑 기마전사로 이루어진 군대는 적어도 어느 정도까지는 화살을 맞더라도 견딜 수 있었고 활이나 창으로 무장하고 단독으로 공격에 나설 수도 있었다. 때문에 스텝의 약탈자들에 맞선 자위수단으로서 그때까지 문명화된 지역에서 개발된 그 어떤 것보다도 훨씬 효과적이었다. 물론 대형 말에게도 먹이를 주어야 했는데, 대개의 농업지대에는 자연적인 초지가 드물었다. 그러나 곡물이 아니라 말먹이용 작물(특히 알팔파)을 재배하여 먹임으로써 식량을 놓고 대형 말과 인간이 경쟁하는 일은 없게 되었다.† 이처럼 알팔파를 재배하여 대형 말을 기르는 데 드는 비용을 크게 줄임으로써 이란인은 목초지가 아닌 농경지를 기반으로 다수의 강력한 장갑 기마전사를 유지할 수 있었다. 이 전사들은 대부분의 유목민 약탈부대로부터 지역농민을 지켜줄 수 있었다. 그리고 그것은 전사들 자신의 이익을 위한 일이기도 했다. 그들의 생계가 자기들이 지켜주는 농민들의 노동에 직접적으로 의존하고 있었기 때문이다.

따라서 이란식 중장갑 기마전사는 스텝으로부터의 약탈에 노출되어 있는 집단에게 그 유지비용을 상쇄하고도 남는 이익을 가져다주었다. 그러나 주민 가운데 능동적으로 정치에 참여하는 계급이 성벽도시에 살면

---

* 아시리아의 저부조(低浮彫)에는 금속부품을 사용한 갑옷을 입은 기마전사가 보인다. 군사와 관련된 다른 많은 사항에서와 마찬가지로 아시리아인은 장갑 기마전사에서도 앞서 나갔던 것 같다.
† 어떤 밭에서 알팔파를 재배하는 비용은 전혀 안 드는 것이나 마찬가지였다. 곡물을 기르는 밭도, 잡초를 막기 위해서 1년 걸러 땅을 놀려야 했기 때문이다. 땅을 놀리는 대신 알팔파를 기르면, 유용한 작물을 얻을 뿐만 아니라 알팔파의 뿌리에 기생하는 박테리아의 활동 덕분에 질소가 공급되어 토양이 비옥해져서 다음해에 곡물수확량이 더 많아졌다. 알팔파를 밭에 심어 수확하려면 품이 들지만, 밭을 놀릴 때도 도중에 흙을 갈아엎는 수고는 해야 하기 때문에 품이 그다지 더 드는 것은 아니다. 밭을 놀리는 도중에 흙을 갈아엎어야만 자연히 생겨나는 잡초를 없애고 토양을 다음해의 곡물재배를 위해 정돈할 수 있는 것이다. 알팔파의 잎이 햇볕을 가리기 때문에, 흙을 갈아엎는 것과 거의 마찬가지로 잡초의 생장이 저지된다.

서 자신을 방위하고 있던 지역에서는, 이런 종류의 자위 시스템을 채용함으로써 군사적 주도권이 대형 말의 소유주에게로 넘어가는 것을 종래의 지배계급이 용인하지 못하는 경우가 종종 있었다. 그리하여 이 새로운 군사기술은 지중해 해안지역에서는 아주 느리게 보급되었다. 로마제국의 군대는 하드리아누스 황제(117~138년 재위) 이래로 새로운 스타일의 중장갑 기마전사를 실험적으로 사용하기 시작했다.[15] 그러나 무엇보다 '카타프락트'(중장갑 기마전사를 의미하는 그리스어)의 수가 너무나 적었다. 더욱이 그들은 로마 시대와 비잔틴 시대 초기에 나라에서 현금으로 급료를 받고 있었고, 이란에서처럼 자기들이 보호해주고 또 함께 생활하는 마을사람들한테 직접 수입을 챙겨 생활하는 것은 허용되지 않았다.* 비잔틴 사회는 900년 이후에야 비로소 완전히 봉건적 조직으로 편제되어 라틴 유럽보다 많이 뒤처져 있었다. 라틴 유럽 사회가 완전한 봉건적 조직교체라는 길을 선택한 것은 732년 카를 마르텔이 이 서쪽 끝 지역에 새로운 기마전술 스타일을 도입한 후 1세기 동안의 일이었다.

프랑크인은 대형 말의 새로운 사용법을 고안해냈다. 라틴계 그리스도교권의 기사들은 활 대신 창이나 철퇴 또는 칼을 사용하는 단병접전을 더 선호했다. 이런 동방의 전투 스타일로부터의 일탈은 호메로스의 영웅들이 전차를 가지고 있으면서도 활을 사용하는 것을 떳떳하지 못하게 여겼던 것과 매우 비슷하다. 그러나 호메로스의 영웅들이 전차를 잘못 사용한 것은 명백하게 불합리한 일이었던 반면, 라틴계 그리스도교권의 기사 전술은 실전에서 매우 유효했다는 차이가 있다. 기사가 전속력으로 말을 몰아 일격을 가하면 사람과 말의 거대한 운동력이 모두 창 끝에 집중되기 때문이다. 이 집중된 힘에 맞설 수 있는 것은 비슷한 장비를 갖춘 전사뿐이었다. 창 끝이 적의 갑옷에 부딪치는 순간 기수는 말에서 떨어지지 않

---

* 비잔틴의 이 정책은 이집트 신왕국이 고왕국 이래의 관료주의적 중앙집권의 전통과 전차전술이라는 우월한 기술을 연계시킨 방식과 비슷하다.

기 위해 튼튼한 등자(鐙子)에 두 발을 얹고 단단히 버텨야 했다. 등자는 5세기에서 6세기로 넘어가는 시기쯤 비로소 발명되었던 것 같다. 그런데 일단 발명되고 나자 너무도 급속히 유라시아 전역으로 보급되었기 때문에 이 단순해 보이는 도구가 어디에서 맨 처음 사용되었는지 지금으로서는 도무지 알 길이 없다. 등자의 발명으로 전장에서 서양 기사들은 큰 위력을 갖게 되었다. 그러나 동시에 스텝 기마전사의 위력도 커졌는데, 그것은 등자가 달리는 말 위에 앉은 궁수에게 안정감을 주어서 훨씬 더 정확하게 활을 겨냥할 수 있었기 때문이다.[16]

서아시아와 서유럽에서 장갑 기마전사가 대두하자 그보다 1,800년쯤 전 전차라는 신무기가 사회 및 정치구조에 미쳤던 영향이 거의 그대로 재현되었다. 정교한 장비를 갖춘 소수의 훈련된 전사가 우월한 전투력을 장악한 상태가 오래 지속되면, 중앙정부로서는 그들이 잉여농산물의 대부분을 중간에서 가로채 그 지역에서 소비해버리는 것을 막기가 어려워진다. 그 결과가 이른바 '봉건제'였다. 단, 이란과 지중해 연안 각 지방에서는 봉건화가 전혀 진행되지 않았다. 기존의 제국적 통치형태와 통치권이 남아 있어서, 군사 면에서 힘의 균형이 다시 중앙집권적 행정형태에 유리한 방향으로 기울어질 때면, 더욱 효과적인 중앙권력을 재건하기 위한 모델과 선례를 제공했기 때문이다.*

동아시아에서는 상황이 달랐다. 기원전 101년 전한(前漢) 무제의 중앙아시아 원정 당시 이란계의 대형 말이 중국에 전래되었지만, 동아시아에서는 이런 말이 크게 중요하지 않았다. 중국에서는 갑옷 입은 사람을 90m 이상 떨어진 거리에서 명중시켜 말에서 떨어뜨릴 수 있는 석궁이 이미 실용화되어 있었다. 이 때문에 새로운 장갑 기마전사의 위력은 쓸모가 없었다. 뿐만 아니라 중국의 지배자들은 과세를 통해 수중에 들어

---

* 전차시대에도 이전의 명령구조가 어렴풋이 잔존하는 현상을 볼 수 있으며, 그 결과로 철기시대의 군주국가 재건이 그만큼 쉬워졌다.

온 자원을 한편으로는 직업적인 국경수비군에 대한 봉급 지불과, 다른 한편으로는 변경 너머에서 세력을 확장하는 유목국가를 상대로 한 선물 외교 사이에서 적절히 균형을 유지하며 사용하고 싶어했다. 조세 부담자와 조세 소비자 사이에서 균형을 취하는 중국의 방식은 한 왕조(B.C.202~A.D.220)에 의해 확립된 후 오랫동안 유지되었으며, 간혹 관료의 부패나 유목민족의 맹렬한 공격으로 붕괴하더라도 곧 회복되었다.

지배적인 무기 시스템에 의해 정해지는 어떤 패러다임에서든 규율과 훈련의 향상 및 쇠퇴는 각 지방의 군사력을 좌우하는 중요한 요인이었다. 이따금 출현하는 위대한 군사지도자도 정치와 군사의 무대에 또 하나의 극적인 차원을 더했다. 마케도니아의 알렉산드로스 대왕(B.C.336~B.C.323년 재위)은 그런 인물 중 한 사람으로, 그가 없었다면 헬레니즘 문화가 그의 군대를 따라 그토록 먼 아시아 동방에까지 깊이 각인될 수는 없었을 것이다.

마호메트와, 그를 둘러싼 신앙공동체의 행적은 한층 더 눈부셨다. 무슬림의 승리는 오로지 새로운 사회적 규율과 종교적 신앙에 의거한 것으로, 그 규율과 신앙은 아라비아의 전 부족을 단일 무장 정치집단으로 결집시켰지만 무기설계에는 아무런 영향도 주지 않았다. 그런데도 무슬림은 중동과 북아프리카에 비교적 중앙집권화된 새로운 제국을 만들어냈다. 그리고 이라크에서 스페인에 이르는 광대한 영토에서 사회의 도시적·상인적·관료적 요소를 강화했다. 반면 동시대의 여러 인접지역에서는 군사적 힘의 균형이 봉건적 이행에 유리하게 작용하고 있었다.

이슬람의 발흥과 초기 칼리프 왕조의 수립은 세계사의 수많은 대사건 가운데 어느 것보다도 더 뚜렷하게 다음과 같은 사실을 증명해준다. 즉 인간의 일에서는 관념도 중요하며, 때에 따라서는 관념이 장기간 지속되는 기본적인 인간유형을 규정하는 여러 힘의 균형에 결정적으로 작용할 수 있다는 것이다. 어떤 시대 어떤 장소에서 복수(複數)의 사회구조가 경합을 벌일 때, 의식적인 선택이나 감정적인 확신은 승자를 결정하는 데 실질적인 영향을 미칠 수 있다. 이슬람의 발흥과 전파는 중동에서 바로 그런 역할을 했다. 군사 및 사회 조직에서 봉건적 원리를 물리치고 도시적·관료적 원리에 힘을 실어주는 데 결정적인 작용을 한 것이다.

이슬람의 힘이 가장 강력하게 드러난 곳은 이란이었다. 이란에서는 농촌에 기반을 둔 기마전사계급이 새로운 신앙으로 개종함으로써 수세기 동안 스텝으로부터의 침략을 효과적으로 막아주었던 군사적 생활양식을 버리게 되었다. 그 결과 이란은 스텝으로부터의 침략에 대한 저항력을 다시 잃게 되었다. 이는 10세기 이후로 투르크계 약탈자나 지배자들이 출현한 사실에서도 분명히 알 수 있다.

\* \* \*

서기 1000년 이전에는 대규모 사업에 인적·물적 자원을 동원하기 위한 방법으로서 명령 시스템이 우세했다는 데 이론의 여지가 없다. 명령에 의해 전쟁이 치러지고 세금이 징수되었다. 공공시설의 건축도 명령에 의해 이루어졌다. 국경지대의 개척도 명령에 의해 추진되었다.[17] 통치자가 자신이 원하는 것을 명령으로 얻을 수 없음을 알았을 때는 물론 교섭을 해야 했다. 아무리 효율적으로 관료화된 국가라도 내부 행정의 상당부분은 지방의 총독, 지주계급, 부족의 수장, 신관계급을 비롯한 여러 유력자들과 중앙정부 사이의 교섭(암묵적인 것이든 공공연한 것이든)에 의존했다.

정치적 국경선을 넘어 맺어지는 권력관계도 비슷한 성격을 띠고 있었다. 단 어느 쪽의 공적 명령 시스템에도 종속되지 않았고 정치적 관할권의 경계선을 넘어 양쪽을 오가는 중개인이 있었다는 차이가 있다. 그들은 쌍방의 공적 명령 시스템 사이에서 중개를 하는 존재였다. 따라서 현재 존재하는 명령의 위계 속에서 신분이나 위신 또는 어떤 지위에 걸맞은 수입을 추구하는 것이 아니라, 오로지 왕래하는 도중이나 어느 한쪽 종착지에서 이루어지는 교환을 통해서만 물질적 이익을 최대화할 수 있

었다.[18]

그러나 이런 행동양식에는 한계가 있었다. 어떤 군사적·정치적 명령구조에도 얽매이지 않고 큰 부를 축적한 사람은 자신이 얻은 것을 어떻게 지킬 것인가 하는 문제에 부딪친다. 어떤 상인이 누군가 힘센 권력자의 비호를 받지 않는 한, 그가 왕래하는 지역의 호족들이 자기들 세력권 안에 들어온 그 상인의 화물을 제멋대로 몰수하는 것을 막을 방법은 어디에도 없었다. 반면에 권력자로부터 효과적인 비호를 받는 데는 큰 비용, 즉 사적 자본의 대규모 축적을 저해할 만큼 큰 비용이 들 수도 있었다.

게다가 대개의 문명사회에서는, 관료나 지주 같은 권력자가 두려움과 경의의 대상이 되는 것만큼이나 무역상과 시장의 상인들은 불신과 경멸의 대상이었다. 이 때문에 교역으로 이익을 얻는 데 성공한 사람들은 대부분 계속해서 상업에 종사하기보다 토지 매입 등의 방법으로 그 지역에 확립된 명령의 위계 속에서 지위를 확보하려고 했다.

따라서 교역과 시장에 의해 규제되는 행동양식은 매우 오래전에 등장했음에도 불구하고,* 서기 1000년 이전의 문명사회에서 주변적이고 부차적인 활동으로 간주되었다. 대다수의 사람들은 시장으로부터 나오는 어떤 형태의 유인에도 따르지 않고 생계를 꾸려 나갔다. 습관화된 관례가 모든 사람의 행동을 지배하고 있었다. 이런 인간의 행동에 큰 변화가 일어날 경우, 그것은 공급과 수요, 판매와 구매에서 생겨나는 변화 때문이 아니라 대개 사회적 상위자의 명령에 따른 것이었다.

---

* 아나톨리아에서 대량으로 발견된 기원전 1800년경 설형문자 서판에 따르면, 아슈르 시를 본거지로 하는 상인들의 거류지가 페르시아 만에서 메소포타미아를 거쳐 북상하는 교역망의 일환으로서 번영하고 있었다. 이들 고대 아시리아의 무역상들은 주석을 동방으로 전하고 메소포타미아 중부에서 제조된 직물을 서방에 가져갔다. 이들은 3천년 후 중세 유럽의 상인들과 매우 비슷하게 사적 자본가로서 행동했던 것 같다. 일족이 경영하는 기업 사이에서는 편지가 오갔고, 이것이 문서로 남아 있다. 만사가 순조롭게 풀릴 경우에는 1년에 100%에 이를 만큼 이윤율이 높았다.[19] 이들의 교역로에 영지를 가진 지배자나 권력자는 그들의 당나귀 대상(隊商)이 통과하는 것을 허락했음이 분명한데, 이는 아마도 주석의 전략적 가치 때문이었을 것이다. 그러나 문서에 이런 계약에 대한 언급은 없다.[20]

대다수 사람들의 생활에서는 인간의 어떤 행위보다도 흉작이나 전염병의 유행 같은 자연재해의 힘이 크게 작용했다. 무장한 약탈자들의 간헐적인 습격마저도 주된 피해자였던 농민의 관점에서 보면 어디선가 들이닥쳐서 피해만 남기고 멀리 사라지는 자연재해나 마찬가지였다. 의식적이고 계획적인 행동을 할 여지 자체가 극히 적었던 것이다. 인간은 생태학적 균형을 이루는 일부였고, 그 균형이 그들의 생존에 미치는 영향은 오늘날의 근대적 기술, 조직, 자본뿐만 아니라 그 비슷한 어떤 것에 의해서도 완화되지 않았다. 습관과 먼 옛날부터 이어져온 관습이 생활에서 일어나는 대부분의 상황에 대해 정확한 지침을 제공해주었다. 누군가의 의도에 의한 의식적인 것이든, 아니면 종래의 생활 패턴이 붕괴된 자포자기의 순간에 일어난 자연발생적인 것이든 간에 인간행동에 변화가 일어나는 것은 드물고 예외적인 사건이었다.

먹을거리를 충분히 획득하는 것이야말로 생활에서 가장 중요한 일이자 대다수의 인간에게 영원한 문제였다. 거기에 비하면 다른 모든 일은 나중 문제였다. 대규모 사업을 일으키는 데 산업적 기반이 필요하다는 것은 충분히 현실성을 띤 명제였지만(군대에 무기가 필요한 만큼이나 공공사업에는 도구가 필요했다), 인간이 할 수 있거나 이미 해놓은 일에서 도구나 무기의 입수 여부가 현실적인 한계로 느껴진 경우는 거의 없었다는 점에서 그것은 사소한 요소였다.

이 책의 주제인 '전쟁의 상업화'와, 그에 뒤따르게 마련인 '전쟁의 산업화'가 더욱 중요한 의미에서 진행되기 시작한 것은 서기 1000년 이후의 일이다. 그 변용은 처음에는 완만하게 이루어졌고, 최근 1~2세기 동안 걷잡을 수 없이 속도가 붙기 시작했다. 2장부터는 이 계기적 변화의 주요한 기준점들을 하나하나 검토해갈 것이다.

## 2장
# 중국 우위의 시대, 1000~1500년

서기 1000년경 이래 중국의 산업과 군비에서는 눈부신 변화가 일어났다. 이는 유럽에 비해 수백 년이나 앞선 것이었다. 그런데 이 변화가 낳은 새로운 생산양식은 한때 대대적으로 전개되었다가 출현할 때와 마찬가지로 급속히 붕괴해버렸다. 정부의 정책도 바뀌었거니와, 처음에 이 변화를 촉진했던 사회적 정황이 나중에는 더 이상의 혁신에 저항하거나 적어도 그 혁신을 촉진하지 않는 쪽으로 바뀌었던 것이다. 그리하여 중국은 산업과 권력정치와 군사 면에서 지도적인 지위를 잃게 되었다. 그리고 그때까지는 주변적이고 반쯤은 야만적이었던 지역—동쪽의 일본과 서쪽으로 뚝 떨어져 있는 유럽—이 세계에서 가장 강력한 무기의 조종자로서 중국의 몽골계 지배자들의 지위를 앗아갔다.

　그러나 다른 문명에 대한 중국의 우위가 사라져버리기 전에 동아시아와 인도, 중동을 연결하는 유라시아 남방의 바다에 강력한 변화의 바람이 불기 시작했다. 시장이 제공하는 기회에 주로 반응하는 재화의 흐름과 인간의 이동이 활발해진 것이다. 부를 쌓기 위해 혹은 단순히 생계를 유지하기 위해, 점점 더 많은 무역상과 소규모 행상들이 이전보다 훨씬 더 광범위한 교환 가능성을 인간생활의 각 측면에 도입했다.

　중국이 이룬 부와 기술의 눈부신 성장은 중국사회 자체의 거대한 상업화를 바탕으로 이루어졌다. 따라서 중국에서 일어난 일들이 결정적인 자극이 되어, 10세기 이래로 한국의 동해와 남중국해로부터 인도양, 나아가 유럽 해안 전역에 걸쳐 시장과 관련된 행동양식이 고조되었다는 가설은 상당히 그럴듯해 보인다. 1억 명의 사람들[1]이 일상용품을 조달하기 위한 매매와 거래를 통해 점차 상업적 네트워크에 포섭되어가면서, 문명세계의 여타 지역 사람들이 생계를 꾸리는 방식에 변화가 일어난 것이 아닐까? 이 책에서 제시하고자 하는 가설은 이런 것이다. 즉 서기 1000년 전후의 몇 세기 동안 중국에서 일어난, 시장에 의해 규제되는 행동양식으로의 급속한 진화가 세계사의 저울을 기울게 한 임계적 힘이었다는 것이다. 나는 중국의 예가 인류로 하여금 오늘날까지 1천 년에 걸친 탐구에 나서게 했다고 생각한다. 그 탐구란, 인간의 행동을 거대한 규모로 조직함에 있어 개인 또는 소집단(조합이나 기업)의 사적 이익에 관한 인식과 시장가격에 의거함으로써 무엇이 달성될 수 있는지를 시험하는 것이다.

물론 명령에 대한 복종이 사라지지는 않았다. 명령에 따른 행동과 시장에 의거한 행동은 여전히 공존했으며, 양자 사이에 이루어지는 복잡하고 양의적인 상호작용도 여전했다. 그러나 정치권력이 재정적 속박에서 벗어날 가능성은 점차 희박해져갔고, 재정은 통치자들이 더 이상 통제할 수 없는 시장에서의 재화의 흐름에 점점 더 의존하게 되었다. 통치자들 또한 사회의 다른 평범한 구성원들처럼 점점 더 자금과 부채의 거미줄에 얽혀 들어갔는데, 전쟁이나 그 밖의 공공사업을 위해 자원과 인력을 동원하기 위해서는 돈을 지불하는 게 다른 어떤 수단보다 효과적이라는 것을 알게 되었던 것이다. 군대를 장악한 권력과 돈을 거머쥔 권력은 처음에 적대적인 관계에 있었으므로 이것을 조정해줄 새로운 경영형태와 새로운 정치적 행동양식이 개발되어야 했다. 그리고 이 어려운 일을 가장 성공적으로 달성한 사회가 이윽고 세계를 지배하게 되었다. 그 사회가 바로 서유럽이었다.

그러나 유럽의 발흥은 다음 장부터 다룰 주제다. 이 장에서는 중국의 변용과 관련하여 그 원천과 한계는 무엇이었는지, 그리고 나머지 세계에 어떤 영향을 미쳤는지를 고찰하려 한다.

## 중세 중국의 시장과 명령

중국이 다른 문명세계보다 앞서 나갈 수 있었던 이유는 무엇일까? 그리고 출발점에서 얻은 그 기술적 우위를 어처구니없이 잃어버리게 된 이유는 무엇일까? 이런 의문을 풀려고 하다 보면 금세 난관에 봉착하게 된다. 중국사 연구자들은 이제까지 당(618~907), 송(960~1279), 원(1260~1368), 명(1368~1644) 네 왕조의 방대한 사료를 다루어오면서 이런 각도의 문제의식을 갖고 있지 않았다. 높은 기술을 자랑하던 제철 및 석탄산업의 성쇠나 한때 인도양 전체에 미쳤던 해상패권의 성쇠 뒤에서 중국의 사회경제적 변용과 지역적 차이가 어떻게 작용하고 있었는지 그 선명한 광경을 그리기 위해서는 한 세대나 그 이상의 연구가 필요할 것이다. 그때까지는 진보적인 작업가설 이상의 것을 기대하기는 어렵다.[2]

그럼에도 불구하고 이 시기 중국의 업적에 대해 관련 분야 연구자들이 모아놓은 자료 중에는 경탄할 만한 것들도 있다. 예를 들어 로버트 하트웰은 세 편의 뛰어난 논문[3]을 통해 11세기 화베이 제철업의 역사를 추적하고 있다. 이 시기에 이루어진 비약적 발달의 기술적 기반은 옛날부터 중국에 이미 있던 것들이었다. 고로식(高爐式) 용광로와 끊임없이 공기를 불어넣을 수 있는 정교한 풀무는 1천년 전부터 이미 알려져 있었다.[4] 11세기 초 몇십 년 동안 화베이의 제철업자들은 코크스를 용광로의 연료로 사용하기 시작하면서 삼림이 적은 황허 유역의 고질적인 연료부족 문제를 해결했는데, 코크스 역시 철의 야금에 쓰이게 된 이 시기보다 적어도 200년 전부터 요리나 난방에 사용되고 있었다.*

---

* 석탄 또한 오래전부터 제철연료로 사용되고 있었다. 그러나 석탄에서 나오는 유황에 철이 오염되어 못쓰게 되는 것을 막을 수단이 필요했는데, 이때까지는 철광석을 원통형 진흙 용기에 넣어서 녹이는 방법이 이용되고 있었다. 이렇게 하면 생산규모는 작고 연료소비는 커질 수밖에 없다.[5]

그런데 이런 기술 하나하나는 오래된 것이어도 그것들을 조합하여 사용하는 방법은 새로운 발명이었다. 그리고 일단 코크스가 제철에 사용되자 철강생산량은 그야말로 비약적으로 증가했다. 다음 수치는 중국의 제철 생산량을 보여준다.*[6]

| | |
|---|---|
| 806년 | 13,500톤 |
| 998년 | 32,500톤 |
| 1064년 | 90,400톤 |
| 1078년 | 125,000톤 |

이런 통계수치는 물론 당국의 징세기록에서 나온 것이며, 따라서 어느 정도 생산량이 과소평가되었을 수도 있다. 소규모의 이른바 '뒷마당 제철'은 분명 세무당국의 감시망에서 종종 빠져 나갔을 것이기 때문이다. 반면에 이 통계가 보여주는 생산량의 성장 역시 부분적으로는 통계처리 과정에서 생겨난 환영(幻影)일 수도 있다.† 어떤 이유에서든 11세기에 철강생산에 대한 세무당국의 관심이 높아졌을 수도 있기 때문이다. 그러나 설령 이런 성장이 부분적으로는 징세 노력의 강화로 발생한 수치상의 성장일 뿐이라 해도, 하트웰의 조사에 따르면 허난(河南) 성 북부와 허베이(河北) 성 남부의 역청탄(코크스를 만드는 데 적합하다) 탄전 소재지에 가까운 중국 북부의 비교적 작은 지역의 경우, 이전까지 전무하던 철강 생산량이 1018년이 되자 3만 5천 톤에 달했다. 이 지역에는 수백 명의 산업노동자를 고용하는 대기업들이 생겨났다. 그러나 그 밖의 지방에서 일반적으로 제철은 농민들의 농한기 부업이었던 것 같다.

새로운 대규모 사업체는 거대한 철강시장이 형성되어 있어야 비로소

---

\* 하트웰의 지적처럼, 이 통계가 보여주는 생산량은 산업혁명 초기 영국의 생산량에 필적한다. 영국의 제철업에서 코크스 연료를 사용하기 시작한 1788년으로 시대를 내려 와 보더라도 그해에 잉글랜드 및 웨일스의 제철량은 총 7만 6,000톤으로 700년 전 중국의 60%에 불과했다.
† 이미 알려져 있다시피 중국의 인구추계 또한 징세기록을 사료로 삼고 있기 때문에 마찬가지의 난점이 있다.

번창할 수 있다. 또 그 시장은 수송의 발달과 가격을 기초로 한 사회관계의 발달을 바탕으로 존립할 수 있는데, 그런 사회관계가 많은 집안(아마도 하트웰의 말처럼 본래는 지주계급이었을 것이다)으로 하여금 새로운 야금공장을 세우고 조업하는 데 흥미를 갖도록 했을 것이다. 이런 조건들이 동시에 충족되는 시기가 약 100년 동안 지속되었다. 사방으로 통하는 운하들이 북송(北宋)의 수도 카이펑(開封)과 허난·허베이 성의 철강 생산지역을 연결했다. 카이펑은 거대한 금속거래시장이었다. 철은 주화의 원료로 쓰이고,* 무기나 건축재료나 도구를 만드는 데도 쓰였다. 정부관료들은 화폐 주조와 무기 제작을 엄중하게 감독했으며, 1083년에는 마침내 철제 농기구 유통의 국가 전매화를 단행했다.

중국역사에서는 이런 결정과 같은 선례를 많이 볼 수 있다. 한대(B.C. 202~A.D.220) 이래로 철은 소금만큼이나 관료의 관심을 끄는 상품이었다. 이 두 물자의 유통을 전매화하여 임의로 높게 책정한 가격에 판매함으로써 쉽게 국고 수입을 올릴 수 있었다. 그러므로 1083년의 전매화 결정은 오래전에 확립되어 있던 과세 패턴으로 회귀한 것이었다.[7] 그러나 그에 따른 가격 상승은 당연히 민간경제에 의한 비군사적 목적의 철강 사용 확대를 억제하여 더 이상의 생산 확대를 저지하는 한 요인이 되었을 것이다.

11세기에 중국의 철강이 최종적으로 어디에 사용되었는지에 관해서는 하트웰도 언급하지 않았다. 남아 있는 자료는 단편적인 것뿐이다. 철전을 주조하기 위해 철 1만 9천 톤을 주문한 발주서 한 장과, 정부 조병창 두 곳에서 연간 3만 2천 벌의 갑옷이 생산된다는 기록 정도만이 11세기 말 카이펑 내 관영기업의 경영 규모를 대략 시사해준다. 이 무렵에는 신설 제철소에서 수도로 쏟아져 들어오는 철의 양이 어느 때보다 크게

---

* 철전은 쓰촨(四川) 성에서만 쓰였고 그 밖의 지역에서는 동전을 썼다.

증가하고 있었다. 그러나 이런 정보로는 어느 정도의 철이 무기 제조에 사용되었고 또 어느 정도가 화폐주조와 건축재료와 예술품에 사용되었는지 전혀 추정할 수 없다.* 하트웰은 얼마간의 철강이 민간부문으로 들어갔다고 하지만, 어느 만큼의 철강이 관영공장에 유입되지 않고 민간부문으로 유출되었는지도 역시 알 수 없다.

철제 농기구 유통을 전매화하기로 한 1083년의 결정이 결과적으로 생산을 제약하긴 했지만, 중세 중국관료들의 경제경영이 상당히 자각적이고 세련된 수준에 있었다는 점은 언급해둘 만하다. 그 이론은 바이쥐이(白居易)가 801년경에 쓴 다음 문장에 간결하게 표현되어 있다.

> 곡물과 천은 농민이 생산한다. 천연자원은 공장(工匠)이 가공한다. 부와 상품은 상인이 유통시킨다. 그리고 화폐는 통치자가 관리한다. 통치자는 이 네 가지 가운데 하나를 관리함으로써 나머지 세 가지를 통제한다.[9]

당시의 통화관리는 이미 근대적 성격을 띠고 있었다. 일찍이 1024년에 지폐는 중국의 몇몇 지방에서 도입되었다. 1107년이 되자 지폐의 유통은 수도에까지 확대되었다.†[10] 세금의 물납에서 금납으로의 이행도 급속히 진척되었다. 한 통계치에 따르면, 금납에 의한 세수는 송조 초기(서기 960년 직후)에 1,600만 관(貫)이었던 것이 1068~1078년의 10년 사이에 연간 약 6천만 관으로 급증했다.[12] 이 무렵에는 정부수입의 절반 이

---

\* 철강은 다리나 불탑, 조각을 만드는 데 사용되었다.[8]
† 처음에 지폐의 가치는 은으로 보증되었다. "지폐의 유통이 조금이라도 침체되면 당국은 시장에 은을 방출하고 그 대가로 지폐를 사들였다. 만약 지폐에 대한 백성의 신용이 조금이라도 약화될 우려가 있을 때는 그 지방에 축적된 금은의 준비금은 단 1문(文)어치도 다른 곳으로 옮겨질 수 없었다."[11] 문(文)은 소액의 주화로, 가운데 구멍이 뚫려 있어서 많은 액수를 거래할 때는 일정한 길이의 끈으로 꿰어서 쓴다.

상이 금납의 형태로 징수되었을 가능성이 높다.[13]

　세제 면에서의 이런 추이는 분명히 사회와 경제의 광범위한 변화를 반영한 것이다. 적어도 중국의 가장 발전된 지역에서는 큰 변화가 일어나고 있었다. 그 진행과정은 다음과 같았을 것이다. 운하가 건설되거나 하천운항의 자연적인 장애가 제거됨으로써 수송이 개선되면, 사회의 최하층민도 농업환경 및 자원의 지역적 차이를 이용하여 자신의 생산을 특화시킬 수 있게 된다. 특정한 토양과 기후에서 자라는 특정 농작물은 서로 교환하여 보완할 수 있게 됨에 따라 농산물 수확량이 현저하게 증가했다. 품종개량과 체계적인 시비(施肥) 또한 경이적인 증산을 가져왔다. 무수히 많은 농민들이 지방시장에서의 매매를 통해 자급을 위해 생산한 생활물자를 보완하게 되었다. 또한 수백만에 이르는 사람들이 농사만으로는 모자라는 수입을 수공업 부업으로 보충했다. 국지적인 범위, 지역 내부, 지역과 지역 사이 등 각 범위에서 급격히 증가하는 시장교환은 총생산성을 눈부시게 향상시켰다. 그것은 나중에 애덤 스미스가 매우 설득력 있게 분석해 낸 특화의 이익이 전면적으로 작용하기 시작했기 때문이다.[14]

　그러나 인구증가로 인해 빈곤은 사라지지 않았다. 오히려 일부는 시장을 능수능란하게 조작하여 부자가 되는 한편 일부는 가난뱅이가 되었다. 그들의 곤궁함은 제국의 수도를 비롯한 도시에서 참혹할 지경에 이르렀다. 가난해진 농민들은 돈벌이가 될 만한 일자리를 찾아 도시로 몰려들었고, 일자리를 얻지 못하면 구걸을 하거나 굶어죽었다. 공적인 구휼조치를 취하려는 노력이 1103년에 시작되었지만, 어쩌다 가끔 효과를 발휘할 뿐이었다. 1125년에 작성된 한 보고서에는 이런 상황이 잘 드러나 있다.

　　겨울에는 쇠약한 사람들은 누구한테서도 보살핌을 받을 수 없다. 거지는 길거리에 세워둔 고급 마차 밑에 쓰러져서 잔다. 보는 사람들마다

그들을 가여워하며 탄식한다.[15]

이런 상황에서, 중국사회의 최하층조차도 기회만 있으면 언제든 시장에 뛰어들어 자신의 물질적 행복을 향상시키기 위해 밤낮으로 노력해야 하는 상황으로 내몰렸다. 14세기 초에 한 작가는 다음과 같이 쓰고 있다.

> 요즈음은 열 가구로 구성된 마을만 있으면 반드시 쌀과 소금을 파는 시장이 있다. ……적당한 때가 오면 사람들은 자기가 가진 물건을 가지고 있지 않은 물건과 교환하고, 다른 사람이 관심을 갖는지 머뭇거리는지를 보아 값을 높이 매기거나 낮게 매긴다. 그렇게 함으로써 얻을 수 있는 최대한의 이익을 얻으려는 것이다. 물론 그것이 세상 돌아가는 이치이다. 대도시가 아닌 딩차오에서도 강에는 배가, 도로에는 마차가 다닐 수 있다. 그러므로 거래를 하는 농민이나 장사를 하는 수공업자에게는 충분히 도회지 구실을 한다."*[16]

또,

> 안지(安吉) 현에서는 모두들 접붙이기를 해서 뽕나무를 키우고 있다. 양잠만으로 생계를 꾸리는 사람도 일부 있다. 열 식구가 먹고살기 위해서는 열 상자의 누에를 키워야 한다. ……이런 식으로 의식을 조달하면 매우 안정되게 살 수 있다. 한 달 동안 양잠을 하는 것이 한 해 농사보다 낫다.†[17]

---

\* 딩차오는 양쯔 강 하류에 있는 마을이다. 물론 중국 전체가 양쯔 강 하류유역만큼 고도로 발달해 있지는 않았다. 그러나 바로 이 지역과 황허 하류 유역의 평원에서 일어난 현상이 11세기부터 15세기에 걸친 새로운 사회·경제적 발전의 속도를 결정지었다.
† 이 인용문은 1154년에 초판이 나온 천푸(陳旉), 『농서』(農書)의 한 구절이다.

이런 국지적인 시장교환 위에 수많은 도시가 층을 이루며 융성했다. 농촌마을을 저변으로 하여 그 위에 지방도시가 있고, 또 그 위에 양쯔 강과 황허 유역을 연결하는 대운하를 따라 대도시라고 불리기에 전혀 손색이 없는 몇몇 도시가 자리 잡고 있었다. 그 정점에, 교환 시스템 전체를 지배하는 북송의 수도 카이펑이 자리 잡았다.[18] 1126년 이후에는 대운하의 반대쪽 끝에 있는 항저우(杭州)— 남송(南宋)의 조정이 들어선 곳—가 마찬가지로 지배적인 역할을 하게 되었다.

상업의 확대와 농업의 특화라는 배경에 비춰볼 때 11세기에 철강생산이 성장한 것은 그다지 놀라운 일이 아니다. 사실 철강 생산이 성장한 것은 시장교환이 점차 활성화되면서 기술의 전문화와 천연자원의 철저한 이용이 가능해지고 그 결과 전반적인 부와 생산성이 향상되는 과정의 일부였을 뿐이다. 그러나 시장에서 사적 이익을 적극적으로 추구하는 것, 특히 그것을 통해 단기간에 많은 부를 축적하는 것은 중국의 오랜 가치관에 어긋나는 일이었다. 더구나 이런 전통적 가치관은 정부기구 내에 강력하고 효과적으로 제도화되어 있었다. 유교경전을 바탕으로 한 과거(科擧)를 통해 선발된 관료들은 상업적 정신이 정도 이상으로 강하게 표출되는 것을 체질적으로 싫어했다. 예컨대 샤숭(夏竦)이라는 고관(1051년 사망)은 다음과 같이 적었다.

……제국의 통일 이후 상인들에 대한 통제가 아직 제대로 확립되지 않았다. 상인들은 사치스러운 생활을 즐긴다. 늘 맛난 음식에 기름진 쌀과 고기를 먹으며, 으리으리한 집과 여러 대의 마차를 소유하고 있다. 그 처자들은 진주와 옥으로 치장을 하고, 종들은 흰 비단옷을 입는다. 아침이면 큰돈을 벌어들일 묘안을 짜내고, 저녁에는 가난한 사람들을 우려낼 궁리를 한다. …… 요역 할당에서는 정부로부터 일반 농촌세대보다 훨씬 나은 대우를 받고, 상업세 징수에서도 일반 백성보다 훨씬

덜 엄격하게 관리된다. 상인에 대한 이런 느슨한 통제가 당연지사로 받아들여지면서, 사람들은 농사를 경멸하고 장사를 하며 빈둥빈둥 사는 것을 높이 치게 되었다."[19]

유교의 교의에 따르면 황제는 "천하를 한 집안처럼 생각해야"*[20] 하기 때문에 제국의 관리가 생산 및 교환의 양식에 개입하고 그것을 바꿀 권리를 가지고 있다는 것은 전혀 의문시되지 않았다. 문제가 되는 것은 정책이 실질적으로 강제력을 가질 수 있는지, 또 사회 전체의 이익에 기여할 수 있는지 하는 점뿐이었다. 부정하게 얻은 이득에 대해 거의 몰수나 다름없는 무거운 세금을 매기는 것은 언제나 정의와 인과응보의 뉘앙스를 풍겼다. 가난한 사람들이 겪는 고통은 누가 보더라도 확연했으므로 부유한 상인이나 시장을 지배하는 무자비한 매점매석 행위를 비난하는 공론은 더욱 드세졌다. 그러나 송의 관료들은 무차별적으로 그런 정책을 펼 경우 몇 년 안에 세수가 감소하여 국가가 호된 대가를 치르게 되리라는 것 또한 잘 알고 있었다. 그래서 관료들은 정의와 재정형편, 장기적 이익과 단기적 이익을 양립시키기 위해 분투했다. 11세기에 송의 관료들이 한동안 취했던 정책은 지리적으로 수도 카이펑에 접근하기 쉬운 지방들에 대해 급속한 기술발전과 철강 생산 확대를 허용하는 것이었다. 하트웰의 연구가 이미 보여주었듯이, 그 결과 실로 눈부신 활황이 전개되었다.

그러나 대규모 상공(商工) 기업들은 일찍이 그 급성장을 가능하게 했던 것과 똑같은 이유로 갑자기 쇠퇴하기도 쉬웠다. 수도와의 교통통신이 끊기거나 철강제품에 대한 관의 수요가 줄어들면 분명 업계 전반이 대혼란에 빠지게 된다. 세율이 오르거나 정부 매입가격이 낮아질 경우에도,

---

* 기원전 81년 국가의 경제정책을 놓고 유학자들 사이에 벌어진 논쟁을 기록한 『염철론』(鹽鐵論) 중 한 구절.

산업생산은 좀더 완만하기는 하지만 확실하게 중단될 수 있었다.

이런 식의 상황변화가 일어나 12세기에 카이펑을 중심으로 하는 경제권에서 철강생산이 성장을 멈춘 것은 확실하다. 그러나 1078년 이후의 통계는 현재 남아 있지 않다. 그리고 그로부터 48년 후인 1126년에 송의 정상적인 행정은 중단되었다. 여진족으로 알려진 부족이 만주에서 들어와 카이펑을 점령하고 중국의 북쪽 절반에 새로운 체제(금 왕조)를 세웠던 것이다. 패배한 송은 남쪽으로 후퇴하여, 화이수이(淮水) 이남으로 영토가 축소되었다. 1세기가 지난 1226년경 칭기즈칸의 군대는 여진족을 무너뜨렸고, 칭기즈칸은 제철업이 행해지고 있던 지방을 몽골의 한 왕족에게 영지로 주었다. 칭기즈칸의 손자로 원조(元朝)를 세운 쿠빌라이칸은 1260년 제위에 올라 남중국 정복에 착수했고, 허베이 성과 허난 성의 제철지대에 다시금 제국의 직접적인 행정이 미치게 되었다. 이로써 다시 1260년대의 생산량 추계치를 낼 수 있게 되었다. 당시 이 지방의 연간 철 생산량은 기록이 있는 한에서 절정에 달했던 1078년의 3만 5,000톤에서 약 8,000톤으로 축소되어 있었다. 그리고 예상할 수 있다시피 생산된 철은 모조리 몽골군에게 갑옷과 무기를 공급하는 데 쓰였다.[21]

원나라 군대의 철강수요만으로는 도저히 철강생산량이 예전 수준을 회복할 수 없었다. 한 가지 이유는 북중국의 운하 운송이 붕괴된 것이었다. 이는 1194년의 엄청난 수해 때문이었는데, 이때 황허가 양안(兩岸)의 제방을 무너뜨리고 범람하여 허베이의 가장 비옥한 토지를 삼킨 다음 새로운 물길을 따라 바다로 흘러가게 되었다. 운하 시스템을 복구하는 공사는 끝내 이루어지지 않았다. 이에 따라 그 뒤로 허난과 허베이 두 성의 철 생산은 줄곧 미미한 수준에 머물렀다. 한때 바쁘게 돌아가던 고로나 코크스를 사용하는 반사로(反射爐), 강철을 원료로 하는 제조업은 1736년이 되자 완전히 방기되었다. 코크스를 만드는 데 적합한 석탄이 아직 고갈되지 않았고 그다지 멀지 않은 곳에 철광석 광산이 있었지만 말이다. 철강 생산은 20세기에 들어서 비로소 재개되었다.

생산이 증가하고 기술혁신이 일어난 시기, 또 생산이 축소되고 산업이 붕괴한 시기에 정확히 어떤 일이 일어났는지는 남아 있는 사료가 너무나 단편적이어서 알 수 없다. 그러나 정부정책이 언제나 결정적인 역할을 했다는 것만큼은 분명하다. 중국의 관료들은 성공한 기업인들을 늘 불신과 의혹의 눈길로 보았다. 그러므로 어떤 사업체든 국영전매기업으로 접수될 위험이 있었다. 아니면 현재의 규모로 생산을 계속할 수 없을 만큼 무거운 세금을 두들겨 맞거나 낮은 공정가격으로 제품을 팔아야 할 수도 있었다. 그리고 실제로 그런 운명이 혁신적인 기술을 사용하던 화베이의 철강산업에 닥쳤던 것 같다. 만약 이 철강산업이 그대로 확대되었더라면 중국인은 세계 어느 곳 사람들보다도 훨씬 값싸고 풍부하게 철강을 공급받을 수 있었을 것이다.

코크스 제철기술이 이렇게 폐기되었다는 사실은, 북송이 유지하고 있던 군대가 100만 명 이상으로 증강되었고 따라서 막대한 철강이 필요했다는 점을 고려할 때 더욱 이상하게 생각된다. 그러나 이런 군사적 수요에는 문제가 있었다. 군대가 예산을 할당받기 위해서는 반드시 문관(文官)들의 동의가 필요했던 것이다. 그리고 중국의 문관들은 상공업계의 거물들을 경멸하는 것과 마찬가지로 군인에 대해서도 의심하고 두려워했다. 중국 사회를 지배하고 있는 문관집단에게 조직화된 군사력은 누가 보더라도 분명히 잠재적 도전자였기 때문이다.

중국을 통일한 송조의 창업기(960년대) 이후 여러 차례의 공격을 받아 북송의 군사정책은 철저히 방어적으로 바뀌었다. 언제나 그랬듯이 가장 큰 문제는 한족의 농경지대를 침탈하는 서북쪽 변경 너머의 유목민을 어떻게 막느냐 하는 것이었다. 유목민의 기병은 한족의 보병을 압도할 수 있었지만, 다른 한편으로 한족의 보병도 석궁으로 무장하고 변경 전역에 걸쳐 곳곳에 마련된 요새화된 주둔지에 머물면서 상당히 효과적으로 유목민 기병의 공격을 물리칠 수 있었다. 약탈부대가 이 방어거점들을 우회해서 한족 거주지역에 깊숙이 침투해오면 북송 정부는 우선 초토화작전으로 대응했다. 즉 적이 침투한 지역에서 가치 있는 물건을 모조리 성 안으로 거두어들이는 것이다.[22] 약탈부대가 물러나지 않으면 평상시 수도 주변에 주둔하는 제국의 정예부대(禁軍)가 출동하여 쉴새없는 공격으로 침입자를 몰아냈다. 기병도 일부 포함된 이 정예부대는 유목민족의 내습으로부터 한족 거주지역을 지키는 것은 물론, 걸핏하면 반란을 일으키는 변경주둔군을 진압하는 데도 큰 역할을 했다.*[23]

이 전략은 적절했다. 단 그러려면 유목민의 약탈부대가 눈덩이처럼 불어나 대침략군이 되고 도시의 성벽을 무너뜨릴 만한 조직과 무기를 손에 넣는 일이 없어야 했다. 그런데 바로 그런 일이 1127년에 일어났다. 여진족이 카이펑을 함락시켰던 것이다. 그 후 이런 재앙을 피하기 위해 남송은 외교정책에 의존하여, 강성한 유목민족에게 '세폐'(歲幣)를 선사함으로써 약탈원정을 사전에 차단했다. 유목민 족장의 입장에서는 외교교섭을 통해 선물로 받는 사치품 쪽이(물론 거래의 형평성을 위해 그 대가로 그들도 말 따위를 주었지만) 잡동사니가 뒤섞인 약탈전리품보다 나았다.

한족 문관집단의 관점에서 볼 때 소극적인 방어정책은 한족 내부에서 문관의 우위를 유지하기가 쉬워진다는 이점이 있었다. 모든 병력을 각지의 수비대로 배치하고 어지간한 일이 아닌 한 능동적인 작전에 나서지 않도록 하면, 엄격한 보급관리를 통해 군대를 통제할 수 있었다. 문관은 임지의 군대에 식량이나 무기를 공급하는 권한을 장악하고 있었기 때문에, 해당 지역의 사령관과 어떤 분쟁이 생기더라도 다른 사령관을 경쟁자로 내세워 제압할 수 있었다. 이를 통해 비교적 쉽게 군부의 반란을 초기에 진압할 수 있었으므로, 설령 어떤 장수가 휘하의 군대를 동원하여

---

* 북송시대의 한 백과사전(王應麟, 『玉海』)은 왕조의 창시자 자오쾅인(趙匡胤)의 군사정책을 다음과 같이 요약하고 있다. "그는 뿌리를 강하게 하고 가지를 약하게 하는 것이 중요함을 잘 알고 있었다."[24]

조정의 결정에 영향력을 미치려는 야심을 품더라도 성공할 가망성은 거의 없었다.* 그 대신 군대의 기동성이 떨어지고 유목민이 대규모로 조직적인 공격을 가해 오면 제대로 대처할 수 없는 등 손실이 컸다. 그러나 송나라 조정은 그런 대가를 치를 용의가 있었다. 군부가 그처럼 제한된 상태에 있어야만 한족 내부에서 문관의 권위가 확보될 수 있고, 조정 관료들이 마음 놓고 한족 생활의 모든 측면을 지배할 수 있었기 때문이다.

이 같은 정세의 두 가지 측면에 대해 지적해두어야겠다. 첫째, 지배엘리트의 관점에서 보면 한족의 군사지휘관들에 대한 정책은 제국의 변경 밖에 있는 유목민 수장들에 대한 정책과 근본적으로 다르지 않았다. 즉 분할하여 통치하고, 속내가 의심스러운 상대에게는 재물이나 직위를 주고 군 간부에게는 의례상의 명예로운 임무 따위를 주어 구슬리는 것이었다. 송조의 문관들은 한족의 영역 안팎에서 이 방법을 썼다. 그러나 이 정책에는 위험이 따랐다. 재물과 위신을 줄 때는 가능한 한 절약을 하더라도 안전을 보장할 수 없을 정도로 아껴서는 안된다. 그러나 현지의 문관들은 늘 그 부를 자신이나 일족의 것으로 전용하려는 유혹을 느꼈다. 그것이 설령 제국 변경 안팎의 무장세력으로부터 반발을 초래할 위험을 의미한다 하더라도 횡령과 착복의 유혹은 컸다.

군인과 유목민 수장들도 마찬가지로 유혹을 느꼈다. 약탈을 하거나 반란을 일으키면 평소 인색한 한족 문관들에게서 짜낼 수 있는 것보다 훨씬 좋은 전리품이나 약탈품을 당장 손에 넣을 수 있기 때문이다. 그러나 다른 한편으로 그런 이득은 위험도가 높고 또 영속적인 것도 아니었다.

* 변경 주둔군이 반란을 일으킬 위험성은 755년 당조에서 안루산(安祿山)이라는 호족 출신 장군이 모반을 일으켜 황제를 옥좌에서 거의 몰아낼 뻔했던 사건에서 생생하게 볼 수 있다. 이 반란은 중앙정부의 문관행정기구를 마비상태에 빠뜨려, 그 후 200년 동안 중국역사는 사실상 지방군벌이 할거하는 시대가 되었다. 송조의 군사정책은 이 같은 경험에 대한 반동이었다. 송조의 창시자 자오쾅인은 군벌로서 승승장구하여 나라를 (거의) 재통일하자 이 새로운 정책을 실시했다. 즉, 자기처럼 제위에 도전하는 군벌이 다시는 나오지 않도록 하기 위해, 반란을 일으킬 소지가 있는 군사지휘관의 앞길에 생각할 수 있는 모든 장애물을 배치한 문민행정의 패턴을 확립했다.[25]

그러므로 모든 관계자가 항상 장기적 이익과 단기적 이익을 저울질해야 했다. 사실상 인간의 판단은 흔들리게 마련이므로, 이것은 결국 아무리 교묘하게 짜낸 방어체계일지라도 불안정성이 잠재한다는 것을 의미했다. 국경을 사이에 둔 군사력의 균형은 언제든 급변할 수 있었다. 국경수비대가 더 이상 유목민에 저항하지 않을 수도 있고, 혹은 유목민이 결집하여 엄청난 군세를 이루어 성시(城市)나 수비대가 배치된 거점요새를 포위하여 함락할 수단을 장악할 수도 있었다. 1122년 이후 여진족이 갑자기 승리를 거두어 불과 4년 만에 카이펑을 점령한 사례는 이런 내재된 불안정성을 잘 보여준다.[26]

두 번째로 지적할 것은, 군대와 조직화된 폭력에 대한 송조의 정책은 성장해가는 시장 시스템을 교묘히 이용해서 혹은 그저 운이 좋아서 부자가 된 상인 등에 대한 정책과 근본적으로 다르지 않았다는 점이다. 조직적인 군사력에 의지하는 것과 마찬가지로, 개인의 장사수완을 발휘하여 사적으로 치부하는 것은 유교적 관념에 어긋나는 일이었다. 그런 개인들은 용인될 수 있고, 혹 그 활동이 관의 목적에 보탬이 된다면 장려될 수도 있었다. 그러나 상인이나 제조업자가 지나치게 세력을 키우고 너무 많은 자본을 축적하도록 내버려두는 것은 한 사람의 장군이나 유목민 수장에게 너무 많은 군사를 맡기는 것만큼이나 어리석은 일이라고 생각되었다. 현명한 정책은 부의 지나친 집중을 분산시키는 것이었으며, 마찬가지로 하나의 지휘권 밑에 군사력이 지나치게 집중되는 것을 막는 것이 현명한 외교이자 군사정책이었다. 분할통치의 원칙은 군사와 경제 양쪽 모두에 적용되었다. 그리고 이런 대원칙에 근거하여 행동하는 문관은 백성의 광범위한 지지를 얻을 수 있었다. 일반 백성에게는 약탈을 하는 군대든 무자비한 자본가든 혐오스럽기는 마찬가지였기 때문이다.

중국 군비의 기술적 측면 또한 문관관료제의 우위를 유지하는 데 도움이 되었다. 한나라 때 혹은 그 이전부터 한족 군대의 주요한 발사무기는 석궁이었다.* 석궁에는 두 가지 두드러진 특징이 있다. 첫 번째로, 석궁은 현대의 권총만큼이나 다루기 쉬운 무기였다. 시위를 당기기 위해 특별히 힘을 쓸 필요가 없었다. 큰 활의 경우는 시위를 완전히 당기려면 다년간 연습을 해서 손가락의 힘을 길러야 했다. 그러나 석궁은 일단 시위를 당기기만 하면, 그 다음에는 화살을 발사위치에 메기고 가로대를 따라 겨냥을 하여 표적을 가늠쇠에 포착하기만 하면 되었다. 보통사람도 몇 시간만 연습하면 매우 효과적으로 석궁을 다룰 수 있었다. 그러나 13세기 중국의 석궁이 살상력을 발휘할 수 있는 사거리는 360m 정도밖에 안되었다.†28)

두 번째로, 석궁은 사용법은 간단하지만 제작하는 데는 고도의 기술을 요했다. 한 군대를 석궁으로 무장시키려면 정교하게 성형된 방아쇠 장치와 그 밖의 부품을 제작하는 전문직인에게 의뢰해야 했다. 게다가 많은 석궁을 제조하는 데 필요한 모든 재료를 직인들에게 공급하는 것도 쉽지는 않았다. 강력한 석궁은 활이 휜 상태에서 최대의 탄력을 받을 수 있도록 합판목재, 뼈, 뿔, 힘줄 등을 교묘하게 덧붙여 만든 합성궁이다. 그러나 이런 합성궁을 만드는 기술은 유라시아 스텝 전역에서 고도로 발달해

---

* 중국에서 석궁의 발달에 관한 만족스러운 수준의 역사기록은 존재하지 않는 것 같다. 후한시대에 쓰인 『오월춘추』(吳越春秋)에 따르면 석궁의 발명자는 친(琴)씨라는 인물이며, 이 신무기는 발명자의 손을 떠나 세 곳의 소국을 전전하다가 마지막으로 중국 중남부에 있던 초나라 영왕(靈王)의 손에 들어갔다고 한다. 영왕의 치세는 기원전 541~529년이다. 고고학적 증거도 이 발명연대를 뒷받침하는 것 같다. 기원전 5세기와 4세기의 몇몇 무덤에서 석궁이 출토된 것이다. 11세기에 석궁설계에서 최초로 큰 개량이 일어났다. 1068년쯤에 리딩(李定)이 석궁의 가로대 끝부분에 장착하여 발을 걸고 버틸 수 있는 등자 모양의 부품을 발명함으로써 시위를 당기는 데 등과 다리의 근육을 사용하게 했고 이에 따라 그만큼 강력한 활을 사용할 수 있게 되었다.27)
† 3장에서 보게 되겠지만, 13세기 유럽 지중해에 강력한 석궁이 보급되자 기사들의 중장갑기병전술은 더 이상 확산되지 않게 되었다. 중장갑기병에 의존하는 이란식 군비가 중국에서 그다지 발달하지 않았던 것은 석궁 때문일 수 있다. 만약 석궁병이 무거운 갑옷으로 몸을 감싼 기병을 쏘아 말에서 떨어뜨릴 수 있다면, 이란의 호족이나 유럽의 기사들을 사회의 정점에 자리 잡게 했던 대형 말이나 값비싼 갑옷에 투자하는 것이 무의미해지기 때문이다. 중장갑기병전술은 중국에서 300년가량 중시되다가 7세기에 소멸했다. 단, 중국의 석궁에 등자 모양의 부품이 장착된 11세기 이전에도 갑옷을 뚫을 정도의 위력이 있었는지는 불확실하다.29)

### 중국의 석궁 제조

17세기의 백과전서에 실린 목판화. 얇은 판을 여러 겹 덧붙여서 강력한 활을 만드는 방법을 보여준다. 그림 하단의 석궁에는 화살 열 대를 물릴 수 있는 연발 탄창이 달려 있다. 시위를 당기면 화살이 탄창에서 한 대씩 떨어져 나와 발사위치에 장전된다. 시위걸이와 방아쇠 장치는 제작하는 데 가장 정밀한 기술을 요하는 부품인데, 명확히 그려져 있지 않다.(宋應星, 『天工開物』)

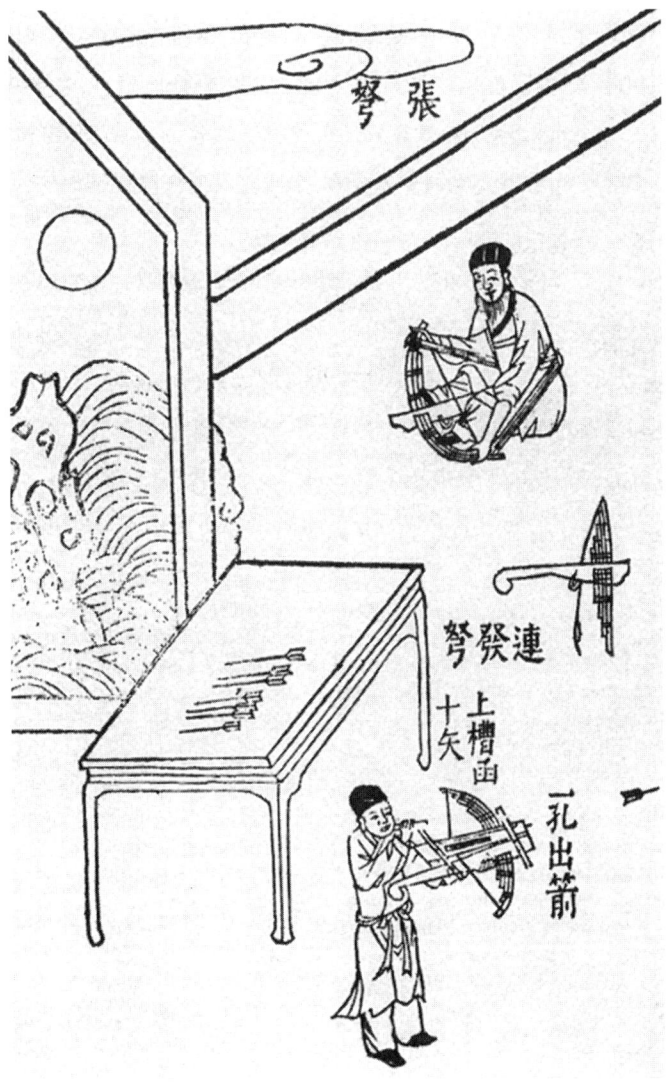

있었다. 석궁만의 고유한 특징은 그 방아쇠장치에 있다. 방아쇠장치는 시위를 당기고 발사하기까지 기다리는 동안 강한 압력을 견딜 수 있을 만큼 튼튼해야 한다. 그러므로 숙련공과 적정한 품질의 금속이 충분히 공급될 때 비로소 믿을 만한 방아쇠를 만들 수 있다.*[30]

시장경제는 서로 환경이 다른 다양한 지역에 기반하여 성립해 있었으므로 석궁 직인의 작업장에 필요한 재료를 원활하게 공급하는 데 매우 유리했다. 중앙에서 통제하는 경제는 아무리 효율적이어도 그것을 따라잡기 힘들었다. 11세기에 한족 군대가 갖추고 있던, 돌과 화살과 가연물질을 멀리 발사하는 그 밖의 기구들에 대해서도 이 점은 마찬가지였다.[31] 1000년경 이런 복잡한 무기류에 흑색화약을 비롯한 폭발성 혼합물이 추가되었다. 처음에 폭발물은 적진에 불을 내는 데 유용하게 쓰였으나 약 1290년 이후부터 한족은 흑색화약의 추진력을 이용하기 시작했고, 이때 처음으로 대포다운 대포가 발명된 것으로 보인다.[32]

송나라 때 한족의 기술혁신은 특히 무기 제작에 집중되었던 것 같다. 아마도 유목민족들 사이의 기술혁신이 한족을 앞으로 나아가도록 압박했을 것이다. 어쨌든 1126년에 여진족이 화베이를 정복하기 이전에 이미 여진족과 다른 이웃 유목민족들은 한족의 직인기술로 만들어진 제품을 입수할 기회를 점점 더 많이 갖게 되었다. 이런 변화의 주된 징후는 유목민족의 갑옷이 개량된 점과 무기제작을 위한 금속 공급이 증가한 점이었다. 분명히 송조의 지배층은 최대의 적과 자신들의 기술적 격차가 줄어드는 사태를 맞게 되었다. 그리고 유목민족이 화베이를 정복하자 그 격차는 사실상 해소되어 버렸다. 이런 위협에 직면하자 송조는 군사 관련 발명에

* 더 약한 활이라면 훨씬 단순한 재료로도 만들 수 있다. 실제로 나무로도 제대로 작동하는 방아쇠를 만들 수 있었다. 그러나 그런 것으로는 갑옷을 뚫을 만한 힘을 얻을 수 없었다. 19세기 중국에는 탄창 안의 화살을 아주 빠른 속도로 연속발사할 수 있는 목제 석궁이 있었다는 기록이 Payne-Gallwey, *The Crossbow*, pp. 237~42에 나온다. 관통력은 약하지만 대단히 정교했던 이 무기는 1860년대에 실제로 영국군에게 사용되었는데, 살상력을 높이기 위해 독화살을 사용했다.

대해 보상제도를 실시하게 되었다. 다음 구절은 그것을 말해준다.

> 송 태조의 치세인 개보(開寶)2년(969), 펑지성(馮繼昇) 장군은 다른 군관들과 함께 새로운 불화살의 설계안을 내놓았다. 황제는 그것을 시험해보라고 지시했고, (시험이 성공하자) 발명자들에게 제복과 비단을 하사했다."*33)

황제의 이 같은 장려로 기술혁신에 대한 장애물은 거의 사라졌다.

도시를 근거로 하는 방어적인 송의 전략 역시 군사기술의 실험을 촉진했다. 성벽이나 다른 고정된 거점을 방어하기 위해 복잡하고 강력한 전쟁도구를 만드는 데 기술자와 자원을 투여하는 것은 물론 의미있는 일이었다. 하지만 초기에 그런 기기는 방어거점을 떠나 광활한 지역에서 신속히 이동하도록 편성된 군대가 사용하기에는 너무 덩치가 컸다. 훗날 투석기나 흑색화약을 사용하는 무기가 아주 강력해지고 나서 몽골인들은 이런 장치를 이용해 성문이나 성벽을 방어할 뿐 아니라 무너뜨릴 수도 있다는 것을 보여주었다.34)

송의 군대는 병력이 100만 명에 이를 만큼 확대되었고, 기동력이 우세한 적의 공세를 물리치기 위해 복잡한 무기에 의존했다. 이런 군대를 성공적으로 운영할 수 있었던 것은 분명 이미 송조의 경제가 시장을 매개로 한 지역간 연결이나 수송의 개선, 행정기구의 효율화를 통해 고도로 조직화되어 있었기 때문이다. 또한 새롭게 도입된 과거제도는 그전보다 우수한 문민 관료를 확보하는 데 일조했다.35) 그러나 관료들이 아무리 능란하고 빈틈없다 해도, 군대에 충분한 보급을 해야 한다는 난제가 두 집단 사이의 불안정한 균형을 위태롭게 했을지도 모른다. 그 두 집단이

---

\* 왕링(Wang Ling)에 따르면, 이 불화살에는 목표물에 부딪치면 폭발하는 흑색화약 탄두가 달려 있었을 것이라고 한다.

란 중국사회의 사령부라 할 수 있는 문관과 무관, 그리고 새로이 끓어 넘치는 활력으로 시장지향적 행동을 취하는 민간경제인이었다. 유명한 개혁가 왕안스(王安石, 1086년 사망)는 "이 나라의 학식 있는 사람들은 무기 휴대를 수치스럽게 여긴다"고 썼다. 그러나 1060년대 정부의 추산에 따르면, 무시당하면서도 중국을 지키는 100만 이상의 장병을 유지하는 데 정부 세입의 80%에 해당하는 5,800만 관이 필요했다.[36] 불안해진 문관들이 군사지출을 줄이기 위해 허난 성과 허베이 성의 제철산업에 채산이 맞지 않을 정도로 낮은 매입가격을 강제하여 산업을 질식시킬 수도 있었다. 그러나 실제로 그런 일이 일어났는지, 아니면 어떤 다른 사정으로 산업이 붕괴했는지는 알 수 없다.

유교를 신봉하는 문관들의 정책은 장기적으로 비싼 대가를 치르기는 했지만, 이들이 하나의 불안요인(전문직업화된 폭력)과 그에 못지않은 또 하나의 불안요인(전문직업화된 이윤추구)을 조화시키려고 노력하면서 직면했을 어려움을 현대 자본주의 사회에 사는 우리도 공감할 수 있다. 그 어느 쪽도 문관들의 전통적인 사회적 가치기준에 맞지 않았다. 실제로 상인과 군인은 다른 사람의 어려운 처지에 대해 뻔뻔할 정도로 무관심한 태도를 취하여 도덕적 결함을 드러내는 일이 종종 있었다. 14세기부터 19세기까지 유럽에서 진행된 군사기업과 상업기업의 무제한적인 결합과 같은 사태는 중국의 문관들에게는 거의 세상의 종말로 생각되었을 것이다. 유교적인 치국책의 전통 속에서 교육받은 사람이 정권을 쥐고 있는 한 그런 위험한 결합은 결코 허용될 수 없었다. 허용은커녕 공업과 상업과 군대의 확대에 대한 제도적 제약이 중국의 정치행정 시스템 자체에 확립되어 있었다.

분명 너무 극단적인 예이긴 하지만, 12세기의 제철업자 왕거라는 인물의 이력은 이 시스템이 어떻게 작동했는지를 보여주는 대표적인 예다. 무일푼이었던 왕거는 중국 중남부에서 상당히 유명한 제철업자가 되어

약 500명의 노동자를 거느리기에 이르렀다. 그의 용광로에는 코크스가 아니라 숯이 사용되었다. 실제로 그가 사업가로서 맨 처음 한 일은 나무가 울창한 산비탈을 점유한 것이었는데, 그곳에서 숯을 구워낼 수 있었다. 남아 있는 기록에는 원인이 드러나 있지 않지만, 1181년에 왕거와 지방관들 사이에 시비가 붙었다. 지방관이 왕거를 자기 뜻에 굴복시키려고 병사들을 보내자, 왕거는 노동자들을 동원하여 병사들을 흠씬 두들겨패고는 아문이 있는 마을까지 쳐들어갔다. 그러나 노동자들은 왕거를 버리고 도망쳐버렸다. 왕거도 어쩔 수 없이 도망을 갔다가 나중에 붙잡혀 처형되었다.[37] 이 사례는 경제적인 기업경영과 사적인 군사력의 행사가 어떻게 서로 결합되는지, 그리고 기득권을 가진 관료층이 사회적 가치에 반하는 이 두 가지 행태에 대하여 어떻게 자기들의 뜻을 강제했는지를 보여준다.

그러나 11세기에 정부재정이 현금 위주로 운용되게 됨으로써 관료층 자체가 상업적 성향에 감염될 위험이 생겨났다. 그런 경향은 특히 중국 남부에서 뚜렷이 나타났다. 양쯔 강 이남에서는 산이 많은 지세 때문에 운하나 강줄기를 이용한 수송이 어려워 상인들은 바다로 나가 연안항로를 개척했다. 중국의 연안지방들 사이에 해상무역이 일단 확립되자, 무역관계를 더 먼 지방으로 확대하는 것은 쉬웠다. 중화제국의 지배를 받지 않는 사람들과의 무역이 활발해지면서 수입품에 물품세를 매김으로써 정부수입이 크게 늘어났다. 이런 세금의 징수를 담당하는 관료는 유럽의 중상주의자를 연상시키는 열의를 가지고 해외무역을 촉진하려 했다. 심지어 세수 확대에 기여하고 진기한 고가품을 가지고 돌아올 것 같은 사업에 대해서는 공금을 투자하기까지 했다. 어떤 조서(詔書)에는 이런 구절도 나온다. "해상무역으로 얻는 이익은 매우 크다. 경영만 잘하면 몇 백만 관도 될 수 있다. 백성에게 과세하는 것보다 그 편이 낫지 않겠는가?"[38] 이 말을 한 황제는 상황을 잘 꿰뚫고 있었다. 1137년에는 정부수입의 약 5분

의 1이 해상무역에 부과한 세금에서 나오고 있었기 때문이다.[39]

상인의 관점과 관료의 관점 사이의 이런 부분적 융화는 몽골인이 세운 원조(1227~1368) 때 절정에 달했다. 몽골인은 영악한 상인에 대한 유교식의 경멸 따위는 갖고 있지 않았다. 쿠빌라이의 궁정에 마르코 폴로가 받아들여진 것은 이런 사실을 잘 대변해준다. 사실 마르코 폴로는 쿠빌라이가 징세관을 비롯한 제국의 주요 행정직에 임명했던 수많은 외국인 상인 중 한 사람에 지나지 않았다.*[40] 명대(1368~1644)에는 상업기업과 군사기업의 동맹에 대한 반동이 일어났다. 그러나 그 과정이 왕조 교체 후에 곧바로 시작된 것은 아니었다. 이런 동맹의 절정은 15세기 초에 중국함대가 정치적·상업적 목적하에 시행했던 인도양 원정이었다.

인도양에 대한 중화제국의 이 모험적 사업은 남송 건국기에 형성된 수군(水軍)의 전통을 기초로 했다. 1126년 카이펑이 여진족에 함락되었을 때 황족 한 사람이 남쪽으로 달아나서, 외족(外族)으로부터 자신을 지켜주는 강줄기들을 방호벽으로 삼아 제국의 나머지 부분을 방위할 수 있음을 보여주었다. 그러기 위해 그는 수군을 창설했다. 일찍이 북송이 변경을 따라 요새화된 방어거점에 주둔하는 보병부대에 의지했던 것과 달리, 1126년 이후 남송 조정은 여진족의 기마전사에 대항하기 위해 특별히 설계된 군선(軍船)에 의지하게 되었다.

처음에 남송 수군은 주로 내륙의 수로에서 이용되었다. 밟아서 돌리는 바퀴와 외륜(外輪)으로 구동되는 장갑선 등의 새로운 배가 하천과 운하에서의 전투를 위해 발명되었다. 공격에서나 방어에서나 석궁병과 창병이 주력을 이루었는데, 큰 배에는 오래전부터 육상에서 성을 공격하거나

---

* 헤르베르트 프랑케의 논문은 이 이방인들 가운데 가장 눈부신 성공을 거둔 인물의 성쇠를 다루고 있다. 아메드(Ahmed)는 자카프카지예(Zakavkazye) 지방에서 태어난 무슬림으로, 소금을 비롯한 전매품을 취급하는 관청의 장관이 되었다.[41] 그런데 몽골인은 상인에게 비교적 폭넓은 활동을 허용하는 한편, 국가적 목적을 위해서는 민간 선박을 수시로 동원했기 때문에 중국의 해상무역은 심각한 타격을 입었다.[42]

요새를 방어할 때 사용되던 대형 투사기(投射器)도 설치되었다. 이는 지상전의 방법을 배에 응용한 것으로, 각각의 배는 기동성을 갖춘 요새의 역할을 했다. 수백 척의 선박과 무려 5만 2,000명의 병력으로 구성된[43] 수군의 장비를 갖추려면 북송의 지상군에게 필요했던 것보다 훨씬 복잡하게 조합된 원재료와 공장에서 제조된 부품이 필요했다. 지상군이 이미 중국경제에 부과하고 있던 비교적 복잡한 요구에다, 배를 만드는 데 필요한 모든 재료(목재, 밧줄, 돛, 그 밖의 부속품)가 추가되었다. 도시상공업의 기반과, 시장에 의해 연결된 물자 공급 시스템의 중요성이 이전보다 훨씬 더 커졌다. 그러나 북송이 취했던 소극적인 방어정책은 수정되었다. 새로운 전선은 기동성이 매우 뛰어나고, 적의 공격에 맞서 어떤 보병보다도 쉽게 결집될 수 있었기 때문이다.

칭기즈칸의 군대가 북중국의 여진족 영역을 침범하고 반세기 동안의 휴지기를 거친 후 다시 남중국을 공격했을 때, 그들은 맨 먼저 오랫동안 남송 정권의 주요한 보루가 되어온 수군을 압도해야 했다. 쿠빌라이칸은 수군을 창설할 수밖에 없었다. 이 수군의 도움으로 쿠빌라이칸은 샹양(襄陽)을 5년 동안 포위공격한 끝에 마침내 함락시켰다. 샹양은 남송이 양쯔 강 위에 세웠던 주요 방어거점 중 하나였다. 이후 남송 수군의 대부분이 승자에게 투항했기 때문에 정복의 마지막 단계는 비교적 수월하게 진행되었다.[44]

남송을 정복한 뒤에도 쿠빌라이는 계속 수군을 강화했지만, 수군의 성격은 달라졌다. 이후에 그가 시도했던 수군병력을 이용한 정복사업은 해외가 무대였던 것이다. 따라서 대양(大洋)을 항해하도록 설계된 배가 중국함대의 주력이 되었다.[45] 쿠빌라이는 대규모 수군을 건설했지만(기록에 따르면 1281년에 일본 침공을 기도한 그의 함대는 4,400척을 헤아렸다), 그의 해상원정은 지속적으로 성공을 거두지는 못했다. 1281년 일본의 전사들은 때마침 불어온 태풍에 힘입어 쿠빌라이의 침략군을 격파해버렸다. 쿠빌라이의 수군은 뒤이어 자바에 진출(1292)했고, 처음에는 승리를 거두었지만 그토록 멀리 떨어진 섬을 계속 지배할 수는 없었다.

이런 해외원정보다 장기적으로 훨씬 큰 의의를 가질 수 있었던 것은 (결국 그렇게 되지는 않았지만), 내륙 수로를 통해 남에서 북으로 운반되는 곡물의 흐름을 보완하기 위해 해상운반선이 사용된 것이었다. 14세기 초가 되자 운하로 운반되는 곡물과 해상으로 운반되는 곡물의 양이 거의 같아졌다. 항해술의 개선으로 양쯔 강 하구에서 톈진(天津)까지 가는 데 걸리는 항해일수가 열흘로 줄어들면서 대운하를 통한 화물운반보다 속도가 훨씬 빨라졌다. 그러나 남부에서 지역적으로 반란이 일어나고 치안이 악화되자 곡물 등 상품의 대량 장거리 해상운송이 방해받기 시작했고, 바다에서는 해적이 출몰하여 문제를 일으켰다. 이 때문에 몽골의 중국 지배가 최종적으로 붕괴(1368)되기 전부터 이미 해상운송의 점유율은 미미한 수준으로 축소되어 있었다. 정부가 사용할 수 있도록 잉여 곡물을 북부에 집중시키는 징세 시스템 전체가 사실상 붕괴되고 있었던 것이다. 곳곳에서 반란이 일어났고, 결국 그 가운데 한 사람이 경쟁자들을 제압하고 다시금 중국 전체를 새로운 한족 왕조하에 통일했다. 이것이 명조(明朝, 1368~1644)이다.

처음에 새 왕조는 북송과 남송의 군사정책을 모두 채용했다. 즉 명조 초기의 황제들은 유목민으로부터 변경을 방위할 거대한 보병군단을 유지하는 동시에 내륙의 수로와 공해(公海)를 경비할 강대한 수군도 보유했다. 1420년 명 수군은 적어도 3,800척의 함선을 보유하고 있었다. 그 가운데 1,350척은 해상요새라고 해도 될 만큼 큰 배 400척을 포함한 전함이었고, 250척은 장거리 순양항해를 위해 특별히 설계된 '보선'(寶船)이었다.[46]

유명한 정허(鄭和) 제독은 보선함대를 이끌고 인도양으로 순양항해 (1405~1433)를 했다. 그의 함대에서 가장 큰 배는 배수량이 1,500톤 정도였을 것으로 추정되는데, 이에 비해 같은 세기 말에 포르투갈에서 인도양까지 갔던 바스코 다 가마 함대의 기함은 배수량이 300톤 정도였다. 모든 면에서 이 원정의 규모는 나중에 추진된 포르투갈의 시도를 능가했다. 선박수, 대포수, 승무원수, 화물 적재량 등이 모두 훨씬 많았고, 선박 조종술이나 내항성(耐航性)도 콜럼버스나 마젤란 시대의 유럽인에 비해 조금도 뒤지지 않았다. 보르네오 섬이나 말레이시아에서 실론 섬까지, 나아가서는 멀리 홍해 연안에서 아프리카 동해안까지, 정허는 가는 곳마다 중국의 종주권을 승인하게 하고 조공무역 형식의 교역관계를 수립했다. 극히 드문 일이긴 했지만, 그의 함대가 저항에 부딪칠 때는 실력을 행사했다. 예컨대 1411년에는 실론 섬의 한 고집 센 군주를 단단히 훈계하기 위해 중국 조정으로 데려왔다.*

이런 정부 간 무역에 더하여, 민간이 경영하는 해외무역이 13세기 무렵부터 급성장했다. 상인이나 출자자는 대형 선박을 건조하고 운용했다. 승무원과 화물의 관리, 출자자 간에 위험과 이익을 분배하는 방식, 원격지 거래에 따르는 분쟁의 해결 등에 관해 표준적인 절차가 정착되어갔다.[48] 만주, 조선, 일본 등 중국 해안 가까이 있는 나라들이 주된 목적지였지만, 중국의 민간 해운은 정허가 이끄는 제국함대보다 수십 년 앞서 인도양에 발을 들여놓고 있었다. 남아시아와 동아프리카에서 중국의 무역 규모는 12세기 중반 무렵부터 급속히 확대되었던 것 같다. 이를 가장 잘 보여주는 지표가 아프리카 해안에서 발견되는 중국 도자기의 파편이다. 이런 도자기 조각은 아주 정확한 연대 추정이 가능하므로, 이를 통해 일찍이 8세기에 무역이 시작되었음을 알 수 있다.(아마도 무슬림의 배로 운반되었을 것이다.) 하지만 무역량이 급증한 것은 1050년 이후였다. 그즈음부터 중국 선박이 정기적으로 말레이 반도를 돌아 인도양으로 들어

---

* 정허가 처음 항해를 하게 된 것은, 티무르의 육상 공격에 대비하여 중국의 해상 접근로를 확보하기 위해서였을 수도 있다.[47] 티무르는 중국에 대한 대규모 공격을 준비하다가 1405년에 죽었다.

오기 시작했던 것이다. 그전에는 말레이 반도가 붙어 있는 크라 지협까지 배로 화물을 운반한 다음, 거기서부터 육로로 지협을 가로질러 동에서 서로 운송하는 것이 몇 세기에 걸친 통상적인 관행이었다.[49]

11세기 중국에서 코크스를 연료로 사용하는 고로가 급증한 것을 보고, 유럽사를 아는 사람이라면 경제 전체에 영향을 미치는 산업혁명이 분명 뒤따랐을 것이라고 생각하게 된다. 이와 마찬가지로 15세기 초에 중국이 건설한 해상제국을 볼 때, 서양인들은 만약 중국이 탐험을 더욱 밀어붙였더라면 어떻게 되었을까 하는 생각을 하게 된다. 현실에서는 콜럼버스가 마르코 폴로의 '카타이'[중세 유럽에서 북중국을 가리키던 말로, 마르코 폴로의 책으로 인해 널리 유포되었다]를 찾겠다는 헛된 항해 끝에 우연히 히스파니올라 섬에 닿았지만, 그보다 반세기나 앞서 중국의 콜럼버스가 아메리카 서해안을 발견했을 수도 있다. 당시 중국 선박은 태평양을 횡단한 후 다시 돌아올 만한 능력이 분명 있었기 때문이다. 또 만약 정허의 원정과 같은 일이 다시 시도되었더라면, 중국의 탐험가들이 포르투갈의 항해왕 엔리케가 죽기(1460) 이전에 아프리카를 돌아서 유럽을 발견했을 수도 있다.

그러나 명나라 조정의 관료들은 다른 길을 택했다. 1433년 이후 그들은 더 이상 인도양에 원정함대를 파견하지 않았다. 1436년에는 새로운 외양선(外洋船)의 건조를 금하는 칙령이 내려졌다. 수군 병사들은 대운하 등 내륙수로를 왕복하는 배에 배치되었고, 외양을 항해하던 전함은 무용지물이 되어 썩어갔다. 얼마 지나지 않아 조선술이 쇠퇴했고, 16세기 중반이 되자 중국 수군은 중국 해안에서 점점 골칫거리가 되어가던 해적들을 쫓아내는 일조차 할 수 없게 되었다.[50]

이런 후퇴는 부분적으로는 조정 내에서 경쟁관계에 있던 파벌 간의 분쟁이 빚어낸 결과였다. 정허는 태어날 때부터 무슬림이었는데 아마도 몽골계였을 것이다.[51] 이 때문에 그의 해외 모험사업은 이국적인 색채를 띠었다. 그런데 유교를 신봉하는 한인 관료들은 이질적인 것이라면 무엇이든 불신하는 경향을 갖고 있었다. 또 정허는 환관이었는데, 명나라 조정에서는 환관들 또한 공격의 대상이었다. 이렇게 된 배경에는 1449년에 한 환관이 무모하게 몽골족 원정을 꾀했다가 황제를 몽골족의 포로가 되게 한 사건이 있었다.[52] 이 사건은 명조의 해외 모험사업이 폐기된 더욱 근본적인 이유를 시사한다. 즉 육지의 국경 너머에는 중국을 위협하는 적이 있었지만, 해상에는 왜구가 등장한 15세기 후반까지 두려워할 만한 경쟁상대가 없었던 것이다.

따라서 쟁점은 공세적인 군사정책과 방어적인 군사정책 사이의 선택이었다. 1407년에 명의 수군은 안남(安南, 현재의 베트남) 원정의 선봉에 섰는데, 1420년부터 1428년 사이에 명군(明軍)은 연패를 당했다. 1428년에는 마침내 철수결정이 내려졌다. 이런 배경을 알고 나면, 안남에서의 전황이 위기에 처했던 1426년에 황제에게 전달된 아래의 상주문은 베트남전을 경험한 현대 미국인의 귀에 이상하리만큼 친숙하게 들린다.

무기란 흉기이므로 성인은 반드시 그것을 써야 할 때가 아니면 쓰지 않습니다. 옛날의 성군이나 명재상은 백성의 힘을 병사(兵事)에 헛되이 쓰지 않았습니다. 이는 선견지명이 있는 정책이었습니다. ……신(臣)은 폐하께서……군사적 목표를 이루는 데 골몰하지 않으시기를, 먼 나라에 원정대를 보내는 일을 영광으로 여기지 않으시기를 바랍니다. 외적의 불모지를 단념하고 이 땅의 백성에게 휴식을 주어, 그들이 농사와 교육에 전념할 수 있게 해주기를 바랍니다. 그러면 전쟁도 없고 변경에서의 고충도 사라져 마을마다 불평불만을 찾아볼 수 없게 될 것입니다. 군사지휘관은 명성을 구하지 않고, 병사는 이역에서 목숨을 잃지 않을 것입니다. 먼 곳의 백성이 저절로 복속해 오고 그 땅이 우리 품으로 돌아올 것이니, 천조(天朝)는 만세(萬歲)를 이어갈 것입니다."[53]

새 수도인 베이징과 가까운 국경을 위협으로부터 방위할 것인가, 아니면 비용이 많이 드는 해외 공세작전을 취할 것인가 하는 선택의 갈림길에서 왜 명나라 정부가 철수책을 택했는지를 이해하기는 어렵지 않다.

이 선택에 영향을 미쳤을 수도 있는 또 한 가지 사건이 있었다. 양쯔 강과 황허 하곡을 연결하는 대운하 전체에 걸쳐 곳곳에 갑문을 설치하는 공사가 1417년에 완성되었던 것이다. 새로 발명된 갑문들이 설치되자 수위의 높낮이를 염려할 필요 없이 사시사철 배가 다닐 수 있게 되었다. 그전에는 해마다 6개월가량은 큰 배가 지나다닐 수 없었고, 때로는 다시 비가 와서 수위가 높아질 때까지 운항이 완전히 중단되는 일도 있었다. 새 갑문들이 설치되자 1년 내내 안심하고 내륙 수로를 통해 북부로 곡물을 보낼 수 있게 되었다. 더 이상 해상운송으로 대운하의 교통난을 보완할 필요가 없어졌고, 수도 베이징에 충분한 식량을 공급하기 위해 해상 치안을 유지할 필요도 없어졌다. 그러므로 관료들은 수군을 상시 출동가능한 상태로 유지하는 데 필요한 거액의 재정지출을 승인할 납득할 만한 이유를 찾을 수가 없었다. 이에 따라 그들은 수군이 조용히 해체되어가게 내버려두었다.

그러면 원양 항해에 관여하던 민간 기업가들은 어떻게 되었을까? 중국 남부의 해안도시에서는 해상무역이 매우 번성했고, 거기에 의존해 살아가는 사람도 분명 수천 명은 되었다. 이들 상인과 선원들은 1371년에 정부가 해상무역을 금지하고 그 후 2세기 동안 몇 차례나 거의 정기적으로 재확인조치를 취했다고 해서, 얌전히 명령에 따르지는 않았다.* 원거리 항해는 계속되었다. 다만 규모는 축소되었다. 불법 사업인 만큼 이전보다 비용이 훨씬 많이 들었기 때문이다. 송조하에서 중국의 해외무역이 급속히 확대될 무렵 외국산 물품에는 10%~20%의 물품세가 부과되었

---

* 해금(海禁)은 1390년, 1394년, 1397년, 1433년, 1449년, 1452년에 재공포되었다.[54]

는데, 불법거래가 되자 이를 눈감아달라고 관리들에게 바치는 뇌물의 부담이 훨씬 더 커졌다.[55] 따라서 원양 항해에서 얻은 이윤으로 민간에 대자본이 축적될 가능성은 적어졌다. 어떤 관리라도 상인의 불법적인 소득을 찾아내기만 하면 그것을 몰수할 수 있었기 때문이다.

그러므로 해금이 내려진 1371년부터 적절한 규제와 관의 허가 아래 중국 선박의 해외항해가 다시 허용된 1567년까지 약 2세기 동안, 중국의 선원과 상인들은 생업을 계속하기 위해 법을 어길 수밖에 없었다. 그 수가 상당했기 때문에 이들은 명조의 골칫거리가 되었다. 관료들은 이들을 '왜구'라고 부름으로써, 그들을 효과적으로 제압하지 못하거나 혹은 제압하려 하지 않는 것에 핑계를 댔다. 소수의 일본인이 해적떼에 가담한 것은 분명했지만, 15~16세기에 중국 근해에서 불법적 해상활동에 종사하던 뱃사람들은 대부분 중국인이었다. 그러나 앞에서 언급한 제철업자 왕거 및 그의 부하들과 마찬가지로, 이 중국인 해적 겸 무역상들은 명조의 통치구조에 심각한 위협이 될 만큼 대중적 지지를 받지는 못했다. 1567년 관료와 해외무역업자들 사이에 그럭저럭 만족할 만한 타협이 이루어진 후로 해적은 쇠퇴했고 위기는 사라졌다. 그러나 그때까지 2세기 동안 불법상태로 이루어진 해상무역은 분명히 중국의 무역발달을 저해했고, 덕분에 유럽 상인들은 훨씬 쉽게 동아시아에서 발판을 마련할 수 있었다.[56]

중국은 제철 및 해운에서 유럽의 기술적 성과를 먼저 달성했지만, 그 두 가지 성취 모두 역사 속에서 아무런 영속적인 변화도 낳지 못하고 당시 중국인의 삶 속에 흡수되어버렸다. 중국인 상인이나 제조업자들 자신도 자기들의 사회적 역할을 평가절하하는 가치체계에 동의하고 있었다. 그들이 벌어들인 돈을 토지나 자녀교육에 투자했다는 사실이 이 점을 증명해준다. 그렇게 함으로써 자녀들은 지배계급인 지주층에 합류했고 관료조직 안에서 벼슬을 얻기 위해 경쟁할 수 있었다.[57]

결국 중국사회의 전통적인 체제는 단 한 번도 심각한 도전을 받은 적이 없었다. 정부의 명령구조는 맹아단계의 시장경제 위에서 균형을 유지하며, 때로는 위태로운 적도 있었지만 결코 근본적인 통제력을 잃지 않았다. 제철업자나 조선업자도 다른 모든 사회구성원들과 마찬가지로 끝내 한 번도 자율성을 갖지 못했다. 관료들이 허용해주었을 때는 눈부실 정도로 기술이 진보하고 조업 규모가 확대될 수 있었다. 11세기에는 철강생산이, 12세기부터 14세기까지는 조선업이 그런 급성장을 보였다. 그러나 그와 마찬가지로 관의 정책이 바뀌면 달라진 우선순위에 맞추어 자원도 급속히 재배치되었다.

중국 철강업과 조선업의 성쇠는 경제가 복잡한 시장교환에 의해 지탱되면서 동시에 정치적 명령에도 반응한다는 것이 얼마나 유리한지를 잘 보여준다. 중국에서는 함대를 건조하거나 대운하를 보수하거나 유목민에 맞서 변경을 방위하거나 새로운 도성을 건설하는 등의 공적인 목적을 달성하기 위해 대대적인, 참으로 제국적인 규모로 자원을 동원할 수 있었다. 정부의 명령구조 아래에서 작동하는 활발한 시장교환 시스템은 경제의 유연성을 높여주었다. 또한 그것은 국부(國富)를 증가시키고 사회 전체의 자원을 크게 확대했다. 그러나 끝끝내 관료집단을 경제 사령탑에서 밀어내지는 못했다. 오히려 새로운 국부와 개선된 교통통신은 중국의 관료집단이 휘두를 수 있는 실질적인 권력을 더욱 강화했다. 왕조교체기마다 비교적 짧은 혼란기가 있기는 했지만, 송조부터 현재까지 중국이 정치적 통일을 유지해왔다는 사실은 정부 당국자들의 권한이 송조 이후에 한층 더 커졌음을 말해준다. 시장의 이상과 정부의 이상은 언제든지 어긋날 수 있다. 그러나 관료들이 지역적·개인적으로 도전을 받았을 때 언제든 압도적인 경찰력을 동원할 수 있는 한, 시장과 명령의 혼합 속에서 언제나 명령의 요소가 우세했다. 시장적 행동양식과 사적인 부의 추구는 정치권력이 정해준 한계 내에서만 기능할 수 있었다.

이런 이유로 11세기부터 19세기까지 유럽의 상업과 공업이 확대되는 과정에서 보여준 자기촉매적인 성격 같은 것은 중국에서 결코 나타나지 않았다. 중국의 자본가들은 오랫동안 자기의 이윤을 자기 뜻대로 재투자할 수 없었다. 누구든 재산을 모은 사람은 관의 주목을 받았다. 관료들은 뇌물을 받음으로써 부자의 재산을 개인적으로 내밀하게 공유할 수도 있었고, 세율이나 매입가격을 조정하여 국가가 그 부의 일부를 흡수하도록 할 수도 있었다. 아니면 그 사업을 민간에 맡겨두지 않고 아예 국가전매사업으로 전환할 수도 있었다. 개별적인 사례에서는 언제든 이런 정책들의 다양한 조합이 생겨날 수 있었다. 그러나 어떤 경우든 민간 사업가는 불리하고 관은 우위에 있었다. 그것은 근본적으로 대부분의 중국인이 상공업을 통해 사적으로 치부하는 것을 대단히 부도덕한 행위로 여기고 있었기 때문이다. 사업가가 싼 값에 산 물건을 비싸게 판매함으로써, 다시 말하면 고의적으로 다른 사람들을 속일 때에만 그런 치부가 가능하다고 생각했던 것이다. 이렇게 관의 이데올로기와 대중의 심리가 일치하면, 어떤 경우든 관료들은 부유하기는 해도 그저 민간인에 불과한 기업가를 상대로 확실한 우위를 확보할 수 있었다.

### 중국 국경 밖에서의 시장의 활성화

　이처럼 자본주의 정신이 확고하게 통제되고 있긴 했지만, 11세기에 중국에서 대두한 거대한 시장경제는 명령과 시장지향적 행동 사이의 전세계적인 균형을 어떤 임계점 이상으로 충분히 변화시킬 수도 있었다. 중국은 갑자기 지구상에서 가장 풍요롭고 기술이 진보하고 인구가 많은 나라가 되었다. 더 나아가 중국의 경제적·사회적 성장은 중국의 국경 너머로 영향을 미쳤다. 그리고 중국의 기술정보가 외부로 전파됨에 따라 중국 이외의 구세계에도 새로운 가능성이 열렸다. 그것이 가장 두드러졌던 곳은 서유럽이다.

화약과 나침반과 인쇄술이 중국 국경 바깥의 문명세계에 혁명을 가져오기 이전에 이미 그 예비단계라고 할 만한 시기가 있었다. 그 시기에는 중국의 영향으로 활발해진 원격지 무역으로 인해 시장을 매개로 한 사회관계가 이전에 비해 훨씬 중요해지면서, 그리하여 중국 내부에서 일어난 것보다 더 지속적인 경제적 도약이 준비되었다.

유감스럽게도 '남해'(南海), 즉 인도양에서의 무역이 어떻게 성장했는지에 관해서는 거의 알려져 있지 않다. 인도양과 그 주변 바다에는 중국인이 등장하기 수백 년 전부터 아랍인 뱃사람들이 돌아다녔고, 좀더 거슬러 올라가면 그리스-로마인과 인도네시아인도 그곳에서 활동했다. 또 문명의 여명기에 수메르인이 틀림없이 인더스 문명의 주인들과 바다를 통해 왕래했을 것이며, 인도 각지의 여러 민족 또한 범선을 타고 이 바다를 오갔을 것이다. 이 열대 해역에서는 여름과 겨울의 계절풍이 6개월마다 한 번씩 번갈아서 반대방향으로 불기 때문에 작고 가벼운 배라도 비교적 쉽고 안전하게 항해할 수 있었다.

서기 1000년 이후 남해를 통한 무역의 규모가 지속적이고 체계적으로 성장한 것은 분명해 보인다. 물론 단기적인 퇴보와 국지적인 재난은 수없이 있었지만 전체적으로는 그러했다. 이런 무역을 유지하는 데 적합한 새로운 행동양식이 사람들의 일상생활 속에 점차 확고하게 자리 잡아 갔다. 중세 유럽의 대외무역에서 크나큰 역할을 했던 후추·정향(丁香)·계피 등의 향신료 생산이 동남아시아와 그 주변 섬들에 사는 수천수만에 달하는 사람들의 생활을 지배하기 시작했다. 이 수출용 상품을 재배하고 가공하는 사람은 물론이고, 뱃사람, 상인, 그 밖에 향신료의 집하·선별·수송에 종사하는 모든 사람들이 수천km나 떨어져 있는 소비자와의 불확실한 연결에 하루하루의 생계를 의지하게 되었다. 코뿔소 뿔 같은 진귀한 물건이든 목화나 설탕 같은 대량생산·대량소비 품목이든 간에, 원거리 교역망에 들어 있는 다른 수백 가지 상품의 경우에도 이 점은 마찬가지였다.[58]

　이런 특화와 상호의존은 그 이전에 중국 내에서 일어났던 현상과 꼭 닮아 있었다. 차이점은 남중국해와 인도양에서의 무역은 정치적 국경을 넘어서 이루어진다는 것이었다. 그 결과 상인들은 한편으로는 더 큰 불확실성에 시달렸지만 다른 한편으로는 더 큰 자유를 누렸다. 말레이 반도 그리고 무역로상의 주요 거점들(실론 섬과 남인도, 아프리카 해안과 아라비아 반도 남부의 항구들)을 다스리는 통치자들은 재정수입의 매우 큰 비율을 입항하는 선박에 부과하는 세금에 의존하게 되었다. 그러나 배가 일단 바다로 나가면 현지 통치자들의 통제를 벗어나게 되므로, 선장들은 여러 항구 중에 가장 비용이 싼 곳을 기항지로 선택해 사업을 할 수 있었다. 어떤 통치자가 너무 탐욕스럽게 굴면 선장은 그가 지배하는 항구를 버리고 다른 기항지를 찾아갈 수 있었다. 이런 상황에서 무역의 패턴은 각지의 정치체제가 달라지는 데 따라 빠르게 변화할 수 있었고, 전혀 새로운 화물집산지가 급부상하기도 했다.

　예컨대 말라카가 그런 경우였다. 이 상업 중심지는 황량한 늪지대에 있었던 관계로 육로로는 거의 접근할 수가 없었다. 그래서 14세기와 15세기의 전환기까지는 별로 주목받지 못했다. 처음에 이곳은 해적들이 바다에서 노략질한 물건을 재분류하여 팔아먹을 만한 곳으로 보내는 근거지로 사용되었다. 그러다가 15세기 초에 일반 상선들이 더 자주 찾아들게 되었고, 몇십 년이 지나자 동쪽의 몰루카 제도에서 생산된 향신료의 최대 집산지로서 그 일대의 무역을 지배하게 되었다. 물론 말라카의 이런 급성장은 다른 항구의 몫을 빼앗음으로써 가능했다. 무역선을 말라카로 끌어들인 것은 안전한 정박과 적당한 정박료였다. 수마트라 섬과 본토 사이의 말라카 해협을 경비하기 위해 배치된 무장선이 무역선에 정박을 강요했던 것도 또 하나의 이유였다. 그러므로 말라카가 주요 항구로 부상한 데는 군사력에 의한 해적으로부터의 보호 못지않게 군사력 자체가 중요한 역할을 했다. 해군은 항구를 통과하는 화물에 부과되는 세금으로 유지되었다. 따라서 해군이 제공하는 보호와 무역선이 내는 세금, 그 둘 사이의 미묘한 균형이 무역의 규모와 정박하는 선박의 수—세수와 직결되는—를 결정했다.[59]

자세한 경위는 알 수 없지만, 통과하는 상인이나 뱃사람에게 현지의 통치자가 부과할 수 있는 세금이 어느 정도가 적정한지는 시행착오를 거쳐 서서히 결정되었다고 보는 편이 타당할 것이다. 보호비와 항만 사용료를 낮추면 입항하는 배는 당연히 늘어난다. 반대로 세금을 너무 올리면 그 수가 뚝 떨어진다.* 그렇다고 해서 통치자가 세금을 너무 적게 받으면(그런 통치자가 있었다면), 자기 영토와 주변 해역에 대한 효과적인 통제를 유지할 수 없었을 것이다. 그러나 세금을 너무 많이 받는 통치자 역시, 선박과 상인이 하나둘 수중에서 빠져나가 재정수입이 줄어들면 결국 같은 운명에 처하게 되었을 것이다. 다시 말해 인도양 연안국가의 통치자들 사이에 일종의 경쟁시장이 형성되어, 지속적이고(서기 1000년 이후로는) 조직적으로 무역이 확대될 수 있는 수준으로 보호비를 억제했던 셈이다.[61]

통치자와 상인 간의 이런 시스템은 아주 오래전부터 있었다. 아마도 조직적인 원격지무역이 최초로 시작되던 시기에 고대 메소포타미아의 제왕들이 보호비를 부과하기 시작했을 것이다. 분명 무슬림은 중동을 정복했을 때(634~651), 무역—아라비아 반도 남부의 여러 교역도시에서 이미 잘 발달해 있던—이 어떻게 이루어져야 하는가에 대한 관념을 정

---

* 송조의 기록이 이 시스템의 작동방식을 아주 잘 보여준다. 1144년에 문관들은 수입세를 신고가격의 40%로 올렸는데, 그 결과 무역이 쇠퇴하고 세수가 감소했기 때문에 1164년에는 원래의 세율인 10%로 되돌렸다.[60]

복지로 가지고 갔을 것이다. 코란은 무역을 인정했으며,* 마호메트 자신이 처음에 상인이었다는 사실이 도덕적으로 비난받을 여지가 없는 전형을 제공해주었다. 그러므로 시장적 행동양식을 확대하는 쪽으로 추동하는 강력한 힘은 중국의 상업화에서 비롯되긴 했어도 새로운 것이 아니라 원래부터 있던 요소가 강화된 것이었다.

오히려 중동에서 오래전부터 널리 통용되고 있던 상업적 원리가 중국에까지 번져 나감으로써 송대의 경제와 사회가 변용되었다고 하는 편이 옳을 것이다. 불교 승려나 중앙아시아의 대상무역 상인들이 그 원리를 전한 최초의 중개자였다.[63] 그들이 광대한 스텝 유목민과 연결되면서, 전략적으로 중요한 또 하나의 무역지향적 인간집단이 생겨나게 되었다. 이 집단은 유목적 생활양식으로 인해 스텝 주민이 보유하게 된 군사적 위력에 힘입어 중국을 비롯한 유라시아 문명사회에 큰 영향을 미쳤다.

따라서 11세기의 새로운 현상은, 멀리 떨어져 있는 인간들의 활동을 시장으로 연결한다는 원리 자체가 아니라 그런 행동양식이 인간의 생활에 영향을 미치는 정도가 비약적으로 커졌다는 점이었다. 중국이 시장을 매개로 국내경제를 조직화한 것이 거대한 풀무 구실을 하면서 그때까지 연기만을 피우던 석탄이 활활 타오르게 된 것이다. 1억의 중국인 사이에서 발생한 새로운 부는 바다를 가로질러(상당 부분은 대상로를 거쳐) 흘러 나가기 시작했고, 시장과 연관된 경제활동에 새로운 활력을 더하며 그 범위를 넓혀주었다.[64] 수십, 수백, 수천 척의 배가 동해와 남중국해, 인도네시아 제도, 그리고 인도양의 항구에서 항구로 오가기 시작했다. 대부분의 항해는 비교적 짧은 거리로 행해졌을 것이며, 화물은 원생산자로부터 최종 소비자에게 건네지기까지 수많은 중간집산지에서 다시 포장되었다. 사업의 조직형태는 여전히 단순해서 혈연으로 얽힌 공동경영이 많

---

* 코란 4장 29절에 "믿는 신앙인들이여, 너희들 가운데 너희들의 재산을 부정하게 삼키지 말라. 서로가 합의한 교역에 의해야 되느니라"라고 되어 있다.[62]

았다. 따라서 상품의 흐름이 증대했다는 것은 아주 많은 사람들이 배를 타고 오가면서 또는 시장에 앉아서 흥정을 하게 되었다는 것을 의미했다.

잘 알려져 있다시피 11세기 지중해에서도 이와 흡사한 상업활동이 급성장했다. 여기서 무역의 주인공은 베네치아, 제노바 등의 항구를 기지로 삼아 활동한 이탈리아 상인들이었다. 이들은 11세기부터 14세기까지 300년 동안 유럽 반도의 대부분을 점점 더 촘촘해지는 무역망 속으로 끌어들였다. 분명 그것은 눈부신 성과였지만, 내 생각에는 훨씬 더 큰 현상의 작은 일부일 뿐이었다. 즉 중국에서 비롯된 이 대현상은 시장에 의해 규제되는 행동양식을 문명세계의 여러 민족 사이에 유례없는 규모와 심도로 보급시켰다. 구시대적인 명령 일변도 사회의 통치자들은 사람들의 행동을 예전만큼 철저히 지배할 수 없게 되었다. 행상과 무역상은 통치자에게도 그 신하에게도 유용한 존재가 되었고, 대상로나 해로를 따라 흩어져 있는 몇몇 기항지에 몸을 의탁함으로써 몰수나 다름없는 세금과 강탈로부터 자신을 지킬 수 있게 되었다. 그런 기항지의 통치자들은 자신의 재정수입과 권력의 기반이 되는 교역에 과중한 세금을 매기면 결국 손해가 된다는 것을 이미 잘 알고 있었다.

이리하여 1100년 무렵을 지나자 그때까지 어쩌다 한 번씩 불꽃을 터뜨릴 뿐 연기만 날리고 있던 불길은 관의 통제를 벗어나 점차 확대되더니 이윽고 큰불이 되어 번져 나갔다. 마침내 19세기에 이르자, 시장적 행동양식의 거센 불길은 시장에 적대적인 중국의 명령구조 자체를 녹여버렸다. 유교 중국이 이런 결말을 맞기까지는 9세기라는 긴 시간이 걸렸다.

이 같은 상업의 변용은 초기에는 연대기 작가나 저술가의 시선을 그다지 끌지 못했다. 그러므로 역사가는 뿔뿔이 흩어져 있는 사료를 주워 모아 아주 작은 조각부터 조심조심 이어 붙여가면서 이 여명기에 무슨 일이 일어났는지 재구성할 수밖에 없다. 주로 최근 30~40년 동안 중세 유럽에 관해서는 이런 작업이 어느 정도 이루어졌다. 그 밖의 지역은 거의 백지상태로 남아 있지만, 어쨌든 그 덕분에 역사가들은 서유럽인이 어떻게 그들 내부에서, 그리고 동지중해 해안부의 무슬림과의 사이에서 무역관계를 발달시켰는지 꽤 잘 알고 있다. 중국이 본격적으로 화폐교환경제로 돌아선 11세기에, 유럽인 선원들과 상인들은 같은 시기 인도양과 그 주변 해역에서 일어나고 있었을 현상을 지중해에 소규모로 복제해냈다.[65] 또 이와 거의 같은 시기에 유럽의 대서양 연안에서는 해적행위로부터 무역활동으로의 조직적인 이행이 일어나고 있었다.[66] 이 지역은 그 전까지 바이킹이 그리스도교권 유럽을 습격하곤 하던 곳이었다. 이처럼 지중해와 대서양에 개별적으로 존재하던 해상교역망은 1291년 이후 하나로 연결되어 전체가 서로 활발히 교섭하게 되었다. 그해 1291년 제노바 해군의 한 제독이 그리스도교 선단의 통과를 금지시킨 무슬림 통치자로부터 지브롤터 해협의 제해권(制海權)을 빼앗았던 것이다.[67]

따라서 구세계 전체의 상업적 융성을 개략적으로 도식화하자면, 중국 내부에서 내륙수로가 개선됨으로써 북부와 남부가 다면적으로 연계된 것처럼 몇 세기 후 유라시아 서쪽 끝에서도 다소 규모가 작기는 하나 유사한 발전이 있었다. 유럽의 강은 바다를 통해 서로 연결되어 자연적인 수로망을 이루고 있으므로 중국에 비해 인위적인 개량공사를 할 필요가 별로 없었다. 14세기 말에는 북유럽과 서유럽산 양모, 금속, 그 밖의 천연재료가 남유럽산 포도주, 소금, 향신료, 고급 공산품과 교환되었다. 또 어업의 확대와 더불어 점점 더 발달해가는 곡물거래가 곳곳에서 도시인구를 먹여 살렸다. 이 유럽 역내시장은 다시 무슬림이 운영하던 중동 및 북아프리카의 교역망과 연결되고, 더 나아가 인도양 및 그 주변의 무역과 이어졌다. 유럽 내부의 지방 간 무역을 조직하고 있던 이탈리아 도시들은 또한 동지중해의 무슬림이나 유대 교도의 주요한 거래 상대이기도 했다. 이 레반트인들은 다시 상업의 고리를 통해 아시아나 아프리카의 좀더 깊숙한 곳과도 연결되어 있었다. 이를 통해 11세기에서 15세기 사이에 유라시아 각지의 다양한 사람들은 점점 더 긴밀한 유대를 맺게 되었다.

남중국 해안에서 지중해까지 인도양 전역에서 조직의 패턴과 기술수준이 얼마간 균일했다는 점이 무역의 발달에 윤활유 역할을 했다. 십진법과 주판이 통상적으로 사용된 것은 이런 무역증가의 두드러진 그리고 중요한 부산물이었다. 어떤 계산이든 용이하게 해주는 십진법의 가치는 아무리 강조해도 지나치지 않다. 그보다 2,300년 정도 먼저 발명되어 읽고 쓰기를 획기적으로 쉽게 만들어준 알파벳 문자만이 그에 비견될 수 있을 것이다.

계수와 계산의 이런 근본적인 단순화와 더불어 일련의 제도적 관행의 성립 및 보급이 인도양과 인근 원격지무역의 발달에 기여했다. 동업 규칙, 계약 관련 분쟁을 판가름하는 방법, 그리고 최소한의 현금 수송으로 원격지 채무결재를 가능케 하는 환어음제도 등은 유라시아 전체에 영향을 미쳤을 것이다. 관계자 사이의 이윤 분배, 경영책임의 분담, 손실에 대한 보장 등, 선박 경영에 관한 규칙도 마찬가지였다. 이런 문제에서는 무슬림과 그리스도 교도의 관행이 거의 비슷했다. 중국인이 원격지 해상무역을 어떻게 운영했는지에 관해서는 별로 알려져 있지 않지만, 앞의 두 집단과 거의 같았을 것이다.[68]

바다만이 원거리 여행의 중요한 수단은 아니었다. 서력기원이 시작될 무렵부터 대상들이 중국을 중동 및 인도와 연결하기 시작했다. 중앙아시아의 사막·반(半)사막 나라들을 거치면서 오아시스에서 오아시스로 이동해가는, 짐 실은 짐승의 대열은 항구에서 항구로 이동해가는 선박과 비슷했다. 경영의 성공조건도 비슷했다. 보호비의 액수는 시행착오를 통해 현지의 통치자와 원격지무역 업자가 서로를 가장 효율적으로 뒷받침할 수 있는 최적의 수준으로 조정되어야 했다.

그런 타협은 언제라도 깨질 수 있었다. 권력자들은 늘 약탈과 다를 바

없는 증세(增稅)나 공공연한 몰수의 유혹을 느꼈으며, 육상으로 이동하는 상인들은 바다를 항해하는 상인들에 비해 새로운 경로를 찾기가 쉽지 않았다. 그럼에도 불구하고 중국과 서아시아 사이의 대상무역은 매우 오랫동안 끊어지지 않고 계속되었다. 기원 전후에 이런 모험사업이 최초로 성공한 다음 10세기 동안, 대상무역을 번영하게 했던 관행이나 태도는 북쪽으로 유라시아의 스텝이나 삼림지대에까지 스며들었다. 처음에 대상무역의 근간이던 동서간 물자의 흐름에 더하여, 노예와 모피를 문명세계의 물자와 교환하는 남북간 흐름이 차츰 생겨났다.

물론 그 증거는 부족하고 간접적이다. 교역 패턴이 북방으로 침투했음을 말해주는 주요 근거는 아시아의 오아시스 및 스텝 지역의 여러 민족 사이에 문명세계의 종교가 보급되었다는 점이다. 불교, 네스토리우스파 그리스도교, 마니교, 유대교, 그리고 이 가운데 가장 큰 성공을 거둔 이슬람교가 바로 그것이었다. 오아시스 및 스텝 지역에서 중국으로 조공사절이 온 것은 한대(漢代)로 거슬러 올라가는데, 유목민 통치자들은 중국의 수도를 방문해 황제로부터 '선물'을 받고 그 답례로 다시 '선물'을 바쳤다. 이 사실 또한 이처럼 의식화(儀式化)되고 고도로 정치화된 무역형식이 스텝에 침투해 있었음을 증명해준다. 그러나 유목민과 무역상이 어떻게 서로 공생관계를 맺었는지에 관해서는 그다지 알려진 바가 없다.[69]

문명사회와의 무역이 가져다주는 이익은 유목민에게 저항하기 어려운 매력이었다. 사치품은 상징적 가치가 있고 금속은 도구나 무기를 만드는 데 실제로 유용해서, 두 가지 다 10세기 또는 그 이전부터 유목민사회의 중요한 수입품이었다. 뿐만 아니라 유목민은 교역을 통해 가축이나 축산물을 곡물과 맞바꾸어 단백질 위주였던 식생활을 바꿈으로써 사회 전체의 식량공급량을 크게 늘릴 수 있었다. 문명사회의 상류계급, 특히 목축이 발달하지 않은 중국의 지배층은 가축과 축산물에 대해 기꺼이 높은 값을 지불했다. 자신들이 지배하는 노동자들은 유목민만큼 낮은 비용으로 가축을 기를 수 없었기 때문이다.

중국과 유목민의 무역은 한대에 이미 상당히 조직화되어 있었다.[70] 자료가 미미하여 그 경과를 상세히 추적할 수는 없지만, 이 무역은 전체적으로나 지역적으로나 거래량의 증감폭이 매우 컸음에 틀림없다. 그렇긴 하지만 서력기원 최초의 천년 동안 스텝과 농경지대 간의 무역관계는 그 중요성이 점점 더 커졌을 것이다. 전성기의 몽골 사회에서 상인이 두드러진 지위를 차지했다는 사실은 무역과 무역상이 칭기즈칸의 후예들 사이에서 안심하게 활동할 수 있었음을 증명해준다.

13세기에 몽골인이 중국을 정복하면서 유목민들에게는 새로운 가능성이 열리게 되었다. 한 예로 쿠빌라이와 그 후계자들 시대에 카라코룸 주둔군은 중국으로부터 해마다 50만 부셸* 이상의 곡물을 받았다. 이 곡물은 마차로 왕복 4개월에 걸쳐 운반되었다.[71] 이렇게 배달된 곡물에 현지에서 구할 수 있는 육류와 유제품을 더하면 이제까지보다도 훨씬 많은 사람이 스텝에서 살아갈 수 있었다. 그러나 멀리서 공급되는 곡물에 의존한다는 것은 일단 곡물 배달이 중단될 경우 심각한 재앙이 닥칠 수 있다는 사실을 의미하기도 했다. 몽골인이 중국을 지배하는 동안은 곡물이 확실하게 공급되었다. 그러나 명조가 권력을 잡자(1368), 중국 조정은 스텝의 이웃들에게 압력을 가하기 위해 곡물수출을 중단해야겠다는 생각을 한다. 1449년 명조는 그 생각을 실행에 옮겼다. 몽골측의 대응은 전쟁이었고, 그 결과 그들은 명의 황제를 포로로 잡았다.[72] 전쟁에 기대지 않았더라면 적어도 스텝 인구의 일부는 기아에 허덕였을 것이다.

유목민의(그리고 유럽 지중해 연안의 이목 목축민의) 이런 취약성을 도시주민도 공유했다는 점은 지적해둘 만하다. 도시주민들 역시 식량공급이 오랫동안 중단되면 파국을 맞기 때문이다. 도시, 특히 대도시의 주민

---

* 야드파운드법에 따른 무게의 단위. 1부셸은 영국에서는 약 28.1226kg, 미국에서는 약 27.2154kg에 해당한다―옮긴이.

들은 먼 곳에서 식량을 가져다주는 수송 시스템이 원활하게 작동할 때만 생존할 수 있었다. 유목 및 이목(移牧, 계절에 따라 산지와 저지를 오가며 가축을 기르는 것) 목축민들은 짐을 실어 나르기에 적합한 동물을 대량으로 사육하고 있었기 때문에, 내륙도시에 식량을 공급하는 육상수송을 담당하기에 안성맞춤이었다. 사실 도시주민과 목축민의 이런 사회적 동맹이야말로 이슬람 사회의 근간이었다고 해도 지나치지 않을 것이다. 이런 동맹은 발상지인 아라비아 반도에서 중동의 대부분 지역으로 확산되었고, 도시민들은 자발적이든 마지못해서든 간에 유목민과 협력하여 인구의 대다수인 곡물생산자를 착취하게 되었다. 농민들은 이 동맹에 대해 속수무책이었다. 그들은 늘 해오던 대로 땅에 뿌리를 박고 있었으며, 도시민이나 유목민의 생활수단이 된 기동성(또는 시장 참여)을 가질 수 없었기 때문이다.[73]

스텝 주민과 문명지역들 사이의 연계는 11세기의 해상무역 급성장에 앞서 10세기에 이미 어떤 임계수준을 넘었던 것 같다. 960년경을 기점으로 투르크계 유목민은 이슬람 세계의 중심부에 침투하기 시작했는데, 그 수는 이란 고원과 메소포타미아에서 권력을 장악하기에 충분했다. 또 다른 투르크계 민족인 페체네그인은 970년대에 우크라이나로 몰려 들어가 러시아인과 비잔틴 제국 사이를 떼어놓았다. 때를 같이하여 동방에서는 거란 제국(907~1125)이 성립했고, 이것을 효시로 중국의 서북부 변경지역에 강대한 유목민 국가들이 잇따라 등장하게 되었다.

이런 정치적 사건들은 10세기에 중국과 중동 양쪽 모두에서(페체네그인은 해당하지 않는 것 같지만) 유목민의 군사조직력과 전투력이 이전 부족단계의 한계를 돌파했음을 반영한다. 그것은 부분적으로는 장비의 개선이 가져온 결과였다. 예를 들어 금속을 입힌 갑옷과 투구는 거란 등의 유목민족이 문명사회와의 교역을 통해 대량으로 입수하게 되면서 북방에서도 흔한 물건이 되었다. 또 거란족은 투석기 같은 공성기를 사용할 줄 알게 되었고, 따라서 이전까지 요새 앞에서 무력해지곤 했던 기병전술의 한계를 극복하게 되었다. 그러나 새로운 장비보다 더 중요한 것은 새로운 사회·군사 조직의 도입이었다. 10세기를 지나면서 문명사회의 군사지휘체계 및 군사규율의 모델이 스텝 주민들 사이에 뿌리 내려 고래의 부족조직을 대체하거나 또는 적어도 개조했다. 예컨대 거란족은 십진법을 기초로 군대를 조직하여 고대 아시리아인들처럼 10명, 100명 등의 단위로 지휘관을 두었다. 이란과 메소포타미아에서 정권을 잡은 투르크인은 그들 자신이 권력을 장악하기 이전에 문명사회의 통치자들을 섬기는 노예병사였기 때문에 한층 더 근본적으로 탈부족화되었다.[74]

문명사회와의 상호 침투를 통한 유목민의 군사력 향상은 13세기에 절정에 달했다. 칭기즈칸(1206~1227년 재위)은 대부분의 스텝 민족들을 단일한 명령구조 속에 통합시켰다. 그의 군대 역시 십진법을 기초로 조직되어, 전공을 세워 지휘권을 갖게 된 사람들이 각각의 단위(10인조, 100인조, 1,000인조 등)로 부대를 이끌었다. 이 막강하고도 무한 팽창이 가능한 군대(패배한 스텝 유목민족은 몽골군의 명령구조에 포섭되어 일개 병졸로서 밑바닥부터 다시 시작해야 했다)가 중국 북부와 중앙아시아의 문명화된 영역으로 침투해가는 동안, 몽골군 사령관들은 그 과정에서 접하게 된 신종 무기는 무엇이든 수용했다. 그리하여 몽골군은 1241년 서방원정 때 중국의 화약을 헝가리로 가져갔고, 1268~1273년 남송 정벌작전에서는 일찍이 중국인이 경험한 어떤 공성용 무기보다 강력한 중동의 공성기를 사용했다. 또한 이미 살펴보았듯이, 쿠빌라이는 남송 수군을 병합하여 일본을 비롯한 해외지역을 공격하기 위한 대양함대로 개편했다.

그러나 13세기에 몽골의 군대가 거둔 엄청난 성공에는 그 자체의 고유한 붕괴요인이 내포되어 있었다. 이전의 다른 스텝 정복자들이 그랬듯이, 두세 세대가 지나자 몽골 점령군은 문명의 안락함과 쾌락에 익숙해져서 대담성과 군사적 단결력을 상실했다. 이는 통상 당연히 예견될 수 있는 일로, 결국 1371년에 몽골군은 중국 전역에서 축출되었다. 서아시아와 러시아에서는 그대로 남아 있었지만, 13세기 말 이후 몽골인은 유라시아 스텝 서부에서 온 수적으로 우세한 투르크계 전사집단에 흡수되어버렸다. 이 무렵에는 베이징에서도 이미 위대한 칸에 대한 복종은 어떤 의례적 의미도 갖지 않게 되었다.

그러나 스텝에서 온 정복자가 문명사회에 의해 일부는 흡수되고 일부는 격퇴되는 이 통상적인 과정 외에, 몽골인이 이룩한 전아시아 제국에서는 전혀 예기치 않은 두 가지 부산물이 생겨났다. 그리고 그것이 스텝 주민들의 힘을 문명화된 이웃에 비해 근본적으로 약화시켰다. 하나는 유럽사에서 흑사병(1346)이라고 알려진 페스트로 인해 유라시아 유목민 인구가 재앙적으로 감소한 일이다. 페스트 간균(桿菌)은 아마도 14세기에 처음으로 유라시아 스텝의 혈거성 설치류 사이에서 풍토병이 되었을 것이다. 페스트는 그 이전부터 윈난(雲南)과 버마의 혈거성 설치류 사이에 풍토병으로 존재하고 있었는데, 그곳으로 원정을 왔던 몽골 기병이 그 균을 보유한 채 스텝으로 돌아가면서 이 감염증이 새로운 환경에 전래된 것으로 추정된다. 일단 병원균이 스텝에 정착하자, 유목민은 이전에 한 번도 겪은 적이 없는 이 치명적인 전염병에 주기적으로 노출되었다. 그 결과 인구는 급감했고, 유라시아에서 가장 좋은 목초지들이 완전히 버려지게 되었다.

새로운 감염증으로부터 비감염자를 효과적으로 격리시키는 관습이 스텝 주민들 사이에서 점차 생겨났던 것 같다. 유라시아 스텝 동단의 만주 지방에서는 확실히 그랬다. 1920년대에 만주를 덮친 페스트는 인간 사이의 대규모 감염으로는 최근의 것인데, 이때 그런 관습이 시행되었기 때문이다. 그러나 이런 식의 재적응에는 시간이 걸렸다. 유럽에서 흑사병이 유행한 1346년부터 두 세기 동안 또는 그 이후까지, 스텝의 인구는 아주 치명적인 이 새로운 질병의 유행으로 크게 감소한 채 회복되지 못했던 것 같다. 이 신종 전염병은 이제껏 누구보다도 멀리 이르렀던 몽골 제국의 팽창이 가져온 부산물이었다.[75]

그 결과 스텝에서 농경지대로 향하는 인구이동이 끊겼다. 이로써 유라시아에서 오랫동안 이어져온 인간 이주의 가장 중요한 흐름 가운데 하나가 중단되었다. 나중에 스텝의 인구가 회복되기 시작했을 때는, 몽골인이 이전의 지리적 장벽을 무너뜨린 데서 초래된 또 하나의 새로운 요소가 나타나게 되었다. 전장에서 유목민의 화살무기에 대항할 수 있는 소화기(小火器)가 사용되었던 것이다. 문명사회에서는 1550년경 이후에야 효과적인 소화기를 널리 입수할 수 있게 되었는데, 소화기가 보급되자 전투에서 유목민이 누렸던 우위는 결국 무너져버렸다. 유목민은 기원전 800년 무렵부터 유라시아의 농업지대를 침략할 만한 힘이 있었고 실제로도 그렇게 해왔는데, 이제는 농민이 유라시아 초원의 경작 가능 지역에 침입하여 그때까지 주로 목초지였던 곳을 밭으로 바꿔놓기 시작했다. 러시아가 동쪽으로 팽창한 것과 청조(1644~1911) 지배하의 중국이 서쪽으로 팽창한 것은 인간의 정착 패턴이 역전되었음을 정치적으로 보여주는 것이었다. 아이러니컬한 일이지만, 18세기 중반에 스텝 유목민의 군사력을 최종적으로 종식시킨 화약무기의 보급은 몽골인의 군사적 성공과 그들이 무기설계·병참·지휘계통의 운영에서 보여준 철저한 합리성의 부산물이었다.

중동과 인도에서는 투르크인 군사들이 아랍·이란·인도의 도시주민과 손을 잡고 10세기부터 16세기까지 권력을 장악했다. 유목민 출신의 전사들은 이슬람의 도시문화를 흡수하더니 도시의 무역상이나 그 하청 직인들과 제휴하여 농촌지역의 곡물생산 농민을 악랄하게 착취했다. 이 무자비한 착취가 유라시아 중앙부의 경제발전을 억제하는 결과를 초래했을 수도 있다.[76] 이 때문이든 다른 이유 때문이든, 아랍인이 다수를 차지하는 이슬람권의 중심부는 경제적으로 쇠퇴하게 되었다. 10세기와 11세기에 이라크와 그 주변지역의 상인들은 전에 없이 높은 수준의 부와 사회적 지위를 획득했지만 1200년 이후로 그들의 존재는 미미해졌으며, 그들의 부도 감소했을 것으로 생각된다.[77] 이라크의 관개시설은 황폐해졌고, 농업지대의 기본 생산성이 낮아졌다. 어쩌면 그것은 기후변화 때문이었을 수도 있다. 13세기에 북서 유럽은 고온건조한 여름 덕분에 풍부한 곡물수확을 거둘 수 있었지만, 같은 기후가 중동에서는 가뭄과 농업생산의 퇴보를 의미했던 것이다. 그렇다면 분명 목초지가 곡물재배지를 밀어내고 도시 근교까지 확대되었을 것이며, 그런 변화는 다시금 이슬람 정치에서 유목민적 요소를 되살리고 강화했을 것이다.[78]

사정이야 어찌 되었든, 이슬람 세계는 몽골인의 유라시아 통일로 중국의 기술이 전파되면서 열린 새로운 기술적 가능성을 충분히 살리지 못했다. 물론 오스만 제국은 1453년 콘스탄티노플을 점령할 때 새롭게 개량된 대포를 사용했다. 그러나 그때 메메트 2세를 위해 대포를 주조한 기술자들은 투르크인이 아니라 헝가리인이었다. 그러므로 일찍이 15세기 중반부터 이미 대포 제조 분야에서는 라틴계 그리스도교권이 중국을 비롯한 여타 문명지역보다 기술적으로 앞서 있었던 것 같다.

다음 장에서는 라틴계 그리스도교권이 어떻게 이런 기술적 진보를 이룩했는지, 그리고 그 후로 얼마나 무모하게 지구상의 다른 어떤 인간집단보다도 효과적이고 열성적으로 전쟁을 상업화했는지 살펴보려 한다.

# 3장
## 유럽에서의 전쟁이라는 비즈니스, 1000~1600년

서기 1000년, 라틴계 그리스도교권으로 알려진 유럽의 일각은 대체로 농업사회였다. 대부분의 주민이 촌락에 살았고, 사람들의 사회적 역할은 각각의 역할을 수행하는 개인의 자질과 전통 사이의 미묘한 상호작용에 의해 결정되었다. 위급한 사태가 벌어졌을 때는 사지가 멀쩡한 사람이라면 누구나 지역방위의 일익을 담당해야 했다. 그 역할은 각종 재물을 안전하게 보관하기 위해 요새화된 진지로 옮기는 일일 수도 있고, 위협을 가해오는 침입자에게 맞서 좀더 공격적인 행동을 취하는 것일 수도 있었다. 분명한 것은 기사의 역할이 대단히 중요했다는 점이다. 기사전술이 라인 강과 센 강 사이의 발상지로부터 퍼져가면서 외적의 공격에 대한 방위에서 뛰어난 효력을 발휘했기 때문에, 다가올 약탈자들을 맞아 격퇴하는 역할은 소수의 기사계급이 거의 도맡게 되었다. 이들은 값비싼 전마(戰馬)를 탔고, 어릴 적부터 각종 무기를 다루는 훈련을 받았다. 물론 기사의 무기와 갑옷은 전문적인 직인들이 만들었다. 그러나 라틴계 그리스도교권의 기사계급이 사용했던 무기와 갑옷의 제조 및 유통에 관해서는 거의 알려진 바가 없다.[1] 일반 마을사람들은 현물세를 바쳐 이 새로운 군사전문가들을 부양했다. 이런 세금의 양과 내역은 단기간에 관습법의 형태로 정착했고, 기사와 평민의 기본적인 구별을 근간으로 하는 사회관계를 정착시켰다.

　　성직자와 수도사, 음유시인은 기사와 평민으로 구성된 이 단순한 사회적 위계 내에 별 어려움 없이 자리를 잡았다. 그러나 역시 농촌사회에서 생계를 꾸려가던 소수의 상인과 떠돌이 행상들은 잠재적인 파괴요소였다. 시장지향적인 행동양식은 촌락생활의 사회관과는 완전히 동떨어진 것이었다. 상인과 행상은 자신들에게 맞지 않는 환경에 엉뚱하게 끼어들어온 이방인이었으며 자기 신체와 재산을 스스로 보호해야 했다. 이로 인해 사회 안에는 기사 외에 제2의 무장집단이 생겨났다. 이들은 농촌의 지배계급인 기사계급과 부단한 협상을 통해 간신히 불안정한 휴전상태를 이어갔다.

이런 상황을 다른 식으로 설명하자면, 서기 1000년 전후의 몇 세기 동안 라틴계 그리스도교권에서는 넓은 영토를 총괄적으로 지배하는 권력이 약화되었기 때문에 상인들은 보호비 액수를 두고 빈번하게 재협상해야 했다. 호전적이고 폭력적으로 치닫던 사회*에 살면서, 유럽의 상인들은 자신을 보호해줄 충분한 수의 부하를 모아 무장시키든지, 아니면 지방의 유력자들에게 안전한 통행의 대가로 재물의 일부를 바치든지 두 가지 길 중 하나를 택해야 했다. 유럽 이외의 문명사회에서는(일본은 예외일 수 있다) 상인들이 스스로를 보호하기 위해 직접 무기를 들기보다 보호비와 세금을 기반으로 하는 기존 권력의 비위를 맞춰주고 그들의 보호에 의지하는 경향이 강했다.

전사의 정신과 상인의 정신을 함께 갖춘 유럽 상인의 성격은 문명 이전의 과거에 뿌리를 두고 있다. 약탈자이자 무역상인 바이킹은 11세기 북해 및 발트 해 상인들의 직계 조상이었다. 성공을 거둔 해적은 항상 어딘가에서 전리품 가운데 남은 것은 팔고 부족한 것은 사서 물건의 구색을 맞추어야 했다. 지중해에서도 무역과 약탈 사이의 모호함은 적어도 미케네 시대까지 거슬러 올라간다. 물론 로마인이 기원전 1세기에 군사력을 성공적으로 독점하자 약탈은 무역으로 대체되었다. 그러나 기원후 5세

---

* 유럽의 농민은 기사계급의 지배하에 들어갔다고 해서 고분고분해지거나 비폭력적으로 순화되지 않았다. 이들의 생활은 피를 보는 데 익숙해져 있었다. 유럽인은 상당수의 돼지나 소를 사육했는데, 겨울에는 먹이가 충분하지 않아서 해마다 가을이면 번식용 돼지나 소 몇 마리를 제외하고 모조리 도살해야 했기 때문이다. 쌀농사를 짓는 중국이나 인도의 농민 같은 다른 농업 시스템에서는 그렇게 큰 짐승을 매년 도살하는 일은 없었다. 이와는 대조적으로 알프스 이북의 유럽인들은 이렇게 많은 피를 보는 일을 받아들이게 되었다. 별것 아닌 일로 유혈사건이 일어나고 그 일을 대수롭지 않게 여기는 그들의 성격은 이런 사실과 상당한 관계가 있을 수도 있다.[2)]

기에 반달인이 바다로 진출하면서 예전의 애매함이 되살아났다. 그 후 7세기부터 19세기까지, 그리스도 교도와 무슬림 사이의 문화적 반감은 유럽의 남쪽 해역에서 끊임없는 약탈을 정당화하고 지속시켰다.

기사가 지배하는 라틴계 그리스도교권 사회는 서기 1000년 이전의 100여 년 동안 형태를 갖추었고, 곧 아주 먼 지역을 정복하고 식민화할 능력이 있음을 보여주었다. 1066년 노르만인의 잉글랜드 정복은 이런 능력을 보여주는 가장 유명한 사례이다. 하지만 그보다 더욱 광범위한 지리적 확장이 엘베 강 동쪽에서 일어났다. 이곳에서 13세기 중반 독일 기사들과 이주자들은 북유럽의 평원을 가로질러 프로이센까지 세력을 확장했다. 또 독일 기사들은 같은 13세기에 발트 해 연안을 따라 동쪽과 북쪽으로 더욱 뻗어나가 핀란드 만에 이르는 모든 지역에서 현지 농민들 위에 군림했다. 그 밖의 변경에서도 라틴계 그리스도교권의 기사들은 놀랄 만한 공격성을 발휘했다. 스페인과 남부 이탈리아에서 이들은 무슬림과 비잔틴인을 몰아냈다. 그리고 무엇보다도 가장 눈부신 사례는 제1차 십자군(1096~1099)이 아득히 먼 레반트 지방의 예루살렘까지 기사군단을 이끌고 간 것이었다.

그러나 1300년이 되자 이런 식의 확장은 한계에 이르렀다. 기후적인 장애가 서유럽 사회를 위한 경작지의 무제한적인 확장을 가로막은 것이다. 유럽의 경지는 흙밀이판이 달린 무거운 쟁기로 경작되고 있었다. 그런데 스페인의 건조한 지역이나 북유럽 및 동유럽의 추운 지역처럼 파종량에 비해 수확량이 너무 적은 곳에서는 무거운 쟁기와 견인용 가축을 사용해 밭을 가는 것이 채산상 맞지 않았으므로 그보다 비용이 적게 드는 농업기술을 이용해야 했다. 이런 변경에서는 흙밀이판 쟁기의 높은 생산력 덕분에 가능했던 비교적 조밀한 주거형태가 자취를 감추고, 훨씬 인구가 희박한 환경이 조성되었다. 그리고 목축과 수렵과 채집과 어로가 라틴계 그리스도교권의 중심부에서보다 훨씬 중요한 역할을 했다. 십자군의 정복지 중에서도 흙밀이판 쟁기를 쓸 수 없는 곳에서는 사회적 패턴이 서유럽 중심부와 달랐다. 그에 따라 정치권력도 종종 불안정하고 단명했다. 예를 들어 레반트 지방에서는 1291년 이후로 십자군 국가가 사라졌고, 제4차 십자군(1204)으로 발칸 반도를 점령한 라틴 제국은 일찍이 1261년에 현지의 군주들에 의해 대부분 밀려났다. 이와 대조적으로 스페인, 아일랜드, 발트 해 동해안에서는 정복사회가 영속성을 획득하여, 라틴계 그리스도교권이라는 중심부의 변방 같은 존재가 되었다. 마찬가지로 폴란드·보헤미아·헝가리에서 게르만인 기사들을 몰아내려는 노력으로 형성된 왕국들은 서유럽의 기사·농민 패턴과 다르기는 하지만 밀접하게 연관된 형태를 취했다.*

## 북부 이탈리아에서의 전쟁 비즈니스의 선구

11세기 라틴계 그리스도교권의 군사적 확장과 더불어 시장지향적 행동양식의 영역도 확대되었다. 같은 시기 중국에서와 마찬가지로 수송과 교통이 특히 편리한 지역이 그 선두에 섰다. 지중해 주변에서는 이웃한 선진지역(비잔틴이나 이슬람 국가들)으로부터 언제든지 기술을 도입할 수 있다는 사실도 유럽의 상업발전에 영향을 미쳤다. 이런 면에서 처음에는 이탈리아가 가장 유리했다. 그리고 뒤이어 라인 강, 뫼즈 강, 스헬데 강 등 선박운항이 가능한 세 강이 합류하는 저지대국가들에서 제2의 상업 중심지가 대두했다. 육상교역로가 이 두 상업 및 수공업

---

* 이들 지역의 경기병(輕騎兵)과 작은 긁개 쟁기는 서유럽의 장갑기사와 흙밀이판 쟁기보다 비용이 적게 들었고, 비옥한 서유럽보다도 수확률이 낮은 환경에 알맞았다. 동유럽에서 영주와 농민의 관계는 서유럽에서보다 느슨했으며, 또 귀족이든 농민이든 특정 경작지에 묶여 있지 않았다. 긁개 쟁기로 경작을 할 경우, 오래전부터 해오던 화전(火田)기법으로 마련한 새 땅에서 새로 농사를 짓기가 비교적 쉬웠기 때문이다.

활동의 주요 결절점을 연결했고, 두 지역 사이의 상품교환은 샹파뉴 지방에서 열리는 정기시장에서 이루어졌다. 조금씩 더 많은 시간과 노력이 시장판매를 위한 생산에 투입되었고, 개중에는 원격지시장을 대상으로 하는 경우도 있었다. 경제활동이 전문화되면서 부가 증가하고 사회의 저울은 상인-자본가들에게 유리한 쪽으로 기울었다. 가장 활발한 경제활동 중심지들에서는 기사들의 우월성과 농업적 사회관계에 기초를 둔 지배계급으로서의 지위가 12세기 말 이전에 이미 의심받게 되었다.

이런 사회적·경제적 변화는 전쟁에서도 기사전술의 우위가 약해지면서 더욱 촉진되었다. 11세기에는 노르만인 기사 수백 명이 남부 이탈리아와 시칠리아를 정복하고 지배할 수 있었으며, 같은 세기 말에는 기사 몇 천 명이면 예루살렘을 점령하고 유지하기에 충분했다. 그러나 12세기에 이르러 독일 기사들은 북이탈리아의 레냐노에서 뜻밖의 패배(1176)를 맛보게 되었다. 이들은 롬바르디아 동맹을 맺은 북부 이탈리아 도시들이 전장에 투입한 창병(槍兵)부대와 격돌했는데 무너뜨리지 못했다. 이 승리를 통해 입증된 롬바르디아 동맹의 군사적 역량은 도시의 성벽과 마찬가지로 본질적으로 방어적이었다. 도시를 둘러싼 성벽은 그런 방어시설을 요구하고 비용을 부담할 만큼 무역업자와 직인의 수가 많아진 곳이라면 어디에나 건설되고 있었다.

그 결과 적어도 이탈리아에서는 기존의 전투형태와 새로운 전투형태, 그리고 기존의 지배계급과 새로운 지배계급이 서로 대치하게 되었다. 무장한 도시민은 주변의 농촌지대를 지배하고자 했다. 그러지 않으면 교역 상품의 안전한 통행도, 성 안으로의 안정적인 식량공급도 보장할 수 없었기 때문이다. 때로는 농촌 지주들과 인근 도시의 지배층 사이에 협조가 이루어지기도 했고, 또 때로는 귀족지주가 도시로 이주하여 도시의 상류계급인 상인-자본가와 섞여 경쟁하기도 했다. 이런 배경 위에서, 11세기 이래로 각자 지배권을 주장해온 신성로마제국 황제와 로마 교황이 이탈리아를 분열시켰다. 이들은 어지럽게 할거하는 지방 통치자들과 그 영국(領國)들에 포괄적인 지배권을 행사하려 했지만, 그런 결정적인 권위를 행사할 수 있었던 것은 단기간에 불과했다.

이탈리아 내부의 군사적인 세력균형도 정치적인 균형만큼이나 불확실했다. 대도시의 무역상과 직인, 그 주변에서 먹고사는 사람들이 기사의 공격으로부터 자신들을 지키려면 성벽에 병력을 배치하거나 야전에서 창병부대를 구성하는 데 필요한 규율을 유지해야 했다. 그러나 친족이나 가까운 이웃 같은 일차적인 사회적 유대가 급속히 약해지고 그 대신 수백km 밖의 인간 및 사건과 영향을 주고받는 시장지향적 행동이 대두하고 있던 세계에서는 그것이 쉽지 않았다. 이로 인한 도시 내부의 대립은 도시의 방위를 약화시켰다. 도시 내부의 파벌 싸움은 반도 전체에 걸친 황제 대 교황의 정쟁에 영향을 받았으며, 부자와 빈자, 고용주와 고용인 간의 이해대립에 의해 더욱 격렬해지곤 했다. 이런 상황에서 외부인을 고용하여 시민을 위해 싸우도록 하는 관행이 점점 더 중요해졌다. 그러나 이것은 이탈리아의 여러 부유한 도시에서 이미 내정을 어지럽히고 있던 고용주와 고용인의 불확실한 관계가 군사문제로까지 확대됨을 의미했다.

무역과 수공업의 전문화가 점점 더 많은 사람들에게 영향을 미치기 시작하면서, 유럽의 지역공동체 내부에서는 일차적인 사회관계가 더 이상 일상적인 인간행동에 대해 효과적인 조정자 역할을 할 수 없게 되었다. 그 결과 사회와 군사의 운영에 커다란 문제가 새롭게 발생했다. 북부 이탈리아의 몇몇 도시가 효과적인 대응책을 강구하는 데 앞장섰다. 이들 도시의 성벽 안에서, 시장을 매개로 한 비인격적인 사회관계가 처음으로 수천 명의 행동을 지배하기 시작했기 때문이다.

11세기와 13세기 사이에 새로운 요인 하나가 전면에 등장했다. 즉 이 시기에 바르셀로나와 제노바 같은 도시가 석궁 생산 규모를 늘리면서 석궁이 전투에서 결정적으로 중요해진 것이다. 처음에 석궁은 주로 선박 방어에 요긴하게 쓰였다. 극소수의 인원일지라도 석궁병이 메인마스트 위의 파수대에 배치되어 있으면, 승무원이 적은 상선이라 해도 나포하기가 대단히 어려워지기 때문이다. 그러다 13세기 말이 되자 석궁병은 기술이 향상되고 숫자도 늘어 지상전에서도 중요한 요소가 되었다. 1282년부터 1311년까지 이어진 카탈루냐 용병부대의 지속적인 승리는 새롭게 발견된 석궁병의 공격력을 잘 보여준다. 그 위력은 당대의 가장 강력한 기병부대와 맞닥뜨렸을 때도 유감없이 발휘되었다. 즉 카탈루냐 용병들은 1282년 시칠리아에서 처음으로 (주로 프랑스인들로 구성된) 기사단을 무찔렀고, 그로부터 30년 동안 발칸 반도에서도 아나톨리아의 전장에서도 투르크인 경기병부대를 똑같이 완파했다. 중국에서와 마찬가지로, 강력한 석궁을 대량으로 생산하려면 금속 가공 전문가가 필요했다. 하지만 조작법이 간단했으므로 석궁은 전장에서 신분격차를 해소하는 작용을 했다. 평민이 석궁으로 무장하고 90미터도 넘는 거리에서 기사를 맞춰 거꾸러뜨릴 수 있다면 장갑기사가 늘 우세할 수는 없기 때문이다. 제2회 라테란 공의회(1139)에서 이 무기의 사용이 금지된 것도 놀라운 일은 아니었다. 그리스도 교도들 사이에서 사용하기에는 너무나 살상력이 강하다는 것이 그 이유였다.

석궁병과 창병은 측면 방어와 패퇴하는 적을 추적하는 능력이 없었기 때문에 기병과 결합되어야 했다. 따라서 쏜살같이 돌진하는 기사들이 유럽의 전장을 주름잡던 이전보다 전쟁의 양상이 훨씬 더 복잡해졌다. 이제 기사 집안에서 대를 이어 전해지는 단순한 개인적 무용(武勇)만으로는 전투에서 이기거나 지배계급의 지위를 유지할 수 없었다. 그 대신 전쟁 기술이 필요해졌다. 창병, 석궁병, 기병이 조화롭게 움직이도록 누군가가 조정할 수 있어야 했다. 창을 든 보병들은 절대로 대열을 무너뜨리지 않고 싸울 수 있도록 훈련을 받아야 했다. 일단 대형이 무너지고 나면 창병 개개인은 돌진해오는 기사에게 당할 수밖에 없기 때문이다. 또한 석궁병은 시위를 당기는 데 시간이 걸리기 때문에 한 번 발사하고 나면 무방비상태가 된다. 그러므로 다음 화살을 날릴 준비가 될 때까지는 들판의 보루나 아군 창병의 대열에 의해 보호를 받아야 했다.

당연한 일이지만, 이탈리아 도시의 시민들도 이런 전쟁기술에 필요한 각 병과 간의 고도의 정합성을 단번에 이룰 수는 없었다. 유럽의 다른 도시들은 훨씬 더 뒤처져서, 도시의 성벽 뒤에 숨는 수동적 방어에 주로 의존하고 있었다. 그러나 유럽 내부의 군사적 균형은 1000년에서 1300년 사이에 도시민과 도시민의 교역이 농촌사회에 변용을 초래하면서 근본적으로 달라졌다. 결과적으로 새로운 전쟁기술의 복잡성은 지방주의를 강화시켰다. 번영하는 도시들이 새로운 기법을 활용하기가 어려웠다면 더 오래된 영토단위(공국, 왕국, 그리고 최대 단위인 신성로마제국)에서 새로운 군사기술을 효과적으로 운용하기란 갑절이나 더 어려웠다. 그리하여 11~12세기에 라틴 유럽의 경제적·군사적 권력형태에 일어난 변화는 13세기가 되자 신성로마제국의 구조 자체를 무너뜨려버렸다. 그로부터 한 세대 뒤에는 신성로마제국의 폐허에 라틴 유럽 전체를 포괄하는 왕정을 세우려 했던 교황청의 기도 역시 실패했다.(1305년이 되자 그 실패는 명백해졌다.)

신성로마제국과 교황청은 모두 구로마제국의 유산이다. 과거와 그 영광의 기억은 쉽게 사라지지 않으며, 적어도 정치이론가 사이에서는 그러했다. 정치이론가들은 17세기에야 비로소 적대적인 주권국가들이 공존하는 정치적 다원주의를 마지못해 받아들였다. 만약 교황 인노켄티우스 3세(1198~1216년 재위)와 보니파키우스 8세(1294~1303년 재위)가 각지의 농민과 도시민뿐 아니라 군사 권력자들까지 성직자에게 종속시켜 그리스도교권 전체를 교황의 통치에 복종하게 한다는 비전을 실현할 수 있었다면 서유럽은 중국과 비슷한 사회가 되었을 것이다. 중국에서는 천자(天子)가 유교원리를 신봉하는 관료집단을 통해 농민과 도시민, 지주, 군인에게 통치권을 행사하고 있었다.

물론 그리스도교가 유교와 같지는 않지만, 13세기 로마 교회의 내부 행정에 중국의 관료제와 유사한 점이 있다는 사실은 흥미롭다. 주교를 비롯한 고위 성직에 취임하려면 적어도 초보적인 교육과정을 거쳐야 했다. 그런 성직 임명에 관해서는 적어도 원칙적으로는 교황이 최종결정권을 쥐고 있었다. 성직은 세습되지 않았고 능력 있는 자에게 열려 있었기 때문에 재능과 패기 있는 사람들이 성직에 들어섰다. 이 모든 점에서 13세기 로마 교회의 고위 성직자는 중국 송대의 유학자 관료와 유사했다.

또한 그리스도교 교리는 유교 못지않게 시장 지향적인 정신과 적대적이었다. 고리대금업에 대한 비난은 어떤 유교경전보다도 그리스도교 신학에서 명백하고 강하게 표출되었다. 정도는 다소 덜했지만 그리스도교 성직자와 그리스도교도 군인 사이의 상호불신은 한인(漢人) 관료와 중화제국의 군인 사이를 갈라놓은 장벽과 유사했다. 만약 교황왕정이 실현되었더라면(그렇다고 해서 중국의 관료우위체제가 서유럽의 역사에 그대로 복제되지는 않았겠지만), 양자의 차이는 실제보다 훨씬 적었을 것이다. 그러나 현실에서는 라틴계 그리스도교권 전체에 효과적인 지배권을 수립하려던 교황의 시도는 그전에 독일 황제가 그랬던 것처럼 비참한 실패로 끝났다. 그리스도교권은 여전히 지역에 따라 다양한 정치체제로 분열되어 끊임없이 불화했으며, 영토권이나 재판관할권에 관한 분규가 끊이지 않았다.

바로 이런 정치상황이 있었기에 시장지향적 행동양식과 군사지향적 행동양식은 놀라울 정도의 융합을 이루어 서유럽의 가장 활발한 경제 중심에서 뿌리내리고 꽃필 수 있었다. 조직화된 폭력의 상업화라고 할 만한 이 현상은 이탈리아의 여러 도시에서 용병군대가 관례화된 14세기에 가장 두드러지게 나타났다. 그 후 시장의 힘과 시장지향적 태도는 군사행동에 대해 거의 전례가 없을 정도로 큰 영향을 미치기 시작했다.* 유럽인 사이에서 전쟁기술은 급속히 발달하기 시작했고 얼마 지나지 않아 대단히 높은 수준에 이르렀다. 1500년부터 1900년까지의 세계사는 이 방면에서 유럽이 얼마나 탁월했는지를 증언해준다. 오늘날 세계를 긴장시키고 있는 군비경쟁은 14세기부터 유럽 국가들과 민간기업가들이 공유하기 시작한 강력한 군사적 상호작용의 직계자손이다. 따라서 14세기에 무슨 일이 어떻게 일어났는지 꼼꼼히 분석해볼 필요가 있다.

먼저 전반적인 상황을 살펴보자. 유럽의 많은 지역에서 13세기가 끝나기 직전에 힘겨운 시기가 도래했다. 이탈리아와 저지대국가들에서는 입수할 수 있는 자원에 비해 인구가 너무 많았다. 목재 공급이 부족해지기 시작했다. 기후가 눈에 띄게 추워지면서 광범위한 지역에 걸쳐 기근이 발생했다. 부자와 빈자, 고용주와 고용인 간의 격한 이해대립이 유럽 사회를 괴롭혔다. 이런 어려움은 도시민의 봉기와 농민반란으로 나타났다. 그러나 무엇보다 흑사병이 처음으로 서유럽을 엄습하기 시작한 1346년 이후의 파멸적인 인구감소야말로 대재앙이었다. 한 세대 동안 유럽 인구의 4분의 1 내지 3분의 1이 선페스트 감염으로 목숨을 잃었다. 페스트 유행 이전의 수준으로 인구가 회복된 것은 1480년 이후의 일이었다.

이런 기록을 보면 14세기는 분명 많은 유럽인에게 그다지 안락한 시대가 아니었다. 그러나 이 세기는 그와 상반된 추세도 몇 가지 있었고, 장기적으로 보면 이런 흐름이 같은 세기에 있었던 갖가지 재앙보다 큰 의미가 있었다. 1280년과 1330년 사이에 조선기술이 근본적으로 개량

---

* 그때까지 유럽의 역사에서 이런 현상과 가장 비슷한 예를 찾자면, 그리스인 용병이 지중해 전역에 걸친 시장의 주문에 응하여 그리스 안팎에서 활동하던 시대로 거슬러 올라가야 할 것이다.[3] 그러나 로마의 대두는 기원전 30년 이후 지중해의 군사 서비스 시장이 독점됨을 의미했다. 그 결과 전쟁물자를 동원하는 데 명령을 사용하는 고래의 방식이 승리를 거두었고, 인구가 감소하던 기원후 3세기부터는 군사뿐만 아니라 평화시에도 명령주의가 적용되었다. 고대 지중해 세계에서 무기 발달의 전성기가, 경쟁관계에 있던 통치자들이 군사 동원에 상업적 원리를 적용했던 몇 세기 동안인 것은 우연이 아니다.[4]

된 결과* 배가 더 크고 튼튼하고 조종하기 쉬워지면서 역사상 처음으로 겨울에도 여름처럼 안전하게 바다를 항해할 수 있게 되었다. 이 전천후 선박 덕분에 얼마 지나지 않아 이전에 가능했던 것보다 훨씬 긴밀한 상업망이 유럽의 해안선을 따라 구축되었다. 사우샘프턴의 양모 가격, 브뤼헤의 모직물 가격, 에게 해 키오스 섬의 명반(明礬) 가격, 크림 반도 카파의 노예 가격, 베네치아의 향신료 가격, 아우크스부르크의 금속 가격이 전유럽 시장에서 상호작용을 하기 시작했다. 환어음은 원격지 간의 지불을 원활하게 해주었다. 신용대부는 상업과 전문화된 대규모 수공업 생산의 윤활유가 되었다. 더욱 복잡하게 분화하고 잠재적으로 더욱 풍요로운, 그러나 그만큼 취약한 경제가 이전의 몇 세기 동안보다 더 많은 인간의 노동을 지배하기 시작했다. 북부 이탈리아의 도시와 그 뒤를 이은 저지대국가들의 도시가 여전히 전체 상업교환 시스템의 중심이었다.

지리적으로 보면, 그때까지 제각각 분리되어 있던 해역들이 처음으로 서로 연결된 단일한 해상공간을 이루었다. 동쪽으로는 흑해에서 서쪽으로는 북해에 이르는 해역이 이탈리아를 기지로 하는 확장된 해운영역에 포괄되었다. 이전에는 겨울철 및 악천후 항해의 위험과 더불어 지브롤터 해협과 보스포루스 해협, 다르다넬스 해협의 정치적 장벽이 이 해역들을 따로 갈라놓고 있었다. 마찬가지로 한자(Hansa) 동맹 항구들을 기지로 하는 독일의 해운업은 발트 해를 북해 연안과 연결시켰고, 이 북해 연안에서 이탈리아 상인이 지배하는 남쪽 해로와의 상품교환이 이루어졌다. 유럽의 다른 지역이 처음에는 인구과잉에, 그 다음에는 페스트와 사회적 분쟁에 시달리고 있던 이 14세기에 발트 해 연안지대는 새로운 영역에서 벼락경기를 맞았다. 남방에서 수입되는 소금 덕분에 발트 해 연안 주민들은 겨울 동안 청어와 양배추를 저장할 수 있게 되었는데, 이로써 식생

---

* 이 새로운 배들은 주로 석궁을 자위수단으로 삼고 있었다. 이 점이 11세기 이래 지중해의 전쟁에서 석궁이 널리 보급되고 더욱 중요해진 결정적인 요인일 것이다.[5]

활이 크게 개선되었고, 개선된 식생활은 이내 벌목이나 곡물재배에 필요한 노동력을 만들어냈다. 이렇게 생산된 목재와 곡물은 식량과 연료가 모두 부족하던 저지대국가들과 그 주변지역에 수출되었다.

경제적으로 중요한 또 다른 진전이 지하에서 단단한 암반을 파내는 광산업 분야에서 일어났다. 11세기에 하르츠 산지의 독일 광산업자들은 상당한 깊이까지 암반을 뚫고 들어가는 기술을 개발하기 시작했다. 바위를 깨뜨려서 옮기는 것은 여러 문제 가운데 일부에 지나지 않았다. 그에 못지않게 환기와 배수가 필수적이었으며, 광석을 찾아내고 파낸 광석을 제련하는 데 요구되는 기술의 중요성은 말할 것도 없었다. 한 가지 기술의 개발이 다른 기술의 발달을 자극하고 그 영역을 확장시키면서 이런 기술들이 전반적으로 진보하는 가운데 광산업은 새로운 지역으로 퍼져갔다. 13세기에는 하르츠 산맥에서 동쪽으로 나아가 보헤미아의 에르츠게비르게로, 그 다음 14~15세기에는 트란실바니아와 보스니아로 확산된 것이다. 독일 광산업자가 채굴하는 금속은 주로 은이었는데, 은광업자들에 의해 개발된 기술을 사용함으로써 구리나 주석, 석탄, 철 등도 역시 더욱 값싸게 대량으로 채굴할 수 있었다.[6]

그러므로 전체적으로 14세기 유럽 경제의 발전상은 완전히 암담하지는 않았다. 각지의 불황이나 페스트의 재앙이 심각하긴 했지만 곡물, 양모, 청어, 소금, 금속, 목재 등 일반 소비재 시장은 훨씬 더 확대되었다. 이것이 점점 더 많은 노동력에 영향을 미쳐 대륙 전체를 풍요롭게 했다. 그러나 이 새로운 부는 여전히 불안정했다. 가격의 등락과 수요공급량의 변동이 수많은 개인에게 심각한 피해를 가져다주곤 했다. 이제 그들의 생계는 자신들의 손이 미치지 않는 아주 먼 시장에서 벌어지는 상황에 의존하게 되었기 때문이다.

유럽의 상업경제를 운영하는 선두주자는 이탈리아인으로 이들은 베네치아, 제노바, 피렌체, 시에나, 밀라노 등의 도시를 본거지로 하고 있었다. 그들은 도매업에 종사하고 낙후된 지역에 새로운 기술을 전했으며 (예를 들어 폴란드의 소금광산과 콘월의 주석광산 개발사업을 몇 차례나 조직했다) 무엇보다도 통치자·성직자·평민에게까지 신용대부를 했다.(물론 그것을 거부하기도 했다.)

원격지무역과 광업과 해운업, 그 밖의 대규모 경제활동뿐 아니라 교회·국왕·영주의 행정도 모두가 이탈리아 은행가들로부터의 차입에 의존하게 되었다. 양쪽의 관계는 원만하지 못했다. 교회법에서 고리대금업을 금지하고 있었기 때문에 신용대부 업무는 어딘가 온당치 않은 행위라는 인상을 풍겼다. 무분별하게 돈을 써서 형편이 어려워진 군주들은 고리대금업의 사악함을 핑계로 차입금의 변제를 거부할 수 있었다. 이런 행동은 광범위한 영향을 미치기도 했다. 예컨대 1339년 영국 왕 에드워드 3세의 파산은 이탈리아 전체에 금융위기를 불러왔고, 유럽 역사상 최초로 분명히 인식할 수 있는 경기변동을 일으켰다.

국제적으로 활동하는 상인이나 은행가들은 자신의 고향을 방위하는 데 직접 참여하는 것을 그다지 바람직한 일로 여기지 않았다. 다른 사람을 고용해서 성벽을 지키게 하거나 전장에 내보내는 것이 더 쉽고 편했기 때문이다. 또한 책상물림 은행가나 일에 지친 사업가보다는 고용된 전문가 쪽이 더 용맹한 군인이 될 수 있었을 것이다. 이렇게 효율성에 대한 고려와 개인적인 성향이 맞아떨어졌다. 그 결과 12세기와 13세기에 모든 침입자로부터 이탈리아 도시들을 방위했던 시민민병대는 고용된 직업전사로 대체되기 시작했다.

이런 변화는 단지 부자에게만 편한 것이 아니었다. 빈자에게도 병역의 무는 차츰 부담스러운 일이 되고 있었다. 군사작전은 점점 더 길어져서 거의 1년 내내 계속되었다. 11세기와 12세기에 도시들이 주변의 농촌지역을 종속시키자 서로 이웃한 도시들 사이에 경계분쟁과 무역전쟁이 일어나기 시작했다. 시민민병대는 도시에서 80km 떨어져 있는 국경의 방어거점에 상주할 수 없었다. 민병대는 가정으로부터 무한정 떨어져 있을 수가 없었기 때문이다.

거꾸로 보면, 뛰어난 기술을 지닌 직업적 부대가 등장하자 민병대는 전투에서 승리할 가망이 없어졌다. 보병과 기병을 정합적으로 움직이는 고도의 기술에 전쟁의 승패가 달려 있는 경우에는 더더욱 그러했다. 이탈리아 시민민병대를 약화시킨 또 한 가지 요인은 도시 내에서 상층계급과 하층계급 간의 반목이 심해져 군사에서든 민간의 일에서든 부자와 빈자가 진심으로 협력하기가 어려워진 점이었다. 그리하여 1350년경이 되자 이탈리아의 시민민병대는 단순했던 과거시대의 유산이 되었고, 군사적 가치를 의심받아 거의 출동하지 않게 되었다. 그 대신 조직화된 폭력은 주로 직업적인 부대가 실행하게 되었고, 그들의 지휘관은 업무내용과 근무기간을 놓고 시 당국의 담당관과 협상을 벌여 계약을 맺었다.[7]

이탈리아의 주요 도시에서 1차집단적인 단결과 그 군사적 표현이었던 시민민병대가 쇠락하자 처음에는 혼란이 발생했다. 대부분 알프스 이북 출신인 무장한 모험가들이 자연스럽게 선발된 우두머리 밑에 모여 시 당국을 갈취하며 생활했고, 그것이 충분하지 않을 경우에는 농촌지역을 약탈했다. 14세기를 거치면서 이런 '무소속 부대'가 점점 강력해졌다. 1354년에는 그 중 가장 큰 무리가 무려 1만 명의 무장병력과 그 두 배쯤 되는 민간인 지원자들을 거느리고 이탈리아 중앙부의 가장 비옥한 지역을 휩쓸었다. 이들은 약탈품 가운데 그 자리에서 직접 소비하지 않은 것들을 팔아서 생활했다. 이런 이동부대는 이를테면 이동하는 도시나 마찬가지였다. 도시 역시 한편으로는 무력행사나 무력을 행사하겠다는 협박(지대와 세금)을 통해, 다른 한편으로는 다소 자유로운 계약에 의한 상품교환(수공업 제품을 팔아 식량과 원재료를 산다)을 통해 농촌지역의 자원을 빨아들임으로써 살아가고 있었기 때문이다.

약탈을 일삼는 무장한 남자들로 이루어진 방랑집단이 부유한 농촌사회를 유린하고 다니는 것은 조직화된 전쟁만큼이나 오래된 일이었다. 그러나 이 시기 이탈리아의 상황에는 한 가지 새로운 요소가 있었다. 그것은 부유한 이탈리아 도시들에서 다량의 화폐가 유통되고 있었기 때문에 시민들이 스스로 세금을 거두어 무장한 이방인에게 용역을 맡길 수 있었다는 점이다. 용병들이 급료를 소비하면 세금은 다시 시민들에게 돌아왔다. 따라서 용병들의 소비지출은 애초에 무장폭력의 상업화에 호소할 수 있도록 해주었던 시장교환을 이 도시들이 더욱 강화하게 만들었다. 새롭게 등장하고 있던 이 시스템은 자기지속성을 띠게 되었다. 남은 문제는 서로 납득할 수 있는 계약형태와 그 계약조항을 강제할 실제적인 수단을 마련하는 일뿐이었다.

납세자의 입장에서 볼 때, 침입여부가 불확실한 약탈자보다 어김없이 부과되는 세금 쪽을 택하는 것이 나은지 어떤지는 각자가 약탈로 잃을 것을 얼마나 가지고 있는지, 또 약탈자가 얼마나 자주 올 것인지에 달려 있었다. 14세기를 거치면서 점차 많은 시민이 약탈을 당하느니 세금을 내는 쪽이 낫다고 결론을 내렸기 때문에, 북부 이탈리아의 비교적 부유하고 시 당국이 유능한 도시에서는 조직화된 폭력의 상업화가 실현되었다. 마침 직업적인 전사가 된 남자들도 약탈생활의 위험보다 일정한 급료를 선호하게 되었다. 더욱이 종군계약(이탈리아어로 계약은 condotta, 여기에서 용병대장을 의미하는 condottiere가 나왔다)이 발달하면서, 약탈이 허용되는 상황을 명기한 규정이 도입되었다. 따라서 군인들은 급료를 받게 되더라도 투기경제적 차원을 완전히 잃지는 않았다.

이탈리아의 시장 시스템과 군사기업의 융합은 두 단계를 거쳐 이루어졌다. 1380년대에 이르자 자발적으로 결성된 '무소속 부대'는 소멸했다. 그 대신 협정된 금액을 받는 대가로 병력을 고용하고 지휘하기로 한 대장과 각 도시가 계약을 맺는 일이 일반화되었다. 이런 식으로 각 도시는 특정한 군사행동이 필요한 시기마다 필요한 군사력을 선택할 수 있었다.

그리고 납세자를 대표하는 관리가 해당 군대를 꼼꼼히 시찰함으로써, 그 도시에서 거둔 군사용역비를 지불하거나 그 이상의 지불을 거부할 수도 있었다. 초기에는 단 한 차례의 군사행동이나 비교적 짧은 기간에 대해서만 계약이 체결되었다. 부대는 이웃나라의 국경 요새를 한 차례 습격한다든가 하는 특정한 작전을 위해 고용되었다. 그 관계는 단순히 비상시 용역 정도로 받아들여졌다.

그러나 단기적인 계약관계에는 상대적으로 높은 비용이 들었다. 합의된 계약기간이 끝날 때마다 군인들은 위험한 과도기를 맞았다. 만약 새로운 일자리를 찾지 못하면 생계를 위해 약탈에 나서든지 아니면 좀더 평화적인 직업으로 바꾸든지 양자택일을 해야 했다. 이와 관련하여 해산할 것인지 아니면 대오를 유지하고 남아 있을 것인지도 그에 못지않게 중대한 선택이었다. 당연한 일이지만 계속 성공적으로 존속하려면 대장은 새로운 계약을 맺어야 했다. 계약이 단기적으로 이루어지는 한 용병대장은 고용주를 자주 바꾸고 또 말, 병력, 무기, 갑옷 등 시장성이 있는 자원을 세심하게 관리해야 했다.

이런 관계에서는 고용주와 고용인 사이에 마찰과 불신이 싹트게 마련이었다. 양쪽 다 계약관계가 끝난 뒤의 일을 언제나 염두에 두어야 했기 때문이다. 조직화된 폭력의 자유시장은 오늘의 고용인이 내일의 적이 될 수도 있음을 의미했다. 그 가능성을 의식하는 한 용병부대와 급료를 지불하는 시 당국 간의 감정적인 연대 따위는 애당초 기대할 수 없었다.

이런 취약성은 양쪽 모두에게 불편한 일이었다. 이런저런 군사적 비상사태가 거의 1년 내내 이어지고 시 당국과 납세자들이 그 점을 인정하게 됨에 따라, 좀더 장기적인 계약을 맺는 쪽이 유리하다는 게 점차 명백해졌다. 따라서 15세기 초가 되자 특정한 대장과 특정 도시가 장기적인 제휴를 맺는 것이 일반화되었다. 한 사람의 고용주에게 평생 봉사하는 경우도 흔해졌다. 물론 이것은 2~5년 정도의 계약을 계속 갱신한 결과였다.

같은 대장을 계속 고용하게 되면서 그 대장이 지휘하는 대원도 함께 고정화·표준화되었다. 장기계약을 맺은 직업군인은 50'랜스'나 100'랜스' 단위의 부대로 편성되었다. '랜스'(lance)라는 말은 원래 장갑기사 한 명과 그를 따라 출전한 부하를 의미했다. 그러나 군사의 상업화는 곧 인원과 장비의 표준화를 요구했고, 3~6명의 병사로 이루어진 전투조가 한 랜스가 되었다. 이들은 각각 무장을 달리 하고 전투에서 서로 지원했으며 개인적으로도 긴밀한 관계를 맺고 있었다. 시 당국의 관리는 정기적인 소집점호와 사열을 통해 납세자의 세금으로 급료를 받는 대상이 실재하는지를 확인했다. 다른 한편으로 고용되는 측에서도 복무기간을 미리 계약서에 명기하게 되었다. 이렇게 해서 병력의 규모와 능력이 미리 정해진 정규 상비군이 비교적 유능한 시 당국을 가진 15세기 전반의 이탈리아 도시들에 처음으로 등장했던 것이었다.

베네치아는 처음으로 테라 피르마(terra firma, 베네치아가 이탈리아 본토에 영유한 영토) 정복작전을 개시했을 때(1405), 다른 도시들에 앞서 이런 식의 군사 청부계약을 정규화했다. 베네치아가 이렇게 앞서 나간 것은 해군 함대에서 그와 유사한 관행이 오래전부터 보편화되어 있었다는 점이 하나의 원인이었다. 이미 제1차 십자군 이전부터, 봉급을 받는 노(櫓) 담당 수병이 각 함대의 표준화된 승무원을 구성하고 있었다. 매 작전시기마다 베네치아의 국력을 해외에서 행사하기 위해 고용되고 있었다. 이런 관행을 조금만 손질해도 준상비군적인 지상군의 운용에 적용할 수 있었던 것이다.* 다른 한편으로 피렌체는 새로운 전쟁의 조건에 적응하는 게 매우 늦었다. 그것은 적어도 부분적으로는, 인문학적 교육을 받은 마키아벨리 같은 관리들이 로마 공화정 제도에 매료되어 있었기 때문이다. 이들은 도시민병대의 붕괴를 개탄하면서 군사 쿠데타를 두려워하

---

* 베네치아의 준상비군적 지상군 운용 역시 이탈리아 본토에 대한 군사작전이 시작되기 직전, 'stradioti'라 불리던 발칸 반도의 그리스도 교도를 고용하면서 시작되었다.[8]

고 직업군인 고용비용을 아끼고, 경제성과 시민의 자위라는 오랜 전통에 얽매여 전투의 효율성을 잃고 말았다.

피렌체인이 쿠데타를 두려워한 데는 그럴 만한 이유가 있었다. 실제로 많은 야심적인 용병대장들이 불법적인 실력행사를 통해 시 당국의 관리들로부터 권력을 탈취했다. 이런 운명을 경험한 최대의 도시는 밀라노였다. 1450년 프란체스코 스포르차가 권력을 장악하고 자기 휘하의 군사를 부양하는 데 시의 자원을 상용하기 시작하면서 밀라노 시는 군사독재 체제가 되었다. 베네치아는 이런저런 조치를 취한 덕분에 그런 운명을 용케 피할 수 있었다. 즉 잠재적 찬탈자들을 세심하게 관리하고, 서로 반목하는 여러 대장들과 개별적으로 계약을 맺는다든지 전공을 세운 충직한 용병대장에게는 시민으로서의 명예와 선물을 주고 그 공적에 걸맞은 베네치아 귀족의 구성원과 결혼을 시켜주는 식이었다.

그리하여 찬탈에 의해서든 동화에 의해서든, 걸출한 용병대장들이 이탈리아 도시의 지배계급 내에 급속히 자리를 잡게 되었다. 이로써 구정치질서와 최신형 군사기업 간에 첫 번째 단계의 제도적 조정이 이루어졌다고 할 수 있다. 현금 수수에 의한 연계는 이탈리아 땅의 주권을 나누어 가진 신흥 국가와 군사전문가를 이어주는 갖가지 감정적인 유대로 보강되었다. 그렇지만 개중에는 파격적인 조건을 제시받거나 경쟁자가 지나친 우대를 받아 자기 또는 자기 부대의 자존심이 상했을 경우 여전히 새로운 고용주를 찾아가는 대장도 있었다.

이런 경쟁관계가 존재한다는 점, 그 관계를 원만하게 조정하기 어렵다는 점이야말로 베네치아나 밀라노의 군사체계가 가진 최대의 약점이었다. 어떤 대장을 베네치아의 군사력을 통괄하는 총사령관으로 임명하거나 하면, 그 휘하에 들어가게 된 나머지 대장들은 질투심에 사로잡혀 전장에서 용기를 과시하거나 공공연하게 불복종행위를 했다. 경쟁관계에 있는 대장들을 각기 다른 '전선'에 배치해야만 마찰을 피할 수 있었는데,

그렇게 하면 당연히 군대편제 전체의 유연성과 역량이 손상되었다. 스포르차 역시 1450년에 밀라노의 권력을 장악한 뒤 휘하 지휘관들의 관계를 조정하는 과정에서 같은 문제에 시달렸다.

이런 종류의 비효율을 피하는 방법은 문민 행정관들이 가능한 한 소(小) 전투단위와 계약을 맺는 것이었고, 결국 이들은 개별 '랜스'와 계약을 맺게 되었다. 1480년대가 되자 이 관행이 베네치아와 밀라노에서 일반화되었다. 이리하여 문민관리들은 나라의 군사력에 대해 이제까지보다 훨씬 강한 통제력을 갖게 되었다. 이제 그들은 마음에 드는 사람을 골라 적절한 수의 '랜스'를 통합하여 지휘하도록 임명할 수 있게 되었기 때문이다. 그 결과 장교단이 등장했다. 이제 장교들의 출세를 좌우하는 것은 임명권을 쥔 문민관리들과의 관계지, 그때그때 자신의 휘하에 들어올 특정 병사들과의 관계가 아니었다. 이런 식의 문민통제가 확립됨으로써 조직화된 군대에 대한 효과적인 정치적 통제가 보장되었다. 쿠데타는 더 이상 심각한 위협이 되지 않았다.

이리하여 외교적인 계산에서뿐 아니라 재정적인 면에서도 수단과 목적의 균형을 달성한 대단히 유연하고 효과적인 군사체계가 15세기 말 포강 유역에 출현하게 되었다. 이로써 이탈리아 도시들의 군사의 상업화와 관련한 제도적 조정의 두 번째 단계가 달성된다.

국가의 수는 상대적으로 적고 '랜스'는 많았기 때문에 거래조건은 자연히 고용주에게 훨씬 유리하고 고용인에게는 불리했다. 이런 전개는 준자유경쟁시장에서 과점시장으로, 그리고 준독점시장으로 이어지는 이행으로 볼 수 있다. 맨 처음 준자유경쟁시장 단계에서는 수많은 국지적 '시장'거래를 통해 협박과 약탈로 보호비가 결정되었다. 과점단계에서는 소수의 대장과 소수의 도시 관리가 계약을 맺거나 파기했다. 그리고 마지막으로 우수한 행정기관을 보유한 소수의 대국으로 이탈리아가 분할되자 각 영역 내에서 고용주측의 준독점이 성립했던 것이다. 다른 관점에서 보면, 무기를 다루는 인간과 그 고용주의 관계가 거의 순수한 금전적 관계에서 점차 복잡한 관계로 바뀌어갔다고 하겠다. 이 관계는 집단으로서의 일체감, 관료적인 복종, 지휘관에 대한 충성, 그리고 (적어도 베네치아에서는) 국가에 대한 충성 등이 조합된 것이었다.

개개의 경우마다 복잡하고 제각각이기는 했지만, 전반적으로 이런 변화는 이탈리아 사회에서 민(民)과 군(軍)의 관계를 안정시키는 방향으로 작용했다. 덕분에 이탈리아의 주요 도시국가들은 당대의 국제정치 속에서 강국의 자리를 차지할 수 있었다. 예를 들어 1508년에 베네치아는 교황 율리우스 2세, 신성로마제국 황제 막시밀리안 1세, 프랑스 국왕 루이 12세, 스페인 국왕 페르난도 등이 결성한 이른바 캉브레 동맹의 공격을 물리쳤다. 베네치아의 군사력이 당해내지 못한 상대는 오스만 제국뿐이었다.

훗날 이탈리아 도시들이 프랑스와 스페인 간의 전쟁에서 체스판의 졸(卒)이나 전리품 같은 처지가 되자, 마키아벨리(1527년 사망) 같은 관찰자는 베네치아와 밀라노가 보여준 솜씨에 경멸적인 평가를 내렸다. 이는 일반적인 인간관계, 특히 군사적인 관계가 더 이상 관습과 지위에 따른 인격적인 관계를 바탕으로 이루어지지 않고 비인격적이고 완전히 파악할 수 없는 시장관계에 따르는 시대적 요구를 이 두 도시가 자신들의 행정 관행에 적용했기 때문이다. 최근 19세기와 20세기까지만 해도 역사가들은 용병부대에 대한 마키아벨리의 비판을 설득력 있는 것으로 받아들였다. 그 역사가들 자신이 체험한 전쟁이 시민병과 애국주의의 가치를 강조하는 것이었기 때문이다. 그러나 직업군인이 또다시 시민병을 구시대의 유물로 만들고 있는 이 시대에, 학자들은 15세기에 가장 우수한 시당국을 보유했던 이탈리아 도시들이 2세기쯤 뒤 알프스 이북에서 표준화된 군사제도를 앞서서 시행하고 있었음을 인정하기 시작했다.[9]

어쨌든 다음과 같은 사실은 분명하다. 세금을 징수하여 군인에게 봉급을 주고 군인은 다시 자신의 봉급을 소비함으로써 징세의 기반인 민간경제에 활기를 불어넣는 방식을 통해, 이탈리아 도시의 행정관들은 상업적으로 연결된 사회가 어떻게 효과적으로 스스로를 방어할 수 있는지 보여준 것이다. 군인을 통제하는 관리방법을 창안하고 같은 고용주 밑에서 계속 복무하는 것이 군인에게 점점 더 이익이 되도록 함으로써, 이탈리아 도시들은 시장을 매개로 한 인간관계에 내재하는 불안정성의 발생 가능성을 낮추었다.

다시 말해 효과적인 징세나 채권 발행에 의한 자금조달, 숙련된 전문가에 의한 군사 운영을 통해 도시 내부에서 평화를 유지하는 한편, 조직화된 폭력에 따르는 불안정성을 대외관계와 외교, 전쟁 같은 영역으로 이전시킨 것이다. 피렌체나 제노바처럼 효과적인 군대 행정이 그다지 발달하지 못한 나라들은 간헐적인 내전에 시달렸다. 군대 운영을 가장 성공적으로 쇄신한 베네치아 공화국은 모든 국내분쟁에서 벗어났지만, 이탈리아 땅에서 장기간 계속된 베네치아의 외교적·군사적 성공에 자극받은 외적의 공격으로 베네치아는 한때 존망의 위기에 빠지기도 했다.

## 화약혁명과 대서양 연안 유럽의 발흥

이탈리아의 전반적인 국가 시스템—금융자산을 몇 개 도시에 그토록 두드러지게 집중시켰던 경제적 관계도 그렇지만—은 상이하면서도 연관되어 있는 두 가지 변화과정에 취약했다. 그 중 첫 번째는 자명했다. 경쟁국 간의 정치적 대립과 외교적 동맹이 이탈리아 반도 내에만 국한될 수는 없었다. 이탈리아의 도시국가보다 훨씬 더 큰 영토를 지배하는 새로운 군주국들이 이탈리아 내부문제에 개입해오자, 아무리 솜씨 좋게 운영된다 해도 일개 도시국가가 언제까지나 주권을 유지하기란 어려웠다. 15세기 말에 오스만 제국(1480)과 프랑스(1494)가 강력한 원정군을 이탈리아 영토로 파견한 사건은, 말하자면 이런 과정의 예고편이었다. 두 나라의 원정군은 곧 철수했지만, 분열되어 있는 이탈리아가 외부의 대규모 개입을 막을 능력이 없다는 사실이 명백히 드러났다. 그리하여 뒤이은 16세기에 이탈리아 반도는 외국 열강이 이탈리아인의 월등한 부와 기술에 대한 통제권을 놓고 다투는 각축장이 되었다.

이탈리아가 불안정했던 두 번째 원인은 기술적인 것이었다. 군사용역의 상업화는 무기 제조 및 공급의 상업화에 의존하는 동시에 그것을 강화했다. 적절한 무기가 없는 병사는 거의 가치가 없는 반면, 무장군인은 소지하고 있는 무기의 종류와 그 무기를 다루는 숙련도에 따라 적정한 가격에 자신의 용역을 팔 수 있었다. 그러므로 누구나 쉽게 무기를 입수할 수 있는 상황이 용병전쟁의 필수조건이었다.

보통의 원격지무역 또한 자유로운 무기 입수에 의존하고 있었다. 무장하지 않은 선박이나 대상이 목적지에 무사히 도착할 수는 없었기 때문이다. 사실 정치적 국경을 넘나드는 무역에서 성공하려면 도시와 그 영토를 방위할 때처럼 외교협상력, 전투력, 재정적 판단력이 교묘히 조합되어야 했다. 아마도 이 관계는 앞뒤를 바꾸어 생각해야 할 것이다. 즉 원격지무역을 성공적으로 운영하기 위해 개발된 기술과 재능이 이탈리아 대도시들의 부와 권력의 토대가 되었고 또 이탈리아인이 새롭고 독특한 유럽식 외교와 전쟁의 패턴을 발명하는 데 모델과 배경을 제공해주었다.

그러한 시스템에는 끊임없이 무기설계를 개량하게 하는 강한 자극요인들이 있었다. 수많은 구매자가 시장에 참여하고 수많은 공방(工房)이 불특정한 대중을 상대로 무기나 갑옷을 생산하는 경우, 생산물의 값을 내리거나 성능을 개선하기 위한 설계 변화는 이내 주목을 받게 되어 급속히 보급된다. 따라서 이후 유럽 각국 사람들 사이에 빈번하게 나타나곤 했던 군비경쟁이 바로 14세기에 처음으로 시작되었다. 그 무대는 주로 이탈리아였다. 처음에 그 효과는 이탈리아 도시들의 강력한 군사력을 더욱 공고히 하고 강화하는 방향으로 나타났다. 그러나 얼마 지나지 않아 새로운 무기들은 더 큰 국가와 더 강력한 군주들에게 유리하게 작용하기 시작했다.

더 효율적인 석궁과 더 정교한 판금(板金) 갑옷 사이에서 군비경쟁이 벌어지고 있는 동안에는 이탈리아의 공방과 직인 설계자가 우위를 지켰다. 이 석궁 대 갑옷의 경쟁은 14세기의 의제로, 1301년에 사수가 더 빨리 석궁을 당길 수 있게 해주는 등자 모양의 간단한 부품 — 중국에서는 11세기부터 사용되었다 — 이 도입되면서 시작되었다. 뒤이어 석궁은 점차 강력해져 1350년경부터는 활 부분에 목재 대신 강철이 사용되었고, 1370년에는 마침내 시위를 당기기 위한 권양기(捲揚機)가 채용되었다.[10] 그 후 석궁 설계는 고정되고 더 이상 개량되지 않았다. 발명이 화약무기에 집중되었기 때문이다. 그러나 그전에는 석궁이 강력해질 때마다 갑옷의 설계도 개량되었다. 밀라노는 갑옷 생산의 최대 중심지였다. 석궁 생산에서는 그에 필적할 만한 중심지가 없었던 것 같은데, 어쩌면 제노바가 거기에 해당할 수도 있다. 제노바는 알프스 이북의 통치자 사이에서 석궁병을 모집하는 장소로 유명해졌는데, 아마 석궁 제조에서도 다른 곳보다 어느 정도 앞섰을 것이다. 그러나 확실한 증거는 없다.

공격무기와 방어무기 사이에 펼쳐진 기술경쟁의 그 다음 에피소드는 대포를 둘러싸고 전개되었다. 화약을 적절히 채우고 틀어막는다면 그 폭발력으로 발사물을 날려 보낼 수 있을 거라는 아이디어가, 유럽과 중국의 직인에게 거의 동시에 떠올랐던 것 같다. 어쨌든 대포의 존재를 분명히 증명해주는 가장 오래된 도상으로 유럽은 1326년, 중국은 1332년의 것이 있다. 둘 다 꽃병 모양의 관을 그린 것으로 주둥이에는 좀 크다 싶은 화살이 튀어나와 있다. 이것은 어디인지는 몰라도 발명의 근원이 같은 곳임을 말해준다.[11]

그러나 설령 화약뿐 아니라 대포에 관한 착상도 중국에서 유럽으로 건너왔다 하더라도, 대포의 설계 면에서는 유럽인이 중국인을 비롯한 다른 지역의 사람들을 재빨리 앞질렀고 제2차 세계대전 때까지 우위를 확실히 누렸음에 틀림없다. 하지만 이탈리아인은 대포 주조에서는 석궁이나 갑옷 제조에서와 같은 최고의 지위를 한 번도 차지하지 못했던 것 같다. 아마도 그것은 유럽의 대포가 금방 거대해져서 무게가 1톤을 넘어섰기 때문일 것이다. 이런 양상은 이탈리아인에게 불리했다. 그들은 알프스 이북에서 금속을 수입해야 했는데 육상운송에는 비용이 많이 들었기 때문이다. 1453년에 오스만 제국이 콘스탄티노플의 성벽을 무너뜨릴 때 썼던 거대한 대포처럼 애초부터 운반할 수 없는 경우가 아니라면, 광석의 제련에서부터 완제품 생산까지 광산 바로 옆에서 해결하는 편이 나았다. 그러므로 이탈리아의 금속노동자가 원료생산지에 더 가까이 있는 대포 제작자와 경쟁하기란 쉽지 않았다. 따라서 대포가 전쟁의 승패를 가름하는 무기가 되자 이탈리아는 곧 무기산업에서 기술적 우위를 잃고 말았다.

    초기 화약무기의 발달을 고찰하기 전에 알프스 이북에서 무슨 일이 일어나고 있었는지 잠깐 살펴보는 것이 좋을 것 같다. 알프스 이북에서는 기사가 수입이 나오는 봉토를 영주로부터 하사받고 그 대가로 군역을 지는 봉건제가 이탈리아보다 훨씬 공고하게 확립되어 있었다. 백년전쟁(1337~1453)이 발발했을 때 프랑스 국왕은 여전히 왕국 내의 봉토를 하사받은 기사들에게 의존해 영국의 침략군과 맞서 싸워 물리쳤지만,* 크레시 전투(1346) 무렵이 되자 전열을 더욱 가다듬고 제노바에서 석궁병을 고용하여

---

\* 봉건제하의 군역도 이미 부분적으로 화폐화되어 있었다. 일정한 복무기간(보통 40일)이 지나면, 기사들은 계속 종군할 수 있도록 일정액의 일당을 지급할 것을 영주에게 은근히 기대하거나 대놓고 요구했던 것이다. 영국군은 겨울에도 여름에도 프랑스 영내에 머물고 있었기 때문에, 그들의 침공은 프랑스 봉건제의 전통적인 단기복무 패턴에 감당하기 어려운 압력이 되었다. 영국군 쪽에서는 이미 이전의 웨일스와 스코틀랜드 정복전쟁을 계기로 국왕 직속의 반(半)직업적인 용병군이 발달해 있었다.[12]

주력군인 기사단을 보조하게 했다. 그렇게 함으로써 영국군에 가담하고 있던 대궁(大弓) 용병과 균형을 맞추려고 했던 것이다.

프랑스에 침입한 영국군은 전쟁 발발 무렵부터 이미 봉급을 받기로 되어 있었지만 실제로 전장에서 봉급을 받은 적은 거의 없었다. 그 대신 이들은 당장 소비하기 위한 식량이나 말먹이를 징발하는 등 현지의 자원으로 하루하루 살아갔다. 그러면서 숨겨놓은 은을 찾아낸다거나 거물급 포로의 몸값을 받는 식의, 잠시나마 영화를 가져다줄 뜻밖의 횡재를 기대했다. 프랑스 대부분의 지역에서는 매매를 통한 물자유통이 충분히 발달해 있지 않았기 때문에 아무래도 이탈리아에서처럼 재정을 바탕으로 한 용병부대의 안정적인 복무가 보장될 수는 없었다. 그러나 약탈을 일삼는 군대가 통과함으로써 유형의 부가 이동한 것—예컨대 교회의 보물을 녹여 지금(地金)으로 바꾸는 것—이 틀림없이 시장교환을 촉진했을 것이다. 영국군과 프랑스군을 따라다니는 종군상인과 비전투원들은 정기적으로 물건을 사고팔았고, 병사들도 훔치거나 약탈한 물건이 자신에게 필요 없으면 내다 팔았다. 예전에 이탈리아에서 그랬던 것처럼, 지속적으로 보급을 받아야 하는 야전군은 마치 이동하는 도시와 같은 작용을 했다. 단기적으로 보면 그들이 프랑스 농촌사회에 미친 효과는 종종 파괴적이었지만, 장기적으로 보았을 때 군대와 그들이 행한 약탈은 일상생활에서 매매의 역할을 확대했다.[13]

그 결과, 전쟁 초기 영국의 승리로 야기된 극심한 사기저하와 귀족층의 광범위한 이탈로부터 프랑스 왕권이 회복되었을 무렵에는 징세 기반이 이전보다 확대되어 있었고, 국왕은 점차 강해지고 있는 군대를 유지하기에 충분한 현금을 모을 수 있었다. 이렇게 해서 창설된 군대는 성공적인 군사작전을 펼쳐 1453년 프랑스에서 영국군을 몰아냈다. 바로 이 군대 덕분에 루이 11세(1461~1483년 재위)는 부르고뉴의 샤를 공이 스위스와의 전투에서 전사(1477)한 뒤 그가 남긴 영지의 큰 부분을 점령할 수 있었다. 이리하여 1450년부터 1478년 사이에 프랑스 왕국이 유럽 지도에 등장하게 되었다. 프랑스 왕국은 유례없이 중앙집권화되었고 약 2만 5,000명 규모의 직업적 상비군을 유지하며 비상시에는 최대 8만여 명까지 동원할 수 있었다.*14)

그러나 단지 병사의 수만으로 모든 것이 설명되지는 않는다. 1450~1453년에 영국군을 노르망디와 귀엔에서 내쫓은 프랑스군의 방법은 적의 성벽을 계속해서 중포(重砲)로 포격하는 것이었다. 그렇게 하면 난공불락이었던 방어시설도 몇 시간 안에 무너졌고, 대개는 그전에 적이 항복해왔다. 화약무기의 위력이 이처럼 극적으로 발휘된 배경에는 이전 1세기 동안 진행된 대포 설계의 급속한 진보가 있었다.

애초부터 유럽의 통치자와 직인들은 갑작스럽게 불을 뿜으며 발사되는 대포에 매료되었던 것 같다. 그들은 초창기 대포를 만드는 데 아낌없는 노력을 쏟았지만 이 무기의 실제 위력은 기대와 노력에 훨씬 못 미쳤다. 1326년(현존하는 가장 오래된 대포 그림이 그려진 해)부터 한 세기가 더 지나도록, 큰 소리를 내는 것만 빼곤 모든 면에서 투석기가 대포보다 나았다. 그럼에도 아랑곳없이 실험은 계속되었다.†16)

대포와 관련된 최초의 중요한 변화는 초창기 대포에 사용된 화살 모양의 투사물 대신 구형(球形)의 포환(보통 돌로 만들었다)을 채용한 것이었

---

* 1478년에 프랑스군의 규모는 4,142'랜스'로 밀라노군의 4배 이상이었다. 이 4대 1이라는 비율은 15세기 말에 프랑스 왕국이 이탈리아 도시국가의 전쟁 규모를 훨씬 앞질렀다는 사실을 대체로 반영한다고 할 수 있다.15)

† 아마도 처음부터 대포에는 성적 상징성이 얽혀 있었고, 이 점이 초창기 화포에 대한 유럽의 직인이나 통치자의 불합리한 투자를 상당 부분 설명해줄 수도 있다. 나는 이 생각을 바튼 해커(Barton C. Hacker)에게서 빌려왔다. 그는 이것과 비슷한 심리적 충동이 제1차 세계대전과 제2차 세계대전 사이의 전차 개발의 배경에 있지 않았을까를 탐구했다.17) 그러나 이런 심리적 공명현상을 통해 다른 방식으로는 이해하기 어려운 행동이 설명된다고 해도, 왜 유럽인이 특히 거기에 민감했는지는 설명되지 않는다. 심리적인 충동을 단순한 공상에서 단단한 금속제 실물로 바꾸기 위해서는 서유럽 정치제도의 성격과 새로운 대포를 제조한(그리고 돈을 주고 그것을 산) 도시거주자의 군사지향적인 습관에 관한 설명을 추가할 필요가 있을 것 같다.18)

다. 이와 더불어 대포 자체의 설계도 처음의 꽃병 모양에서 관 모양으로 바뀌었다. 이렇게 함으로써 폭발 때 생겨난 팽창 가스가 포신 안에서 이동하는 투사물에 가속을 주게 되었다. 이런 설계 변경으로 발사속도가 이전보다 훨씬 빨라졌다.

발사속도가 빨라지자, 대포 제조업자들은 투사물이 클수록 적의 방어시설에 결정적인 파괴력을 행사할 수 있다는 논리 아래 점점 더 구경이 큰 대포를 만들었다. 대포가 커지고 투사물이 무거워지고 장약(裝藥)의 양이 늘면 그만큼 포신이 강해야 했다. 초기의 거포는 몇 가닥의 가단주철(可鍛鑄鐵) 봉을 두드려 편 다음 말아서 용접해 만들었다. 그러나 이런 형태의 봄바드 포(射石砲)는 포신이 파열되기 쉬웠다. 더욱 만족할 만한 해결책은 주물기술을 채용하는 것이었다. 유럽에서는 종을 만드는 직인들이 주물기술을 이미 높은 수준으로 발전시켜 놓은 상태였다. 청동이나 황동 주물을 통해 한 덩어리로 성형된 대포는 여러 부품을 조합한 어떤 대포보다도 믿을 만했고, 따라서 다른 설계의 대포는 모두 폐기되었다.

그리하여 1450년 무렵까지는, 청동으로 만든다면 구리와 주석의 공급을, 황동으로 만든다면 구리와 아연의 공급을 확보하는 것이 유럽의 통치자들에게 결정적으로 중요한 일이 되었다. 신식 대포가 아시아에 보급되자 이른바 제2의 청동기시대가 시작되었다. 이 시대는 약 한 세기 동안 지속되었다. 그러다 유럽 대륙에서 영국으로 초빙된 기술자들이 1543년에 만족스런 수준의 철제 대포를 만들었다. 이 성과에 힘입어 거대한 공성포(攻城砲)의 제작비용은 예전의 12분의 1 정도로 낮아졌다. 그것은 기원전 12세기 철기시대에 대장장이가 칼이나 투구의 가격을 크게 떨어뜨렸던 것과 마찬가지였다.*[19]

---

\* 사실은 유럽 대륙에서도 일찍이 15세기 중반부터 철제 대포가 만들어졌지만 불완전한 것이 많았다. 그러다 보니 낮은 금속 가격은 잦은 실패로 인해 상쇄되어버렸다. 영국은 실제로 사용할 만한 주철 대포에 관하여 반 세기 동안 사실상의 독점을 유지했다. 그것은 주로 서섹스 지방의 주물 직인이 사

따라서 엄밀하게 말하면 제2차 청동기시대가 지속된 기간은 1세기 미만(1453~1543)이었다. 그러나 영국의 주물업자만으로 유럽의 모든 통치자들의 수요를 충족시킬 수는 없었다. 또한 스웨덴인과 네덜란드인이 1620년대에 국제적인 철제대포 무역을 전개한 이후에도 각국 군대는 여전히 청동이나 황동으로 만든 대포를 선호했다. 그리하여 한 예로 프랑스인은 콜베르가 해군 창설에 착수하면서 군함과 연안포대를 위해 수천 문의 대포가 필요해진 1660년대에야 비로소 철제 대포로 돌아섰다.[21] 그전에는 구리와 주석의 확보 여부가 세계의 통치자들에게는 전략적으로 엄청나게 중요했다.

당시 유럽의 경제지리 패턴은 이런 사실을 반영하고 있다. 예를 들어 중유럽의 동광과 은광의 중요성이 급속히 커졌다. 15세기 말에 남독일과 보헤미아 그리고 그 인접지역이 폭발적인 번영기를 맞은 것은 이 지역에서 일어난 광산 붐 때문이었다. 푸거가(家)를 비롯한 남독일의 은행가들이 일으킨 금융제국도 마찬가지였다. 그들은 한때 지역의 경계를 넘어선 대규모 경제기업의 경영자로서 이탈리아의 오래된 금융 중심지와 경합을 벌이기도 했다.[22] 이와 비슷한 경제적 비등기가 잉글랜드 서부지방에도 있었는데, 이 역시 콘월 반도의 주석광산 개발이 활발해진 것과 관계가 있다. 또 16세기와 17세기에 인도와 동아시아의 통치자들이 청동 대포의 탁월한 가치를 확실히 알게 되자 일본의 구리와 말레이 반도의 주석이 대단히 중요해졌다.

청동대포와 황동대포가 철대포로 대체되자 번영을 누리던 중유럽 광

---

>>>→

용하는 광석에 포함된 극소량의 화학성분이 금속의 냉각과정에서 생기는 균열을 방지해주었기 때문이다.

1604년에 영국이 (그리고 곧 네덜란드도) 스페인과 강화하자 대포 수요는 침체했다. 서섹스의 주물공업에 불황이 시작되었고 점차 연료부족이 심각해지면서 불황은 더욱 깊어졌다. 20년 후에는 스웨덴이 고품질 주철 대포를 제조하기 시작했다. 이는 왈론 지역(현재 벨기에 남동부. 중심지는 리에주)에서 고로 건설과 주물 기술을 들여온 덕분이었다. 그 후 18세기 말까지 스웨덴 기업이 국제적인 철제 대포 시장을 지배했다.[20]

### 유럽에서 대포의 발달, 1326~1500년

다음의 네 그림은 어떻게 유럽의 직인과 통치자들이 협력하여 강력한 대포를 개발했는지를 보여준다. 처음에 대포는 1326년의 그림에서 보는 바와 같이 실효성 없는 장난감 수준이었다.(그림 a) 이어서 돌로 만든 대포알을 발사하는 거대한 봄바드 포가 개발되었다. 가단주철을 두드려서 만든 것(그림 b)과 청동으로 주조한 것(그림 c)이 보인다. 봄바드 포는 15세기 후반에 움직일 수 있는 공성포(그림 d)로 대체되었다. 이 포는 철포환을 사용하며 알갱이 모양으로 만든 화약을 써서 포환의 속도를 더해주었다. 그 결과 기존의 모든 방어시설을 불과 몇 시간 만에 무너뜨릴 수 있는 무기가 출현했다.

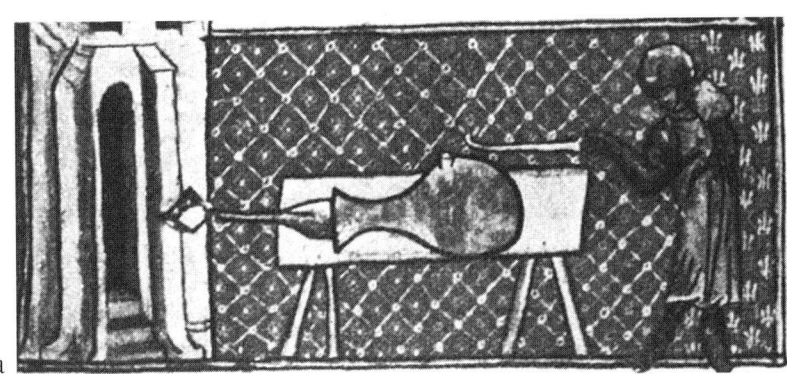

a

b

a. Berhard Rathgen, *Das Geschütz im Mittelalter* (Berlin:VDI, 1928), Tafel 4, Abbildung 12. Walter de Milimete가 옥스퍼드에서 1326년에 쓴 원고에 있는 세밀화.
b. Ibid., Tafel 7, Abbildung 22. 돌포환을 발사하는 봄바드 포. 1425년경 빈에서 제조.
c. A. Essenwein, *Quellen zur Geschichte der Feuerwaffen* (Leipzig: F.A. Brockhaus, 1877), vol. 2, pl. A. XXI-XXII. 브라운 슈바이크 시에서 제조한 봄바드 포. 1411년에 주조되었고, 1728년의 동판인쇄 도판에 실렸다.
d. Ibid., pl. A. LXXII-LXXIII. 1500년과 1510년 사이에 막시밀리안 1세를 위해 주조된 대포. Codex icon. 222, München Königlichen Hof- und Staatsbibliothek에서 복제.

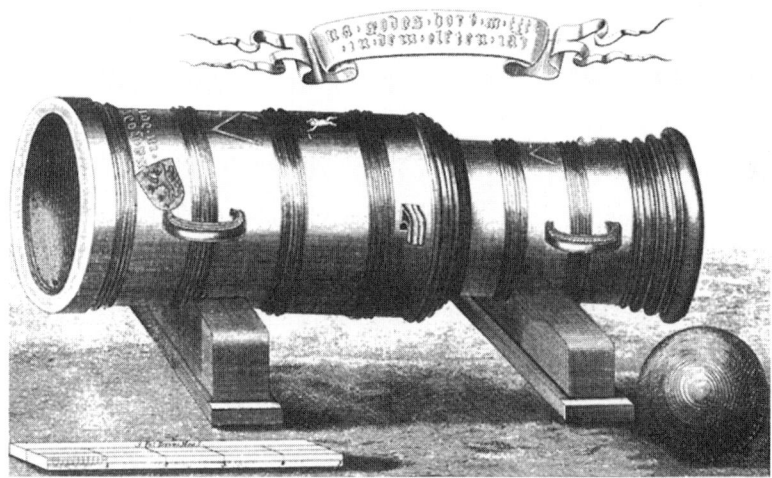

c

d

업의 번영은 결국 사그라지고 말았다. 유럽의 동광이 대포의 재료가 되는 더 값싼 금속의 출현으로 타격을 받은 시기에 신대륙의 값싼 은이 들어와 유럽산(産) 은과 경쟁하기 시작했다. 그러나 중유럽에서의 퇴보는 다른 곳의 번영으로 상쇄되었다. 대포 제조에서 철의 중요성이 높아짐에 따라 16세기에는 잉글랜드가, 17세기에는 스웨덴이 가장 직접적으로 이익을 보았다. 이로 인해 유럽의 정치사와 군사사는 그 방향이 상당히 달라졌다.

제2의 청동기시대가 끝나기 한참 전부터 대포 설계에서 두 번째 주요한 진전이 진행되었다. 15세기 중반의 봄바드 포는 너무 덩치가 커서(지름 75cm, 길이 3.5~4.5m 이상인 경우가 많았다) 운반하기가 너무 힘들었다. 예컨대 1453년에 콘스탄티노플의 성벽을 파괴한 대포는 즉석에서 주조되었다. 완성된 대포를 그곳까지 운반하는 것보다 성벽 바로 바깥에 용광로와 거푸집을 만들어놓고 원료를 가져오는 게 쉬웠기 때문이다. 이런 대형 무기는 포격이 아무리 강력해도 운반하기 힘들다는 것이 가장 큰 약점이었으며, 이는 대포 제조업자들이 풀어야 할 숙제였다.

1465~1477년에 진행된 프랑스와 부르고뉴 공국(公國)* 간의 군비경쟁은 직인과 통치자들에게 이 문제에 대한 해결책을 찾아낼 수단과 동기를 부여해주었다. 저지대국가들과 프랑스의 대포 제조업자들은 포신을 충분히 강하게 만들어서 돌포환 대신 단단한 철포환을 쏜다면 훨씬 작은 대포라도 세 배나 더 큰 봄바드 포만큼 적의 성벽을 파괴할 수 있다는 것을 알아냈다. 철포환은 제작비도 저렴했고 간혹 다시 사용할 수도 있었다. 그에 비해 거대한 돌포환은 충돌할 때 산산조각이 났으며, 수작업으

---

* '부르고뉴 공국'이란 1363년부터 1477년 사이에 역대 부르고뉴 공들이 확보한 모든 영토를 가리키는 편의상의 호칭이다. 여기에는 저지대국가들도 포함되는데, 스위스 국경까지 띄엄띄엄 뻗어 있는 부르고뉴 공국의 영토 중에서도 저지대국가들은 가장 풍요로운 지역이었다. 샤를 공이 전사한 1477년 직전까지 반세기 동안 부르고뉴 공국은 843년 카롤링거 제국이 분할될 때 프랑스와 독일 사이에 끼어 있던 로타링기아 왕국을 거의 재현한 듯했다.

로 구형을 만들거나 작전지점까지 운반하기가 까다로워 비용이 많이 들었다.

같은 시기에 또 하나의 기술적 개량이 일어났다. 화약을 작은 입자로 만들어서 사용하게 된 것이다. 이렇게 하면 모든 입자의 표면이 공기와 접촉하여 전부 한꺼번에 연소되기 때문에 폭발력이 훨씬 더 강해진다. 폭발가스가 순식간에 발생하는 만큼 포신 속의 포환에 속도가 붙는 동안 가스가 포환 주위의 틈으로 새어나가는 시간이 줄어들기 때문이다.[23] 물론 이 개량으로 인해 포신의 금속은 더 큰 압력을 받게 되었지만, 저지대 국가들의 청동대포 주조업자들은 그 해결책을 찾아냈다. 즉 포신에서 폭발이 일어나는 약실 주위의 가장 중요한 부분을 두껍게 만들고, 투사물이 앞으로 나아감에 따라 뒷부분의 압력이 낮아지는 것에 비례하여 포문쪽으로 갈수록 포신을 점점 얇아지게 만든 것이었다.

이렇게 해서 포신 길이가 약 2.4m에 11~23kg의 철포환을 발사하도록 설계된 강력한 공성포가 출현했다. 이 정도의 포는 적절한 포가(砲架)와 힘센 말만 있으면 비교적 쉽게 들판을 가로질러 운반할 수 있었다. 이를 위해서는 특수 설계된 대포 운반용 수레, 즉 차축과 바퀴가 견고하고 대포 뒤쪽으로 가미(架尾, trail)가 길게 뻗어 나와 있는 포차가 필요했다. 대포는 포신의 무게중심 근처 양쪽에 포이(砲耳, trunnion)라고 불리는 돌출부를 달고 그곳을 받침점으로 하여 포차에 실었다. 이렇게 함으로써 포를 포차에서 내리지 않고도 포신을 움직여 어떤 각도로든 쏠 수 있게 되었다. 발사로 인한 반동은 가미가 지면에 끌리면서 대포가 포차와 함께 몇 미터 뒤로 밀려나며 흡수되었다. 다시 대포를 쏘려면 처음의 발사 위치까지 포차를 전진시켜야 했지만, 그 정도의 일은 매번 말을 부릴 필요 없이 지렛대를 사용하면 인력으로도 간단히 할 수 있었다. 다른 곳으로 이동할 때는 가미를 지면에서 들어 올리고 견인차를 밑에 대기만 하면 몇 분 안에 금방 출발할 수 있었다. 이처럼 이동형태에서 발사형태로,

또 그 반대로도 신속하게 바꿀 수 있었을 뿐더러 이 포는 중량급 마차가 다닐 수 있는 곳이라면 어디든 갈 수 있었다. 기본적으로 1465년과 1477년 사이에 프랑스와 부르고뉴 공국에서 개발된 공성포의 설계는 몇 가지 사소한 개량을 빼고는 1840년대까지 계속 사용되었다.[24]

프랑스 국왕 샤를 8세는 나폴리의 왕위계승권을 주장하기 위해 1494년에 이탈리아를 침공했는데, 이때 프랑스군은 이 완전히 새롭게 설계된 대포를 끌고 갔다. 이탈리아인들은 이 신무기의 위용에 혼비백산했다. 먼저 피렌체가, 뒤이어 로마 교황이 시늉뿐인 저항 끝에 항복했다. 때문에 이 신무기가 실제로 위력을 발휘한 것은 단 한 차례, 나폴리 왕국의 국경 요새가 저항해왔을 때뿐이었는데, 프랑스 포병들은 불과 여덟 시간 만에 그 성벽을 돌무더기로 만들어버렸다. 이 요새는 그리 멀지 않은 과거에 7년간의 포위전에도 끄떡없었던 것으로 유명한 곳이었다.[25]

1453년의 저 다루기 힘든 봄바드 포도 이미 포위한 쪽과 포위당한 쪽의 균형을 무너뜨리고 유럽 국가들 간의 기존 세력균형을 어지럽혔다. 그러나 1465~1477년에 프랑스군과 부르고뉴 공국 군대가 이동식 공성포를 발명함으로써 그 혼란은 엄청나게 증폭되었다. 새로운 대포만 출현하면 기존의 방어시설은 전부 무용지물이 되었다. 그러므로 비싼 값을 치르고 신무기를 구입할 수 있었던 통치자들은 이 새로운 군사기술을 이용할 수 없는 이웃나라와 국민들을 누르고 세력을 키울 수 있었다.

유럽에서 이 신무기의 가장 큰 효과는 이탈리아 도시국가들의 힘을 위축시키고 그 외의 작은 영방(領邦)국가들을 거의 무력화시킨 것이었다. 물론 프랑스와 부르고뉴 공국이 오랫동안 신무기를 독점할 수는 없었다. 합스부르크 제국의 황제와 오스만 제국의 술탄 등 넓은 영토를 가진 주변국 군주들은 곧 새로운 설계의 공성포를 입수했다.*[26] 이리하여 이제

---

* 합스부르크가는 1477년에 부르고뉴 공국의 유산을 프랑스와 나누어 가질 때 저지대국가들을 획득했기 때문에 저지대국가들의 대포 생산능력을 그대로 물려받았다.

막 국가로서의 기초를 다진 유럽의 강국들 사이에 용호상박의 싸움이 일어나 거의 16세기 내내 계속되었다. 그러는 동안 이탈리아의 도시국가들은 유럽의 강국들이 호시탐탐 노리는 표적이 되었다.

그러나 한번 접해본 사람이라면 너나없이 지침으로 삼을 만큼 뛰어난 기술과 발명의 재능을 가지고 있었기 때문에, 이탈리아인들은 신식 공성포의 막강한 위력 앞에서도 언제까지나 손놓고 있지는 않았다. 사실 프랑스군의 강력한 신식 대포를 접하게 된 1494년 이전에도 근 반세기 동안 이탈리아 군사기술자들은 과거의 요새들을 좀더 포격에 잘 견딜 수 있도록 하는 방법을 이리저리 실험해보고 있었다. 1494년 이후 이 문제는 이탈리아에 존재하는 모든 정치권력에게 촌각을 다투는 긴급사안이 되었다. 레오나르도 다빈치나 미켈란젤로를 포함한 이탈리아 최고의 두뇌들이 그 해결책을 찾기 위해 필사의 노력을 기울였다.*

어느 정도는 우연히, 어쩌면 다급한 나머지 임시방편으로라고 해야 할지도 모르지만, 이탈리아인들은 적당히 다져진 흙더미가 포환의 충격을 흡수하여 손상을 입지 않게 해준다는 점을 곧 알게 되었다. 이것을 알아낸 것은 피사 사람들로, 이들은 1500년에 피렌체군이 피사를 포위했을 때 위기에 처한 도시 외벽 안쪽에 임시로 흙벽을 쌓았다. 피렌체군의 포격으로 도시의 항구적인 방어시설인 외벽이 무너져 내렸지만 그 안쪽에 쌓은 새로운 장애물이 포위군을 가로막았고, 그들은 결국 그것을 넘을 수 없었던 것이다. 흙으로 성벽을 쌓으려면 먼저 재료인 흙을 얻기 위해 땅을 파야 한다. 그 결과 큰 구덩이가 생기는데, 그 구덩이의 측면을 수직으로 깎아내리면 해자가 만들어진다. 해자는 밑으로 꺼진 성벽이기 때

---

* 화가 알브레히트 뒤러는 많은 면에서 이탈리아인의 제자였는데, 이탈리아를 여행하는 중에 이 문제에 관심을 갖게 되어 최초로 요새방어시설에 관한 책을 집필해서 출판했다. 이 책 『도시, 성, 그 밖의 장소의 방어에 관한 몇 가지 교훈 Etliche Underricht zur Befestigung der Stett Schloss und Flecken』(Nuremberg, 1527)은 뒤러가 그린 설계도의 실용성보다는 대포에 대한 방어를 위해 권고하고 있는 엄청난 대공사 때문에 주목할 만하다.[27]

문에 공격하는 측에게는 대단히 공략하기 어려운 장애물이 되며 대포의 파괴력에 대해서도 전적으로 안전했다.[28]

해자를 만든다는 이 기본적인 아이디어는 나중에 해자의 벽면을 돌로 덮는 것으로 발전하여 좀더 영구적인 형태를 취하게 되는데, 대포의 포격을 방어하는 문제를 해결하는 데 큰 기여를 했다. 여기에다 대포로 무장하고 해자의 보호를 받는 능보(稜堡, bastion)와 외보(外堡, outwork)가 곧 추가되었다. 이런 보루들을 적절하게 배열해 놓으면 해자를 건너 성벽을 공격하려고 애쓰는 적병에게 치명적인 십자포화를 퍼부을 수 있었다. 외보에 배치된 대포에는 또 한 가지 역할이 있었는데, 바로 포위군의 대포에 맞서는 포화를 퍼붓는 것이었다. 이렇게 하면 공격하는 측 포격의 정확성과 공격력을 크게 떨어뜨릴 수 있었다.[29]

1520년대가 되자 새로운 이탈리아식 모델로 건설된 방어시설은 아무리 뛰어난 장비를 앞세운 공격에도 버틸 수 있게 되었다. 그러나 그것을 건설하는 데는 엄청난 비용이 들었다. 이런 방어시설은 알프스 이북에서 이탈리아식 축성술(trace italienne)이라고 불렸는데, 거기에 필요한 수십 문의 대포와 막대한 토목공사에 드는 비용을 댈 수 있는 것은 가장 부유한 국가와 도시들뿐이었다.

그럼에도 불구하고 이탈리아식 축성술은 공성포의 막강한 위력을 그토록 재빨리 저지함으로써 유럽 역사에서 결정적인 역할을 했다. 1530년대가 되자 대포의 공격에도 안전한 방어시설이 이탈리아로부터 유럽의 다른 지역으로 전파되기 시작했다. 이 고도의 신기술은 적어도 정부가 새로운 방어시설과 거기에 필요한 수많은 대포의 비용을 지불할 수 있던 지역에서는 다시금 지방세력의 자위에 유리하게 작용했다. 이 무렵 합스부르크가의 상속자인 헨트의 카를 5세가 1516~1521년에 이례적으로 많은 영토를 물려받음으로써 유럽의 정치가 단일한 제국적 통일체로 재조직될 수도 있는 상황이 조성되었다. 하지만 이탈리아식 축성술의 보급과 그 영향은 이런 가능성의 실현을 매우 효과적으로 저지했다. 카를 5세는 독일국민의 신성로마제국 황제로서 그리스도교권 전체에 대해 막연하나마 주도권을 주장할 수 있는 입장에 있었다. 또한 스페인과 저지대국가들, 독일 내의 광범위한 지역을 지배하고 있었기 때문에 신성로마제국의 빛바랜 위엄에 새로운 실체를 부여할 만한 충분한 자원을 가지고 있다고 생각되었다.

　스페인 국내의 반란을 진압한 뒤 카를 5세가 맨 처음 시도한 일은 이탈리아에서 프랑스를 몰아내는 것이었다. 이 시도는 1525년에 성공을 거두었고, 그 후 몇 십 년 동안 그의 부대(주로 스페인 병사로 이루어졌다)는 나폴리와 밀라노를 모두 지배했다. 그럼으로써 카를 5세는 그 밖의 이탈리아 국가들의 독립상태를 불안하게 만들었다. 스페인의 굴레를 벗어던지려는 이탈리아의 간헐적인 노력은 아무 소용이 없었다. 그러나 카를 5세가 이탈리아에서 성공을 거두자 이를 경계하는 프랑스와 오스만 제국이 손을 잡고 지중해 전역이라는 큰 무대에서 합스부르크가의 권력에 대항해왔다. 한편 북쪽에서는 독일의 영방군주들이 필요하다고 판단될 때마다 군사행동을 취하면서 카를 5세의 제국 권력이 강해지는 데 저항했다.

　우세한 야전군에게 장기간 저항할 수 있는 방어시설이 제국 건설을 저지하는 데 결정적인 역할을 할 수 있었던 것은 말할 나위도 없다. 그래서 이런 종류의 요새들이 처음에는 주로 이탈리아에서, 뒤이어 유럽의 좀더 주변적인 지역에서 급속하게 건설되었다. 그 결과 1525년 이후에는 이탈리아 전쟁 초기 25년간의 특징이라 할 대규모 야전(野戰)은 사라졌다. 그 대신 공성전이 시작되었다. 제국 권력의 강화는 중단되었고, 나폴리와 밀라노의 스페인군 수비부대가 이탈리아에 대한 합스부르크가의 불안정한 패권을 유지시켜주고 있었다. 1560년대가 되자 마찬가지의 장벽이 오스만 제국의 세력 확장을 중단시켰다. 몰타 섬(오스만군은 1565년에

### 유럽인은 어떻게 화약혁명을 막아냈는가

19세기의 프랑스인 건축가 비올레 르 뒤크가 그린 이 도면들은 포화로 무너진 성벽에 대한 긴급대책이 어떻게 새로운 방어시설로 발전하여 공성전을 어려운 장기전으로 만들었는지를 보여준다. 그림 왼쪽 상단은 무너진 성벽 뒤쪽에 얕은 해자를 파고 임시 성벽을 쌓은 후 포안을 설치한 모습이다. 이로 인해 성을 점령하려는 공격군은 또 하나의 만만치 않은 장애물을 만나게 된다. 그 하단의 그림은 완성된 이탈리아식 축성의 단면도인데, 해자와 성벽이 어떻게 포격으로부터 도시를 보호하는지를 보여준다. 해자 왼쪽의 완만한 경사를 보라. 이것이 있기 때

문에 공격군이 성벽에 직접 포격을 가하려면 오른쪽 그림에서처럼 해자의 가장자리에 붙여서 대포를 설치해야 한다. 또 오른쪽 그림은 이미 성벽이 무너지고 그 잔해로 해자의 일부가 메워진 뒤에도, 적절하게 설계된 능보만 있으면 공격군을 매우 효과적으로 방어할 수 있음을 보여준다.
E. Viollet-le-Duc, *Dictionnaire raisonné de l'architecture française du IXe au XVIe siècle* (Paris, 1858), vol. 1:420(fig. 57), 452(fig. 75), and 441(fig. 72).

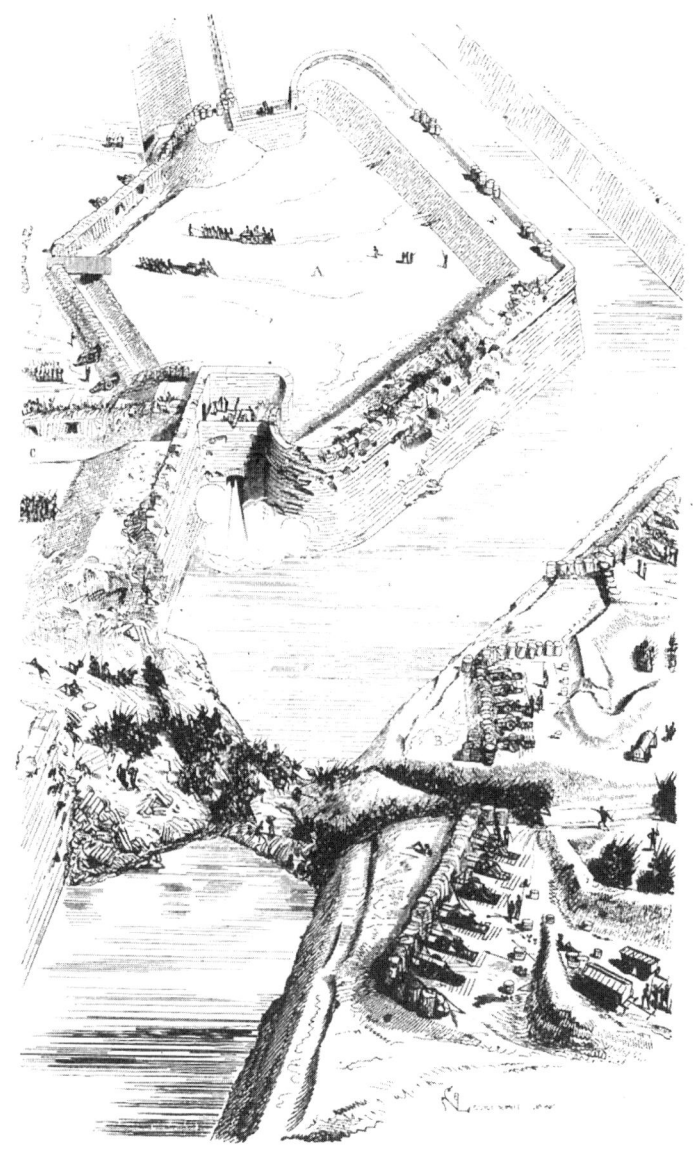

이곳을 포위했지만 함락시키지 못했다)이나 헝가리 변경을 따라 새로운 스타일의 요새들이 출현했기 때문이다.

대포에 저항할 수 있는 요새가 이탈리아 땅에 점점이 자리 잡기 전에 이탈리아 전쟁(1499~1559)은 효과적인 보병용 소화기(小火器)의 발달을 가져왔을 뿐만 아니라 머스킷총이나 아르퀘부스총이 전장에서 발휘하기 시작한 화력을 살릴 수 있는 전술과 야전 축성을 발전시킨 온상이나 마찬가지였다. 사실 프랑스군이 이탈리아 전쟁에서 실패한 이유는 주로 스위스인 창병과 중장갑기병, 그리고 명성이 자자했던 자신들의 공성포에 지나치게 의존했기 때문이다. 스페인군은 밀집대형의 창병을 머스킷 총병으로 보조하는 실험에 프랑스군보다 더 적극적이었고, 기병의 공격으로부터 보병을 보호하기 위한 야전방어에 특히 능숙했다.

그 결과 스페인군의 이른바 '테르시오' 부대가 이탈리아 전쟁에서 유럽 최강의 야전군으로 떠올랐다. '테르시오'는 창병과 머스킷 총병의 혼성부대로, 대형의 중심에 방진(方陣)으로 창병을 배치하고 그것을 빙 둘러싼 머스킷 총병을 배치하여 머스킷 총병이 탄알을 장전하는 동안 창병이 그들을 엄호하게 한 것이다. 이 대형은 사방이 탁 트인 지형에서 기병의 공격에 맞설 수 있었으며, 또 창을 수평으로 들고 적에게 돌진하면 이 전법을 발명한 스위스병 못지않게 위력적이었다. 이 시대에는 대포가 야전에서 큰 역할을 하는 경우는 아주 드물었다. 육중한 대포를 시간 맞춰 전장으로 옮겨오기가 너무 어려웠기 때문이다.

스페인군 '테르시오' 부대의 전술은 전장에서 방어뿐 아니라 공격에서도 보병에게 결정적인 역할을 부여했다. 16세기까지 기사도의 위신은 전장에서 완강히 살아 있었다. 기사도가 농촌의 사회구조에 깊이 뿌리를 내리고 있던 프랑스와 독일에서는 특히 그러했다. 그러나 1525년 이후가 되자 귀족이 보병으로 전투에 참가하더라도 말을 타고 싸우는 것과 마찬가지로 위엄을 유지할 수 있다는 생각이, 심지어 프랑스인이나 독일인 사이에서조차 통념이 되었다. 어쨌든 기병은 공성전에서는 무용지물이었고, 그리고 공성전이야말로 이후 반세기 동안 전쟁의 기술에서 주요한 성장점이었기 때문이다.

스페인군은 다양한 병과와 대형을 조합한 전술을 개발하여 야전에서 연전연승을 거두었다. 그러나 그것만으로는 유럽의 패자를 지향하는 합스부르크가가 전반적인 우위를 확보하기에는 역부족이었다. 패배한 측이 농성 준비를 갖춘 요새를 많이 가지고 있는 한, 야전에서 살아남은 패잔병들이 그곳으로 도망쳐 들어가 몇 달 동안이나 저항할 수 있었으므로, 아무리 야전에서 연전연승하더라도 패권을 확립하는 데 불충분했던 것이다.

따라서 카를 5세는 스페인군의 우위 덕분에 프랑스군을 이탈리아에서 몰아낼 수는 있었지만 독립 강국인 프랑스 왕국을 정복하지는 못했다. 또 독일 영방군주들의 자치권을 빼앗지도 못했으며, 네덜란드의 신민들이 여러 형태의 프로테스탄트 이단을 받들기 시작했을 때조차 그들의 다양한 면제권을 억제하지 못했다. 그 결과 유럽 국가들 사이의 경합은 끊임없이 계속되었고, 현격한 군사적 우위를 가져다줄 수 있을 것 같은 신기술이 출현할 때마다 군비경쟁이 벌어졌다.

그런데 지구상의 다른 한 쪽에서는 화포는 발달했어도 그에 맞서는 이탈리아식 축성술은 발달하지 않았다. 그 대신 이동식 공성포를 보유한 군대가 월등한 군사적 우위를 누림으로써 아시아의 대부분과 동유럽 전

**16세기 유럽 군대의 행군대형**

이 조감도는 16세기 유럽의 전쟁기술이 여러 가지 병과와 대형을 어떻게 조합하여 사용했는지를 보여준다. 기병, 경포와 중포, 창병, 아르퀘부스총을 소지한 보병이 보인다. 군량을 실은 짐마차가 대열을 따르고 있는데, 이들 마차는 군대가 숙영할 때 그 주위를 두 겹으로 에워싸 임시 야전 요새의 역할을 하기도 했다. 창병 대열 위로 삐죽 튀어나와 있는 깃발들은 각 전투단위를 나타내는데, 이런 깃발 덕분에 전장에서 기동작전을 펼 수 있었다. 이것은 이상화된 모습일 뿐이고, 실제로 대포가 군대의 행군을 따라가는 일은 거의 없었으며 군대가 이렇게 넓은 대형으로 전진할 수 있을 만큼 지면이 평평한 곳도 거의 없었다.

Leonhardt Fronsperger, *Von Wagenburgs und die Feldlager* (Frankfurt am Main, 1573; facsimile reproduction, Stuttgart, Verlag Wilh. c. Rübsamen, 1968).

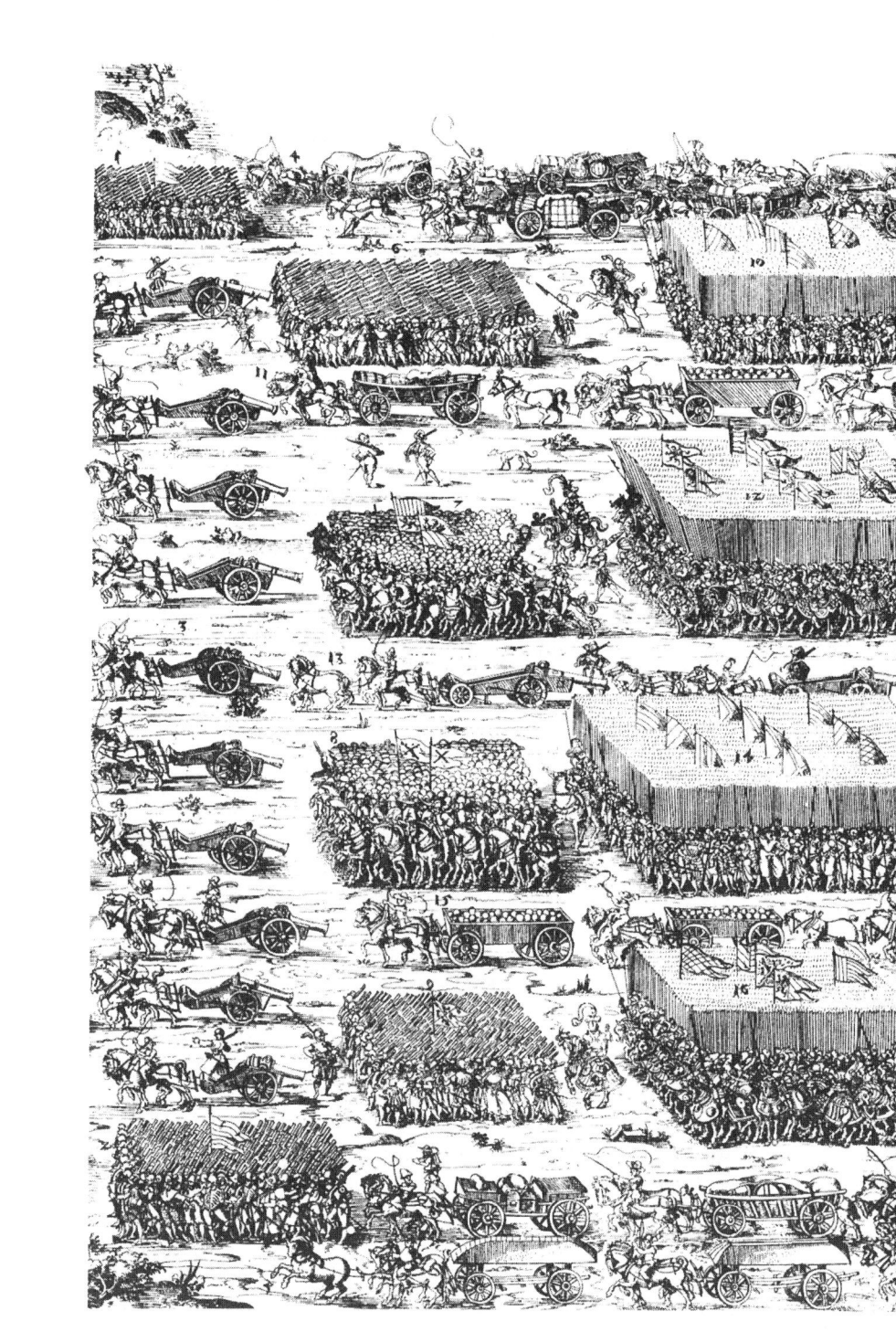

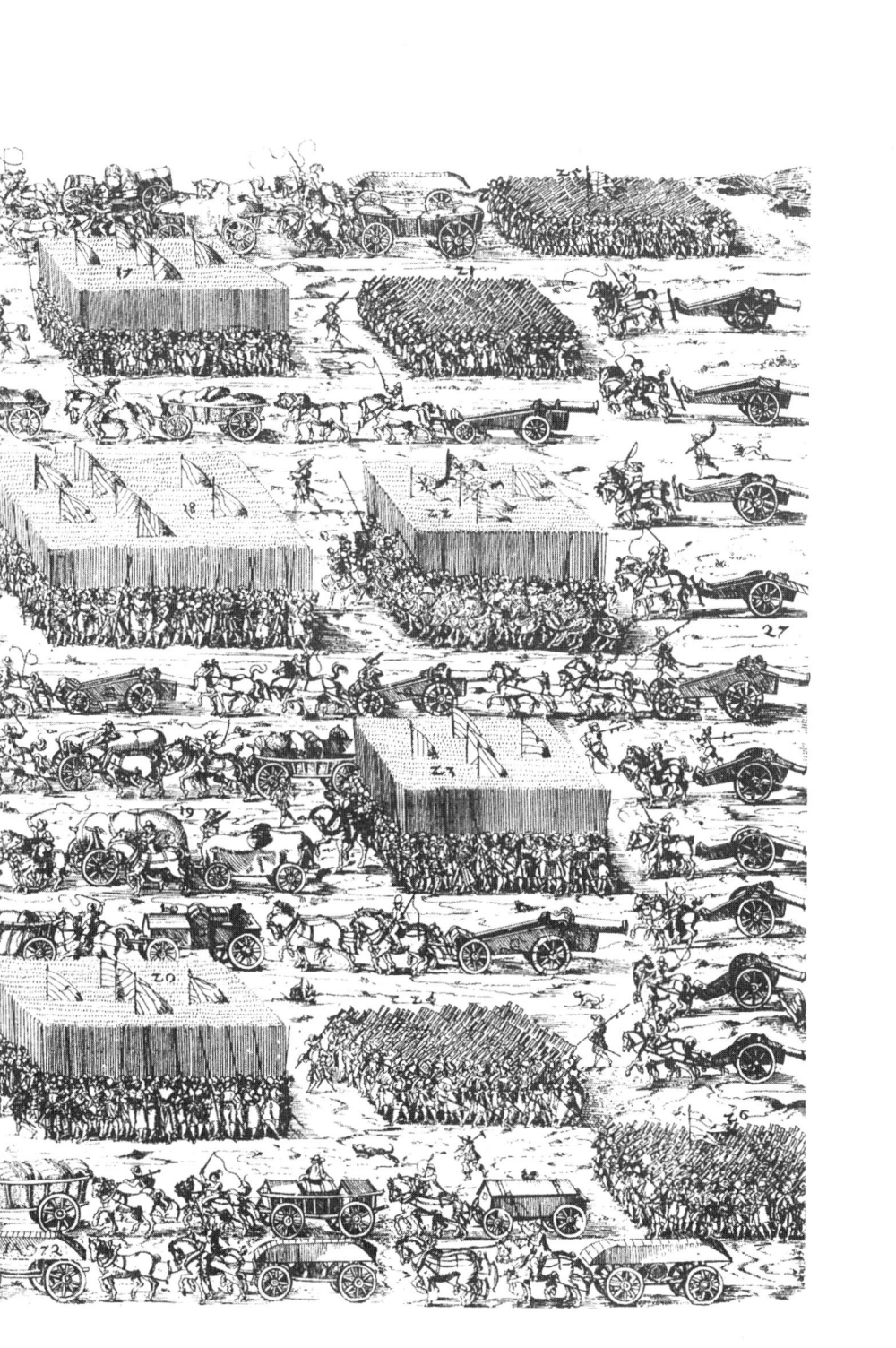

체에 걸쳐 광대한 화약제국들이 등장하게 되었다. 16세기 포르투갈과 스페인의 해상제국은 이런 성격의 제국에 속한다. 전함에 탑재된 대포가 이 해상제국들을 방위했기 때문이다.(포르투갈의 경우는 함포가 제국을 방위했을 뿐 아니라 제국을 만들어내기도 했다.) 함포는 육지에 있는 대포보다 운반하기가 쉽다는 점에서 차이가 있다. 중국의 명조(1368~1644)는 그다지 대포에 의존하지 않았지만, 인도의 무굴 제국(1526년 성립), 러시아의 모스크바 대공국(1480년 성립), 동유럽과 레반트 지방의 오스만 제국(1453년 이후) 등 이 시기에 급성장한 제국들은 모두 대포를 원동력으로 하여 세워졌다. 이란의 사파비 왕조는 이웃나라들만큼 화약무기에 의존하지는 않았지만, 여기에서도 새로운 군사기술은 샤 아바스 치세(1587~1629)의 중앙집권화에 큰 효력을 발휘했다. 마찬가지로 일본에서도 1590년 이래 단일한 중앙권력이 수립된 데는 소화기와 대포의 힘이 컸다. 당시 대포는 몇 대 되지 않았지만 그때까지의 전투 및 축성 양식을 적어도 부분적으로는 시대에 뒤떨어진 것으로 만들었다.

무굴 제국, 모스크바 대공국, 오스만 제국의 범위는 사실상 각 제국 군대의 대포가 어디까지 운반될 수 있는가에 따라 결정되었다. 러시아에서는 운항 가능한 하천이 있었으므로 수운을 통해 무거운 대포를 가져갈 수 있는 곳이라면 어디든지 재래식 방어시설을 무너뜨리고 모스크바 대공국의 판도를 넓혔다. 인도 내륙에서는 수운을 이용할 수 없었기 때문에 무굴 제국의 권력 확립은 불안정한 상태로 그쳤다. 바부르(1526~1530년 재위)처럼 현장에서 대포를 주조하는 것도, 그 손자인 악바르(1566~1605년 재위)처럼 육상으로 대포를 끌고 가는 것도 매우 어려운 일이었기 때문이다. 그러나 이들 국가에서는 중앙정부가 중포의 사용과 독점을 통해 결정적인 군사적 우위를 점하게 된 뒤에는 더 이상 화약무기의 자발적인 개량이 일어나지 않았다. 심지어 서유럽과 인접한 오스만 제국이나 모스크바 대공국에서도 사정은 마찬가지였다. 이따금 어떤 장소로 운반해 가기가 대단히 어렵다는 단점은 있지만 누가 보아도 최고의 무기임이 분명한 중포를 이미 가지고 있던 각 제국의 통치자들은 새로운 장치를 실험할 이유가 없었다. 오히려 그들은 기존의 대포를 구닥다리로 만들지도 모르는 고안이라면 무엇이든 쓸데없는 낭비나 잠재적 위험을 초래할 수 있는 것으로 여겼을 것이다.

반대로 서유럽에서는 그 후에도 계속 무기설계가 개량되었다. 어떤 새로운 고안이 효과가 있다고 알려지면 그것은 궁정에서 궁정으로, 공방에서 공방으로, 병영에서 병영으로 엄청나게 빨리 퍼져 나갔다. 그 결과 당연히 유럽의 군대는 장비와 훈련 면에서 문명세계의 다른 지역 군대들을 앞지르기 곧 시작했다. 서유럽이 야전에서 우위에 있음을 오스만 제국이 분명히 인식하게 된 것은 1593~1606년의 전쟁에서였다. 이때 오스만 기병대는 훈련된 보병부대가 구사하는 소화기의 화력을 처음 경험했다.[30] 러시아인도 리보니아 전쟁(1557~1582)에서 자신들과 서쪽의 몇몇 이웃나라 사이에 마찬가지 격차가 있음을 알게 되었다.[31] 아시아 국가들은 훨씬 나중에야 이것을 깨달았다. 따라서 그것을 깨달았을 때는 그들과 유럽 군사기술의 격차가 17세기 초보다 훨씬 벌어져 있었다. 그 격차는 너무나 커서, 먼저 외세의 침입과 정복에 굴복하지 않고는 도저히 격차를 줄일 수가 없었다. 18~19세기에 유럽이 만들어낸 이례적인 전지구적 제국주의는 그 결과였다.

이와 관련해 한 가지 지적해두자면, 아시아의 대부분 지역에서 제2차 청동기시대는 제1차 청동기시대와 마찬가지로 소수 외국인 정복자집단의 군사력이 강화된 시기였다. 그들은 최강의 무기를 이용해서 현지인을 복속시켰다. 제1차 청동기시대에 최강의 무기란 방어설비를 갖춘 숙영지로부터 지원을 받는 전차였으며, 제2차 청동기 시대에는 기병부대의 지원을 받는 대포였다. 물론 명대의 중국과 도쿠가와 막부의 일본이 이런 패턴에서 벗어나 있었던 것은 사실이다. 그러나 중국은 곧 만주족의 지배(1644~1912)를 받게 되었으므로 이 역시 소수 외국인 정복자 지배층의 통치를 받은 것이다. 일본만이 민족적으로 균질적인 사회로 남아 있었다. 따라서 19세기에 일본인이 과감한 정치적·기술적·사회적 개혁에 착수하면서 국가 비상사태라는 위기감에 호소하여 그것을 정당화할 수 있었던 것은 놀랄 일이 아니다. 반면 일본 이외의 아시아 나라들에서는 지배층과 피지배층 사이에 퍼져 있던 불신이 유럽 세력의 위협에 효과적으로 대응하려는 정부 당국의 노력을 저해했다.

15세기와 16세기에 아시아의 비교적 강대한 나라의 통치자들은 유럽을 위협적인 존재로 생각하지 않았다. 아시아 국가들의 근해에 처음으로 등장했던 유럽인들은 그 나라들에 이미 친숙한 무역상이나 선교사 역할에 충실했기 때문이다. 아시아의 각국 정부는 다른 지역에서 흘러 들어와서 제멋대로 행동하는 상인이나 선원들을 오래전부터 상대해왔다. 비록 유럽의 군함이 아시아 해역을 돌아다니던 그 이전의 군함보다 위협적이긴 했지만, 처음에는 유럽인의 수가 아주 적었기 때문에 외국인 항해자를 대하던 예전의 방식대로 상대하면 충분하겠거니 생각했던 것이다.

그러나 작은 무역국가들은 곧 새로 등장한 유럽인의 우월한 해군력에 의해 위협을 받았다. 이런 위기에 처한 국가 중 몇 나라가 당대 최강의 이슬람 통치자인 오스만 제국의 술탄에게 도움을 요청했다. 이 요청을 받아들인 오스만 제국 정부는 홍해에서 함대를 건조하여 우선 이슬람 성지인 메카 주변을 방위하고, 그 다음에는 기회가 있을 때마다 인도양에 진출했다. 또 투르크인은 머나먼 수마트라 섬에 포술(砲術) 전문가를 파견하여 현지 이슬람 정부들의 저항능력을 강화했다. 그러나 인도양에서 오스만 제국의 노력은 극히 국지적이고 제한적인 성공을 거두었을 뿐이다. 오스만 제국이 타의 추종을 불허할 만큼 능숙했던 지중해식 해전은 대포의 급속한 발달로 인해 시대에 뒤떨어진 낡은 것이 되었기 때문이다.

여기에 대해서는 좀더 설명이 필요하다. 고대부터 지중해의 해전은 충각(衝角) 부딪치기와 옮겨 타기 백병전을 중심으로 전개되어왔다. 이런 전투에는 가볍고 빠르며 자유자재로 조종할 수 있는 군용 갤리선과, 노를 젓고 해상에서 백병전을 감당할 많은 인원이 필요했다. 그 많은 선원들은 배가 해변에 닿으면 상륙하여 요새를 포위공격하거나 농촌지대를 약탈했으며 아니면 그저 맑은 물을 찾고 하룻밤 푹 쉬었다. 그 후 13세기에 전천후 범선이 발명되자 지중해 해전에 새로운 요소가 도입되었다. 이 새로운 배에서는 전례가 없을 만큼 많은 석궁을 사용하여 적선을 멀리 떼어놓을 수 있었다. 상선이라면 그 정도로도 충분했다.

15세기 말에 성능 좋은 대포가 개발되자 해전에는 한층 더 근본적인 변화가 일어났다. 유럽의 선원들은 지상전에 커다란 변화를 가져온 대포가 해전에서도 똑같은 변화를 가져올 수 있다는 생각을 곧 하게 되었다. 이미 대서양에서 사용되고 있던 전천후 범선은 매우 견고해서 그 자체가 해상포대가 될 수 있었다. 집중포화를 퍼부을 수 있는 능력 면에서 이런 배는 당시 지상의 군사기술자가 도시의 성벽을 방어하기 위해 사용하기 시작한 능보와 비슷했다. 이 때 있는 능보는 쉽게 이동할 수 있기 때문에, 공격을 하든 방어를 하든 대포의 역할이 결정적이었다. 이런 강력한 배가 엉성하게 건조된 배에 연속포격을 퍼부었을 때는 초창기에 똑같은 포격을 요새의 성벽에 퍼부었을 때만큼이나 파멸적인 효과가 있었다. 더구나 그 효과는 훨씬 더 오랫동안 지속되었다. 20세기에 항공기와 잠수함이 등장하기 전까지는 해상에서 중포를 탑재한 군함의 우월성에 대항할 기술적 수단이 전혀 개발되지 않았기 때문이다.

그 결과 해상의 세력판도에 큰 변화가 일어났다. 지중해의 갤리선은 속도 위주로 설계되었기 때문에 일단 대포의 사거리 안에 들어가 버리면 포격에 속수무책이었다. 그 점에서는 인도양을 오가는 상선도 마찬가지였다. 상선들은 계절풍을 받아 항해하는 데 적합하도록 가볍게 설계되어 있었으므로 현지 뱃사람들이 어떻게든 유럽의 배와 맞서기 위해 자기들

배에 대포를 탑재하려 하더라도 구조상 불가능했다. 구조적으로 가볍게 설계된 배는 중포를 발사할 때 발생하는 반동의 충격을 감당하기 힘들었기 때문에, 그 영향은 포환이 날아가 상대방에 가하는 충격만큼이나 파괴적이었다.

1465년과 1477년 사이에 프랑스와 부르고뉴 공국의 대포제조업자가 개발한 대포는 튼튼하게 건조된 배의 갑판 위에서 사용하기에 안성맞춤이었다. 단 한 가지 조정할 사항은 지상전용 대포와는 다른 포차를 설계해야 한다는 것이었다. 이 포차는 갑판 위에서 주르르 뒤로 밀려나면서 발사의 반동을 흡수했고, 더구나 그렇게 뒤로 밀려나면서 자연스럽게 포문이 배 안쪽으로 들어오니까 재장전하기도 편리했다. 단 다시 발사위치로 돌리려면 승무원이 특수한 도르래 장치로 대포를 앞으로 당겨야 했다. 포문이 배 안쪽으로 들어와 있는 상태에서 대포를 쏘면 배에 불이 날 위험이 있기 때문이다. 그런데 신식 대포는 너무 무겁기 때문에 배의 중심이 불안정해지지 않으려면 흘수선(吃水線, 떠 있는 배의 선체가 물에 잠기는 한계선) 근처에 탑재해야만 했다. 이는 선체의 옆면에서 포문을 내밀고 대포를 쏘는 방법이 고안되어야 함을 의미했다. 그리하여 선복(船腹)의 흘수선 바로 위에 포안(砲眼)을 내고 포안마다 튼튼한 방수 뚜껑을 달아서 평상시에는 꽉 닫아둠으로써 현측포(舷側砲)의 위력과 보통 배의 내항성을 모두 충족시켰다. 이 설계는 일찍이 1514년에 영국 국왕 헨리 8세를 위해 건조된 군함에 처음으로 채택되었다. 그로부터 약 70년 후 존 호킨스 경은 엘리자베스 여왕의 전함의 운항 성능을 개선하기 위해 선수루와 선미루의 높이를 낮추었다. 대양을 항해하는 선박들은 이런 개량을 통해 15세기의 대포혁명에 효과적으로 적응했다. 그 후로 이와 다르게 설계된 배를 상대로 해전을 벌일 경우 유럽의 배는 지구상 어디서건 압도적인 우위를 차지할 수 있었다.

일반 상선도 일상적으로 중포를 탑재한 덕분에 유럽인의 지배영역은 아메리카 해역(1492년 이후)과, 아시아 해역(1497년 이후)에서도 놀랄 만큼 급속히 확대되었다. 1509년에는 포르투갈 함대가 인도 서해안 디우 항 앞바다의 해전에서 수적으로 훨씬 우세한 이슬람 함대를 가볍게 이겨버렸다. 이 승리는 사거리(최대 약 180m)가 긴 중포라는 무기 덕분에 유럽의 선원들이 차지하게 된 군사적 우위를 결정적으로 보여주었다. 그들의 적이 갖고 있던 해전관은 배를 상대편의 배에 붙인 뒤 그 배로 옮겨 타서 손에 든 무기로 승부를 낸다는 것이었다. 대포를 탑재한 배가 일정한 거리를 유지하는 한, 상대편 배에 옮겨 타는 구식 전법으로는 날아오는 포환을 대적할 수 없었다. 아무리 당시의 장거리포격이 부정확했더라도 말이다.

그러나 새로운 대서양식 해전양식이 등장하고 한참이 지난 뒤에도 지중해에서는 충각 부딪치기와 옮겨 타기 백병전술이 좀처럼 쇠퇴하지 않았다. 1581년에 오스만 제국과 스페인이 휴전조약을 맺고 한 세기 이상 거듭해오던 해전을 끝낼 때까지도 지중해 해군의 주축은 여전히 갤리선이었다.[32] 바로 이런 이유에서, 오스만 제국을 상대로 한 해전에 익숙했던 스페인은 스페인과 포르투갈의 식민제국에 끼어든 영국이나 네덜란드처럼 포함의 우위라는 논리를 받아들이기 어려웠다. 카를 5세의 아들인 스페인 국왕 펠리페 2세(1556~1598년 재위)가 마침내 인내심을 잃고 영국 침공을 결심했을 때 그가 이 작전(1588)을 위해 편성한 함대는 원거리 포격전보다는 근접전에 적합했다. 물론 스페인 함대의 주축을 이루는 갤리언선은 대서양 횡단을 위해 튼튼하게 건조된 배였으며 상당수의 대포를 탑재하고 있었다. 하지만 덩치가 커서 조종하기가 어려웠고, 재빠른 영국 함대의 포화에 대등한 위력으로 응전할 수도 없었다. 그러나 영국측도 포격만으로는 스페인 함대의 갤리언선을 침몰시킬 수 없었다. 그러므로 아르마다(무적함대)에 닥친 최대의 재앙은 영국 해군이 아니라 스코틀랜드를 돌아 회항하는 도중에 맞닥뜨린 폭풍우였다.

그럼에도 불구하고 스페인 아르마다의 패배는 역사적으로 큰 의미가 있다. 펠리페 2세의 실패는 지중해식의 해전양식이 대양에서는 부적절하다는 것을 보여주었기 때문이다. 스페인 정부도 오스만 제국 정부도 지중해식 해전의 기술과 개념에 집착했기 때문에, 대서양을 기반으로 하는 신흥 해상강국인 네덜란드와 영국, 그리고 곧 등장하게 될 프랑스에 효과적으로 맞설 수가 없었다. 이 때문에 해상에서의 우위는 서북 유럽으로 넘어갔고, 이것은 17세기 초에 뚜렷해진 지중해 지역의 전반적 쇠퇴에 큰 영향을 주었다. 페르낭 브로델이 우리에게 그토록 솜씨 있게 보여주었던 것처럼, 네덜란드와 영국 해군의 함포가 내뿜는 포효는 사실상 지중해 연안의 모든 인간집단이 눈앞에 닥친 경제적·생태학적 난국에서 빠져나갈 수 있는 마지막 출구를 막아버렸다.[33]

## 시장이 주도권을 쥐다

16세기 유럽의 해상강국이 보유한 해군력의 중요한 특징은 준사기업적 성격을 띠고 있다는 점이었다. 예컨대 당시 영국 해군은 민간 소유의 상선에서 막 분화되기 시작하고 있었다. 실제로 1588년에 스페인 함대와 교전을 벌인 영국의 배는 대부분 상선이었으며, 이 상선들의 평상시 생업 자체가 반은 무역이고 반은 약탈이었다. 이 점은 아르마다도 마찬가지였다. 아르마다 가운데 40척은 무장상선이었으며 전용 군함은 28척뿐이었다.[34]

스페인과 포르투갈 정부가 배타적 권리를 주장하는 해역에 침입을 감행한 네덜란드·영국·프랑스의 상인에게 불법침입자라는 입장은 불리한 면도 있고 유리한 면도 있었다. 그들은 유럽의 어느 항구에서나 합법적인 무역을 할 수 있었고, 아니면 스패니시 메인(스페인 지배하의 카리브

해)에서 약탈을 하거나 노예무역에 손을 대거나 어딘가 다른 해안에서 밀무역을 하는 식으로 법망을 벗어날 수도 있었다. 선장과 선주에게 무엇이 가장 수지맞는 일인가에 따라 합법과 비합법을 가리지 않았던 것이다. 해마다 적절한 무장을 갖춘 배는 다양한 약탈품과 무역품이 뒤섞인 화물을 싣고 모항으로 돌아옴으로써 그 나름의 이익을 거둘 수 있었다. 그 내용물은 항해 도중에 어떤 기회를 만나느냐에 따라 달라졌다.

물론 그것은 위험한 사업이었으며, 상대와 마주쳤을 때 어느 쪽의 무장이 더 우월한지에 따라 사업의 성패가 판가름나곤 했다. 약탈자는 언제나 더 강한 자에게 약탈당할 위험이 있었으며, 무력에 의존하기 때문에 육지의 병사들과 마찬가지로 언제라도 생명을 잃거나 부상당할 위험이 있었다. 모항에서 배가 돌아오기를 기다리는 투자자들도 위험부담이 높기는 마찬가지였다. 이들은 매번 지분을 사서 배에 장비를 갖추고 선원을 고용할 비용을 댐으로써 항해를 가능하게 하지만, 아예 돌아오지 않는 배도 많았고 또 쏟아 부은 노력에 상응하는 화물을 가지고 돌아오지 못하는 배도 많았다. 그러나 이런 실패가 있는 반면, 프랜시스 드레이크 경이 첫 번째 세계 일주항해(1577~1580) 후에 지급한 엄청난 배당처럼 뜻밖의 횡재를 할 때도 가끔 있었다.*

극도의 검약정책을 시행했던 포르투갈 국왕 마누엘 1세(1495~1521)나 영국 국왕 엘리자베스 1세(1558~1603)의 정부조차도 이런 식의 항해를 장려했다. 이 두 국왕은 자신의 재산을 해외사업에 투자함으로써 그 사업에 국왕의 권위라는 무게를 실어주는 동시에 사업비용을 정부재정에 전가하지 않았다. 좀더 야심적이었던 포르투갈 국왕은 향신료 무역을 국왕의 독점사업으로 만들어 이익을 독점하려 했다. 그러나 그렇게 하려면 제노바의 은행가들과 손을 잡아야 했다. 국왕의 선단을 꾸리는 데 필

* 투자가들은 4,700%의 배당을 받았다.[35]

요한 거액의 현금을 즉시 제공할 수 있는 것은 그들뿐이었기 때문이다. 한편으로는 빌린 돈의 이자를 갚아야 했고 또 한편으로는 경영을 맡은 대리인이 공금을 유용했기 때문에 마누엘에게 돌아가는 이익은 크게 줄어들었다. 결국 포르투갈 국왕은 개인적으로 이익을 보지 못했지만, 그 주변의 몇몇 사람들은 엄청난 성공을 거두었다.

영국 국왕 엘리자베스 1세는 좀더 신중했다. 그녀는 결코 왕국의 해외사업을 독점하려 하지 않았으며, 돈벌이와 정치적인 영향을 모두 고려하여 어떤 항해에 투자할 것인지를 결정했다. 그 두 가지를 예리하게 판단한 그녀는 해외사업에 투자하여 많은 돈을 벌었다.*

네덜란드의 경우는 달랐다. 1570년경 이래로 상인들의 과두정부가 홀란트 주와 젤란트 주의 공권력을 장악하고 있었기 때문에 민간사업 쪽의 계산과 정부 운영상의 계산이 더 밀접하게 결합되어 있었고, 국왕의 왕실이 존재하는 나라들에 비해 나라의 위신이나 기사의 무용 같은 것의 영향을 훨씬 덜 받았다. 스페인의 정치체제는 네덜란드와 정반대였다. 국왕 펠리페 2세의 통치영역에서는 군사사업뿐만 아니라 영리사업에서도 국가기업의 역할이 점점 더 커졌다. 이것은 1568년과 1603년 사이에 영국이나 네덜란드나 프랑스의 사략선(私掠船)이 스페인과 포르투갈의 무역선을 너무 많이 나포한 나머지 두 나라의 민간 상선이 해상에서 거의 사라져버렸기 때문이었다. 국가 소유의 갤리언선은 그 빈자리를 일부만 메울 수 있을 따름이었다.† 그래도 스페인 국내에서 선단을 꾸리고 군대를 편성할 수 있었던 것은 스페인 국가밖에 없었다. 그것을 위해 스페인 국가는 다수를 차지하는 외국인 은행가와 외국인 일반 투기자들로부

---

* 1590년에 영국 해사재판소의 한 판사는 다음과 같이 적고 있다. "여왕 폐하는 이 보복적 나포가 시작(5년 전인 1585년에)된 이래 20만 파운드의 배당을 받으셨다."36) 엘리자베스의 개인수입이 연간 30만 파운드 정도였기 때문에 이것은 결코 적은 액수가 아니었다.
† 다른 요인들, 특히 세율과 목재 가격 또한 스페인과 포르투갈의 민간 항해사업 발달에 불리하게 작용했다.37)

터 돈을 빌렸다.

이처럼 정도의 차이는 있었지만, 유럽의 모든 나라에서 대양을 무대로 한 사업은 공기업, 준공기업, 그리고 오로지 영리만을 추구하는 사기업의 조합에 의해 수행되었다. 이렇게 형성된 혼합체는 새로운 경제적 기회에 기민하게 반응했다. 각각의 항해가 매번 새로운 사업이었으므로 모든 관련자들은 매번 새로운 결정을 내려야 했다. 잇달아 기획되는 항해에 투자하는 투자가들은 돈벌이가 되지 않는 사업에서는 재빨리 손을 떼고 더 많은 이익을 얻을 기회가 오면 언제라도 그쪽으로 자금을 쏟아 부었다.

유럽의 해외사업이 이런 식으로 이루어지는 한, 해상의 군대는 자본시장의 요구에 비교적 충실하게 순응함으로써 스스로 돈벌이를 해야 했다. 선장과 선원 개개인은 마치 팽창하는 기체의 분자처럼 곳곳으로 파고들어 최대한의 거래 이익을 추구하는 데 모든 노력과 에너지를 쏟았다. 그리고 어떤 선장이 큰 이익을 거두고 돌아올 때마다 다른 선단이 곧 뒤를 이었다.

이런 이유로 1497년 포르투갈의 인도양 침입은 그보다 훨씬 규모가 컸던 15세기 전반 중국 수군의 인도양 원정처럼 세계사의 덧없는 부수현상으로 끝나지 않았다. 오히려 유럽의 선박은 그 후에도 잇달아 아시아 각국의 해안을 찾았고, 무역이나 약탈을 할 기회가 있으면 어디든 덤벼들었다.

유럽의 선박이 점차 늘어나자 아시아 나라들의 경제·정치 생활에 대한 유럽인의 영향력도 커져서, 마침내 아시아 최대의 지상제국마저 그 힘에 저항할 수 없게 되었다. 이 놀랄 만한 역전이 일어나기까지 3세기가 걸렸는데, 이 역전이 완료되었을 때는 유럽의 시장과 군사사업의 혼합방식이 상당히 달라져 있었다. 그렇지만 19세기까지 무역과 사략행위는 밀접하게 관련되어 있었고, 17세기 후반에 정규 해군이 발달한 뒤에도 적함 나포에 대한 포상금은 여전히 해군 장교나 승무원이 기대할 수 있는 중요한 수입이었다.

육지에서는 금전적 동기와 군사적 동기가 해상에서만큼 원활하게 융합되지 않았다. 실제로 언제나 그런 것은 아니었지만 원칙적으로는 금전적인 계산을 경멸하는 귀족들이 유럽의 육군을 이끌고 있었기 때문이다. 기사적 무용과 개인적 명예에 관한 그들의 이상은 군(軍)을 관리하는 데 필요한 재정, 병참, 일상적 행정과 근본적으로 양립할 수 없었다. 해상에서는 기사적 무용보다도 재정문제가 언제나 우선했다. 배는 돈을 지불해야만 구할 수 있는 수많은 복잡한 보급품을 출항 전에 갖추어야 하기 때문이다. 땅에서도 군대에 드는 비용은 만만치 않았지만, 그 내역이 어떤 특정한 작전을 위해 각 부대의 장비를 갖추는 데 드는 비용인지 명확하게 구분되지 않았다. 그래서 재정적인 한계가 애매했으며, 군대의 규모나 전반적인 군사지출의 규모도 대략적인 상한선 정도만 결정되었다.

문제는 육상에서 군대를 편성하고 군사작전을 계획하는 결정권을 가진 사람들이 금전적 손익을 따지는 일에 전혀 공감하지 않는다는 점이었다. 그들에게 전쟁이란 명예와 위신과 영웅적 자기주장에 관한 일이었다. 대부분의 통치자와 대신들은 은행가나 대금업자의 지저분한 이기심에 따라 전쟁을 조정하는 일 따위를 애초부터 잘못된 것으로 여겼다. 다른 한편으로 통치자들에게 돈을 빌려주는 사람들은 군사 운영에 아무 관심도 없었다. 빌린 돈을 왕이 어떻게 쓰든 빌려준 사람이 관여할 바가 아니라고 생각했다. 따라서 군사적 모험에 드는 비용과 거기서 기대되는 이익 사이의 수지를 일상적으로 계산하는 사람은 아무도 없었다. 반면 해외 항해사업에 관해서는 매번 투자자들이 경험과 예측력을 다하여 비용과 기대수익을 평가했다.

통치자들은 귀중한 권리(보통은 장래의 세금을 징수할 권리)를 넘겨주고, 그 대신 자신들의 세입(稅入)으로는 지속적으로 유지할 수 없을 대규모 군대를 갖추는 데 필요한 돈을 빌릴 수 있었다. 이런 군대는 적절한 세수의 뒷받침이 없기 때문에 약탈을 통해 봉급을 보충해야 한다. 말하자면 이것은 군대 유지에 드는 비용을 징세를 통해 공평하게 분담시키는 대신 작전이 행해지고 있는 현지의 주민들에게 부담을 지우는 것이었다. 그러나 병사들에게 봉급지급 약속을 지키지 못한 통치자는 병사들의 신뢰할 만한 복종을 기대할 수 없었다. 특히 전쟁이 정부 소재지로부터 멀리 떨어진 곳에서 치러질 경우에는 더욱 그러했다.

통치자들을 위한 분명한 해결책은 세수를 늘리는 것이었다. 그리고 화약혁명의 초기 몇 십 년 동안 군사적 성공을 거둔 통치자들은 이 방면에서도 두드러진 성공을 거두었다.[38] 그러나 일단 국내의 경쟁상대를 누르고 그들이 취하고 있던 세금의 전부 내지 일부를 중앙정부의 국고로 거둬들인 다음에는 또다시 세수를 늘리기가 대단히 어려웠다. 17세기 중반 이후까지는 서유럽에서 중앙정부의 지배력이 가장 강한 국가에서조차 신민이 국왕의 징세인에 대해 무장반란을 일으킬 수 있었고, 동조자가 많을 경우에는 그 반란이 성공할 수도 있었기 때문이다.

물론 세금을 내고 싶어 하지 않는 납세자를 제압하기 위해 국왕이 군대를 사용할 수도 있었다. 실제로 네덜란드 독립전쟁(1568~1609)이 바로 그런 이유에서 시작되었다. 그러나 이 저지대국가들에서 일어난 전쟁이 잘 보여주듯이, 그런 강경조치는 지역주민의 담세능력을 크게 떨어뜨릴 가능성이 있었다. 예를 들어 펠리페 2세가 파산함으로써 밀린 봉급을 받을 수 없게 된 스페인 병사들은 1576년에 폭동을 일으켜 북유럽에서 가장 부유한 도시였던 안트베르펜을 약탈했다. '스페인인의 분노'로 불리는 이 사건 이후 안트베르펜은 다시는 예전의 번영을 되찾지 못했다. 15세기 이래 안트베르펜이 수행해오던 금융·상업의 중심지로서의 역할이 네덜란드의 반란군 지배지역에 있는 암스테르담으로 넘어가 버렸기 때문이다.

금융활동이 이처럼 급속히 이전된 것은, 많은 개인 사업가가 자신의 재산과 현금을 스페인이 통치하는 안트베르펜보다는 도시주민이 정권을 잡고 있는 홀란트 주에 두는 편이 안전하겠다고 판단한 결과였다. 민간이 이런 결정을 내렸다는 것은 보호비가 가장 적다고 판단되는 곳으로 자본이 급속하게 이동할 수 있음을 의미했다. 세금이 무겁게 부과되는 곳에서 벗어나지 못한 자본가는 곧 몰락했다. 푸거가의 운명이 그랬다. 푸거가는 안트베르펜과 마찬가지로, 1576년 펠리페 2세의 파산으로 타격을 입고 재기하지 못했다. 또 한편으로, 성공한 기업가(혹은 그 아들들) 중에는 더욱 귀족스러운 생활양식을 추구하며 화려한 겉치레와 사치에 현혹되어 사업을 완전히 그만두거나 소홀히 한 나머지 몰락해버린 사람도 있었다. 요컨대 자본의 축적이라든가 화폐 이윤의 최대화는 수완 좋은 상인들의 시장활동을 바탕으로 형성된 사회적 분위기 속에서만 장기적으로 성취될 수 있었다. 그런 사회가 살아남기 위해서는 재산몰수나 다름없는 무거운 세금을 효과적으로 차단할 수 있을 정도의 정치적 자치가 반드시 필요했다. 런던의 경우처럼 더 큰 정치구조 속에 별개의 작은 공간으로 존재한다 할지라도 그것은 마찬가지였다.[39]

다른 한편으로 불규칙한 약탈을 규칙적인 과세로 대체하는 문제에서는 지배자와 피지배자의 이해가 일치했다. 이 공통의 이해 덕분에 유럽의 모든 주요 국가에서 통치자들은 세액을 조금씩 올릴 수 있었다. 그렇지만 정부수입은 군사비와 그 밖의 비용을 대기에는 여전히 모자랐다. 그 결과 국고가 주기적으로 바닥나 통치자들은 빌린 돈의 원리금 지불을 중단했고, 그로 인한 금융위기는 지불불능상태의 통치자와 채권자들 사이에 협상이 이루어질 때까지 지속되었다.

이런 재정적 한계는 근세 유럽 국가들의 정부를 구속했고 때로는 잠깐씩 그 활동을 마비시키기도 했다. 그러나 일상적인 정책이나 행정, 특히 군사문제를 제약하지는 않았다. 군사행정은 발작을 일으키듯이 진행되었다. 즉 입수할 수 있는 경제자원의 한도를 넘어 무턱대고 확장되는가 하면 갑자기 전부 또는 일부가 붕괴해버렸고, 몇 개월 내지 몇 년이 지나면 또 같은 과정이 반복되었다.

이 역시 네덜란드 독립전쟁이 좋은 예다. 1576년 헨트의 맹약에 의해 스페인군 전체가 네덜란드에서 철수하기로 결정되었는데, 이는 펠리페 2세가 파산 후 취해야 했던 정치적·재정적 조치의 일부였다. 이에 따라 1577년 내내 스페인군은 네덜란드에서 거의 모습을 감추었다. 그러나 펠리페 2세가 오스만 제국과 휴전하고 포르투갈을 성공적으로 합병(1580~1581)한 후 이제는 북방에서 결정적인 승리를 거둘 만한 자원이 생겼다고 확신하게 되자, 1583년에 다시금 전면적인 전쟁이 시작되었다.[40]

그러나 전술단위 부대 차원에서는 육군도 백년전쟁에서 17세기 중반까지 해상무역의 경영 패턴과 매우 비슷하게 운영되었다. 대체로 현지의 유력자이거나 종군 경험이 풍부한 대장 한 사람이 군의 상층부로부터 임명을 받아 대충 지정된 지역에서 일군의 병사들을 모집했다. 이런 대장들은 반(半)독립적인 기업가였으며, 정부와 계약을 맺고 일하는 다른 분야의 민간청부업자와 똑같았다. 예를 들어 새로이 임명된 대장은 자신이 모집하여 병적에 올린 병사들에게 지불할 돈을 받았다. 또 한편으로, 나중에 돌려받을 것을 기대하고 자기 주머니에서 모집 보너스를 지불하기도 했다. 또한 대장에게는 휘하의 병사들에게 적절한 무기와 갑옷을 확보하게 할 책임이 있었는데, 병사들 스스로 필요한 것을 개인적으로 살 수도 있었고 아니면 대장이 사서 거저 나눠주거나 또는 나중에 봉급에서 그 비용을 제하기도 했다.

군대의 유지비도 마찬가지로 처리되었다. 한 가지 다른 점은 대체로 정부는 이미 모집된 병사들에 대해서는 봉급을 체불하는 경우가 비일비재했다. 자연히 이 병사들은 자기가 소속된 곳의 주민들을 약탈하여 생활했다.

때로는 지휘관이 인근 주민들에게 기부금을 분담하게 하는 등 약탈을 조직하기도 했다. 극단적인 경우, 이런 부정규적인 자금원을 다 짜내도 수입이 부족할 때는 군인들은 반란(mutiny)을 일으켰다. 'mutiny'라는 말은 1520년대의 이탈리아 전쟁 때 이런 의미로 쓰이게 되었고, 네덜란드 독립전쟁(1567~1609) 때 참전했던 스페인군 사이에서 확고하게 제도화되었다. 16세기의 군인반란은 훗날 산업노동자의 파업과 비슷한 것으로, 언제나 쪼들리던 스페인 궁정에 압력을 가할 수 있는 효과적인 방법이었다. 스페인 정부 당국이 밀린 봉급을 모두 지불하고 나서야 반란이 끝났기 때문이다. '충성스러운' 부대도 반란을 일으킨 동료를 공격하라는 명령에는 따르지 않았으며, 전장에 있는 부대는 대부분 봉급이 밀려 있었기 때문에 반란을 일으킨 부대에 다른 부대를 보내 진압하려는 시도 자체가 위험했다.[41]

부대를 훈련시키고 전장에서 지휘하는 것도 대장의 일이었다. 대장은 휘하 장교를 임명하고, 봉급으로 지급할 돈이 사령부에서 내려오면(내려오지 않는 경우도 있었지만) 그 돈의 분배를 직접 감독하게 되어 있었다. 봉급일과 봉급일 사이에는 대장이 병사 개개인에게 필요한 물건을 살 돈을 빌려주고, 봉급날 병사들에게 여유가 생기면 돌려받았다. 이 모든 것은 함선의 선장과 승무원의 관계와 똑같았다.

그러므로 육지와 바다에서 이루어진 군사사업의 차이는 정도의 차이만 있을 뿐이었다. 자본시장의 한계는 결국 육상의 군사사업에도 영향을 미쳤다. 그러나 국왕은 내키지 않아 하는 은행가들을 압박해서 적어도 얼마 동안은 돈을 빌릴 수 있었다. 그리고 한 번 더 군사행동을 하면 자기들이 이길 수 있고, 그러면 이번의 긴급한 군사지출을 메우고도 남는 세수가 들어올 것이라는 주장 또한 단기적으로는 설득력이 있었다. 그러나 차입한 적자를 보전하는 데는 한계가 있어서, 앞에서도 보았듯이 종종 국왕의 파산이 되풀이되었고 군사지출을 재정의 한도 이내로 되돌려

놓았다.

전쟁에 이겨서 영토를 넓히고 새로운 납세자를 획득함으로써 군대가 수지를 맞출 수 있지 않을까 하는 희망은 거의 언제나 배반당했다. 유럽 국가들의 실력은 너무도 엇비슷해서 어떤 나라도 그런 식의 횡재를 얻을 수 없었다. 아주 가끔 주변지역에서 유럽의 군사기구가 군사적으로 덜 발전된 사회와 마주쳤을 때만 군사력 행사는 채산이 맞는 사업이 될 수 있었다. 시베리아를 정복하고 모피를 획득한 러시아와 남북 아메리카를 정복하고 은을 획득한 스페인은 각각 유럽의 변경에 있다는 입지를 활용하여 16세기와 17세기에 제국을 건설하고 상당한 경제적 이익을 거두었다.

유럽의 항해사업이 자급성을 갖게 된 것은 상당 부분 이처럼 우세한 군사력이 장비가 뒤떨어진 적과 충돌해서 얻게 되는 이익 때문이었다. 그렇다면 육상제국이었던 시베리아 및 남북 아메리카와 더불어 아시아의 해안선을 따라 존재하던 해상제국(처음에는 포르투갈 선박이, 나중에는 네덜란드 선박과 영국 선박이 지배했음) 또한 경제적으로 채산이 맞았던 제국의 예로 꼽힐 수 있을 것이다. 따라서 유럽의 항해사업이 자급적일 수 있었던 것은 해상사업의 자금조달기구가 잘 형성되어 있었기 때문만이 아니라 그 '변경적' 성격 덕분이기도 했다. 유럽 사회의 중심부에 가까워질수록 어떤 군주가 군사사업을 일으키면 반드시 경쟁상대의 대항을 불러왔으므로 실속 있는 세수를 얻을 만한 영토를 정복하는 일은 아주 드물었다.

스페인 정부가 남북 아메리카에 대제국을 건설하는 데는 성공했지만 네덜란드에 대한 지배를 유지하는 데는 실패했다는 사실은 이런 사정을 매우 명료하게 보여준다. 신세계에서 스페인의 군사사업은 상당한 이익을 거두었다. 사실 1550년대 이래 신세계에서 생산된 은의 유입량이 급격히 증가한 덕분에 펠리페 2세는 지중해에서 오스만 제국을, 북방에서 네덜란드를 상대로 동시에 두 개의 전쟁을 치를 수 있다고 생각하게 되었다. 더욱이 스페인은 유럽 내부에서 제국을 건설했던 예전의 경험을 결코 단념하려 하지 않았다. 스페인군은 1520년과 1525년 사이에 나폴리와 밀라노를 정복하고 그 후 합스부르크가의 이탈리아 지배를 확고히 했는데, 이때 스페인은 채산이 맞는 전쟁에 매우 근접해 있었다고 할 수 있다. 스페인이 이탈리아 무대에 등장하기 훨씬 전에 나폴리 왕국과 밀라노 공국은 비교적 규모가 큰 군대를 상시 유지할 수 있는 조세제도를 발전시켰다. 따라서 스페인은 그때까지 이 나라들을 지키는 대가로 봉급을 받고 있던 이탈리아인 용병대장을 스페인군으로 대치하기만 하면, 카스티야의 납세자들에게 추가로 많은 부담을 주지 않고도 이 유럽 내 제국을 유지하는 데 드는 비용을 충당할 수 있었다. 그런데 1568년 이후 전쟁의 주무대가 북쪽의 네덜란드로 바뀌자 사정이 달라졌다.

이 경제 역전의 이유는 주로 기술적인 것이었다. 이탈리아식 축성술이 보급되자 스페인군은 공성전을 수행하기 위해 군대의 규모를 급격하게 늘려야 했다. 이겼을 경우에도 자기들이 점령한 도시의 방어시설을 조성하거나 복구한 다음에 수비를 해야 했다. 하나하나 축성하고 수비해야 하는 요새와 더불어 모든 공성전에 점점 더 많은 화약과 포환이 필요해졌다. 때를 같이하여 아메리카의 은이 유럽 경제에 유입됨에 따라 모든 상품의 가격이 급등했다. 사정이 이러했으니 펠리페 2세가 1556~1577년에 카스티야의 세수를 세 배나 늘리고도 채무이행을 네 차례나(1557년, 1560년, 1575년, 1596년) 거부해야 했고 병사의 봉급을 한 번도 제때 지급하지 못한 것이 그다지 놀라운 일은 아니다.

몇 가지 수치를 들어보면 이런 사정을 명확하게 알 수 있다. 스페인의 군사비(연평균)와 채무(병사의 봉급 연체액)는 다음과 같이 급증했다.*[42]

        군사비        1556년 이전     2 미만(단위: 100만 두카트)
                     1560년대        4.5

* 어떤 작전이 계획되었고 사용 가능한 예산액이 얼마인지에 따라 병사의 수는 해마다 크게 달랐다. 그러나 1572년 반란군에 맞선 최초의 동원이 있은 후로 플랑드르의 스페인군은 보통 5만 명을 넘었다.

|  |  |  |
|---|---|---|
|  | 1570년대 | 8 |
|  | 1590년대 | 13 |
| 채무 | 1559년 | 1.04 |
|  | 1575 | 2.17 |
|  | 1607 | 4.76 |

펠리페 2세의 이런 과감한 군사지출은 헛되지 않았다. 1550년대에 펠리페 2세가 아버지 카를 5세로부터 물려받은 스페인군의 수는 약 15만 명이었는데 그의 치세 말년인 1590년대에는 20만 명으로 늘어났다. 그리고 스페인의 군사활동이 정점에 이른 1630년대에 그 수는 30만 명을 헤아렸다.*[43]

늘어만 가는 군사비를 감당하기 위해, 펠리페 2세는 이탈리아의 여러 도시에서 순조롭게 운용되고 있던 재정관리방식을 자기의 거대한 영토에 도입하려 했다. 그리하여 예컨대 베네치아가 전쟁비용을 비롯한 다른 임시비를 조달하기 위해 (종종 외국인에게) 국채를 팔아 실시했던 장기저리 차입방식을 스페인에서도 실시했다. 그러나 스페인 정부의 (다른 왕국도 마찬가지였지만) 고관들에게는 공화국의 미변제채무에 대해 꼬박꼬박 이자를 지불했던 베네치아 시당국의 관리들과 같은 재정전문가적인 깐깐함이 없었다. 그 결과 스페인 정부는 파산을 거듭했으며, 파산한 뒤에는 차입에 대한 금리가 감당할 수 없이 높아졌다. 1600년이 되자 스페인 정부의 세입 가운데 적어도 40%가 예전 채무의 원리금을 지불하는 데 쓰였다.[44]

카스티야 농민층에 대한 과세는 사실상 더 이상 늘릴 수 없는 수준에 도달해 있었다. 실제로 기존의 세 부담만으로도 스페인 경제는 후퇴하고 있었다. 왕국의 세입 감소는 군대가 약소해지는 것을 의미했다. 17세기

---

* 유럽에서 두 번째로 큰 규모였던 프랑스 육군의 수는 1550년대에 스페인 육군의 3분의 1에 불과했다.

중반 이후 스페인은 프랑스에 뒤처졌다. 프랑스에서는 루이 14세의 지방장관(intendant)들이 스페인보다 훨씬 많은 인구를 지배하면서, 스페인의 경제자원으로는 감당할 수 없는 대규모 육군을 유지하는 데 드는 비용을 갖가지 방법으로 조달했다.*

이리하여 유럽의 가장 위대한 왕이었던 펠리페 2세의 권세조차 재정적 제약 앞에서 결국 굴복하고 말았다. 왜 그렇게 되었을까 하는 의문이 제기될 수 있다. 어째서 펠리페 2세와 그 대신들의 명령과 의지가 돈을 빌려준 은행가들의 의지를 제압할 수 없었을까? 아시아 국가들에서는 군주들이 펠리페 2세보다 훨씬 작은 영토를 지배했지만, 타산적인 은행가들이 쳐놓은 대부의 거미줄에 통치자의 의지가 제약당하거나 군사적 주도권이 제한되는 일은 없었다. 아시아에서는 전장에 군대를 투입하기 위해 필요한 물자와 용역의 동원이 통치자의 명령만으로 가능했기 때문이다. 세수와 자유시장에서의 매입을 통해 보급품을 필요한 만큼 입수할 수 없을 경우, 관료들은 주저 없이 신민의 재물이나 현금을 징발했다. 공권력을 행사하는 사람들이 그런 경제자원을 찾아낼 수 있고 그것을 군사적 사업을 비롯한 정부사업을 위해 유용한 형태로 전환시킬 수 있다면, 국가는 민간의 자원을 얼마든지 거두어들일 수 있었다.

---

* Parker, "The 'Military Revolution' 1550-1660," p. 206에 따르면 스페인 육군과 프랑스 육군의 병력 규모는 다음과 같이 변화했다.

|  | 스페인 | 프랑스 |
|---|---|---|
| 1630년대 | 30만 | 15만 |
| 1650년대 | 10만 | 10만 |
| 1670년대 | 7만 | 12만 |
| 1700년대 | 5만 | 40만 |

그외 국가의 육군은 기술적으로는 우열을 가리기 힘들더라도 수적으로는 프랑스와 스페인에 훨씬 미치지 못했다. 예를 들어 네덜란드 육군은 1630년대에 5만 명, 1700년대에는 10만 명에 불과했다. 북방의 스웨덴 육군은 1630년대에 4만 5천 명, 1700년대에는 10만 명이었다. 러시아는 1630년대에 3만 5천 명, 1700년대에는 17만 명이었다. 이 수치 또한 위에 든 파커의 논문에 따른 것이다. 그러나 파커가 18세기 초 프랑스 육군의 규모로 들고 있는 수치는 좀 많은 듯하다. 다른 학자들은 스페인 왕위계승전쟁 때 루이 14세의 육군 규모가 30만 명이었다고 한다. 4장 참조.

실제로는 중국의 예에서 보듯이 좀더 교묘한 방법이 취해지곤 했다. 즉 정부가 그 물자의 소유자가 팔고자 하는 가격보다 낮은 '공정가격'을 설정하는 것이었다. 그렇게 함으로써 일종의 정의가 관철되었던 것이다. (아니, 공권력과 대다수 신민이 정의가 관철되었다고 느꼈던 것일 수도 있다.) 정부가 정하는 '공정가격'은 파렴치한 상인이나 매점투기자가 축적한 '부당'이득을 바로잡는 작용을 한다고 생각되었다. 정부의 그런 행동은 실제로는 민간의 대규모 금융활동이나 통상활동의 발달을 저해한다. 그러나 그런 체제에서도 직인 수준의 생산이나 소규모 거래는 여전히 번창할 수 있었다. 그 무수한 영세기업으로부터 몰수나 다름없는 싼값으로 물자를 사들이거나 징발하는 일이 행정적으로 불가능했기 때문이다.

이런 식의 손쉬운 명령에 의한 동원에는 물론 그 나름의 대가가 있었다. 민간기업의 대규모 자본축적이 어렵고 불안정해지기 때문에 소규모 직인이 담당할 수 있는 업종에서만 경제발전과 기술혁신이 일어나게 되었다. 대규모 사업이 유지될 수 있는 유일한 길은 공영(公營)뿐이었으며, 이 경우 관료들은 거의 언제나 예전부터 해오던 익숙한 생산방법을 택해 실패의 위험을 최소화하려 했다. 이미 살펴보았듯이 1500년 무렵 이래 아시아의 관료들은 군사기술에서 성과 성벽을 무너뜨리는 데 있어 최상의 무기였던 거대한 공성포에 몹시 집착했다. 누구도 화약무기를 새로운 방향으로 발달시킬 수단과 동기를 가지고 있지 않았다. 일본인들만이 포격의 효과를 감소시키기 위해 축성방법을 바꾸었다.*45) 이리하여 아시아 각국의 정부는 군사·기술 면에서 유럽에 뒤졌고, 그로 인해 장기적으

---

\* 그러나 일본의 축성술에서는 대포의 포격에 대한 방어보다 소화기 사격에 대한 방어가 더 중요했다. 일본의 군대는 대포가 있었다면 결정적인 역할을 했을 장기간의 공성전을 수행하기 위한 병참적 자원을 결여하고 있었고, 이에 상응하여 일본의 국민경제도 유럽의 수준에 버금갈 만큼의 대포 제조를 위한 기술적 기반을 발전시키지 못했기 때문이다. 백병전을 강조하는 사무라이의 이상이 대포를 발달시키려는 노력에 장애가 되었을 수도 있고, 연료 부족 또한 중요한 이유였을 것이다. 나는 존 F. 길마틴 주니어(John F. Guilmartin, Jr.)와 주고받은 편지를 통해 이런 관점을 갖게 되었다.

로 값비싼 대가를 치렀다.

광업이나 조선업 같은 분야에서도 마찬가지로 보수주의와 무관심이 지배적이었다. 이 분야에서는 14세기 이래 다른 문명지역보다 유럽이 확실히 우위에 있었다. 이것은 이렇게 상대적으로 규모가 큰 경제활동에 유럽의 민간자본이 이윤동기를 앞세워 출자했다는 사실을 반영한다. 이에 따라 비용을 줄이거나 산출을 늘릴 수 있는 기술혁신이 열렬하게 추구되고 유럽 세계 전체에 급속히 보급되었는데, 이는 아시아 각국의 보수주의나 무관심과 매우 대조적이었다. 그러나 그 밖의 경제활동 분야에서는 유럽과 아시아의 제도적 패턴 사이의 격차가 그렇게 크지는 않았다. 18세기가 되어서야 유럽이 비생물적 물리력을 산업생산 과정에 결합시킴으로써 새로운 추진력을 얻어 마침내 직인의 생산방법과 수공업적 생산방법을 완전히 앞지르게 되었다. 그럼에도 불구하고 서유럽과 그 밖의 문명세계 사이의 근본적인 차이는 이미 14세기부터 분명하게 드러나고 있었다. 그 차이는 대규모 자본의 사적인 축적에 대한 억압이 유럽에는 존재하지 않았다는 사실에서 기인한다.

그런데 왜 유럽에서는 명령에 의한 자원동원이 우위를 차지하지 않았을까? 만약 그랬더라면 펠리페 2세와 그의 대신들은 훨씬 편하게 일을 할 수 있었을 것이다. 세금을 부과하거나 재산을 몰수하는 방법에 관해서라면 그들도 중국이나 이슬람 국가의 관료들 못지않게 잘 알고 있었다. 스페인 제국 내에서 국왕의 과세에 대한 제약이 가장 적었던 카스티야의 운명은 스페인이 이 방면에서 얼마나 유능했는지를 잘 보여준다. 그러나 명령원리는 별 소용이 없었다. 펠리페 2세의 군대에 필요했던 경제자원 대부분이 스페인의 이베리아 반도에서는 입수될 수 없었기 때문이다. 펠리페 2세는 대포와 그 밖의 필요한 물자를 제조하는 공장을 스페인 본토에 세우려고 여러 차례 애썼지만 번번이 실패했다. 스페인 정부의 관점에서 보자면 무척 고약한 일이었지만, 경제활동과 무기제조업이 집중된 곳은 바로 국왕의 의지가 지고의 권력으로 작용하지 않는 장소들이었다. 사기업은 세율이 낮고 시장 형편에 따라 가격이 자유롭게 조정될 수 있는 장소를 골라 대규모 사업을 벌였다. 그러므로 예컨대 스페인령 네덜란드에 인접해 있지만 스페인의 통치를 받지는 않는 리에주 주교령 같은 곳이 네덜란드 독립전쟁을 위한 무기제조 중심지가 되어, 스페인군과 네덜란드군 양쪽에 모두 필요한 물자의 많은 부분을 공급했다.[46]

리에주가 중요한 무기제조 중심지가 된 것은 리에주 주교령이 스스로 무장을 해제하고 공식적으로 중립을 선언한 1492년 이후였다. 그 후 리에주는 몇 차례 군사점령을 당했는데 그때마다 대포 제조가 중단되었다. 따라서 통치자들이 리에주의 숙련된 대포제조업자들의 제품(그것은 순식간에 유럽과 전세계에서 최고의 품질과 최저의 가격을 자랑하게 되었다)을 손에 넣고 싶다면 군대를 철수시켜 시장이 다시 자유롭게 돌아가도록 해야 했다. 그렇게 해야만 해마다 수천 문이나 되는 대포를 제조하는 데 필요한 재화와 용역의 흐름이 재개되었기 때문이다. 스페인이나 또 다른 나라의 정치권력이 리에주를 비롯한 무기제조 중심지의 직인이나 자본가에게 정해진 가격으로 제품을 넘기도록 강요하지 않을 때에만, 통치자들은 원하는 것을 필요한 만큼 손에 넣을 수 있었다. 즉 리에주 사람들은 군사적으로 약했던 덕분에 자신들이 원하는 대로 가격을 매길 수 있었던 것이다. 아무리 강력한 통치자라도 제값을 지불해야지, 그러지 않고는 원하는 물건을 손에 넣을 수 없었다. 유독 리에주만이 그런 것은 아니었다. 극단적으로 세분화된 유럽의 정치적 지리 덕분에 리에주 외에도 유럽 전역에 기업가를 위한 피난처가 수십 곳이나 산재해 있었다.

이런 상황에서 인간과 자원을 움직이게 하는 방법으로 명령이 시장보다 우위에 서기란 불가능했다. 단일한 정치적 명령구조가 라틴계 그리스도교권 전역을 구석구석 뒤덮고 자본주의적 축적의 싹을 잘라버릴 능력을 얻지 않는 한, 시장의 지배력은 당대 최강의 통치자에게조차 움직일 수 없는 현실이었다. 자신들이 대금업자들의 손익계산에 예속되어 있다는 사실을 전적으로 부정하고 개탄하는 사람들이 당시 국가를 경영하고 있다는 사실로 인해 그 실제 작용이 아무리 억제된다 할지라도 사정은 마찬가지였다.

펠리페 2세로서는 믿기 어려운 사실이었겠지만, 장기적으로 유럽 국가들은 국제적 은행가나 상인들이 쳐놓은 재정적 거미줄에 얽힘으로써 사실상 강성해졌다. 무엇보다도 사기업이 대규모 무역활동과 제조활동을 위한 자본을 축적함에 따라 유럽 전체의 생산규모가 점차 확대되었으며 징세기반이 넓어졌다. 지역적인 특화는 정치적 국경을 넘어 규모의 경제를 발달시켰다. 다수의 공급자와 다수의 구매자가 공존함으로써 기술적 진보가 촉진되었다. 정부의 임시비 마련을 위한 사적인 차원의 차입(펠리페 2세의 모든 군사행동은 여기에 의존했다) 역시 인간과 물자에 대한 국가의 권력을 강화했다. 국가가 예전의 빚을 완전히 변제하는 것이 곤란하고 사실상 불가능했음에도 불구하고 그러했다.

상반된 경영방식의 혼합, 다시 말해 국왕과 대신들이 은행가와 상인들을 상대로 때로는 대립하고 때로는 협력했던 것이 역설적이게도 시장을 매개로 한 사회관계가 유럽 사회에 점점 깊이 침투해가는 과정을 촉진했다. 국가는 세수를 전액 소비하므로 조세 증가는 결국 그 늘어난 양만큼 유럽의 부의 새로운 부분을 유통과정에 추가하는 것이었다. 자급자족적이거나 엄격하게 지역 내에 갇혀 있던 경제 패턴은 강제(과세)와 유인(더 싸거나 품질이 좋은 물자, 개인소득의 증가)의 결합에 의해 끊임없이 침식되어갔다. 전쟁과 막대한 전쟁비용은 이 모든 과정을 가속시켰다. 시장을 통한 인간과 물자의 동원은 점차 영역을 넓혀갔고, 예전의 명령보다 더 효율적으로 인간의 노력을 통합할 수 있다는 것을 서서히 입증해갔다.

근세 유럽과 아시아의 역사적 경험에 나타난 근본적인 차이는, 아마도 아시아에서는 명령에 의한 동원이 인간 사이의 상호작용에서 1차집단적 패턴을 보존하는 데 기여했으며 동시에 그 보존에 의해 뒷받침되고 있었다는 점이라고 하겠다. 결국 복종하는 자는 오랜 기간에 걸친 친밀한 접촉을 통해 잘 알고 있는 사람에게 가장 잘 복종하기 마련이다. 지위 고하를 바탕으로 한 관계, 전통적인 사회구조, 복종과 서열로 표현되는 지역적 위계 등은 모두 정치적 명령구조 내부의 하위요소로 적합했다. 지방 유력자들 간의 매우 다양한 개인적 경쟁관계에도 불구하고, 사회적 행동은 위계적 패턴으로 편성된 역할구조에 따라 이루어져야 한다는 원리가 명령 시스템 전체를 떠받치고 지속시켰다. 무엇보다도 이것은 군사행동을 일으킬 때 전인구의 극히 일부분만이 동원될 수 있음을 의미했다. 그러나 아시아의 통치자들은 여기에 만족했다. 그 이상의 전체적인 동원은 현존하는 사회적 위계와 통치 패턴에 도전할 가능성이 있는 사람들과 계급의 손에도 무기를 들려주는 일이 될 것이기 때문이었다.

시장을 매개로 하는 사회관계는 이와는 반대로 인간 사이의 상호작용에서 전통적이고 국지적이며 1차집단적인 성격을 해체하고 약화시키는 경향이 있다. 서로 멀리 떨어져 있는 이방인들은 각자 시장의 유인에 반응함으로써 종종 자기도 모르게 협력하게 되었다. 시장을 매개로 하는 사회관계로 촉진된 경제적 특화와 기술적 정교함은 더 많은 물자와 인간을 동원할 수 있게 해주었다. 요컨대 인간행동에 대한 시장의 유인에 의존함으로써 힘과 부가 커질 수 있었던 것이다. 아무리 통치자들과 대다수 신민이 그로 인해 세상에 드리워진 탐욕과 부도덕을 개탄할지라도 그것은 사실이었다.

기존의 행동양식이 무너지는 것은 그 사태를 지켜보고 있는 대다수 사람들에게는 언제나 개탄스러운 일로 받아들여진다. 근세 유럽에서는 통치자들만큼이나 근세 유럽의 공민(公民)들 또한 한줌밖에 안되는 재산가들을 혐오하고 불신했다. 이들은 통치자나 신민에게 시장의 지시에 따르도록 강요함으로써 돈을 버는 존재였던 것이다. 그러나 결국 통치자들도 신민들도 어쩔 수 없음을 깨달았다. 그런데 아시아에서는 재화와 용역의 시장이 비교적 약해서 직인의 수준에 머물러 있었기 때문에 이런 정서가 실제로 효과를 발휘했다. 유럽에서는 이탈리아와 저지대국가들의 몇몇 자치도시가 시장의 유인을 더욱 자유롭게 풀어놓음으로써 부와 힘을 증대시킬 수 있음을 보여주자, 시장을 매개로 인간의 노력을 결합시키는 방식이 우세해졌다. 16세기 즈음에는 유럽 최강의 명령구조마저도 대규모 군사사업이나 그 밖의 대규모 사업을 조직하기 위해 국제적인 금융시장에 의존하게 되었다. 펠리페 2세의 비참한 재정기록이 이것을 증명해준다. 그 결과 시장을 매개로 하는 사회관계의 지속적인 확대, 그리고 더 먼 지역 및 더 낮은 계급에 대한 침투가 그 후 몇 세기 동안 확고하게 진행되었다. 그리고 바로 그 기간에 마지못해 허용해준 사적인 이윤추구로 인해 서유럽은 지구의 나머지 부분을 지배하게 되었다.

이런 상황을 다른 식으로 표현하자면, 자본주의가 발흥했으며 유럽 사회에서 부르주아지가 지배계급으로 부상했다고 말할 수 있다. 이것은 마르크스주의가 지식층과 학자층에 확산된 이래 근세 유럽을 연구하는 역사가들 사이에서 중심적인 관심사였다. 그러나 유감스럽게도 마르크스주의자들은 인류역사에 대한 마르크스의 전망을 제약할 수밖에 없었던 19세기 유럽중심주의의 색안경을 공유하고 있다. 마르크스 시대의 유럽인들은 시장과 금전을 매개로 한 인간관계가 과거·현재·미래의 모든 시대에 걸쳐 최고의 지배력을 갖는다고 생각했다. 그러나 20세기 후반의 시점에서 보면 그것은 더 이상 자명한 진실이라고 할 수 없으며, 따라서 역사가들은 곧 유럽 자본주의 발흥의 군사기술적·정치적 측면에 눈을 돌리게 될 것이다.

다른 종류의 경영과 마찬가지로 군사 경영에 있어서도 유럽이 시장의 지배권을 인정하는 방향으로 나아갔다는 사실에 관해, 그것을 인간관계의 일반적 규범인 명령지향적 행동양식—이는 고대 이래로 줄곧 지배적이었으며 더욱이 1880년대 이래 눈부신 기세로 부활하고 있다―에서 벗어난 것으로 인식함으로써 우리는 좀더 올바른 관점을 얻을 수 있을 것이다. 이 책의 나머지 부분에서는 군사사와 경제사 그리고 역사서술 사이의 간극에 다리를 놓음으로써 옛날부터 이어져온 관점이나 평가에 관해 바로 이런 재조정을 시도하려고 한다.

## 4장
**유럽 전쟁기술의 진보, 1600~1750년**

**13**00년과 1600년 사이에 지중해 주변 유럽에서 발달한 '상업화된 전쟁'의 효과는 매우 커서 그 후로 이른바 '군상(軍商)복합체'라고 부를 만한 것이 새로운 지역으로 점점 확산되어갔다. 이와 더불어 군사행정이 관료화되었다. 상비군을 유지하기 위한 징세가 서서히 유럽 대륙에서 점점 광범위하게 관료제적 질서에 따라 이루어지게 되었다. 육군이나 해군의 내부행정도 같은 방향으로 변해갔다. 그러다 17세기에 네덜란드인들이 군대의 행정과 일과에서 몇 가지 중요한 개량을 선도적으로 추진했다. 특히 그들은 오랜 시간에 걸친 반복훈련이 전장에서 군대의 위력을 향상시킨다는 것을 발견했다. 또한 훈련은 사병에게 매우 강력한 단결심을 불어넣었다. 사회의 최하층에서 모집된 병사들이라 해도 마찬가지였다.

위로는 신이 내려준 권리로 통치권을 부여받은 군주로부터 아래로는 하사관이 이끄는 일개 분대에 이르기까지 명확한 명령계통에 따라 잘 훈련된 군대는 그때까지 지상에 존재했던 어떤 군대보다도 충성스럽고 효율적인 정책도구가 되었다. 유럽의 주요 국가들은 모두 이런 군대를 기반으로 높은 수준의 국내 치안을 확립할 수 있었다. 그에 따라 농업·상업·제조업이 번영했고, 이것은 또다시 군대 유지를 위한 징세의 기반인 부를 확대했다. 이렇게 해서 형성된 자기지속적인 순환은 유럽의 힘과 부를 일찍이 다른 문명이 이룩했던 수준보다 훨씬 크게 신장시켰다. 이리하여 조직과 규율 면에서 뒤떨어진 다른 문명의 무장병력을 희생시켜서 비교적 쉽게 세력을 확장해갈 수 있는 길이 확보되자, 유럽의 전세계적 제국주의는 지구상의 새로운 지역을 향해 급속하게 확대되었다.

## 지리적인 확산

3장에서 살펴보았듯이 군대의 상업적·관료적 경영은 이탈리아에서 시작되어 저지대국가들·프랑스·스페인으로 확산되었다. 17세기를 거치면서 이 근대적 군사조직은 독일에도 뿌리를 내렸고, 나라에 따라 흥미로운 변이를 보이면서 스웨덴과 영국, 심지어 러시아에까지 확산되었다.

독일에서 군사사업의 상업화가 시작된 것은 14세기나 그보다 조금 이른 시기였다. 그 무렵 이탈리아의 도시들은 스위스의 산지 주민을 비롯한 독일어권 사람들을 대량으로 고용하여 이탈리아인을 대신해 출전하게 했다. 이탈리아에서 쌓은 군사적 경험을 바탕으로 스위스는 14세기에 독립을 확보하는 데 성공했다. 스위스의 미늘창(창과 도끼를 겸한 무기)병과 창병은 젬파흐 전투(1387)에서 합스부르크가의 독일 기사단을 무찌름으로써 강력한 보병전사로서의 명성을 쌓았고, 15세기에는 기술적으로 우세한 부르고뉴의 샤를 공 군대를 1476~1477년에 잇따라 세 차례나 물리쳐서 전 유럽을 깜짝 놀라게 했다. 곧이어 스위스의 창병이 프랑스에 용병으로 고용(1479)됨으로써 프랑스군(프랑스군의 기병과 포병은 이미 유럽 최강이었다)은 당분간 모든 경쟁상대보다 월등하게 우위에 있었다.*

스위스인이 프랑스 왕국과 손을 잡자 합스부르크가는 독일인 보병부대를 양성하여 스위스에 맞서려고 했다. 그 결과 스위스 보병과 같은 장

---

* 이미 살펴보았듯이 기술혁신에 열심이었던 스페인군은 소화기에 의존하여, 그것을 활용하는 새로운 전술을 발전시킴으로써 막 시작된 프랑스의 패권을 잽싸게 뒤엎어버렸다. 스위스의 창병은 마리냐노 전투(1515)에서 평상시 동맹군이었던 프랑스군에게 결정적인 패배를 당했다. 유리한 위치에 설치되어 있던 대포가 밀집대형을 취한 창병에게 포격을 퍼부어 괴멸적인 타격을 가했던 것이다.[1] 만약 샤를 공이 1476~1477년에 자신의 포병부대로 스위스 보병에 맞설 수 있었더라면 유럽의 역사는 완전히 달라졌을 것이다.

비를 갖추고 귀족(이들 역시 도보로 싸웠다)의 지휘를 받는 이른바 란츠크네히트(용병) 부대가 1490년대부터 대규모로 생겨나기 시작했다. 그러나 신성로마제국 황제 막시밀리안 1세(1493~1519)나 다른 독일의 통치자들은 만성적인 재정 압박에 시달리고 있었기 때문에 란츠크네히트 부대는 전쟁이 있을 때만 단발성으로 고용될 수 있었다. 해고는 병사들에게도, 병사들이 그 시점에 머물고 있던 지역사회에도 위기를 초래했다. 이런 정황은 이탈리아의 도시국가들이 아직 직업화된 군대에 대하여 효과적인 정치적·재정적 구속장치를 만들어내지 못했던 14세기 초 이탈리아의 사정과 매우 비슷했다.[2]

그러나 독일의 상황은 일찍이 이탈리아가 경험했던 것과 한 가지 중요한 점에서 차이가 있었다. 1517년 이래 독일의 정치는 살벌한 종교논쟁에 물들게 되었다. 루터파, 구교파, 그리고 여러 급진적인 종파들이 각축을 벌이고 있었으며 곧 칼뱅파도 싸움에 뛰어들었다. 각 종파는 각기 다른 사회집단으로부터 열렬한 호응을 얻고 있었기 때문에 세속의 분쟁이 신학논쟁으로 표현되기 일쑤였다. 이탈리아 역시 그보다 2세기 앞서 첨예한 사회분쟁을 겪었는데, 군대가 직업화·상비군화되어 있는 한 언제 어디서나 어김없이 하층계급이 패배했다. 독일에서도 사태는 이탈리아와 비슷하게 진행되었다. 그러나 초기 단계에는 종교개혁시대에 신학적 다양성이 인정되었고, 다분히 그 때문에 계급대립이 격화되기도 했다.

어쨌든 독일은 한 세기 반에 걸친 광범위한 폭력상태가 야만적인 30년전쟁(1618~1648)으로 절정에 도달한 뒤에야 어느 정도 안정을 되찾았다. 30년전쟁이 끝날 무렵 독일과 보헤미아는 유럽의 '군상복합체'를 완전히 따라잡았고, 하층계급과 독일의 도시국가들은 직업적 상비군을 기반으로 하는 영방군주들의 권력에 확고히 복속되었다. 관료화가 확대되고 종교적 열광이 식어가자 "그 나라의 종교는 군주의 종교에 따라 정해진다"(cujus regio, ejus religio)는 원칙에 따라 독일 땅은 종교적으로 분할되었다.

　이 고통스러운 과정이 시작되던 시기에 독일에서는 지방자치체, 교회, 영방군주, 제국의 정치적 관할권이 매우 혼란스럽게 중첩되어 있었다. 이 복잡한 정세는 이탈리아에서 도시국가들이 용병군을 고용하여 국경의 요새를 수비하게 함으로써 영역주권을 주장하기 전의 상황과 비슷했다. 그러나 독일에서 지방의 경쟁세력과 교황·황제를 배제하고 효과적인 영역주권을 확립한 것은 도시가 아니라 영방군주들의 궁정이었다. 용병군은 이전에 이탈리아에서 그랬던 것처럼 독일 영방군주들이 주권을 확립하는 데 원동력이 되었다. 그러나 독일 영방군주들의 궁정은 르네상스 시대 이탈리아의 도시와 분위기가 전혀 달랐다. 따라서 1300~1500년의 이탈리아와 1450~1650년의 독일은 일정 부분 비슷하긴 했지만 두 나라가 다다른 결말은 근본적으로 달랐다.

　독일에서 이런 점진적 변화가 시작될 무렵 프랑스 국왕이 왕국의 행정을 중앙집권화하는 데 성공했으며, 독일 황제들은 여기에 대단한 관심을 가졌다. 프랑스 국왕이 영국인을 프랑스에서 몰아내기(1453) 위해서 했던 것처럼, 독일 황제도 오스만 제국이나 독일 국내의 이단자에 대항하는 십자군을 조직함으로써 비슷한 시도를 할 수 있었다.

　그러나 오스만 제국에 맞선 십자군은 도저히 넘어설 수 없는 지리적 난관에 봉착했다. 1526년 이래로 오스만 제국과 합스부르크 제국은 경계지역인 헝가리와 크로아티아의 귀속을 두고 다투었다. 약탈원정과 그에 대한 보복으로 황폐해진 이 국경지대에서 대규모 야전군을 유지하기란 두 제국 모두에게 대단히 버거운 일이었다. 그러므로 합스부르크 제국이 할 수 있는 일은 포격에 견딜 수 있는 요새를 몇 군데 세우고 그곳을 수비하는 것뿐이었다.

　개혁을 이룬 가톨릭의 활력이 알프스 이북에 뿌리를 내림에 따라, 가톨릭으로부터 이반한 독일 영내의 영방군주들을 제국군대를 이용해 공격한다는 또 다른 선택지의 매력이 더욱 커졌다. 그래서 황제 페르디난트 2세는 1619년 제위에 오르자 보헤미아(1618년에 칼뱅파 국왕이 선출되었다)를 다시 가톨릭 교회와 합스부르크가에 복종시키기로 결의하고 전면전에 나섰다. 처음에는 승리를 거두었지만, 이것이 곧 외부의 간섭을 유발하여 덴마크군, 스웨덴군, 그리고 마침내 프랑스군이 독일에 개입했다. 가톨릭 측에서는 스페인이 이듬해에 네덜란드와, 1622년에 프랑스와 전쟁을 재개하고, 자국의 이탈리아 내 패권을 활용하여 이 전쟁의 모든 전선들을 하나로 응집된 가톨릭 측의 반격으로 연결하려 했다.

독일은 막다른 골목에 몰리고 상대는 기진맥진해진 끝에 이르게 된 최종 결과는 강화(1648년의 베스트팔렌 조약)였다. 그러나 이런 결과가 나오기까지 그 과정에서 전쟁의 기술과 관련해 몇 가지 새로운 개선이 확실히 이루어졌고, 독일 전역은 상업화된 대규모 폭력의 무자비함을 경험했다.

30년전쟁 동안, 군사를 근본적으로 재조직하기 위한 세 가지 중요한 노력이 이루어졌다. 그 첫 번째는 알브레히트 폰 발렌슈타인이 군사기업가로서 보여준 눈부신 활동이었다. 보헤미아의 소귀족 출신인 발렌슈타인은 군사 경영을 거대한 투기사업으로 만들었다. 높은 위험률은 뜻밖의 횡재와 같은 특별히 높은 수익률에 의해 적어도 단기적으로는 상쇄되었다. 발렌슈타인은 보헤미아에서(짧은 기간이지만 메클렌부르크에서도) 거대한 영지의 소유자가 되어 거의 독립적인 정치권력을 획득했던 것이다. 그러나 발렌슈타인이 1634년에 암살자의 손에 죽자, 그가 축적했던 모든 영지와 관직은 몰수되었다. 그럼에도 불구하고 10년 동안 독일에서 거물로 군림했던 발렌슈타인은 명목상으로는 황제에게 복무하는 청부업자에 지나지 않았지만, 실제로는 거대한 군대를 지휘함으로써 거의 일국의 주권자와 같은 지위를 누렸다. 그는 그 군사력을 세계개혁에 의한 증수(增收), 공공연한 약탈, 그리고 대규모 시장거래를 통해 유지했다.

발렌슈타인의 사업상 거래관계는 아주 복잡했다. 예컨대 그는 보헤미아에 있는 자신의 영지에서 군사령관이라는 권한을 행사하여 자신이 결정한 가격으로 물자를 사들였으며, 실업가이자 투기업자인 플랑드르 사람 한스 데비트가 끌어 모은 자본의 도움으로 같은 보헤미아의 영지 내에서 무기제조업을 조직했다. 발렌슈타인과 데비트의 관계는 황제와 발렌슈타인의 관계나 마찬가지였다. 둘 다 상위자에 의지하여 큰 사업에 종사할 기회를 얻었던 것이다. 그런데 그렇게 장대한 규모로 임무를 수행하고 계약을 실행하면서, 발렌슈타인과 데비트는 예로부터 내려온 도덕성이나 타당성의 기준을 노골적으로 무시하고 사적인 이익을 추구했다. 그들에게는 오로지 일의 결과만이 중요했다. 협력자나 부하를 선택함에 있어 그들은 태생도 종교도 어떤 전통적 덕목도 상관하지 않았다. 발렌슈타인과 그의 금융적 분신인 데비트는 아랫사람들에게 오로지 복종과 맡은 일을 제대로 수행하는 수완만을 요구했으며, 실제로 그렇게 되었다. 그 결과 보기 드물게 효율적인 군대가 탄생했다. 이 군대는 대부분의 보급을 그때그때 아무런 거리낌 없이 작전지역을 약탈하여 해결했다. 사기업과 군사기업이 이토록 완벽하고 대대적으로 결합된 예는 이전에도 이후에도 없었다.

30년전쟁에서는 그 밖의 군사 중개업자들도 소소한 역할을 했다. 그러나 절정기에 5만 명 이상을 헤아렸던 군대를 자비를 들여 양성하는 데 성공한 사람은 발렌슈타인뿐이었다. 그가 사용한 수법은 유럽의 군주들이 이미 오래전부터 해왔던 것처럼 하급 장교들에게 임명사령을 주어 중대나 연대를 편성하도록 하는 것이었다. 말년에 발렌슈타인은 자신의 군대로 황제를 압박하여 당시 궁정에서 세력을 쥐고 있던 '스페인파'를 몰아내려는 생각을 하기도 했다. 스페인파의 지도자들은 이 보헤미아의 모험적 사업가에 대해 극도의 불신감을 갖고 있었다. 그의 놀라운 장사수완과 종교적인 모호함은 이들의 귀족적이고 가톨릭적인 이상과는 완전히 동떨어진 것이었다. 발렌슈타인 암살을 준비한 것은 바로 그들이었다. 황제는 사후에 승인했을 뿐이었다.

1634년에 갑자기 모든 일이 종결된 이후 독일의 내셔널리스트들은 만약에 발렌슈타인이 이 정쟁에서 이겼더라면 어떻게 되었을까 자문해왔다. 아마도 제국정부 내에서 그가 처해 있던 입장 자체가 발렌슈타인으로 하여금 1450년 밀라노에서 스포르차가 감행했던 찬탈을 모방하게 했을 것이다. 스포르차는 자신을 추종하는 군대의 운영기구를 밀라노 국가의 행정기구에 성공적으로 융합시키고 그 후 50년 동안 밀라노를 이탈리아의 강국으로 만들었다. 어쩌면 발렌슈타인의 군사적 명령구조는 30년전쟁이 끝난 후 서유럽의 패권국으로 등장한 프랑스 왕국보다 더 강력한 새로운 독일국가를 탄생시키는 애벌레 역할을 했을 수도 있다. 그러나 실제로 1634년에 발렌슈타인은 지병으로 쇠약해져 있었다. 어쩌면 그의 대담한 기업가정신마저도 독일국민 위에 군림하는 신성로마 황제의 신성한 후광 앞에서 기가 죽어 있었을지도 모른다.

어쨌든 그가 자기 주위에 건설했던 군사·상업제국은 붕괴했다. 군소 기업가들은 제국 진영에서 그가 수행했던 역할을 분담했다. 그리고 전쟁이 끝날 무렵에는 독일의 가장 비옥한 지방들이 점점 황폐해졌기 때문에 군대도 축소될 수밖에 없었다. 그 규모는 일찍이 발렌슈타인의 권력이 절정에 달했을 당시 그 휘하에서 행군하던 군대의 절반 수준에 불과했다.[3]

30년전쟁 기간에 등장한 두 번째로 주목할 만한 권력구조는 스웨덴 국왕 구스타프 아돌프(1611~1632년 재위)에 의해 형성되었다. 그에게 스웨덴은 발렌슈타인의 보헤미아와 같았다. 즉 독일에서 치러지는 전쟁을 위해 인력과 물자를 공급하는 일종의 사유재산이었던 것이다. 구스타프 아돌프는 자신의 전쟁은 전쟁 자체에 의해 부양되어야 한다고 선언했다.[4] 그러나 실제로는 공권력을 이용하여 스웨덴의 농촌과 산지에서 군대를 징발했으며, 1620년대에 시작된 스웨덴의 제철 붐에서도 큰 도움을 받왔다. 이 제철 붐은 리에주 태생으로 네덜란드에 살고 있던 루이 드 헤르(Louis de Geer)라는 실업가가 왈론 지방 출신의 제철기술자를 스웨덴으로 파견하여 이 머나먼 땅에 최신식 고로를 도입한 데서 시작되었다.[5]

드 헤르는 발렌슈타인의 대리인 데비트가 보헤미아에서 했던 일을 스웨덴에서 했다. 두 사람 모두 그때까지 유럽의 낙후된 지역이었던(적어도 저지대국가들의 표준과 비교할 때 낙후되었던) 곳에 최신 금융·기술 기법을 들여와 대규모로 경영했다. 그러나 다른 한편으로 드 헤르와 데비트는 완전히 달랐다. 드 헤르는 줄곧 네덜란드에 살면서 국제적 금융가이자 기업가로서 성공을 거두었고, 스웨덴에서 사업을 하기 위한 법적 허가를 얻는 부분에서만 구스타프 아돌프의 덕을 보았다. 그는 비교적 명확히 규정되어 있던 네덜란드 사업관행의 도덕적·법적 틀 안에서 사업을 했고, 그 사업을 상속인에게 넘겨주었다. 반면 1630년에 자살한 데비트가 남긴 것이라고는 파산한 투기업자의 아귀가 맞지 않는 장부뿐이었다. 마찬가지로 구스타프 아돌프 역시 합법적인 주권자이자 국왕이었고, 발렌슈타인의 경력 곳곳에서 볼 수 있는 도덕적·법적으로 수상쩍은 구석 같은 것은 조금도 없었다. 그 결과 드 헤르와 구스타프 아돌프가 쌓아올린 제국은 몇 세기 동안이나 지속될 수 있었던 반면 발렌슈타인의 정치적·경제적 제국은 그가 암살되자 곧 붕괴했다.

스웨덴 왕이 전장에서 성공을 거둔 것은 그가 최신의 네덜란드식 전쟁 수행 및 부대훈련 방법을 적극적으로 도입한 덕분이기도 했다. 하지만 그는 러시아군과 폴란드군의 기병전술을 상대했던 예전의 경험(1617년까지 계속된 대[對]러시아전, 1621~1629년의 대폴란드전)에서 터득한 자신의 독자적인 방법을 추가했다. 그 결과 스웨덴 국왕은 1630년에 포메라니아에 상륙하여 독일의 전쟁에 개입했을 때 충분히 단련된 군대를 가동시킬 수 있었다. 이 군대는 1631년의 브라이텐펠트 전투에서 처음으로 개량된 전술을 선보여 그 위력을 증명했다.

스웨덴군의 전술 개량은 전장에서 더욱 효과적인 공격을 펴기 위한 것이었다. 인력으로 운반할 수 있는 소형 야포가 소화기의 일제사격에 더해져 그 위력은 배가되었다. 그리고 이 집중적인 화력의 충격 효과가 채 사라지기 전에 창병과 기병의 돌격이 이어졌다. 그러나 발렌슈타인은 재빨리 스웨덴군의 전술을 모방하여 자신의 전술을 수정했고, 이듬해 뤼첸 전투에서 이 새로운 전술을 구사했다. 구스타프 아돌프는 이 전투에서 제국군을 상대로 한 두 번째 승리를 거두고 목숨을 잃었다.

이 사례는 어느 한쪽이 효과적인 혁신을 이룩했을 때 다른 쪽이 얼마나 재빨리 거기에 대항수단을 만들어내는지를 설득력 있게 보여준다. 유럽의 왕이나 사령관들은 아무리 개량을 하더라도 여전히 개량할 것이 있다는 생각을 분명히 받아들이고 있었다. 인쇄물과 말로 전해지는 이야기, 정탐활동과 첩보 거래 등의 방법을 활용하는 효과적인 정보망이 적의 의도와 능력, 새로운 기술과 새로운 전술에 관한 정보를 서유럽 전역에 퍼뜨렸다. 그리하여 30년전쟁이 끝날 무렵 유럽의 군대는 더 이상 옛날 중세의 기사군단처럼 개인적으로 잘 훈련된 호전적인 인간들의 단순한 집합체가 아니었고, 또 15세기의 스위스인 창병 부대처럼 광포한 용맹함으로 일치된 행동을 취하기는 하지만 일단 전투가 시작되면 통제 불능상태가 되는 집단도 아니었다. 이제 유럽의 군대는 의식적으로 계발되고 공들여 다듬어진 전쟁기술 덕분에, 지휘관이 적어도 이론상으로는 최대 3만 명의 병력을 전장에서 자유로이 통제할 수 있을 정도가 되었다. 각각 다른 장비를 갖추고 다른 전투방식을 훈련받은 부대들이 적과 대치하는 상황에서 작전행동을 취할 수 있었다. 또한 장군의 명령에 부응함으로써 예기치 않은 상황도 이용할 수 있게 되었고 완강한 대치상황에서도 일방적인 승리를 거둘 수 있었다. 말하자면 유럽의 군대는 중추신경계를 발달시킴으로써 급속하게 고등동물의 수준으로 진화했고, 각각 기술적으로 특화된 손톱과 이빨을 잘 활용할 수 있게 되었다.

30년전쟁 때 등장한 군사·정치 구조 가운데 세 번째로 주목할 만한 것은 프랑스의 군사·정치 구조다. 카토-캉브레지 강화조약(1559)으로 이탈리아 전쟁이 끝난 후, 프랑스는 지속적인 내분에 시달렸다. 이 분쟁은 칼뱅파와 가톨릭 간의 종교문제를 둘러싼 논쟁과 더불어 왕위계승원칙의 모호함 때문에 일어났다. 이탈리아 전쟁이 끝나면서 프랑스 군인들의 일자리가 사라진 것 또한 프랑스 국내에서 거듭된 혼란상과 관계가 있을 것이다. 실직으로 불안정해진 군인들은 자신들의 기량을 행사할 기회만 있으면 열심히 거기에 응했을 것이기 때문이다. 루이 13세의 군대가 라로셸의 칼뱅파 근거지를 포위공격하여 굴복시킨 1627~1628년까지도 국왕의 정부는 국내분쟁에 시달렸다. 그 후 프랑스군은 국경을 넘어 스페인과 독일의 합스부르크 왕조에 대항했다. 독일을 통일하고 이단을 억누르려 했던 가톨릭 제국의 노력을 끝내 좌절시킨 것은 바로 이 30년전쟁에 대한 프랑스의 개입이었다.

처음에 프랑스 장군들은 전투경험이 풍부한 스페인과 독일의 지휘관들보다 뒤처져 있었다. 그러나 1643년 로크루아에서 스페인군을 쳐부술 무렵 프랑스군의 전쟁기술은 유럽 최강의 군대와 맞먹는 수준에 이르러 있었다. 이렇게 되자 프랑스 국왕이 투입할 수 있는 자원의 규모로 볼 때, 부르봉 왕가는 더 많은 수의 더 잘 훈련된 군대를 전장에 보내기만 하면 어떤 경쟁상대라도 꺾을 수 있는 능력을 갖게 되었다. 17세기 후반 유럽 정치사는 이 기본적인 사실을 중심으로 전개되었다.

17세기 후반 유럽 정치사의 또 하나의 축은, 베스트팔렌 조약(1648)으로 독일에서의 전쟁이 끝난 후에도 합스부르크가의 황제와 프랑스 국왕이 자신들을 위해 30년전쟁을 치른 군대를 해산하는 것은 현명한 일도 필요한 일도 아니라고 판단했다는 사실이다. 사실 스페인과의 강화는 1659년까지 결말이 나지 않고 있었기 때문에 프랑스는 그때까지는 부대를 무장시켜두어야 했다. 그리고 1661년 새 국왕 루이 14세는 친정을 펴기 시작하면서, 프랑스의 영광을 위해서도, 만일에 대비하기 위해서도 항시 전쟁준비가 된 상태로 상비군을 유지할 필요가 있다고 판단했다. 1648~1653년에 프랑스에 또다시 내분(프롱드의 난)이 일어났다는 사실이 어린 루이 14세에게 큰 영향을 미쳤던 것이다. 처음에 그의 상비군은 프랑스 국내에서 국왕의 권위에 맞서는 어떤 도전에 대해서도 국왕의 우위를 확고하게 세우기 위한 것이었고, 모험적인 외정(外征)에 사용하겠다는 의도는 부차적인 것일 뿐이었다.

## 군대에 대한 통제의 개선

이전부터 계속되어온 프랑스 내분의 마지막 한판인 프롱드의 난이 성공적으로 진압된 것은 유럽의 군사와 치국의 역사에서 중요한 전환점이 되었다. 더 정확히 말하면, 베네치아와 밀라노가 이미 2세기 전에 달성했던 군대에 대한 행정적 관리와 통제의 수준을 알프스 이북의 국가들이 이때 마침내 따라잡았다고 할 수 있다. 실제로 17세기 후반 프랑스와 오스트리아의 군대 운영은 거의 모든 측면에서 베네치아와 밀라노의 선례를 따르고 있었다. 관료가 보급을 통제하는 것, 세입으로 조달된 자금으로 병사들에게 정기적으로 봉급을 지급하는 것, 또 군대를 보병·기병·포병으로 구분하고 전장에서 전술적으로 협동작전을 펴는 것 등 15세기 이탈리아 도시국가들과 17세기 알프스 이북의 군주국들은 모든 면에서 같았다. 루이 14세의 각료로 유명한 미셸 르 텔리에와 그의 아들인 육군장관 루부아 후작은 프랑스군의 보급을 확보하고 군의 구조를 정규화하고 장비를 표준화하는 등의 업적을 이루었는데, 이마저도 지명도가 떨어지는 베네치아의 보급관 벨페트로 마셀리니(1418~1455년 재직)의 작업에 하나하나 대응시킬 수 있다. 일찍이 마셀리니는 베네치아 공

화국을 방위하는 부대를 위해 그들과 똑같은 일을 했다.[6]

그러나 북유럽의 새로운 상비군에는 이전 시대에서 유례를 찾을 수 없는 매우 중요한 측면이 있었다. 여기서 그것에 관해 좀더 상세히 고찰하려 한다. 루부아는 국왕의 군대를 운영하는 업무를 수행하면서 마르티네 중위라는 순회사찰관에게서 많은 도움을 받았다. 마르티네는 그 이름이 'martinet'(훈련을 엄하게 시키는 사람, 규율가, 잔소리꾼)라는 영어의 보통명사가 되었을 정도로, 세세한 항목의 규율을 엄격하게 지킬 것을 요구하는 사람이었다. 바로 그 점이 루부아가 그를 높이 산 이유였다. 1668년에 루부아가 마르티네에게 내린 지시서는 바로 그런 것을 요구하고 있다.

> 귀관은 선임된 보병 장교에게 다음과 같이 명령해야 한다. 매일 위병이 교대할 때는 반드시 그 자리에 입회하고, 위병이 해산하기 전에 병사들에게 무기 조작 훈련을 시키고, 좌우 및 전방 이동 훈련을 거듭 실시하여 소부대로서 정확하게 행진하는 방법을 교육시킬 것."*[7]

물론 '정확한 행군'에 대한 루부아의 관심이 전혀 새로운 것은 아니었다. 그러나 17세기 이전 유럽 군대들의 훈련역사는 매우 불확실하다. 스위스군과 스페인군의 창병은 '고슴도치' 대형을 취하고 북소리에 맞춰 행군했으며,[9] 전장에서는 공격해 오는 기병에게 뚫고 들어올 틈을 주지 않도록 밀집대형을 유지하려고 애썼다. 그 밖에도 보병부대가 대형을 이루어 행군했던 예는 몇 가지가 더 있으며 고대 수메르 시대까지도 거슬러 올라갈 수 있다. 그러나 주둔하고 있을 때는 1년 내내 날마다 훈련을 하고 군사행동을 할 때나 전장에 있을 때도 빈 시간에 훈련을 한다는 것은 문제

* 주둔군에 관한 규칙은 최종적으로 다음과 같이 정해졌다. 매주 두 차례 장교 입회하에 정해진 훈련을 실시할 것, 매달 한 차례 고급장교나 그 밖의 중요한 인물 앞에서 주둔군 전체가 전투대형으로 행군할 것.[8]

**18세기의 밀집대형 행진**

많은 사람들을 질서정연하게 행군시키고 신속하게 정해진 대형으로 전환시키기 위해서는 끝없는 연습이 필요했다. 오른쪽의 상단 그림은 2개 대대(각각 6개 소대로 구성된다)로 이루어진 일개 연대가 횡대에서 종대의 공격대형으로 전환하려면 어떻게 해야 하는지를 보여준다. 아래쪽 그림은 이 기동을 완료하고 적을 향해 전진할 준비를 마친 연대의 모습이다. 이런 훈련은 병사들에게 강한 심리적 영향을 주고, 훈련교관들로서는 막연하게밖에 알 수 없는 강한 연대감과 단결심을 불러일으킨다.

Denis Diderot, *A Diderot Pictorial Encyclopedia of Trades and Industry*, edited by Charles Coulston Gillispie (New York: Dover Publications, 1959 ; vol. 1, pl. 67). 이 책의 1763년 파리 초간본에서 팩시밀리로 복제.

가 다르다. 이전의 군대들은 그런 것을 필요하다거나 분별 있는 짓이라고 여기지 않았다. 그러나 루부아와 그의 부하 마르티네 중위가 프랑스군 장교단과 병사들로 하여금 자신들의 의지를 따르도록 하는 데 성공함으로써 일상적인 훈련은 위병 임무를 마칠 때마다 매일 경험하는 일이 되었다. 그 이유는 무엇일까?

그것은 루부아의 시대가 되면 이미 두 세대째를 맞는 유럽 각국 군대의 지휘관들이, 훈련을 실시하면 그만큼 병사들이 명령에 잘 따르게 되며 전투력도 향상된다는 사실을 알고 있었기 때문이다. 근대의 일상적인 군사훈련 개발을 지휘한 사람은 나사우의 마우리츠(1567~1625) 백작이었다. 그는 오라녜 공작을 겸했고 1585년부터 죽을 때까지 홀란트 주와 젤란트 주의 총독이었으며 네덜란드의 다른 다섯 주의 군대에 대해서도 각각 다른 시기에 총사령관을 지낸 인물이다. 마우리츠는 대학을 나왔고 수학과 고전을 교육받았다. 저지대국가들에서 스페인군을 상대로 싸운다는 문제에 직면한 마우리츠는 로마 시대를 모델로 삼아 베게티우스나 아엘리아누스,* 그 밖의 고대 병법가들의 저작에서 전쟁기술에 관한 교훈을 끌어내려고 했다.

---

* 아엘리아누스는 로마 제국과 그 군대의 전성기인 트라야누스 황제 시대에 전술서를 쓴 그리스인이다. 그의 책은 1550년에 라틴어로 번역되었기 때문에, 마우리츠 백작이 군제개혁을 시작했던 시대에는 고대의 권위와 신간본의 매력을 겸비하고 있었다. Werner Halbweg, *Die Heeresreform der Oriander und die Antike* (Berlin, 1941), p. 43에 따르면 아엘리아누스야말로 마우리츠의 개혁에 영감을 불어넣어준 장본인이었다고 한다.

4장 유럽 전쟁기술의 진보, 1600~1750년   175

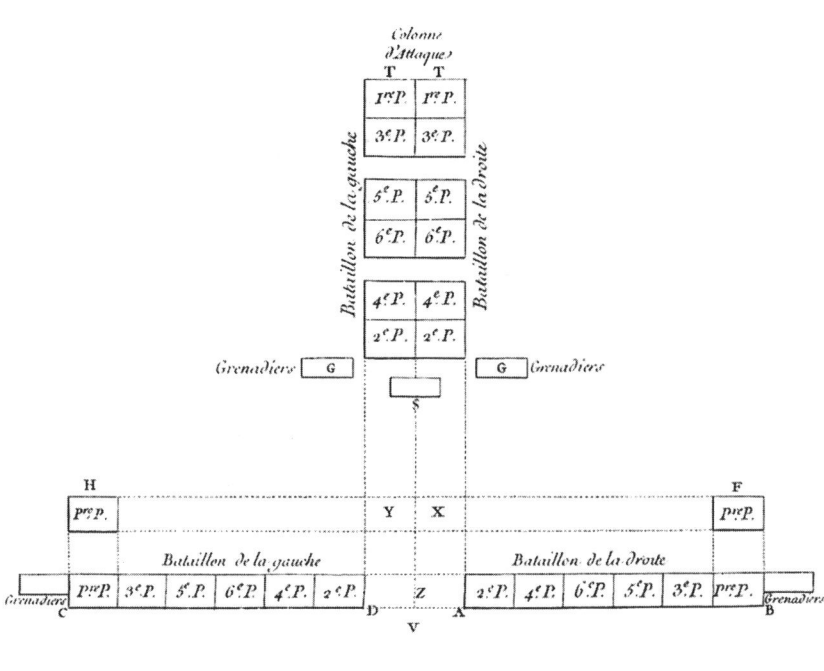

마우리츠가 로마 시대의 선례를 그대로 모방한 것은 아니었지만, 그의 시대 이전까지 유럽 각국의 군대에 보급되어 있지 않았던 로마 시대의 세 가지 사항을 강조했다. 첫 번째는 삽이었다. 로마 군대는 언제나 흙으로 누벽을 쌓아 숙영지를 요새화하곤 했다. 마우리츠는 그것을 본떠서, 특히 적이 점령하고 있는 성이나 요새를 포위공격할 때 병사들이 참호를 파고 그 속에 숨도록 했다. 마우리츠 이전에 유럽 각국의 군대에서는 땅 파기 작업이 그다지 강조되지 않았다. 누벽 뒤에 숨거나 참호를 파고 들어가는 식의 행동은 비겁하다는 느낌을 주었다. 각국 군대는 꼭 땅을 파야 할 경우에는 대부분 근처에서 징발되어 온 노동자에게 그 일을 시키곤 했다. 그러나 마우리츠의 군대에서는 삽이 칼보다, 나아가 머스킷총보다 중요했다. 포위공격하는 군대는 조직적으로 참호를 파고 누벽을 쌓아 아군의 외곽을 방위함으로써, 포위된 적에게 압박을 가하면서 동시에 적의 지원부대의 습격으로부터 자신들을 지킬 수 있었다. 이런 방식을 따르는 마우리츠의 군대에는 방어하는 측의 사격에 의한 사상자가 적었다. 참호와 엄폐물을 조금씩 앞으로 이동시켜 방어하는 쪽의 해자와 성벽에 점점 접근함으로써 총공격을 가할 수 있는 지점까지 다가가는 공격 방식을 취했기 때문이다. 이리하여 포위공격전은 이를테면 토목공사가 되었고 막대한 양의 흙이 옮겨졌다. 삽질은 공격부대의 일상업무가 되었다. 이런 중노동에는 예전에 포위군들이 빠져들기 일쑤였던 나태함이나 낭비를 근절하는 부수적인 효과도 있었다. 실제로 마우리츠는 병사들이 빈둥거리고 있는 것을 아주 싫어했다. 그의 군대는 땅을 파고 있지 않을 때는 훈련을 하느라 쉴 틈이 없었다.

조직적인 훈련의 발달은 마우리츠가 로마군의 선례를 바탕으로 도입한 두 번째이자 가장 중요한 혁신이었다. 그는 병사들에게 화승총을 장전하고 발사하는 데 필요한 동작을 연습하게 했다. 마찬가지로 창병들도 행군 중이나 전투 중에 창을 어떻게 드는지를 연습해야 했다. 이런 교육은 과거부터 늘 해오던 것이었다. 군대는 언제나 신병을 훈련시켜야 했다. 그러나 예전의 교관들은 모든 병사가 무기사용법을 터득하기만 하면 자신의 임무는 완수되었다고 하는, 꼭 틀렸다고는 할 수 없는 가정 아래 자기 임무를 수행했다. 마우리츠는 훨씬 더 조직적이라는 점에서 이전의 장군들과 달랐다. 그는 화승총의 장전과 발사에 요구되는 상당히 복잡한 움직임\*을 42개의 구분동작으로 분석하고, 각 동작마다 이름을 붙였으며 그 동작을 하도록 명하는 적절한 구령을 정했다. 따라서 그의 병사들은 구령에 따라 일제히 각각의 동작을 취할 수 있게 되었다. 모든 병사가 한꺼번에 박자를 맞추어 움직이기 때문에 전원이 동시에 사격준비가 완료되었다. 이리하여 일제사격이 쉽고 원활해지면서 제각각 쏘는 것에 비할 수 없는 타격을 적의 대열에 가할 수 있었다. 더욱 중요한 것은 병사들이 총을 장전하고 쏘는 속도가 빨라지고, 중요한 동작을 빼먹을 확률이 낮아졌다는 점이다. 그 결과 소화기는 예전보다 훨씬 더 효과적인 무기가 되었고, 이에 따라 마우리츠는 창병에 비례하여 화승총병의 숫자를 늘렸다.

또한 마우리츠는 행진의 규칙을 정했다. 서로 발을 맞춤으로써 모든 부대원이 미리 정해진 형식에 따라 전·후·좌·우로 이동하여 종대에서 횡대로, 다시 종대로 대형을 바꿀 수 있게 되었다. 마우리츠의 훈련에서 가장 중요한 부대행동은 '후진'(後進)이었다. 즉 아르퀘부스총병이나 머스킷 총병이 오(伍)와 열(列)로 방진을 짜고 전투에 임했을 때 맨 앞열의 병사들이 총을 쏜 후 자기가 속한 종렬의 맨 뒤로 달려가서 재장전을 하는 동안 두 번째 열의 병사들이 총을 쏘는 것이다. 연습을 거듭하고 횡대

---

\* 우선 총구에 화약을 장전한 후 화약이 장전위치에서 흘러나오지 않도록 마개를 막은 다음 탄환과, 탄환이 굴러 나오지 않도록 마개를 밀어 넣고, 뇌관 역할을 하는 약실에 장약과는 다르게 조합된 화약을 채운다. 그 다음에 앞의 동작들을 하는 동안 왼손에 들고 있던 불붙은 화승을 발화장치에 대면 마침내 표적을 겨냥하고 발사할 준비가 완료된다. 발사 후에는 다음 발사를 위해 같은 동작을 순서대로 반복하는데, 그전에 안전을 위해 총에서 화승을 떼야 한다.

의 열수를 적절하게 조정하면, 첫 번째 열의 병사들이 총을 쏘고 맨 뒤로 달려가 재장전했을 때쯤에는 처음에 그들 뒤에 있던 병사들이 이미 총을 쏘고 차례차례 뒤로 달려가 각 종렬의 후미에 붙게 되었다. 따라서 첫 번째 열의 병사들은 재장전을 완료하자마자 다시 두 번째 일제사격을 퍼부을 수 있었다. 마치 잘 안무된 군무와 같은 이 군사행동을 통해, 충분히 훈련된 전투부대는 연속적으로 일제사격을 가할 수 있었고 적은 첫 번째 일제사격의 타격에서 미처 회복될 새도 없이 두 번째 일제사격을 맞게 되었다. 요점은 각 동작을 일사불란하게 하는 것, 그리고 발사 후 재장전을 위해 적에게 등을 보이며 맨 뒤로 달려가는 병사가 그대로 전장에서 달아나 버리지 않도록 방지하는 것이었다. 훈련을 자주 반복하여 모든 동작이 반자동화되도록 하면 대열이 흐트러질 가능성을 최소화할 수 있었다. 또 후미에 가서 붙는 전법을 실행할 수 있으려면 장교와 하사관으로 이루어진 간부의 수를 늘려서 오와 열을 이룬 병사들을 더욱 빈틈없이 감시해야 했다. 이처럼 어려움이 있기는 했지만, 모든 일이 제대로 진행되었을 때 그 효과는 엄청났다.

마우리츠의 세 번째 개혁은 훈련의 효과를 향상시킴과 동시에 반복적인 훈련에 의해 그 자체의 효과도 향상되는 것이었다. 마우리츠는 자신의 군대를 이전에 해오던 관행보다 작은 전술단위로 나누었다. 이것은 로마 군단의 하위 구성단위였던 마니풀루스(manipulus, 120명 또는 60명)를 본뜬 것이었다. 550명으로 구성되는 대대는(이것은 다시 중대, 소대로 나뉘지만) 한 사람의 명령으로 통솔될 수 있기 때문에 훈련을 하기에 아주 적당한 단위였다. 또한 이 정도 크기의 단위에서는 대대장으로부터 갓 입대한 신병까지 구성원 전체에 1차집단적인 인격적 유대가 형성될 수 있었다. 이 대대들은 전장에서 각각 독립적이면서도 서로 협동하여 민첩하게 움직일 수 있었다. 전투 전체를 책임지는 장군에서부터 각 소대의 횡렬을 책임지는 하사관까지 명확하고 단일한 지휘계통이 확립되어 있었기 때문이다. 원칙적으로 각 계급의 지휘관들은 위에서 하달되는 명령에 따르며, 상황에 따라 특정사항에 관한 세부지시를 덧붙여 그 명령을 하위 지휘관에게 전달하도록 되어 있었다.

이렇게 해서 군대는 단일한 중추신경계를 가진 유기체가 되어, 전장에서 예기치 못한 상황이 생기더라도 즉각적으로 그리고 어느 정도는 지능적으로 대처할 수 있게 되었다. 모든 부대행동은 훨씬 더 정확하고 신속해졌다. 사격이나 행진할 때 병사 개개인의 움직임도, 전장을 종횡으로 누비는 각 대대의 움직임도 전례 없이 잘 통제되고 예측할 수 있게 되었다. 잘 훈련된 전투단위는 모든 동작을 계산하여, 전투에서 적에게 발사하는 분당 총탄수를 늘릴 수 있었다. 보병 개개인의 기민함과 용맹성은 이제 별로 의미가 없어졌다. 기사의 무용이나 개인의 용기는 군대의 꽉 짜인 일과 속에서 거의 사라져갔다. 군사는 완전히 새로운 차원의 활동이 되었고, 군대생활의 일상적인 현실은 근본적으로 바뀌었다. 마우리츠식의 훈련을 받은 부대는 전장에서 어김없이 우세한 위력을 보였다. 이러한 사실 앞에서 예전의 변칙적이고 영웅적인 행동 패턴은 가장 완고하고 보수적인 장교들 사이에서조차 사라져버렸다.

전투에서의 위력도 중요하지만 그보다 더 중요한 것은 잘 훈련된 부대가 거점수비와 포위공격에서 입증해 보이는 효과였다. 어쨌든 병사들의 군대생활은 대부분 실제로 적과 마주칠 때를 기다리며 보내는 시간이다. 이전의 군대는 어떻게 하면 불안정하거나 통제 불능의 상태에 빠지지 않고 그 시간을 보낼 수 있는지가 늘 문제였다. 야외에서 행군하고 있을 때는 저절로 문제가 해소되었다. 그러나 군대가 한 지점에 눌러앉아 며칠이고 몇 달이고 하는 일 없이 지내다 보면 사기와 규율이 무너지기 쉽다. 그러나 매일 몇 시간씩 실시하는 훈련은 조직하기도 쉽고 누가 보더라도 유용하며 병사들도 당연한 일로 받아들였기 때문에 주둔지에서 규율을 유지하기가 훨씬 수월해졌다.[10]

게다가 날마다 반복되는 이런 훈련은 오라녜 공과 그 동료들이 전혀 몰랐거나 막연하게만 이해하고 있었을 또 하나의 중요한 효과가 있었다. 집단을 이룬 인간들이 오랜 기간에 걸쳐 일제히 팔다리 근육을 움직이다 보면 그들 사이에 원초적이고 매우 강력한 사회적 유대가 형성된다. 이는 아마도 큰 근육을 일제히 움직이는 것이 인류에게 알려진 가장 원초적인 수준의 사회성을 불러일으키기 때문일 것이다. 언어를 구사하는 데 이르지 못한, 아직 인간이라고 할 수 없었던 우리의 조상들도 모닥불을 에워싸고 함께 춤을 추면서 사냥했을 때의 행위를 재연하고 다음 사냥에서 할 일을 미리 연습했을 것이다. 그런 리듬이 실린 움직임이 강한 동료의식을 만들어냄으로써 허술한 무기뿐이던 원시인들도 큰 짐승을 공격하여 죽이거나 수적으로 훨씬 우세한 적을 효과적인 협력을 통해 제압할 수 있었다. 춤은 음성신호와 명령에 의해 보완되고 최종적으로는 통제되는데, 이 춤 덕분에 우리의 선조는 먹이사슬의 꼭대기에 올라, 최강의 포식자가 되었다.

나사우 백작 마우리츠와 그 뒤를 이은 유럽 각국의 수많은 훈련교관들이 발달시킨 군사훈련은 이 원초적 사회성의 저수지에 물길을 열어주는 장치였다. 얼른 보면 지루한 반복으로 보일 뿐이지만, 훈련은 시민사회의 최하층에서 징집되어온 사람들을 비롯해 잡다한 남자들의 집합을 자신의 생명이나 사지가 명백하고 직접적인 위험에 처한 극한상황에서도 명령에 복종하는 굳건한 공동체로 결합시킨다. 사냥을 하는 원시인 무리 역시 생존을 위해서는 눈앞에 닥친 위험 앞에서도 복종과 협력을 유지할 수 있어야 했다. 그러므로 아마도 무수한 세대에 걸쳐 이루어진 자연선택이 인간의 그런 성향을 강화해왔을 것이며, 그 성향은 지금도 여전히 우리의 잠재의식적 심리의 표층 가까이에 숨어 있다.

고대 그리스와 로마의 군대도 이 본능적인 사회성의 저수지에 기대어 시민병을 하나로 묶고 있었다. 이 도시국가의 정치생활에서 보이던 특이

한 활력 또한 여기에 적잖이 의존하고 있었다. 따라서 나사우 백작 마우리츠가 로마 군단의 관행을 되살려 그들의 훈련의 패턴을 자기 시대의 보병무기에 적합하도록 수정한 것은, 곧 자신의 군사관리법을 고대 이래로 수차례나 시험되었던 유럽적 전통에 접목시킨 것이었다.

그러므로 훈련이라는 새로운 기법은 고대 문헌을 통해 전승된, 인간의 매우 강력한 감수성을 활용하는 한 방법이었다. 군대의 각 전투단위는 일종의 전문화된 공동체가 되었다. 이 공동체 내부에서는 새롭게 표준화된 동료 간의 직접적인 관계가 전통적인 사회집단의 관습적인 사회관계 패턴을 별 무리 없이 대체했다. 시장을 사이에 둔 비인격적인 관계가 확산됨에 따라 전통적 사회집단은 곳곳에서 해체되거나 적어도 그 유효성을 의심받고 있었다. 이렇게 되자 잘 훈련된 소대와 중대라는 인위적인 공동체가 등장하여, 용맹과 신분이라는 관습적 위계를 대신할 수 있게 되었고 곧 그렇게 되었다. 이런 위계는 일찍이 기사전술이 전성기를 구가하던 시절 유럽 사회를 형성하고 각 지역의 자위능력을 뒷받침하던 것이었다.

루이 14세 시대 이래로 각국의 상비군에서 장기복무와 재입대를 장려함에 따라 병사들 간의 사회적 유대는 더욱 강해졌다. 그리하여 한 병사가 일단 특정 전투단위에 배속되면 그곳에서 수년을 지내면서 동료들과 체험을 공유하게 되었다. 그 동료들은 자신의 선택보다는 전사로 인해 군대를 떠나게 되는 경우가 많았다. 이런 일들은 집단의 연대감을 굳건히 해주었고, 군대의 소전투단위를 사실상 1차집단적인 공동체로 바꾸어놓았다.

앞에서 서술했듯이, 14세기에 이탈리아 도시국가들이 용병에 의지할 수밖에 없었던 것은 군사행동의 기반이 되는 1차집단적 공동체가 붕괴해버렸기 때문이었다. 그러나 그로부터 2세기가 지난 후 유럽의 훈련교관들은 기술적으로 숙달된 모든 군대의 대오에 인공적인 1차집단적 공동체를 만들어낼 수 있게 되었다. 훈련을 몇 주만 실시하면 이전에는 서로 무관했던 개인들 사이에도 놀랄 만큼 강한 연대감이 형성된다는 사실 덕분이었다. 그렇게 해서 생겨난 유럽 병사들 간의 동료의식은 1차집단적 공동체의 종류가 새롭게 바뀌어가던 몇 세기에 걸친 과도기 동안 군사관리를 어렵게 해왔던 심리적 긴장과 스트레스를 덜어주었다.

잘 훈련된 군대는 보통 자신들이 속해 있는 더 넓은 사회환경으로부터 상당히 격리되어 있었다. 도시를 거치지 않고 마을에서 직접 입대하는 신병은 약간의 심리적 조정을 거치기만 하면 중대나 소대라는 인위적인 공동체에 잘 어울릴 수 있었다. 훈련은 관습에 의해 정의된 복종과 경의를 규칙에 의해 정의된 복종과 경의로 신속하고 확실하게 바꾸어놓았기 때문이다. 그러므로 군대는 전투에서 손실을 입더라도 신병을 보충하여 쉽게 복구될 수 있었으며, 주위의 세계가 점점 더 철저하게 도시화·화폐화·상업화·관료제적 합리화로 나아가는 가운데서도 군 내부에서는 옛날식의 농촌적인 가치관과 태도를 보존하게 되었다.

이렇게 상반되는 것들 또는 상반되어 보이는 것들이 결합됨으로써 일찍이 유례가 없었던 효과적인 정책도구가 만들어졌다. 위에서 정해준 규칙을 준수하는 것은 군대에서는 당연한 일이 되었는데, 그것은 규율 위반에 대한 엄한 처벌이 두려웠기 때문만은 아니었다. 병사들이 스스로 판단하지 않아도 되는 맹목적인 복종과 군대의 일상에 내포되어 있는 갖가지 의식(儀式) 속에서 진정한 심리적 만족을 얻었기 때문이기도 했던 것이다. 자랑스러운 군대정신은 그것말곤 자랑할 게 없는 수십만의 사람들에게 분명히 실제 현실이었다. 매매가 성행하는 세상에서 금전을 사용하는 데 필요한 자제심이나 영리함, 통찰력을 갖추지 못한 사람들은 살아가기가 매우 어려워졌고, 그렇게 시류에 뒤처진 남자들은 군대에서 명예로운 피난처를 발견했다. 관료제적으로 조직되고 통제되면서 다른 한편으로는 마음속에서 우러나오는 굳건하고 매우 강력한 감정을 기반으로 하는 인위적인 공동체가 생겨난 것이다. 이로써 정치가나 외교관, 통치자들은 실로 엄청난 무기를 손에 넣게 된 셈이었다.

훈련이 병사들의 일상생활이 되면서 유럽 각국의 군대는 엄청난 무공(武功)을 발휘하게 되었다. 과거 유럽의 상속인들은 이런 사실을 당연하게 여기고 거기에 걸맞은 찬사를 보내지 않는 경향이 있다. 그러나 다시 생각해보면, 겨우 수십 미터 거리를 두고 가지런히 대열을 짜고 마주선 적군과 아군이 서로 머스킷총을 쏘아대며 금세 사방에서 동료가 죽거나 다쳐 쓰러지는데도 대열에서 이탈하지 않고 계속 싸운다는 것은 대단히 경탄할 만한 일이다. 그러한 행동양식은 본능으로도 이성으로도 설명할 수가 없다. 그러나 18세기 유럽의 군대는 그것을 당연한 일처럼 해내고 있었다.

이에 못지않게 놀라운 일이 또 있다. 군대의 각 부대가 상관이 눈에 보이지 않더라도(바로 옆 언덕 위에 있든 지구 반대쪽에 있든) 눈앞에 있을 때와 마찬가지로 그 명령에 절대 복종했다는 점이다. 적과 맞서 싸울 만한 개인적인 이해관계가 전혀 없었던 만큼, 가능하면 적의 화선(火線)에서 벗어나 있기를 바랄 법도 한데 이 수많은 남자들은 당연한 일상으로서 명령에 따랐던 것이다. 그 결과 관료제적으로 임명된 장교들은 개인적인 능력에 관계없이 자신들의 명령에 무조건적인 복종이 뒤따를 것이라고 기대할 수 있었다. 지구상의 어느 곳에 배치되어 있든 간에 여기에는 거의 예외가 없었다.

이 새로운 리바이어던의 창조는(반쯤은 우연이었겠지만) 분명히 17세기의 주요한 성과 가운데 하나이며, 근대과학의 탄생이나 그 밖의 여러 획기적인 발전 못지않게 중대한 것이었다.*

---

\* 내가 아는 한 밀집대형의 훈련이 인간 일반에게 또는 유럽 각국의 군대에 미친 심리학적·사회학적 효과를 다룬 통찰력 있는 문헌은 아직 없는 것 같다. 여기에 전개한 나의 견해는 제2차 세계대전 중에 나 자신이 훈련을 받고 자신의 반응에 스스로 놀랐던 체험을 거듭 성찰하여 얻은 것이다.

훈련이 군대의 위력을 향상시킨다는 사실은 유럽의 다른 나라 군인들에게도 금세 알려졌다. 마우리츠는 방어시설을 갖춘 도시 수십 군데를 스페인군으로부터 탈환하여 명성을 드높였다. 불의의 급습이었든 냉혹한 포위공격이었든 간에 당시의 탈환작전은 이전과 비교할 수 없을 정도로 기술적으로 정확하고 신속하게 이루어졌다. 마우리츠의 훈련방법은 기밀로 취급되지 않았다. 1596년에 마우리츠의 사촌이자 긴밀한 협력자였던 나사우 백작 요하네스 2세는 야코브 드 헤인이라는 화가에게 아르퀘부스 총병과 머스킷 총병과 창병이 각각 새로운 훈련에서 취해야 할 여러 자세를 하나하나 그리게 했다. 이 그림들은 1607년에 한 권의 책으로 간행되었다. 폴리오 판형의 한 페이지 전체에 한 가지 자세를 싣고 거기에 해당하는 구령을 덧붙였다. 다른 나라 군대에서 훈련교관이 되려고 하는 사람은(일반 병사도 마찬가지지만) 이 책을 보고 어떻게 훈련을 시키면 되는지를 알 수 있었다.*[12]

>>>>——→

우리 시대의 군사에 관한 저술 가운데 몇 권은 훈련의 효과 및 훈련과 춤의 관계에 대해 시사적인 발언을 하고 있다. 모리스 드 삭스(Maurice de Saxe)의 『나의 몽상』[11]에는 이렇게 적혀 있다.

    그들을 발맞추어 행군하게 하라. 비결은 그 한 가지뿐, 그것은 로마의 군대가 했던 일이기도 하다. 누구라도 밤새 춤추는 사람들을 본 적이 있을 것이다. 그러나 한 남자를 데려다놓고 음악 없이 15분 동안 춤을 추라고 한다면 해낼 수 있을까?
    대다수의 인간에게는 음악을 알아들을 수 있는 소양이 없다는 반론을 제기할 수도 있을 것이다. 그러나 그것은 틀렸다. 음악에 맞추어 움직이는 것은 자연스럽고 반사적인 행동이다. 나는 병사들이 행진 중에 국기에 경의를 표하며 큰북을 울리면 자기도 모르는 사이에 서로 발을 맞추어 행진하는 모습을 여러 차례 목격했다. 인간의 본성과 본능이 그렇게 만드는 것이다.

덧붙이자면 그리스도교권 유럽의 군악은 오스만 제국의 고적대에서 유래했다. 그리고 오스만 제국의 고적대는 큰북을 두드리는 스텝 유목민의 관습이 젊은 이슬람 수도자인 다르위쉬들을 통해 이슬람 세계로 흘러들어온 것이다. 그러나 오스만 제국의 군대는 그리스도교권의 군대가 당시 하기 시작했던 일상적인 훈련을 하지 않았고 보조를 맞추어 행진하지도 않았기 때문에 같은 리듬으로 움직일 때 일어나는 본원적 공명현상을 얻지는 못했다.

* 이 책에 주석을 단 키스트에 따르면 마우리츠가 자기 군대에 대해 최초로 야외기동연습을 포함한 열병을 한 것은 1592년이었다. 당시 그의 대대는 800명씩으로 이루어져 있었다. 나중에 그는 전장에서 기민하게 움직일 수 있도록, 그리고 한 사람이 통솔할 수 있도록 대대(기동작전의 기본단위)의 규모를 550명으로 줄였다.

4장 유럽 전쟁기술의 진보, 1600~1750년 185

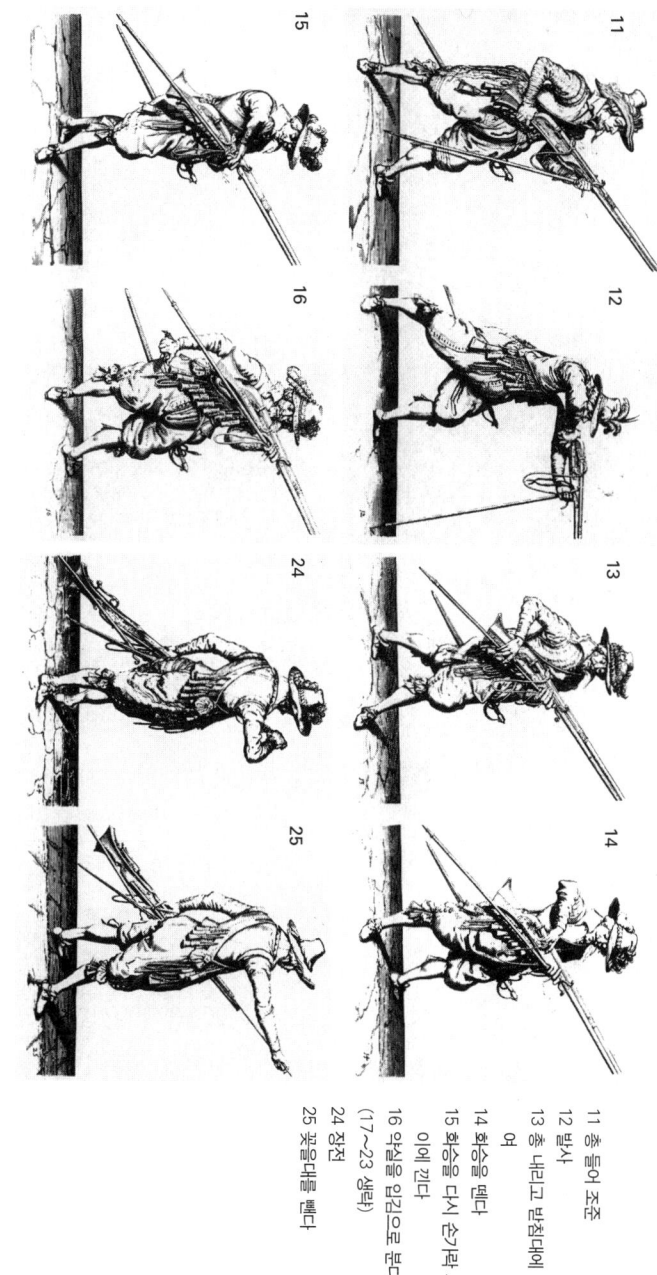

11 총 들어 조준
12 발사
13 총 내리고 받침대에올 룸
14 화승을 뗀다
15 화승을 다시 손가락 사이에 끼다
16 약실을 입김으로 분다
(17~23 생략)
24 장전
25 꽂을대를 뺀다

오렌지 공 마우리츠가 고안한 머스킷 총병의 훈련

이 동판화들은 오렌지 공 마우리츠의 머스킷 총병을 위해 고안된 42가지 구분동작 기운데 여덟 가지를 보여준다. 불 붙인 화승을 왼손으로 계속 쥐고 있는 상태에서, 화약과 탄환과 그것들을 고정시키는 마개를 제자리에 활실하게 넣고 너무 역압을 주지 않으면서 채우는 작업을 하려면 세심하고 정확해야 한다. 이런 작업을 신속하게 하기 위해서는 반복연습이 필요했다. 이 동판화들은 훈련교관들이 병사들의 각 동작을 표준화할 수 있도록 도움을 주어 만든 발사속도를 더 높이도록 하기 위해 출판되었다.

*Wapenhandelinghe van Roers, Musquetten ende Spiessen, Achtervolgende de Ordre van Syn Excellentie Maurits, Prince van Orangie... Figuirlyck uitgebeelt door Jacob de Gheyn* (The Hague, 1607; facsimile edition, New York: Macgraw Hill, 1971).

마우리츠는 1619년에 장교를 양성하기 위한 사관학교를 설립했다. 이 또한 유럽에서 처음 있는 일이었다. 이 사관학교 졸업생 가운데 한 사람이 스웨덴 국왕 구스타프 아돌프 밑에서 복무하며 스웨덴군에 새로운 네덜란드식 훈련을 도입했다. 새로운 훈련은 스웨덴군에서, 효율을 높이고자 하는 다른 모든 유럽 국가들의 육군으로 (물론 다양하게 수정되어) 보급되었다. 프로테스탄트 국가들이 먼저 이 혁신을 받아들였고, 거기서 다시 프랑스군으로 전해졌으며 끝으로 스페인군에도 전해졌다. 스페인은 일찍이 상승(常勝)을 자랑하던 자국 군대의 전통에 대한 집착이 물론 매우 강했다. 그러나 프랑스 육군이 스페인의 테르시오 군단과 광활한 지형에서 정면으로 맞붙어 승리한 로크루아 전투(1643) 이후, 유럽의 식견 있는 군인들은 새로운 훈련이 스페인의 관행보다 분명 우월하다는 데 동의했다.

동쪽으로 눈을 돌리면, 러시아인들 역시 이런 상황을 알아차리고 새로운 훈련교본이 독일에서 처음 출판된 지 30년 만인 1649년에 러시아어 판을 냈다.[13] 그리하여 로마노프 왕가의 군대는 여전히 상당히 낙후되어 있긴 했지만 그래도 서유럽의 발전에 보조를 맞추려고 노력했다. 그러나 투르크인들은 오래전부터 유효성이 검증되어온 이슬람의 훈련과 부대배치방법을 이교도가 개량할 수 있다는 걸 믿으려 하지 않았다. 전장에서의 수많은 패배(1683~1699, 1714~1718)로 이교도의 우위가 입증된 후에도, 뒤늦게나마 유럽식으로 부대를 훈련시키려는 시도는 1730년 예니체리(오스만 제국의 상비군에서 정예군단을 구성했던 군인) 군단의 반란을 불러일으켰을 뿐이었다. 이 반란은 성공을 거두었다. 이후 거의 1세기 동안이나 연전연패를 거듭한 끝에 1826년이 되어서야 술탄은 겨우 예니체리 군단을 해체하는 데 성공하고 훈련과 전술을 근대화하기 시작했다. 그러나 이때는 이미 오스만 제국이라는 정치체 자체의 사기와 결속력이 돌이킬 수 없는 손상을 입은 뒤였다. 그 결과 군사 면에서 유럽의 성과를

따라잡으려고 노력했지만 계속되는 패배도, 1918년 제국의 최종적인 해체도 막을 수가 없었다.[14]

더 동쪽으로 가면, 병사를 훈련시키는 새로운 양식이 중요성을 띠게 된 것은 프랑스·네덜란드·영국이 인도양 연안에 건설한 교역거점을 방위하기 위해 유럽의 훈련교관들이 현지인을 모집하여 소규모 군대를 편성하기 시작했을 때였다. 이런 부대는 극히 소규모였음에도 불구하고, 18세기가 되자 현지의 통치자들이 전장에 투입한 통제 불능의 대규모 군대보다 뚜렷한 우위를 보였다. 그 결과 유럽의 거대 무역회사들은 인도와 인도네시아에서 점점 더 넓은 영역을 지배하게 되었다.[15] 이렇게 해서 아시아의 태평양 연안지역들만이 효율적으로 운영되는 유럽 군대의 영향으로부터 여전히 격리되어 1839년 내지 1841년까지 그 상태가 이어진다.

그때까지 유럽 군제의 딜레마 중 하나는, 14세기 이래 군사기술의 위력에서는 보병이 기병보다 월등했지만 시민사회의 계급조직 내에서는 보병의 지위가 낮았다는 점이다. 하층계급에서 징집된 보병은 귀족의 지배에 도전을 꾀할 수도 있었다. 실제로 스위스인 용병부대는 14세기에 본국 스위스에서 귀족의 지배에 도전해 성공했다. 독일의 란츠크네히트 용병부대 사이에서도 여러 차례 평등주의적인 사상이 일었다.*[16]

이 딜레마를 해결하기 위해 유럽의 통치자들은 외국인 용병을 고용하여 보병군단을 편성했다. 외국인이라면 고용주인 통치자가 지배하는 하층계급과 연대하려는 생각 따위는 거의 하지 않을 것이었기 때문이다. 이리하여 본국에서는 평등주의적이고 자치지향적이었던 스위스인이 프랑스에서는 군주제를 떠받치는 기둥이 되었던 것이다. 이들은 300년 이상(1479~1789) 국내외의 도전자들에 맞서 프랑스의 귀족·관료 체제를

---

\* 예를 들어 1525년의 독일농민전쟁에서 반란군측의 핵심세력은 퇴역군인이었다.

수호했다.* 산지를 비롯한 농업 부적격지에서는 지주계급이 확연하게 권력을 확립하는 일이 없기 때문에, 이런 지역의 주민들은 유럽의 다른 지역에서도 그와 비슷한 역할을 했다. 예를 들면 알바니아인, 바스크인, 민족적으로는 남슬라브에 속하는 합스부르크와 오스만 제국의 국경지대 주민, 또 웨일스나 스코틀랜드, 아일랜드에 거주하는 켈트계 주민 등이 거기에 해당한다. 어떤 의미에서는 30년전쟁에 개입했던 스웨덴인도 그와 비슷한 성격을 가졌다고 할 수 있다. 물론 이들은 자신들의 군주를 위해 싸운 것이지 외국의 통치자에게 고용된 것은 아니었지만 말이다.†

그러나 외국인 용병에게 의존하는 데는 당연히 그 나름의 어려움이 있었다. 18세기 이전까지 정부의 세입은 외국인 용병에게 꼬박꼬박 봉급을 지불하기에는 턱없이 부족했다. 만성적인 재정 압박에 시달리는 국왕들은 봉급이 밀리면 언제든지 전장을 이탈해버리는 군대에게 안심하고 의지할 수가 없었다.# 그러나 17세기 초부터 유럽의 통치자들은 도시의 반실업자들이나 빈농의 자식들이 반복적인 훈련을 통해 문자 그대로 새 사람으로 바뀔 수 있다는 것을 깨닫기 시작했다. 평등주의적 사상은 더 이

---

* 1479년에 프랑스 국왕 루이 11세는 휘하의 프랑스인 보병부대를 해산하고 그 대신 스위스인과 계약을 맺었다. 물론 유럽 최강의 창병으로서 스위스병이 누리던 명성이 이 결정에 영향을 주었지만, 그들이 프랑스의 사회적 내분으로부터 정치적으로 멀리 떨어져 있었다는 점도 고려되었다.[17]

† 오스만 제국은 1590년 이래 발칸 반도 서부의 그리스도 교도 보병의 고용주로서 베네치아 공화국과 경합하고 있었다.[18] 그러나 흑해 북쪽의 스텝 지대에서는, 서유럽의 자연환경과 전장의 주도권이 보병으로 옮겨간 이후로도 약 2세기 동안 기술적·지리적 조건이 기병에게 유리하게 작용했다. 스텝에서는 말을 입수하기가 쉽기 때문에, 서쪽에서 스위스 보병이 한 것과 같은 역할을 동쪽에서 코사크 기병이 하게 되었다. 스위스 보병과 마찬가지로 그들은 평등주의적인 성향을 가졌으며, 일단 이웃국가들 사이에서 그들의 군사적 가치가 인정되자 외국의 여러 고용주들 사이를 오가게 되었다. 최종적으로 코사크는 러시아의 차르에게 전속되는데, 이를 위해서는 그때까지의 평등주의적 전통을 버려야 했다.[19]

# 이슬람 지역에서는 외국인 병사의 신분을 노예로 떨어뜨려 이런 난점에 대처하는 경우가 많았다. 그러나 노예군인 역시 쉽게 통제되지는 않았고, 몇몇 이슬람 국가에서는 노예군단의 대장이 권력을 장악하여 '노예왕조'를 세웠다. 즉 권력이 부자지간에 상속되는 것이 아니라 노예 대장으로부터 다른 노예 대장에게 이양되었다. 그 가운데 가장 유명한 예가 이집트의 맘루크 왕조로 13세기부터 19세기까지 지속되었다.[20]

상 군대 내에서 공명을 얻지 못하게 되었다. 다만 훈련교관이 그런 사상의 신봉자일 경우에는 얘기가 달랐지만 그런 경우는 드물었다. 영국 대내란(1642~1649) 때 의회군의 몇몇 부대에서 잠시 그런 일이 있었고, 훨씬 뒤 프랑스 혁명의 초기 국면(1789~1793) 때도 그런 일이 있기는 했다. 그러나 평상시에 각국의 군대는 자기지속적인 훈련기관이 되었고, 갓 들어온 신병을 훈련으로 단련시켜 마침내 그들을 이전과 완전히 다른 사람으로, 다시 말해 병사로 만들어버렸다.*

훈련이라는 중심적인 경험을 둘러싸고 여러 가지 서로 연관된 특징적 행동양식이 생겨나고 그것이 수십 년 동안 병사에게서 병사로 전해지면서, 마침내 다른 집단과 구별되는 군인의 생활양식이 형성되었다. 그 생활양식 속에는 매춘부와 도박과 술주정이 있는가 하면 자존심과 치밀함과 용맹함도 있었다. 다시 말해 유럽의 군대들이 예전의 패턴이나 선례와 완전히 결별한 것은 아니었다. 그러나 그들은 군인에 어울리는 행동의 전통적인 요소 몇 가지를 주변부로 밀어냈으며, 그 가운데 가장 해악이 큰 것들을 근무시간 바깥으로 몰아냈다.

유럽 각국의 군대가 이렇게 새로운 심리적 특성을 갖게 됨으로써, 시민사회 내의 계급분화가 첨예하더라도 국내 치안과 질서는 전혀 동요하지 않게 되었다. 왕이 관료제적으로 임명한 장교들에게 복종하는 병사들의 수중에 압도적인 힘이 있었다. 잘 훈련된 군대가 국왕의 특권을 보위하고 있는 한 왕권에 대한 귀족의 도전도, 불의에 대한 하층계급의 저항도 전혀 승산이 없었다. 따라서 유럽 각국의 국내 정세는 과거 어느 때보

---

* 훈련과 새로운 일과가 심리에 미친 영향이 대단히 컸기 때문에 병사의 출신성분이나 입대 전의 경력은 그가 병사로서 행동하는 데 대체로 아무런 영향도 미치지 않았다. 이로 인해 군인의 출신계층이나 출신지에 관한 연구—군의 기록은 이런 방면의 분석을 하기에 너무나도 적합하게 잘 정리되어 있곤 하지만—는 그저 옛것을 캐보는 취미 이상의 의미를 갖지 못하게 된다. 프랑스 역사학계에서는 마르크스주의의 영향 때문인지 이 분야에 관한 연구가 특히 활발하지만, 그 연구결과는 프랑스군이 전시나 평시에 실제로 무엇을 했는지에 관해서는 주목할 만한 견해를 제시하지 못한다.[21]

다도 안정되었다. 덕분에 부가 크게 증가했고, 유럽 대륙의 많은 나라들이 주민의 경제자원을 심하게 압박하지 않고도 세수에 의존하여 직업적인 상비군을 유지할 수 있게 되었다. 네덜란드 공화국, 프랑스, 오스트리아가 그 선봉에 섰고, 다른 유럽 국가들도 곧 뒤를 따랐다.

## 유럽 각국 군대의 표준화와 준(準)고정화

국가의 세수가 군인의 봉급을 그럭저럭 제때 지불할 수 있을 만큼 충분해지자, 14세기에 '군사의 상업화'가 유럽 국가들에 불러일으켰던 심각한 혼란은 마침내 통제될 수 있을 것처럼 보였다. 이제 군인들은 약탈을 하고 다니거나 한 나라의 동산(動産)을 강제로 재유통시켜서 생계를 유지하지 않아도 되었다. 정기적이고 예측 가능한 세금이 효과를 발휘하게 되었고, 관료들은 과세를 통해 민간인에게서 거둬들인 화폐를 자신들의 생계뿐 아니라 효과적인 군사력을 유지하기 위해서도 사용했다. 그런데 여기서 다음과 같은 사실을 지적해두는 것이 좋을 것 같다. 1650년 이후에 등장한 이런 유럽 구체제의 근간을 이루는 사회 및 통치의 패턴이 몇 세기도 지속되지 못한 것은 오로지 국가간의 대립항쟁이 계속되었기 때문이라는 점이다.

이 시기에 재정사정의 호전과 더불어 군사 및 사회의 유럽적 양식의 고정화를 촉진한 또 하나의 요인이 있었는데, 이 역시 마우리츠가 실시한 군사개혁의 필연적 귀결이었다. 그것은 표준화된 훈련은 표준화된 무기를 전제로 한다는 사실이었다. 마우리츠 자신이 무기 표준화의 필요성을 느끼고 있었으므로, 1599년에 자신이 지휘하는 군대에게 동일한 소화기를 갖추도록 명령했다. 그렇게 하지 않으면 그의 새로운 시스템은 작동할 수가 없었다. 루부아는 프랑스군에 같은 명령을 내리는 한편 제복을 개선하여 병사들의 모습을 20세기의 우리가 알고 있는 병사들의 모습과 비슷하게 만들었다.(단 당시의 제복은 연대마다 달랐다.)

이처럼 무기나 지급품이 표준화되자 그 단기적인 효과로 군사비가 눈에 띄게 줄었다. 장래에 무기한으로 계속 같은 품목을 제조하더라도 사 줄 곳이 있다는 보장이 있으면, 공급자가 직인이라 해도 그 나름으로 제품의 가격을 낮출 수 있었던 것이다. 모든 병사에게 구경이 같은 머스킷 탄환을 지급하면 되었기 때문에 전장에서의 보급도 쉬워졌다. 또 모든 병사들이 표준화된 훈련에 따라 정해진 동작을 훈련받았으므로, 한 부대의 손실된 인원을 보충하는 일도 머스킷 탄환을 보충하는 것만큼이나 간단한 일이 되었다. 다시 말해 병사들은 자신들의 무기와 마찬가지로 거대한 전쟁기계의 교환가능한 부품이 되어갔다. 이러한 군대는 이전의 어떤 군대보다도 관리하기가 쉬웠고 소기의 성과를 달성할 가능성도 더 높았다. 그에 비례해서 이 조직화된 폭력을 유지하기 위한 비용도 줄어들었다. 아니 정확하게 말하면 비용이 낮아졌다기보다 같은 액수의 세금으로 얻을 수 있는 조직화된 폭력의 크기와 통제가능성이 크게 향상되었다.[*]

그러나 좀더 장기적인 관점에서 보면, 몇 만 명이나 되는 병사의 무기를 통일하는 것은 무기 조달시장에 새로운 형태의 경직성을 가져왔다. 한 군대 전체의 장비가 전부 표준화되고 나면, 제각각으로 설계된 수십 종의 무기가 동시에 사용되던 때와 비교하여, 어떤 설계상의 개량을 도입하는 데 훨씬 많은 비용이 들게 된다. 군대의 보급 담당자들은 기술적 개량을 할 것인지, 통일성을 잃는 데서 발생할 불이익을 감수할 것인지 양자택일을 해야 했다. 이 새로운 딜레마로 인해 모든 개량이 중단된 것은 아니다. 그러나 기존의 무기 설계와 크게 다른 설계를 채택하면 이미 확립된 훈련·장교교육·보급의 패턴을 모두 바꿔야만 한다. 그 비용이 너

---

[*] 18세기에 산업생산에 적용되었던 표준화와 일상화는 이미 17세기에 군대의 경영과 보급에 먼저 시도되었다. 두 경우 모두 효과도 비슷해서 생산성이 현저하게 향상하고 단위당 비용이 줄었다.[22)]

무나 컸기 때문에, 15세기부터 17세기에 걸쳐 대단히 빠르게 진행되었던 소화기의 개량은 1690년 무렵 이후 거의 중단되었다. 이때 대검꽂이가 달린 총검이 개발되었는데, 이 무기는 사상 최초로 기병을 상대로 한 근접방어력과 화력을 결합할 수 있게 함으로써 창병을 무용지물로 만든 신무기였다.[23]

물론 그 무렵이 되자 유럽의 군대가 사용하는 소화기는 신뢰성, 조작의 단순성,* 내구성에서 만족할 만한 수준에 도달해 있었기 때문에 더 이상 설계를 개량하기가 이전보다 훨씬 더 어려웠을 것이다. 그러나 보병의 무기를 일정한 수준으로 고정시켜버린 근본원인은 통일성의 이점을 취할 것인가, 전군의 장비를 바꾸는 비용을 지출할 것인가 하는 선택을 요구하게 될 모든 변화에 대한 저항이었다. 이러한 저항은 합리적인 비용계산을 바탕으로 한 것이기도 했지만, 다른 한편으로는 익숙한 무기와 관례에 대한 애착으로 인해 더욱 강화되었다. 이처럼 이성과 감정이 공모한 결과, 영국군에서는 1690년에 설계되어 '브라운 베스'라는 별명이 붙은 머스킷총이 1840년까지도 계속 보병의 표준적인 무기로 사용되었다. 그동안 '브라운 베스'는 아주 사소한 부분에서만 개량되었다.†[25] 다른 유럽 국가들의 군대도 보수적이기는 마찬가지였다. 그리고 이 시기 내내 보병이 전투에서 가장 중요한 병과였기 때문에, 보병의 무기가 고정된 것은 전술이나 훈련, 그 밖의 군생활의 여러 측면 모두를 고정시키는 결과를 낳았다.

이처럼 분명히 고정화 경향이 있었지만, 다음 장에서 보게 되듯이 결

---

* 마우리츠 시대의 화승식 발화장치는 1710년경이 되자 부싯돌식 발화장치로 대체되었고 그만큼 훈련도 간단해졌다. 적어도 가장 잘 운영되는 유럽의 군대들에서는 그렇게 되었다. 부싯돌식 발화장치는 일찍이 1615년에 발명되었다. 그러나 처음에는 화승식 발화장치에 비해 너무나 비싸서, 발사속도가 훨씬 빠르고(화승식보다 대략 두 배) 신뢰도가 더 높았음에도(화승식의 불발률이 50%였던 데 반해 부싯돌식은 30%) 불구하고 화승식을 대체할 수 없었다.[24]

† 사소한 개량까지 엄밀하게 계산에 넣는다면, 동일한 설계가 사용된 기간은 1730~1830년의 한 세기이다.

코 완전히 고정된 적은 없었다. 그러나 마우리츠의 훈련 및 군사 행정의 패턴이 유럽 전역에 뿌리내림에 따라, 앞 장과 이 장에서 고찰해온 유럽 국가들의 조직화된 폭력의 경영에서 커다란 변혁의 물결이 종식된 것은 분명하다.

그 대변혁의 경과는 다음과 같이 요약될 수 있을 것이다. 12세기 이탈리아의 전장에 말을 탄 기사에 대항할 수 있는 보병군이 등장하면서 변화는 시작되었다. 14세기에는 도시 민병대가 고용된 직업군인으로 대체되었고, 15세기 전반에는 이탈리아에서 도시국가들이 대두하면서 시민 주도의 상비군 경영 패턴이 급속하게 발달해갔으나, 1494년 이후에 프랑스군과 스페인군이 이탈리아로 쳐들어오면서 이런 추세는 중단되었다. 이탈리아에서 일어났던 일들은 그 후 알프스 이북의 유럽 국가들에서 훨씬 넓은 영토를 배경으로 재현되었다. 그리하여 17세기 중반에 이르면 프랑스, 네덜란드 공화국, 영국 같은 나라는 예전 이탈리아 도시국가들의 군사 경영과 유사한 패턴을 이룩했고, 국가의 세수와 육해군의 지출 사이에 어느 정도 안정적인 관계가 형성되었다. 그러나 북유럽 국가들은 이탈리아인들의 선례에 두 가지 중요한 개량을 더했다. 체계적·반복적인 훈련을 발달시키고 주권자(보통은 국왕)로부터 최하급 하사관에 이르는 명확한 지휘계통을 만들어낸 것이다. 물론 지휘계통 내부의 갈등이 완전히 배제될 수는 없었다. 그러나 국왕이 여전히 신성한 후광을 두르고 있던 알프스 이북의 유럽에서는 베네치아 시당국이나 밀라노의 행정관들이 직업군인들을 지배하기 위해 의존했던 '분할통치'정책이 불필요했다.

유럽 내부의 안정은 그 밖의 지역에 대한 막강한 위력으로 나타났다. 서유럽이라는 비좁은 투기장 안에서는 모든 국가가 근대적인 스타일의 개선된 군대를 가지고 서로 힘을 겨루었다. 이런 정세에서는 세력균형의 혼란이 일어나더라도 지방적·일시적인 것일 뿐이며 외교를 통해 제어될 수 있었다. 그런데 유럽인의 행동반경 가장자리에서는(그곳이 인도든 시베리아든 아메리카 대륙이든) 그 결과가 일방적인 팽창이었다. 이로 인한 영역 확대에 힘입어 다시 교역망이 확장되었고, 그 결과 유럽에서 과세의 원천인 부가 증가함으로써 그렇지 않았을 경우 상당히 큰 부담이 되었을 군대조직의 유지가 그리 어렵지 않게 되었다. 간단히 말해서 유럽은 그 군사기구로 지구상의 다른 민족이나 국가를 희생시키는 경제적·정치적 확장을 유지하는 한편 다시 그것에 의해 유지되는 자기강화적인 순환의 궤도에 들어선 것이다.

이런 사실을 선명하게 보여주는 근대 세계사는 또 하나의 사실에 의해서도 크게 좌우되었다. 즉 17세기 유럽의 군대가 대단한 정밀성과 경직성에 이르렀지만, 그렇다고 해서 조직화된 폭력의 경영에 있어 기술적·조직적 혁신이 영구적으로 중단되지는 않았다는 점이다. 기술적·조직적 혁신은 계속되었으며, 그 결과 유럽은 지구상의 다른 민족을 점점 더 확실하게 능가하게 되었다. 그리하여 마침내 아시아·아프리카·오세아니아 사람들에게는 엄청난 재앙이었던 19세기의 전지국적인 제국주의가 유럽인들에게는 값싸고 손쉬운 사업이 되는 상황에 이르렀다.

다음에 이어지는 장에서는 이런 변화를 다룰 것이다.

# 5장
## 유럽의 관료화된 폭력, 시련을 맞다, 1700~1789년

앞에서 살펴본 바와 같이 유럽의 통치자들은 조직화된 폭력을 관료화하여 시민사회 속으로 끌어들이는 데 눈부신 성공을 거두었다. 이것은 18세기 내내, 그리고 19세기에 들어선 뒤에도 상당 기간 계속되어 유럽의 치국책의 요체가 되었다. 이 기간에 유럽인들이 지구상의 다른 민족들과의 분쟁에서 줄곧 승리했다는 사실은 유럽의 군사제도가 대단히 효율적이었음을 입증해준다. 또 그런 성공은 해외무역의 지속적 성장을 촉진하여 유럽인들이 육상과 해상의 상비군 유지에 드는 비용을 감당하기가 쉬워졌다. 그리하여 유럽의 통치자들, 특히 유럽 사회의 변경에 자리 잡은 나라의 통치자들은 대포냐 식량이냐 하는 선택을 강요당하기는커녕 오히려 두 가지를 다 차지하는 보기 드문 행복한 상황을 맞았고, 그 사이 신민들(적어도 그 일부는) 역시 부를 축적할 수 있었다.

18세기 전반에 유럽이 누린 경제적 번영은 분명, 정부가 어떤 정책을 시행한 덕분이라기보다는 오랫동안 풍작이 계속되고 신대륙의 식량작물(주로 옥수수와 감자)이 유럽에 보급되어 널리 재배된 덕분이었다. 그러나 1714년 스페인 계승전쟁이 끝난 후 40년가량 지속된 비교적 평화로운 시기에 서쪽으로 아일랜드에서 동쪽으로 우크라이나 평원에 이르는 유럽 전역에서 경제성장이 시작됨으로써 유럽 구체제의 군사·정치 패턴은 사회의 어느 계층에나 점점 더 쉽게 받아들여지게 되었다.

하지만 18세기 후반에 유럽의 기존 정치·군사 패턴은 대단히 혹독한 도전에 직면하게 된다. 점점 심해지는 불균형의 근본원인 가운데 하나는 1750년 무렵 이후 인구가 급증하기 시작한 것이었다. 이로 인해 프랑스와 영국 같은 나라에서는 도시와 농촌 간의 균형이 눈에 띄게 무너져갔다. 혼잡한 농촌에서 도시로 옮겨가 새 삶을 꾸리려고 하는 국내이주나, 그보다 훨씬 적긴 하지만 대서양을 건너 북아메리카에서 농장주가 되려고 하는 국외이민이 시작되었기 때문이다.* 18세기 후반 북서 유럽에서는 경작할 만한 땅은 대부분 이미 경작되고 있었기 때문에 늘어나는 농촌인구를 어떻게 처리할 것인가 하는 것이 중대한 문제였다. 반면에 중유럽이나 동유럽 사회는 훨씬 나중이 되어서야 그 같은 문제에 직면하게 된다. 인구가 늘어나기 시작한 18세기에, 그곳에는 굳이 많은 비용을 들이거나 농사법을 혁신하지 않고도 기존의 농사법으로 개간할 수 있는 미경작지가 아직 많았기 때문이다. 이와는 대조적으로 영국, 프랑스, 저지대국가들, 엘베 강 서쪽의 독일에서는 대체로 새로운 토지를 경작지로 만들려면 밭에 비료를 주거나 배수시설을 갖추거나 기존의 토양에 모래나 이회토(泥灰土) 같은 것을 섞는 등, 무언가 돈이 드는 특별한 준비를 해야만 했다. 그 결과 동유럽에서는 19세기 중반까지 인구증가가 문제되지 않았고, 오히려 숲이나 황무지나 거친 목초지로 남아 있던 땅을 기존의 농촌노동이나 관습적인 생활양식과 사회관계를 크게 바꾸지 않고도 곡물밭으로 바꿀 수 있는 좋은 기회가 되었다.

1750년부터 1830년까지 서유럽과 동유럽의 차이를 조금 다르게 표현하자면 이렇다. 동유럽에서 인구증가는 예전부터 친숙한 촌락생활의 양식을 단순 복제하게 했다. 동유럽의 특산물(곡물, 가축, 목재, 광물) 수출량은 인구가 증가함에 따라 늘기는 했지만 이전과 다른 새로운 사회조직의 형태를 낳을 정도로 크게 늘지는 않았다. 그러나 서유럽에서는 인구증가로 인한 부담이 훨씬 더 컸다. 농촌은 늘어나는 노동력의 작은 부분밖에 흡수할 수 없었다. 농촌에서 흡수되지 못한 훨씬 더 큰 부분을 위해

---

* 유럽의 인구는 1700년에 1억 1,800만 명이었는데 1801년에는 1억 8,700만 명으로 증가했다. 잉글랜드와 웨일스의 인구는 17세기 초에 580만 명쯤이었으나 1801년에 915만 명으로 늘었고, 프랑스의 인구는 1715년에서 1789년 사이에 1,800만 명에서 2,600만 명으로 늘어났다.[1]

도시에 일자리가 마련되어야 했지만 그 일은 곤란하거나 불가능했다. 따라서 인력(人力)은 약탈활동 쪽으로 이동하는 경향을 띠게 되었다. 이러한 약탈자는 사략선의 선원처럼 당국의 인가를 얻거나 병사들처럼 당국에 의해 징모된 경우도 있었고, 노상강도나 도적떼 혹은 도시의 일반적인 도둑처럼 공권력의 인정을 받지 않고 활동하는 경우도 있었다.

동유럽에서 인력이 풍부해짐에 따라 프로이센이나 러시아, 오스트리아 정부는 신병을 모집하기가 쉬워졌다. 각국 군대의 규모가 커졌고, 특히 러시아 군대의 규모는 크게 확대되었다. 그러나 병사들의 출신지인 촌락이 수는 늘어나도 그 내용은 달라지지 않았듯이, 동유럽 각국 군대의 규모는 커졌지만 구조변화가 뒤따르지는 않았다. 반면 서유럽에서는 전쟁의 격렬함이 7년전쟁(1756~1763) 이래 점점 심해져서 프랑스 혁명과 나폴레옹 전쟁(1792~1815) 시기에 최고조에 달했다. 이 역시 인구증가가 기존의 사회·경제·정치 제도에 유례없는 방식으로 압력을 가했음을 반영한다. 왕권신수설에 입각한 군주제는 전복되었고, 다시는 완전하게 부활하지 못했다. 그러나 구체제의 군사제도는 혁명하에서도 살아남아 1793년 프랑스의 '국민총동원'(levée en masse)을 규제하기까지 했다. 그 덕분에 1815년에 나폴레옹이 패배하자 승리를 거둔 열강들은 구체제의 그럴 듯한 모조품을 회복시킬 수 있었다. 전통적 군사질서가 돌이킬 수 없이 해체되기 시작한 것은 1840년대부터다. 이 무렵부터 새로운 산업기술이 해군·육군의 무기와 조직에 근본적이고 철저하게 영향을 주기 시작한 것이다. 프랑스군은 혁명적 신식 군대가 되려는 포부를 가지고 몇몇 성과를 거두었으며, 또 영국의 제조업은 급속한 기술적 진보를 이룩했다(우리는 이것을 산업'혁명'이라고 부르곤 한다). 그럼에도 불구하고 그때까지 유럽 각국 군대의 조직과 장비는 기본적으로 여전히 보수적이었다. 1792년 이후의 프랑스처럼 군대의 명령구조가 혁명의 정치적 목표들을 완수하는 데 봉사하게 된 경우에도 그 점은 마찬가지였다.

그런데 물론 장기적인 결과를 보면 보수적이었다고 할 수 있지만, 1700년에서 1789년 사이에 유럽의 군사조직이 직면했던 도전들을 자세히 검토해 보면 구체제가 어느 때보다 안정되어 있는 것처럼 보였던 이 시기조차 유럽의 군사 경영이 얼마나 끊임없이 흔들리고 있었는지를 알 수 있다. 유럽의 군대에 닥친 도전은 두 가지였다. 하나는 역사상 여러 차례 되풀이된 것으로, 유럽식 군사기구를 유지할 수 있도록 조직된 국가가 차지하는 영역이 지리적으로 점점 확대되고, 그리하여 유럽 국가들 사이의 세력균형에 변화가 일어난 데서 기인하는 것이었다. 다른 하나는 유럽의 세력균형 시스템 자체에서 일어난 기술적·조직적 혁신에서 비롯되었다. 그러한 혁신은 특히 그 시스템의 구성원인 유럽 열강 가운데 한 국가가 전쟁에서 패한 경우에 일어났다. 이 두 가지 도전은 모두 상세하게 검토해야 할 사항으로, 다음 장에서 프랑스 혁명과 나폴레옹 전쟁 시대에 유럽 각국 군대의 조직과 경영상에 무슨 일이 일어났고 무슨 일이 일어나지 않았는지를 논의하기 위해 여기에서 먼저 살펴두어야 하겠다.

## 변경지대의 확대로 인해 생겨난 불균형

인간의 기술 가운데 훌륭한 성과를 이룩한 기술은 다른 사람들 사이에 뿌리를 내리면서 그 발상지로부터 외부로 확산되게 된다. 이들은 그 새로운 기술이 자신들이 이제껏 알고 있거나 해온 것보다 더 낫다는 것을 깨닫게 된다. 16세기 말 네덜란드에 등장한 군사조직 스타일이 그 좋은 예로, 앞장에서 살펴보았듯이 그것은 17세기가 끝나기 전에 스웨덴과 독일, 프랑스와 영국, 그리고 스페인에까지 전파되었다. 18세기를 거치면서 그 확산범위는 더욱 넓어져서 표트르 대제(1689~1725년 재위) 치하의 러시아를 거의 혁명적이라고 할 만큼 변화시켰고, 프랑스와 대영제국이 주도하던 해상제국 건설을 위한 전지구적 투쟁의 부산물이었던 신세계와 인도에 침투했으며, 오스만 제국처럼 문화적으로 전혀 이질적인 정치체에까지 확산되었다.*

유럽식의 관료화된 군대 패턴을 뒷받침하고 유지시키는, 시장의 규제를 받는 경제활동도 마찬가지로 18세기에 한층 더 범위를 넓혀 수많은 아시아인·아프리카인·아메리카인·유럽인의 일상적인 경제활동을 점점 더 밀접해지는 교환과 생산의 시스템에 포섭해갔다. 18세기 말에는 오스트레일리아마저 유럽을 중심으로 하여 유럽에 의해 운영되는 경제권으로 들어오기 시작했다. 중국과 일본 정부가 의도적으로 유럽과의 무역을 최저 수준으로 제한하는 정책을 폈기 때문에 동아시아만이 외따로 떨어져 있었다. 실제로 일본의 경우에는 그 규모가 경제적으로 의미를 갖기 어려울 정도의 수준으로 억제되고 있었다.

이와 같은 대규모 대외팽창은 유럽 내부의 세력균형에도 대대적인 변화를 가져왔다. 유럽권의 가장자리에 자리한 국가들(특히 영국과 러시아)이 유럽의 중심부에 밀집해 있는 국가들보다 훨씬 빠르게 각종 경제자원

---

* 1730년에 술탄 마무드 1세는 그리스도 교도들의 방식을 본떠서 오스만 제국의 방위체제를 개선하려는 노력을 시작했다. 이슬람교로 개종한 프랑스인 본발 백작 클로드 알렉상드르(1675~1747)가 이 일에서 주도적인 역할을 했다. 그는 아메드 파샤로 이름을 바꾸고 오스만 제국군의 최고 지위인 루멜리아(유럽, 특히 발칸 반도에 있는 오스만 제국의 영토로 알바니아, 마케도니아, 트라키아 등을 포함한다―옮긴이) 총사령관에 임명되었다. 본발은 1736~1739년에 오스트리아군과 러시아군을 상대하여 군사적으로 큰 성공을 거두었지만, 어이없게도 전쟁이 끝난 뒤 정책이 완전히 바뀌는 것을 막을 수 없었다. 본발은 욱하는 성격 때문에 술탄의 눈 밖에 나서 1738년에 감옥에 갇혔다. 그가 실각하자 최신 군사시설보다 오히려 알라의 뜻에 의지하는 독실한 무슬림들이 다시 권력을 잡았다. 역시 실패로 끝난 두 번째 근대화 기도는, 1770년에 러시아 흑해함대가 느닷없이 에게 해에 진출한 사건에 자극을 받아 시작되었다. 헝가리인(문화적으로는 프랑스화된 인물이었지만) 프랑수아 드 토트(1733~1793) 남작이 긴급특별권을 위임받아 다르다넬스 해협을 봉쇄했다. 그 후 토트는 수도 이스탄불의 방어시설을 개량하고 오스만 제국의 포병과 함대를 근대화하고자 더욱 광범위한 노력을 기울였다. 그러나 1774년 러시아와 오스만 제국의 전쟁이 끝나자 이런 노력을 추진하던 에너지는 모조리 증발해버렸다. 토트는 본발과 달리 이슬람교로 개종하라는 요구를 받지는 않았지만, 그 때문에 외국인이자 이교도로서 이중의 의심을 샀다. 1776년에 그가 프랑스로 돌아가자 그가 도입했던 개혁정책은 이내 흐지부지되어버렸다.[2]

에 대한 장악력을 확대해갔다. 이처럼 변경국가가 융성하여, 애초에 중요한 혁신이 집중되었던 중심부 근처의 오랜 역사를 가진 비교적 작은 국가들보다 우세해지는 것은 문명세계의 역사에서 가장 오래되고 가장 자주 반복된 패턴 가운데 하나다.* 따라서 18세기에 유럽 열강 사이에서 일어났던 일은 아주 옛날부터 있었던 과정의 최근의 예일 뿐이라고 이해해야 할 것이다. 물론 그런 과정은 19세기에도 계속되었으며, 20세기에 들어서도 결코 최종적 균형점에 도달했다고는 볼 수 없다.

그러나 18세기 유럽의 팽창은 대단히 균형 잡힌 형태로 진행되었기 때문에 한 나라가 다른 모든 나라를 압도적으로 능가하는 일은 일어나지 않았다. 1780년대까지는 프랑스와 영국이 해상 팽창을 둘러싸고 경합했으며 팽창의 결과로 증가한 자원을 차지하는 데서도 엇비슷한 형세를 이루었다. 한편 동방에서는 오스트리아와 프로이센이 유럽 내륙의 변경에서 자국의 지위를 확립하기 위해 러시아와 다투고 있었다.(그러나 18세기가 진행됨에 따라 두 나라가 러시아와 경쟁하여 이길 가능성은 점차 희박해졌다.) 그 결과 유럽의 정치적 다원성은 몇 차례의 격심한 동요를 겪긴 했지만 결국 살아남았다. 경쟁관계에 있는 국가들 간의 다원성이 보존됨으로써 아시아의 주요 문명지역들과 대비되는 유럽의 독특한 성격 또한 유지되었다. 아시아의 주요 문명지역에서는 16세기와 17세기에 형성된 화

---

* 중동의 고대사에서는 역사가 오래된 작은 국가들을 신흥 변경국가가 정복하는 일이 적어도 세 차례 일어났다. 아카드(B.C.2350년경), 아시리아(B.C.1000년경~B.C.612년), 페르시아(B.C.550~B.C.331년)의 제패가 그것이다. 지중해의 역사에서도 비슷한 예를 많이 볼 수 있다. 고대에는 마케도니아(B.C.338)와 로마(B.C.168)가 그러했으며, 근대에 들어서는 앞장에서 살펴본 스페인의 이탈리아 지배(1557)를 예로 들 수 있다. 고대 중국(B.C.221年 진(秦)의 제패)과 고대 인도(B.C.321년 마가다(마우리아) 왕조의 제패), 혹은 콜럼버스 이전의 멕시코(아스텍인의 제패)와 페루(잉카인의 제패)까지, 모두 같은 패턴을 보인다고 할 수 있다. 이것은 전혀 놀라운 일이 아니다. 일정한 조직과 기술의 수준을 더 큰 영토에 적용하면 더 큰 수확을 거두는 것은 당연하다. 기술수준이 특별히 높은 문명 중심부의 주변지역들에서 종종 이런 일이 일어날 수 있었다. 어떤 통치자가 상대적으로 큰 변경의 영토를 장악할 때마다, 문명화된 조직형태를 갖춘 반쯤 미개한 군사력을 가진 주변부가 부와 기술을 가진 오랜 역사의 중심부를 정복할 가능성은 생기게 마련이며 실제로 종종 그런 일이 일어났던 것이다.

약제국의 지배가, 때로는 중국의 경우처럼 계속 번영하면서 때로는 인도의 경우처럼 갈수록 혼란스러워지면서 지속되었다.

유럽 국가들이 어디까지나 복수(複數)로 존재함에 따라 유럽의 국제정치는 대단히 혼란스럽게 진행되었다. 외교적·군사적인 동맹은 시대에 따라 만화경처럼 다채롭게 다시 맺어졌다. 그렇지만 스페인 왕위계승전쟁이 끝난 1714년 이후에 이 시스템에 뚜렷한 변화가 일어났다는 점은 지적해두어야 할 것이다. 루이 14세의 육군이 유럽 대륙에 절대패권을 세우는 것을 막기 위해 결성된 여러 나라들의 동맹은 그해에 일단 그 목적을 달성했다. 뒤이은 40년간의 비교적 평화로운 시대에 프랑스는 유럽 땅에서 전면전을 재개하는 대신 카리브 해의 섬들과 북아프리카, 인도, 지중해의 레반트 지방(이집트와 시리아)에서 해외사업에 힘을 기울였다. 상인이나 농장주들은 대성공을 거두었고, 프랑스의 해외무역은 영국보다 훨씬 높은 성장률을 기록했다. 그러나 세기 초부터 영국의 무역량이 워낙 많았기 때문에 무역의 절대량에서는 영국을 따라잡지 못했다.[3)]

국가간 경쟁은 대단히 치열했지만 결국 각국이 아메리카나 아프리카, 인도양 연안의 특정 항구와 지역의 무역을 독점하는 형태로 조정되었다. 이런 국지적 무역독점은 국지적 군사력(요새, 수비대, 이주자 민병대)에 의해 유지되었고, 이 군사력은 본국을 왕래하는 선박을 통해 보급을 받으며 본국과 긴밀한 공조관계를 유지해나갔다. 그런 선박 자체가 거의 언제나 중포(重砲)로 무장하고 있었고, 유사시에는 본국에서 증원군으로 파견된 함대의 지원을 받아 제국의 해외 거점들을 보강하고 보호하고 확장했다.

점차 확대되어가는 프랑스와 영국의 무역제국은 훨씬 전부터 진출해 있던 유럽 국가들의 해외거점과 복잡하고 끊임없이 변화하는 방식으로 상호 침투했다. 1715년 이후 네덜란드나 스페인, 포르투갈의 본국 정부는 영국이나 프랑스가 본격적으로 원정군을 파견하여 공격해올 경우 자신들의 해외제국 영토를 더 이상 지킬 수 없었다. 그러나 이 오래된 해외 제국들은 실제로는 큰 영토를 잃는 일 없이 그럭저럭 살아남았다. 이것은 주로 스페인이나 포르투갈이나 네덜란드의 식민지 당국이 법을 개정하거나 불법행위를 묵인함으로써 프랑스나 대영제국 혹은 두 나라 모두의 무역상이 자신들이 장악하고 있는 항구에서 거래하는 것을 눈감아주었기 때문이다. 이처럼 18세기의 양대 해상강국은 다른 나라의 식민지에서조차 행정관리 비용을 들이지 않고 실질적인 무역 이익을 얻게 되었다. 또한 18세기가 끝나갈 무렵에는 스페인 제국이 장악하고 있던 남북아메리카의 경제자원이 증가하기 시작했다. 16세기부터 17세기 전반에 걸쳐 아메리카 인디언의 인구가 급감하면서 마을이 버려지거나 노동력이 부족해졌는데, 1650년을 조금 지났을 무렵 적어도 멕시코와 페루에서는 인구감소세가 바닥을 쳤다. 인구증가 속도가 점점 빨라짐에 따라 현지 자원의 이용도가 이전보다 훨씬 더 높아졌다.[4] 같은 시기에 브라질도 번영기를 맞았고, 북아메리카의 영국령 식민지도 마찬가지였다. 그 결과 남북 아메리카 식민지는 현지 인력과 자원에 의한 보급으로 점점 더 충실하게 현지 방위를 할 수 있게 되었다.

이 해외팽창의 과정을 조직화하는 역할을 한 것은 시장지향적 행동양식이었다. 무역으로 얻는 이익은 유럽의 해외 경제활동을 뒷받침했고, 그 규모는 10년마다 눈에 띄게 커졌다. 이와 동시에 필요하면 언제라도 군사력에 호소하려는 태세가 무역 이익을 보장해주었다. 지구상에서 유럽 각국이 통상적으로 보유하고 있는 군사기구만큼 위력적인 군사기구를 보유하고 있는 유럽 이외의 지역은 하나도 없었다. 또한 무역상의 이익에 동조하거나 큰 관심을 가진 사람들이 군대를 장악하고 경영하는 곳도 유럽밖에 없었다. 반면, 14세기 이래 유럽의 통치자들은 인간의 노력을 조직하기 위해 상업·금융 시스템에 얽매이는 데 익숙해져 있었다. 각국의 국왕이나 대신들은 도무지 내키지도 않고 대체 왜 그래야 하는지 이해할 수 없는 경우에도, 자신의 군대에 대한 보급이나 더 나아가 정부의 전반적인 명령구조를 유지하기 위해 시장의 규제를 받는 행동양식에 의존했다. 영국에서는 1640년대 이래로 그리고 프랑스에서는 1660년대 이래로, 통치자들은 일찍이 스페인의 펠리페 2세와 당시의 통치자들 대부분이 그랬던 것처럼 시장의 속박에서 벗어나려고 발버둥치지 않게 되었다. 오히려 통치자들과 관료들, 그리고 자본가나 기업가들이 서로 의식적으로 협력관계를 맺는 것이 보통이었다.

프랑스와 영국의 해외사업 융성은 그 두 나라에서 기업가 정신과 정치경영 사이에 비교적 원활한 협조가 이루어지고 있었음을 반영한다. 세계의 다른 지역 통치자들은 사적인 자본을 거의 몰수나 다름없는 무거운 세금을 부과하기 위한 매혹적이고 손쉬운 표적으로 보는 것이 보통이었다. 그러나 서유럽의 정치 지배자들은 세율에 명확한 한도를 두어 정액의 세금을 공평하게 징수함으로써 개인의 부와 세금수입을 함께 늘릴 수 있다고 믿게 되었고, 그런 믿음 위에서 행동했다. 그때까지 몇 세기 동안 부유한 상인이나 대금업자들은 자신들과 같은 부류의 인간이 통치하는 이탈리아나 저지대국가들의 독립적인 도시에서 피난처를 찾았지만, 이제는 영국이나 프랑스 정부가 관할하는 런던, 브리스틀, 보르도, 낭트에 살 수 있게 되었다.

상업 종사자들에게는 군사적으로 강력한 정부 아래서 사는 것이 당연히 더 유리하다. 작고 비교적 약한 국가들만 그들에게 시장의 이익을 자유로이 추구하도록 허용했던 시대와 달리, 이제 그들은 자신의 기업을 위해 더 효과적이고 더 광범위한 군사적 보호에 의지할 수 있었다. 강력한 자본가 계급으로 하여금 이윤을 기대할 수 있는 모든 분야에서 사적 이익을 추구하도록 허용하는 것이 국왕이나 대신들에게도 유리하다는 것 또한 18세기에는 자명한 사실이 되었다. 자본가들의 경제활동은 세수의 총액을 증가시켰고, 그 결과 17세기에는 재정적으로 뒷받침하기 어려웠던 육해군 상비군의 유지가 상대적으로 쉬워졌기 때문이다.*

본국에서 위정자들과 자본가들 사이의 협조는 해외에서도 그대로 유지되었다. 실제로 그들 자신과 그들의 재산을 비교적 낮은 비용으로 보호할 수 있었기 때문에 18세기에 유럽의 상업은 확대될 수 있었다. 그것은 또한 풍부하고 값싼 철제 대포와 결합된 유럽인의 선박과 요새의 기술적 우월함 덕분이었다. 유럽인 상인의 보호비를 낮추는 데 결정적으로 작용한 또 하나의 요소는 유럽식으로 훈련된 부대와 장교, 행정관이 갖추고 있던 탁월한 조직력과 규율이었다. 설령 그들이 주권자의 소재지이자 자기들의 복종을 궁극적으로 좌우하는 명령과 봉급과 승진의 원천인 본국으로부터 지구를 반 바퀴 돌아간 머나먼 곳에 있더라도 그 점에는 다름이 없었다.

이 현상에는 많은 요인이 있는데, 그 중 하나는 병사들을 군사기구의 순종적이고 교환 가능한 부품으로 만들어버리는 반복적인 훈련의 심리적 효과다. 유럽의 연병장에서 이제 막 도착한 신임장교의 눈에는 해외에 배치되어 있던 유럽인 부대가 보급상태도 좋지 않고 규율이 형편없어 보였을 수도 있다. 그러나 현지에서 충돌이 일어나면 아시아인이나 아프리카인, 아메리카 인디언의 군사력에 대한 이들의 우위는 당장 증명되었다. 예를 들어 인도에서 프랑스와 영국의 군사기업가 사이에 그 방대한 땅을 지배하기 위한 분쟁이 일어났을 때는, 어이없게도 소수의 유럽인 부대가 항상 결정적인 역할을 했다. 그것은 그들의 무기가 우수했기 때문이라기보다 그들이 전장에서 명령에 훌륭하게 복종했으며 적의 면전에서 능수능란하게 군사작전을 펼 수 있었기 때문이다.†[6)]

---

* 예를 들어 영국 해군은 새뮤얼 피프스 해군장관(1673년, 1684~1689년 재직) 시절에 만성적 재정난을 겪었지만, 18세기 초가 되자 지불연기라든가 한 해의 일정 기간 동안 함선을 도크에 넣어두는 등의 17세기 후반에 일반적으로 행해지던 재정적 편법은 이미 필요하지 않게 되었다.[5)]
† 플라시 전투(1757)에서 로버트 클라이브는 유럽인 병사 784명, 야포 10문, 유럽식으로 훈련되고 무장된 인도인 병사 2,100명을 지휘했다. 그는 이 병력으로 약 5만 명의 적군을 무찔렀다.[7)]

우세한 군사력과 거의 모든 속박을 벗어던진 상업적 이윤추구의 조화는 18세기 유럽 해외사업의 특징이었는데, 그것이 낳은 정말로 중요한 결과는 수십만, 그리고 세기말에는 수백만의 아시아인, 아프리카인, 남북 아메리카인의 일상생활이 유럽 기업가의 경제활동에 의해 변화되었다는 점이다. 시장의 규제를 받는 행동양식은 소수의 유럽인에 의해 관리되고 통제되었고, 해상으로 쉽게 접근할 수 있는 지구상의 거의 모든 땅에서 예전의 사회구조를 잠식하고 무너뜨리기 시작했다. 아프리카인들은 습격대에 붙잡혀 항구로 보내졌으며, 거기서 배에 실려 대서양을 건너가 사탕수수 플랜테이션에서 일하게 되었다. 그들의 경우는 이윤동기가 인간의 오랜 생활양식을 근본적으로 바꿔놓을 수 있고 또 실제로 바꿔놓았던 여러 방식 중에서도 매우 잔혹하고 극단적인 예였다. 네덜란드의 명령에 따르는 현지 소군주의 요구로 향신료 농장에서 일했던 인도네시아인은 노예가 된 아프리카인처럼 자신들의 익숙한 관습과 사회구조로부터 완전히 분리되지는 않았다. 수백, 때로는 수천 킬로미터 밖의 시장에 물건을 가져다 파는 영국 동인도회사를 위해 자신들의 물레와 방직기로 옷감을 만드는 인도의 면직물 제조업자들도 인도네시아인의 경우와 대체로 비슷했다. 지중해의 레반트 지방이나 북아메리카에서 담배와 면화를 재배하는 농장주들은 자기 노동의 산물을 국제적 유통망에 연결시키는 상인이나 중개인들과의 관계에서 인도네시아인이나 인도인보다 훨씬 더 신체적으로 독립되어 있었다. 그러나 정도의 차이가 있을 뿐 나날의 일상생활을 유럽인이 운영하는 전세계적 무역체계에 의존하게 되었다는 점에서는 모두가 똑같았다. 이런 체계 속에서 자신들이 걸려든 상업망을 이해하지 못하거나 최소한의 조절능력도 갖추지 못한 사람들은 물자·신용·보호의 공급에 의해 생계유지와 때로는 육체적 생존까지도 영향을 받았다.

유럽인들이 이윤의 대부분을 장악한 것은 의심의 여지가 없다. 그러나 생산의 특화는 또한 부의 증가를 가져왔다. 그것이 사회계급간에, 또 사업을 조직한 유럽인과 그들의 명령이나 유도에 따라 노동하는 현지인 사이에 대단히 불균등하게 분배되긴 했지만, 전반적인 부가 증가한 것은 사실이었다. 심지어 노예사냥의 참상으로 많은 지역사회가 파괴되고 수많은 인명이 희생된 아프리카에서도, 새로운 기술이나 농사법(가장 두드러진 것은 옥수수 농사의 보급이었다)은 아프리카인의 부를 증대시켰다. 아프리카 국가들 가운데 전략적 입지를 차지한 나라의 국력도 분명히 성장하는 경향을 보였는데, 거기에는 유럽인 무역업자가 공급하는 무기를 입수한 것도 한몫을 했다.[8]

구대륙과 마찬가지로 신대륙에서도 교통이나 통신이 닿기 어려운 내륙지방은 유럽 기업이 대서양이나 인도양의 해안선을 따라 짜놓은 무역망으로부터 거의 영향을 받지 않았다. 그러나 세계시장이 아주 멀리까지, 예를 들어 얼어붙은 극지까지 팔을 뻗는 일도 있었다. 모피 가격이 높았던 탓에 유럽의 무역상들은 18세기 말에 이미 북아메리카 대륙의 동서로 펼쳐진 광대한 공간에 진출해 있었다. 그들은 현지의 부족들과 교섭을 벌여 금속제 도구나 담요, 위스키 등과 모피를 맞바꾸었다. 그 결과 아메리카 인디언의 오랜 생활양식에는 돌이킬 수 없는 변화가 일어났다. 러시아 모피상인들 역시 시베리아 원주민의 삶을 바꿔놓았고, 시베리아를 가로질러 1741년에 알래스카로 건너갔다. 따라서 18세기 말에 북아메리카의 태평양 연안에 대한 스페인과 영국의 소유권 주장은 러시아 모피무역제국과 충돌했다. 이 충돌은 유럽의 해상 팽창에 필적할 만큼 현저하게 러시아의 팽창이 동쪽을 향해 진행되고 있었음을 극적으로 보여준다.

유럽의 세력균형을 변화시켰다는 면에서, 유럽의 내륙 쪽 변경지대는 18세기 전반에 프랑스와 영국의 국력을 크게 신장시켰던 해상무역제국 못지않게 중요했다. 지도상으로는 시베리아의 광야를 정복한 것이 매우 인상적인 일이었지만, 실은 우크라이나와 그 주변 스텝 지대를 곡물재배 농민이 점거한 일이 그보다 훨씬 더 중요했다. 이들의 노동은 18세기를 거치면서 유럽의 식량생산을 크게 증대시켰고, 러시아 제국의 성장을 위한 인적·물적 토대를 제공해주었다.

러시아만이 동유럽 스텝지대에 대한 농업의 확대로 이익을 얻은 것은 아니었다. 실제로 17세기에는 이 유라시아 스텝 서부의 지배권을 놓고 복잡한 다툼이 일어났다. 트란실바니아 공국이나 귀족공화국 폴란드 같은 현지 세력과, 조금 떨어져 있는 오스만 제국, 오스트리아, 러시아 세 나라가 이 지역에 대한 지배권을 두고 다투었다.[9] 18세기 말, 결국 이 지역은 러시아의 차지가 되었다. 스텝 지대에서 러시아가 차지한 부분(우크라이나에서부터 동쪽으로 중앙아시아에 이르는 초원지대)이, 오스만 제국이 차지한 부분(루마니아)과 오스트리아가 차지한 부분(헝가리)보다 훨씬 넓었던 것이다. 폴란드는 내분으로 약화되어 1773년, 1793년, 1795년 세 차례의 분할을 거쳐 주권국가의 지위를 완전히 잃고 말았다.

폴란드의 정치적 사망으로 동유럽에서 강국간의 급격한 관계변화가 극적으로 드러나기 이전에, 강국의 지위를 요구하는 새로운 나라가 등장했다. 그것은 프로이센 왕국이었다. 프로이센은 이웃한 오스트리아나 러시아와 마찬가지로 변경국가라는 입지에서 이득을 보았다. 독일의 영방국가들 가운데 프로이센의 영토가 비교적 컸던 것은 이 나라가 중세에 변경국가로서 발달했기 때문이다. 18세기가 되어서도 프로이센인들은 서쪽 지역에서는 이미 오래전부터 보급되어 있던 기술(인공수로를 이용한 배수나 운하의 개발)을 도입하여 상당한 면적의 땅을 경작지로 만들고 나라의 부를 늘릴 수 있었다.[10]

그러나 프로이센의 정치적 성공의 기반은 전쟁을 위해 다른 어떤 나라보다 훨씬 더 엄격하게 국가를 조직화했다는 점이다. 이 엄격함의 기원은 30년전쟁 중에 스웨덴군의 약탈에 대한 주민의 반발이 호엔촐레른가의 브란덴부르크 선제후가 다스리던 영방국가에서 제도적으로 효과 있게 표현되었던 17세기까지 거슬러 올라간다. 전쟁이 끝난 뒤 대선제후(大選帝侯) 프리드리히 빌헬름(1640~1688년 재위)은 지방민들의 반대를 누르고 세제를 중앙집권화하는 데 성공했다. 이리하여 그와 그의 계승자들은 선제후의 원래 영지가 좁고 자원이 적었음에도 불구하고 유럽의 전쟁에서 한몫을 하기에 충분할 만큼 큰 군대를 유지할 수 있었다. 대선제후는 독일의 다른 영방군주들과 마찬가지로, 국내의 세수만으로는 부족했던 자금을 보충하기 위해 외국에서 보조금을 받아 군대를 창설했다. 호엔촐레른가는 프로이센 국왕 프리드리히 빌헬름 1세(1713~1740년 재위)의 치세가 되어서야 재정적으로 자급자족할 수 있게 되었다. 그것은 국왕 폐하(호엔촐레른가의 수장은 1701년부터 국왕을 자칭했다)의 군대에 대한 복무를 농촌 지주들이 당연히 거쳐야 할 경력으로 만들었던, 귀족계급과 군 장교단의 일체화를 통해 가능했다. 장군 계급 이하의 모든 장교는 계급장이 다르지 않은 '국왕 폐하의 외투'를 입었으며 프리드리히 빌헬름 1세도 마찬가지였다. 따라서 모든 장교가 자신들은 평등하며 똑같은 호엔촐레른가의 가신이라는 정체성을 가졌다. 장교도 병사도 매우 검소한, 사실상 매우 가난한 생활을 하고 있었지만 집단적인 '명예'심과 의무감은 (낮은 비용으로) 프로이센 육군의 전력을 유럽의 그 어떤 군대도 넘보지 못할 막강한 수준에 올려놓았다. 그 결과 몇 대에 걸쳐 계속해서 명민한 통치자가 뒤를 잇는 가운데 프로이센군의 규모와 호엔촐레른가의 영토가 동시에 확대되었다. 그러나 프로이센이 마침내 열강의 지위로 뛰어오른 것은 프리드리히 2세(1740~1786년 재위)가 오스트리아에서 슐레지엔 지방을 점령하고 나아가 오스트리아 왕위계승전쟁(1740~1748)을 통해 그 강탈을 완수했을 때였다.[11]

변경지대의 확대로 야기된 유럽 내 기존 세력균형의 교란은 7년전쟁(1756~1763)에 앞서 외교혁명으로 드러났다. 합스부르크가와 프랑스 왕국의 대립은 애초에 부르고뉴 공이 남긴 영토의 상속을 둘러싼 분쟁(1477)에서 시작되었으며, 그 이래로 유럽의 소국들 사이의 다툼은 이 숙적간의 싸움을 축으로 하여 진행되었다. 그러나 1756년 이후에는 상황이 바뀌어, 프랑스와 오스트리아는 점차 강력해지는 각자의 경쟁상대인 영국과 프로이센에 대항하기 위해 내키지 않는 협력관계를 맺게 되었다. 그런데 자원 면에서는 프랑스와 오스트리아의 힘이 분명히 더 우세했음에도 불구하고 전쟁에서 이긴 쪽은 영국과 프로이센이었다. 영국이 해외 영토에서 승리하자 프랑스인은 캐나다에서 쫓겨났고 인도에서도 거의 배제되었다. 그 후 프랑스는 해군력 회복에 힘써 1788년경에는 상당한 수준에 이르렀지만, 1754~1763년의 패배가 가져온 프랑스 해상무역의 퇴보를 만회하기에는 불충분했다.

오스트리아, 프랑스, 러시아 군대의 공격을 받고도 프로이센이 살아남았던 것은 프로이센 훈련교관의 역량과 장교단의 높은 사기, 그리고 군사령관으로서 프리드리히 2세가 갖춘 개인적인 능력 덕분이었다. 그러나 또 한 가지, 프로이센이 살아남을 수 있었던 요인은 동맹국 간의 균열이었다. 특히 1762년 표트르 3세가 새 차르로 즉위했을 때 러시아군이 전쟁에서 철수함으로써 프리드리히는 절실하게 필요하던 숨 돌릴 여유를 가질 수 있었다. 이듬해인 1763년에는 영국과의 전쟁에서 패한 프랑스가 전쟁에서 손을 뗌으로써 오스트리아도 강화를 할 수밖에 없게 되었다.

압도적으로 불리하게 여겨지던 상황에서 프리드리히가 살아남자 프로이센군의 명성은 하늘을 찔렀다. 동시대인들은 거기에 현혹되어 동유럽 정세에서 가장 중요한 사실, 즉 러시아의 힘이 증대하고 있음을 알아채지 못했다. 19세기와 20세기에 일어난 사건들을 보더라도 마찬가지인데, 자칫하면 프로이센(나중에는 독일)의 역사가 유럽 역사 전체의 중심인 것처럼 생각하게 된다. 그러나 다른 한편으로 프리드리히의 공격적인 대외정책으로 가장 큰 이익을 본 나라는 러시아였다는 주장도 제기될 수 있는데, 따져보면 이런 주장은 대단히 설득력이 있다.(프리드리히는 1740년에, 또 1756년에도 합스부르크가의 오스트리아를 침공함으로써 사태를 전쟁으로 몰아넣었다.) 1740년 이래 오스트리아와 프로이센 사이를 갈라놓은 악감정으로 인해 이 두 나라의 협력은 거의 불가능했다. 오스트리아와 프로이센의 상호불신 덕분에, 러시아는 일찍이 표트르 대제가 유럽식으로 훌륭하게 개조해놓은 군대를 끌고 러시아 국경에 인접한 허약하고 비교적 덜 조직화된 국가들을 차례차례 병탄하면서 팽창해갈 수 있었다. 그리하여 러시아는 1773년과 1795년 사이에 망국 폴란드의 가장 큰 영역을 차지했다. 1783년에는 크림을 병합했다. 오스만 제국에 대해서도 변경을 확대하여 1792년이 되자 동쪽으로는 카프카스 지방, 서쪽으로는 드네스트르 강에 이르렀다. 이후 스웨덴을 몰아내고 핀란드로 진출했다(1790). 우크라이나의 곡물생산 증가, 그리고 우랄 지방 및 러시아 중앙부의 상공업 성장을 바탕으로 제국의 힘은 전례 없이 강성해졌다. 예카테리나 여제(1762~1795년 재위) 치세에 러시아는 이전과는 완전히 다른 수준으로 인력과 천연자원, 경작지 등을 조직하여 육군과 해군을 유지했는데, 당시 러시아의 육해군은 서유럽 국가들의 군대 수준에 근접하는 전력을 보유하고 있었다. 다시 말해 러시아는 조직화 면에서 유럽의 수준을 따라잡고 있었으며, 그리하여 곧 거대국가로서의 이점이 발휘되기 시작했다.

7년전쟁에서 영국이 프랑스에 승리한 것은 또한 서쪽으로 북아메리카에서 동쪽으로 인도에 이르는 폭넓은 영토의 자원을 동원한 결과이기도 했다. 그러나 러시아에서 자원 동원이 상층계급—주로 국가관료와 특허를 받은 개인 사업가—의 명령에 따라 이루어지는 농노노동에 궁극적으로 의존하고 있었던 데 반해, 영국에서는 강제보다는 상대적 다수의 개인들이 결정하는 사적인 선택으로 나타나는 시장의 인센티브에 의존했다. 그렇기는 해도 카리브 해 지역 플랜테이션의 노예노동이나 해군

병력의 강제징집 또한 영국의 힘을 유지하는 데 큰 역할을 했다. 따라서 명령에 의한 러시아식의 변경자원 동원과 가격 인센티브에 의한 영국식의 동원은 서로 상반된 것이라기보다 정도의 차이가 있었을 뿐이다. 그러나 강제의 정도가 중요한 결과를 낳았다. 러시아식은 (사탕수수 플랜테이션의 노예경제처럼) 종종 인력을 낭비하는 경향이 있었던 반면, 이윤을 극대화하려는 사기업의 노력은 생산요소 하나하나를 사용할 때마다 그에 따른 이득을 가져다주었다. 다시 말해 시장지향적 행동양식은 강제에 의해서는 좀처럼 달성할 수 없는 높은 수준의 효율성을 창출했다.

특히 자유로운 시장의 움직임에 그때그때 반응하기 위해 영국의 경제운영 시스템에서는 생산을 대폭 개선할 수 있는 신기술이 자주 도입되었지만, 러시아에서는 새로운 기술혁신을 낳거나 보급하는 자극이 가끔씩 일어났을 뿐이었다. 이리저리 시달리는 행정관리들은 상부의 지시를 충족시키기 위해 예전부터 해오던 노동방식을 고수하는 편이 낫다는 판단을 내리는 게 대부분이었다. 상부에서 생산량을 늘리라고 하면 노동자를 더욱 심하게 다그치거나 인원을 더 배치하면 그만이었다. 어떤 새로운 장치를 시도해본다는 선택은 좀처럼 고려되지 않았다. 그런 선택은 단기적으로는 반드시 비용을 높일 것이고, 장기적으로도 좋은 결과가 있으리라는 보장이 없었기 때문이다. 러시아의 행정관들은 외국에서 어떤 신기술이 좋은 성과를 거두었다는 것이 입증되었을 경우에만 기존의 방식에 잠시 혼란이 생기더라도 그 새로운 방식을 도입할 만하다고 판단했으며, 그럴 경우 아예 외국인 기술자까지 함께 수입하여 새로운 기계의 사용법을 현장 노동자들에게 가르치게 하는 일이 많았다.

러시아의 군비와 군대는 18세기 초에 표트르 대제에 의해 이와 같은 식으로 건설되었다. 그리고 뒤이은 수십 년 동안 유럽의 군사조직과 기술이 고정되는 경향을 보였기 때문에, 러시아의 행정관이나 육군 장교들은 비교적 쉽게 그것을 따라잡을 수 있었고 몇몇 소국을 앞지르기까지

했다. 특히 18세기 후반에 러시아 군대가 거둔 성공은 행정관이나 육군 장교들이 그럴 만한 능력이 있었음을 증명해준다.*

언제라도 기술혁신에 대해 개방되어 있는 시장지향적 행동양식의 탁월한 유연성 덕분에 영국과 대다수 서유럽 국가들은 러시아와 동유럽 국가들이 따라잡을 수 없는 수준까지 경제적·군사적 효율성을 끌어올림으로써 어느새 다시 러시아를 앞질렀다. 그러나 이 만회는 1850년 이후에야 명백하게 드러났다. 따라서 그전인 1736년과 1853년 사이에 러시아의 야망은 세력균형 외교와 프랑스 혁명이 불러일으킨 프랑스 군사력의 폭발적 강화에 의해 가까스로 억제되고 있었다.

또한 세력균형은 영국이 1763년에 쟁취한 것처럼 보였던 해외영토에서의 우위를 약화시키는 작용을 했다. 특히 캐나다에서 프랑스의 위협이 사라짐으로써 영국과 북아메리카의 영국인 이민자들 사이의 관계는 전보다 훨씬 어려워졌고, 조지 3세 정부가 이민자들에게 7년전쟁의 비용을 강제로 분담시키려 하자 이민자들은 공공연한 반란으로 불만을 표출했다. 프랑스가 당장 아메리카 식민지의 반란을 도우려고 달려왔으며(1778), 그 밖의 유럽 열강도 프랑스 편을 들거나 아니면 영국의 이해관계에 대해 적대적인 의미를 가진 '무장중립'을 유지함으로써 영국의 해외무역 독점에 반대입장을 나타냈다. 1783년이 되자 영국은 패배를 인정하지 않을 수 없었고 아메리카 합중국의 독립을 승인했다.

이렇게 해서 세력균형 메커니즘을 만들어낸 유럽의 국가체계는 영국과 러시아의 발흥을 부분적으로 억제하는 작용을 했으며, 1700년과 1793년 사이에 유럽의 경제·군사 조직은 지구상의 광대한 신천지로 확대되면서 생겨난 혼란에도 적응력을 발휘했다.

---

* 해군의 기술은 습득하기가 어려워서 1770년에 오스만 제국을 공격하려고 지중해로 진출한 러시아 해군은 프랑스나 영국 해군의 수준에는 미치지 못했지만 오스만 제국 해군을 거뜬히 압도했다. 더욱이 1790년이 되자 러시아 해군은 스웨덴 해군에 대한 항구적인 우위를 확립함으로써 발트 해 연안국 중에 최강자의 지위를 차지했다.[12]

## 의도적인 재편에서 생겨난 도전

영토 팽창에 대한 유럽의 적응은 어떤 의미에서는 아주 당연한 일이었다. 그것은 각국 정치지도자들의 세력균형 계산에서 나온 거의 자동적인 귀결이었다. 다른 시대와 장소에서도 이와 비슷한 행동 패턴을 볼 수 있다. 예를 들면 기원전 5세기 아테네의 번영에 대한 그리스 도시국가들의 반응이라든가 또는 14세기와 15세기 밀라노와 베네치아의 발흥에 대한 이탈리아 공국들의 반응 등이 그것이다. 다른 한편으로, 18세기 말에 등장하기 시작한 정치·경제·군사 경영의 재편은 유례없는 독특한 현상이었다. 그것은 다른 시대나 다른 국가에서는 국내적인 재편을 통해 군사력 증진을 꾀한 예가 없기 때문이 아니라, 유럽의 행정관이나 군인들이 이용할 수 있었던 기술의 범위와 복잡성이 이전의 어느 시대보다도 엄청나게 컸기 때문이다. 합리적인 계산이 계획적인 행동의 범위를 크게 넓혔기 때문에 18세기 말에는 행동의 결과를 계산한 후에 내리는 경영상의 결정이 수백만 명의 생활에 영향을 미치기 시작했다.

이와 같은 경영상의 변용이 이루어지는 가운데 군대의 인원과 물자는 분명히 그 선두에 서 있었다. 17세기에 육군이나 해군은 이를테면 하나의 예술작품이 되어 있었다. 대단히 특화된 목적을 위해 미리 구상된 계획에 따라 함선과 대포와 살아 있는 인간을 재료로 해서 빚어낸 작품이었다. 앞장에서 살펴보았듯이 그 성과는 눈부셨다. 18세기 전반에는 더 이상의 변화는 없다시피 했다. 그러나 1750년 이후 인구증가로 인해 곳곳에서 사회현실이 변화되어감에 따라, 전문가들은 군대를 경영하고 전개하던 종전의 방법을 여기저기 손보면서 낡은 시스템에 내재하는 한계에서 벗어나려는 노력을 기울였다. 1792년까지는 어떤 극적인 성과도 없었다. 그러나 사실 군사개혁가들은 그 해에 프랑스 혁명에 의해 사상 최초로 대중동원이 이루어지기 훨씬 전부터 그런 상황을 예견하고 있었던 것이다.

18세기 중반에는 기존의 군사조직에 존재하는 네 가지 한계가 명백하게 드러났다. 그 첫 번째 문제는 병력수가 약 5만을 넘으면 행동을 통제하기 어렵다는 점이었다.* 부대를 지휘하는 장군은 소형 망원경을 통해 적군과 아군을 구별할 수 있는 거리 이상으로 전선이 확대되어버리면, 말을 타고 전장을 누비는 부관들의 도움을 받는다 하더라도 지금 무슨 일이 일어나고 있는지 파악할 수가 없었다. 또 고함을 질러서 전달하는 명령을 나팔신호로 보충한다 해도 대대 수준(300~600명) 이상으로는 전술적 통제가 미칠 수 없었다. 그 이상의 대규모 야전군을 효과적으로 지휘할 수 있으려면 새로운 통신방식과 정확한 지형도가 필요했다.

유럽 군대의 두 번째 한계이자 매우 극복하기 어려운 문제는 보급을 어떻게 하느냐였다. 철저한 훈련을 통해 유럽의 군대는 근거리 출정이나 단기간의 전투에서는 탁월한 위력과 유연성을 발휘할 수 있었다. 그러나 전장의 거리가 멀어지면 군대는 느릿느릿 단계적으로 행군하여 새로운 장소로 옮겨갈 수밖에 없었다. 만약 수천 명의 인간과 말이 날마다 쉬지 않고 전진한다면, 당시의 운송수단으로는 그들을 부양할 만큼 충분한 식량과 여물을 제때 수송할 수가 없었기 때문이다. 예컨대 프리드리히 2세 시대의 프로이센 육군은 분명히 당시의 유럽 군대 가운데 최고의 기동성과 위력을 자랑하는 군대였지만, 쉬지 않고 행군할 수 있는 날은 길어야 열흘이었다. 그 다음에는 빵 굽는 화덕을 날라 오고 후방으로부터 보급선을 재조정하기 위해 행군을 중단해야 했다. 무엇보다도 말먹이를 수송하는 일이 가장 어려웠는데, 멀리까지 운반하기에는 너무 부피가 컸기

---

* 오스트리아 왕위계승전쟁에서 활약한 프랑스 장군 모리스 드 삭스는 어떤 장군도 전장에서 4만 명 이상의 병사를 효과적으로 통제할 수 없다고 주장했다.[13] 기베르(Jacques Antoine Hypolite de Guibert)의 『전술개론』(Essai générale de tactique)은 1772년에 간행되었는데, 5만 명을 일개 군단의 이상적인 규모로 잡고 7만 명을 절대적인 상한으로 정하고 있다. 그는 그 한도 내에서만 야전에서 기동성이 유지될 수 있다고 믿었다.[14]

때문이다. 사실 프리드리히 2세의 병사들은 빵이 제대로 보급되고 있을 때도 말에게 먹일 풀을 베기 위해 행군을 중단하곤 했다.[15] 계절에 따라서는 약탈에 의한 현지조달도 가능했는데, 이 경우 병사들에 대한 통제를 상실할 위험이 따랐다. 병사들은 전장에 있기보다 비무장 농민을 약탈하는 쪽을 선호할 것이기 때문이다. 그뿐만 아니라 약탈로 황폐해진 농촌은 세금을 낼 수 없게 되었기 때문에, 18세기의 통치자들은 후방에서 자신의 군대에 보급을 하려 했고 그에 따라 전략적 기동력이 엄청나게 제한되는 것을 감수해야 했다.

보통은 무기, 화약, 군복과 그외 장비의 보급이 군사사업에 제약을 가하지는 않았다. 이런 품목에 들어가는 비용은 비교적 얼마 되지 않았다.* 통상적으로 부족한 것은 식량, 여물, 말, 운송수단이었다. 그렇기는 하지만 직인이 제작하는 머스킷총이나 군복·군화 등이나, 국가 조병창에서 제작하는 대포도 증산이 쉬운 것은 아니었다. 따라서 보통 전쟁은 사전에 축적된 비축분을 가지고 수행되었다. 7년전쟁 때의 프로이센군처럼 심각한 손실을 입었을 경우에는 외국에서 사들여야 했고, 그러기 위해서는 물론 돈이 필요했다. 주요한 국제무기시장은 여전히 저지대국가들에 있었고, 그 중에서도 리에주와 암스테르담이 가장 번성했다.[17]

세 번째 한계는 조직적이고 전술적인 것이었다. 원래 용병대장이 사적으로 편성한 용병부대에서 기원한 유럽의 상비군은 18세기가 되어서도 그 흔적이 많이 남아 있었다. 그 결과 모집·임용·승진 등의 문제에서 어떤 관직에 대한 소유권과 관료제적 합리성이 종종 마찰을 일으키곤 했다. 승진이 직업군인으로서의 기능뿐 아니라 임명권을 쥔 인물의 후원이나 매관매직 등에 의해서도 좌우되었는가 하면, 또 한편으로는 우선순위

---

* 7년전쟁이 종결된 직후에 이루어진 정부의 결산에 따르면, 전쟁 중 프로이센의 총지출 가운데 군수품에 할당된 액수는 13%에 불과했다. 그리고 무기와 화약과 탄환용 납에는 고작 1%가 지출되었을 뿐이다.[16]

의 원칙과 다른 한편으로는 전장에서 보여준 용맹에 의해서도 결정되었다. 임용과 승진에는 종종 국왕이나 육군장관의 개인적인 판단이 반영되기도 했다.

결과적으로 인사행정은 그때그때 상황에 따라 다른 기준으로 이루어졌고, 프랑스에서는 이것이 전술을 둘러싼 격렬한 논쟁으로 표출되었다. 서로 대립관계에 있는 장교들 간의 파벌이 각각 다른 전술원칙을 지지하면서, 그것을 군대의 위계 속에서 높은 지위를 차지하기 위한 투쟁의 도구로 이용했던 것이다. 그런데 어떤 주장과 거기에 대한 논박에 결말을 지으려면 실험적인 야외기동연습이나 시험발사 등의 검증을 거쳐야만 했다. 따라서 승진을 둘러싼 파벌싸움으로 야기된 전술논쟁은 프랑스에서 새로운 무기(특히 야포)와 전술에 대한 조직적인 실험이 시작되는 놀라운 결과로 이어졌다. 그러한 상황의 압력하에서 구체제적 군사관행의 고정성은 프랑스 혁명이 일어나기 이전부터 이미 무너지기 시작했고, 혁명은 직업군인들 사이의 경쟁이 불러일으킨 변화를 가속화하고 확대시켰다.

병력 지휘기술과 보급과 조직에 관련된 세 가지 한계는 모두 다음의 네 번째 한계와 연관되어 있으며 또 그 한계에 의해 지속되었다. 그것은 바로 전쟁이 전문직업화하는 데 따른 사회학적·심리학적 제약이었다. 유럽에서 일부 소수 국가의 주권자들이 조직화된 폭력을 독점하고 그 경영을 관료제화함에 따라 전쟁은 이제 국왕들의 스포츠가 되었다. 이 스포츠의 비용은 세금으로 충당되어야 했기 때문에, 생산활동에 종사하는 납세자 계급을 가만히 내버려두고 전쟁에 관여시키지 않는 것이 현명한 처사였다. 농민은 식량을 생산하기 위해 필요했고, 도시민은 정부와 그 군사기구를 유지하기 위한 자금을 공급하는 데 필요했다. 군인들이 농민이나 도시민의 경제활동에 간섭하는 것은 황금알을 낳는 암탉을 위험에 빠뜨리는 일이었다. 그러나 인구의 대다수를 수동적인 납세자 역할을 제외한 모든 역할로부터 배제하는 것은 전쟁의 규모와 강도에 한계를 짓는 일이었다. 이 한계는 프랑스 혁명에 의해 결국 제거된다.

그러나 프랑스 혁명이 이 한계를 깨뜨리기 훨씬 전부터 이미 여러 전문가나 기술자들의 발명이 전쟁의 규모를 혁명적으로 확대하기 위한 길을 닦고 있었다. 어떤 강국이 전쟁에서 예기치 않게 패할 때마다 이런 일은 진지하게 수행되었다. 예를 들어 오스만 제국과의 전쟁(1736~1739)에서 성공을 거두지 못하고 뒤이어 오스트리아 왕위계승전쟁(1740~1748)에서도 프로이센과 프랑스에게 패한 오스트리아 육군 당국은 기존의 야포보다 월등하게 기동성이 좋고 조준이 정확한 야포를 개발하는 데 총력을 기울였다.[18] 합스부르크가의 개선된 포병대는 7년전쟁에서 프로이센군에게 호된 맛을 보여줬다. 그러나 7년전쟁이 종결되었을 때 가장 회한을 품게 된 나라는 프로이센이 아니라 프랑스였다. 프랑스군은 프로이센군에 패하고(1757년 로스바흐 전투) 뒤이어 영국·프로이센 연합군에도 패하면서(1759년 민덴 전투) 유럽 전장의 최강자로서의 지위가 위태로워지게 되었다. 이 때문에 프랑스는 1763년의 파리강화조약으로부터 1789년 프랑스 혁명 발발까지의 기간에 유럽에서 가장 중요한 군사적 실험과 기술혁신의 장이 되었다.

오스트리아군에서도, 프랑스군에서도, 또 영국군(특히 1783년의 패배 이후)에서도 앞에 기술한 군사 경영상의 네 가지 한계를 타파하기 위한 기술혁신이 맹렬하게 시도되었다. 그리하여 예를 들어 풍부한 경험을 가진 지휘관의 관찰과 기마정찰대의 보고를 기초로 군대를 지휘하던 이전 시대의 한계가 정확한 지도 제작, 지휘조직의 개혁, 그리고 특별히 훈련된 참모장교에 의해 미리 서면으로 작성된 명령에 의존하는 식으로 점차 극복되어갔다. 프랑스군은 참모부에서 사용하기에 알맞은, 정확한 측량을 기초로 한 소축척 지도를 1750년에 제작하기 시작했다. 그러나 전장의 지휘관이 매일매일의 행군을 계획하는 데 기초가 될 만한 축척의 지도가 유럽 전역을 대상으로 제작되기까지는 오랜 시간이 걸렸다.* 그럼에도 불구하고 일찌감치 1763년에 프랑스 장군 피에르 부르세는 그 가능성을 파악하여, 그 후 몇 년에 걸쳐 프랑스 국경 부근에서의 작전이나 영국 침공을 위한 상세한 계획을 실제로 작성했다. 그는 1775년에 프랑스군의 내부 회람용 소책자 『산악전의 원리』를 출판하고, 지휘관이 어떻게 지도를 기초로 군사행동의 세부계획을 작성해야 하는지를 설명했다. 1797년 이탈리아를 침공한 나폴레옹은 부르세의 알프스 횡단계획을 그대로 실행하여 오스트리아군의 허를 찔렀다고 한다.[20]

지도를 이용하여 군대 이동을 통제하기 위해서는 지도 읽기와 병참술에 숙달된 참모부가 필요하다. 부르세는 이것을 알고, 1765년에 부관들에게 이 새로운 기술을 가르칠 학교를 개설했다. 이 학교는 1771년에 폐지되었다가 1783년에 다시 설립되었지만 1790년에 다시 문을 닫았다. 설립과 폐지가 반복된 이 학교의 연혁은 7년전쟁의 종결로부터 프랑스혁명 발발까지 26년간의 특징이라 할 개인들 사이의, 그리고 전술원칙들 사이의 논쟁을 반영한다.

이런 분위기는 다른 방면에서도 풍부한 성과를 가져왔다. 특별히 훈련된 참모장교가 미리 서면으로 작성된 명령과 지도에 의지할 수 있다면, 최고사령부는 일찍이 모리스 드 삭스가 효과적으로 지휘할 수 있는 병력수의 상한선이라고 판단했던 5만 명의 세 배 내지 네 배 규모의 군대까지도 통제할 수 있게 된다. 그러나 그렇게 하려면 장교는 자신의 군대를 몇 부분으로 나누어야 했다. 기존의 도로와 보급선으로는 몇 만 명이나 되

---

* 경사를 표시하는 등고선은 군의 지휘관에게 쓸모 있는 지도를 만드는 데 있어 결정적인 발명이었다. 늪지대라든가 들판을 가로질러 행군할 때의 장애물을 표시하는 기호 역시 중요했지만, 등고선보다는 훨씬 쉽게 고안되었다. 땅의 지형을 표시하는 등고선은 1777년에 프랑스군 공병중위 뫼녜(J. B. Meusnier)에 의해 처음 제안되었던 것 같다. 그러나 수심을 표시하는 등심선은 훨씬 전부터 사용되었으며 네덜란드에서 사용된 예는 1584년까지 거슬러 올라간다. 등심선에 비해 등고선이 늦게 채용된 것은 데이터가 부족했기 때문인데, 측량기구가 개량되어 쉽고 빠르게 지형 데이터를 수집할 수 있게 된 1810년 무렵 이후에야 등고선이 소축척 지도의 표준이 되었다.[19]

는 병사들을 한꺼번에 통행시킬 수 없었기 때문이다. 이러한 상황에서는 군대를, 각각의 전진 경로에서 적과 마주쳤을 때 자체 방어를 할 수 있는 자급자족적인 부대들로 나누어 병행적으로 행군하도록 해야 했다.

이 문제를 해결한 것이 사단의 발명이었다. 사단은 보병·기병·포병의 세 병과와 공병·위생병·통신전문가 등의 지원요원들로 구성되며, 적절한 참모부에 의해 통합적으로 조정되고 단일한 지휘관에게 복종하는 전투단위이다. 최대 규모는 1만 2,000명이며, 각 사단이 자체완결적인 독립 전투단위로 행동할 수도 있지만 경우에 따라서는 다른 사단과 연계하여 상위의 사령부가 작성한 작전계획에 따라 적군이나 어떤 전략적 거점을 공격하기 위해 집결할 수도 있었다. 프랑스군이 사단 편성을 시도한 것은 오스트리아 왕위계승전쟁(1740~1748) 때로 거슬러 올라가는데, 육군의 행정은 1787~1788년에야 영구적으로 사단 단위로 재편성되었으며 전장에서 사단조직이 표준화된 것은 1796년이었다.[21]

지도 제작, 숙련된 참모장교, 미리 서면으로 작성된 명령, 사단 단위의 편성, 이 네 가지를 갖춘 프랑스 육군은 혁명 전야인 1788년에 이미 야전군의 효율적 규모에 관한 이전의 상한선을 뛰어넘었다. 그렇지 않았다면 1793년의 국민총동원은 아무 쓸모가 없었을 것이다. 전장에서의 효과적인 통제 없이 단지 수적으로 우세할 뿐이었다면 혁명군은 그들이 실제로 쟁취한 것과 같은 승리를 거둘 수 없었을 것이다.

보급 면의 제약을 타개하기 위한 노력은 상대적으로 적었다. 마차와 선박은 기존의 도로와 운하와 강을 통해 옮길 수 있는 만큼의 식량과 여물만을 운반할 수 있었다. 도로가 개선되고 운하가 신설되면 물자는 더 쉽고 빨리 유통될 수 있었다. 그리고 18세기, 특히 그 후반기에 유럽인들은 도로와 운하에 전례 없는 대규모 자본을 투입했다. 프로이센에서는 운하 건설이 의식적으로 전략적 계획과 연계되었다. 프리드리히 2세 치세에 오데르 강과 엘베 강을 연결하여 하나의 국내 수로로 만드는 운하가 건설되었는데, 그 목적은 곡물이나 그 밖의 물자를 국왕의 비축시설로 운반해 들이거나 내가는 작업을 신속하고 확실하게 수행하는 것이었다. 프리드리히 2세 자신이 장군들에게 이렇게 말했다. "그러나 수상교통의 이점이 결코 무시되어서는 안된다. 그 편리함이 없다면 어떤 군대도 충분히 보급받을 수 없을 것이다."[22] 프랑스와 영국에서는 1745년의 반란 이후 영국 정부 당국이 착수한 스코틀랜드 고지를 관통하는 도로의 건설을 제외하면, 직접적으로 군사적 편의를 위해 교통이 개선된 경우는 그다지 많지 않았다. 그보다는, 자본을 투자하여 이윤을 얻으려고 하는 개인 기업가들이 유료 도로나 운하를 건설하는 것이 일반적이었다. 이처럼 국가의 통제와 지도는 영국보다 유럽 대륙에서 훨씬 더 보편적이었다.* 그러나 비교적 단기적인 경제적 이익이 민간이나 정부의 행동을 지배하고 있는 경우에도, 수송이 개선되면 반드시 부수적으로 군사적 보급이 쉬워졌다. 그러한 개선이 없었다면, 또 습도가 높고 비가 잦은 날씨에도 차량이 통행할 수 있는 도로를 비교적 적은 비용으로 건설할 수 있게 한 도로건설 기술의 진보†가 없었다면 프랑스 혁명정부가 시작한 것 같은 규모의 군사사업은 불가능했을 것이다.

프랑스 공화국 육군은 1763년 이래 구프랑스 육군에서 이룩한 전술적·기술적 혁신의 상속자이기도 했다. 7년전쟁에서 겪은 여러 차례의 실패와 패배로 인해 프랑스 군인의 직업적 긍지는 심한 상처를 받았다. 일찍이 프랑스가 육상에서는 프로이센을, 해상에서는 영국을 상대로 누리

---

* 예를 들어 훗날 프로이센 개혁의 지도자가 되는 슈타인 남작은 비교적 낮은 직급의 관리였을 때 석탄 증산을 위해 루르 강을 따라 운하를 건설하는 일을 했다.[23]
† 피에르 트레사게라는 프랑스인 엔지니어는 각각 크기가 다른 세 종류의 쇄석(碎石)을 이용하여 세 층으로 포장을 함으로써 비교적 값싸게 전천후 도로를 건설하는 방법을 개발했다. 그의 방식은 1764년 이후 프랑스에서 널리 채용되었다. 다른 유럽 국가들도 이 방법을 따랐고, 머나먼 동쪽 러시아에서까지 모스크바와 상트페테르부르크 사이에 트레사게 방식으로 도로가 건설되었다. 영국에서는 존 라우든 매캐덤이 1790년대에 도로건설 문제에 관심을 갖고 노면이 오래가는 도로를 만드는 비슷한 방식을 개발했다. 매캐덤 방식은 한 가지 크기의 쇄석만을 사용해 공정을 단순화시켰다.[24]

던 우위를 되찾기 위해 무언가를 해야 한다는 인식이 널리 퍼져 있었기 때문에 혁신에 대한 저항은 적었다. 그러나 한 육군장관이 개혁을 시작하면 반드시 다른 무리의 장교들이 거기에 불만을 품었고, 그들은 육군장관이 교체될 때마다 신임자에게 시정을 요구했다. 그러나 아무도 7년전쟁의 실패를 초래한 현상태를 옹호할 수는 없었기 때문에 각 파벌들은 서로 대립되는 개혁안을 내걸었고, 그에 따라 전술과 군사행정을 둘러싼 격론이 벌어졌다.

이런 상황에서 광범위한 분야에 걸친 변혁이 상당히 신속하게 일어났다. 신병 모집은 이제 지휘관들의 책임이 아니었고, 국왕의 징병관이 정해진 복무기간에 정해진 봉급과 지급품을 주기로 하고 병사들을 모집했다. 장교직의 매관제(買官制)가 서서히 사라지고 승진에 관한 규정이 공개되고 통일되었다. 모든 연대는 동일한 편성표에 따라 개조되었고, 앞에서 살펴보았듯이 군 전체가 사단 단위로 재조직되었다. 다시 말해 관료제적 합리성의 원리가 프랑스 군사행정의 점점 더 많은 측면을 지배하게 된 것이다. 다만 이런 변화에 대한 저항이 완전히 사라진 것은 아니었다.[25]

서로 경합하는 전술체계에 대해 1778년에 기동연습 테스트가 실시되었다. 각 전술체계를 옹호하는 파벌들은 테스트의 결과에 대해 서로 다른 견해를 보였지만 점차 통일된 견해가 형성되었고, 이에 따라 1791년에 프랑스 육군성은 더욱 유연해진 새로운 전술지침서를 발간할 수 있었다. 이 지침서는 프랑스 혁명전쟁 기간에 줄곧 표준이 되었다. 이 지침서의 새로운 규칙은 현장의 상황과 지휘관의 판단에 따라 전장에서 종대, 횡대, 산병(散兵) 가운데 어느 것을 택하든 모두 인정했다. 반면에 다른 유럽 국가들의 육군은 7년전쟁에서 프리드리히 2세가 빛나는 승리를 거둔 이후 대부분 프로이센 식의 전술을 채택하고 있었다.* 그 결과 프랑스 혁

---

\* 영국은 1757년에 이 같은 분위기를 주도했다.[26] 미국도 1777년에 슈토이벤 남작을 불러들여 대륙군의 훈련을 맡김으로써 영국의 뒤를 따랐다.

명군의 보병부대는 프리드리히 2세가 선호했던 횡대를 완강하게 고집하는 적군보다 전장에서 더욱 신속하고 일사불란하게 움직일 수 있었고, 기복이 심하거나 험한 지형에서도 효과적으로 작전을 펼 수 있었다.

횡대전술을 펴기 위해서는 장애물이 없는 탁 트인 지형이 필요하다. 그러므로 농업이 다각화되어 경지에 울타리가 쳐지기 시작하면서 서유럽의 농업경관은 점점 구(舊)전술을 펴는 데 불리해졌다. 수많은 목책과 산울타리와 도랑 때문에 3~5m 너비의 전투횡대를 짜기는 힘들어졌고, 더욱이 횡대가 일사불란하게 전진하는 일 따위는 도무지 불가능했다. 1778년 프랑스의 기동연습 테스트는 산울타리와 개방경지가 접하는 경계지역이자 그 두 가지가 섞여 있는 노르망디에서 실시되었다. 즉 프랑스군의 전술은 실제 경험을 바탕으로 이러한 서유럽 농업경관의 변화를 고려했던 것이다. 반면에 더 동쪽의 베를린이나 모스크바 부근에서는 아직 개방경지가 남아 있었기 때문에 옛 전술이 적합했다.

산병(散兵)전술이 유럽 국가들의 전쟁에서 처음으로 명성을 얻은 것은 오스트리아 육군 덕택이었다. 오스트리아 왕위계승전쟁 동안 마리아 테레지아 여제는 예전부터 적의 약탈부대에 맞서 오스만 제국과 접경지대를 방어해온 지역 민병대를 자신의 야전군에 편입시켰다. 이 사나운 '크로아티아인' 부대는 주력부대의 전투횡대 앞쪽에 비정규병으로 배치되어 대단한 위력을 발휘했다. 이들은 정규군의 전투가 시작되기 전에 적의 후방을 끊임없이 공격하고 적의 보급대를 습격했으며, 곳곳에서 적군을 저격하여 적진의 배치를 방해했다. 곧 다른 나라에서도 그와 같은 역할을 맡기기 위해 '경보병'(輕步兵)을 양성하기 시작했다. 이처럼 1763년부터 1791년에 걸쳐 이루어진 프랑스 육군의 전술개혁은 다른 유럽 국가들의 경험을 도입하여 활용한 것이었다.[27]

때에 따라 프랑스의 개혁은 실패하고 곧바로 폐기되기도 했다. 1768년에 이루어진 후장식(後裝式) 머스킷총에 관한 실험이 바로 그러한 운명을 맞았다.* 설계자들이 이 획기적인 착상을 포기해버린 뒤 재래의 설계를 약간 개량한 전장(前裝) 머스킷총이 1777년에 표준으로 정해져 1816년까지 계속 유지되었다. 그러나 설계는 구식 그대로여도 제작기술은 개선되었다. 당국이 파견한 감독관들은 부품을 한층 표준화하도록 강제했는데, 프랑스제 머스킷총이 내구성이 향상되고 조준도 정확해진 것은 아마도 그 때문인 것 같다.†

대포 설계에서는 이보다 훨씬 대단하고 혁기적인 변화가 일어났다. 발사할 수 있는 포환의 중량에 따른 대포의 등급은 이미 카를 5세 시대에 모든 유럽 국가에서 체계화되었다. 18세기 전반에 장 플로랑 드 발리에르(1667~1759)가 프랑스 육군 포병대에서 사용되는 대포 구경의 종수를 줄였다. 그러나 대포 하나하나가 별도의 거푸집으로 주조되는 한 이런 식의 표준화는 대략 비슷하게 조정하는 정도만 가능할 뿐 완벽한 표준화를 이룰 수는 없었다. 대포를 주조하기 위해서는 바깥쪽 거푸집 안에 안쪽 거푸집을 넣고 그 안팎 거푸집의 틈새에 쇳물을 부어넣어야 하는데, 안쪽의 거푸집을 바깥쪽 거푸집의 중심에 정확하게 맞추기란 거의 불가능했다. 애초에 안쪽 거푸집이 정확하게 제자리에 들어가기도 어려울 뿐더러 단단히 고정되지도 않기 때문에, 쇳물을 부으면 그 무게와 흐르는 힘으로 안쪽 거푸집이 조금씩 움직이게 마련이었다. 따라서 안쪽 거푸집에 의해 형상이 결정되는 약실·포강(砲腔)과 포신의 외형이 정확하게 평행을 이루지 않는 것이 보통이었으며, 포신 내경의 치수가 조금씩 다른 것은 오히려 당연하게 여겨졌다. 또한 주조방식으로 제작된 대포는 엄청나게 무거워서 야전군이 끌고 다닐 수가 없었기 때문에 전장에서 거의 볼 수 없었다. 대포는 주로 요새의 수비나 공격, 또는 함포로 사

---

* 후장식 머스킷총은 몇 천 정이 제조되었다. 그러나 후미의 메커니즘에 결함이 있는 것으로 판명되었고 발명자는 자살했다.[28]
† 1794년에 리에주가 프랑스에 병합된 후, 새로 온 프랑스 감독관들은 유럽에서 가장 숙련된 리에주의 총포제조자들에게 더 나은 실적을 내놓으라고 압박했다.[29]

용되었다.

 이러한 상황을 바꿔놓은 것은 1734년 리옹에서 일했던 스위스인 엔지니어 겸 대포제작업자 장 마리츠(1680~1743)였다. 마리츠는 대포를 금속덩어리 형태로 주조한 다음에 포강을 뚫으면 더 정확하고 균일한 제품이 만들어질 것이라고 생각했다. 마리츠는 몇 년이나 걸려서 그때까지 알려진 어떤 기계보다 더 크고 안정적이며 강력한 천공기(穿孔機)를 개발했다. 그는 이 신기술을 비밀에 부치려고 했기 때문에(실제로는 비밀이 오래 유지되지 못했지만) 언제 어떻게 성공을 거두었는지에 관한 분명한 기록 같은 것을 남기지 않았다. 그러나 1750년대가 되자 그의 아들이자 후계자인 같은 이름의 장 마리츠(1711~1790)가 필요한 기계를 완성했다. 1755년에 아들 마리츠는 대포 주조·단조(鍛造) 설비의 총감찰관에 임명되어 프랑스의 모든 왕립 조병창에 자신의 천공기를 설치하는 임무를 맡았다.[30] 얼마 지나지 않아 유럽의 다른 나라들도 여기에 관심을 갖게 되었고, 1760년대에 들어서 이 신기술은 머나먼 러시아에까지 도입되었다.* 1774년에는 영국에서 존 윌킨슨이 유사한 기계를 설치했다.[32]

 곧고 균일한 포강의 이점은 말할 수 없이 크다. 모든 포의 포강이 일정하면 포수가 대포 하나하나의 성질을 따로 익힐 필요가 없고 표적도 더 잘 맞출 수 있다. 또 포강이 정확하게 포신의 중심에 뚫려 있으면 모든 방향으로 금속의 강도와 두께가 같기 때문에 화약이 폭발할 때 포의 안전성도 높아진다. 무엇보다 중요한 것은 위력을 떨어뜨리지 않으면서도 훨씬 가볍고 운반하기 쉬운 대포를 만들 수 있다는 점이었다. 천공법으로 만든 대포에서는 포강의 내벽과 포탄 사이의 안전거리를 이제껏 생각했던 것보다 훨씬 가깝게 밀착시킬 수 있다는 것이 가장 큰 이유였다. 대

---

* 1763년에 프로이센 육군은 한 네덜란드인 기술자를 고용하여 슈판다우의 조병창에 대포 천공기를 설치하게 했다. 1760년에 러시아군이 베를린을 점령했을 때 이 네덜란드인은 포로가 되었고, 러시아군의 설득으로 툴라에서 그들을 위해 같은 일을 했다.[31]

## 대포 천공기

이 그림은 장 마리츠가 발명한 장치와 비슷한 기계로 포신을 뚫어 대포를 제작하는 방법을 보여준다. 성공의 비결은 천공기의 날을 고정한 채 포신을 회전시키는 것이었다. 천공기의 날은 추와 톱니장치에 의해 앞으로 나아가면서 계속해서 천공 면에 일정한 압력을 가하게 된다. 이렇게 해서 천공기의 날이 흔들리지 않게 되었고, 한편 포신의 무게로 인해 회전운동에 관성이 붙으면서, 정확한 천공작업을 망칠 수도 있는 회전축의 흔들림을 막을 수 있었다.

Gaspard Monge, *Description de l'art de fabriquer les canons*, Imprimée par Ordre du Comité de Salut Public, Paris, An 2 de la République française, pl. XXXXI. [공화력 2년(An 2)은 서력 1793년 9월 22일부터 1794년 9월 21일까지]

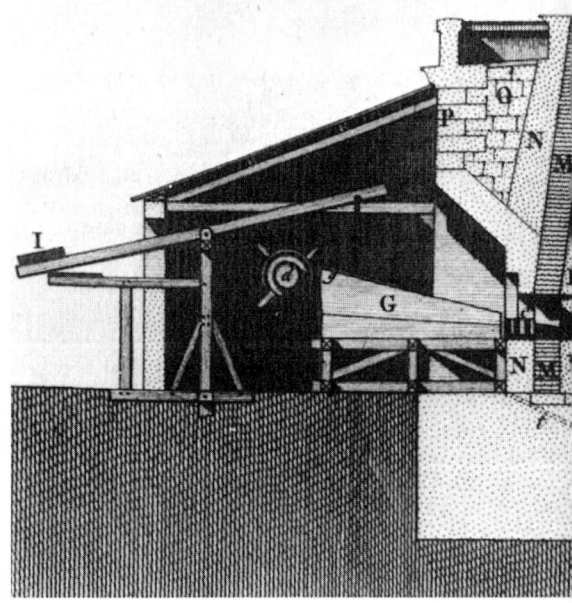

고로설계도

뤼엘의 프랑스 해군 대포주조소에 설치된 고로의 이 설계도는 18세기 말엽이 되면서 영국과 프랑스의 야금산업을 변모시키기 시작한 주요 설비를 보여준다. 이 고로 한 기는 높이가 10m로, 대포 여러 문을 주조할 수 있는 양의 철을 한꺼번에 녹일 수 있다. 산소를 더 많이 공급하여 불길을 강하게 하는 동력식 풀무장치에 주목하라.
Ibid., pl. II.

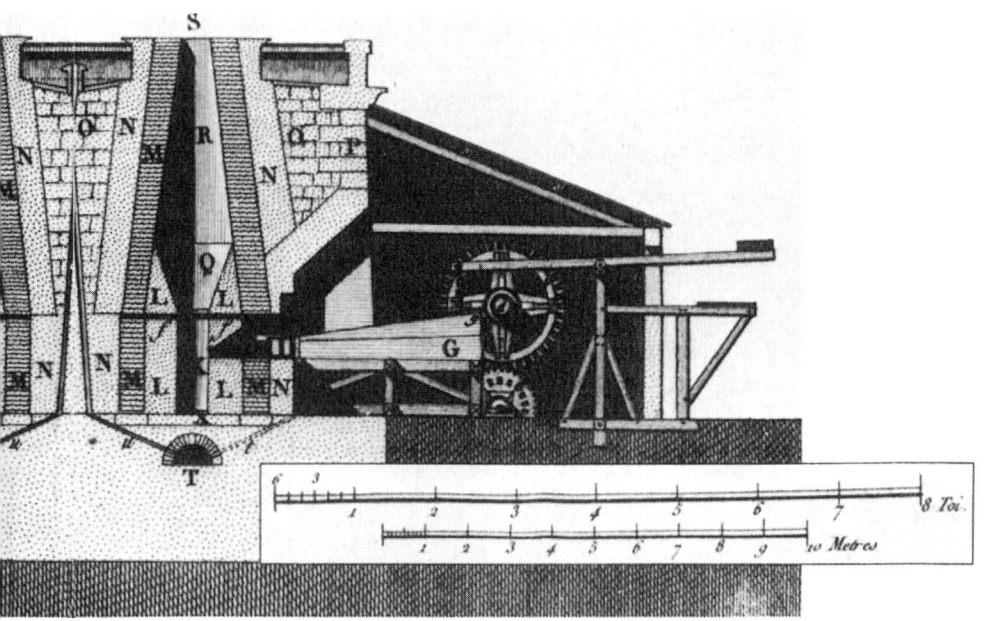

포 한 문을 주조하기 위해서 거푸집 한 개가 소요되었던 시절에는 대포마다 포강의 치수가 조금씩 달라서, 포강에 포탄이 끼는 위험을 방지하기 위해 포신과 포탄 사이에 충분한 틈이 있어야 했다. 그런데 그 틈을 줄이면 포탄 주위로 쓸데없이 새나가는 폭발가스가 줄기 때문에 이전보다 훨씬 적은 장약을 사용하고도 포탄의 속도를 높일 수 있다. 그렇게 되면 과거와 같은 위력을 가지면서도 포신이 더 짧고 장약을 적게 사용하는 대포의 제작이 가능해진다. 또한 장약을 적게 사용하면 폭발이 일어나는 약실 주위의 금속을 이전보다 얇게 만들어도 안전을 해치지 않는다. 포신이 짧아지고 포벽의 두께가 얇아지면 대포는 가볍고 운반하기 쉬우며, 발사의 반동으로 뒤로 물러난 대포를 발사위치로 신속하게 원위치시킬 수도 있다. 이 모든 일은 제작공정의 정밀도가 높아졌기 때문에, 그리고 포신을 어느 정도 짧게 하고 포벽을 어느 정도 얇게 만들더라도 원하는 무게의 발사물을 원하는 속도로 안전하게 날려 보낼 수 있는지를 알아내기 위한 시험용 무기에 대해 체계적인 테스트가 이루어졌기 때문에 가능했다.

이 테스트는 장 바티스트 바케트 드 그리보발이 지휘하는 프랑스 포술가들에 의해 1763~1767년에 행해졌다. 그리보발은 또한 견인차, 탄약운반차, 마구(馬具), 조준장치 등 야포에 필요한 모든 부품을 새로 설계하기 위한 일련의 체계적인 활동도 이끌었다. 그의 사고방식은 단순하고 근본적이었다. 즉 새로운 무기체계를 개발하는 일에 이성과 실험을 적용하는 것이었다. 그리하여 그는 행군하는 보병부대와 함께 이동할 수 있고 따라서 전투에서 큰 역할을 할 수 있는 강력한 야포를 만들어냈다.

세부에 대한 세심한 배려가 이 기본적인 개량의 효과를 높였다. 예를 들어 그리보발은 포신의 앙각(仰角)을 정확하게 조정하기 위한 나사식 장치와 조준선의 위치를 조절할 수 있는 새로운 조준장치를 도입하여, 대포를 발사하기 전에 포탄이 어디에 떨어질지 정확하게 예측할 수 있도록 했다. 또한 포탄과 화약을 한 꾸러미로 묶어서, 여태까지처럼 화약과 포탄을 따로따로 포문으로 밀어 넣을 때에 비해 발사속도를 두 배 가까이 높였다. 마지막으로 그리보발은 다양한 표적에 따라 속까지 꽉찬 솔리드 포탄, 겉껍질이 깨져서 흩어지는 셸 포탄, 속에 산탄 등을 집어넣은 캐니스터 포탄 등 여러 종류의 포탄을 개발했고, 따라서 대포를 다용도로 사용할 수 있게 되었다.[33]

그리보발의 새로운 대포 시제품은 이미 1765년부터 사용할 수 있었지만, 그 무렵 프랑스 육군이 내부의 분쟁과 논쟁에 시달리고 있었기 때문에 이 새로운 설계는 1776년이 되어서야 비로소 승인을 받았다. 그러나 이 신형 대포가 승인을 받은 뒤에도 그것을 제조하는 데 요구되는 새로운 정밀도 기준까지 제조기술을 끌어올리는 일은 쉽지 않았고, 1788년에 사단 편성을 중심으로 육군을 재편한다는 결정이 내려질 때까지는 그리보발의 대포에 대한 육군 내부의 반대도 완전히 사라지지 않았다. 결국 기동력 있는 신식 야포는 프랑스 혁명 직전에야 사용될 수 있었다. 그리보발의 대포는 나폴레옹 전쟁 기간에 줄곧 표준적인 대포로 사용되었고, 1829년 무렵부터 점차 사라져갔다. 야포는 발미 전투의 포격전(1792) 이래로 프랑스군의 승리에서 중요한 요소였다. 그리보발이 창안한 야포는 거의 행군하는 보병부대만큼이나 신속하게 전장으로 이동할 수 있는 대단한 기동력을 갖추었고, 약 1km 이내의 표적을 포격할 수 있었기 때문이다.

그리보발의 개혁의 두 번째 측면은 조직개혁이었다. 그리보발은 그때까지 민간인 청부업자가 대포를 운반하던 관례를 깨고, 대포의 사수들이 대포를 옮기도록 했다. 포에서 견인차를 떼어내고 발사위치에 놓고 조준하고 쏘기 위해 필요한 여러 동작을 연습하는 포병훈련이 도입되면서, 소화기 훈련에서는 오래전부터 이루어지고 있던 정확하고 기계적인 동작이 가능해졌다. 또 그리보발은 포병장교를 위한 학교를 개설하고 포술에 관한 이론을 가르쳤으며, 기존의 공인된 보병전술이나 기병전술과 새로운 대포를 어떻게 맞춰 나갈 것인지를 가르쳤다. 이리하여 합리적인 관리와 설계는 군수품 같은 물자만이 아니라 새로 설계된 무기를 다룰 인간에까지 확대 적용되었다. 그 결과 프랑스 육군에서 중세적인 직인 길드의 잔재는 완전히 사라지고 포병은 보병·기병과 나란히 새로운 사단조직 속에, 합리적 사고와 체계적 테스트의 성과를 구현한 새롭게 조직·설계된 명령구조의 일부로 자리잡게 되었다.

그리보발의 경력은 그 자체로도 또 1792년 이후 프랑스의 군사적 성공에 기여한 점에서도 흥미롭지만, 그와 그의 동료들이 유럽 각국의 군사 경영에 중요한 지평을 열었다는 점에서도 대단히 흥미롭다. 18세기 프랑스의 포술가들은 이전에는 달성할 수 없었던 성능을 보유하면서도, 더욱이 전장에서 어떻게 사용될 것인지 명확하게 예측할 수 있는 무기를 만들어내는 데 착수했다. 다시 말해서 그리보발 및 그의 동료들과 더불어, 공권력에 의해 조직되고 지원되는 '계획적 발명'이라는 것이 처음으로 구체적으로 현실화된 것이다. 헬레니즘 시대 투석기의 급속한 발달*이나 철제 포환이 처음 도입되었던 15세기에 대포제조 직인들이 이룩한 대포 설계의 눈부신 개량 등이 어느 정도 이것과 비슷할지 모르겠다. 그러나 이전 시대의 사례에 관한 정보는 빈약하며, 헬레니즘 시대에 지배자들을 위해 투석기를 만든 직인들이나 샤를 공과 루이 11세를 위해 대포를 주조해낸 종(鐘) 직인들이 개량된 투석기나 대포로 무엇을 할 수 있을지를 미리 머릿속에 그리고 있었는지 여부는 확인할 수 없다. 그런 것은 사료에 나오지 않는다. 그러나 18세기 프랑스 포술가들의 경우에는 다음의 사실이 명백하다. 즉 그리보발이라는 인물 주위에 개혁당이 형성되었고 그 집단의 지도자들은 포강을 도려내는 방법으로 정밀하게 제작된 포

---

* 주로 발명이 이루어진 장소는 시칠리아 섬 시라쿠사의 참주 디오니시오스 1세(B.C. 399)의 궁정과 이집트 왕 프톨레마이오스 2세(B.C. 285~B.C. 246)의 궁정이었다고 한다.[34]

신으로 무엇을 이룰 수 있는지 분명히 의식하고 있는 동시에, 자신들이 추진하고 있는 기술적 개혁이 군대 조직 및 훈련의 전반적인 합리화의 일부라는 점을 알고 있었다.

그런데 위계와 복종과 개인의 용맹을 강조하는 유럽 군대의 전통은 그리보발이 구사하는 지적인 계획이나 실험과는 잘 맞지 않았다. 이 때문에 기술전문가들이 군대를 어떻게 배치해야 하는가 하는 일반적인 문제에 똑같은 방법론을 적용하려 하고 포병의 지위를 보병이나 기병과 비슷한 지위로 끌어올리기 시작하자 당연히 거센 저항이 일어났다. 그리보발의 개혁을 둘러싼 정책의 격렬한 요동은 당시 프랑스 육군과 프랑스 정부 전체에서 제기되기 시작한 합리주의와, 기존의 기사적 무용(및 그 밖의 기득권)에 대한 숭배 사이의 긴장을 반영한다.

상대가 누구든 관계없이 약 800m 이상 떨어진 거리에서 적병을 살해하는 데 사용될 수 있는 무기는 용사가 전장에서 어떻게 행동해야 하는가에 관한 뿌리 깊은 관념과 맞지 않았다. 원거리에서 보병을 공격하는 포병은 보병으로부터 직접 반격을 받을 염려가 없다. 이런 상황에서는 서로 간에 위험이 대칭적이지 않았으며, 그것이 정정당당한 행동으로 여겨지지 않았다. 대단치 않아 보이는 수리적이고 기술적인 기능이 용기와 근력을 사용하는 옛날식의 무용을 쓸모없는 것으로 만들어버릴 위험마저 있었다. 그런 변화는 군인이 된다는 것이 무엇을 의미하는가 하는 기존의 정의에 이의를 제기하는 것이었다. 19세기와 20세기에 다가올 변화에 비하면 18세기의 변화는 아직 초보적이고 부분적인 수준이었지만, 16세기와 17세기에 소화기가 등장함으로써 직접적인 백병전이나 전투에서의 근력 대결은 그 역할이 이미 축소되어 있었다. 18세기의 상황에서는 칼을 빼들고 돌격하는 기병만이 원초적인 전투의 모습을 간직하고 있었다. 이로 인해 유럽 각국의 육군이 기사시대로부터 이어받아온 기병의 위신은 더욱 높아졌다. 귀족들과 일반적으로 보수적 사고방식을 가진 군인들은 전투에 관한 옛날식의 육체적 정의를 열렬히 신봉했다. 포병과 그들이 다루는 차가운 수식(數式)은 군인의 생활을 영웅적이고 훌륭하고 가치 있게 만드는 모든 것을 파괴하는 것처럼 보였다.

이런 식의 정서가 명확하게 말로 표현된 적은 거의 없었다. 이런 감정은 인간의 특성 가운데 비합리적인 차원에 뿌리를 두고 있었으며, 사거리가 먼 대포는 뭔가 대단히 잘못된 것이라고 생각하던 사람들은 자신의 견해를 표현하는 데 서툴렀다. 그러나 신식 장비를 다루는 기술자도, 거기에 대해 가장 격렬히 반대하는 사람도 한 가지만은 의견을 같이했다. 즉 장교 자리를 경매에 붙여 최고가를 제시하는 입찰자에게 넘긴다면 부적절한 사람이 장교가 될 수 있다는 점이었다. 부적격한 벼락부자를 배제하고 장교직을 군인집안의 자제에게 한정하기 위해, 1781년에 프랑스 육군성은 보병과 기병의 장교 후보자들은 친가와 외가 모두의 조부모 때부터 귀족신분이었음을 증명해야 한다는 법령을 공포했다. 군대에서 이 법령을 못마땅해 할 계층은 보병부대의 야심만만한 하사관들뿐이었다. 포병부대의 경우에는 적절한 수학능력만 갖추고 있으면 여전히 평민에게도 기회가 개방되어 있었기 때문이다.*

프리드리히 2세는 1763년 이후 프로이센 장교단에서 조직적으로 평민을 배제함으로써 이런 귀족반동을 구현했다. 이는 그가 부르주아 출신 인간의 특성으로 여기고 있던 타산적인 정신—바로 그리보발 일파를 지배하고 그들에게 영감을 주었던 특성—을 신뢰하지 않았기 때문이다. 확실히 프리드리히는 새로운 대포의 발달 앞에서 당황하고 있었으며, 기술적인 군비경쟁에서 러시아의 거대한 제철산업은 물론이고 오스트리아나 프랑스와 경쟁하기에도 프로이센의 설비가 부족하다는 것을 깨닫고

---

* 이 '귀족반동'에는 여러 요인이 있지만, 그 중의 하나로 인구증가를 꼽을 수 있을 것이다. 부양해야 할 자식들이 늘면서 귀족집안에서는 더욱 절실하게 장교 임용을 원하게 되었을 것이고, 그만큼 더 귀족 칭호를 갖고 있지 않은 벼락부자들을 혐오하게 되었을 것이다.

있었다. 이에 프리드리히는 포병을 경시하고 규율과 '명예'를 강조하는 것으로 대응했다. 규율과 명예야말로 프로이센의 장교와 병사들로 하여금 언제라도 국가를 위해 목숨을 바치도록 해왔던 특질이었다. 이리하여 프리드리히와 그의 후계자는 옛날식 군인의 미덕에 의존하는 쪽을 선택하고, 그리보발 식의 합리적인 실험과 기술개혁에 대해 의도적으로 등을 돌렸다. 이 보수적 정책의 대가는 1806년에 명백하게 드러났다. 그해 예나 전투에서 프로이센군의 용맹함·복종·명예는 프랑스군이 그동안 준비해온 새로운 규모의 전쟁에 맞서기에 역부족이었다. 프랑스군이 그런 전쟁을 할 수 있게 된 것은 지휘관들이 자신의 직업에 대한 합리적이고 실험적인 접근을, 종종 마지못해서이긴 했지만 받아들인 덕분이었다.[35]

'주문에 의한 기술개발,' 즉 기존의 성능을 뛰어넘는 새로운 무기체계를 만들어내려는 의도적인 시도는 20세기에는 당연한 일이 되었다. 그러나 18세기에는 그것이 근본적으로 새로운 일이었으며, 그리보발의 지도에 그토록 성공적으로 응답한 프랑스 포병들은 오늘날의 기술적 무기경쟁의 선구자로 불리기에 충분하다. 그러나 이 점을 너무 과장해서는 안 될 것이다. 그들의 기획은 체계적이고 성공적이긴 했지만, 여전히 고립적이고 예외적인 일이었기 때문이다. 부싯돌식 발화장치와 총검이 장착된 머스킷총이 1690년 이후 오랫동안 '고전적' 무기로 자리 잡았듯이, 야포의 설계도 그리보발이 이룩한 수준에서 정체기를 맞았다. 프랑스 혁명전쟁이 발발했을 때 다른 유럽 국가들의 야포는 정도의 차이는 있지만 모두 프랑스에 뒤져 있었다. 그러나 1815년에 다시 평화가 찾아왔을 때는 모든 대국이 개전 당시 프랑스 야포의 수준을 대체로 따라잡고 있었다. 그리고 1850년 이후 후장포(後裝砲)가 등장하기까지 더 이상의 근본적인 개량은 일어나지 않았다.

1763~1789년에 프랑스 포병이 달성한 것과 같은 개혁이 일어날 수 있도록 군대생활의 일상이 뿌리째 흔들리기 위해서는 분명히 어떤 강력

한 자극이 필요했다. 이 부분을 이해하려면 그리보발 개인의 경력을 살펴보는 게 도움이 될 것이다. 그리보발은 1752년에 프로이센 포병의 전법을 배우기 위해 파견되었다가, 1756년에는 오스트리아군으로 옮겨 7년 전쟁 동안 훌륭한 전공을 세웠다. 그곳에서 그리보발은 공성포로 슐레지엔의 요새도시를 함락시켰으며 또 다른 요새도시도 예상 가능일수보다 훨씬 오랫동안 프로이센의 공격에 맞서 방어했다. 따라서 1762년에 프랑스로 돌아왔을 때 그리보발은 오스트리아군이 포병에서 어떤 개량을 이룩했는지를 잘 알고 있었다. 이처럼 외국 군대와 접촉한 결과 그리보발의 마음속에는 '가능할 것이라는 예감,' 다시 말해 좀더 체계적으로 접근하면 새로운 종류의 무기를 만들어낼 수 있고 전장의 상황을 근본적으로 바꿀 수 있다는 직감이 자리 잡았을 것이다.

그러나 어떤 과감한 변화를 일으키겠다는 의지는 자신의 정부와 특히 육군·해군의 경영방식이 어딘가 잘못되었다는 인식이 프랑스인 사이에 광범위하게 퍼져 있었던 데서 나온 것이기도 하다. 그리하여 '가능할 것이라는 예감'과 기존의 상태에 대한 널리 확산된 불만이 결합하면서 비로소 그리보발의 개혁과 같은 비약적인 현상 타파가 가능해졌다. 그러나 그런 상황은 흔히 일어날 수 있는 일이 아니었다. 유럽 군대의 일반적이고 일상적인 경영방식은 그리보발이 지휘한 것과 같은 연구개발팀으로부터 아직 이렇다 할 영향을 받고 있지 않았다. 요컨대 '주문에 의한 기술개발'은 여전히 예외적인 사례였으며 소수의 전문적인 포병장교 집단 외에는 그것을 이해하기는커녕 인지하지도 못했다. 그러나 육군 중장 그리보발과 그 휘하의 대포설계자들이 거둔 성공은, 다가올 폭풍우를 예고하는 '손바닥만한 구름'으로서 이제까지보다 좀더 중요하게 평가되어야 할 것이다.[36]

그런데 효과적인 야포의 발달이 분명히 장래 유럽의 전쟁에서 중요하기는 했지만 당시로서는 새로 발명된, 따라서 그 효력이 아직 검증되지 않은 야포보다 공성포·요새포·함포 쪽이 훨씬 더 많이 금속을 소비하고 있었고 수도 훨씬 많았다.[37] 그러나 이 점에 관해서도 혁명 전야에 프랑스 육해군은 기존의 한계를 극복할 방도를 탐색하고 있었다. 프랑스의 입장에서 볼 때 문제는 1780년대에 영국에서 철을 정련하는 새롭고 뛰어난 기술이 개발되었다는 점이었다. 핵심적인 변화는 1783년에 헨리 코트가 발명한 이른바 '교련법'(攪鍊法)이었다. 이 발명으로 인해 코크스를 연료로 하는 반사로(反射爐) 속에서 선철을 녹일 수 있게 되었다. 반사로는 천정에서 열을 반사시켜 철을 녹이기 때문에 철이 바닥에 있는 연료에 직접 닿을 일이 없었다. 또한 반사로 속에 녹아 있는 쇳물을 휘저어주면 그 속에 포함되어 있던 여러 불순물이 증발하여 제거된다. 이 단계에서 영국의 제철기술자들은 쇳물이 식어 붉고 뜨거운 점성체가 되었을 때 그것을 무거운 롤러 사이로 통과시키면서 롤러의 간격을 조절하면 원하는 두께로 성형해낼 수 있으며, 이때 가해지는 기계적 힘 덕분에 또다시 불순물이 제거된다는 사실을 알아냈다. 이 과정의 최종 생산물인 순도 높은 단철(鍛鐵)은 생산비가 적게 들고 쉽게 성형할 수 있었으며, 대포 제작이나 그 밖의 수많은 용도에 알맞았다. 그러나 여기에 적합한 반사로를 설계하고 유해한 불순물을 제거하는 데 따르는 모든 어려움을 극복하기까지는 20여 년간의 시행착오를 거쳐야 했다. 결국 이 정련법이 실용화된 것은 19세기 첫 10년 동안의 일이었다.[38]

그보다 훨씬 전에 프랑스의 기업가와 관료들은 무기제조에서 이 새로운 제철법의 잠재적 가치가 유용하게 쓰일 수 있음을 인식했다. 숯보다 값이 싸고 개발의 여지가 많은 코크스를 연료로 사용한다면 비용을 크게 줄일 수 있었다. 또 롤러를 사용하면 인건비가 많이 드는 해머질에 의존할 때보다 훨씬 많은 양의 철을 단련할 수 있었다. 그리하여 프랑스의 개인 사업가가 발기인이 되어, 영국의 최신 코크스 제철기술을 사용하는 제철설비를 프랑스 동부의 르크뢰조에 건립하려는 대규모 계획이 수립되었다. 르크뢰조의 제철설비는 선박의 통행이 가능한 하천과 운하를 통해 루아르 강 하구의 앵드레 섬에 있는 해군의 대포 주조시설과 이어지도록 할 예정이었다. 계획을 입안한 프랑스인들은 이렇게 해서 프랑스 해군이 함선과 항만 방위에 필요한 대포를 싼값에 다량 확보할 수 있기를 기대했다. 영국인 기술자이자 실업가인 윌리엄 윌킨슨과 프랑스 실업계의 거물 프랑수아 이냐스 드 웬델 남작, 그리고 파리의 금융업자들이 힘을 합쳐 이 계획을 추진했다. 프랑스 정부의 무이자 대출을 받아 초기 비용의 일부를 충당했고, 루이 16세도 개인적으로 4,000주 가운데 333주에 출자했다. 이 든든한 후원에 힘입어 르크뢰조는 1785년에 생산을 개시했지만, 그 무렵 영국 제철업자들을 괴롭히고 있던 것과 같은 종류의 심각하고 극복하기 어려운 기술적 난관에 곧 직면하게 되었다. 이 대규모 사업은 1787~1788년에 사실상 파산했고, 그 후 몇 년 더 생산을 계속했지만 성과는 만족스럽지 못했다. 1807년에는 완전히 포기되었는데, 그것은 르크뢰조에서 생산된 철의 품질이 나빠서 불량품 대포가 너무 많이 나왔기 때문이다.[39]

결국 실패로 끝나기는 했지만 이 대계획은 20세기에 들어 비로소 중요해진, 대규모 무기생산을 위한 전국적인 산업동원을 예시해주었다. 이러한 계획의 선례가 전혀 없는 것은 아니었다. 17세기에 콜베르는 리에주의 무기제조업자를 상당수 데리고 와서 프랑스 왕립 조병창에서 일하게 했다.[40] 그 이전에도 러시아는 외국에서 기술을 도입하여 무기제조에 대규모로 적용함으로써 경쟁국가나 이웃나라들을 앞지르는 데 도움을 받았다. 예를 들어 1632년 툴라에 네덜란드인이 경영하는 무기제조시설이 들어섰고, 이어서 표트르 대제는 우랄 지방에서 제철업을 일으키는 데 성공했다.* 또한 17세기 전반에 스웨덴이 플랑드르의 야금기술을 도

---

* 우랄 지방의 제철업에 필요한 노동력은 대체로 농노들의 부역을 이 새 사업에 배정함으로써 조달되었다. 작업은 대부분 농사일이 없는 겨울철에 이루어졌다. 그러므로 농노들이 지게 된 추가부담으로

입한 일도 매우 유사한 성격을 띠고 있으며,[43] 비교적 규모가 작긴 했지만 프로이센이 리에주에서 기술자들을 데려와 베를린 근교에 무기산업을 일으키려 했던 일(1772) 또한 1780년대 프랑스의 계획과 마찬가지로 전략적 계획화의 요소를 포함하고 있었다.[44]

이런 사례들과 르크뢰조-앵드레 계획의 차이는 웬델 남작과 그 제휴자들이 무기제조를 위한 새로운 대규모 산업적 방식의 가능성을 모색했다는 점이다. 이 점에서 그들은 19세기 후반에 전개된 새로운 양상을 앞당겨 보여주었다. 19세기 후반은 개인 사업가가 유럽이나 전세계 정부를 대상으로 대형 대포와 그 밖의 무기들을 판매하던 시대였다. 그러나 웬델과 정부의 관계는 19세기의 개인 무기제조업자와 정부의 관계보다 더 긴밀했다. 프랑스에서는 무기제조를 둘러싸고 공권력과 개인 사업가 사이에 형성되는 밀접한 협조관계에 콜베르주의라는 선례가 있었다. 그러나 웬델 남작이 계획했던 식의 거대한 산업적 규모에서 그런 협조관계가 영속적으로 이루어진 것은 1885년 이후의 일이었다.

만약 1780년대에 프랑스 기업가들이 영국의 제철 야금술을 따라잡았다면, 그토록 크게 확대된 생산규모에서 나오는 제품들을 선뜻 사들일 수 있는 소비자는 사실 해군뿐이었다. 새로운 기술을 프랑스에 도입하고 거기에 필요한 비싼 자본설비를 건설하려면 생산물의 확실한 판로가 필요했다. 그렇지 않은 한 분별력 있는 사람이라면 누구도 거기에 투자할 생각조차 하지 않았을 것이다. 프랑스에서는 내국 관세와 육로수송에 드는 높은 비용 때문에 전국적 시장의 발달이 지체되고 있었기 때문이다.

>>>→

농업생산성이 떨어진 정도는 아주 경미했다. 다시 말해 계속해서 강제에 호소함으로써 러시아 정부는 1년 내내 더욱 효율적으로 노동을 배분했으며, 또한 감독관들과 외국에서 데려온 소수의 기술자들을 부양하는 것 외에는 거의 비용을 들이지 않고 군비에 필수적인 제철업을 이룩했다.[41] 표트르 대제의 제철소는 1715년까지 이미 1만 3,000문 이상의 캐논 포를 제조했고 머스킷총의 연간 제조수량은 1720년에 2만 정에 달해, 프랑스의 무기생산에 필적하고 있었다.[42]

이와는 대조적으로 영국에서는 1780년대에 이미 전국적인 민간시장이 형성되어 웨일스와 곧이어 스코틀랜드에 등장한 신흥 제철업자들이 다양한 판로로 제품을 팔 수 있었다. 그러나 이런 영국에서조차 헨리 코트는 자신의 방법을 통해 해군 대포의 가격을 낮출 수 있을 것이라고 주장하며 교련공정에 대한 자신의 특허권을 정당화했다.[45] 그리고 산업이 비상하느냐 비상하지 못하느냐 하는 결정적 시기였던 1794~1805년에 영국 정부는 코트의 제품 가운데 5분의 1가량을 사들여 거의 전량을 무기 제작에 사용했다.*[46]

프랑스 해군에 값싸게 다량의 중포(重砲)를 공급하기 위한 르크뢰조-앙드레 계획의 거대한 규모와 그 최종적인 실패는 17세기와 18세기에 프랑스 해군이 벌인 일들이 어떻게 진행되었는지를 보여주는 대표적인 사례이다. 이와 같이 해군에 재난이 거듭되었던 근본요인은 어떤 일에서든 육군이 우선이었기 때문이다. 프랑스의 군사정책이 대해군을 건설하는 데 집중된 적이 있긴 했지만, 그마저도 산발적으로 이루어졌을 뿐이다. 1662~1683년에 콜베르는 네덜란드를 물리치기 위해 해군 건설에 힘을 기울였다. 그의 노력은 큰 성공을 거두었고, 그 결과 1689년에 아우크스부르크 동맹 전쟁에서 영국과 네덜란드가 손을 잡고 프랑스에 맞섰을 때도 처음에는 프랑스 해군이 두 나라의 연합함대보다 우세했다. 그

---

* 하이드(Hyde)는 철의 총생산량에서 정부가 사들인 양이 17~25%라고 추정한다. 그러나 개인에게 팔린 철의 일부는 결국 정부가 개별 생산자에게서 매입하는 완제품 및 반제품 머스킷총으로 가공되었기 때문에, 하이드의 추정치는 아마도 최소한의 수치일 것이다. 사실 하이드는 매우 복잡한 경제학의 계량기법과 개념을 사용하고 있음에도 불구하고, 어쩌면 바로 그렇기 때문에 영국 제철산업의 번영에서 군수품과 정부매입의 중요성을 일부러 낮게 평가하는 듯하다. 예컨대 웨일스와 그에 뒤이은 스코틀랜드의 선구적인 제철설비는 애초에 해군과의 대포 생산계약 덕분에 시작될 수 있었다.[47] 확실한 대규모 시장의 존재는 처음에 거의 황무지와 같았던 산업분야에서 기업가들이 막대한 초기비용이라는 장애를 극복하는 데 기여했다. 이것은 더욱 광범위한 현상이 영국에서 발현된 한 사례인데, 우리가 이제까지 보아왔듯이 국가와의 무기조달계약은 종종 새로운 분야에서 비교적 고비용이 드는 신기술을 정착시키는 토대가 되었다. 러시아의 우랄 지역, 프로이센의 슈판다우, 프랑스의 르크뢰조는 모두 이런 경우의 사례들이다.

러나 프랑스 해군이 이용할 수 있는 자원은 전쟁이 시작될 즈음에 이미 한계에 가까운 수준으로 동원되고 있었다. 따라서 전쟁이 계속되는 동안 프랑스가 해군의 규모를 대폭 늘리기는 불가능했고, 반면 영국 쪽에는 프랑스 해군을 앞지르려는 의지와 수단이 모두 갖추어져 있었다. 라오그 해전에서 프랑스의 전열함(戰列艦) 15척이 파괴된 1692년 이후 프랑스 해군에 대한 영국·네덜란드 연합함대의 우위는 확고해졌다.

2년 뒤인 1694년에 프랑스 해군은 더욱 값싼(정부 입장에서는 그러했다) 해상전쟁의 형태인 사략선 작전으로 방향을 바꾸었다. 이것은 치명적인 결정이었다. 정반대의 길을 택한 영국은 1694년에 잉글랜드 은행을 설립함으로써 전쟁비용을 조달하기 위한 효과적인 중앙집권적 신용대출기구를 만들어냈다. 바로 이 시기에 프랑스 정부는 흉작으로 인한 재정위기의 압박에 짓눌린 나머지 국가의 해상사업에 대한 자금융통을 개인투자가, 즉 사략선 업자들에게 맡겨버렸다. 해군에 대한 지속적인 국가 지출은 너무 비용이 많이 들어서 불가능하다고 판단되었기 때문이다. 그 결과 영국은 18세기 전반기에 비교적 쉽게 해군전력의 우위를 확보하게 되었으며, 7년전쟁 동안 전세계 모든 해역에서 프랑스의 해상무역이 거의 발붙이지 못하게 할 수 있었다. 나아가 영국이 이 전쟁에서 승리를 거둠으로써 프랑스 국내에서는 사략선업에 자금을 융통하기 위해 이용할 수 있는 자원이 격감한 반면 영국에서는 해외무역에서 이익을 추구하는 이익단체가 의회에서 전략적 지위를 획득하여 해군에 대한 정부지출에 관한 저항이 효과적으로 억제되었다.[48]

7년전쟁에서의 참패 이후 프랑스의 대신들은 1763년의 패배를 설욕하기 위해서는 영국과 동등하거나 더 뛰어난 해군이 필요하다는 결론을 내렸다. 그러나 프랑스 해군의 기술자들에게는 육군의 그리보발과 같은 행운이 찾아오지 않았다. 영국을 앞지를 수 있게 해줄 중요한 기술적 개량으로서 당장 이룩할 만한 것이 없었기 때문이다. 포강을 도려내는 방식으로 제작된 대포 덕분에 해군의 포술 역시 개선되었지만, 영국도 곧 이것을 따라잡았다. 또 야포의 경우에는 정확한 조준이 대단히 중요하고 이 점에서 프랑스가 조금 앞서 있기는 했지만, 흔들리는 배 위에서는 중포를 조준하기가 어려웠기 때문에 그마저도 그다지 소용이 없었다. 군함 건조기술에서도 프랑스는 거의 언제나 영국보다 앞서 있었다. 그러나 18세기 말엽에 영국 해군은 다른 나라들보다 먼저 두 가지 중요한 기술적 진전을 이룩했다. 하나는 함정 바닥에 구리판을 씌우는 것이었고, 다른 하나는 캐러네이드 포*라고 불리는 구경이 크고 포신이 짧은 대포를 채용한 것이었다.

18세기 내내 참나무 목재의 형태와 강도는 군함의 크기에 명확한 상한선을 그었다. 설계 면에서 몇 가지 실용적인 개량이 이루어지기는 했다. 조타수가 편하게 키를 조작할 수 있도록 해주는 타륜(舵輪)이 사용되고, 바람의 세기에 따라 돛의 넓이를 조정하는 축범삭(縮帆索)이 사용되었으며, 배 밑바닥에 조개나 해조류가 잘 붙지 못하도록 구리판이 씌워지기도 했다. 이런 개량이 축적됨으로써 대형 군함의 조작성은 분명 상당히 개선되었다. 그러나 그리보발의 야포처럼 그 이전의 성능 수준을 획기적으로 향상시키지는 못했다.†[49]

그렇다면 중요한 것은 함정의 수였다. 1763년과 1778년 사이에 프랑스는 새 전열함 여러 척을 건조하는 데 성공함으로써 해상에서 영국과

---

* 구경이 크고 포신의 두께가 얇은 이 대포를 함상에서 무리없이 사용하기 위해서는 장약 사용량을 줄여야 했다. 그러지 않으면 발사시의 반동이 함선의 목조 구조가 견딜 수 없을 만큼 커질 것이기 때문이었다. 따라서 포문을 통과할 때의 탄속은 느려지고 유효 사거리는 짧아졌다. 그러나 포환이 보통보다 무겁기 때문에 적함에 대한 파괴력은 표준적인 대포보다 더 컸다. 캐러네이드 포는 1774년에 최초로 제작되어 처음에는 자위용으로 상선에 팔렸는데, 1779년에 영국 해군이 이것을 군함의 보조무기로 채택했다. 그 후 캐러네이드 포는 적함의 뱃전에 닿을 정도로 함정을 근접시키는 넬슨의 유명한 전술의 기술적 배경이 되었다. 캐러네이드 포의 포격은 단거리에서만 효과를 발휘했기 때문이다.

† 조선은 아직 직인들의 일이어서, 구부러진 목재를 골라 선체의 굴곡에 맞추거나 했다. 프랑스 해군은 일찍이 1681년 무렵부터 선체와 돛의 이상적인 크기 비율에 관한 이론을 세우려고 노력했지만 별다른 성과를 거두지는 못했다.

거의 엇비슷하게 맞설 수 있었다. 실제로 영불전쟁이 다시 발발하고 스페인이 프랑스와 동맹했을 때 프랑스와 스페인의 연합함대는 한동안 도버 해협을 지배했다. 그러나 전쟁이 진행됨에 따라 영국은 전통적인 해상 우위를 회복해갔고, 프랑스는 1783년에 맺은 강화로 아메리카의 독립을 확보하기는 했지만 영국의 해상우위를 뒤집지는 못했다.

언제나 두 가지 요인이 프랑스 해군의 전력강화 노력을 방해했다. 한 가지는 프랑스의 전략계획에서는 언제나 육상작전에 우선권이 주어졌다는 점이다. 예전에 네덜란드에 대해 그랬던 것처럼 영국에 대해서도 주요 작전으로 예정되어 있던 것은 지상군을 이용한 침공이었다. 따라서 해군이 할 일은 독립적이고 독자적인 작전이 아니라, 도버 해협을 곧장 가로질러서 아일랜드나 스코틀랜드 해안으로 침공부대를 호송하는 일이었다. 영국 침공계획은 몇 차례 세워졌지만 매번 전투단위 간 상호조정의 어려움 때문에 무산되었다. 사실상 18세기 당시 참모부의 관리능력과 기술수준으로는 상대국가가 방어하고 있는 해안에 성공적으로 상륙하는 것이 불가능했다. 이 점은 프랑스 해안에 부대를 상륙시키려 한 영국의 몇 차례 기도가 모두 실패로 끝난 것을 보더라도 잘 알 수 있다. 그러나 잉글랜드 또는 아일랜드로 침공한다는 지나치게 야심만만한 계획이 실패로 돌아가자, 프랑스의 정책입안자들은 당장 그동안 해군에 들인 돈은 낭비였으며 앞으로 해군 관련 지출을 대폭 삭감해야 한다는 결론에 이르렀다.* 이런 정책은 정부에 아무런 비용부담도 주지 않으면서 적의 통상활동을 방해할 수 있는 사략선 활동이 값싸고 인기 있는 대체수단으로서 존재했기 때문에 한층 더 그럴듯해 보였다.

해군에 대한 지출을 당장 중지하고픈 충동은 프랑스 해군이 직면한 두

---

* 프랑스 육군의 축성 전문가 보방(Vauban)이 1695년에 루이 14세에게 보낸 편지에는 이렇게 적혀 있다. "……우리 함대를 갖추는 데 지금까지 막대한 비용이 들었습니다. 그런데도 이제까지 아무런 성과도 거두지 못했습니다."[50]

번째 만성적인 약점, 즉 재정난으로 인해 더욱 강해졌다. 1720년에 재정 총감 존 로의 계획이 좌절되면서, 그 후 18세기 내내 프랑스 정부는 영국의 잉글랜드 은행과 유사한 중앙은행 겸 신용대출기관을 가질 수 없었다. 군함을 건조하고 설비를 갖추고 인원을 배치하는 데는 막대한 비용이 들었다. 군수품 공급자나 청부계약기업 등과 단기 신용거래밖에 이용할 수 없는 상황에서는, 폭풍우나 전투 후에 함정을 수리하거나 예비해두었던 함정을 취역시키거나 도버 해협의 브레스트 항에 있던 함대를 툴롱 항으로 또는 그 반대로 이동시키는 등의 갑작스러운 상황 변화로 해군에 대한 지출을 어느 정도 이상 증액하면 당장에 중대한 재정문제가 야기되었다.

명령에 의한 동원에 호소하더라도 그 이상 어떻게 해본다는 것은 도저히 불가능했다. 수병을 강제로 모집해서 해군함정에 태울 수는 있었다. 프랑스도 영국도 해군병력을 모집하기 위해 정기적으로 강제력을 동원해왔기 때문이다. 그러나 식품 보급업자나 목재상에게는 이런 방식이 통하지 않았다. 대금을 지불하지 않으면 당장 가격이 오르거나 공급이 중단되었다.* 18세기 전반에 영국 정부가 잉글랜드 은행을 통해 신용대출을 받을 수 있게 되면서 영국 해군이 군납업자의 청구서에 꼬박꼬박 지불을 하게 되자, 이 방면에서 프랑스에 대한 영국의 우위가 뚜렷해졌다. 신용대출을 쉽게 받을 수 있었기 때문에, 전시의 긴급사태로 해군의 활동수준을 신속하게 높일 필요가 생겼을 때 영국 해군은 즉시 그 요청에 응할 수 있었다. 잉글랜드 은행과 같은 신용대출기관이 없는 프랑스의 행정당국으로서는 영국의 해군력을 18세기 영국 정부의 월등하게 신축성 있고 효과적인 대외정책의 도구로 만든 저 눈부신 유연성을 따라잡기란 도저히 불가

---

* 발트 해 연안의 목재 공급업자는 프랑스의 대금 지불과정이 불확실했기 때문에 프랑스 해군보다 영국 해군을 더 선호했다. 그렇지 않아도 프랑스 해군은 적국인 네덜란드나 영국 해역을 통과해야만 발트 해의 목재를 손에 넣을 수 있었기 때문에, 이 점은 프랑스의 전략적 어려움을 배가시켰다.[51]

능했다.*

　함선이나 승무원에게 필요한 수천 가지 물품을 영국 해군에 공급하기 위한 계약은 시장에 의한 자원의 동원을 강화·확대하는 경향이 있었다는 점을 지적해두지 않을 수 없다. 이것은 영국 본토와 아일랜드뿐 아니라, 옛날부터 돛대로 사용되는 길고 굵은 통나무 목재의 공급지였던 뉴잉글랜드나 캐나다 연안지대 같은 머나먼 지역에서도 마찬가지였다. 영국 해군에 육류와 맥주와 비스킷을 공급하는 식료품 보급업자는 내륙에서 그런 물자들을 사들여 해안에 설치된 해군의 창고에 배달함으로써 적게는 1만 명에서 많게는 6만 명까지 먹여 살리고 있었다. 해군의 식료품 보급업자는 아일랜드나 그레이트브리튼 섬의 구석진 지방에서 상업적 농업을 발전시키는 데 큰 자극을 주었다. 다른 한편으로, 그레이트브리튼 섬 안에서 새로운 지역과 하층계급 사이에 시장지향적 관계가 확산되면서 조세제도와 신용거래제도가 강화되었고, 덕분에 해군은 대체로 꼬박꼬박 비용을 지불할 수 있게 되었다.†

　프랑스 해군은 프랑스 국내경제 전반에 걸쳐 이처럼 돌고 도는 피드백 회로를 확립한 적이 없었다. 주요한 군항과 그 주변지역에서는 납품하는 상인이나 청부계약업자들이 해군의 지출로부터 분명 이익을 얻었다. 그러나 중앙집권화된 신용대출기관이 없던 프랑스 해군의 지출은 1694년 이래 영국 해군의 지출과 같은 전국적인 파급효과를 갖지 못했다. 콜베르 시대에, 그리고 다시 1763~1789년에 국왕과 대신들은 해군의 전력을 증강시켜야 한다는 정책적 결정을 내릴 수도 있었다. 그러나 그러한

---

*  예컨대 젱킨스의 귀 전쟁 때 영국 해군의 병력은 개전 전인 1738년에 1만 명을 조금 밑돌았지만 1741년에는 4만 명을 넘었고 1748년에는 6만 명으로 최고치를 기록했다. 전쟁이 끝난 뒤인 1749년에는 해군병력이 2만 명으로까지 감소했다.[52]

† Ehrman, *The Navy in the War of William III*, p. 171에는 이렇게 적혀 있다. "해전은 영국이 부를 획득하는 데 기여했을 뿐 아니라 그 과정 자체가 직접적으로 부를 증대시켰고 값비싼 함대가 무역과 산업을 고갈시키지도 않았다. 힘과 부는 상호작용을 했으며, 늘어나는 비용은 늘어나는 경제자원에 의해 조달되었다."

계획의 추진에 따르는 거액의 지출에 대한 전반적 지지는 프랑스인들 사이에서 대체로 찾아볼 수 없었다.* 반면에 영국에서는 대외위기가 닥칠 때마다, 해군작전 과정에서 해군본부가 지게 된 부채를 갚을 수 있도록 (그럴 필요가 있다면) 의회가 특별세 부과를 가결시켜 주었다.

영국과 프랑스의 이런 차이는 프랑스의 상업적 이익이 국왕정부의 명령구조에 의해 완전히 구속받을 정도는 아닐지라도 정치적으로 억압당하고 있었다는 사실을 반영하는 동시에 뒷받침해주는 것이었다. 프랑스 상인들은 전국적인 결합을 결여하고 있었기 때문에 해군의 재정과 경영의 분권화(즉 사략선 정책)를 지지하는 경향이 있었다. 그렇게 하면 이 사업의 영업규모와 빈도에 관한 결정권을 자기들이 장악할 수 있었기 때문이다. 그러나 사략전쟁은 적국 상선의 나포를 목적으로 하며 가능한 한 적의 군함과 마주치지 않으려 하는 것이므로 전략적 지도에 따르도록 할 수가 없었다. 각 배의 선장과 승무원들은 자기들에게 유리하다고 판단되는 대로 행동했다. 따라서 전시가 되면 프랑스의 해외 상업제국은 영국 해군의 뜻에 좌우되었고, 영국 해군의 함정들은 언제 어디서 무엇을 할 것인지 정부의 결정에 따라 행동했다.⁵⁴⁾

프랑스 육군에게 빵이나 그 밖의 필요물자를 보급하는 일이 해군의 청부계약사업과 같은 효과를 갖지는 않았을까 가정해볼 수도 있을 것이다. 확실히 18세기 프랑스에서 육군에 대한 보급은 상당한 대규모 사업이었으며, 개인 청부업자들이 머스킷총†을 비롯하여 병사들에게 필요한 대부

---

* 단, 7년전쟁에서 해군이 패배하자 프랑스 공민 사이에 반향이 일어나, 1761∼1766년에 해군장관이었던 슈아죌 공작은 기부금으로 새 군함 16척을 건조할 수 있었다. 이 기부는 어느 정도 자발적이었으며, 징세청부인, 지방 삼부회(三部會), 농촌의 신사계급, 파리의 상인 등 자금력이 있는 여러 사회집단이 기부금을 냈다.⁵³⁾

† 머스킷총의 생산은 4개의 센터에서 이루어졌으며, 각 센터마다 소수의 '업자'들이 해마다 정해진 수의 머스킷총을 납품하기로 정부와 계약을 맺고 있었다. 실제로 머스킷총을 만든 것은 '업자'의 지시에 따라 일하는 직인들이었고, 모든 공정은 정부관리에 의해 감독되었다. 이 감독의 직무는 모든 머스킷총이 정부의 규정대로 만들어지는지 확인하는 것이었다.⁵⁵⁾ 18세기 후반에는 머스킷총의 연간 생산량이 1만 정에서 2만 6,000정 사이를 오르내렸다. 이것은 적잖은 수량이지만 리에주의 생산규모에는 훨씬

분의 물품을 공급하고 있었다. 그러나 이런 물자들은 대개 부피가 커서 육로로 운반할 때 비용이 많이 들기 때문에 비교적 짧은 반경 안에서 조달되어야 했다. 육군에 필요한 여러 물자 중에서 가장 비중이 큰 품목은 빵과 여물이었는데, 빵을 납품하는 청부업자가 파리에 살고 있더라도 곡물은 거의 언제나 현지에서 사들였다. 따라서 프랑스에서는 영국처럼 해군의 청부계약에 의해 자극을 받고 잉글랜드 은행의 신용대출에 의해 뒷받침되는 전국적 상업망과 유사한 전국시장이 형성되지 않았다. 좀더 정확하게 말하자면 프랑스의 전국시장은 아직 미미하고 취약했다. 프랑스에서 전국시장은 르크뢰조-앵드레 계획에서처럼 미리 계획되어 만들어져야 할 것이었으며, 아직 확고하고 일상적으로 존재하는 것이 아니었다.[56]

이런 구조적 취약성 때문에 프랑스 해군은 결국 영국 해군을 따라잡을 수 없었다. 18세기 후반에는 프랑스의 군함 설계가 대체로 영국의 동형 함정보다도 우수했고, 또 프랑스 정부가 해군력에서 영국과 대등하거나 우위에 서려고 계속 애를 썼음에도 불구하고 말이다.

한편 영국은 1776~1783년의 일련의 패배에 해군의 재정·경영·보급 조직을 개선하는 것으로 대응했다.*[57] 비록 성공을 거두지는 못했지만, 미국 독립전쟁 때 영국 정부가 해외 영토에서 9만 명이나 되는 병력을 유지한 것, 그리고 그들 대부분에게 영국 본토에서 식량과 그 밖의 물품들을 보급한 것은 대단한 행정적 위업이었다. 하지만 사실 이미 상당량에 이르렀던 해군의 전시수요에 더하여 육군과 육군에 대한 보급은 영국 경제에 부담으로 작용했다. 행정기관들 사이에 심한 마찰이 빚어진 끝에, 1779년에 해군국(海軍局)이 아메리카에 대한 육군 보급의 수송을 맡게 되었다. 그 후로 해군국은 수송 선박이 부족했음에도 불구하고 육군에

>>>→

못 미친다. Gaier, *Four Centuries of Liège Gunmaking*, p. 42에 따르면 리에주에서는 머스킷총이 매년 20만 정가량 생산되었다.
* 그 대신 영국의 육군 개혁은 뒤로 미루어져서 대부분 1795년 이후에 착수되었다.[58]

식량이나 그 밖의 필요한 물자가 부족해지지 않도록 융통성을 발휘했다. 물론 언제나 통신이 불확실하고 더뎠으며 물자를 수송하는 데는 그보다 더 오랜 시간이 걸렸기 때문에 런던이나 파견군의 본거지인 뉴욕에서 계획된 모든 전략적 행동에 중대한 차질이 빚어지기도 했다.

18세기에 들어 영국이 치른 전쟁에서는 해외에 파견된 육군 부대들이 현지에서 식량이나 말이나 수송수단을 조달할 수 있었다. 아메리카에서든 인도에서든 유럽 대륙에서든 그런 상황은 마찬가지였다. 그러나 1775년 개전 이후로 아메리카 독립군은 영국군 부대가 좀처럼 현지의 보급물자를 입수할 수 없도록 만들었다. 이것은 런던의 본국 정부로서는 전혀 예상치 못한 상황이었다. 그러나 그들에게는 비교적 잘 가동되고 있는 해군의 조달체계가 있었으며, 유사시에 그 조달체계는 수많은 육군 병사들의 요구까지도 충족시킬 수 있었다. 그 덕분에 영국 파견군은 최악의 사태를 면할 수 있었다. 그러나 때로는 아주 위험한 상황도 있었는데, 1779년 1월 구원선단이 도착했을 때 뉴욕의 영국 육군에게는 겨우 나흘치 식량만이 남아 있었다.[59]

그렇지만 미국독립전쟁은 영국 사회경제에 상당한 부담을 주었다. 18세기 초에는 전쟁이 영국에 경제적으로 이익이 되었던 것 같다. 정부의 물자매입이 증대하여 시장에 자극을 주었고, 금속가공업의 기술진보가 촉진되었으며 만성적 실업도 줄었다. 외국 정부들에게 주는 보조금도 그 나라들에 상품을 수출하고 받는 대금으로 쉽게 벌충할 수 있었다. 그러나 1776~1783년의 전쟁은 경제의 퇴보를 가져왔다. 반란을 일으킨 식민지들과의 무역이 끊겼을 뿐만 아니라 본국에서의 투자액도 감소했다.[60] 다시 말해 미국독립전쟁과 더불어 영국은 지난 90년 동안 지속되었던 피드백 패턴, 즉 해군의 전력과 지출이 상업적 확대를 강화하는 동시에 상업적 확대가 다시 해군으로 하여금 쉽게 지출할 수 있도록 만드는 패턴이 한계에 부딪치게 된 것이다.

마찬가지로 프랑스 정부도 1780년대에 재원의 한계에 부딪쳤다. 미국 독립전쟁 비용은 정부의 기존 신용거래와 세입의 형식에 감당할 수 없는 부담을 지웠다. 그에 따른 재정적자를 보전하려는 노력이, 잘 알려져 있다시피 1789년 5월의 전국 삼부회 소집과 프랑스 혁명의 발발로 이어졌던 것이다. 혁명으로 초래된 격렬한 정치적·사회적 변화는 그때까지 상상할 수도 없었던 거대한 군사력을 풀어놓는 결과를 낳았다. 그러나 동시에 영국에서도 다른 종류의 혁명(기술 및 산업 혁명)이 민간부문뿐만 아니라 군사부문에서도 인류가 이전에 꿈꾸던 것 이상으로 가능성의 한계를 끌어올렸다. 1789~1815년에 프랑스와 영국에 닥친 엄청난 변용으로 인해 유럽과 세계의 다른 나라들은 크게 뒤처지게 되었다. 실로 18세기의 마지막 10여 년 동안 저토록 예기치 않게 시작된 민주혁명과 산업혁명의 충격으로 전인류는 아직도 비틀거리고 있다. 그러므로 다음 장에서는 인류의 사회조직에 일어난 이 두 개의 돌연변이를 살펴보아야겠다.

# 6장
## 프랑스의 정치혁명과 영국의 산업혁명이 군사에 미친 영향, 1789~1840년

이제껏 신성불가침의 확고부동한 것으로 여겨지던 정부나 그 밖의 정부기관을 성난 군중이 하나하나 무너뜨려가자, 동시대인들은 프랑스 혁명에 경악했다. 그들은 거의 자각하지 못했지만, 산업혁명 또한 그 원인과 경과를 연구하는 현대의 역사가들에게는 매우 놀라운 일이다. 사상과 열망, 이해관계, 기아와 공포가 이 두 혁명에서 제각기 나름의 역할을 했고 집단과 계급 그리고 국가에 대한 애착도 마찬가지였다. 이 장에서는 이 두 가지 대격변의 군사적 측면에 초점을 맞추어 살펴볼 것이다. 그렇다고 해서 이 두 혁명에서 조직화된 폭력만이 중요한 요소라는 뜻은 아니며, 또 내가 그렇게 믿고 있지도 않다는 점을 미리 밝혀둔다.

오히려 프랑스와 영국에서 18세기 말엽에 구체제의 패턴을 근본적으로 뒤흔든 요인은 인구증가였을 것이다. 유럽뿐 아니라 중국에서도 주로 치명적인 각종 감염증의 발생률이 낮아짐에 따라 인구가 늘었던 것 같다.[1] 원인이야 어찌 되었든 18세기 후반에는 분명히 인구가 증가했고, 그 결과 프랑스와 영국의 여러 농촌지역에서는 실업자가 늘었으며 특히 두 나라의 수도를 비롯한 도시의 인구가 증가했다. 런던의 인구는 1750년에 57만 5,000명가량이었으나 1801년에는 무려 90만 명에 이르렀다. 파리의 인구는 1789년에 60~70만 명에 이르렀는데, 이것은 아직 도시에 확고하게 뿌리를 내리지 못하여 그해에 당국이 실시한 인구조사에 잡히지 않았을 유동인구 10만 명을 포함한 수치이다.[2]

이렇게 많은 새로운 시민을 사회에 편입시키자니 심각한 문제가 생겨났다. 도시의 일자리나 식량공급은 구성원이 늘었다고 해서 자동적으로 늘어나지 않았다. 경제적인 호황과 불황의 순환은 도시 노동자와 기식자들을 심각한 위기에 빠뜨렸다. 도시의 인구가 늘고 도시 내의 인구이동이 빈번해지자 일반적으로 교구조직과 연계되어 있던 기존의 사회통제나 빈민구제 같은 방법은 전혀 제구실을 못하게 되었다.[3] 예를 들어 스트라스부르에서는, 당국의 조사에 따르면 1697년에 2만 6,481명이던 인구가 1789년에 4만 9,948명으로 늘었는데 그 가운데 20%가 빈곤층이었다. 그렇지 않아도 언제나 깨지기 쉬웠던 도시인구와 생계수단 사이의 국지적 균형이 완전히 무너져버렸던 것이다.[4]

프랑스 혁명의 초기 과정에서 결정적인 역할을 한 군중행동은 이런 상황하에서 가능한 것이었다. 런던에서도 이른바 고든 폭동(1780) 때 유사한 군중행동이 일어났다. 그리고 런던의 군중이 기존의 법질서를 바꾸기 위해서가 아니라 반동적인 주장(가톨릭교도 해방법에 대한 반대)을 내걸고 결집했던 것은 의도된 것이었다기보다 우연이었다. 1789년 파리에서 일어나 몇 달 사이에 귀족을 비롯한 인민의 적에 대한 전면적인 공격으로 이어진 군중행동도 마찬가지였다.*

그러나 런던의 군중을 반동으로, 파리의 군중을 혁명으로 몰아간 정황의 차이가 아무리 사소하다고 해도, 그 후의 전개에 비추어보건대 그 차이는 인구증가와 도시 확대로 야기된 새로운 문제에 대해 프랑스와 영국이 서로 다른 대응을 낳았다. 그 차이를 요약하면 다음과 같다. 프랑스는 무장한 남자들을 수출하여 유럽 곳곳에 제국을 세웠다. 반면에 영국은 (무장하거나 무장하지 않은) 남자와 물자를 수출함으로써 시장을 바탕으로 국력을 기르는 시스템을 수립했다. 그리고 프랑스인이 수많은 군사적 승리를 거두었음에도 불구하고, 영국의 이 시스템은 프랑스인들이 이룩한 어떤 성과보다도 견고했다. 이 차이는 누군가가 미리 계획한 것이 아

---

* 고든 폭동에 관해서는 Rudé, *Paris and London*, pp. 268~92 참조. 뤼데가 역설하고 있듯이, 런던의 군중은 가톨릭 교도의 해방(차별 폐지)을 주장하던 상류계급 인사들을 공격했으며 런던 시내의 가난한 아일랜드인을 공격하지는 않았다. 따라서 폭동의 사회적 성격이 혁명하의 파리와 크게 다르지 않았다.

니었다. 그것은 어찌 할 수 없는 비상사태에 취해진 다급한 임기응변과 절망적인 행동이 누적되어 나타난 결과였다.

또한 시장을 기반으로 한 영국의 경제력과 군사력은 엘리자베스 시대 또는 그 이전부터 뚜렷했던 영국의 성향을 반영한다. 프랑스의 경우도 이 점은 마찬가지인데, 1793년 당시의 수사(修辭)에도 불구하고 혁명정부는 오로지 명령에 의해서만 경제자원을 동원하지는 않았다. 결국 프랑스 혁명정부는 강제와 다소 자유로운 시장에 대한 의존을 혼합하여 국가의 목적을 위해 경제자원을 동원해냈는데, 실상 이 방식은 루이 14세를 비롯한 그전의 프랑스 국왕들이 외환이나 내란에 직면했을 때 구사했던 유사한 혼합정책을 대체로 충실하게 복제한 것이다. 또 한 가지 영국과 프랑스의 차이는 분명히 두 나라의 지리적 여건에 뿌리를 두고 있는 것으로, 섬나라와 대륙국가의 차이를 반영한다. 일찍이 기원전 2천년기 이후부터 유사한 예를 찾아볼 수 있다.* 그러나 18세기 말에 그 차이는 더욱 뚜렷해졌다. 아마도 그것은 기술축적과 인구증가가 영국과 프랑스 두 나라에 열어준 가능성의 범위가 그 이전보다 훨씬 넓어졌기 때문일 것이다.

## 인구압을 완화하는 프랑스의 방식

인력의 과잉과 경제적으로 생산성 있는 일자리의 부족이라는 문제에 대해 프랑스가 취한 혁명이라는 해결책은 1794년까지는 명료하게 드러나지 않다가, 나폴레옹이 등장하면서 비로소 확고하게 자리

---

* 크레타 섬의 미노아 문명은 약탈원정보다는 무역을 통해 크노소스에 부를 축적했던 것 같다. 서기 1천년기에 자바와 수마트라의 해상제국(슈리비자야 왕국)도 마찬가지였다. 그러나 일본이 그 대부분의 역사를 통해 그랬던 것처럼, 섬나라라 하더라도 서로 적대적인 정치적 지배자 사이에 분할되어 있는 경우에는 독특하게 대륙적 패턴에 따라 경제자원이 동원되어, 명령이 더욱 두드러진 역할을 하고 시장은 부차적인 역할에 머물렀다.

를 잡았다. 전국 삼부회로부터 국민의회가 결성되어 왕권에 대한 최초의 도전이 이루어진 1789년 6월부터 프랑스군이 승승장구하며 벨기에와 라인란트로 전진한 1793~1794년까지의 몇 년 동안, 구체제로부터 이어져온 육군과 해군에 중요한 변화들이 일어났다.

그 가운데 첫 번째 변화는 혁명의 대의가 성공을 거두는 데 절대적으로 중요한 의미를 갖는다. 이 변화로 인해 육군이 혁명군으로부터 구체제를 방위할 의욕을 잃었기 때문이다.* 사료를 통해 그 경위를 추적하기란 거의 불가능하지만, 분명한 것은 프랑스 육군의 병사들, 특히 파리 시내와 그 주변에 주둔하고 있던 병사들이 그토록 갑작스럽게 수도의 주민들을 끓어오르게 한 혁명적 열광에 감염되었다는 점이다.

앞장에서 서술했듯이 구체제의 육군은 보통 시민사회로부터 고립되어 있었기 때문에(민간인의 세계 안에 주둔하더라도 거기에 속해 있지는 않았다), 프랑스 육군의 병사들 사이에 이런 변화의 바람이 몰아친 데 대해서는 따로 설명할 필요가 있다. 병사들 사이에 새로운 사상이 침투하는 것을 분명히 촉진한 두 가지 상황이 있다. 그 중 하나는 일반적으로 주둔지에서 프랑스군의 장교들은 하급 장교의 경우도 대부분 자기 부대의 병사들과 함께 지내지 않고 일상적인 훈련이나 그 밖의 일과를 하사관에게 맡겨두고 있었다는 점이다. 따라서 병사들을 일상에서 실질적으로 장악하고 있는 것은 귀족계급에 대한 혁명적 공격에 공감하기 쉬운 하사관들이었다. 이들은 귀족들의 인사상 특권에 가로막혀서 장교로 승진할 희망

---

* 정규부대를 이용하여 민간인 군중을 진압한다는 것은 18세기의 군대에게는 난감한 일이었다.[5] 군중을 향해 근거리에서 머스킷총으로 일제사격을 하면 대참극이 빚어질 것이 뻔했으며, 그렇다고 다른 전술이 개발되어 있지도 않았기 때문이다. 유럽 국가들의 경찰대가 군중통제법을 체계적으로 개발한 것은 1880년대 이후의 일이다. 1889년의 런던 항만노동자 파업 때 "계속 걸으시오"(Keep moving, please)라는 원칙이 확립되었다. 즉 협의를 거쳐 미리 정해진 코스를 따라 행진하는 것과 평화적인 시위가 허용되었던 것이다. 격앙된 군중에게 몇 시간 동안 육체적 움직임과 큰소리로 외치는 것을 허용하여 그 에너지를 무해하게 발산하도록 함으로써 군중을 폭력적으로 해산할 필요가 없게 만드는 현대적인 군중통제기법은 이때부터 시작되었다. 그러나 1789년 당시 이런 세련된 기법은 아직 먼 훗날의 일이었고, 또한 훈련된 민간 경찰대도 존재하지 않았다.[6]

이 전혀 없었기 때문이다. 예전에는 기껏해야 중위까지긴 했지만 하사관이 장교가 되는 일도 가끔 있었다.[7] 1781년 육군성의 명령에 따라 귀족이 장교직을 독점하게 된 것은 하사관들에게 뼈아픈 일이었으며, 1789년에도 여전히 생생한 울분의 씨앗이었다.

더구나 불만을 품은 하사관들은 대부분 읽고 쓸 줄을 알았다. 1787년에 제정된 법령에 따라 하사관들에게 읽고 쓰기를 가르치는 학교가 설립되어 있었기 때문이다. 문서로 된 명령이나 기록의 중요성이 높아짐에 따라 명령계통의 최하위층에도 글을 아는 인원을 배치할 필요가 생겼던 것이다.[8] 따라서 혁명적 저널리스트나 이론가들이 돌린 선전문건은 병사들을 지휘하는 하사관들의 생각에 영향을 줄 수 있었고, 또 실제로 그랬을 것이다. 각 연대의 장교들이 무슨 일이 일어나고 있는지를 깨달았을 때는 병사들 사이의 정치적 견해의 향방을 되돌리기에는 이미 때가 늦어 있었다. 하사관과 병사들을 민중과 분리시키려는 노력은 특히 파리 시내와 그 주변지역에서 아무런 성과도 거두지 못했다.

혁명에 대한 군대 내부의 공감은 파리 군중이 바스티유를 습격한 1789년 7월 14일에 극적으로 드러났다. 이 역사적인 날, 바스티유를 습격한 사람들이 성공을 거두기 위해서는 파리 시내에 주둔하면서 왕궁을 호위하고 국왕을 위해 이런저런 임무를 수행하고 있던 7천 명가량의 병사들로부터 암묵적인 동의를 얻어야 했다. 그런데 실제로는 그 정도가 아니라 프랑스 근위대의 몇몇 분견대가 군중에 가담했고, 대포를 끌어내 바스티유를 향하게 함으로써 바스티유 점령에 큰 역할을 하기까지 했다.[9] 이 사건을 수습하는 과정에서 루이 16세는 무력에 의한 반혁명의 공포를 가라앉히기 위해 파리와 베르사유에서 병사들을 철수시키겠다고 약속했다. 국왕의 이 결단(혹은 우유부단함. 왜냐하면 국왕은 그 같은 약속을 하기에 앞서 몇 차례나 결정을 뒤집었기 때문이다)은 국왕군의 무력을 사용하여 혁명파를 진압하려고 하던 육군 장교나 그외 귀족들의 모의와 계획을 좌절시켰다. 그리고 그런 계획은 시간이 흐름에 따라 점점 더 실현 불가능한 일이 되어갔다. 파리에서 프랑스 위병대로 하여금 혁명을 지지하게 만든 과정들이 프랑스의 다른 지방에서도 당장 재현되어 구체제에 대한 육군 병사들의 충성심을 무너뜨렸기 때문이다. 이리하여 하사관들은 거의 감지할 수 없을 만큼 조금씩 육군을 혁명화했으며, 장교나 각료들이 무슨 일이 일어나고 있는지 미처 알아채기 전에 구체제의 마지막 물적 토대를 빼앗았다.

육군 내의 정치적 견해가 일반 사회의 정치적 견해와 통합되도록 촉진한 두 번째 사정은, 육군의 전투단위가 외부와 격리된 병영에 거주하는 것이 아니라 각 도시의 시가지에 숙영하면서 비번일 때는 도시사회의 하층민에 섞여서 생활했다는 점이다. 때로는 봉급을 보충하기 위해 수공업 직인의 일을 하는 사람까지 있었다. 프랑스의 병사들은 대부분 입대할 당시 도시주민이었으며,[10] 군대생활의 경험과 규율은 그들을 출신계층인 도시민중과의 일상적인 접촉으로부터 충분히 떼어놓지 못했다. 이와는 대조적으로, 농민병에 의존하던 프로이센과 러시아 육군에서는 농촌에서 온 병사들이 군대생활을 통해 고향마을 사람들과의 유대로부터 차단되었다.

그러나 전장에서는 프랑스 병사들도 구체제의 군대와 마찬가지로, 두고 온 시민사회와 아주 빈약한 연결고리를 유지한 채 외부와 차단된 자치적인 사회를 이루게 된다. 1794년 이후에 바로 그런 일이 일어났으며, 그것이야말로 나폴레옹을 등장시킨 조건 중 하나였다. 그러나 1789~1792년의 상황에서는 병사들과 도시 혁명가들 사이의 거리가 거의 없어지다시피 했고, 그것은 루이 16세의 왕정에 치명적인 결과를 초래했다.

파리 국민방위군은 처음으로 자신들의 독자적인 군사력을 조직하려는 혁명가들의 노력이 낳은 결과물이었다. 파리에 집을 가지고 있는 사람들이 여기에 지원을 했으며, 그들은 제복과 무기를 스스로 마련할 수 있을 정도의 경제적 여유가 있어야 했다. 그러나 파리 국민방위군은 창설 당시부터 유급 직업군인으로 구성된 60개 중대가 그 핵심을 이루고 있었다. 거기에는 국왕 직속부대였던 프랑스 근위대에 속했던 병사들이 많이 있었으며, 육군 전투부대의 고참병이나 탈주병도 있었다. 국민방위군에는 각 중대가 주둔하는 구(區)의 주민들이 해당 중대의 장교를 뽑는 선거제도가 있었는데, 이것은 예전의 군사 경영원칙을 근본적으로 바꾼 것이었다. 그렇지만 실제로는 파리 국민방위군이 창설될 때 정당한 절차를 거쳐 사령관으로 선출된 라파예트 후작이 누가 장교로 선출될지를 결정하는 데 큰 역할을 했다. 다만 민중의 흥분이 다시 높아질 때마다 파리 국민방위군에 대한 라파예트의 지휘권이 어떤 도전을 받게 될지는 알 수 없는 일이었다.[11]

옛 국왕군의 고참병들은 새로운 자원병 부대의 훈련교관이 되었다. 그들은 국민방위군을 상당한 실력을 가진 군사력으로 만드는 데 큰 역할을 했다. 덕분에 국민방위군은 파리 시내만이 아니라 때로는 파리 시 외부에서도 위력을 발휘했다. 1789년 10월 5일과 6일에 분노한 파리 시민들과 함께 베르사유로 행진해 가서 혁명을 위한 일종의 인질로 국왕을 데리고 돌아왔을 때처럼 말이다. 물론 혁명적 이상의 확산과 민중의 봉기라는 상황은 파리의 옛 군사제도에 극도의 긴장을 가했다. 그러나 국민방위군의 중핵을 이루는 유급 직업군인 부대와, 자원병 대대에 할당된 훈련교관들에 의해 옛 군대와 새 군대 사이에는 실질적인 연속성이 유지되었다. 그리고 최고자리에서는 1789년 당시 옛 국왕군의 소장이었던 라파예트와 같은 소수의 거물들이 짧은 기간에 잇따라 시행된 여러 변혁에 정통성의 외관을 제공했다.

파리에서 일어난 것과 같은 변화가 파리 시 외부에서도 프랑스 육군 전체로 확산되어갔다. 지방에서는 구체제시대의 전투단위 가운데 외국인 연대 등 소수만이 폐지되었기 때문에 파리 시의 경우보다 옛 군대와 새 군대의 연속성이 더 강했다. 1789~1791년에 혁명사상과 혁명파에 대한 공감이 지방의 주둔지로 침투해감에 따라 장교와 병사 사이의 긴장은 점차 높아졌다. 혁명사상을 받아들인 시기와 열렬함의 강도는 부대마다 달랐다. 그것은 그들이 주둔하고 있는 도시의 정치적 분위기에 따라, 또 각 부대 내의 장교와 하사관, 병사들 사이에 작용하던 역학에 따라 결정되었다. 처음에 병사들은 장교들에 대한 심정적 이반을 탈영이라는 형태로 표출했고, 파리 시의 국민방위군에 가담하기 위해 탈영하는 경우도 종종 있었다. 그리고 탈영이 금지되자 공공연한 불복종이 늘어나기 시작했다.

파리를 탈출하여 국외로 도망치려던 국왕이 바렌에서 붙잡히는 수치를 당한 1791년 6월의 바렌 도주사건 이후 전환점이 찾아왔다. 이 사건은 국왕의 깃발 아래 육군을 규합하여 파리의 혁명파를 공격하려던 귀족들의 희망을 꺾어버렸고, 병사들 사이에 혁명파에 대한 공감의 징후가 뚜렷해짐에 따라 점점 더 많은 프랑스 육군 장교들이 임무를 방기하고 외국으로 망명했다. 1791년 말에 이르자 프랑스 육군 장교단의 절반 이상이 이미 망명을 한 상태였다. 그들이 떠난 빈자리는 장교로 승격한 하사관들로 채워졌다. 그 결과 1792년에는 불복종이 거의 미미한 수준으로 감소했고, 프랑스 육군은 1789~1791년에 비해 훨씬 강한 내적 단결을 이루게 되었다.[12]

하사관에서 승진한 새로운 장교들은 유능하고 경험이 풍부한 직업군인들이었다. 그들은 숫자도 많았고 노련한 베테랑이었기 때문에, 1792년과 1793년에 국내외의 적들이 혁명을 위협하기 시작하면서 신병이 대거 입대해오자 이들에게 옛 육군의 방식들을 솜씨 좋게 전수했다. 그러나 이런 식으로 옛 육군의 전통이 살아남으리라는 것은 아무도 예상하지 못한 일이었다. 아직 오스트리아 및 프로이센과의 전쟁이 시작되지 않았던 1791년에 프랑스 입법의회는 새로운 의용군을 창설하고 병사들의 복무기간을 겨우 6개월로 정했다. 1792년에 다시 의용병을 모집했는데, 이번에는 복무기간이 1년이었다. 이때는 각 데파르트망(州)에 인원을 할당했기 때문에 의용병제 원칙에 강제 징집의 요소가 더해진 것이었다. 그 결과 상당수의 농민의 아들들이 처음으로 혁명군 병사의 대열에 들어가게 되었다.

혁명의 첫 번째 국면에서 새로운 군사력의 적은 국내 반혁명세력이었다. 그러나 오스트리아와 프로이센이 국내의 적과 손을 잡고 혁명파를 공격해온 1792년 4월 이후로 프랑스 군대의 역할과 성격은 다시 한 번 변용되었다. 한편으로 부르주아 의용병으로 국민방위군을 편성한다는 방침은 더 넓은 범위의 프랑스 국민을 무장시킨다는 방침으로 바뀌어야 했다. 혁명 지도자들이 파리의 하층계급에 더욱 의존하게 됨에 따라, 이 같은 방침의 변화는 그들이 계속 권력을 유지하도록 보장해주는 지극히 현명한 조치로 여겨졌다. 다른 한편으로 국외의 적에 대해서는 전국민을 결집시킬 필요가 있다고 생각되었다. 구체제로부터 이어받은 정규군과, 이와는 별도로 의용병으로 구성된 혁명군을 굳이 구별하는 것은 국내의 적이 아니라 외국의 적에 맞설 때는 무의미했다. 따라서 국민공회는 1793년 2월에 법령을 정하여 정규군과 의용군을 통합했다. 혁명의 이상을 살리는 방향으로 몇 가지 제스처가 취해지긴 했지만,* 이 통합된 군대에서는 정규군이 우세했다고 보는 것이 옳을 것 같다. 그것은 정규군의 수가 많았기 때문이 아니라, 옛 정규군의 경험이 실전에서 새 군대의 병사들에게 쓸모 있고 의미 있었던 데 반해 혁명의 평등주의적 이상이 실제로 도움이 되는 형태로 표현될 기회는 거의 없었기 때문이다.[14]

이렇게 해서 옛 육군과 혁명군 사이의 기본적인 연속성은 유지되었다.

---

* 하급장교를 선거로 임용한다는 원칙이 완전히 폐지되지는 않았다. 그러나 새 임용자를 뽑는 선거권은 현재 그 계급에 있는 장교들에게 한정되었다. 또한 공석의 33%는 선거가 아니라 연공에 따른 승진으로 채워졌다.[13] 장교선거제는 1795년에 결국 폐지되었다.

그리고 옛 육군은 저 유명한 1793년의 국민총동원령 이후에도 사라지지 않았다. 그해 8월 국민공회에서 가결된 법령의 문안은 다음과 같다.

> 모든 프랑스 국민은 군복무를 위해 징발된다. 젊은 남성은 전선의 전투부대에 참여하고, 기혼남성은 무기를 만들거나 군수품을 수송하며, 여성은 천막이나 의복을 만들거나 병원에서 복무하고, 어린이는 낡은 아마포로 붕대를 만들며, 노인은 광장에 나가서 병사들의 용기를 북돋우고 공화국의 단결과 국왕에 대한 증오를 선전한다.[15]

남녀노소 모두가 국가를 위해 군사적 봉사를 해야 한다는 혁명의 원리를 이보다 더 확실하게 선언하기는 어려울 것이다. 그리고 이 법령의 단호한 문구를 그대로 실행하려는 노력은, 종종 대혼란을 수반하긴 했지만 대단히 정력적으로 추진되었고 큰 성공을 거두었다.[16]

이런 성공에는 정치적 이상이 분명히 중요한 역할을 했고, 징병이라는 법률적 형식 또한 그러했다. 그러나 국민총동원이 그토록 잘 진행될 수 있었던 것은 프랑스 시민사회가 흉작과 극심한 인플레이션과 전반적인 경제불황으로 인해 극도의 빈곤과 혼란에 빠져 있었기 때문이다. 실업이 확산되어 있었으므로 찢어지게 가난한 청년들은 징병 대상자가 되면 기꺼이 입대했다. 병역은 맥없이 빈둥거리는 생활에서 벗어날 수 있도록 해주었고, 다른 사람들이 대는 비용으로 생활할 합법적인 자격을 부여해주었다. 그런데 신설 군대가 관료기구를 통해 필요한 물자를 공급받는 일은 어쩌다 한 번씩 있는 일이었기 때문에, 군대는 식량을 비롯한 필수품을 얻기 위해 나름의 수완을 발휘해야 했다. 그 때문에 종종 파리와 그 외 다른 도시에 공급되어야 할 식량을 막무가내로 탈취하거나 가져감으로써 이미 만연해 있던 경제혼란을 가중시키곤 했다.

군대가 프랑스 땅에 머물러 있는 한 이런 행동은 여러 도시의 민간인의 생활을 위태롭게 만들었다. 그리고 민간인 생활의 위태로움은 또다시 젊은이들을 징병에 응하도록 부추겼다.* 이런 피드백 덕분에 국민공회가 1793년 8월에 공포한 국민총동원령은 그 후 몇 달 동안 현실에서 생생하게 실현되었고, 혁명군은 프랑스 국내의 모든 반혁명 행동을 제압하는 데 필요한 열성적인 병사들을 충분히 공급받았다. 1793년 말까지 반혁명 진압이 이루어졌으며, 그 후에는 혁명을 위협하는 국외의 적들에게 더 많은 병력을 집중할 수 있게 되었다. 처음에 몇 차례 승리를 거둔 후 혁명군은 외국으로 이동했다. 그 후 혁명군의 유지비용은 주로 프랑스 국경 밖에 사는 사람들이 부담하게 되었다. 이리하여 프랑스 국내에서는 다시 경제가 회복되었고, 도시에 식량을 공급하기 위한 시장체계의 복원이 가능해졌다.

이것이 1794년까지의 대략적인 상황이었다.† 그리고 시민사회가 비교적 정상적인 상태로 회복될 수 있다는 전망이 보이기 시작하자, 위기가 한창일 때 곳곳에서 볼 수 있었던 혁명 테러와 가격통제, 무력에 의한 사적 소유권 침해에 대해 강력한 반동이 일어났다. 이와 동시에 파리에서조차 군중들의 열광적 분위기와 에너지가 사라졌다. 경제불황으로 일자리를 찾지 못한 젊은 남자들이 대부분 입대하여 멀리 떨어진 지역에 가 있었기 때문이다. 이렇게 해서 위기에 처한 정치가들이 적들을 물리치기 위해 다시 한 번 군중행동이라는 요정을 불러내려고 해도, 이미 예전과 같은 힘과 열기는 사라지고 없었다. 1794년 7월에 로베스피에르의 동료들은 그를 구하기 위해 파리의 군중에게 호소했으나 아무 소용이 없었

---

* 또한 민간인 생활의 위태로움은 리옹이나 툴롱, 방데에서처럼 반혁명을 부추기기도 했다. 1793년에는 잠시 동안 입대와 반혁명이라는 두 가지 반응이 우열을 가리기 힘든 시기가 있었다. 그러나 1793년 말이 되자, 저 유명한 공안위원회를 중심으로 파리에서 이루어진 강력한 대중조직화 노력과 자유에 대한 호소(역설적이게도 그것은 징병을 의미했지만)가 서로 어우러져 입영이 반혁명을 압도하게 되었다.

† 1794년 6월 국민공회에서 정부 쪽의 한 답변자는 프랑스 육군의 규모가 1년 전에 비해 세 배로 커졌는데 그 비용은 절반으로 줄었다고 증언했다.[17]

다. 또 그로부터 채 1년이 지나지 않은 1795년 6월 3일, 또다시 분노한 군중이 일찍이 다른 정부에게 그랬던 것처럼 국민공회를 위협하려 하자 소요의 발생지인 생앙투안 포부르 교외지구를 진입하기 위해 군부대가 출동했다. "바로 이 날을 혁명이 끝난 날로 간주해야 한다"는 조르주 르페브르의 견해도 일리가 없지 않다.[18]

혁명을 불러일으키는 데 지대한 역할을 했던 도시의 사회불안과 궁핍이 사라진 것은 아니었다. 그러나 군중의 분노를 실효성 있는 행동으로 바꿀 수 있는 투쟁적인 인적 자원이 1794년 이후 시가지에서 사라져버렸기 때문에 군중을 진압하기가 비교적 쉬워졌다. 1792년과 1799년 사이에 대략 60만 명의 프랑스 병사가 전사했고,[19] 살아남은 자도 대부분 프랑스 국외에서 벨기에·독일·이탈리아의 '해방된' 민중을 약탈하거나 그들에게 부담을 강요하며 살고 있었다. 그래도 부족할 때는 프랑스 국내에서 보급을 받을 수 있었다. 1794년 이래로 프랑스 국내에서는 시장에 의해 규제되는 경제활동이 빠르게 회복되고 있었기 때문이다. 강제징발이 구매로 대체되자 일군의 악덕 업자들이 군납을 통해 벼락부자가 되었고, 국민총동원령 덕분에 병사의 수가 상당히 증가했다는 차이가 있긴 했지만, 프랑스 국내의 군사 경영은 다시 구체제적 패턴을 따르게 되었다.

프랑스군의 연전연승은 동시대인을 놀라게 했다. 그러나 돌이켜보면, 프랑스인에게 이득을 주기도 하고 고통을 주기도 했던 인구증가와 경제혼란의 역학이라는 요소를 고려할 때, 혁명정부가 거대한 육군을 만들어내는 데 성공한 것은 비교적 간단하고 수월한 일이었다. 오히려 프랑스군의 수적 우세가 전장에서 위력을 발휘하도록 하는 데 필요한 무기를 충분히 만들어내는 또 하나의 과업이, 일반적으로 말하자면 훨씬 더 대단한 일이었다. 왜냐하면 미국 독립전쟁 당시 미군에게 무기를 넘겨준 결과, 혁명전쟁이 시작될 시점에는 국왕정부의 무기고가 텅 비어 있었기 때문이다.* 이 전쟁에서 승리한 뒤부터 혁명이 발발하기까지 6년 동안 정부의 재정난이 심각했기 때문에 무기 비축량을 어느 정도 회복하기 위해 새로이 무기를 제조하거나 구입할 수 없었다. 따라서 혁명정부가 들어섰을 때 무기고는 텅 비어 있었고,† 당시의 생산량은 1791년 이후 동원된 수십만의 병사들을 무장시키기에 턱없이 부족했다.

혁명군이 창설되고 얼마 지나지 않은 시기에는 질서 정연한 행정이 전반적으로 붕괴되어 각 현장의 자조(自助) 노력에 의지할 수밖에 없었기 때문에 이 시기의 무기생산에 관해서는 믿을 만한 통계를 찾아볼 수 없다. '혁명이 위기에 처했다'는 절박감 속에서 파리와 그외 도시들에 임시로 무기 공장이 마련되었다.# 국민총동원령을 통해 달성하고자 했던 계획이 적어도 일시적으로는 실현되었다. 즉 국민총동원령에서는 기혼남성은 전장에 나가지 않는 대신 "무기를 만들고 군수품을 수송한다"고 선언하고 있기 때문이다. 물론 모든 기혼남성이 그런 일을 하지는 않았고, 또 만약 했더라도 모두가 노력한 보람이 있을 만큼 쓸 만한 머스킷총을 만들어낸 것도 아니었다. 그러나 많은 기혼남성이 그 일을 했고, 급조된 작업장에서 머스킷총이 만들어졌다. 작업장은 예전의 수도원이나 그 밖의 교회시설에 마련된 경우가 많았다.

주요 왕립 조병창들이 파리에서 먼, 프랑스 안에서도 혁명적 감정이 반드시 강하다고는 할 수 없는 지방에 있었기 때문에 무기공급 문제는 더 심각해졌다. 예를 들어 리옹 주변지역에서는 1793년 가을에 파리의 지배에 맞선 격렬한 반란이 일어나, 인근 생테티엔에 있는 프랑스 최대의 조병창에서 무기제조가 중단되었다. 그러나 생테티엔의 총기 제작자

---

* 1778~1783년 사이에 머스킷총 10만 정이 프랑스 무기고에서 미군에 넘어갔다.[20]
† 1789년에 프랑스 육군은 그리보발의 새로운 야포 1,300문을 보유하고 있었을 뿐이다. 혁명정부의 분투에 힘입어 1795년에는 그 수가 거의 배로 늘었다. 당시 금속은 대부분 교회 종을 몰수하여 녹인 것이었다.
# 공안위원회 정권하에서 파리 시에서는 하루에 머스킷총 1,100정이 생산되었다.[21]

들에게 금속 보급이 재개되자 생산량은 다시 급증했고 얼마 지나지 않아 혁명 전의 수준을 넘어섰다. 구체제하에서 생테티엔의 소화기 생산량은 연간 1만 정에서 2만 6,000정 사이를 오르내렸다. 1792~1793년에는 생산량이 급감했는데, 기록이 남아 있지 않기 때문에 그 원인이 무엇인지는 정확히 알 수 없다. 그 후 1794~1796년에 생산량은 전쟁 전의 수준을 넘어서 연평균 5만 6,600정에 달했다. 그 후로는 생산량에 변동이 없었고, 수요에 따라 해마다 늘거나 줄거나 했다. 생산량이 최고를 기록했던 것은 1810년으로, 그해에 나폴레옹의 관리들은 생테티엔의 여러 총기제작소에서 9만 7,000정의 소화기를 사들였다.[22] 그 밖의 구체제 조병창으로 벨기에 국경에 가까운 샤를빌 조병창 같은 곳은 위기가 한창이던 1792~1793년에 침략군에게 점령되었다가, 프랑스 측이 적을 몰아낸 후에야 혁명정부를 위해 작업하기 시작했다.

따라서 1793년 8월부터 1794년 7월까지 혁명이 위기를 맞았던 시기에는 임시변통과 비숙련노동에 의존하는 경우가 일반적이었다. 이 열두 달 동안은 명령경제(command economy)의 원칙이 자발적 또는 반(半)자발적인 행동과 놀랄 만큼 잘 어우러졌다. 군에 어떤 물자가 급히 필요할 때는 지방파견의원 및 군요원과 그 밖의 정부관료들이 합심하여 필사적으로 그 물건을 찾아냈다. 예를 들어 공안위원회 위원이었던 루이 앙투안 드 생쥐스트는 스트라스부르 시민에게 육군의 긴급한 수요를 위한 기부를 요구하여 신발 2만 켤레를 수거했다. 물론 생쥐스트의 이 절박한 요구 뒤에는 암묵적인 협박이 깔려 있었다. 기부 요청에 응하지 않는 사람은 인민의 적으로 간주될 위험이 있었고, 따라서 체포되거나 처형될 수 있었기 때문이다. 그러나 많은 프랑스인 혹은 대다수의 프랑스인은 이 전쟁을 정의로운 싸움이라 여겼고, 개인의 소유물이든 시간과 노동이든 간에 희생하는 것을 감내했다.

어떤 경우에는 새로운 기술이 발명되거나 혹은 사상 처음으로 산업적 규모로 사용되기도 했다. 예를 들어 그때까지는 화약의 필수 원료인 초석을 마구간이나 변소 벽에서 긁어모으곤 했는데, 두 화학자가 초석의 제조방법을 고안해냈다.[23] 그 덕분에 프랑스는 초석을 수입하지 않아도 되게 되었다. 당시에는 영국 해군이 해상을 지배하고 있었으므로 이는 중대한 성과였다. 그 밖의 기술혁신으로는 적군의 배치상황을 공중에서 정찰할 수 있는 기구(氣球)부대나, 파리와 전선 사이의 의사소통을 가능하게 하는 수기(手旗)신호 통신 등이 있었다.[24]

예전에 훨씬 작은 규모의 육군이었을 때도 그랬지만, 새로운 육군에게 가장 중요했던 문제는 충분한 식량과 여물의 보급을 확보하는 일이었다. 파리 민중의 지지에 크게 의존하고 있던 정부에게는 파리와 그외 도시에 충분한 양의 곡물을 공급하여 빈민들이 굶주리지 않도록 하는 일도 그 다음으로 중요했다. 혁명정부는 곡물을 비롯한 생필품 가격에 상한선을 두는 '최고가격법'을 공포하여 이 문제에 대처했다. 이 최고가격은 시장의 투기꾼들이 매긴 가격보다 훨씬 낮았으므로 생산자나 중개인이 물건을 사재기하고 법정 가격에 팔기를 거부하는 일이 심심찮게 벌어졌다. 따라서 정부의 대리인들은 종종 무장요원들과 함께 매점매석 행위를 단속하고, 공공의 목적을 위해 적발된 물자를 몰수했다. 이 경우 간혹 물건 값을 지불하기도 했는데 이때도 법정 최고가격만을 지불했다.

이런 일은 전적으로 각 지방 사람들의 자발성에 달려 있었으며, 파리나 또 다른 단일한 중심에서 그것을 통제하기란 불가능했다. 전국의 경제자원에 대한 계획적인 동원 같은 것이 있었음을 보여주는 통계자료는 없다. 사실 모든 성과는 수많은 개인과 현지 집단의 행동에 의해 이루어졌으며, 개인이나 집단은 인민의 의지와 혁명의 이익이란 어떤 것인지 자기 나름대로 해석하면서 행동했던 것이다. 그럼에도 불구하고 권유와 강제와 최고가격에 의한 매입이 결합된 결과 수백만의 남녀가 국가방위라는 과업에 기여하게 되었다. 평상시의 경제적 척도로 잰다면, 그 노력은 대부분 틀림없이 비효율적이었다. 그런데도 많은 일이 이루어졌고, 그것도 거대한 규모로 이루어졌다. 남자들은 계속해서 입대했으며, 1793년 7월 육군의 규모가 65만 명으로 늘어났을 때도 그들에게 식량과 보급품이 공급되었다. 65만 명이라는 규모는 일찍이 루이 14세가 조직할 수 있었던 군대의 두 배가 넘는다. 육군의 크기가 두 배로 늘었다는(그 토대인 인구는 1700년과 1789년 사이에 약 30%밖에 늘지 않았다) 사실은 혁명과정에서 전쟁을 위한 동원이 얼마나 강화되었는지를 대강이나마 추정할 수 있게 해준다.*

그러나 1793~1794년의 혁명전쟁 수행을 위한 노력은 부서지는 파도와 같았다. 아주 높이 치솟았지만 오래 지속될 수는 없었던 것이다. 막시밀리앵 로베스피에르가 쓰러지고 공포정치가 완화되자, 프랑스 공중에게 으름장을 놓아 물자를 짜내는 방법에 대한 저항이 점차 커졌다. 최고가격법은 폐지되었고, 정부는 (오히려 기꺼이) 개인 청부업자에게 물자조달을 맡겼다. 이들은 군대나 다른 공공 목적을 위해 모아들이는 물자에 대해 비싸더라도 시장가격을 지불해야 했고, 거기에다 자기 몫의 이익까지 듬뿍 얹은 금액을 정부에 청구했다. 그 결과 인플레이션이 심해지고 전쟁 벼락부자 계급이 등장했다. 이것이야말로 총재정부 시대(1795~1799)를 규정하는 특징이었다.

그러나 국내경제 운용에서 시장 인센티브에 의존하게 된 것과 반대로, 프랑스 정부는 비상사태시의 명령경제를 이웃나라, 즉 벨기에와 라인란트 그리고 1797년 이후에는 이탈리아에 수출했다. 물론 그렇게 하기 위해서는 먼저 공화국의 적들을 제압해야 했다. 프랑스군은 1792년 9월 발미에서 최초의 승리를 거두었다. 그리보발이 개발한 야포 40문이 사거리의 한계치만큼 먼 거리에서 프로이센군을 포격했고, 여기에 당황한 프로

---

* 1694년에 루이 14세의 육군은 총 30만 명이었으며, 이것이 그의 치세를 통해 가장 큰 규모였다.[25]

이센군은 프랑스 땅에서 물러났다.*

뒤이은 일련의 전투에서는 어떤 전문기술보다도 혁명적 열의와 수적 우세가 두드러진 역할을 했다. 그러나 이때도 혁명군의 전법은 1763년 이래 프랑스 육군에서 개발한 새로운 전술적 개념을 대체로 따르고 있었다. 예를 들어 1793년 9월의 혼데스호테 전투에서 프랑스군의 산병(散兵)은 들판을 가르고 있는 산울타리 뒤에 숨어 있다가 적의 횡렬에 총격을 퍼부음으로써 영국과 독일의 연합군을 몰아내는 데 큰 역할을 했다. 또 1793년 10월 바티니 전투에서 프랑스군 병사들은 혁명적 열정에만 의지하여 보급식량도 없이 무엇이든 도중에 구할 수 있는 것을 먹으면서, 보통 행군속도의 두 배 가까운 속도로 들판을 가로질러 이동할 수 있음을 보여주었다. 이처럼 빨리 이동한 덕분에 프랑스군은 적보다 훨씬 많은 인원을 전장에 집중시킬 수 있었고, 이런 이점을 살려 오스트리아군의 대열을 포위하고 전면·측면·후면에서 동시에 공격을 가함으로써 오스트리아 직업군인 부대의 우세한 화력을 무용지물로 만들었다.

결정적 승리를 이끌어내는 프랑스 혁명군의 전법이 이 바티니 전투에서 처음으로 분명하게 드러났다. '승리의 조직자'로 불리는 라자르 카르노는 최고 기관인 공안위원회를 대표하여 바티니 전투의 현장에 있었다. 과격할 정도로 공격적인 전략·전술적 부대이동에 따르는 위험에도 불구하고 행군을 할 수 있었던 것은 카르노의 공이 컸다고 해야 할 것이다. 그렇지만 만약 프랑스군의 병사들이 죽어도 행군을 못하겠다고 거부했

---

* 프로이센군이 철수하기로 결정한 데는 군 내에 환자가 많이 발생한 것 등 다른 이유도 있었다. 1792년 10월 20일에 총병력 1만 5,068명 가운데 무려 1만 2,864명이 발병한 것으로 보고되었다고 한다.[26)] 좀더 넓게 보면, 프로이센과 오스트리아는 폴란드의 최종적 분할(1793, 1795)이 아직 진행 중인 상황에서 프랑스에 주의를 집중할 수가 없었던 것이다. 이런 사실을 고려한다 하더라도, 프랑스군이 의기양양하던 프로이센군을 처음으로 이긴 것이 그리보발의 개혁으로부터 이어받은 우월한 무기체계 덕이었다는 점은 군사 경영에 있어 구체제의 군대와 혁명군 사이의 연속성을 상징적으로 보여준다. 나폴레옹이 처음으로 두드러진 역할을 했던 툴롱 군항의 탈환(1793) 역시 프랑스군의 새로운 야포가 조준이 정확하고 발사속도가 빨랐기 때문에 가능했다.

거나 전장에서 사기가 꺾였더라면 분명 패배했을 것이다. 하지만 혁명의 강력한 힘에 대한 새로운 확신이 프랑스 병사들 사이에 깊고 강하게 흐르고 있었으며, 대부분의 프랑스군 장교들까지 여기에 고무되기 시작했던 것이다.27)

신속한 행군, 전략적 집중, 전장에서의 공격적인 전술은 이후 프랑스 육군의 두드러진 특질이 되었다. 프랑스군은 다른 나라의 육군보다 더 자발적인 규율을 가지고 있었으므로 더욱 자유롭게 산병을 활용할 수 있었고, 따라서 굴곡이 심하고 숲이 우거져 옛날식의 전투횡렬을 짤 수 없는 지형에서도 적을 공격할 수 있었다.\* 프리드리히 2세 시대와는 달리 보병 횡대의 양 측면에 통과하기 어려운 지형이 놓여 있다고 해서 안심할 수는 없게 되었다. 수적인 우세(대포든 병력이든)가 전투의 승패를 결정지었으며, 이 점은 나폴레옹 시대에도 줄곧 마찬가지였다.

이렇게 해서 얻은 승리를 통해 프랑스 육군은 벨기에와 라인란트에 침입할 수 있었고, 공포정치가 완화됨에 따라 프랑스 본국에서는 소멸하고 있던 명령경제의 원리를 이 기름지고 인구도 많은 지역으로 가지고 갔다. 모든 육군의 영원한 필수물자인 식량과 여물은 멀리 운반하기에는 부피가 너무 크기 때문에 현지에서 조달할 수밖에 없었다. 어쨌든 이제 새로운 점령지에서 강제로 물자를 징발하게 하거나 공공연하게 약탈을 해서 보급을 해결할 수 있었으므로, 승자인 프랑스군은 굳이 자국의 부족한 비축물자를 축낼 생각을 하지 않았다.

이 단순하면서도 효과적인 방식으로 프랑스 혁명정부는 처음에 혁명의 도화선이 된 사회불안을 상당히 진정시키는 데 성공했다. 총재정부하에서는, 혁명 전 민간에서 만족스러운 일자리를 얻지 못했던 수많은 젊

---

\* 로마 군단이 그리스나 마케도니아의 방진(方陣)에 비해 우월했던 것도 로마의 코호트 보병대가 마찬가지로 굴곡이 심한 지형에 대한 적응력이 뛰어났기 때문이다. 이 점뿐만 아니라 그 밖의 여러 측면에서 프랑스 혁명의 지도자들은 의식적으로 로마 공화국 군대를 모델로 삼았다.

은이들은 고향에서 일자리를 찾거나 인근 지역 주민들에게 부양을 받는 병사로 지냈으며 아니면 대체로 영광스럽게 죽었다.*

  루이 16세를 무너뜨리는 데 그토록 큰 역할을 했던 인구위기와 경제위기에 대한 혁명적 해결책은 1800년까지는 여전히 불안정했다. 그러나 1799년 나폴레옹이 집권하고 또다시 적군을 대파하자, 프랑스 정부는 프랑스 시민에게 효과적인 조세체계를 부과할 수 있게 되었다. 그 후 인플레이션은 진정되었고, 나폴레옹은 군대 유지에 드는 비용을 역대 혁명 정권보다 훨씬 공평하게 분담시켰다. 1804~1805년에 나폴레옹이 영국 침공을 준비하기 위해 프랑스 국내의 불로뉴에 프랑스군 정예부대를 집결시키자 다시 프랑스 국민이 육군의 유지비를 주로 부담하게 되었다. 물론 인접 국가들도 전비의 상당부분을 대개 강요에 의해 계속 부담했다.†

  프랑스 육군의 징병제도는 그보다 조금 이른 시기에 정비되었다. 1793 ~1794년의 국민총동원령으로 징집된 남자들은 기약 없이 군복무를 하고 있었다. 그 후에 이루어진 몇 차례의 징병은 불규칙하고 부분적이었다.(프랑스 영토에 새로 병합된 영토에만 부과되는 경우도 있었다.) 그러나 1798년에 총재정부는 20~25세의 모든 남자를 육군성이 관리하는 징집대상 명부에 등록하도록 하는 징병법을 제정했다. 징집대상자들은 출생연도에 따라 분류되었으며, 의회가 해마다 신병이 얼마나 필요한지를 결정하게 되었다. 그러면 육군성이 각 데파르트망에 모집인원을 할당하고, 데파르트망 당국은 가장 젊은 대상자층에서부터 차례로 병역에 복무할 사람을 선발했다. 마침내 병역의무자를 추첨으로 결정하는 제도가 표준

---

* 20세기 이전에는 언제나 그러했듯이, 적과의 전투보다 병으로 죽는 병사의 수가 훨씬 많았다. 그러나 병으로 죽은 병사에 관한 통계는 남아 있지 않으며, 현재의 사료를 통해 재구성해낼 수도 없다.
† 이 부담의 내용은 실전부대일 때도 있고 지원금일 때도 있었다. 예를 들어 1804년에 나폴레옹은 네덜란드에서 1만 6,000명의 병사를 지원받았고, 또 프랑스군 부대를 싣고 도버 해협을 건널 배 중에서 여러 척을 네덜란드의 조선소에서 건조하게 했다. 스페인에서는 거액의 지원금을 받아냈다. 그 돈을 내게 하기 위해 나폴레옹은 스페인 정부에 최후통첩을 해야 했다.[28]

화되었는데, 1799년 이후에는 혁명적 평등정신이 한 걸음 후퇴했다. 추첨으로 선발된 사람이 합의금을 지불하고 다른 사람을 대신 보내는 일이 합법화된 것이다. 이런 식으로 징병제도는 시장 메커니즘에 따라 수정되었고, 부자들은 병역에 따르는 부담과 위험을 피할 수 있게 되었다. 이 제도는 프랑스에서 1871년까지 계속되었다. 다만 1815년 이후에는 해마다 대체로 신병 충원이 없거나 소수에 그쳤기 때문에 징병제의 영향을 받은 사람은 해당 연령의 남자 가운데 극소수에 불과했다.

물론 징병제가 남아도는 프랑스 젊은이들을 해마다 외국으로 수출함으로써 급속한 인구증가로 야기된 사회적 알력을 완화하는 수단이라고 의식하는 사람은 없었다. 그럼에도 불구하고 징병제의 그런 효과는 나폴레옹 시대 내내 지속되었다. 한편 징병제가 성공하기 위해서는 매년 징병 연령에 이른 장정의 수가 군에서 필요로 하는 병사의 수를 충당하고 또 후방의 필수적인 업무를 수행할 만큼 충분해야 했다. 1814년이 되자 징병대상자의 수가 부족해졌다. 그러나 1812년까지는 프랑스 국민에 대한 나폴레옹의 끊임없는 신병 요구가 민간사회의 생활에 그다지 눈에 띌 만한 혼란을 가져오지 않았다. 18세기 중반 이후에 시작된 급속한 인구증가로 인해 군대와 민간의 인력수요를 모두 충족시킬 만큼 많은 수의 건장한 젊은이가, 전쟁 발발 이후 20년 넘게 계속 공급되었기 때문이다.

프랑스 영토 내에서는 징병제가 적용되는 지리적 영역이 확대됨으로써 징병제가 인구에 미치는 영향이 완화되었다. 벨기에와 라인란트, 피에몬테, 토스카나가 프랑스에 병합됨으로써 1789년에 2,500만 명이던 '프랑스인'의 수는 1810년에는 4,400만 명으로 두 배 가까이 늘었다. 나폴레옹의 통치를 받게 된 이 새로운 시민들은 1800~1812년에 나폴레옹이 징집한 130만 명 가운데 각각 자기들에게 할당된 인원을 군대에 보냈다. 또한 동맹국들도 설득에 의해서든 강제에 의해서든 1812년의 '대육군'에 병력을 파견했다. 그러므로 1812년에 러시아를 침공한 병사들

가운데 실제로 프랑스어를 하는 사람은 절반도 되지 않았다.*29)

따라서 사실상 나폴레옹은 급속한 인구증가에서 생겨나는 사회적 긴장을 완화하기 위해 혁명이라는 방식을, 서유럽의 비교적 인구밀도가 높은 지역에까지 확대해서 적용한 것이었다. 이들 지역에서는 새로운 토지를 개간하여 경작을 확대하는 것만으로는 인구문제를 해결할 수 없었다. 여기에 맞서, 오스트리아와 러시아에서도 합스부르크 왕조와 로마노프 왕조 정부가 육군의 규모를 확대하고 농민을 상대로 엄격한 징병제를 실시하여 병력 손실을 보충했다. 그러나 이 두 나라의 경우는 인구증가로 늘어난 노동력을 농업부문 안에서 경제적으로 유효하게 사용하는 데 아무런 장애가 없었다. 바로 이런 점에서 서유럽의 비교적 인구밀도가 높은 지역들과는 상황이 전혀 달랐다. 다시 말해 동유럽의 육군이 이 시기에 확대된 것은 정치외교상의 요인과 군사적 요인 때문이지, 내부의 사회적 역학으로 인해 그 방향으로 힘이 가해졌기 때문은 아니었다. 물론 인구가 증가했으므로 징병관들이 마을에서 각자의 할당인원을 채우기가 다소 수월했을 것이다.

프로이센의 경우는 달랐다. 나폴레옹이 프리드리히 빌헬름 3세에게 강요한 조약은 1808년 이후 프로이센 육군의 규모를 4만 2,000명으로 제한하고 있었다. 이 강제적인 동원해제, 그리고 프랑스군의 점령과 징발로 인한 수년간의 경제적 압박은 해방전쟁(Befreiungskrieg)을 위한 인력과 감정을 축적시켰다. 1813년에 해방전쟁이 시작되어 프로이센 정부가 대대적으로 병사를 모집하자 국민들은 기꺼이 징병에 응했다.

따라서 유럽 대륙이라는 범위 안에서 구체제의 인구위기에 혁명으로

---

* 르페브르에 따르면, 1812년의 대육군은 모두 70만 명이었으며 그 가운데 61만 1,000명이 러시아 국경을 넘었다. 그 중에 프랑스인은 30만 명이었고, 그 가운데서도 '구프랑스' 출신은 23만 명이었다. 프랑스에 징병제가 무거운 부담으로 다가왔던 것은 1812~1813년뿐이다. 이때 나폴레옹은 100만 명 이상의 신병을 소집했고 육군성에 등록되어 있던 징병대상자의 약 41%를 동원하는 데 성공했다.30)

대응하는 것은 적어도 1810년까지는 대체로 유효했다고 볼 수 있다. 나폴레옹이 오스트리아와 싸워 연이어 승리하고(1797, 1800, 1805, 1809), 1806년에는 프로이센군을 일격에 무너뜨리자 구체제는 모든 부문에서 흔들렸고 위신을 잃었다. 단 영국만은 예외였다. 영국에서는 반(反)프랑스적인 국민감정이 강해지고 있었고, 이것이 구심점 역할을 하며 당시의 귀족적 과두정권을 떠받치고 있었다. 이 장의 뒷부분에서 살펴보겠지만, 이 정권은 전쟁기간에 영국의 경제와 정치를 상당히 성공적으로 꾸려 나갔다. 러시아 엘리트층의 입장은 양면적이어서, 혁명으로 인한 격변을 찬탄하기도 하고 두려워하기도 했다. 이러한 설왕설래가 있었기 때문에 대부분의 사람들이 당시 잇달아 제위에 오른 두 전제군주의 변덕스러운 통치를 감내하고 있었던 것이다. 한 사람은 화를 잘 내는 괴짜 파벨 1세(1795~1801), 또 한 사람은 아버지를 죽인 죄책감에 시달리며 새로운 사상을 좋아하던 알렉산드르 1세(1801~1825)였다.*

러시아 정교의 정서에서 보면 영국의 지도 아래 유럽 전체가 상업적으로 통합되는 것도, 프랑스의 지배 아래 서유럽이 군사적으로 통합되는 것도 용납할 수 없었으며 또한 러시아의 국익에도 맞지 않았다. 그러나 현실적으로 러시아의 차르와 지배엘리트들은 갑작스럽게 국력을 키운 프랑스와 영국 중에서 어느 한쪽을 택해야 했다. 이 난처한 상황도 러시아보다 더 서쪽에 있는 나라의 통치자들이 직면하고 있던 상황보다는 덜 심각했다. 러시아의 농민이나 도시 하층계급은 서유럽에서 그토록 세차게 불고 있던 변화의 바람을 거의 알지 못하고 있었기 때문이다. 그리하여 2대에 걸친 차르는 영국과의 동맹이나 프랑스와의 동맹을 마음 내키

---

* 알렉산드르는 아버지 파벨의 암살에 연루되어 있었다. 그는 즉위하자마자 프랑스 계몽사상을 열광적으로 신봉하게 되었지만, 동시에 신과의 소통을 희구하는 신비주의적 성향도 함께 가지고 있었다. 프랑스와 동맹을 맺는가 싶으면 영국과 손을 잡았고, 그러다가 다시 프랑스와 동맹을 맺는 식의 급작스러운 정책전환은 그의 지적인 입장의 동요와 관련이 많았다. 1815년에 크뤼드너 부인에 의해 개종하여 그리스도교에 귀의한 뒤에도 이런 동요는 변함없이 계속되었다.[31]

는 대로 선택할 수 있었지만, 어느 쪽에서도 진정한 만족을 찾을 수 없었다. 오스트리아 합스부르크가의 황제 역시 동맹상대를 자주 바꾸었다. 그러나 1810년에 클레멘스 폰 메테르니히가 황제인 프란츠 2세의 딸과 나폴레옹의 결혼을 성사시키자, 예전부터 내려온 왕가 사이의 동맹이라는 패턴에 따라 프랑스와의 항구적인 화해가 이루어지는 것처럼 보였다. 벼락출세한 프랑스 황제는 그리스도교 세계의 지도적 지위를 주장하는 유서 깊은 집안과의 혼인을 통해 정통성을 얻고자 했으며, 합스부르크의 황제는 나폴레옹을 사위로 맞음으로써 더 이상은 패배하는 일이 없으리라는 보장을 얻고자 했던 것이다.

그러므로 군사적·외교적 견지에서 볼 때 1810년까지 서유럽과 중유럽에 대한 프랑스의 패권은 확고해 보였다. 프랑스의 정복에 뒤이어 광범위한 법제개혁이 뒤따랐다. 그러자 곧 프랑스 국내외에서 새로운 체제에 기득권을 갖는 계층이 출현하여 시간이 갈수록 힘을 키워갔다.

그럼에도 불구하고 적국인 영국의 역량은 여전히 강했고, 프랑스는 1806년에 나폴레옹이 공표한 정책에 따라 영국과 유럽 대륙의 무역을 모두 차단함으로써 영국을 궁지에 몰아넣으려 했다. 하지만 나폴레옹 정부는 이 봉쇄정책으로 인해 유럽 대륙 주민의 이익과 충돌하게 되었다. 당시에는 유럽 대륙 주민의 상당수가 값싼 면직물을 비롯한 영국의 공산품과, 영국이라는 집산지를 통해서만 얻을 수 있는 식민지 산물들을 필수품으로 여기기 시작했기 때문이다. 만약 프랑스가 자국의 공장에서 영국 제품에 필적하는 공산품을 생산하여 공급할 수 있었더라면 분명 대륙 봉쇄가 효과를 거두었겠지만, 실제로는 그렇지 못했다. 프랑스의 제조업은 1789~1800년에 극심한 혼란을 겪었고, 그 후 나폴레옹 정권하에서 생산을 회복하여 1811년에는 공업생산액이 혁명 이전의 수준을 40%나 넘어섰다.[32] 그러나 이 성장률은 영국 공업의 성장률에는 훨씬 못 미쳤고, 프랑스의 제조업이 제품의 양과 가격에서 영국 제품과 경쟁하기는

6장 프랑스의 정치혁명과 영국의 산업혁명이 군사에 미친 영향, 1789~1840년   273

어려웠다.* 더욱 중요한 것은 차, 커피, 설탕, 원면 같은 해외 수입품의 경우 유럽 대륙 내에서는 만족할 만한 대체품을 찾을 방법이 적어도 단기적으로는 없었다는 점이다.†

프랑스의 근본적인 약점은 수송을 비용이 많이 드는 육로운송에 의존한다는 점이었다. 민간시장에 상품을 공급할 때도 군대에 보급을 할 때도 이 점은 마찬가지였지만, 특히 군대 보급을 육로운송에 의존한다는 것은 더 심각한 문제였다. 나폴레옹의 군대가 스페인과 러시아에서 파국을 맞았던 것은, 적군이 보급에 수상운송을 이용할 수 있었던 반면 프랑스군은 행군 도상의 농촌지대에 대한 약탈로는 얻을 수 없는 모든 물자를 주로 육로로 수송해야 했기 때문이었다. 만약 스페인이나 러시아 농촌의 환경이 이탈리아나 독일의 농촌지대처럼 풍요로웠다면, 그리고 군사행동이 여름철 몇 주 동안만 지속되었다면, 행군로 주변지역에서 징발할 수 없는 물자들을 마차에 실어 나르는 프랑스의 방식도 충분히 제구

---

* 그러나 영국과 프랑스의 격차를 너무 과장할 필요는 없다. 나폴레옹은 프랑스 육군이 전장에서 사용할 장비를 공급하는 데 아무 어려움이 없었다. 철제 대포의 연간생산량은 900문에서 1만 3,000문으로 늘었고, 신설된 주물공장 17군데에서 매년 1만 4,000문이나 되는 청동포를 생산했다.[33] 당시의 한 추산에 따르면, 1803~1815에 프랑스는 도합 390만 정의 머스킷총, 전장식 라이플총, 카빈총, 피스톨을 생산한 반면, 같은 시기에 영국은 310만 정을 생산하는 데 그쳤다.[34] 그런데 이 수치는 영국의 생산량을 낮게 잡은 것일 수도 있다. 1804~1815년에 버밍엄에서만 소화기 174만 3,383정과 교환용 총신 303만 7,644개를 조달국에 넘겼기 때문이다.[35]

프랑스에서도, 유럽의 프랑스 점령지에서도 기업경영자들은 면방적업 같은 새로운 산업분야에 적극적으로 진출했다.[36] 그러나 원면 공급이 불규칙했기 때문에 이 새로운 면방적업은 원활하게 발전하지 못했는데, 대체로 해외에서 수입한 원료에 의존하는 산업은 전반적으로 쇠퇴했다. 전쟁기간 동안 프랑스의 대서양 연안지역은 불황에 빠졌고 라인 강과 론 강 유역에서는 새로운 산업이 발달했다.[37]

† 사탕무에 관한 실험(이것은 나중에 중요성을 띠게 된다)이 이루어졌으며, 포 강 유역에서는 면화재배도 시작되었다. 그러나 이러한 노력은 식민지 물산의 차단으로 생겨난 부족을 메우기에는 역부족이었다. 나폴레옹은 자신의 입지가 취약함을 알고 있었기 때문에 다시 한 번 해상에서 영국에 도전할 기회를 계속 엿보았다. 트라팔가르 해전(1805)에서 패배한 후 프랑스 해군은 겨우 전열함 30척의 규모로 축소되어 있었고, 나폴레옹은 재건에 착수했다. 1814년까지 전열함 103척과 프리깃함 65척이 출항준비를 갖추었다. 그러나 이 새 함정들도 출동할 기회를 얻지 못하고 군항 안에 정박하고 있었을 뿐이다. 결국 1812년에 나폴레옹은 그 함정들의 승무원 대부분을 러시아 원정을 위한 육군에 편입시켰다. 이는 그가 당분간은 해상에서 영국에 도전할 수가 없음을 암묵적으로 인정한 것이었다.[38]

실을 했을 것이다. 그때까지 나폴레옹이 이룩한 수많은 승리는 그 점을 잘 보여준다. 그러나 스페인에서처럼 군사행동이 한 해에 매듭지어지지 않거나 농촌지역이 빈곤해서 현지 징발로 군대를 유지하기 어려울 경우에는, 1793년 이래 프랑스 육군이 지켜온 군사적 성공의 공식은 효과를 거두지 못했다. 동프로이센에서도 스페인에서도 러시아에서도, 후방으로부터의 보급 부족을 현지 약탈로 보충하는 방식은 현지 주민들의 적의를 강화시켰을 뿐이었고, 육상운송에 의존하는 한 머나먼 후방에서 오는 물자의 흐름을 증대시킬 방법은 없었다.

이와 대조적으로 포르투갈과 스페인에 파견된 영국군(1808~1812)은 주로 본국을 오가는 해상수송을 통해 보급을 받고 있었다. 이 대단한 사업을 수행하기 위한 행정수단은 미국 독립전쟁 기간에 이미 개발되었고, 1808~1812년에 파견군에 보급을 계속했다고 해서 영국의 국내 경제자원에 심한 부담이 가지는 않았다. 또한 영국군은 빈곤에 시달리던 스페인의 농촌지대에서 재화나 용역(가장 큰 것은 육상운송이었다)을 취할 때는 협의에 따라 결정된 가격을 지방주민에게 지불했다. 이것은 영국과 프랑스 두 나라의 군대가 서로 가까이 있을 경우, 스페인이나 포르투갈 농민의 비축물자를 영국군이 우선적으로 입수할 수 있음을 의미했다. 그리하여 1810~1811년에 리스본 교외의 토레스베드라스에서 결정적인 대치전이 벌어졌을 때, 프랑스군은 굶주리고 있었지만 영국군은 그럭저럭 적절한 영양을 섭취하고 있었다. 스페인에 있던 25만 명이나 되는 프랑스군의 규모는 아무 도움이 되지 못했으며, 병사의 수가 많다는 것이 오히려 상황을 더욱 어렵게 만들었다.

간단히 말해 당시 스페인은 많은 면에서 여전히 구체제 국가였다. 아직 울타리 없이 탁 트인 스페인의 밀밭과 목초지는 영국군이 예전부터 해오던 횡대전술을 펴기에 적합했다. 그리고 빈곤한 스페인 농촌지역에서는 규모가 훨씬 크고 식량소비도 많았던 프랑스군보다는 웰링턴이 이끌었던 것처럼 고도의 훈련을 받은 비교적 소규모 군대가 유리했다.*

1812년 러시아를 침공한 나폴레옹의 군대는 스페인에서와 거의 똑같은 어려움에 직면했다. 프랑스군은 지난 1807~1808년에 동프로이센과 폴란드 땅에서 러시아군과 싸웠던 경험을 통해, 곡물 밭보다 습지와 숲이 훨씬 넓은 나라에서 군대가 현지 자원에 의지하여 살아가기가 얼마나 어려운지를 이미 잘 알고 있었다. 그래서 나폴레옹은 후방으로부터 대육군에 보급을 하기 위해 특별히 세심한 준비를 했다. 그러나 마차에 의한 육상운송은 속도가 더디고 비용이 많이 드는데다 프랑스군의 행군속도를 떨어뜨려서 러시아군이 쉽게 도망칠 수 있게 해주었다. 더욱이 모스크바에서 철수할 때는 모든 보급체계가 완전히 붕괴해버렸기 때문에, 나폴레옹이 이끌던 병사들은 거의 전원이 전사하거나 포로가 되었다.[40)]

러시아 원정군의 보급을 마차에 의존함으로써 사실상 나폴레옹은 마차를 가지고 수상운송과 겨루는 어리석음을 저지르고 있었고 따라서 차르의 군대는 러시아의 하천과 운하체계를 지배하고 있었기 때문에 여름에는 짐배와 거룻배로, 겨울에는 얼어붙은 하천 위를 달리는 썰매로 곡물을 비롯한 필수품을 보급받을 수 있었다. 화물이 아무리 무겁고, 또 먼 거리를 운반해야 한다고 해도 수운을 이용하면 수송이 쉬웠기 때문에, 러시아군은 침략군에 비해 훨씬 풍부하게 보급을 받을 수 있었다. 침략군의 마차는 훨씬 많은 노력을 들이고도 훨씬 적은 중량밖에 운반할 수 없었다.†

---

* 스페인인 게릴라 부대는 웰링턴의 지휘를 받고 있던 스페인 및 포르투갈의 정규군 부대와 함께 영국군의 작전을 보완하는 데 큰 역할을 했다. 게릴라 부대의 도움이 없었다면 웰링턴이 사용한 구식 전술로 그렇게 수많은 승리를 거둘 수는 없었을 것이다.[39)]

† 적어도 이치상으로는 그러했을 것이다. 사실 나는 1812년의 전쟁에서 러시아군이 실제로 어떻게 보급을 했는지에 대해 논한 문헌을 하나도 찾지 못했다. 그러나 이동경로를 조사해보면 러시아군의 후퇴로와 전진로가 바로 러시아 정부가 양쪽 강둑을 확실하게 장악하고 있는 몇 개의 강줄기를 가로지르고 있음을 알 수 있다. 따라서 나는 강을 따라 보급이 이루어졌을 것이라고 추정했다. 그렇다면 수송조직이 정연하지 않았더라도(다분히 그랬겠지만) 그 보급량은 분명 프랑스군을 능가했을 것이다. 러시아군이 계속 존속했으며 퇴각하는 대육군을 겨울철 내내 괴롭혔다는 점이 이 기본적인 사실을 증명해준다.

## 구체제의 해군

여기에 묘사된 배 두 척은 17세기부터 19세기에 걸쳐서 유럽의 군함 설계가 어떻게 달라졌는지를 보여준다. 위쪽 그림은 1626년에 네덜란드에서 건조된 배고, 아래쪽 그림은 1847년에 프랑스에서 건조된 배다. 이 기간 동안 함포의 수는 배 이상으로 늘었으는데, 견고하게 만들어진 배의 측면에 중포를 일렬로 나란히 배치한다는 기본적인 발상은 달라지지 않았다.

E. Van Konijnenburg, *Shipbuilding from Its Beginnings* (Brussels: Permanent International Association of Congresses of Navigation, n. d.). figs. 146, 173.

## 인구압을 완화하는 영국의 방식

나폴레옹이 러시아에서 패배한 후 어떤 결과가 빚어졌는지를 논하기 전에, 도버 해협 건너편으로 잠시 눈을 돌려 프랑스 혁명 시대에 영국 정부가 어떻게 프랑스에 대한 항전 노력을 해나갔는지 간략하게 살펴두는 것이 현명할 것 같다. 전쟁을 위해 영국이 경제자원을 동원하면서 국정의 갑작스런 중단이라든가 폭력적인 국내 격변이 뒤따르지는 않았다. 그러나 영국 사회에서 일어나고 있던 여러 변화는 장기적으로 보아 프랑스에서 일어난 일들에 못지않은 혁명적인 결과를 가져왔는데, 이는 우리가 '산업혁명'이라는 용어를 익숙하게 사용하는 데서도 잘 드러난다.

그레이트브리튼 섬이 어떻게, 왜 산업혁명의 요람이 되었는지를 연구해온 역사가들 사이에서는 영국의 오래된 경제적 균형상태를 뒤엎은 중요한, 아마도 가장 중요한 요인이 인구증가였다는 주장이 그다지 새로운 것이 아니다.[41] 인구증가는 한편으로 풍부한 노동력을 제공하고 다른 한편으로 국내시장의 확대를 가져옴으로써, 새로 발명된 기계(면사를 뽑아내는 뮬 방적기든 철광석을 제련하는 용광로든)를 이용해서 얻을 수 있는 규모의 경제를 실현시켰다. 이 전체적인 발전과정에 있어서 면화 등의 원료를 해외에서 수입하기 위해서든 상품을 국내외에 유통시키고 재유통시키기 위해서든 값싼 수상운송은 꼭 필요했다. 우선 맨체스터에서 싹트기 시작한 면직물공장에 석탄을 실어 나를 수 있게 해준 브리지워터 공의 운하(1761년 개통)는 맨체스터를 눈부시게 발전시켰다. 이 유료 운하가 큰돈을 벌어들이자 영국에서는 열광적인 운하 건설 붐이 일었고, 그 열기는 1790년대까지 이어졌다. 이와 동시에 기존의 하천을 준설하면서 효율적인 내륙수로 체계가 갖추어졌고, 그에 따라 영국의 거의 모든 지역에서 수로와 수로 사이에 육로로 운반해야 하는 거리가 겨우 몇

km로 단축되었기 때문에 무거운 재화의 운송비용이 더욱 낮아졌다.*

 그렇기는 해도 인구와 식량공급과 돈벌이가 되는 일자리를 얻을 기회 사이에 만족할 만한 관계가 전혀 확보되지 않았던 것은 프랑스의 경우와 다름이 없었다. 그레이트브리튼 섬과 아일랜드 섬의 몇몇 지방에서는 농촌의 극심한 빈곤 때문에 상공업이 전혀 성장하지 못했다. 아일랜드와 스코틀랜드 고지가 그 두드러진 예다. 상공업이 폭발적으로 성장하던 런던에서조차 언제 폭동을 일으킬지 모르는 가난한 사람들이 다수 있었고, 그 중에는 경기가 좋을 때도 구걸이나 도둑질로 겨우 연명하는 사람들이 있었다. 군중폭동이 일어날 잠재적 가능성은 런던도 파리에 뒤지지 않았다. 그리고 하층 대중이 봉기한다면, 그들에게 지향해야 할 정치적 목표와 대의를 제시해줄 존 윌크스(1725~1797) 같은 지도자도 여럿 있었다. 1789~1794년에 파리에서 그토록 극적인 상황이 진행되던 때도 그랬다.

 그러나 영국의 귀족적·과두제적 리더십은 국내에서 심각한 도전에 직면한 적이 없었다. 프랑스 혁명 초기에 프랑스적인 자유의 관념이 다른 이웃나라들은 물론 해협 너머 영국에까지 가장 밝은 빛을 던지던 때조차도 사정은 마찬가지였다.[42] 그 한 가지 이유는 일단 영국이 프랑스와의 전쟁에 가담하자 정부 당국에 대한 도전과 이적행위를 구별하기가 어려워졌기 때문이다. 게다가 영국정부가 급속한 인구증가에 대처할 효과적인 방안을 찾아냄으로써 민중의 불만이 파리에서 루이 16세가 마주친 것 같은 폭발적인 힘으로 터져 나오는 것을 막아낼 수 있었다.

 프랑스와 마찬가지로 영국에서도 육해군의 징병은 중요한 역할을 했다. 동원이 최고수준에 이르렀던 1814년에 육해군의 병적에 올라 있던 인원은 약 50만 명으로[43] 당시 영국의 경제활동인구 전체의 4%였다. 육군에 입대한 병사 중에는 가난한 스코틀랜드 고지 출신의 비율이 특히

---

* 이와 동시에 코크스 제철기술이 발달했던 것 등 영국에서 일어난 발전이 오래전 중국에서 일어난 것과 매우 비슷하다는 점은 주목할 만하다. 중국에서 일어난 과정에 대해서는 이 책 2장에서 다루었다.

높았고, 해군의 경우에는 연안 항구도시 출신이 많았다. 이 항구도시들에서는 신체가 멀쩡하면서 일정한 주거나 직업이 없는 성인 남자를 강제징병관이 닥치는 대로 붙잡아갔다. 이것은 18세기의 기록에서 알 수 있듯이 특히 정치적 불만이 격화되기 쉬웠던 이 두 지역에서 많은 실업 및 반실업 상태의 젊은이들이 군대에 들어갔음을 의미한다. 그것은 바로 1794~1795년에 프랑스의 파리와 그 밖의 지역에서 일어난 것과 같은 일이었다.

영국의 사회와 정치에서 또 하나의 만성궤양이었던 아일랜드에서는 농촌의 빈곤과 인구증가에 대한 대응이 두 갈래 길을 따라 진행되었다. 얼스터 지방의 스코틀랜드-아일랜드계 프로테스탄트 사이에서는 1717~1718년의 대기근 이래 아메리카 이민이 지역전통이 되었다. 이들의 이민은 1775~1783년의 미국독립전쟁 때 중단되었다가 다시 조금씩 늘기 시작했고, 1812~1814년의 미영전쟁으로 다시 중단되었다.* 연간 2,000~3,000명 정도에 이르렀던 이 이민의 흐름은 얼스터 지방의 상황에 충분히 변화를 가져올 수 있는 규모였으며, 사회적 불만을 누출시키는 안전밸브 구실을 했던 것 같다. 아일랜드 섬 남부에서는 또 다른 이주의 흐름이 오랫동안 가톨릭계 아일랜드인들을 괴롭혀온 농촌의 인구과잉을 단기간이나마 완화해주었다. 그 흐름은 1793년 무렵, 곡물가격이 오르면서 렌스터 지방과 먼스터 지방의 지주들이 기존의 방식대로 방목을 하는 것보다 목초지를 개간하여 밀이나 귀리를 경작하는 쪽이 낫다는 것을 알게 되면서부터 시작되었다. 이렇게 농사를 지으려면 밭갈이나 수

---

* 이민자수에 관한 공식통계는 아일랜드에서도 아메리카에서도 작성되지 않았지만, 역사가들에 따르면 1718년과 1775년 사이에 20만 5,000명가량의 얼스터 주민이 아메리카로 이주했다고 한다. 미국독립전쟁으로 이민이 중단되었다가 1783년 재개된 후로는 그 규모가 조금 줄었다.[44] 스코틀랜드 고지에서 캐나다나 캐롤라이나로 이민이 시작된 것은 7년전쟁 이후의 일이며, 퇴역군인들이 아메리카 식민지에서 토지를 지급받은 것이 그 계기였다.[45] 그러나 스코틀랜드 고지의 이민자는 극소수였기 때문에, 현지의 인구문제에 그다지 영향을 미치지는 않았다.

확을 할 노동력이 필요했는데, 가난한 아일랜드인 노동자에게 식구들을 먹여 살릴 감자를 심을 땅 1에이커씩만 나눠주면 필요한 노동력을 얻을 수 있었다. 그 결과 1650년 크롬웰에 의해 가톨릭계 빈민 정착지로 할당되었던 코노트 지방의 인구는 대(對)프랑스 전쟁 기간에 급감했고, 10년 남짓한 동안 남부 아일랜드는 거의 완전고용에 가까운 상태를 누렸다.

이처럼 그레이트브리튼 섬과 아일랜드 섬에서 농촌의 인구증가로 가장 큰 타격을 입었던 지역들은 상당히 효과적인 해결책을 찾아냈다. 스코틀랜드 고지에서는 주민을 군대에 보냈고, 얼스터 지방에서는 노동력의 일부를 해외로 보냈으며, 아일랜드 남부에서는 목초지를 경작지로 바꾸었던 것이다. 한편 상업적 농업과 '집약농업'이 훨씬 더 진전되어 있던 잉글랜드에서는 빈민법 행정의 개선이 인구증가에 대한 가장 중요한 대응책이었다. 1795년 이래로 점점 더 많은 교구가 구빈원 바깥에서의 구제를 인정하게 되었고(그전에는 구빈원에 수용된 사람만이 빈민법의 혜택을 받았다), 구제 신청자의 수입, 가족수, 그리고(이 점이 중요하다) 그때그때의 빵 가격에 따라 결정된 교부금을 지급하기 시작했다. 교구마다 행정 관행은 달랐지만, 이 '스피넘랜드' 제도*는 모든 사람에게 최소한의 생계를 보장해주었다. 즉 흉년이 들어서 어떤 지방의 빵 가격이 크게 오르더라도 빈민이 당장 굶주리는 일만은 피할 수 있었다. 만약 빈민법의 도움이 없었다면, 농업노동자들은 기근이 닥쳤을 때나 농한기에 도시로 몰려갈 수밖에 없었을 것이다. 그곳에서 일자리를 얻거나 아니면 가난한 고향마을에서는 얻을 수 없는 자선에 기대어 살 수 있기를 바라면서 말이다. 프랑스에서는 바로 이렇게 절망에 빠진 사람들이 1788~1789년의 흉작으로 인해 떼를 지어 파리에 밀려들었다. 그러나 잉글랜드에서는 1795년 이후 그런 일은 거의 일어나지 않게 되었다. 구빈 행정의 패턴이

---

\* 스피넘랜드는 지명. 1795년 이곳에 모인 버크셔 일대의 치안판사들이 구빈원의 원외구제를 위한 교부금 지급표를 작성했고, 이는 이후 몇 년 동안 모범이 되어 잉글랜드 전역에서 널리 활용되었다.[46]

개선됨으로써, 농업노동자는 기근이 닥쳤을 때 자신의 원 거주지에 머물더라도 살아남을 수 있게 되었다. 이처럼 원외구제를 위한 스피넘랜드 제도는 영국 사회를 안정시키는 데 큰 공헌을 했다.

이후 잉글랜드 내부의 인구이동은 경제적 기회와 임금의 차이를 좇아 이루어졌고, 이러한 인구이동은 다시 18세기 후반의 인구증가에 대한 영국 사회의 특징적이고 근본적으로 중요한 자기적응방식에 기여했다. 그것은 상공업 부문에서 경제적이고 생산적인 일자리를 얻을 수 있는 기회를 늘리는 것이었다. 신기술을 도입하면 제품가격이 낮아지고, 가격이 낮아지면 시장이 확대되고, 시장이 확대되면 생산의 규모도 커지고, 생산규모가 커지면 더욱더 많은 공장노동자, 운송노동자, 그리고 교환경제를 원활히 움직이기 위한 다종다양한 용역노동자가 필요해졌다. 이 성장과정은 누군가가 작성한 계획에 따른 것이 아니었으며, 대(對)프랑스 전쟁 중에는 심각한 경제위기가 몇 차례나 경제 시스템 전체를 뒤흔들었다. 그러나 그때마다 영국 정부와 사업주와 경영자들은 이내 활동을 재개했고 위기는 사라졌다. 쉽게 동요하지 않고 창조적인 영국인의 성향으로 인해 조기에 재난을 극복했던 경우가 특별히 세 차례 있었다. 1797년에 영국인들이 불환지폐를 받아들인 일, 1799년에 소득세 부과를 인정한 일, 그리고 1806년 이후 유럽 대륙에 대한 영국 제품의 판로가 심하게 제약당하자 무역상들이 라틴아메리카와 레반트에 새로운 수출시장을 개척한 일이 그것이다.

이제까지 산업혁명을 연구해온 역사가들은 대체로 대프랑스 전쟁에 거의 주의를 기울이지 않았다. 그것에 주목했던 학자들도 대부분 전쟁이 영국의 산업발전을 촉진했다기보다는 저해했다거나 또는 어느 쪽으로도 영향을 미치지 않았다고 주장했다.[47] 이 명제에는 의문의 여지가 있다. 정부지출의 대폭적인 증가는(증가폭의 거의 전량이 전쟁을 위한 것이었다) 확실히 영국 경제 내부에서 교환되고 있는 모든 물자의 공급과 수요에 영향을 미쳤을 것이다.* 대프랑스 전쟁이 일어나지 않았더라도 영국의 공업화가 실제의 속도만큼 혹은 더 빠르게 진행되었을 것이라는 명제가 타당하기 위해서는 다음과 같이 가정해야 한다. 즉 전쟁 수준의 다른 자극이 작용하여 모든 노동자에게 일자리를 주고 영국 국민 가운데 반실업 상태에 있던 사람들에게 구매력을 주었으며, 또한 그 총액이 실제로 영국의 육해군이 행사한 구매력에 필적했다고 가정하지 않으면 안될 것이다. 정부 지출은 외국에서도 영국의 수출을 선도하는 역할을 했다. 러시아나 오스트리아, 프로이센 등 대륙의 동맹국 정부에 대한 보조금은 총액이 무려 6,580만 파운드에 달했는데,<sup>49)</sup> 이 보조금으로 세 나라 정부는 자국 군대의 장비를 정비하기 위해 영국제품을 살 수 있었다. 보조금 가운데 러시아·오스트리아·프로이센의 국내에서 소비된 부분은 결국 외국환이 런던의 은행에서 발행한 어음 형태로 베를린이나 상트페테르부르크, 빈의 민간부문에 흘러든 것이었다. 따라서 민간인은 이 외화로 식민지 물품이나 그 밖의 상품을 살 수 있게 되었는데, 이 물자는 대부분 영국을 거쳐 왔거나 영국에서 생산된 것들이었다. 만약 영국 정부가 대륙의 동맹국들에게 보조금을 지급하지 않았다면, 또 반실업상태의 빈민으로 전락할 수도 있었을 50만 명의 사람들이 육해군의 병사로 편성되어 봉급의 형태로 정부로부터 구매력을 이전받지 않았다면, 당시 영국의 공업생산이 실제로 달성했던 것과 같은 성장률을 보이는 일 따위는 도저히 일어날 수 없었을 것이다.†

그뿐만이 아니다. 정부의 개입은 점차 확장되어가던 영국의 공업시설에서 생산되는 제품의 구성까지 변화시켰는데, 그 중에서도 특히 철의

---

* 1814년의 정부지출은 추정 GNP의 29%나 되었다.<sup>48)</sup>
† 동시대인들도 이 점을 알고 있었다. Joseph Lowe, *The Present State of England in Regard to Agriculture, Trade and Finance* (London, 1833), pp. 29ff.에서는 영국이 전시에 호황을 맞은 이유를 과세와 정부 차입의 결과로 이루어진 완전고용에서 찾고 있다. 그 경제 자극효과는 "나라 전체에 미쳤다. 우리나라의 정부지출은 극히 적은 부분을 제외한 전액이 국내에서 유통되기 때문이다."

생산을 장려하는 결과를 낳았다. 반실업상태의 빈민은 결코 대포나 그 밖의 값비싼 공산품을 사지 않는다. 그러나 수만 명의 빈민을 육해군에 편성하고 군사업무에 필요한 도구 일체를 나눠준 결과, 유효수요가 개인소비재로부터 대조직에 필요한 품목으로 이동했다. 처음에는 육해군이 사들이는 군수물자가 늘었지만, 이윽고 공장이나 철도나 그 밖의 기업이 사들이는 시설자재가 늘었던 것이다. 더구나 만약 대포시장이 확보되어 있지 않았다면, 낙후되어 있던 웨일스나 스코틀랜드에 신식 코크스 고로를 설치한 사람들도 그처럼 위험부담이 크고 자금이 많이 드는 투자를 하지 않았을 것이다. 어쨌든 그들의 초기 판로는 대부분 육해군의 수요였다.*50)

이리하여 1793~1815년에 영국의 공장이나 용광로에서 나온 제품의 절대량과 구성은 전쟁을 위한 정부지출로부터 큰 영향을 받았다. 특히 정부의 수요로 인해 생산규모가 평시의 철강 수요를 훨씬 넘어설 만큼 제철업이 급성장했는데, 이는 영국의 제철업이 1816~1820년 전후의 불황에 빠지게 된 사실에서 확인할 수 있다. 그러나 정부의 전시지출은 또한 영국의 제철업자들에게 새로운 대형 용광로에서 훨씬 저렴하게 만들어낼 수 있게 된 제품의 새로운 사용처를 찾아내도록 하는 강력한 동기를 부여함으로써 장래의 산업발전을 위한 여건을 조성하기도 했다. 이처럼 영국 경제에 대한 군수품 수요는 산업혁명 이후 여러 국면들의 향방을 결정했다. 예컨대 증기기관의 개량을 가능케 했으며,† 제철업에 대한 전시의 자극이 없었다면 도저히 불가능했을 좋은 조건 속에서 철도나

---

* 캐러네이드 포는 포신이 짧은 특대 구경의 대포로 트라팔가르 해전에서 넬슨 함대의 군함에 탑재되어 뛰어난 위력을 발휘했는데, 캐러네이드라는 이름은 이 포가 처음 설계되었던 스코틀랜드의 캐런 제작소에서 유래했다. 또 남부 웨일스의 철공장 제품이 출하되는 카디프 항의 부두는 지금도 대포 부두(Cannon Wharf)라고 불린다. 이처럼 일상적인 어휘들이 영국의 새로운 제철업에서 군 장비를 조달하는 일이 얼마나 중요했는지를 기록하고 있는 것이다. 심지어 에이브러햄 다비가 콜브룩데일에 설치했던 퀘이커 제철소에서도 18세기 중반에는 대포를 만들었다. 그러나 1792년 이전에 생산이 중단되었다.51)
† 와트의 증기기관은 윌킨슨의 대포천공기계로 제작되어 피스톤과 실린더가 거의 빈틈없이 밀착되게 됨으로써 효율이 크게 향상되었다.52)

철선(鐵船)과 같은 결정적인 기술혁신이 일찌감치 실현될 수 있도록 했다. 대프랑스 전쟁 시기 영국경제사의 이런 특징을 '비정상적인' 것으로 간주해버리는 경향은[53] 경제사 연구자들 사이에 널리 퍼져 있는 편견에서 비롯된 것이라고 하겠다.

또한 같은 문제의 또 다른 측면에 대해서도 언급해둘 필요가 있다. 영국에서 의회입법에 의한 인클로저가 가장 많았던 것은 19세기 초의 15년 동안인데, 이는 곡물가격이 높아서 집약농법을 이용하는 것이 유리해졌기 때문이다. 당시 의회가 농업종사자 가운데 비교적 가난한 계층의 이해를 무시하고 인클로저 법안을 가결하곤 했다는 것은 잘 알려진 사실이다. 그러나 만약 인클로저로 인해 토지를 잃은 사람들이 전시상황으로 인해 생계를 유지할 적절한 대안을 찾을 수 없었다면, 아무리 지주와 상인의 이익을 대변하는 의회라고 하더라도 인클로저의 사회적 파급효과에 대해 그토록 무성의한 심의만을 거친 채 수많은 인클로저 법안을 가결하지는 않았을 것이다. 그 대안이란 군대에 들어가거나, 빈민법에 의지하거나, 군수품 수요의 자극에 힘입어 호황을 맞게 된 민간경제 안에서 일자리를 찾는 것이었다. 만약 인클로저 법의 제정으로 농촌의 실업 및 반실업 노동자가 도시로 몰려와 분노한 군중의 대열에 합류했다면, 분명 인클로저는 그 정도까지 진행되지는 않았을 것이다. 또한 영국 경제사는 다른 방향으로 전개되어, 19세기에 프랑스가 경험한 것과 비슷한 경로를 밟았을 것이다.

그러나 사실에 반(反)하는 역사는 상상력을 자극하는 것말고는 쓸모가 없다. 이 책의 논의를 위해 중요한 것은 대프랑스 전쟁 시기 영국 정부의 대대적인 시장개입이* 영국 연합왕국의 산업혁명을 촉진하고 그 진로를 결정하는 데 도움을 주었다는 점이다.(당시에는 그 사실이 제대로 인식되지도 의도되지도 않았지만.) 영국 연합왕국의 인구가 1791년에 1,450

---

* 정부지출은 1792년의 2,200만 파운드에서 1815년에는 거의 여섯 배에 해당하는 1억 2,300만 파운드로 증가했다.

만 명이었다가 1811년에 1,810만 명으로 증가했음에도 불구하고, 대프랑스 전쟁 시기에는 정부지출 덕분에 줄곧 호황이 지속되고 완전고용이 이루어졌던 것이다.[54]

프랑스도 정부정책을 통해 실업 또는 반실업 상태의 노동력 때문에 생겨나는 문제에 영국만큼이나 성공적으로 대처했지만 그 내용은 달랐다. 프랑스의 경우는 입대한 젊은이들이 영국보다 많았고, 반면에 상공업은 분명 내실 있는 성장을 이루긴 했지만 영국보다 뒤떨어져 있었다. 부분적으로 이것은 프랑스가 영토를 확장함에 따라 새로운 공업지대가 프랑스 정부의 지배를 받게 되고, 이에 따라 프랑스 영토 내에 예전부터 있던 무기생산 중심지뿐 아니라 리에주나 토리노 등이 프랑스의 전쟁수행 노력에 기여하게 되었기 때문이다. 마찬가지로 면공업이나 그 밖의 새로운 산업들도 예전 프랑스의 국경지대였던 벨기에나 알자스를 중심으로 자리 잡았다.

프랑스와 영국의 정부가 반실업상태의 젊은이들을 대상으로 일자리를 만들기 위해 각기 다른 정책을 취함으로써 두 나라의 입대자와 상공업 취업자수 사이의 균형이 달라졌으며, 이 차이는 장기적으로 대단히 중요한 결과를 가져왔다. 1792~1815년에 프랑스의 전사자수는 130~150만 명이었는데,[55] 이와 더불어 19세기 들어서면서 프랑스의 출생률이 현저하게 저하됨으로써, 급격한 인구증가에서 오는 경제자극(과 사회문제)은 부르봉 왕조의 회복과 함께 프랑스 땅에서 완전히 자취를 감추었다. 이에 반해 독일을 비롯한 유럽 대륙의 국가들은 물론 그레이트브리튼과 아일랜드 두 섬도 19세기 내내 높은 인구증가율을 유지하여 프랑스의 인구를 훨씬 앞질렀다.*

이리하여 프랑스인은 이 시기에 출생률을 억제하는 방법을 배웠고 영

---

* 이 시기 프랑스의 출생률이 무엇 때문에 유럽의 다른 지역과 전혀 다른 동향을 보였는가 하는 문제는 역사인구학에서 중요한 문제다. 소규모 자작농의 소유지가 총토지면적의 거의 대부분을 차지하고 있

국인은 불어나는 인구를 어떻게 상공업 부문으로 흡수할지를 알게 되었는데, 대체로 이것은 1792~1815년 사이에 두 나라 정부가 취한 정책의 의도하지 않은 부산물이었다. 영국은 최초로 산업화에 성공한 국가인 만큼 이후 반세기 동안 기술적 우위를 지켰다. 프랑스의 산업화와 도시화는 영국에 비해 훨씬 더디게 진행되었고, 프랑스 사회에서는 1914년 이후까지도 여전히 소농이 총인구의 과반수를 차지하고 있었다.

그러나 전반적으로는 두 나라 모두 이미 미경작지의 공급이 부족하던 농촌지역의 전례 없는 인구증가로 야기된 18세기 후반의 위기에 놀랄 만큼 성공적으로 대처했음을 인정해야 할 것이다. 1789~1815년의 격변기에 프랑스와 영국은 국부와 국력을 미증유의 높은 수준으로 끌어올렸던 것이다. 반면 이 시기에 동유럽 국가들은 러시아와 오스트리아의 경제력과 군사력이 어떤 척도에서 보더라도 눈부시게 성장했음에도 불구하고 영국과 프랑스에 훨씬 못 미쳤다. 그것은 유럽에서도 새롭게 늘어난 노동력을 숲과 황무지를 농경지로 개간하는 일에 언제든지 투입할 수 있던 지역에서는 인구가 늘고 군대의 규모가 커지더라도 사람들 사이의 협력과 경영에 새로운 형식을 도입할 필요가 전혀 없었기 때문이다. 프랑스에서는 주로 명령을 통해, 영국에서는 시장을 통해서라는 차이는 있었지만, 프랑스와 영국은 둘 다 인간의 노력을 대규모로 통합하기 위한 기존의 방식을 버리고 더욱 집약적인 방식을 모색하는 쪽으로 경제발전을 꾀했다. 이에 비해 동유럽에서 볼 수 있었던 조방적인 발전방식은 정

---

>>>→

었던 점이 여기에 영향을 주었을 수도 있다. 즉 남성이나 여성이나 토지상속이 임박해질 때까지 결혼을 미루었던 것이 인구증가율을 떨어뜨리는 데 강력한 효과를 발휘했을 것으로 생각된다. 1845년의 기근 이후 아일랜드에서도 그런 일이 일어났다. 그러나 또 한편으로 프랑스인들은 다른 유럽 국가들에서는 20세기가 되어서야 시행하기 시작한 규모로 의도적으로 출산을 억제했음에 틀림없다. 혁명전쟁과 나폴레옹 전쟁 기간에 많은 프랑스 병사들이 매춘부와 관계를 가짐에 따라 프랑스에서는 피임법이 널리 보급되었을 것이며, 여기에 혁명이 초래한 사회 전체의 세속화와 가톨릭 교회의 가르침으로부터 이반하는 경향이 한데 어우러져 프랑스의 출생률을 하락시켰을 수도 있다.[56]

부 입장에서 가치가 낮은 것이었다. 황무지를 개간하여 정착해가는 이 방법은 곧 수확률 체감의 법칙에 발목을 잡혔기 때문이다. 토지는 세월이 갈수록 비옥도가 떨어지기 때문에, 경작자들이 정부나 그 밖의 도시 행정당국에 바치는 농업생산물의 잉여도 그만큼 줄어들 수밖에 없었다. 1815년 이후 아일랜드 섬의 상황이 바로 그러했으며, 이는 그레이트브리튼 섬에서 도시와 산업이 지속적으로 발전한 것과 선명한 대조를 이룬다. 19세기 후반의 동유럽인들과 마찬가지로 아일랜드인은 이미 이 시기부터 농촌의 빈곤으로부터 탈출하는 방법으로 해외이민에 의존해야 했다. 설령 기근이 맹위를 떨치지 않는 시기라 해도 사정은 마찬가지였다.

그런데 1792~1812년에 프랑스의 정책이 거둔 위태롭지만 눈부신 성공의 이면에는 약점이 숨어 있었다. 이 약점은 나폴레옹이 러시아에서 패배하자 순식간에 표출되었다. 즉 유럽 대륙의 여러 민족들 사이에서 영국의 금융·상업 면의 우위에 대한 평판이 아무리 나빠진다고 해도, 프랑스의 점령군에게 복종하고 그들을 부양해야 했던 사람들이 프랑스의 군사적 우위와 경제적 착취를 원망하던 정도에는 비할 수가 없었다는 점이다. 따라서 1813년에 영국이 지원한 보조금과 무기로 프로이센군, 러시아군, 오스트리아군이 부족한 장비를 보충할 수 있게 되자 나폴레옹을 타도하기 위한 물질적 수단과 의지가 모두 갖추어졌다. 그 기세는 가히 압도적이었다. 확실히 나폴레옹의 지방장관들은 적을 맞아 싸우기 위해 새로 군대를 모집하는 데 비범한 수완을 발휘했으며, 밀어닥치는 동맹군에 맞선 프랑스 황제의 전투력과 기동력은 이후 모든 세대의 군사사가들로부터 찬사를 받을 정도였다. 그러나 프랑스의 자원은 이미 바닥났고, 혁명 초기의 하늘을 찌를 듯한 기상은 군에서도 프랑스 시민사회에서도 이미 사라진 지 오래였다. 그러므로 일단 나폴레옹이라는 장애가 제거되자 전통적인 세력균형에 대한 계산이 결정적인 역할을 하게 되는 강화협상이 이루어졌고, 프랑스는 놀랄 만큼 짧은 기간 안에 다시 유럽 국가들의 협조체제에 합류할 수 있었다.

## 전후의 안정, 1815~1840년

그러나 혁명의 흔적을 유럽 전역에서 지워버릴 수는 없었으며, 회복된 정권들 가운데 가장 반동적인 정권조차도 그런 시도를 하지는 않았다. 군사문제에서는 미래의 가능성을 담보한 개혁이 프로이센에서 집중적으로 시도되었다. 영국과 러시아의 육군은 전시하에 규모는 커졌지만 내용은 완전히 구체제 그대로 머물러 있었다. 그 밖의 나라에서는 통치자와 귀족들이 인민을 군대에 소집하여 프랑스에 맞서 항전하려고 했으나, 전통적인 사회 계급구조는 물론이고 귀족과 평민, 부자와 빈자, 통치자와 신민 사이의 뿌리 깊은 불신이 이 같은 계획에 찬물을 끼얹었다. 프랑스에 대한 오스트리아의 적대행동은 무엇보다도 나폴레옹이 황제의 사위라는 사실 때문에 진정되었다. 또한 1812년 이후 합스부르크가의 외교정책 입안자 클레멘스 폰 메테르니히는 만약 프랑스가 군사대국의 지위를 잃는다면 러시아의 차르가 유럽 대륙을 좌우할 것이라는 인식을 갖고 있었다. 그렇게 되면 러시아는 라틴계 그리스도교권의 수장을 자임하는 합스부르크가의 힘을 약화시키고 앞잡이인 프로이센의 편을 들어 오스트리아로부터 독일권의 맹주라는 지위를 빼앗게 된다. 따라서 메테르니히의 외교와 군사 스타일은 영국군과 러시아군이 그랬던 것처럼 완전히 구체제의 기준을 따르고 있었다.

그러나 프로이센에서는 너무나 뜻밖이었고 철저했던 1806년의 군사적 붕괴를 계기로 사회와 정치만이 아니라 군사에 관해서도 정력적인 개혁이 시작되었다. 하노버 태생의 평민인 게르하르트 요한 다비트 폰 샤른호르스트(1755~1813)는 군 개혁파 중에서도 단연 돋보이는 출세를 했다. 이는 그의 개인적인 능력과, 다소 미온적이긴 했지만 프리드리히 빌헬름 3세의 후원 덕분이었다. 프로이센 국왕은 무능할 뿐더러 비겁하기까지 한 귀족신분의 장교들에게 배신감을 느끼고 있었다. 그래서 그는 예나 전투에서 패한 뒤 샤른호르스트와 그의 동료 개혁파 장교들을 중용했는데, 이는 자포자기의 심정이 아니고서는 있을 수 없는 일이었다. 국왕은 프로이센이 대국의 지위를 회복하기 위해서는 인민과 제휴해야 한다는 샤른호르스트 일파의 신념을 믿지 않았기 때문이다. 샤른호르스트는 통치자와 피치자 사이의 능동적인 제휴야말로 프랑스가 대성공을 거둔 비결이라고 믿었다. 평범한 프랑스 병사들은 이미 여러 차례 조국과 통치자를 위해 기꺼이 전장에 나가 용감하게 싸우곤 했다. 독일인도 프로이센 왕을 위해 같은 일을 할 수 있겠지만, 그러기 위해서는 그들에게 조국에서 지켜내야 할 무언가가 있어야 한다고 샤른호르스트는 생각했다. 프리드리히 빌헬름 3세도 이런 생각에 동의했지만 그 동의는 마지못한 것이었다. 루이 16세가 인민의 의지라는 호랑이를 타려다가 무슨 일을 당했는지 알고 있었기 때문이다. 사회·경제 개혁 방면에서 프로이센 국왕이 인가할 수 있었던 것은 농노제 폐지와 제한적인 지방자치의 시행이 거의 전부였다.

그러나 엄밀하게 군사문제에서 샤른호르스트의 생각은 더욱 충실한 성과를 거두었다. 프랑스가 프로이센군의 병사수를 제한하는 정책을 폈으므로, 국민개병의 이상은 1813년까지 실현될 수 없었다. 그러나 그동안에도 군사적 효율·기능·훈련 면의 개선은 가능했다. 그리하여 장교의 승진과 임용은 오로지 실증된 능력만을 기초로 이루어져야 한다는 샤른호르스트의 생각이 1808년의 국왕포고에 의해 공식적으로 선포되었다.

바로 오늘부터, 장교직에 취임할 자격은 평시에는 지식과 교육을 근거로, 전시에는 탁월한 용맹과 신속한 상황판단을 근거로 결정된다. 그러므로 전국민 가운데 누구든 이런 자격을 갖춘 사람은 군대의 가장 명예로운 지위에 취임할 자격을 갖는다. 기존의 모든 사회적 특권은 본 포고와 동시에 군대에서 폐지되며, 모든 사람은 출신에 관계없이 동일한 의무와 동일한 권리를 갖는다.[57]

이 선언을 실행하기 위해서는 사관후보생이 장교에 임용될 자격을 얻기 위한 교육을 받고 이미 임용된 장교가 승진자격을 얻기 위한 교육을 받을 학교를 설립해야 했다. 포병장교에 대한 학교교육은 훨씬 전부터 유럽의 모든 나라의 육군에서 제도화되어 있었다. 대포를 다루는 기술은 대단히 복잡해서 교육이 꼭 필요했기 때문이다.* 그러나 모든 장교가 동일한 교육을 받고 또 교육내용을 얼마나 익혔는지 점검하는 시험을 실시하고 그 사람이 장교 임용이나 승진의 자격이 있음을 입증하게 한다는 것은 새로운 발상이었다.† 1790년 프랑스군에서도 이 같은 규칙을 잠시 실험적으로 채택한 적이 있었다. 그러나 혁명의 열기가 들끓는 상황에서는 교육받은 사람에게만 장교계급에 오를 자격을 부여하는 제도는 계급적 특권을 연상시키는 경향이 너무 강했다. 그래서 교육을 필요조건으로 하면서 그것을 필기시험을 통해 증명하게 하는 제도는 1791년에 폐지되었고, 연공과 선출에 기초하여 장교계급 승진이 이루어지게 되었다.#[58] 나폴레옹도 이 정책을 지속했기 때문에 프랑스 육군의 장교단은 전장에서 잔뼈가 굵은 노련한 사람들의 집단이 되었고, 그들 사이에서는 책을 통한 학습이나 사상을 경멸하는 태도가 지배적이었다. 반지성적 태도는 러시아나 영국, 오스트리아의 군대에서도 프랑스 못지않게 강했다. 이들

---

* 샤른호르스트의 생각은 그가 포병장교이며 평민 출신이라는 사실을 반영하고 있다.
† 17세기 이래로 프로이센은 독일권 내의 대학 졸업자들 중에서 민간관료를 등용했고, 1770년부터는 관료가 되려면 시험에 합격하여 그 학습 성과를 증명해야 했다. 그러므로 프로이센의 장교 임용에 관한 1808년의 법령은 군대 경영원칙을 민간 관료기구의 경영원칙에 맞춘 것이었을 뿐이다.
# 포병장교와 공병장교의 경우에는 구체제하에서와 마찬가지로 시험제도가 계속 유지되었다.

나라의 군대에서는 사상이나 이데올로기는 모두 혁명 프랑스와 한통속이라고 생각하는 경향이 있었기 때문이다.

프로이센의 장교단에서도 그저 새로운 규칙에 따라 장교가 학교에 가고 시험을 보게 되었다고 해서 반지성주의가 사라지지는 않았다. 실제로 1808년 법령의 원칙은 1819년 이후에 수정되었고, 때로는 장교를 임용할 때 귀족 출신 후보자에게 특혜를 주는 등 원칙에 반하는 일들이 일어났다. 그러나 개혁파가 갖고 있던 이상의 흔적은 사라지지 않고 이어졌으며, 1808년 이후 몇몇 프로이센 장교들은 지적 성취를 통해 지위를 획득했다. 그들은 군인이라는 전문직업에 새로운 어려움이나 가능성이 제기되었을 때 서로 격려하며 자신의 지식을 활용하려는 자세를 공유하게 되었다. 그것은 일찍이 그리보발 장군이 가졌던 자세이자 정신이었다.

1803~1809년에 대참모본부가 창설되자 프로이센 육군 내에 지적으로 우수한 장교들을 위한 조직적 거점이 생겨났다. 지휘계통상 더 높은 지위에 오르려는 장교들을 위해 설립된 상급학교에서 뛰어난 성적을 거둔 사람만이 참모본부에 소속되어 일할 수 있었다. 참모본부의 임무는 장래 있을 수 있는 군사작전을 평시에 계획하는 것이었다.(이 임무가 처음 제안되었을 때는 너무 과격하고 도덕적으로도 떳떳하다고 말하기 어려운 것으로 여겨졌다.) 이런 목적을 위해서는 작전지역의 지형 등에 관한 정보를 모으고, 과거에 이루어진 작전에 관해 무엇이 잘 되고 무엇이 잘못 되었는지를 연구하며, 평시에 가상훈련을 통해 전술이나 전략을 평가해야 했다. 이렇게 해서 참모장교는 이른바 프로이센 육군의 두뇌집단이 되었고, 군대 행정과 작전의 모든 측면에 대해서 판단과 예측을 체계적으로 적용하려 했다. 정규군의 각 부대나 그 지휘관과의 연계는 참모본부 소속 장교를 각 사령부에 배속시키는 관행을 통해 이루어졌고, 이렇게 각 사령부에 배속된 참모본부 장교들은 기술이나 병참에 관한 전문지식을 활용하여 지휘관에게 어떻게 하면 의도하는 바를 가장 잘 실현할 수 있

을지를 조언하도록 되어 있었다.

  1813~1815년에 훈련된 전문가와 단호한 결단력을 가진 지휘관이 협력했을 때 어떤 성과를 거둘 수 있는지가 유감없이 드러났다. 게프하르트 레버레히트 폰 블뤼허(1742~1819) 장군은 프로이센군의 구파에 속하는 인물이었는데, 처음에는 샤른호르스트에게서(1813년에 샤른호르스트가 부상으로 사망할 때까지), 그 다음에는 샤른호르스트의 가까운 동료였던 아우구스트 그라프 나이트하르트 폰 그나이제나우(1760~1831)에게서 자신의 의도를 상세한 작전명령으로 바꿔놓을 수 있는 뛰어난 참모장의 모습을 발견했다. 이런 협력에 의한 작전명령에서는 정확한 작전수행을 불가능하게 할 수도 있는 여러 가지 요소가 사전에 예측되고, 그럴 때 취해야 할 조치가 미리 지시되었다. 또 유능한 참모장교는 지도를 통해 현지의 지형을 미리 숙지함으로써, 과거의 경험과 체계적으로 정리된 경험적 법칙을 바탕으로 그 지형에서는 각 부대의 행군속도가 어느 정도여야 하고, 치중대(輜重隊)와 야포와 보병부대는 각각 어떠해야 하는지를 산출해낼 수 있었다. 이를 바탕으로 각 부대가 이동을 완료하는 데 어느 정도의 시간이 걸릴지가 미리 예측되었고, 또 그런 예측을 기초로 각 부대가 언제 행군을 시작해야 하고, 어떤 진군로를 택해야 하는지가 상세하게 지정되었다. 그 예측은 대단히 정확해서, 야전사령관은 이런 참모의 도움이 없었을 때보다 자기 부대를 훨씬 더 현실적으로 통제할 수 있었다.

  프로이센군 사령관 중에서 이 사실을 가장 잘 인식하고 있던 블뤼허는 자신을 보좌하는 참모의 특수기능에 경의를 표하고 거기에 의지하게 되었다. 나폴레옹도, 동시대의 다른 장군들도 블뤼허만큼 이런 방향으로 나아갈 용의는 없었다. 샤른호르스트나 그나이제나우와 블뤼허의 관계는 1815년 이후에도 계속 프로이센 육군의 관행에 영향을 주었지만, 참모장교들의 위신이 완전히 굳건해진 것은 19세기 중반이었다. 그러니까

1866년 프로이센과 오스트리아의 전쟁에서 헬무트 폰 몰트케(1800～1891)가 참모본부의 작전 입안자들이 모든 것을 사전에 주도면밀하게 계산해둠으로써 막대한 수의 병력을 얼마나 신속하게 전략적으로 배치할 수 있는가를 보여주었던 것이다.

또 프로이센 육군은 평화시에도 보편적인 병역의무라는 이상을 계속 지켜 나갔다. 이것은 1813～1814년의 쾌거가 남긴 감정적인 흔적 때문이기도 했다. 당시 졸지에 군복을 입게 된 민간인이 정규군 병사보다 훨씬 많았던 급조된 프로이센군이 여러 차례에 걸쳐 프랑스군에 대한 동맹군의 승리에 혁혁한 공을 세웠던 것이다.* 그러나 국민개병의 이상을 유지하게 한 것이 감정만은 아니었다. 전후에 프로이센 국가는 재정기반이 취약했기 때문에 오스트리아나 러시아, 프랑스의 수준에 버금가는 규모의 장기복무 군대를 유지할 수 없었다. 잠재적으로라도 대국의 지위를 유지하려면 프로이센군은 '란트베어'(Landwehr)라고 불리는 예비군에 의존하지 않을 수 없었다. 이 민간인 군대는 나폴레옹과 싸우기 위해 1813년에 갑자기 만들어졌다. 그 후 평화시에는 만기 3년의 군복무를 마친 사람을 란트베어에 할당하여 결원을 보충했다. 예비군의 장교는 대학생 중에서 정규군에 자원입대하여 1년 동안 현역에 복무하여 란트베어의 중위로 임관할 자격을 얻은 사람 가운데 선발되었다.

이리하여 프로이센 육군은 가장 반동적인 시기에조차 1813～1814년에 고조되었던 혁명성을 어느 정도 유지할 수 있었다. 1819년 이후에는 프로이센 육군의 장교들 사이에서 귀족적 성향이 다시 두드러지게 나타나긴 했지만, 특히 참모장교들의 높은 직무수행능력이나 민간인 예비군에 의존하는 제도는 개혁시대의 유산으로서 계속 남아 있었다. 이 개혁

---

* 1808년 나폴레옹의 명령으로 프로이센 육군의 규모는 4만 2,000명으로 제한되었다. 그러나 1814년에는 야전군의 전력이 35만 8,000명으로 팽창해 있었고, 그 밖에도 3만 명 정도가 후방에서 다양한 병과나 지원업무를 수행하고 있었다.[59]

의 시대에는 잠시나마 국왕과 인민 사이의 제휴가 실현됨으로써 다시 한 번 프로이센의 국력이 과거 영광스러웠던 프리드리히 2세 시대처럼 유럽의 최강국과 어깨를 나란히 할 수 있었다.[60]

다른 유럽 국가들의 군대는 훨씬 더 철저하게 구체제의 원리로 돌아갔다. 모든 나라가 장기복무를 하는 직업군인으로 이루어진 군대를 선호했다. 프랑스, 오스트리아, 러시아는 주둔지에서 근무하는 수십만 명 규모의 군대를 그대로 유지했다. 이런 군대에서는 교육이나 학문은 인기가 없었다. 참모의 업무는 전투부대 근무보다 낮게 평가받았다. 기술이 필요한 병과(포병과 공병)에서는 일정 수준의 지적 능력이 계속 요구되었지만, 전시의 특별 군사비 지출이 중단된 다음에는 곳곳에서 복고적인 정책이 주류를 이루었다. 그리고 이 시점에는 육해군의 전통적 일과나 운영방식을 완전히 뒤엎어버릴 수 있는 근본적으로 새로운 무기를 만들어내는 데 산업기술이 응용될 수 있을 것이라고는 아무도 생각하지 않았다. 또한 누구도 과거와의 그런 혁명적 단절을 바라지도 않았다. 1840년 이후 실제로 그 같은 상황이 도래하자, 직업군인인 장교들은 개혁을 지지하기는커녕 거의 전원이 개혁의 반대자가 되었다.

요약하자면 다음과 같다. 1792~1815년에 프랑스가 혁명적 이상주의와 자유·평등의 원리를 군사 경영에 적용함으로써 전대미문의 효과를 거두었음에도 불구하고, 전후 유럽의 통치자와 직업군인들은 기존 방식의 안정성을 명백히 그리고 확고하게 선호했다. 그 결과 구체제 육해군의 전통과 패턴은 프랑스 혁명기의 태풍을 무사통과하고 살아남았다. 무기는 거의 변하지 않았다. 기대할 만한 기술혁신은 보수적인 사령관들에 의해 묵살되었다. 나폴레옹은 1793년 프랑스 육군에 도입되었던 정찰 담당 기구(氣球)부대를 폐지해버렸다. 새로 발명된 '콩그리브' 로켓은 그 진로를 통제하기가 어렵긴 해도 도시나 요새 같은 큰 목표물을 공격하는 데는 매우 효과적이라는 것이 증명되었음에도 불구하고, 웰링턴은 이 로켓의 채용을 일언지하에 거절했다.*

'유효성이 증명된 것'(tried and true)만을 채용한다는 방침은 1815년 이후 유럽의 통치자와 군사고문들에게는 훨씬 안전한 정책으로 생각되었다. 대프랑스 전쟁 시기의 유산이 몇 가지 남기는 했다. 예를 들어 사단이나 군단조직은 1790년대까지는 아직 새로운 방식이었지만 1815년 무렵에는 표준이 되었다. 지도나 참모의 작업에 크게 의존하는 것 역시 당연한 일이 되었다. 그것은 육군의 규모가 1792~1815년에 크게 확대된 후, 강화에 뒤이어 동원해제를 거치면서도 좀처럼 예전의 규모로 되돌아가지 않았기 때문이다. 예컨대 러시아는 거의 동원해제를 하지 않은 채, 대프랑스 전쟁이 끝나고 10년이 지난 뒤에도 약 60만 명의 육군을 유지하고 있었다.† 기술적으로 개량된 야포 또한 모든 유럽 국가의 육군에서 표준이 되었다.

그러나 1815년 이후 정부의 정책 담당자 사이에서는, 1793~1795년 프랑스 병사들의 격렬한 에너지나 1813~1814년 독일 시민병 가운데 일부의 내셔널리즘적 열정이 한편으로는 정부를 보위하고 강화하지만 다른 한편으로는 정부에 도전할 수도 있다는 점이 이론의 여지가 없는

---

\* 영국인 윌리엄 콩그리브(1772~1828)가 19세기의 첫 10년 동안 이 새로운 무기를 발명했다. 그는 인도의 지방군주 티푸 술탄이 1792년과 1799년에 로켓 무기로 영국군을 공격했다는 보도에서 착상을 얻었다. 콩그리브 로켓은 사거리가 동시대 야포의 약 2배로, 1806년에 불로뉴를 향해 발사되어 상당한 성과를 거두었으며(그 전해에는 실패했다), 뒤이어 코펜하겐(1807), 그단스크(1813), 라이프치히 전투(1813)에서도 사용되었다. 또 콩그리브 로켓은 1812년 미영전쟁에서도 큰 역할을 했는데 미국 국가 「성조기」의 가사에도 언급된다. 영국군이 이제 막 미국의 수도가 된 워싱턴에 쳐들어와 불을 지르며 공격할 수 있었던 것은 이 신무기 덕택이었을 수도 있다.

로켓 부대는 1813년 이래 대부분의 유럽 국가의 육군에 설치되었다. 그러나 1840년대 이후로 대포의 기술이 눈부시게 발달하자, 그에 비해 조준이 부정확한 로켓은 보유할 가치를 상실했다. 19세기 말이 되자 로켓은 전장에서 사라졌고, 제2차 세계대전 때가 되어서야 다시 중요해지게 되었다.[61]

† 사실 러시아의 차르는 유럽의 다른 강국 가운데 임의의 어떤 두 나라가 연합하여 덤벼들더라도 당해낼 수 있도록 그 두 나라 병력의 합계에 필적하는 육군을 유지한다는 방침을 채택함으로써 영국 해군 정책의 '2개국 함대주의'(two power standrd)에 맞서려 했던 것이다. 알렉산드르 1세는 육군의 유지 비를 절감하기 위해 이른바 군사주둔지 제도에 의지했다. 이 제도에 의해 평화시에는 군대의 약 3분의 1이 농민의 생활과 비슷한 일과에 따라 생활하게 되었다.[62]

상식이었다. 마치 콩그리브 로켓 탄두의 진로처럼, 인민의 의지가 무력으로 표출되는 것을 통제하기 어려웠다. 국민개병제도에 의해 무장한 인민은 경솔하게도 사회의 심연에서 원군을 불러내려 했던 통치자를 향해 공격해올 수도 있었던 것이다. 그것은 마치 1810년 웰링턴에게 보여주기 위해 실시된 콩그리브 로켓 시험발사에서 로켓을 쏘아올리던 사람들이 도리어 위험에 처하게 됨으로써 이 신무기가 영영 신용을 잃게 된 것과 마찬가지였다.

그러므로 유럽의 통치자들이 하나같이 더 이상 군사실험을 하는 것은 현명한 행동이 아니라고 판단한 것도 일리가 있었다. 구체제의 방식대로 훈련되고 장비된 육해군이야말로 통치자들이 원하는 것이었으며, 실제로 그들은 그것을 획득했다. 그렇게 함으로써 혁명의 시대에 드러난 국민의 에너지라는 심연으로부터 힘을 길어올릴 수 없게 된다 할지라도, 전승국들이 혁명적 무질서라는 망령의 손발을 묶어두자고 합의하고 있는 한은 아무 문제도 없었다.

따라서 1815년 이후 사반세기 동안, 군사 경영의 구체제적 패턴은 일찍이 프랑스 혁명을 촉발한 군중의 폭력과 정치적 이상주의의 불행한 결합을 순조롭게 대체하고 살아남는 것처럼 보였다. 물론 프랑스 육군의 병사들은 다시 회복한 부르봉 왕가에 대해 간간이 정치적 불만을 표출했다. 재능 있는 사람에게 승진의 길이 열려 있던 나폴레옹 시대와 비교할 때 전후의 단조로운 일상 업무와 낮은 봉급은 한심하기 짝이 없었다. 그러나 1830년 알제리에서 시작된 군사작전은 이런 불만을 누출시킬 안전밸브를 열어주었고, 그 후 공화정과 나폴레옹 시대의 영광스러운 기억은 급속하게 희미해졌다. 1840년대에는 프랑스에서도 왕당파 정권이든 공화파 정권이든 나폴레옹파 정권이든 상관없이 정부의 명령에 복종하는 비정치적인 육군이 형성되었다. 그리고 이 변화와 더불어 혁명이 군사조직에 남긴 마지막 흔적마저 사라져버린 것 같았다.[63] 유럽의 다른 나라 육군들은 훨씬 전부터 보수주의를 떠받치는 기둥이 되어 있었으며 19세기 내내 그런 성격을 유지했다. 유럽 전체에서 유일하게 중요시되는 해군인 영국 해군도 이 점에서는 마찬가지였다.

이리하여 정치혁명은 성공적으로 격퇴되었다. 산업혁명은 아직 군사적 일상업무와 전통을 공격하는 단계에 이르지 못하고 있었다. 그러나 1840년대가 되자 그런 일이 일어났다. 다음에 이어질 몇 장에서는 이로 인해 유럽인들의 전쟁방식에 나타난 변화를 살펴보려 한다.

# 7장
## 전쟁의 초기 산업화, 1840~1884년

1840년대에 프로이센의 육군과 프랑스 및 영국의 해군은 구체제하 유럽 국가들의 정부에 착착 손발을 맞춰주던 무장의 패턴으로부터 이탈했다. 이러한 전환은 '전쟁의 산업화'를 예시하는 것이었다. 그러나 무기제조업의 변용에 정말로 가속도가 붙은 것은 좀더 나중인 1850년대에, 크림 전쟁(1854~1856)을 계기로 전통적인 보급방법의 결함이 드러나는 한편 영국과 프랑스의 발명가들이 민간의 공학기술을 군사문제의 모든 면에 적용하는 기회를 얻으면서부터였다. 그 후 무기체계와 군대 경영방법의 변화속도는 점점 더 빨라졌으며, 그 결과 1880년대가 되자 육해군의 공학기술이 민간의 공학기술보다 앞서게 되면서 양자의 관계는 30년 전과 반대로 역전되었다.

물론 새로운 무기가 전쟁을 변화시키기는 했지만, 전쟁의 산업화에 있어 첫 번째 국면에서는 오랜 골칫거리였던 보급과 부대 배치에 화석연료로 움직이는 운송수단을 사용하면서 야기된 수송의 혁신이 무기의 혁신보다 더 큰 역할을 했다. 증기선과 철도는 인간과 무기와 보급물자를 전대미문의 규모로 수송할 수 있게 해주었다. 이것은 유럽의 남성인구 대부분에게 전쟁에 필요한 훈련을 받게 하고 실제로 그들을 전장까지 수송할 수 있게 되었음을 의미했다. 모든 남성이 병사가 된다는 이상은 과거에는 야만족 사회에서나 실현될 수 있는 일이었지만, 이제는 지구상에서 가장 기술이 진보한 나라들에서도 현실화할 수 있게 되었다. 따라서 육군 병력이 100만 명을 헤아리는 나라가 속속 생겨나게 되었다.

그와 더불어 수송비용이 낮아지고 통신이 빨라지자 유럽인은 상대적으로 힘이 약한 아시아나 아프리카의 나라들을 유럽 중심적이고 유럽이 경영하는 시장체계에 끌어들임으로써 전지구의 표면을 일체화하는 것이

가능해졌다. 비교적 작은 규모의 군사력만으로도 중국과 일본, 내륙 아시아, 아프리카의 정치단위들이 대유럽(주로 영국) 무역에 나서도록 하기에 충분했다. 유럽인은 열대병에 약했기 때문에 특별히 아프리카에서는 어려움을 겪었다. 그러나 전세계적인 시장관계의 확대를 가로막던 이 장벽마저도 1850년 무렵 유럽의 의사들이 효과적인 말라리아 예방법을 개발하자 무너지기 시작했다.

1870년대 중반에는 세계시장이 마침내 승리를 거두었고 그 가장 활동적인 중심이 런던에 있다는 사실은 의심의 여지가 없어 보였다. 그러나 1873년에 시작된 세계불황은 하나의 전환점이 되었다. 영국의 산업적 우위는 보호관세장벽을 두른 여러 나라로부터 도전을 받기 시작했다. 이처럼 경제문제에서 행정조치의 실효성이 입증되자, 의도적인 정책을 통해 공급과 수요의 패턴을 바꾸려는 경영자적 개입이 빗발치듯 이어졌다. 이 방면의 개척자들은 사적 이윤을 추구하기도 했고,[1] 때로는 빈민의 복지를, 때로는 전쟁의 효율화를 추구하기도 했다. 그러나 이 세 방향의 추구는 나란히 함께 진행되었으며 인간행동에 점점 강한 영향을 미치게 되었다.

이것은 사회조직에 놀라운 변화를 가져왔다. 되돌아보면 1840년대에 그처럼 아무렇지도 않게 시작된 전쟁의 산업화가 경영경제로의 이행을 추진하는 데 선도적 역할을 했음을 알 수 있다. 그러나 당시 사람들은 그렇게 되리라는 것을 알아채지 못했다. 왜냐하면 1880년대 이전에는 기존의 무기나 그 생산방법을 개량하도록 당국자를 설득하여 돈벌이 기회를 잡으려는 민간의 발명가들이 거의 언제나 기술혁신을 주도했기 때문이다. 개중에는 기술적으로 타당성이 있는 아이디어를 파는 사람도 있었지만 괴짜나 미치광이도 넘쳐났다. 그러므로 1880년대까지 기술혁신의 채택 여부를 결정하는 장교들의 지배적인 태도는 자신의 새로운 혁신안에 관해 열변을 토하는 장사꾼들에 대한 극도의 회의주의였다.

## 국가간의 상업적인 군비경쟁

의례처럼 되어버린 육해군의 일상생활은 몇 세기에 걸쳐 형성된 것으로 그 안에서는 어떤 혁신도 장려되지 않았다. 당국의 타성과 보수주의가 깨지는 경우는 오직 민간의 기술이 육해군의 관행에 통합되어 있던 기술수준을 확연하게 넘어설 때뿐이었다. 그리고 바로 그런 일이 19세기 중반 해군 분야에서 육군 분야보다 더 극적으로 일어났다. 1830년대 이래로, 대서양을 횡단할 수 있는 증기선을 건조하는 사업에 민간기업들이 의욕적으로 뛰어들었던 것이다. 금융업을 하는 기업가들이 이윤동기와 기업의 위신을 둘러싼 경쟁에 내몰려 더 크고 훌륭하고 빠르고 아름다운 배를 건조하려고 경쟁했기 때문에 그 과정은 빠르게 진행되었다. 1839년 영국 정부가 우편물 수송선박에 보조금을 지급하는 제도를 처음 도입함으로써 해군 당국은 전혀 힘들이지 않고 새로운 증기기관과 철선 기술 개발에 소요되는 비용을 지불할 수 있었다.*

증기선의 발달속도는 대단히 빨랐다. 로버트 풀턴이 제대로 움직이는 증기선을 처음 허드슨 강에서 공개한 것이 1807년이었다. 그로부터 30년 후에는 외륜선 시리우스호가 항해 중 계속 증기기관을 가동하면서(물론 보조적으로 돛도 사용했지만) 겨우 18일 만에 대서양을 횡단했다. 2년 뒤에는 대서양 횡단기간이 14일 8시간으로 단축되었다. 1840년대에는 초기 증기선에 사용되었던 엉성한 외륜 대신에 스크루프로펠러가 사용되기 시작했다. 또한 같은 시기에 대양을 항해하는 대형 증기선의 선체

---

* 영국의 우편선에 대한 보조금은 1839~1860년에 해군본부에 의해 운용되었는데, 전시에도 사용될 수 있을 것으로 간주되는 배에만 지급되었다. 예컨대 해군본부가 제시한 시방서에는 우편선은 필요할 경우 중포를 탑재할 수 있어야 한다고 되어 있다. 크림 전쟁 전까지는 상용 증기선이 군함으로 전용될 수 있다고 생각되었다. 이는 1300~1600년에 지배적이었던 상황, 즉 견고하게 건조된 상선이 전시에는 당연히 군함으로 전용되곤 했던 상황을 반복하는 것이었다. 그러나 19세기에는 상업 목적의 증기선이 군함으로 전용될 수 있었던 기간이 겨우 20년도 되지 않았다. 이는 1800년 이후로 기술 변화 속도가 한층 더 빨라졌음을 말해준다.[2]

가 목재에서 철판으로 바뀌었다. 1837년 대서양을 건넌 시리우스호의 엔진 출력은 320마력이었지만, 불과 21년 뒤에는 길이가 207m에 달하는 그레이트이스턴호의 거대한 선체가 1,600마력의 엔진으로 추진되고 있었다.[3]

이렇게 눈이 휘둥그레질 정도로 증기선이 빠르게 발달했다고 해서 금세 해군의 경영방식에 변화가 온 것은 아니었다. 새로운 증기선 기술의 중심지는 영국이었다. 그런데 트라팔가르 해전(1805) 이래 세계를 호령해온 영국 해군은 1670년대부터 기본설계가 바뀌지 않은 범주(帆走)군함과, 그 군함으로 싸우는 전투기술을 바탕으로 확립된 것이었다. 이처럼 확고한 우위가 보장된 상황에서 영국은 다른 카드를 검토할 이유가 없었다. 목재 공급, 군함을 건조·수리하고 대포를 주조하기 위한 해군 공창, 식량 비축시설 등, 영국 해군이 해상의 최강자 지위를 유지하는 데 필요한 모든 것은 이미 잘 갖추어진 상태로 제대로 돌아가고 있었다. 그렇다면 충분히 검증되지도 않은 장치들을 굳이 받아들일 필요는 없었다. 자주 인용되곤 하는 1828년 해군본부의 비망록에는 분명 미래에 관한 전망에서는 근본적으로 잘못을 저지르고 있긴 하지만 당시 영국 해군 당국이 직면한 상황에 관해서는 전적으로 합리적인 판단을 내리고 있었다. 거기에는 다음과 같은 대목이 있다.

> 해군본부위원회 위원 일동은 전력을 다해 증기선 채용을 저지한다는 것을 사명으로 여기고 있으며, 또한 증기기관을 도입하자는 제안에는 대영제국의 해상패권에 치명타를 가하려는 의도가 숨어 있다고 생각한다.[4]

한편 영국 해군의 보수주의 덕분에 경쟁국들은 기술적으로 더욱 근대적인 군함을 건조할 기회를 갖게 되었다. 프랑스는 재빨리 이 가능성을 낚아챘다. 예를 들어 1822년 프랑스 육군 포병대의 앙리 J. 페크상 장군은

『새로운 해군력』이라는 책을 출간하여, 장갑판으로 보호되고 작약(炸藥)을 채운 유탄(榴彈)을 쏠 수 있는 대구경 대포를 탑재한 군함은 아군의 손상 없이 적의 목선을 파괴할 수 있다고 주장했다. 페크상이 이 책을 쓴 것은 그 자신이 유탄포를 개발한 직후였다. 1824년 폐선을 상대로 실시한 시험발사에서 그의 주장이 입증되자, 프랑스 해군은 1837년에 페크상의 유탄포를 공식 채택했다. 그 이듬해에 영국 해군이 같은 결정을 내렸고, 다른 유럽 국가들의 해군도 곧 뒤를 따랐다. 만약 해전이 벌어진다면 목제 군함은 도저히 새로운 유탄에 맞설 수 없다는 것을 모두가 인식하게 된 것이다.* 이것은 1853년, 흑해의 시노프 해전에서 실증되었다. 러시아 함대가 쏜 유탄이 순식간에 오스만 제국 함대를 파괴해버린 것이다. 이 해전에서 러시아가 승리하자 영국은 서둘러 크림 전쟁(1854~1856)에 참전했다. 런던에서는 영국(과 프랑스) 함대가 흑해로 가서 길을 막지 않는다면 러시아가 곧 콘스탄티노플을 손에 넣게 될 것으로 생각했기 때문이다.

크림 전쟁을 겪은 후 프랑스와 영국의 해군함정 설계자들은 새로운 방향을 택했다. 점점 더 강력해지는 대포로부터 함정을 보호하기 위해 장갑을 씌우기 시작했던 것이다. 장갑판을 씌움으로써 떠 있는 요새처럼 되어버린 군함이 물을 헤치며 추진하기 위해서는 더욱더 강력한 증기기관이 필요해졌다.

이보다 10년 전부터 증기기관은 해군함정에 사용되기 시작했다. 프랑스 해군이 1839~1841년 서아시아에서 영국 해군에게 굴욕을 당한 후

---

* 일찍이 1827년에 몇몇 개인과 그리스를 지지하는 영국인 단체가 오스만 제국에 맞선 그리스의 독립전쟁에 사용하기 위해 실제로 페크상의 유탄포 1문을 탑재한 증기선을 마련했다. 카르테리아호라고 명명된 이 함선 덕분에 그리스인 반란군은 에게 해의 제해권을 차지하게 되었다. 그러나 카르테리아호가 교전해역에 등장하기 전에 이미 나바리노 해전(1827)에서 영국·프랑스·러시아의 구식 함대가 오스만 제국·이집트 함대를 격파해버렸기 때문에, 카르테리아호의 위력은 결국 검증기회를 갖지 못했다.[5]

이 기술적 모험에 발벗고 나섰던 것이다. 당시 오스만 제국의 술탄과 싸우는 이집트의 무하마드 알리를 지원하려던 프랑스 해군은 영국 함대에 패하여 물러나지 않을 수 없었다. 이 패전에 반응하여 프랑스 해군 내에 강한 영향력을 가진 파벌이 등장했고, 이들은 영국의 해상패권에 도전하기 위한 새로운 기술적 수단을 모색하기 시작했다. 증기기관으로 추진되는 군함은 바람의 방향에 관계없이 도버 해협을 건널 수 있기 때문에 특히 유망한 대안으로 보였다. 프랑스가 몇 척의 군함에 증기기관을 장착하려고 하자 영국에서는 당장 프랑스의 침공을 우려하는 목소리가 드높아졌고, 영국 해군의 전열함에 보조 증기기관을 장착하는 작업이 서둘러 실시되었다.[6]

뒤이은 20년 동안 중요한 기술적 진보는 줄곧 프랑스 쪽에서 먼저 시작되었다. 그럴 때마다 프랑스의 기술자들과 정치가들은 획기적인 새 함정을 설계하여 영국의 해상패권을 뒤엎는다는 희망에 부풀었다. 실제로 프랑스는 영국 해군을 두 차례 앞질렀다. 첫 번째는 1850년 950마력의 엔진으로 13노트의 속력을 낼 수 있었던 나폴레옹호를 진수했을 때였고, 두 번째는 1858년 라글루아르호에 4.5인치 두께의 철판을 덮어 당시의 어떤 대포의 포격에도 견딜 수 있게 했을 때였다.[7]

프랑스가 새로운 기술을 개발할 때마다 영국도 즉각적인 대응조치를 취했다. 그때마다 영국사회에서는 해군의 예산 증액을 요구하는 목소리가 높아졌고, 프랑스가 도버 해협을 건너 쳐들어올 경우 일어날 무서운 재앙에 관한 정치적 선동이 뒤따랐다. 그러나 영국산업의 생산력은 프랑스보다 훨씬 우월했기 때문에, 프랑스 해군이 새로운 영역에서 경쟁심을 자극할 때마다 영국 해군은 비교적 쉽게 기술적인 측면을 따라잡았고 물량 면에서는 오히려 앞지르곤 했다.

유럽 자유주의의 전성기였던 이 시대에는 언제나 재정적인 제약이 큰 영향을 미쳤다. 18세기에 그랬던 것처럼, 영국의 여론은 해군의 우위를

### 해양의 산업혁명

이 그림들은 군함 설계에서 증기기관과 철의 시대가 개막했음을 기록하고 있다. 상단 그림은 영국 군함 세인트 조지호인데, 돛 사이로 굴뚝이 솟아나와 있다. 그러나 이 배에 장착된 증기기관은 전체적인 설계에 비추어볼 때 최소한의 변화를 도입한 것에 불과하다. 이런 식의 타협은 프랑스 해군이 라글루아르호(하단 그림)를 진수시킨 1861년에는 이미 시대에 뒤떨어진 것이었다. 장갑판을 씌운 라글루아르호의 선체는 당시 존재했던 어떤 함포의 포격에도 견딜 수 있었다. 그러나 라글루아르호는 최강의 무기로 남기는커녕 금세 시대에 뒤떨어진 것이 되었다. 더 두터운 장갑판을 씌운 군함에 탑재된 한층 강력한 신형 대포가 또 다른 설계자들의 제도판 위에 잇따라 등장했기 때문이다. *Illustrated London News* 38 (January-June, 1861): 78, 227.

유지하기 위한 비용부담을 기꺼이 받아들였다. 반면에 프랑스에서는 이전과 마찬가지로 해군을 증강하는 시기와 감축하는 시기, 즉 정부가 영국의 해군력을 앞지르겠다는 것은 비현실적인 계획이라고 결정하고 해군 예산을 삭감하는 시기가 오갔다.[8)]

프랑스 해군의 예산이 늘거나 줄거나 했던 것은 루이 나폴레옹의 견해를 반영한 것이기도 하다. 그는 삼촌의 가장 큰 실수는 영국을 적으로 만든 것이라고 생각했다. 따라서 루이 나폴레옹은 1851년 프랑스의 황제가 된 후 위대한 나폴레옹의 후계자답게 전장에서 영광을 쟁취하고 1815년에 합의된 전후체제를 뒤엎을 기회를 노리는 한편, 영국과 협력관계를 이루거나 적어도 정면충돌은 피하려고 했다. 나폴레옹 3세가 프랑스를 통치한 1850년대와 1860년대에 영불 정부간의 마찰과 경쟁이 완전히 사라진 것은 아니었다. 도저히 그렇게 될 수는 없었다. 그러나 프랑스와 영국이 때때로 불완전하게나마 협력하는 것만으로도 1815년에 규정된 유럽의 세력균형을 뒤엎기에는 충분했다.

크림 전쟁은 그 점을 분명하게 보여주었다. 1815년에 러시아는 유럽 대륙 최대의 육군 강국으로 부상했고, 그 후 러시아 군대는 줄곧 유럽 최대 규모의 육군으로서 다른 나라보다 월등하게 많은 병력을 유지했다.* 그 위력은 여러 전선과 지역에서 치러진 전쟁에서 누차 실증되었다. 러

---

* 전쟁이 시작되기 전인 1853년에 러시아 육군의 병력은 98만 명이었다. 전쟁 중에 무려 45만 명의 사상자가 발생했음에도 불구하고 전쟁이 끝날 무렵 러시아군의 병력은 180만 2,500명으로 늘었다.[9)]

시아 육군은 중앙아시아(1839~1843, 1847~1853)와 카프카스(1829~1864)에서 용맹을 떨쳤으며, 페르시아와 오스만 제국(1826~1829)을 상대하여 승리했고, 폴란드인의 반란(1830~1831)과 마자르족의 반란(1849)을 성공적으로 진압했다. 그동안 기술적으로 달라진 것은 거의 없었지만, 당시에는 유럽의 다른 나라 육군들도 대체로 나폴레옹 전쟁기간에 완성된 무기와 조직에 만족하고 있었다. 러시아 해군은 세계에서 세 번째 규모로, 기술혁신 면에서는 영국과 프랑스에 뒤져 있었지만 격차가 크지는 않았다. 이는 1853년 시노프 해전에서 오스만 제국 함대를 격적적으로 격파한 데서도 알 수 있다.

이 거대한 괴물과 맞서 승리한 것은 크림 전쟁에 파견된 프랑스군과 영국군의 대단한 업적이었다. 두 나라 군대가 성공한 것은 보급이 우세했기 때문이다. 러시아군은 화약과 그 밖의 필수물자를 해군기지가 있는 세바스토폴 군항을 지키는 부대에 보내는 데 큰 어려움을 겪었다. 세바스토폴로 가는 해상접근로는 영불 동맹군이 가로막고 있었으며, 세바스토폴 북쪽으로 펼쳐진 인적 없는 초원지대를 가로질러 물자를 수송하는 것도 거의 불가능했다. 이 일을 위해 농민들의 마차를 12만 5,000대가량이나 징발했지만, 군항에 도달하는 물자는 여전히 만족할 만한 수준에 이르지 못했다. 마차를 끄는 가축에게도 먹이를 주어야 하는데, 길가에 자라는 풀을 다 먹이고 나면 그 다음에는 수송 도중에 먹이를 구할 길이 없다. 그렇다고 마차를 끄는 가축을 제대로 먹일 만큼 수레에 먹이를 싣고 가면 보급물자를 실을 공간이 거의 없어져버린다. 이에 비해 프랑스와 영국의 파견군은 바다를 통해 배로 보급을 받고 있었기 때문에 막대한 양의 보급물자를 입수할 수 있었다. 확실히 처음에는 불의의 사고나 운영상의 미숙함이 있었고, 수송이 적절하게 조직화되기까지는 어느 정도 시간이 걸렸다. 그러나 세바스토폴 공성전의 마지막 시기에 영불 동맹군은 하루에 5만 2,000발이나 되는 포탄을 세바스토폴 요새에 퍼부을

수 있었다. 반면 러시아군은 화약과 포탄의 부족으로 대포 한 문마다 발사 회수를 제한해야 했다.[10]

다시 말해 크림 전쟁에서는 1812년의 보급상황이 역전되었다. 1812년에는 러시아 육군이 수로운송을 이용할 수 있었고 나폴레옹 침략군은 육상의 마차수송에 의존해야만 했다. 그런데 이번에는 상황이 정반대였기 때문에 세바스토폴 요새의 러시아 해군의 대포가 제아무리 거대하고 수도 많고 전략적으로 배치되어 있었다 하더라도 물량 면에서 우위에 있는 영불 동맹군에 대항하기에는 도저히 역부족이었던 것이다. 영웅적인 방어전 끝에 수비군은 군항을 버리고 퇴각했고, 실제 전투행위는 그것으로 끝이었다. 영불 동맹군은 추격할 여력도 없었거니와 세바스토폴 해군기지를 점령하고 러시아 흑해함대를 파괴함으로써, 북방으로부터의 해상공격에 맞서 콘스탄티노플을 수호한다는 소기의 목표를 사실상 달성했기 때문이다.

세바스토폴 공성전은 제1차 세계대전 때 벌어졌던 서부전선 전투의 소규모 예행연습과도 같았다. 종횡으로 연결된 참호체계, 야전 축성, 대포의 일제사격으로 탄막(彈幕)을 펴는 것 등이 이 전투에서 처음으로 승패를 가르는 중요한 요소가 된 것이다. 아직 등장하지 않은 것은 기관총 정도였다. 다른 한편으로, 러시아군을 세바스토폴로 몰아넣는 역할을 한 초기의 알마·발라클라바·인키르만의 전투는 프로이센군이 오스트리아군에게 승리를 거둔 쾨니히그레츠 전투(1866)의 예행연습이었다. 이 세 전투에서 프랑스군과 영국군 보병은 새로 지급받은 라이플 소총이 워낙 성능이 좋았기 때문에 러시아 보병보다 우위에 설 수 있었고 결국은 이것이 승패를 갈랐다. 당시 러시아 보병은 여전히 구식 머스킷총을 사용하고 있었다. 두 총의 차이는 한 가지로 요약된다. 활강총(滑腔銃, 총열이 강선(腔線) 없이 매끈한 총)인 머스킷총은 유효사거리가 약 180m였지만 신식 라이플총은 약 900m에 달했다는 점이다.

라이플총의 이점은 훨씬 전부터 유럽의 총기류 직인들 사이에 널리 알려져 있었다. 이미 15세기 말에 그들은 총열에 나사 모양으로 홈을 파놓으면 발사할 때 탄환에 회전력이 가해져서 공기 속을 똑바로 날아간다는 것을 알고 있었다. 이처럼 탄환이 휘지 않고 곧게 뻗기 때문에 사거리가 길어지고 조준도 정확해진다. 그러나 라이플총은 제작비가 많이 들고 발사속도가 느렸다. 나사 모양의 홈을 파놓은 총열에 탄환이 밀착되어야 하므로 연질의 납탄환을 총구에 대고 망치와 꽂을대로 톡톡 두드려 모양을 만들면서 장약 위치까지 밀어 넣어야 했기 때문이다. 이 작업은 시간도 걸리고 세심한 주의가 필요하기 때문에 혼란스러운 전투상황에서 하기에는 적합하지 않았다. 그렇긴 하지만 16세기 이래 유럽의 군대에서는 특수훈련을 받은 소수의 저격수가 라이플총을 소지하고 주로 산병(散兵)으로 이용되었다. 그러나 승패를 결정짓는 것은 발사속도였기 때문에 라이플총의 사거리가 아무리 길다 해도 보병의 주력부대가 그 총을 사용할 수는 없었다.

오랫동안 지속된 이런 기술적 상황은 1849년 프랑스의 육군장교 클로드 에티엔 미니에 대위가 새로운 탄환을 개발하여 특허를 받으면서 달라지게 되었다. 이 새로운 탄환은 구형(球形)이 아니라 갸름한 형태로, 앞이 뾰족하고 뒤가 평평하며 뒷면 바닥 가운데에 깊고 큰 홈이 파여 있었다. 이 탄환은 총열의 지름보다 약간 작아서, 지난 몇 세기 동안 머스킷 총사가 구형의 탄환을 총구에서 굴려 넣었던 것과 마찬가지로 총구에서 집어넣을 수 있었다. 그렇지만 일단 발사될 때는 장약의 폭발로 생겨나는 가스의 압력 때문에 탄환 뒷면에 있는 홈의 가장자리 부분이 바깥으로 부풀어 총열에 밀착되고, 따라서 탄환이 강선에 물리게 되었다. 이 미니에식 탄환은 앞뒤가 다르기 때문에 라이플총의 총구로 밀어 넣을 때 뾰족한 쪽이 위를 향하도록 주의해야 했다. 그러나 이 사소한 차이를 제외하면 탄환을 장전하는 것과 발사 절차는 예전부터 사용해오던 활강총과 같았다. 기존의 방식을 조금만 바꿔도 된다면 그 개량은 쉽게 받아들여질 수 있다. 따라서 프랑스 육군은 곧 미니에 대위의 발명품을 시험해보았고, 크림 전쟁을 통해 실전에서 그 가치를 확인한 뒤 1857년에 표준 장비로 채택했다. 한편 영국 육군은 1851년에 미니에 탄환의 특허권을 사서 크림 전쟁 파견군에게 라이플총을 지급했고, 이로써 러시아가 자랑하는 육군보다 우위에 설 수 있었다.[11]

유럽의 다른 나라 육군도 이 교훈을 놓치지 않았다. 1840년 이후 프로이센 육군은 독자적으로 설계한 후장식 라이플총의 재고를 매년 조금씩 비밀리에 비축하고 있었는데, 행여나 뒤질세라 1854~1856년에 구식 머스킷총을 미니에 시스템으로 교체했다.[12] 대서양 너머에서도 1855년에 미국 육군이 미니에식 탄환을 사용하는 라이플총으로 무기를 바꾸었다.

이리하여 1850년대 중반을 경계로, 17세기 이래 거의 바뀌지 않았던 해군과 육군의 장비 패턴은 와해되었다. 그에 따라 여러 제독과 장군과 정치가들은 직접 경험한 적이 없는 미지의 조건에서 미지의 무기를 가지고 전쟁을 해야 한다는 매우 불안한 처지에 놓이게 되었다. 이런 상황은 육해군의 지도자 가운데 상상력과 지성이 풍부한 사람에게는 유리했던 반면, 조금이라도 머리를 쓰는 일에 대해서는 허세 섞인 무관심으로 일관한 구식 군인들에게는 대단히 불리했다. 그 영향은 지상군에서 가장 컸다. 반복을 통해 최고의 훈련을 받을 뿐 자신의 머리로는 생각하지 않게 된 군대, 즉 이제까지는 유럽 최강이었던 군대는 새로운 기술 때문에 생겨난 긴장에 대해서는 가장 나약한 군대가 되었다. 이와는 반대로 열강의 군대 중 가장 약한 육군이었던 프로이센 육군은 1860년대 이후 그전까지 최대의 약점이었던 요소를 이점으로 바꿀 수 있는 입장에 서게 되었다.

프로이센이 어떻게 유럽의 지상패권을 장악하게 되었는지를 살펴보기 전에, 신무기와 관련하여 크림 전쟁의 경험이 낳은 두 가지 부산물에 대해 고찰해보자. 그 첫 번째는 총기제조업에 대량생산기술이 적용된 것이다.

이 과정은 수공 직인을 기반으로 조직되어 있던 버밍엄과 런던의 무기제조업이 러시아와의 전쟁으로 발생한 새로운 총기 수요에 전혀 부응하지 못하면서 비롯되었다. 소총은 오래전부터 하나의 직능단체에 의해 생산되었고, 그 단체는 수많은 전문가집단으로 나뉘어 있었다. 개별 직인들은 정해진 수량의 완성된 총을 납품하기로 정부와 계약을 맺은 원청 기업으로부터 하청을 받아서 일을 했다. 정부의 검사관은 이 생산 계열을 따라가며 각 부품이 사양대로 제작되는지를 확인했다. 때로는 울리치 조병창에서 직접 최종 조립을 하기도 했다. 영국(그리고 프랑스)의 총기제조업이 전시의 수요에 맞춰 최고 생산량에 도달하는 데는 20년이 걸리긴 했지만, 이 시스템은 나폴레옹 전쟁으로 발생한 무기수요를 너끈히 감당했다.

그러나 1854~1856년에는 수천 명의 직인이 새로운 수준의 수요에 맞출 때까지 수십 년 동안 느긋하게 기다려주는 사람이 없었다. 영국에서는 이미 무기제조업계가 새로운 미니에 총으로 생산을 전환하느라 혼란을 겪고 있었으므로 문제가 더욱 심각했다. 브라운베스 총을 만드는 데 맞춰져 있던(즉 16세기 초 말버러가 활약하던 시절부터 거의 바뀌지 않은) 총기 제작의 낡은 습관과 방법으로는 신식 라이플총을 만드는 데 필요한 정밀성에 쉽게 도달할 수 없었다. 검사관들이 불량부품의 인수를 거부하며 이전보다 좁아진 오차 허용기준을 강요하려 하자 이들과 직인들 사이에 격렬한 분쟁이 일어났다. 그 와중에 크림 전쟁의 발발로 수요가 급증하자 이를 절호의 기회로 여긴 직인들은 작업을 거부하고 임금인상을 요구했다. 그 결과 이미 오래전부터 이어오던 관행과 내용이 근본적으로 붕괴하고 있던 이때 생산과정의 모든 단계에서 수많은 조업중단 사태가 벌어졌다. 주문에 따라 더 좋은 총을 더 많이 만들어내기는커녕 국가가 무기생산을 절실하게 요구하던 시기에 생산량이 오히려 감소해버렸다.

이에 대해 정부 안팎에서 분개의 목소리가 터져 나오자 관계당국은 라이플총 제조를 촉진하고 개선하기 위해 무언가 과감한 조치를 취해야 한다고 생각하게 되었다. 이때 울리치 조병창의 당국자들은 이미 하나의 대안을 알고 있었다. 그들은 그것을 '미국식 제조 시스템'이라고 불렀는데, 매사추세츠 주 스프링필드의 미합중국 조병창과 코네티컷 강 유역의 민간 소화기(小火器) 제조업자들이 1820~1850년에 걸쳐 이 방식을 개발해냈기 때문이었다. 그 방식의 요체는 자동 또는 반자동 선반을 사용하여 정해진 모양대로 부품들을 깎아내는 것이었다.* 이런 공작기계는 호환가능한 부품들을 만들어냈다. 따라서 이보다 덜 정확한 수작업으로 총을 만들 때처럼 섬세한 줄질이나 조정을 거치지 않더라도 총을 조립할 수 있었다. 물론 선반기계는 값이 비쌌고 또 재료의 낭비도 많았다. 숙련된 직인이 망치와 줄을 가지고 일할 때보다 쇠부스러기가 많이 생겼던 것이다. 그러나 대량의 총기가 필요할 경우에는 대량생산에 의한 규모의 경제 덕분에 이런 식의 자동식 생산이 충분히 채산이 맞았다.

영국은 1851년 런던 만국박람회에서 미국식 총기제조법을 알게 되었다. 이때 새뮤얼 콜트는 자기 회사의 리볼버 권총을 전시하고 부품의 호환성을 보여주었다. 그 자리에서 권총을 몇 정 분해하여 부품들을 뒤섞은 다음 집히는 대로 부품을 모아 다시 권총을 조립하더라도 제대로 발사된다는 것을 보여주었던 것이다.

이렇게 해서 크림 전쟁 초기의 몇 달 동안 총기 생산이 난항에 빠지고 그와 관련된 갈등이 급증하는 가운데 상당수의 영국인이 미국이 이룩한 기술적 성과에 관해 알게 된 결과, 특별히 임명된 소화기위원회가 엔필

---

* 이런 기계를 설계하는 것은 크게 어려운 일이 아니었다. 그 원리는 오늘날 원본 열쇠를 가지고 보조 열쇠를 만드는 것과 같다. 즉 복제해야 할 원형의 윤곽을 따라가는 트레이서의 움직임을 따라 재료를 깎는 칼날이 이동하는 기구를 만들면 되는 것이다. 이것은 제도에 사용하는 패터그래프(pantograph)의 원리와 같았는데, 이것은 헬레니즘 시대부터 이미 알려져 있었다. 당시 알렉산드리아에서 수출되는 조각상을 대량생산하는 데 이런 기계가 사용되었던 것이다.[13] 이런 기계가 미국에서 개발된 것은 한편으로는 숙련된 총기 직인이 부족했기 때문이고, 또 한편으로는 1812년 영국과 전쟁을 치른 후 미국 정부가 군납업자와 장기계약을 맺는 정책을 취한 데 고무되어 업자들이 과감하게 대규모 자본을 투자했기 때문이다.[14]

드에 새로운 조병창을 세우고 거기에서 미국식 제조 시스템을 이용할 것을 권고했다. 공사는 1855년에 시작되었지만 필요한 기계를 미국에서 수입했기 때문에 1859년, 즉 크림 전쟁이 끝나고 3년이 지난 뒤에야 기계설치가 완료되었다.[15]

자동화는 표준 규격의 라이플총을 제조하기 위해 미국산 기계를 수입하는 것에만 그치지 않았다. 예를 들어 울리치 조병창에서는 미니에 탄환을 만들기 위해 발명된 신식 기계가 하루에 25만 발의 탄환을 토해내기 시작했다. 또 다른 기계는 완성된 실포(實包)를 하루에 20만 발씩 제조했는데 이것은 탄환과 약협(藥莢)을 하나로 합친 것이었다.[16] 또한 대량생산은 오랫동안 정부 조병창의 독점물로만 머물러 있지 않았다. 민간 총기제조업계도 서둘러 그 뒤를 따라야 했던 것이다. 서로 독립적으로 일해 왔던 원청기업들은 고가의 신식 기계를 사들일 자본을 마련하기 위해 1861년에 합병하여 버밍엄 소화기회사를 설립했다. 그로부터 6년 뒤에는 유사한 합병과정을 거쳐 런던 소화기회사가 설립되었다. 그 후 정부는 엔필드 조병창과 이 두 개의 근대화된 민간 총기제조업체 사이에서 분할계약을 맺었다. 그 배분비율은 한편으로는 정치적인 로비에 의해, 다른 한편으로는 새로운 전쟁이 일어나 라이플총 생산을 급속히 늘려야 할 경우를 대비하여 민간에 적정량의 예비생산능력을 유지하도록 하려는 당국의 판단에 의해 결정되었다. 두 민간회사는 주로 스포츠용 총기를 영국이나 외국의 개인에게 팔아서 회사를 유지했지만 때로는 외국 정부와도 계약을 맺었다.[17]

다른 유럽 국가들도 기계를 사용하면 주문을 받자마자 곧 대량으로 소총을 생산할 수 있다는 것을 알았다. 1870년경 러시아, 스페인, 오스만 제국, 스웨덴, 덴마크, 이집트가 영국의 선례를 좇아 총기 제조를 위해 미국산 선반 기계를 수입하고 있었다.[18] 벨기에에서도 리에주의 총기제작자들이 새로운 회사를 설립하여 미국산 기계를 사들였다. 영국의 국내 총기 생산이 크림 전쟁의 수요를 충족시키지 못했던 1854년에 영국 정부가 리에주에 발주한 라이플총 15만 정을 납품하기 위해서는 그 방법밖에 없었기 때문이다.[19]

그 결과 유럽의 총기시장은 완전히 바뀌었다. 장인적인 총기 제조 방법은 사라져갔다. 정부의 조병창에 새로운 기계가 설치되자, 지난 몇 세기 동안 리에주를 중심으로 번영하던 국제적인 소화기 거래의 비중은 거의 무시해도 좋을 정도로 줄어들었다.[20]

또 다른 변화는 다음과 같다. 1850년대 이전에는 몇 십만 명이나 되는 병사들에게 지급하는 소화기의 설계를 변경한다는 것은 아주 오랜 시간이 걸리는데다 일의 성격상 대단히 힘든 일이었다. 이것이야말로 유럽의 머스킷총이 거의 설계 변경 없이 150년 동안이나 사용되었던 이유였다. 그러나 자동기계가 도입되자, 일단 새로운 원형만 완성되고 나면 완전히 다르게 설계된 총을 1년에 몇 십만 정이라도 만들어낼 수 있었다. 병사들이 새로운 무기에 익숙해지는 데 걸리는 시일 정도면 군 전체의 장비를 교체할 수 있었던 것이다. 이리하여 소화기 설계를 한층 더 개량해 나갈 수 있는 길이 활짝 열렸다. 다만 그러기 위해서는 기존의 전술규칙과 보병 훈련규정을 모조리 바꾸어야 했다.

1840년 이후 프로이센 육군은 직인들이 생산을 담당하고 있는 상황에서 소화기 설계를 변경한다는 것이 얼마나 힘든지를 쓰라리게 경험했다. 1840년 프리드리히 빌헬름 3세는 자신의 육군을 후장식 라이플총으로 무장시키기로 결정했다. 우선 후장식 라이플총 6만 정이 발주되었다. 그런데 7년이 지난 1847년이 되어서도 발명자인 요한 니콜라우스 폰 드라이저의 공방에서는 후장식 라이플총을 1년에 1만 정밖에 생산할 수 없었고 더욱이 품질관리를 제대로 할 수 없었다. 프로이센의 육군 병력은 예비군을 포함하여 약 32만 명이었기 때문에, 생산현황이 이렇다면 머스킷총을 후장식 라이플총으로 완전히 교체하는 데 30년 이상이 걸릴 것이었다. 1854년에 프로이센 육군이 기존 머스킷총의 총열을 다시 파서 라이플총으로 개조하고 거기에 미니에식 탄환을 사용하도록 한 것도 무리는 아니었다. 이 일을 완료하는 데는 겨우 2년이 걸렸다.

그러나 프로이센 국왕과 그의 군사고문들은 후장총의 우월성에 대해 확신을 가지고 있었다. 그 생산속도를 높이기 위해 3개의 국영 조병창을 신식 총 생산을 위해 가동하자 연간 생산량은 2만 2,000정까지 늘어났다. 드라이저의 후장식 라이플총(흔히 '니들건'으로 불린다)은 1866년 오스트리아군과의 전투에서 처음 사용되어 혁혁한 성과를 거두었는데, 사실 프로이센 육군의 전 부대는 그때 막 이 신무기를 갖춘 상태였다. 전장총을 후장총으로 완전 교체하는 데 총 26년이 걸렸던 것이다. 이런 상황에서는 17세기 이래 유럽 각국에서 아주 사소한 부분을 제외하고는 소총의 설계가 변경되지 않은 것도 당연한 일이었다.[21] 이에 비해 영국의 엔필드 조병창에서는 생산을 시작한 지 4년 만인 1863년에, 총기 증산이 필요한 긴급사태도 아닌 상황에서 연간 10만 370정의 라이플총을 생산했다.*[22] 그리고 프랑스(1866)와 프로이센(1869)이 육군 장비를 신식 라이플총으로 교체하기로 결정했을 때는 두 나라 정부 모두 그 과정을 완료하는 데 4년밖에 걸리지 않았다. 물론 생산을 시작하기 전에 필요한 신식 기계를 설계하고 설치하는 데는 수십 개월이 걸렸다.†

이리하여 크림 전쟁의 직접적인 부산물로, 1855~1870년에 유럽의

---

\* 같은 해 총기제조 동업조합의 생산량은 총신의 수로 헤아려 버밍엄에서 46만 140정, 런던에서는 21만 181정이었다. 그 대부분은 해외로 팔려 나갔고, 검사를 거쳐 정부에 수용된 것은 1만 9,263정에 불과했다.

† 프로이센이 오스트리아에 승리하자, 나폴레옹 3세는 1866년 8월 퓌토에 새로운 육군 조병창을 설립하도록 명령했다. 이 조병창은 새로운 샤스포 라이플총을 매년 36만 정씩 만들어낼 수 있었다. 1870년이 되자 신형 라이플총이 100만 정 이상 비축되었다.[23] 그러나 이 대단한 성과는 퓌토 조병창에서 생산된 것만이 아니라 상당 부분을 버밍엄, 리에주, 브레시아 등지의 총기제작자들에게 주문함으로써 이룩된 것이었다.[24] 1869년 프로이센은 니들건을 대신할 새로운 모델의 라이플총을 결정했다. 이 것이 모제르총이다. 이 신무기는 대프랑스 전쟁이 발발한 뒤에 생산되기 시작했지만, 1873년에는 전보다 훨씬 규모가 커진 신생 통일독일군에게 지급할 만큼의 수량이 비축되었다.[25] 오스트리아 육군은 1862년 이후 소화기 생산에 자동화된 기계를 사용하는 '미국식 시스템'으로 전환했다.[26]

소화기 제조업에 대량생산 시대가 도래했다. 새로운 기계는 대부분 국영 조병창에 설치되었다. 이처럼 소화기 설계와 생산을 국가가 관리하자 직인의 작업을 나라에서 대충 검사하던 때에 비해 일이 훨씬 정확하고 철저하게 진행되었다. 대포 제작에서는 이와 정반대의 일이 일어나 민간기업이 단연 돋보였다. 이것은 한편으로는 대포 제작에 눈독을 들인 영국의 기업들 사이에 치열한 경쟁이 벌어진 결과였다. 그러나 또 하나의 요인이 추가되어 기업간 경쟁이 낳은 우연한 결과가 민간주도를 강화하고 안정화시켰다. 그 요인이란 새로운 대포 주조용 금속(강철)이 등장한 것이었는데, 이것을 제조하려면 기존의 국영 조병창들이 아직 갖추지 못한 몇 가지 경제자원이 필요했다.

소화기 제조와 마찬가지로 대포 생산의 경우에도, 새로운 제조방식의 출발을 재촉하는 결정적인 자극은 크림 전쟁에서 비롯되었다. 크림 전쟁에서 영국과 프랑스가 고전하고 있다는 소식은 신문보도를 통해 전례가 없을 만큼 널리 알려졌다. 전쟁특파원이 파리나 런던으로 보내오는 군사 작전에 관한 상세한 기사는 온갖 반향을 일으켰지만, 그 중에서도 특히 전쟁과 관련된 갖가지 발명이 폭발적으로 쏟아져 나왔다.* 물론 신무기에 관한 무수한 아이디어 중에서 설계단계 이상으로 진척된 것은 극소수였다. 시제품 제작까지 나아간 것도 대부분 실패로 끝났다. 예를 들어 실제 전투가 끝나고 1년이 지나서 완성된 무게 42톤의 박격포 시제품은 그 후 울리치 조병창의 정문 앞에 마치 보초병처럼 서 있게 되었다. 그것은 19세기에 대포 설계 및 생산 면에서 울리치 조병창이 했던 역할과 기묘하게 맞아떨어지는 상징—덩치만 크고 굼뜨다는—이 되었다.[28]

그러나 새로운 아이디어나 발명 중에는 널리 보급되어 지속적인 영향을 미친 것도 있었다. 그 가운데 가장 중요한 것은 강철을 만들기 위한 '베

---

* 영국 특허청은 1617~1850년 사이에 소화기와 관련된 발명에 약 300건의 특허를 내주었다. 그런데 1850년대에는 그런 특허권을 600건 이상이나 인정했다.[27]

서머 법'의 발견이었을 것이다. 헨리 베서머는 영국의 부지런한 발명가 중 한 사람인데, 새롭게 설계된 대포를 실험하다가 새로운 방법을 발견했다. 그 방법은 용해된 선철에 공기를 불어넣어 강철을 정련하는 것이었다. 이 방법을 쓰면 강철을 대량 생산할 수 있었으며, 그전보다 훨씬 정밀하게 제품의 화학적 성분과 구조를 조절할 수 있었다. 이리하여 1857년에 베서머가 획득한 특허는 야금학의 새 장을 열게 되었다. 1890년까지는 조병창의 일꾼들이 부분적으로나마 전통적인 대포제작용 금속에 매달려 있기는 했지만, 베서머 법이 특허를 받은 지 20년도 채 지나지 않아 예전의 대포 주조방식은 완전히 구시대의 유물이 되었다.[29]

1850년대와 1860년대에는 강철의 분자구조에 관한 지식이 불완전했기 때문에 균질적이고 잔금이 없는 대포를 주조할 수 없었다. 이 일을 처음 시도한 알프레트 크루프는 에센에 본사를 둔 독일의 제강업자로 많은 좌절과 장애를 극복한 끝에 마침내 1870~1871년의 보불전쟁에서 자신이 만든 대포의 품질을 증명해 보였다. 그러나 그전에는 윌리엄 암스트롱이 유럽 최대의 민간 대포제작자였다. 그는 크림 전쟁 전에는 뉴캐슬에서 수압기(水壓器)를 만들었는데, 베서머가 강철 제련법을 발견한 것만큼이나 우연한 과정을 거쳐 무기사업에 뛰어들었다.

윌리엄 암스트롱은 런던의 한 클럽에서 크림 전쟁에 관한 기사를 읽다가, 인키르만 전투에서 영국군이 갖은 고생을 하며 2문의 육중한 야포를 발사위치로 끌고 가서 간신히 적에게 포격을 퍼부어 전투상황을 역전시켰다는 내용을 보게 되었다. 암스트롱은 그 순간 "지금이야말로 군의 기술공학을 현재의 기술공학 수준으로 끌어올려야 할 때"[30]라고 말했다고 한다. 그는 즉시 후장식 강선포 설계를 스케치하고 시제품 제작에 착수했다.* 1857년의 시험발사에서 그의 후장식 강선포는 기존의 전장식 활

---

* 15세기 이래로 대형 대포는 전체를 한 덩어리로 주조하는 식으로 제작되어왔는데, 암스트롱의 대포 제작법은 포강에 해당하는 속통 둘레에 포신을 조금씩 조립해가는 방식이었다. 즉 먼저 포신의 안쪽

강포(滑腔砲)에 비해 훨씬 조준이 정확하다는 것을 보여주었다.

그때는 이미 크림 전쟁이 끝난 뒤였지만 인도에서 세포이의 항쟁(1857~1858)이 일어나 영국 여론의 관심을 불러일으키고 있었기 때문에 무기체계의 기술적 개량이 시급하다는 인식이 여전히 강했다. 따라서 관계 당국은 암스트롱의 대포를 승인했다. 1859년에 이루어진 거래계약을 통해 암스트롱은 특허를 정부에 양도하고 그 대신 '강선포 전임기사'라는 관직에 임명되어 2,000파운드의 연봉과 기사작위를 받았다. 이것을 발판으로 암스트롱은 뉴캐슬 교외에 '엘스위크 군수회사'를 설립했다. 이 회사는 암스트롱이 설계한 대포를 제조한다는 계약을 육군성과 맺었고, 영국 정부 외에는 어디에도 그것을 팔지 않겠다는 데 동의했다. 엘스위크 군수회사는 1861년까지 다양한 크기의 대포를 1,600문이나 생산했다. 그러나 포미(砲尾)가 기계적인 문제로 인해 간혹 일그러지는 경향이 있었다. 또 대구경포일 경우 암스트롱의 포미는 조작하기가 너무 힘들었기 때문에 보통의 체격을 가진 사람은 포수로 일할 수 없었다.

비판적인 사람들은 암스트롱이 관직을 이용하여 정부의 계약이 엘스위크 군수회사에게만 배당되도록 하고 있으며 다른 사람들의 설계가 정당한 심사를 받을 기회마저 빼앗고 있다고 주장했다. 논란은 점점 더 뜨거워졌다. 맨체스터의 공장주이며 암스트롱의 개인적 경쟁자였던 조지프 휘트워스는 전장식 강선포를 공개하여 암스트롱 대포보다 자신의 대

>>>→

면에 해당하는 부분을 강철로 만들고 그 바깥에 가단주철로 띠를 감거나(나중에는 강철 와이어가 사용되었다) 혹은 속통 주변에 가단주철 고리들을 '스웨팅'(sweating)하여 철이 여러 층으로 겹쳐진 형태의 완성품을 만들었다. '스웨팅'이란 금속고리를 가열하여 팽창시킨 후 대포의 이미 조립되어 있는 부분 둘레에 끼우는 공법이다. 뜨거운 금속 고리는 식으면서 축소되지만 안에 끼어 있는 부분 때문에 상온시의 부피만큼 축소될 수는 없다. 따라서 바깥쪽의 띠가 팽팽하게 당겨져 안쪽의 층을 단단히 조이게 되며, 그 결과 포강 안에서 발사화약의 폭발로 생겨나는 팽창압력에 맞서는 힘이 생겨나는 것이다. 이 공법을 채용함에 따라 한 덩어리로 주조된 대포보다 더욱 강인한 대포를 제조할 수 있었다. 암스트롱의 대포제작법에는 또 다른 이점이 있었는데, 그것은 포의 크기를 얼마든지 크게 만들 수 있었다는 점이다. 너무 커서 한 덩어리로 주조해낼 수 없는 거대한 대포라도 부품을 만들어 조립한다면 만들어낼 수 있었던 것이다.

포가 조준의 정확성이나 장갑 관통력에서 더 우수하다는 것을 보여주었다.\* 그 밖에도 대여섯 명의 발명가들이 각자 자기의 설계를 판매하려고 목소리를 높이고 있었지만, 그들 가운데 암스트롱이나 휘트워스처럼 정부의 보조를 받지 않고 시제품을 만들어 시험발사를 할 수 있는 사람은 아무도 없었다.

이런 민간의 비판 외에 해군 역시 암스트롱 대포를 싫어했다. 1859년에 프랑스는 장갑함 라글루아르호를 진수시켰다. 이 함정에 씌운 장갑판은 당시 영국 해군이 보유하고 있던 어떤 함포로도 뚫을 수 없었다. 이 때문에 라글루아르호의 장갑판을 뚫을 수 있는 무기를 만들어내는 것이 영국 대포제작자들의 급선무가 되었다. 암스트롱의 가장 큰 후장포로도 그것은 불가능했다. 그리고 1863~1864년에 걸쳐 행해진 공식 시험발사 결과, 담당 위원회는 전장포가 후장포보다 더 안전하고 간단하며 장갑판에 대해서도 효과적이라고 결론을 내렸다. 다른 한편으로 휘트워스의 대포 또한 제작하기가 너무 어려워 보였다. 당시의 일반적인 제조기술로는 아직 불가능할 만큼 발사체와 포강 사이가 빈틈없이 밀착되어야 했기 때문이다.† 이윤을 추구하는 민간의 무기제작자를 애초부터 신뢰하지 않았던 위원회는 두 회사의 경쟁적인 주장이 빗발치는 데 질린 나머지 더 이상 엘스위크사와 계약을 맺지 말고 1859년 이전처럼 모든 대포를 울리치 조병창에서만 조달하라고 정부에 권고했다. 울리치 조병창의 담당자

---

\* 휘트워스는 과학과 기술에 대한 이해력과 돈 버는 능력을 겸비한 걸출한 기업가였으며 암스트롱이 보수당 정치가들과 관계를 맺고 있는 데 반해 자유당과 관련을 맺고 있었다. 휘트워스는 다양한 형태의 강선(腔線)과 발사체에 관한 체계적인 시험을 거듭한 끝에 길쭉하고 앞부분이 납작한 철갑탄(徹甲彈)을 개발했는데 실제로 그것은 성능이 가장 좋았다.[31]

† 휘트워스의 대포는 타원형이나 다각형의 포강이, 거기에 꼭 들어맞게 만들어진 길쭉한 포탄에 회전을 줄 수 있도록 나선형으로 꼬여 있다. 그런 복잡한 면을 정확하게 성형하여 포탄을 장전하거나 발사할 때 걸림현상이 없도록 한다는 것은 당시의 금속가공기술에서는 상당히 무리한 요구였다. 휘트워스는 이전보다 훨씬 더 정확하게 금속을 성형하는 방법을 발명하여 자신의 이름을 후세에 길이 남겼다. 그러나 휘트워스의 시제품 대포는 그의 공장의 기술력을 극한까지 발휘하여 겨우겨우 만들어진 것이었다.

들은 그동안 경합을 벌여온 12종 가량의 다양한 대포에서 가장 뛰어난 부분을 취합하여 새로운 설계안을 제출하라는 지시를 받았다.32)

결국 울리치 조병창의 전문가들은 어떤 프랑스인의 설계를 채택했다. 그것은 포강에 강선(腔線)을 파고 포탄 옆구리에 강선과 맞물리는 돌기를 붙임으로써 강선포의 장점과 전장포의 장점을 결합시키는 방식이었다. 이렇게 하면 미니에식 탄환을 사용하는 전장식 라이플총의 경우와 마찬가지로 기존의 대포와 훈련체계를 최소한만 변경해도 큰 효과를 볼 수 있다는 이점이 있었다. 기존 대포의 포강에 새로운 포탄의 돌기와 맞물릴 강선을 파기만 하면 구식 활강포를 신식 강선포로 바꿀 수 있었기 때문이다. 이리하여 영국과 프랑스의 육군은 프로이센 육군의 포병대가 크루프의 강철 후장포를 사용하기 시작한 뒤에도 족히 10년 동안이나 전장포를 사용할 수 있었다. 또 한편으로 서유럽의 두 열강은 더 크고 강력한 해군 대포를 만들기 위해 필사적인 노력을 기울였다. 그러므로 영국과 프랑스에서는 육해군을 위한 무기제조가 국가에 독점되었다고 해서 중포와 관련된 기술이 제자리걸음을 하지는 않았다. 그것은 무엇보다도 영국과 프랑스 두 나라의 해상경쟁, 그리고 포격과 장갑함 사이의 끊임없는 막상막하의 대결 때문이었다.

게다가 프랑스에서는 1885년까지 민간기업의 수출용 대포 제조를 금했지만,33) 영국에서는 1863년 관직에서 물러난 암스트롱이 경쟁자 휘트워스와 마찬가지로 대금만 지불한다면 누구에게든 엘스위크사의 제품을 팔았다. 런던 만국박람회(1851)에서 강철 후장포를 처음 공개하여 세상을 놀라게 했던 크루프사도 영국의 두 제조업체와 경쟁을 벌였다. 크루프사는 창업 후 첫 번째 대포를 1855년에 이집트에 팔았다. 뒤이어 1858년에는 프로이센 육군성으로부터 강철 후장포 300문을 주문받았다. 그러나 크루프가 본격적으로 돈을 벌기 시작한 것은 1863년 이후의 일로 이때부터 러시아 육군의 굵직한 주문을 받게 되었던 것이다. 한편 암스트롱과 휘트워스도 미국 남북전쟁 때 남북 양군에 대포를 팔아 상당한 돈을 벌었다. 남북전쟁이 북군의 승리로 끝난 뒤에는 사업이 부진해졌으나 그것도 잠시였다. 유럽의 좀더 작은 나라들이나 동아시아의 일본과 중국, 남미의 칠레나 아르헨티나 등 먼 나라의 정부들도 민간기업이 제조한 큰 대포를 사들일 자금과 의욕을 갖고 있었으며, 이 고객들은 곧이어 대포를 탑재할 군함도 사들이기 시작했다.

그리하여 1860년대에 전세계적인 산업화된 무기사업이 등장했다. 그것은 15세기 이래 저지대국가들에 집중되어 있던, 국제적 시장을 가진 수공업적인 무기제조업을 완전히 소멸시켰다. 프랑스나 영국, 프로이센 같은 나라의 탁월한 기술력을 보유한 조병창조차 민간 제조업체로부터 끊임없는 도전을 받았다. 이들은 자사 제품이 정부가 만든 무기보다 우수하다는 점을 시종일관 강조했다. 따라서 기업간 경쟁은 국가간 경쟁에 가세하여 대포 설계의 개선을 촉진했다.

그 효과는 해군 대포에서 처음으로 그리고 가장 강력하게 나타났다. 새로운 장갑함 설계가 발표될 때마다 점점 더 장갑판이 두꺼워지자, 그것을 관통하는 데 필요한 거대한 대포들을 더 이상 예전처럼 군함의 양쪽 측면에 줄지어 배치할 수 없게 되었다. 신식 대포는 너무나 무거워서, 군함의 안정성을 해치지 않으려면 군함 중앙에 설치해야 했기 때문이다. 이렇게 대포를 중앙부에 탑재하려면 돛대와 돛을 모두 없애야 했다. 그러지 않으면 사방을 향해 자유롭게 쏠 수 없었기 때문이다. 증기기관의 효율과 출력이 근본적으로 개선됨으로써 1880년대에 이 문제는 해결되었다. 또한 적의 포화로부터 포를 지키기 위해서는 포를 수용할 장갑 포탑을 설치해야 했으며, 포탑은 대포가 방향에 관계없이 표적을 겨냥할 수 있도록 회전이 가능해야 했다. 이런 작업을 해낼 수 있는 거대한 유압 장치를 가동시키려면 증기기관의 출력이 더 필요했다. 그것만이 아니었다. 일찍이 1868년에 도입된 대포의 전기점화장치가 해군의 포술과 포탑재 기술에 새로운 영향을 미치자 해결해야 할 일은 더욱 많아졌다. 이처럼 많은 노력이 기울여졌음에도 불구하고, 이 시대에 유럽에서 치러진 유일한 해전(1866년 아드리아 해에서 오스트리아와 이탈리아 사이에 벌어진 해전)의 승부를 가른 것은 대포의 포격이 아니었다. 군함 한 척이 충각(衝角) 부딪치기를 당한 끝에 침몰했던 것이다. 그리하여 그 후 한 세대 동안 해군 장교들은 해전의 승리를 결정하는 열쇠가 충각 부딪치기인지 포격인지를 놓고 갑론을박을 벌여야 했다. 누구나 해전은 넬슨 시대에 그랬던 것처럼 앞으로도 배를 나란히 붙인 채 치러질 것이라고 생각했다. 따라서 군함의 설계는 직사거리에서 적의 장갑을 관통하는 데 최대의 힘을 발휘하도록 하는 데 집중되었다.[34]

## 새로운 패러다임, 프로이센식 전쟁

한편 각국의 육군은 19세기 중반에 일어난 대포제작방법의 갑작스러운 변화로부터 처음에는 아무런 영향도 받지 않았다. 이는 말이 들판을 가로질러 끌고 갈 수 없을 만큼 무거운 물체는 야포로 사용할 수 없었다는 단순한 사실 때문이었다. 그러나 1870~1871년의 보불전쟁 이후 각국의 육군 역시 급속히 발달하는 대포제작기술의 소용돌이에 휘말렸다. 보불전쟁에서 프로이센의 강철 후장포가 프랑스가 보유하고 있던 청동 전장포의 성능을 능가했던 것이다. 그리하여 1871년 이래 유럽 국가들의 육군은 신속히 새로운 설계의 대포를 채택했다. 그러나 그보다 더 중요한 사실은 프로이센식의 육군 경영과 동원이 표준이 되었다는 점이다. 그것을 따라하지 않은 나라는 섬나라 영국뿐이었다. 어떻게 해서 그런 일이 일어났는지를 이해하기 위해서는 19세기 후반 구미 국가들의 전쟁경험을 살펴봐야 할 것이다.

미국 남북전쟁은 그 시대 최대의 전란이었지만 대서양 너머에는 거의 영향을 미치지 않았다. 유럽의 군인들은 미국인이 이룩한 동원의 규모와 강도에 그다지 감명을 받지 않았다. 그것은 남북전쟁이 너저분하고 절도가 없는 전쟁으로 보였기 때문이다. 침을 발라 광을 낸 부츠 같은 것은 어디에도 없었다. 모든 전투는 뒤죽박죽이었고 작전은 교착상태에 빠졌으며, 유럽인 무관이 친근감을 느꼈던 남부에서조차 귀족적 지배계급은 없었다. 더구나 유럽의 군사전문가들은 군사기술 면에서 자신들이 미국보다 앞서 있다는 통념 때문에 미국전쟁의 교훈 따위는 무시해도 된다고 생각했다. 훨씬 후대인 1920년대에 가서야 미국 남북간의 치열한 싸움이야말로 제1차 세계대전을 예시한 것이었다는 사실이 인식되었다. 이때 비로소 미국 남북전쟁은 본격적으로 산업화된 전쟁의 첫 번째 사례로서의 의의를 인정받게 되었다. 그 전쟁에서는 기계로 제작된 무기의 위력에 맞서 새로운 방어전술이 개발되어야 했으며, 몇 백만의 무장한 인간에게 물자를 보급하는 수단으로서 철도가 처음으로 수로에 필적하는 역할을 했다.

처음에 공세를 펴다가 몇 차례 뼈아픈 패배를 겪은 북군의 장군들은, 그 패배의 원인이 라이플 소총을 사용하는 전투에서는 방어하는 쪽이 유리하다는 사실에 있음을 깨닫고 지구전으로 전환했다. 이로써 전장에서의 승부는 적의 보급망을 위협할 수 있는 능력에 의해 결정되었다. 북군이 최종적으로 승리하기 위해서는 남군에 대한 물자 보급을 가능케 했던 남부연합의 수송 및 행정체계를 와해시켜야 했다.

그보다 10년 남짓 앞선 1854년의 세바스토폴 공성전 때 러시아는 농민들의 마차로 영불 동맹군의 해상수송에 대항하려다가 패배했다. 그러나 남북전쟁에서는 남군과 북군 모두 철도를 이용할 수 있었다. 따라서 크림 전쟁 때와 달리 쌍방의 군대가 한층 팽팽한 접전을 벌인 것은 당연했다. 이 균형이 결정적으로 깨진 것은 남부연합이 해상과 미시시피 강

등 내륙 수로에서 북군에 밀렸기 때문이다. 북군의 해군은 해상으로부터 남부의 주들을 봉쇄하여 남군이 부족한 무기와 군수품을 유럽에서 수입하여 보충할 수 없게 했다. 더욱이 해안선이나 운항이 가능한 하천을 따라가는 전략적 이동은 북군의 공세작전에서 여러 차례 결정적인 역할을 했다. 전쟁에서 수상운송이 결정적 역할을 한 것은 그다지 새로운 일이 아니었다. 그러나 남북전쟁 당시의 군함 중에는 증기기관으로 추진되는 것이 종종 있었고, 그 중에는 1862년에 해전을 벌인 유명한 메리맥호와 모니터호 같은 장갑함까지 있었다. 이런 사실은 남북전쟁의 해상작전에 새로운 성격을 부여했고, 그렇게 복잡한 전쟁도구를 만드는 데 없어서는 안될 최신 산업능력의 중요성이 새삼 부각되었다.

철도는 그보다 훨씬 더 새로운 방식이었다. 증기기관차의 기계력은 기존 육상운송의 한계를 완전히 뛰어넘었다. 철도로 100마일 이동하는 것이 마차로 10마일 이동하는 것보다 쉬워졌고, 열차를 이용하면 마차 수천 대분의 화물을 실어 나를 수 있었다. 사실상 철도 덕분에 수십만의 군대가 수백 마일 떨어져 있는 후방으로부터 보급을 받으면서 몇 년 동안이나 싸울 수 있었던 것이다. 이전 시대에는 도저히 불가능했던 이러한 위업은 새로운 종류의 전쟁에서 산업역량이 얼마나 중요한지를 다시 한 번 일깨워주었다.

1865년경 미국 대통령은 어느새 200년쯤 전의 크롬웰처럼 거대한 군사력을 이끌고 있었다. 그러나 크롬웰이 새롭게 획득한 군사력을 유지하려고 했던 반면, 미국은 군사기구를 적극적으로 해체했고, 사실상 전쟁을 한때의 일탈로 간주했다. 이로 인해 유럽인들은 버지니아 주 북부, 미시시피 주의 빅스버그, 테네시 주의 채터누가에서 일어났던 일들을 변화해가는 기술에 대한 지적인 대응으로 보는 것이 아니라 직업군인으로서 전쟁을 효율적으로 치르는 데 실패한 것이라고 쉽사리 간주하게 되었다.

1859~1870년에 유럽 대륙에서 일어난 몇 차례의 전쟁(식민지에서 벌

어진 여러 차례의 군사행동은 말할 것도 없고)이 모두 신속히 매듭지어지자 이런 판단은 더욱 확고해졌다. 이 시대에 평화를 교란한 주동자는 나폴레옹 3세였는데, 그는 여러 나라 국민의 자유에 대한 열망을 지원함으로써 프랑스의 위대함을 확고히 하는 것이 자신의 역사적 임무라고 생각했다. 크림 전쟁에서의 성공에 고무된 그는 이탈리아에서 오스트리아인을 몰아내려는 계획에 기꺼이 뛰어들었다. 이탈리아인이 프랑스를 고맙게 여겨 후원자로 받아들일 것을 기대한 것이다. 그로 인해 1859년에 짧고도 격렬한 전쟁이 벌어졌다. 프랑스 육군은 두 차례의 격전을 치르며 오스트리아군을 물리쳤지만 프랑스 쪽도 사상자가 많았다. 이 전쟁에 뒤이은 정치적 재편과정을 통해, 베네치아와 교황령을 제외한 이탈리아 전역이 피에몬테와 통합되면서 이탈리아 왕국이 성립되었다.

1859년의 전쟁에서는 전쟁 자체보다도 그 전쟁을 통해 참전국들이 얻은 교훈이 더 중요한 의미를 갖는다. 오스트리아군은 일부분이긴 했지만 새로운 전장식 라이플총으로 장비를 교체한 상태였는데, 프랑스군은 이런 오스트리아군의 횡대진영을 종대돌격으로 격파했다. 이것은 마치 충분히 훈련된 부대는 라이플총 앞에서도 빗발치는 총탄을 뚫고 전진하여, 옛날 나폴레옹의 방식으로 승리를 거둘 수 있음을 증명해 보이는 것 같았다.*35) 또 프랑스 육군은 앞서 러시아군을, 이번에는 오스트리아군을 이김으로써 저 위대한 나폴레옹 시대와 마찬가지로 자신들이 유럽 최강임을 입증한 것처럼 보였다. 그것은 나폴레옹식의 모범을 충실히 따르며 승리의 열쇠는 참모의 업무와 같은 지적 작업이 아니라 드높은 사기와 용맹이라고 믿는 군대였다. 프랑스 육군에서는 유럽의 다른 군대들에 비

---

\* 오스트리아군은 신식 라이플총의 위력을 활용하고 싶어 안달이 난 나머지 사거리 한계점에서 발포를 했기 때문에 프랑스군에게 거의 피해를 입히지 못했다. 첫 번째 사격에 뒤이은 몇 차례의 일제사격은 조준 지시가 부적절하여 탄환이 대부분 프랑스 병사들 머리 위로 날아갔다. 그럼에도 불구하고 프랑스군은 솔페리노 전투와 마젠타 전투에서 큰 손실을 입었다. 두 전장을 몸소 시찰한 나폴레옹 3세는 그 후 전쟁을 즐기던 취향을 완전히 잃었다.

해 하사관이나 사병에서 장교로 승진하는 일이 훨씬 잦았다. 따라서 프랑스의 장교단은 현장 경험이 많은 강인한 직업군인의 면모를 지니고 있었는데, 이는 다른 나라의 귀족 출신 장교들에게는 부족하기 쉬운 자질이었다.[36] 한편 프랑스 육군의 병사들은 프랑스 사회의 하층계급 출신뿐이었다. 징병 추첨에서 '운 나쁜 제비'를 뽑은 사람은 다른 사람에게 돈을 주고 대신 병역에 내보내는 것이 허용되어 있었기 때문이다. 그럴 경우 가장 쉽게 찾을 수 있고 또 가장 적합한 대리인은 이미 병역을 마친 퇴역 군인들이었다. 그러므로 프랑스 육군은 징병제로 운영되었음에도 불구하고 장기복무 직업군인에 의존하는 군대가 되었다. 이런 병사들의 직업군인적 성향은 장교단의 성향과 어우러지면서 상승작용을 일으켰다.

미니에 라이플총이나 전장식 강선포—나폴레옹 3세는 개인적으로 이런 신무기에 관심이 많았다—를 갖추고 있었던 것으로 보아 프랑스 육군도 군수품 개선에 무관심하지는 않았다. 1859년 이탈리아에 군대를 파견할 때 새로 건설된 철도를 이용한 것을 보더라도 역시 그들이 기술적 모험을 마다하지 않았음을 알 수 있다. 그러나 알제리·멕시코·아시아에서 무장이 빈약한 상대와 싸웠던 경험과 나폴레옹식 전투의 빛나는 전통으로 인해, 프랑스 육군은 유럽의 군대들이 장비하기 시작한 신식 무기의 강화된 화력을 고려하지 않은 낡은 전술을 여전히 충실히 따르고 있었다. 그런데 바로 그 전술로 오스트리아군에 승리를 거두었고, (프랑스가 대표한다고 자처하는) 내셔널리즘과 자유주의와 진보를 고취하는 새로운 사상에 저항하려는 오스트리아의 정치적 의지에 타격을 입혔던 것이다.

나폴레옹 3세의 강력한 '진보적' 이데올로기, 뼛속까지 직업군인다운 군대, 혁신적인 군사기술, 이 세 가지의 조합은 실로 강력한 위력을 발휘했다. 이런 이유 때문에 1860년 프랑스는 스스로에게도, 외국 전문가들의 눈에도 유럽 대륙의 최강국으로 보였다.[37]

한편 오스트리아군은 이탈리아에서 패한 후 자신들도 프랑스식 보병전술을 도입하고 라이플 야포에 투자해야 한다는 결론을 내렸다. 실제로 1866년 쾨니히그레츠 전투에서 오스트리아 포병의 화력은 신식 야포 덕분에 프로이센보다 훨씬 강해졌다.* 그러나 오스트리아는 보병부대를 밀집대형의 종대로 적진에 돌격하도록 재훈련시키는 바람에 이 전투에서 패했다.

그 이유는 프로이센 육군이 기술혁신을 따라잡음에 있어 경쟁상대인 오스트리아나 프랑스와는 다른 길을 택했기 때문이다. 앞에서 이미 살펴보았듯이, 이들은 후장식 라이플총을 보병의 기본무기로 채택했다. 후장총의 가장 큰 장점은 병사가 주변의 지형지물 뒤에 몸을 숨기고 쪼그리거나 엎드린 자세로 총을 쏠 수 있다는 점이었다. 따라서 병사들은 탄환을 장전하기 위해 일어서야 하는 전장총을 사용할 때보다 적의 표적이 되는 일이 훨씬 줄어들었다. 후장총의 두 번째 장점은 발사속도가 현저하게 빨라졌다는 점이었다.†

그러나 드라이저의 후장식 라이플총에는 아직 몇 가지 결함이 있었기 때문에 다른 유럽 국가들의 육군은 프로이센의 육군과 장비를 의심스러운 눈으로 지켜보고 있었다. 드라이저총은 총미가 완전히 밀폐되지 않았으며 공이도 잘 부러졌다. 또 미니에 라이플총에 비해 사거리가 짧고 조준도 부정확했다. 이러한 기술적 결함 못지않게 병사에 대한 통제 및 전술적 이동과 관련된 문제도 있었다. 그것은 보병의 총을 총구로부터 장전하는 데 필요한 동작들을 중심으로 구성된 예전의 훈련 패턴에서 벗어날 때 발생할 수 있는 문제였다. 병사를 횡대로 정렬시키고 번호를 붙여

---

\* 오스트리아 육군은 신식 강선포 736문과 구식 활강포 58문을 보유하고 있었으며, 이에 비해 프로이센군은 강선포 492문과 활강포 306문을 가지고 있었다.[38]

† 드라이저의 '니들건'은 1분에 5~7발을 쏠 수 있었는데, 이는 미니에 라이플총에 비해 두 배 이상 빠른 속도였다. 이것은 '니들건'이 총미(銃尾)를 여닫기 위해 걸쇠장치를 채용했기 때문이다. 우선 걸쇠를 돌려서 총미를 열고 탄환과 약협(藥莢)을 하나로 결합한 실포를 밀어 넣은 후 총미를 닫고 볼트를 발사위치에 잠근다. 그러면 격침 역할을 하는 핀은 걸쇠의 움직임에 따라 자동적으로 앞쪽으로 끌어내려져 방아쇠에 걸린다.[39]

가며 장전·조준·발사를 반복 훈련시키는 것은 오라녜 공 마우리츠 이래로 유효성이 입증된 방법이었다. 그런데 병사들에게 후장식 라이플총을 줄 경우, 병사들이 흥분하거나 겁에 질려서 마구잡이로 발포를 하며 탄알을 낭비하는 일을 어떻게 막을 것인가? 또 적의 사격을 피해 일단 지면에 엎드린 병사를 다시 일으켜 세워서 전장 안을 이동하도록 할 방법이 있기는 할까?

이러한 지적은 프로이센 육군에 대해 더 잘 맞아떨어지는 것처럼 보였다. 프로이센 육군의 병사들은 단기 징집병이었으며, 예비군은(병사의 수를 불려 프로이센 육군의 규모를 다른 군사강국만큼 늘리기 위해 필요했는데) 군복만 걸친 민간인에 불과했다. 예비군 병사들의 훈련과 규율은 프랑스나 오스트리아나 러시아 육군처럼 장기복무자로 구성된 부대의 수준에 도저히 미치지 못했다.

더욱이 1840~1850년대에 프로이센 육군은 시민사회와의 관계가 매우 애매하고 불안정한 상태에 있었다. 장교단은 주로 엘베 강 동쪽 지역의 귀족 출신으로 이루어져 있었으며 정치적 성향은 반동적이었다. 그들은 베를린이나 함부르크 같은 도시와 라인란트를 기계에 의한 생산과 기술혁신의 중심으로 바꿔놓기 시작한 중산층 기업가들을 혐오하고 불신했다. 1848년의 혁명은 쓰라린 앙금을 남겼다. 처음에 군중이 베를린 시가지를 장악하자 육군 장교들은 굴욕감을 느끼며 분노했다. 또 당시 정부가 그 상황을 독일 통일의 기회로 활용하려 하지 않자, 국가통일을 일상의 모든 어려움과 실망에 대한 만병통치약으로 여기고 있던 정치개혁가들은 정부로부터 떨어져 나갔다. 그 후 프로이센의 장교들은 혁명의 재발을 두려워하여, 육군을 사회의 위계원리를 수호하는 효과적인 보루로 만들기 위해 애썼다. 그 질서야말로 그들이 살아가는 생활방식의 근거였으며, 위대한 프로이센 국가의 바탕이라고 생각되었다. 다른 한편으로 정치개혁가들은 프로이센 육군이 정치개혁파가 꿈꾸는 위대한 독일을 창조하는 것보다는 국내 혁명을 반대하는 데 더 관심을 갖는다고 확신했다.

하지만 1813~1814년의 해방전쟁에 대한 기억은 쌍방 모두에 영향을 미치고 있었다. 애국적인 독일인들은 자신들의 아버지나 할아버지가 어떻게 프로이센 국왕의 깃발 아래 국민군으로 결집하여 프랑스군과 싸웠는지 기억하고 있었다. 프로이센의 장교들 역시 프로이센이 국제전쟁에서 대국의 역할을 하려면 반드시 효율적인 민간인 예비군을 보유해야 한다는 것을 잘 알고 있었다.

1858년에 빌헬름 1세가 정신이 온전치 못한 형을 대신해 섭정을 하게 되면서 새로운 시대가 시작되었다. 이듬해인 1859년에 이탈리아가 통일을 이루자 독일 각지에서는 국민주의자들의 불만이 커졌다. 빌헬름 1세(1861~1888년 재위)는 여기에 부응하기 위해 육군의 예산을 증액하려 했지만, 의회에 모인 민선의원들은 증액안의 승인을 거부했다. 이 분쟁에서 국왕과 의회 양쪽 모두 17세기 이후 영국의 선례를 근거로 내세웠다. 당시의 상황이 스튜어트 왕조와 의회 간의 투쟁과 비슷하다고 생각했기 때문이다. 그러나 프로이센에서는 결말이 달랐다. 1862년, 빌헬름 1세가 오토 폰 비스마르크를 발탁했던 것이다. 비스마르크의 권력욕과 권력을 행사하는 수완, 정책을 실현하기 위해 언제라도 전쟁을 불사하겠다는 태세는 곧 모든 경쟁자를 멀찌감치 떨어뜨려 놓았다.

우선 비스마르크와 국왕은 육군 개혁 예산안을 집행하기 시작했고 언제나처럼 세금을 징수했다. 프로이센 의회의 정부지출 비준권은 1848년에 부여되었으며, 그해의 혁명동란을 수습하기 위한 합의의 일환으로 흠정헌법의 조문에도 포함되어 있었다. 그러나 어떤 국왕이 부여한 것이라면 다른 국왕이 거두어들일 수도 있다는 게 많은 프로이센인의 생각이었다. 또 복종의 습관이 너무 깊이 배어 있었으므로 비스마르크와 국왕에게 가장 거세게 반대하던 사람들도 국왕의 명령을 거부할 수 있다고는 생각하지 못했다.

육군 전체를 무장시킬 수 있을 만큼 니들건을 제조하고 알프레트 크루프로부터 강철 후장포 300문을 사들이는 고비용 정책과 더불어, 빌헬름 1세의 육군개혁의 핵심은 징병 가능한 연령층 가운데 더 많은 비율을 징집하여 육군의 규모를 확대하는 것이었다. 또한 그는 예비군의 실효전력을 향상시키기 위해, 실전에 투입될 예정인 부대는 정규군 장교의 지휘를 받게 했다.*

1864년 비스마르크에 의해 프로이센은 오스트리아와 동맹을 맺고 덴마크와의 전쟁을 시작하자 육군개혁은 더욱더 긴급한 사안이 되었다. 처음에는 덴마크군과의 싸움에서 오스트리아 부대가 프로이센군보다 좋은 성과를 거두었다. 그도 그럴 것이 프로이센군 병사들은 1815년 이래로 외국의 적과 전투를 벌인 적이 한 번도 없었다. 그러나 1865년 4월에 프로이센군은 뒤펠의 요새를 공략하는 데 성공했고(이 전쟁에서 가장 중요한 작전이었다), 독일 전역에 애국적 열광의 물결이 번져갔다. 마침내 덴마크측은 강화를 요청하고 승자에게 슐레스비히와 홀슈타인을 넘겨주었다. 이로써 비스마르크는 전리품을 어떻게 나눌 것이며 독일을 어떻게 재편할 것인지를 놓고 오스트리아에 싸움을 걸 기회를 얻게 되었다.

덴마크와의 전쟁에서 한 가지 중요한 측면은 이 전쟁으로 프로이센 참모본부와 참모총장 헬무트 폰 몰트케 장군이 전례 없이 높은 위세와 권위를 갖게 되었다는 점이다. 앞에서 이미 서술했듯이 참모본부는 1806년 프로이센 육군의 붕괴에 뒤이은 개혁의 일환으로 샤른호르스트가 창설한 기관이다. 그때부터 프로이센 육군에서는 참모장교에 대한 전문적인 훈련이 계속되었고, 군대 이동에 영향을 미치는 모든 요소를 면밀히

---

* 육군개혁에서 이 부분은 특히 프로이센 의회를 발끈하게 했다. 자유주의자들은 국왕의 진짜 목적이 예비군을 반동진영의 포로로 만들어 프로이센군이 안심하고 국내 혁명을 진압할 수 있도록 하려는 것일 뿐이라고 의심했다.[40]

계산하도록 훈련받은 소규모 작전입안자 집단이 만들어졌다. 이들은 다른 유럽 국가들의 군대는 거의 따라오지 못할 만큼 숙달된 기량을 유지하고 있었다. 그러나 프로이센 육군의 어떤 장군이 자신의 사령부에 소속된 참모장교의 조언을 어느 정도나 받아들여 행동하는지는 순전히 그들의 성향에 달려 있었으며 그때그때 달랐다. 수도 베를린에서는 참모총장의 입지가 약한 편이었다. 그는 육군장관에게 직접 보고할 권한조차 갖지 못했고 육군성 조직에 종속되어 있었다.

일체의 군사문제에 흥미가 많았던 빌헬름 1세는 섭정을 시작한 직후 몰트케를 참모총장에 임명했다. 덴마크와의 전쟁을 치르면서 신임 참모총장의 위세는 확고해졌다. 몰트케는 베를린에서 전쟁터로 호출되어 프리드리히 황태자 휘하의 선임 참모장교가 되었는데, 프리드리히 황태자가 뒤펠에서 프로이센군을 지휘하면서 매사에 몰트케의 조언을 따랐던 것이다. 이때부터 빌헬름 1세는 중요한 군사문제에 관해 조언을 해줄 고문단에 몰트케를 포함시켰다. 그리고 오스트리아와의 전쟁이 임박해오자, 빌헬름 1세는 이제까지처럼 군사령관들에게 전권을 맡기는 것이 아니라 프리드리히 대왕의 영광스러운 전통을 되살려 직접 군을 지휘하기로 결정했다. 직접 지휘한다고는 하나, 사실 그는 참모본부의 조언과 참모본부가 미리 입안한 작전에 따랐을 뿐이었다. 빌헬름 1세는 몰트케의 새로운 권한이 실효성을 기질 수 있도록 참모총장은 육군성을 비롯한 중간단계를 거치지 않고 전장에서 직접 명령을 내릴 수 있다는 포고를 내렸다. 이리하여 군사문제에 관한 한 빌헬름 1세의 주권자로서의 권한은 몰트케에게 일임되었다. 물론 중대한 결정에 관해서는 명령을 내리기 전에 국왕의 견해를 묻고 재가를 받아야 했다.

이렇게 중앙집권화된 지휘가 실효를 거둘 수 있는지 여부는 새로운 운송수단과 통신수단에 달려 있었다. 1840년대에 전자석을 이용한 전신(電信)이 개발되자 군대가 진군하면서 전선(電線)을 끌고 가기만 하면 멀리 떨어진 사령부와 접촉을 유지할 수 있게 되었다. 이를 통해 몰트케와 빌헬름 1세는 전략적인 대규모 부대 이동을 정확하게 통제할 수 있었다. 지시를 내릴 경우에도, 전신선이 닿는 범위 내에 있기만 하면 휘하의 사령부가 어디에 있든 즉시 전달할 수 있었다. 몇 마일이나 되는 전신선을 언제라도 사용할 수 있도록 유지하기란 분명 쉬운 일이 아니었고, 전기의 원리를 이해하는 사람이 거의 없던 당시에는 더욱 어려운 일이었다. 간간이 일어나는 통신두절이나 뜻하지 않게 전달이 지체되는 일을 피할 수는 없었다.* 그러나 이론상으로 그리고 실제로도 상당 정도는, 야전군의 전신 발달로 몰트케와 빌헬름 1세가 매일 또는 심지어 매 시간 프로이센군의 전략적 배치를 통제할 수 있었다.

참모본부에 크게 기여한 또 다른 문명의 이기는 철도였다. 대군을 전장으로 수송하는 데 철도가 이용된 일은 이전에도 있었다. 그러나 1866년에 몰트케와 그의 부하들이 보헤미아 침공을 위해 입안한 것처럼 상세한 진군계획이 수립된 것은 처음이었다. 각 부대의 이동계획이 사전에 면밀하게 수립되면서 속도와 수송량이 극대화되었다. 기관차 몇 대와 화차 몇 냥이 필요한지를 미리 정확하게 계산함으로써 철도의 수송능력을 최대한 활용할 수 있었던 것이다.†

그러나 1866년 프로이센의 군사작전은 그만큼 큰 위험을 안고 있었다. 어쨌든 결과는 프로이센의 승리였고, 뒤이은 강화조약에 따라 프로이센은 독일을 정치적으로 재편하기 시작했다. 비스마르크와 몰트케는

---

* 몰트케는 후방에서 지시를 너무 많이 내리면 현장의 지휘관들이 위축되어버릴 것을 우려하여 조심스럽게 관여하기만 했다.[41] 어쨌든 쾨니히그레츠 전투 직전에 프리드리히 황태자군과의 전신이 두절되는 바람에, 몰트케는 옛날처럼 기마 전령을 보내 황태자군을 전장으로 이끌어야 했다.[42]

† 이용 가능한 모든 수단을 최대한 체계적으로 사용하는 것이야말로 1880년대에 성공적으로 산업을 경영하는 비결이었다.[43] 19세기 후반에 각각 파괴와 생산이라는 문제에서 어떻게 경영기법을 적용할 것인지를 알아가고 있던 군의 참모장교들과 산업계 지도자들은 당시 서로 인식하고 있던 것 이상으로 공통점이 많았다. 이와 관련하여, 무언가를 생산하는 것은 다른 무언가를 파괴하는 것이기도 하다는 점은 주목할 만하다. 중공업에서 연료와 원료의 소비는 전쟁에서의 자원 소비와 세세한 부분까지 대응된다. 심지어 거기에 종사하는 노동력의 운명에서도 흥미로운 병행현상을 볼 수 있다.

빌헬름 1세와 함께 승리의 영광을 나누었다. 한편 오스트리아군은 자신의 패배를 프로이센군의 니들건과 오스트리아군 총사령관의 무능 탓으로 돌렸으나, 후자만큼은 공정한 평가가 아니었다.

이같이 신속하고 명쾌한 군사작전은 지지부진하게 장기간 계속된 미국 남북전쟁의 군사작전과 극명한 대조를 이루면서 유럽의(적어도 프로이센의) 군사적 기량이 우월함을 보여주는 믿을 만한 증거처럼 생각되었다. 그러나 돌이켜보면 1866년에 프로이센이 거둔 성공은 1859년에 프랑스가 얻은 성공과 마찬가지로, 오스트리아 정부로 하여금 한두 차례 패하고 나면 곧 강화를 맺게 만든 합스부르크가의 정치적 전통 때문이었다. 합스부르크가는 패배의 상처가 너무 커지기 전에 훗날을 기약하며 강화를 함으로써 나폴레옹이나 그 이전의 여러 경쟁상대와의 전쟁에서 살아남았던 것이다. 전쟁을 국왕들의 스포츠이자 직업군인의 소관사항으로 생각한다면 이런 운영방식이 최선이었다. 그러나 1848년 이후 오스트리아의 불운은 합스부르크가와 합스부르크식의 치국책이 구닥다리가 되어버렸다는 점이었다. 그런 방식으로는 좀더 인기 있는 정부라면 활용할 수 있었을 인간의 행동이나 열정의 깊은 원천을 이끌어낼 수가 없었다.

프로이센이 1866년에 독일을 재편함으로써 피어오르기 시작한 독일의 국민적 자부심이라든가 하나로 결속하여 대국을 만들어내겠다는 열망 따위는 확실히 합스부르크가의 정치관 속에서는 찾아볼 수 없었다. 그러나 비스마르크는 능수능란하게 국가와 국민 간의 제휴관계를 이끌어냈다. 그것은 바로 샤른호르스트와 그의 동료 개혁가들이 19세기 초에 구상했던 일이었다. 프로이센 국가의 틀 안에서 반동과 혁명을 결합시킨 비스마르크의 정치적 마술은 작전입안자로서 몰트케의 전문성 못지않게 프로이센의 승리에 결정적인 공헌을 했다.

사실은 프로이센군이 보헤미아로 진격해 들어가자 보급체계에 상당한 혼란이 일어났다. 철도의 식량 및 군수품 수송능력은 대단했지만, 철도가 끝나는 지점에서 전선까지는 일반 도로와 마차를 이용해야 했기 때문에 수송이 몹시 지체되었던 것이다. 몰트케가 최선을 다했음에도 불구하고 프로이센군의 진군로를 따라 큰 혼란이 일어났다. 결국 프로이센군은 군수품 수송대를 뒤에 남겨둔 채 식량과 말먹이의 심각한 부족을 감수하면서 병사와 말들을 최대한 빨리 전진시킴으로써 쾨니히그레츠에 집결할 수 있었다. 오스트리아군 역시 이동속도는 훨씬 느렸지만 프로이센군과 똑같은 어려움에 시달렸다. 그러나 만약 전쟁이 더 오래 지속되고 합스부르크가의 정부가 전투 초반에 패한 뒤 곧 평화협상에 나서지 않았더라면, 진군하던 프로이센군은 보급문제에 발목을 잡혔을 것이고 그들의 신속하고 극적인 승리에도 제동이 걸렸을 것이다.[44]

1870~1871년의 보불전쟁 때는 프로이센의 전쟁수행능력이 안고 있는 이런 한계가 처음 몇 주 동안은 드러나지 않았다. 그것은 이 전쟁이 처음부터 1866년의 전쟁 때보다 훨씬 눈부신 승리의 연속이었기 때문이다. 더구나 1870년에 프로이센군이 압도한 상대는 유럽 최강으로 인정받던 육군이었으며, 그들은 1866년 전쟁에서 프로이센이 거둔 승리를 보고 프로이센의 니들건보다 성능이 뛰어난 후장식 라이플총으로 재빨리 장비를 교체한 상태였다. 나폴레옹 3세는 직접 나서서 신식 라이플총의 생산을 독려했다. 이 신식 라이플총은 일찍이 1858년에 프랑스 육군의 한 중위가 개발한 설계를 기초로 제작되었는데, 설계자의 이름을 따서 샤스포총이라고 불렸다. 또 프랑스 육군은 일종의 기관총인 미트라외즈총에 큰 기대를 걸고 있었다. 그러나 1870년에 전쟁이 발발했을 때 이 비밀병기는 겨우 144정밖에 구비되어 있지 않았으며,[45] 프랑스군 병사들은 어떻게 하면 이 신무기를 가장 효과적으로 사용할 수 있는지도 전혀 교육받지 못한 상태였다. 사실 프랑스 육군의 지휘관들은 전술을 변경해야 한다는 생각은 전혀 하지 않고 있었다. 그래서 미트라외즈총은 야포의

일종으로 취급되었고 도무지 제 기능을 발휘하지 못했다. 1859년과 마찬가지로, 프랑스 육군의 지휘관들이 예상하는 가장 치열한 전투장면은 종대를 이룬 보병들의 총검공격이었다.

프랑스군은 보급과 배치 면에서 프로이센군에게 크게 뒤떨어져 있었고, 이 약점이 결국 돌이킬 수 없는 열세로 이어졌다. 이리하여 프로이센군의 치밀한 계획이 프랑스군의 사기를 꺾었고, 결국 시민병들은 유럽 최고의 직업군인들을 가볍게 제압하여 세상을 놀라게 했다. 몰트케를 포함해 모두가 프랑스군이 선제공격을 취하고 독일 본토에서 전투가 벌어질 것이라고 예상했지만, 실제로는 프로이센군이 프랑스로 진격해 들어갔고 프랑스군은 황급히 방어책을 강구해야 했다. 그런 와중에 나폴레옹 3세와 프랑스군의 한 부대가 모조리 스당에서 포위되어버렸다. 자신의 군대가 프로이센에게 무차별 포격을 받는 광경을 지켜본 황제는 항복했다. 전쟁이 시작되고 불과 6주가 지났을 때였다. 그로부터 8주 뒤에는 프랑스군의 주력군 역시 메스에서 포위당하여 항복했다.

이 놀랄 만한 승리를 가져온 중요한 요인 가운데 하나는 프로이센의 참모장교들이 과거 오스트리아와의 교전경험을 적극적으로 활용했다는 점이었다. 한 예로 1866년에는 프로이센의 야포 성능이 오스트리아군에 비해 현격하게 뒤떨어져 있었다. 성능 좋은 신형 포를 설계하고 제조하는 데는 시간이 걸렸으며, 1870년까지는 이 방면에서 거의 진척이 없었다. 그러나 프로이센군은 전투에서 야포 배치방식을 얼마든지 바꿀 수 있었고, 또 실제로 완전히 바꾸었다. 그 결과 공격을 위해 종대를 이루고 있던 프랑스군은 프로이센 포병대의 원거리 포격을 받고 흩어져버렸다. 말할 것도 없이 그런 밀집대형은 대포의 표적이 되기 쉬웠고, 반면에 프로이센 보병은 주로 산개(散開)대형을 취했기 때문에 프랑스군이 포격으로 타격하기가 어려웠다. 더구나 프로이센군 대포의 사거리가 프랑스군보다 길었기 때문에, 프랑스군 포병 진지에 큰 타격을 주면서도 프랑스군의 응사를 받지 않는 경우도 많이 있었다.

과거의 전투에서 미비했던 점을 찾아 개선해가는 프로이센군의 능력이야말로 빛나는 연전연승을 가져온 열쇠였을 것이다. 전쟁수행에 이성과 사고력을 사용하는 것은 19세기 유럽에서는 이미 새로운 일이 아니었다. 그러나 그 일이 자신의 개혁안을 지체 없이 실행에 옮길 권한을 가진 사람들에 의해 이렇게 조직적으로 이루어진 적은 거의 없었다. 1865년에 몰트케와 참모본부가 얻게 된 위세와 1866년에 빌헬름 1세가 참모총장에게 부여한 권위 덕분에, 프로이센 육군은 과거의 전쟁경험에서 얻은 교훈을 다른 유럽 국가의 군대보다 훨씬 더 신속하고 합리적이고 철저하게 적용할 수 있었다.

이런 논점을 뒷받침해줄 또 다른 예를 들어보자. 프로이센의 참모장교들은 보병의 화기를 후장식 라이플총인 니들건으로 교체한 뒤, 무기를 바꾸었으니 훈련도 바꾸어야 한다는 것을 알았다. 훈련을 바꾸려면 전장에서 실제로 부대를 지휘하는 하사관과 하급장교들을 재훈련시켜야 했다. 이것은 엄청난 일이었다. 우선 새로운 전술을 가르치는 6개월간의 특별 훈련과정이 개설되었다. 각 연대는 지정된 수의 하사관과 하급장교를 이 학교에 보내야 했다. 과정을 수료한 하사관과 장교들에게는 그동안 배운 것을 소속 연대로 돌아가 동료들에게 가르치는 임무가 주어졌다. 그 결과는 참으로 놀라웠다. 다른 나라 육군들이 극복하기 어렵다고 생각했던 두 가지 문제, 즉 병사가 각자 엄폐물 뒤에 숨어서 웅크리거나 엎드린 자세로 사격을 할 경우 마구잡이 발포로 탄알이 낭비되는 것을 어떻게 막을 것이며, 또 적의 사격이 빗발치는 가운데 어떻게 전술적 기동성을 유지할 것인가 하는 문제가 거뜬히 극복되었던 것이다. 이처럼 철저한 합리성이 지휘계통의 최하층까지 확산되었던 것은 몰트케와 비스마르크와 빌헬름 1세가 전신과 철도의 도움으로 최상층에서 전략적 통제를 행사했던 것만큼이나 프로이센의 성공을 이끌어낸 중요한 요소였다.

그러나 사전계획과 합리적인 관리를 통해 달성할 수 있는 것에도 한계는 있었다. 이것은 프로이센이 스당과 메스에서 승리를 거둔 후 상황이 어떻게 전개되었는지를 보면 잘 알 수 있다. 프랑스의 저항은 끝나지 않았다. 나폴레옹 3세의 항복소식이 파리에 전해지자마자 수립된 혁명정부는 1793년의 정신을 다시 불러일으키려 했으며, 침략 독일군이 길게 늘어뜨린 통신선에 게릴라 공격을 가하여 독일병사들의 안전을 위협했다. 그러나 파리의 포위전은 결국 1871년 1월 파리가 독일군에 항복하는 것으로 끝이 났다. 베르사유 궁전 거울의 방에서 독일 제2제국의 수립이 공식적으로 선포된 지 열흘 뒤의 일이었다. 5월에는 강화조약이 체결되어 알자스와 로렌의 대부분이 신생 독일제국에 넘어갔다. 그러나 이에 앞서, 수도에서 일어났던 폭력혁명이 새로 선출된 프랑스 정부와 파리 코뮌 사이의 짧지만 피비린내 나는 내전으로 이어졌다. 프랑스 제3공화정으로서는 이보다 더 불운한 시작은 상상할 수도 없었을 것이다.[46]

1871년까지 프로이센은 강국을 상대로 한 전쟁에서 속전속결로 승리를 거두는 방법을 두 차례나 보여주었다. 오스트리아를 물리치는 데는 3주, 나폴레옹 3세를 사로잡기까지는 6주밖에 걸리지 않았다. 그러니 누구라도 미국 남북전쟁의 질질 끄는 난전(亂戰)이나 1년이나 지속된 세바스토폴의 지루한 교착상태보다는 프로이센식의 전쟁을 높이 평가하지 않을 수 없었다. 프로이센의 군사적 위세는 당연히 하늘을 찌를 듯했다. 그때까지 유럽 열강에 들지도 못하던 프로이센, 신생 독일의 지배자는 군사에 관한 한 전세계의 선구자가 되었다.

대량동원은 분명 몰트케가 거둔 성공의 기반이었다. 몰트케는 적이 미처 준비되기 전에 프로이센 육군을 움직이게 함으로써 승리를 거두었다. 그런 속도와 물량과 추진력은 부대와 장비를 집결시키고 전개시키는 데 철도를 얼마나 능숙하게 사용할 수 있느냐에 달려 있었다. 충분한 병력을 확보하기 위해서는 징병제가 근간이 되고 전시에는 예비군에 의해 보강되는 군대가 필요했다. 징병제에 의한 군대는 아주 적은 봉급만 주고도 유지될 수 있기 때문에, 유럽의 정부들이 이 새로운 스타일의 전쟁에서 치러질 최초의 결정적 전투에 충분한 병력을 내보낼 수 있는 유일한 방안이기도 했다. 또한 기계를 이용한 소화기의 대량생산은 엄청난 시민군 전원을 무장시키는 데 드는 비용을 정부가 감당할 수 있는 수준으로 낮춰주었다. 유럽 대륙의 모든 육군은 이후 몇 십 년 동안 프로이센 육군을 모방했다. 그렇지 않은 것은 영국 육군뿐이었다.

이렇게 1870년대 이래 유럽에서 정의된 전쟁의 기술은 나폴레옹식의 전쟁 관념에도 또 그보다 더 오래된 기사적인 관념에도 잘 들어맞았다. 몇 주 내지 몇 달 동안 소환되어 병역에 복무하는 예비군들은 평범한 일상에서 벗어나 위험을 무릅쓰고 고난을 겪으며 개인적 무용을 시험하는 것을 매우 신나는 경험으로 여겼다. 또한 그들이 승리를 거두면, 학교에서 모든 아이들이 애국적이고 열성적인 교사로부터 배우게 될 영광스러운 국사(國史)의 한 페이지를 직접 장식하게 되는 것이었다. 돌이켜보면 1866년과 1870~1871년의 두 차례 전쟁은 거기에 참전했던 대부분의 프로이센인에게 '신선하고 즐거운' 체험이었다. 그 결과 특히 독일에서는 그 뒤 몇 세대 동안 전쟁이라는 말에서 나쁜 의미가 거의 탈색되어버렸다.

1866년과 1870~1871년에 프로이센이 거둔 승리로 인해 통일독일과 그외 유럽 열강의 육군장교들은 사회 속에서 양면적인 역할을 하게 되었다. 그들은 농촌지역 귀족들의 정신적 후계자이자 때로는 혈연적 후예로서 한편으로는 자신의 땅을 경작하는 노동자들에게 명령을 내리는 데 익숙한 사람들이었다. 그러나 이 군복 입은 지주들에게는 전쟁에서 이기기 위해 최신의 공업기계도 필요했다. 이 상반되는 두 요소는 약 40년 동안 행복한 공생관계를 이루었다. 중유럽과 동유럽에서(어느 정도는 프랑스에서도), 군대의 명령계통은 사회적 상위자에게 무조건 복종하는 인간의 행동양식을 보존하는 역할을 했다. 그러나 그런 행동양식은 시장을 매개로 한 사회관계가 점점 늘어남에 따라 빠르게 소멸해가고 있었다. 그것은 어떤 직업을 갖고 무엇을 살 것인지를 선택할 수 있는 자유가 사회계층의 하층부로, 대도시에서 소도시로, 소도시에서 마을로, 마침내 유럽 전역으로 점차 확산되어가는 가운데 벌어진 일이었다. 심지어 러시아에서조차 1861년에 농노제가 폐지되었다.

그리하여 각국의 육군은 일종의 고색창연한 색채를 띤 기관이 되었다. 특히 선도적 역할을 하던 프로이센 육군의 경우가 그러했다. 이는 프로이센 장교단이 동부 독일의 융커(지주계층)의 성향을 이어받고 있었기 때문이다. 독일의 대부분 지역이 귀족과 농민의 양극단으로 이루어진 단순한 농촌사회의 패턴을 벗어난 뒤에도 동부 독일의 융커들 사이에서는 예전의 영주와 농노 관계의 잔재가 오랫동안 남아 있었던 것이다. 그러나 유럽의 육군, 특히 독일 육군의 탁월한 전력은 이 구시대적 성격 덕분에 가능한 것이기도 했다. 육군에 징집된 개인들은 민간인 사회에서 알고 있던 것보다 훨씬 단순한 사회를 경험하게 되었다. 병사들은 거의 모든 개인적 책임에서 벗어나 있었다. 의례와 반복적인 일과를 따르기만 하면 대부분의 일이 해결되었다. 간간이 일상을 중단시키는 명령이 내려지기도 하지만, 그 명령에 대해서도 그저 복종하고 새로운 방향의 활동을 시작하기만 하면 되었기 때문에 병사들은 스스로 의사결정을 내릴 때 따르게 마련인 불안에서 해방되었다. 반면 도시사회에서는 그런 불안이 계속 커지고 있었다. 도시에서는 경쟁관계에 있는 지도자나 충성의 대상들, 그리고 길건 짧건 간에 자기 시간을 어떻게 사용할 것인가에 관한 여러 선택지가 끊임없이 그의 관심을 끌기 위해 경쟁하고 있었기 때문이다. 역설적으로 들릴지 모르지만, 자유로부터의 도피는 종종 진정한 해방감을 가져다주었으며, 급변하는 조건들 속에서 살고 있는, 아직 충분히 어른의 역할을 이어받을 만큼 성숙하지 않은 젊은이들에게는 특히 그러했다.

19세기 중반 무렵부터 대다수 유럽 국가의 육군에는 부르주아 출신이면서도 귀족의 예절을 흉내 내는 장교들과 젊은 징집병으로 이루어진 병사들이 공존했다. 이 병사들은 도시화하는 사회에서 살아가는 데 따르는 여러 가지 딜레마를 풀어줄 매력적인 해결책을 명령에 대한 복종 속에서 발견했다. 무언가를 끊임없이 선택해야 하는 성가신 상황으로부터의 도피는 밀집대형의 훈련이 만들어내는 수렵집단적 사회성에 대한 격세유전적 공명현상과 겹치면서 점차 강화되었고, 1870년 이래 유럽 대륙의 육군에 독자적인 성격을 부여했다. 그것은 독일 육군이 아직 직업군인 장교가 지휘하는 시민병의 위력을 보여주지 않았던 시대에 주역을 맡았던 장기 복무병들의 심성과는 판이하게 달랐다.*

이러한 성향은 나날이 변화하면서 기계적인 복잡함을 더해가는 산업사회와는 맞지 않았다. 군대생활이 반복적 일과의 단순함을 유지하기 위해서는 무기의 표준화와 의례화된 훈련이 필요했다. 1864~1871년에 프로이센군이 혁혁한 성과를 거두게 했던 참모본부의 기량마저도 대프랑스 전쟁에서 승리한 후에는 기술적 경직성을 보이기 시작했다. 다른 유럽 국가들의 육군도 기술변화에 저항한다는 점에서는 독일 육군과 마찬가지였고 영국 육군의 경우는 오히려 더 심했다. 민간의 무기제조업체들이 세계 각국의 육군에게 중포나 기관총을 팔려고 안간힘을 썼지만 군의 반응은 미온적이고 시큰둥했다. 말이 끌 수 없을 만큼 무거운 대포를

---

* 제1차 세계대전 이전에 유럽 각국의 육군들이 보였던 사회심리학적 양상에 관해 설득력 있는 분석을 제시한 글은 아직 발견하지 못했다. 여기서 내가 서술한 것은 주로 제2차 세계대전 때 미국 육군에서 겪은 나의 개인적 체험에서 나온 것이다. 물론 미국 육군에는 귀족적 장교단은 존재하지 않았다.[47] 독일에서도 영국에서도 육군은 지역적 기반을 가진 연대를 단위로 조직되어 있었기 때문에 각 연대의 단체정신은 시민사회 속에서 매우 중요한 역할을 했다. 징집병과 지원병들은 군복무를 하는 동안 평생의 친구가 되기도 했으며 제대 후에도 연대의 동기회를 통해 친분을 유지했다. 군대생활에서 길러진 동료의식은 이런 식으로 연장되어, 지역 남성사회의 성격에 영향을 미쳤고 때로는 그 성격을 결정하기도 했다. 특히 그렇게 많은 구성원을 그토록 강하게 결합시키는 사회관계가 달리 존재하지 않았던 농촌지역에서는 그 정도가 더 심했다. 나는 마이클 하워드 교수와의 서신 교환을 통해 이런 생각을 갖게 되었다.

어디에 쓸 것이며 분당 수백 발의 탄환을 토해내는 기관총을 가지고 어떻게 탄약을 절약할 수 있겠는가? 무엇보다도 보불전쟁을 통해 새삼 입증되었듯이 철도가 끝나는 지점 이후의 수송체계는 지금의 장비를 운반하기에도 역부족이었다. 따라서 거기에 더 큰 부담을 주는 것은 어리석은 일이었으며, 내키지 않아 하는 장교나 정부 관리에게 값비싼 신무기를 팔아먹으려는 무기상인의 농간을 단호하게 거부하는 것은 정당해 보였다.

모든 유럽 국가에서 민간 무기제조업체와 그 고객인 군 당국은 대개 마음속으로 서로를 혐오했다. 그렇지만 1870년 이후 양자는 서로를 필요로 했다. 조병창에는 강철대포를 생산할 설비가 없었으며, 그런 설비를 도입하는 데 드는 비용은 정치적으로 용납하기 힘들었다. 따라서 기술적으로 가장 뛰어난 국영 조병창을 가진 나라에서도 강철로 만들어지는 무기만큼은 민간 제조업체에서 구매해야 했다. 1870년에 프랑스 육군은 조병창에서 제작된 청동포에 의존한 대가를 톡톡히 치렀다. 또 영국에서도 울리치 조병창에서 생산된 거대한 전장포의 성능은 크루프나 암스트롱에게서 살 수 있는 후장포 모델에 비해 결정적으로 뒤떨어져 있었다. 1880년대가 되자 이 기술 격차는 더욱 명백해졌다. 그래서 영국 해군이 1886년에 마침내 조달국의 감독에서 벗어났을 때, 조달 담당 장교들은 민간 무기제조업체와 그때까지 유럽 국가들의 육해군으로서는 상상도 할 수 없었을 만큼 밀접한 제휴관계를 맺었던 것이다. 영국 해군의 이 조달정책의 혁신은 한층 더 강화된 군사·산업 간 상호 의존관계의 패턴을 가져왔는데, 이것을 탐구하기 전에 유럽식 전쟁기술이 1880년 무렵까지의 진보한 단계에서 전세계에 어떤 영향을 미쳤는지에 대해 잠깐 살펴보자.

## 전지구적인 영향

　　1840~1880년 시기의 유럽 대륙으로부터 동시대 아시아와 아프리카의 여러 국가와 민족이 겪은 군사 관련 경험으로 눈을 돌리면, 단박에 놀랄 만큼 차이가 있음을 알게 된다. 이 당시 유럽 대륙에서는 단기간 현역병으로 복무하고 예비군으로 일정기간 복무하는 징병제를 바탕으로 군대의 규모가 점점 더 커지는 경우가 대부분이었다. 그러나 이런 군대는 수출할 수 있는 것이 아니었다. 아시아나 아프리카의 통치자들은 징병제를 기초로 한 대규모 육군을 만들어낼 수 없었다. 그들에게는 대규모 육군을 구성하는 데 필요한 행정관료기구는 말할 것도 없고 장교단이나 무기 공급원조차 없었고, 기회가 생기더라도 통치자를 공격하지 않을 것이라고 믿을 수 있는 시민들마저 없는 경우가 많았다. 일본만은 유럽식 징병제 군대를 창설할 수 있었는데, 그마저도 거센 반발로 인해 1877년에 짧지만 치열한 내전을 치르고 나서야 가능했다.

　반대로 유럽 국가들의 정부도 단기 징집병을 해외근무에 동원하기란 쉽지 않았다. 그들을 작전지까지 데려갔다가 돌아오기만 해도 법정 복무기간이 거의 다 끝나버릴 것이기 때문이었다. 유럽 국가들이 먼 곳에서 작전을 펼치려면 장기복무병 부대가 필요했다. 영국은 그런 군대를 인도에서 1747년까지 보유하고 있었고, 사실상 19세기에 영국 육군이 참전했던 전투는 대부분 이 인도군 부대에 의한 것이었다.*[48)] 이 시대에 식민지를 가지고 있던 또 다른 강국으로 프랑스와 러시아가 있었다. 그러나 두 나라 모두 영국의 인도군과 같은 독특한 조직은 보유하고 있지 않았다. 단, 프랑스의 경우는 1889년에 징병에 의한 단기복무군대로 전환

---

\* 영국 육군의 1870~1874년의 카드웰 개혁은 그때까지 지배적이었던 장기복무병을 중심으로 한 구체제 군대와, 프로이센군이 대승을 거둔 후 유럽 육군의 필수조건이 되었던 징병제와 예비군을 결합한 군대의 중간형태에 해당하는 것이었다.

한 뒤에도 저 유명한 외인부대를 비롯해서 의용군을 아프리카 및 아시아의 식민지에서 계속 유지하고 있었다.

세계사의 놀라운 사실 가운데 하나는 19세기에는 최신 유럽식 장비로 무장하기만 하면 아무리 소규모의 부대일지라도 아프리카나 아시아 국가를 가볍게 이길 수 있었다는 사실이다. 증기선과 철도가 동물이 끄는 수송대를 보완함에 따라 지형이나 거리 같은 자연적 장벽은 점차 사소한 문제가 되었다. 그러므로 유럽의 육해군은 이전에는 도저히 진출할 수 없었던 먼 곳에서도 군사적 자원을 마음대로 활용할 수 있게 되었다. 이렇게 되자 전쟁을 치를 현지인 조직과 유럽인 조직 사이의 극단적인 차이가 세계 곳곳에서 차례차례 드러나게 되었다.

다른 대륙 민족들에 대한 유럽인의 군사적 우월성이 19세기에 더 커졌다는 사실을 보여주는 가장 중요한 사건이 1839~1842년 중국의 연해지역에서 벌어진 아편전쟁이었다. 소규모 영국군 부대가 당시 중화제국이 동원할 수 있었던 군사력을 제압해버린 것이다. 빅토리아 여왕의 오랜 치세(1837~1901) 동안 영국군은 이와 같은 전쟁을 치르느라 거의 언제나 교전상태에 있었다. 그 중에는 영국 공민은 거의 알지도 못하고 넘어간 전쟁도 있었다.[*] 이에 따라 영국 제국의 영역은 공식·비공식적으로 크게 확대되었는데, 좀더 산발적이기는 했지만 프랑스와 러시아가 아프리카와 아시아에서 수행한 군사행동도 그에 못지않았다.

이 세 제국주의 열강이 각기 제국의 변경부에서 행한 군사행동에는 거의 비용이 들지 않았다. 예를 들어 중국과 일본에 치명타를 가한 아편전쟁은 1839년 11월부터 1842년 8월까지 지속되었는데, 다음 표(단위는 100만 파운드)에서 볼 수 있듯이 1841년에 영국의 군사예산은 전쟁 전보다 오히려 축소되었다.[50]

---

[*] 빅토리아 여왕의 치세에 영국은 72건 이상, 즉 1년에 한 건 이상의 전쟁을 치렀다.[49]

|  | 육군과 조달국 | 해군 | 합계 |
| --- | --- | --- | --- |
| 1838 | 8.0 | 4.8 | 12.8 |
| 1839 | 8.2 | 4.4 | 12.6 |
| 1840 | 8.5 | 5.3 | 13.8 |
| 1841 | 8.5 | 3.9 | 12.3 |
| 1842 | 8.2 | 6.2 | 14.4 |
| 1843 | 8.2 | 6.2 | 14.4 |

요컨대 전장에서 싸우고 있을 때나 주둔지에 가만히 머물러 있을 때나 육해군 부대에 드는 비용에는 별반 차이가 없었다. 봉급은 변함이 없었고, 소규모 분견대만 작전에 투입되었으므로 보급품에 드는 비용도 크게 늘지 않았다. 탄약 소비에도 큰 차이가 없었다. 원래 화약은 그다지 오래 보존할 수 있는 물품이 아니었고, 따라서 실전에서 사용하지 않더라도 몇 년이 지나면 폐기해야 했기 때문이다. 소수의 유럽인이 목숨을 잃었으나, 인구가 급속히 증가하고 시민사회에서 영웅적 행위를 할 기회가 극히 드문 시대였던 만큼 그것은 별로 큰 문제가 아니었다. 그리하여 유럽측이 전략적 목적의 통신과 수송을 거의 독점하고 있었다는 것, 그리고 무기가 빠르게 진보하고 있어서 현지인 전사들이 입수할 수 있는 무기보다 언제나 훨씬 발전된 모델을 사용할 수 있었다는 점에 힘입어, 1840년대 이래 제국의 팽창비용은 이전의 어느 때보다도 큰 폭으로 낮아졌다. 그 비용이 너무나 낮았기 때문에, 영국은 '잠시 멍하니 있는 사이에' 대영제국을 얻었다고 하는 유명한 말도 분명 희화적 과장이기는 하나 결코 틀린 말은 아니었다.[51]

그러나 유럽인의 힘이 미치는 범위에는 실질적인 한계가 있었다. 미국의 먼로주의와 잠재적인 군사력(그것이 실제로 드러난 것은 남북전쟁과 그 직후의 짧은 기간뿐이었지만) 때문에 유럽 열강은 신대륙에서 군사적 모험에 나설 수 없었던 것이다. 1867년에 프랑스가 멕시코에서 철수한 것, 그리고 영국이 앨라배마호 배상문제(1872)나 베네수엘라 국경분쟁(1895~

1899), 알래스카 국경분쟁(1903) 등에서 미국의 이익을 존중했던 것은 이 기본적인 사실을 잘 말해준다. 미국은 굳이 유럽 국가들과 같은 규모의 육해군을 유지하지 않더라도 카리브 해와 라틴아메리카에서 유럽의 제국적 팽창을 저지할 수 있었다. 이와 마찬가지로 일본 역시 유럽식의 육해군을 조직한 후 곧 유럽 열강이 넘볼 수 없는 자신의 세력권을 구축했다. 그러나 19세기가 끝날 때까지는 이런 사실이 명백하게 드러나지 않았으므로 일본은 1904~1905년의 러일전쟁에서 실력을 증명해 보여야 했다. 그러자 비로소 유럽의 군사적 우위에 한계를 긋는 두 번째 변수가 전세계에 알려지게 되었다.

어떤 의미에서는 러시아도 크림 전쟁 이후 자신들의 광대한 영역 안에 틀어박힌 채 서유럽의 산업적·군사적 우위가 침투할 수 없는 또 다른 세계를 만들어냈다. 사실상 서구에 대한 군사적 패배는 중앙아시아에서 거둔 성공으로 상쇄되었다. 러시아의 원정군은 이슬람교를 신봉하는 부족 및 국가들을 손쉽게 정복했다. 차르의 병사들은 이런 군사작전에서 옛날식의 영웅적 행위를 연출할 무대를 발견했다. 같은 시기 아프리카와 인도차이나의 프랑스 식민지 주둔군도 마찬가지였다. 이런 종류의 승리는 두 나라 육군으로 하여금 자신들이 독일 육군의 조직과 계획을 따라잡는데 실패했다는 사실을 모르는 척할 수 있게 해주었다.

그럼에도 불구하고 러시아 육군은 크림 전쟁의 굴욕을 잊을 수 없었다. 러시아는 다른 곳도 아닌 자기 나라 땅에서 러시아 육군이 영불 파견군에게 패하게 된 후진성을 극복하기 위해 노력했지만, 그런 노력도 육군의 기반이었던 농민사회를 변화시키거나 일찍이 1815~1853년에 러시아가 누린 군사적 우위를 회복시키지 못한 채 러시아의 사회조직망에 고통스러운 분열만을 남겼다. 그러나 러시아의 국력은 여전히 강대했고, 러시아 정부의 정책은 차르의 육해군을 최강의 최신무기로 무장시키는 데 큰 힘을 기울였고 심지어 외국의 크루프나 암스트롱에게서 신무기를

구입하기까지 했다. 실제로 러시아는 1860년대 이래 줄곧 이 두 기업의 최우수 고객으로 꼽혔다.[52]

러시아에서는 국가에 대한 강제적인 봉사의무가 귀족에 대해서는 18세기에, 농민에 대해서는 1861년에 폐지되었지만, 그 후에도 과거 명령구조의 강력한 잔재가 여전히 뚜렷이 남아 있었다. 일본사회 역시 사회구성원간의 '봉건적' 관계의 잔재가 20세기까지 강하게 남아 있었다. 러시아와 일본 사회의 이러한 측면은 19세기에 영국과 프랑스에서 광범위하게 확산되었던, 시장에 의해 규제되는 자유주의적·개인주의적 행동양식과는 완전히 동떨어진 것이었다. 그러나 제2차 세계대전 이후까지도 러시아나 일본의 이런 과거의 유산은 강점이 아니라 조만간 썩어 없어질 족쇄로 생각되었다. 영국과 프랑스가 이룩한 성공과 그들의 대단한 자신감으로 인해 영불식 자유주의는 실제로 다른 유럽 국가들과 전세계에 너무나 매력적으로 보였다. 이 같은 매력은 1873년에 시작된 경제불황 때문에 국가가 경제문제에 더욱 적극적으로 개입하게 되기 전까지 지속되었다.

18세기 후반 영국과 프랑스는 이미 경작 가능한 모든 토지가 경작되고 있던 농촌사회에서 인구가 급증하면서 초래된 문제들을 저마다 어떻게든 해결할 수 있었다. 프랑스는 출생률을 낮추어 새로운 상공업 활동이 지속적으로 발달함에 따라 경제적 기회가 늘어가는 속도에 인구증가율을 맞추는 방식을 택했다. 이와 반대로 영국은 19세기 말까지 높은 출생률을 유지했지만, 1850년대부터는 국내에서 적절한 일자리를 찾을 수 없는 사람들을 해외로 내보내 정착시키는 이민정책을 채택했다.* 독일과

---

* 해외이민은 영국을 비롯한 유럽의 인구를 줄이는 안전 밸브 구실을 했다. 이는 문명사회의 각종 질병이 오스트레일리아나 남아프리카, 남북 아메리카 등지의 토착인구를 격감시킴으로써 지구상의 이 광대하고 비옥한 지역들을 거의 무인지경으로 만들어버림에 따라 더욱 촉진되었다. 아주 작은 규모의 군사력만으로도 이 반쯤 비어 있는 땅을 식민하고 개발할 수 있었기 때문이다. 반면 러시아가 중앙아시아로 확장해 나갈 때는 무력에 의존하는 일이 더 많았는데, 이는 중앙아시아 사람들이 이미 문명사회의 질병에 익숙해져 있었기 때문이다. 아프리카든 중동이든, 그 밖의 이슬람 국가들의 경우에도 이 점은 마찬가지였다.[53]

오스트리아에서도 인구증가에 대한 영국식 해결책(급속한 산업화와 그것을 보완하는 해외이민)은 대체로 효과가 있었다. 그리고 1880년대에는 동유럽도 농촌의 인구과잉에 같은 방식으로 대처하기 시작했다.[54]

그러므로 서유럽에 관한 한, 한 세기 전에 구체제를 구성하는 각종 제도나 각국의 정권에 커다란 교란요인으로 작용했던 인구증가가 마침내 1850년경에는 만족할 만한 정도로 통제되고 있었다. 프랑스 혁명전쟁과 영국 산업혁명 초기의 폭풍 같은 경과는 점차 과거의 일이 되어갔다. 그 후 20년 동안 국내외의 평화, 경제적 번영, 자유무역, 사유재산과 같은 자유주의 이념들은 전무후무할 만큼 큰 호소력을 갖게 되었다.

100년도 더 지난 오늘날의 눈으로 보자면, 19세기의 자유주의자들에게서 자민족중심적인 세계관이라든가 협소한 공감대 같은 결함을 찾아내기는 쉽다. 영국에서든 프랑스·독일·미국에서든 그것은 마찬가지였다. 그러나 1870년대 이후 사회변화의 조류는 인간행동의 집단적 형식 쪽으로 방향이 바뀌었으며, 인간의 모든 활동에서 명령원리가 다시 우위를 차지하게 되었다. 그럼에도 불구하고 1840~1880년에 걸쳐 영국과 프랑스가 잠시 행사했던 세계지배의 정말 특별한 성격을 강조하는 것은 여전히 타당한 일로 보인다. 기계로 제조된 값싼 물품, 기계를 기초로 한 저비용의 군사적 우위는 둘 다 해외로 수출될 수 있었고 실제로 수출되었다. 그리하여 세계는 과거 그 어느 때보다 더 무수한 상호작용을 주고받는 단일한 전체로 통합되었다. 물론 미국과 러시아의 관세장벽이나 수송을 가로막는 아프리카·아시아 대륙 내륙부의 자연적 장벽 등이 경제관계의 세계화를 어느 정도 방해하긴 했지만, 세계시장은 기존의 모든 정치적 경계를 뛰어넘었다.

또한 1870년대까지 여러 대륙에 걸쳐 달성된 인간 경제활동의 통합은 세계사에서 그보다 900년쯤 전에 일어났던 송대 중국의 상업적 통합에 필적하는 이정표가 되었다. 이미 2장에서 서술했듯이, 11세기 중국이 이룩한 성과는 시장지향적 사회관계를 전세계적으로 고양시키기 시작하는 중심적 역할을 했을 것이며, 그때 시작된 과정은 19세기에 이룩된 전세계적 무역 패턴에서 절정을 맞았던 것이다. 송조 지배하에서 중국의 각 지역이 상업화되자 더 많은 사람들이 생존할 수 있었고 그때까지의 한계를 크게 뛰어 넘어 생산성을 향상시킬 수 있게 되었다. 이와 마찬가지로 19세기의 시장에 의해 규제되는 인간활동의 전세계적 통합은 인류의 생산성을 크게 향상시킴으로써 급속하게 증가하는 인구가 지구상에서 생계를 유지할 수 있도록 했다. 그 이후 복지와 전쟁이라는 두 가지 과제가 세계시장 시스템에 재화와 용역의 자유로운 흐름을 가로막는 온갖 장애를 가져오기도 했지만, 1세기가 더 지난 지금도 우리는 여전히 이 경이적인 성과의 상속인으로 살아가고 있다.

## 8장
### 군사 혁신 간 상호작용의 강화, 1884~1914년

프로이센의 후장식 라이플총 채택, 증기기관을 활용하여 영국의 해군력 우위를 뒤집으려 했던 프랑스의 노력, 그리고 철도와 반자동화된 대량생산이 기존의 군사 시스템을 변용하기 시작했던 1840년대를 전쟁이 산업화된 기점으로 잡을 수 있다면, 군사 부문과 산업 부문 사이의 상호작용이 강화된 시점은 1884년 영국에서 프랑스 해군에 의한 영국 침공 우려가 확산된 때라고 할 수 있다. 이 사건의 주역은 W. T. 스테드라는 영리한 언론인과 존 아버스넛 피셔 대령이라는 야심만만한 해군 장교였다. 물론 그들 외에 막후에서 영국의 여론을 조작한 사람들도 있었다.

## 영국의 전략적 우위의 붕괴

스테드와 피셔가 성공을 거둔 배경에는 1870년대 이래 영국의 전략적 안전보장이 점차 조직적으로 침식되고 있었다는 기본적 사실이 존재한다. 그것은 산업기술이 영국에서 다른 나라로 전파되었기 때문이다. 이 기술 이전의 과정은 1850년 무렵부터 본격화하여, 독일과 미국이 생산규모와 기술수준에서 영국을 급속히 따라잡았고 몇몇 부문에서는 앞서가기 시작했다. 범위를 좁혀 해군장비만 보더라도, 첨단기술이 다른 나라 해군에 유출됨에 따라 영국의 우위는 위태로워졌다. 영국에 본사를 둔 민간 조선소나 군수품 제조업체가 이 과정에서 큰 역할을 했다. 1864년의 결정으로 울리치 조병창이 영국 육해군을 위한 대포 생산을 독점하게 되자, 암스트롱사를 비롯한 영국의 회사들은 살아남기 위해 해외 판로에 의존할 수밖에 없었기 때문이다. 그러나 1882년에 암스트롱사가 칠레 해군을 위해 기존의 모든 전함과 순양함을 능가하는 속력에다 어떤 표적이라도 압도할 수 있는 화력을 갖춘 순양함 한 척을 건조하면서부터, 암스트롱사를 비롯한 민간기업의 높은 기술수준과, 또 구매력만 있다면 고객을 가리지 않는 영업자세는 영국의 해상 안보를 위협하기 시작했다.*

영국이 대서양 건너편에서 사오는 수입식량에 대한 의존도를 높여가던 때였으니만큼 고속 순양함은 특히 위협적으로 느껴졌다. 수송비가 낮아짐에 따라 1870년대 중반부터 밀 등의 식량을 머나먼 북아메리카의 평원(아르헨티나나 오스트레일리아에서도)에서 리버풀이나 런던으로 운반해 올 수 있었다. 영국의 농장주들은 경쟁이 불가능할 만큼 싼 가격이었다. 따라서 다른 유럽 국가들처럼 외국 농업과의 경쟁에서 자국 농업을 보호하기 위한 관세장벽이 없었던 영국의 곡물농업은 급격히 쇠퇴해갔다.† 소비자가 사는 빵값이 싸진다는 것은 도시 노동자계급에게는 이로운 일이었지만, 그만큼 국가의 안전이 매우 취약해짐을 의미하는 것이기도 했다. 1880년대에는 영국이 소비하는 곡물의 65%가 해외에서 수입되고 있었으므로, 적국의 순양함대가 대서양 건너편에서 오는 곡물수송을 가로막는다면 몇 달 이내에 영국 국민을 기아에 빠뜨릴 수도 있었다.

이런 가능성은 프랑스의 정치가나 해군 장교들을 다시금 영국과의 해묵은 해상패권 쟁탈전에 나서게 했다. '청년장교파'라고 불린 해군의 전

---

* 강한 화력을 갖춘 고속 순양함은 아주 잘 팔려 나갔다. 1884~1914년 암스트롱사는 12개국 정부로부터 수주를 받아 총 84척 이상의 군함을 건조했다. 암스트롱사가 외국 정부를 위해 신기술을 개발한 이 30년 동안 영국 해군도 뒤처지지 않기 위해 거기에 필적하는 신장비를 여러 차례 발주해야 했다. 1882년의 칠레 순양함뿐 아니라 1890년 진수된 러시아 순양함 '류리크'에 암스트롱사가 장착한 8인치포도 이런 식의 양다리 걸치기로 신무기를 판매한 대표적인 사례였다.[1]

† 1877년 1쿼터에 56실링 9펜스였던 밀 가격은 1894년에는 22실링 10펜스까지 폭락했다. 밀 재배면적은 1872년부터 19세기 말까지 약 50% 감소했고 그만큼 급격하지는 않았지만 지대(地代) 역시 감소했다. 농촌에서 도시로의 인구이동은 거의 파국적인 양상을 띠었다. 그러나 실질임금은 1860~1900년에 약 77% 상승했다.[2]

술이론가들은 영국 연안지역을 포격하도록 특화된 포함과 고속순양함, 그리고 그보다 더 빠른 어뢰정(魚雷艇)만 있으면 프랑스가 영국 해군의 위세를 꺾어버릴 수 있다고 주장했다. 어뢰정은 가격이 싸다는 굉장한 이점이 있었다. 장갑함 한 척을 건조할 비용이면 어뢰정 60척을 만들 수 있었는데, 이 어뢰정으로 어뢰를 발사해 만든 탄두를 적함의 흘수선 아래에 맞추기만 한다면 기존의 어떤 전함도 침몰시킬 수 있었다. 또한 1870~1871년의 대재앙을 겪은 직후였으므로 프랑스는 육군의 재편도 시급히 추진해야 했다. 그러므로 해군에 투입될 비용을 줄이는 동시에 지중해와 프랑스의 대서양 연안에서 영국 전함을 몰아내기 위해서는 이 계획이 꼭 필요했다. 그리하여 1881년 프랑스 공화국 하원은 어뢰정 70척을 건조하기 위한 예산을 가결하고 장갑함 건조를 중단시켰다. 5년 후 '청년장교파'의 우두머리였던 H. L. T. 오브 제독은 해군장관에 취임하자(1886~1887년 재직) 하원을 설득하여 통상파괴(通商破壞) 전용 고속순양함 14척과 어뢰정 100척을 더 건조하는 계획안을 가결시켰다. 물론 프랑스 해군에는 여전히 전함 건조를 주장하는 제독들도 있었고, 실제로 1887년에는 그들이 다시 주도권을 회복했다. 그러나 1880년대 중반이었던 당시에는 이 영국의 전통적인 경쟁상대가 근해에서의 전투는 완전히 새로운 무기체계에 의존하게 되었고, 반면에 원격지에서는 과거와 같은 통상파괴 전략에 의거하게 되었다는 것이 누가 보더라도 분명해졌다.*3)

1866년 피우메에서 영국 출신 이민자인 로버트 화이트헤드가 자력추진 어뢰를 처음 발명한 이래 그 발달을 예의 주시해온 영국 해군 내의 소수의 기술지향적인 장교들의 눈에는 이 프랑스의 새 전략이 매우 위협적

---

\* 프랑스는 이전에도 영국과의 직접적인 경쟁을 피한 적이 있지만, 1881~1887년의 프랑스 해군정책의 전환은 그것의 반복이었다. 그 이유도 거의 같았는데, 프랑스의 납세자들이 과다한 해군군비를 부담하려 하지 않았기 때문이다.(이 책 5장 참조)4)

으로 보였다.* 프랑스 해군이 건조하려 하는 것과 같은 소형의 고속 어뢰정은 1881년 당시로서는 기존의 주력함을 두려워할 이유가 거의 없었기 때문이다. 당시 영국 군함에는 무게가 80톤이나 나가는 거대한 전장포가 탑재되어 있었다. 이 괴물 같은 무기가 가까운 거리에서 정지된 목표물을 포격한다면 그 효과는 무시무시했을 것이다. 이 포는 바로 그런 목적을 갖고 설계된 것으로 여기에는 앞으로도 해전은 넬슨 시대와 마찬가지로 적군과 아군의 돛대 끝이 맞닿을 만큼 가까운 거리에서 치러질 것이라는 가정이 깔려 있었다. 그러나 발사속도가 느리고 장거리 조준이 부정확했기 때문에, 기동성이 뛰어난 고속의 소함정이 재빨리 다가와 어뢰를 발사하고는 영국 해군의 대포가 미처 포착하기도 전에 쏜살같이 사라져버리는 일이 생길 수도 있었다. 요컨대 해상에서 골리앗과 다윗의 대결이 재연되는 것이다.

450~550m 거리에서 어뢰가 장갑함을 침몰시킬 수 있게 되었다는 것만으로도 이미 안 좋은 일이었지만, 그와 더불어 진행된 포술의 혁명으로 전장포가 완전히 퇴물이 되어버렸다는 사실은 영국 해군을 한층 더 당혹스럽게 만들었다. 가장 중요한 변화는 장약에서 나타났다. 화약을 속이 빈 알갱이 형태로 만듦으로써 화약알갱이가 바깥쪽에서뿐 아니라 안쪽에서도 동시에 타들어갈 수 있게 되자, 최초의 발화로부터 연소가 끝날 때까지 포신 안에서 일어나는 화학변화의 속도가 균일해졌다. 이 개량은 주로 미국의 육군장교 토머스 J. 로드먼(1871년 사망)의 업적이었는데, 1880년대에 새롭게 발명된 니트로셀룰로오스 폭약(이 분야에서는

---

* '어뢰'(torpede)라는 말은 원래 적함의 흘수선 아래에 타격을 가하도록 설계된 모든 폭발물을 가리키는 말이었다. 물은 공기보다 훨씬 밀도가 높기 때문에 대기중에서보다 수중에서 폭발할 때 적함에 훨씬 큰 충격을 주게 된다. 그래서 어뢰는 특히 큰 파괴력을 갖는다. 어뢰를 적 함선의 측면까지 어떻게 접근시키는가 하는 문제는 처음에는 뱃전에서 길게 내민 장대 끝에 어뢰를 묶어 끌고 가는 것으로 해결되었다. 그러나 자력추진 어뢰가 어느 정도 정확하게 목표물을 겨냥할 수 있게 되자 다른 모든 어뢰는 무용지물이 되었다.[5]

프랑스 육군이 앞서나갔다)과 결합되어 훨씬 강력하고 연기가 나지 않는 장약(무연화약)이 만들어졌다.

연소율이 균일하게 잘 조정된 폭발은 포탄에 일정한 추진력을 지속적으로 가할 수 있기 때문에 포탄이 포문에서 발사되는 속도가 눈에 띄게 빨라졌다. 또 그런 폭발이 가능해지자 포신이 긴 대포가 유리해졌다. 조정된 폭발로 발생하는 팽창 가스는 이전보다 훨씬 오랫동안 포탄에 가속도를 줄 수 있었기 때문이다. 그전까지는 처음에는 발사약이 세차게 타지만 개개의 화약알갱이가 타들어 가면서 연소하는 표면적이 작아짐에 따라 폭발가스의 발생률이 낮아지고 추진력이 점차 소멸되기 때문에 포신을 길게 하더라도 소용이 없었다. 한편 포신이 길어지자 이제는 포문을 통해 장전할 수가 없게 되었다. 그래서 1879년에 영국 해군은 후장포를 갖추어야 한다고 공식적으로 결정했다. 영국 해군이 전장포의 시대가 끝났다고 생각하게 된 것은 크루프가 보여준 대형포의 성능 시연 때문이었다. 크루프는 이를 위해 메펜에 특설 시연장을 마련하고(본문 358쪽 그림 참조) 1878년과 1879년에 일련의 시험발포를 실시하여, 잠재적인 고객으로 초대된 외국인과 독일인 입회인들에게 포신이 긴 강철 후장포의 성능이 얼마나 좋아졌는지를 보여주었다.[6)]

1864년 이래 영국 조달국은 전장포만을 유일한 대포의 형태로 승인해 왔기 때문에, 전장포를 폐기한다는 결정이 내려지자 울리치 조병창은 미처 대비책을 세우지 못한 채 위기에 직면했다. 전장포를 후장포로 교체하는 것만으로도 비용이 많이 들고 힘든 사업이었는데, 여기에 더하여 조병창에서 사용하는 기본적인 대포제조용 금속을 가단주철에서 강철로 바꾸어야 했기 때문에 비용은 눈덩이처럼 불어났다. 이를 위해서는 당시 울리치 조병창에 설치된 모든 설비를 완전히 새로운 설비로 교체해야 했다. 울리치 조병창의 관리들과 조달국이 그 과정을 아무리 서두른다 해도, 그들이 현재의 생산체계를 새로운 요구에 맞추어 필요한 수순을 하나하나 밝아가며 전환할 때까지 기다리는 일은 영국 해군에게 극도의 인내심을 강요하는 일일 수밖에 없었다.

이러한 상황에서 육해군 간의 해묵은 알력이 작용하기 시작했다. 왜냐하면 조달국은 육군의 통제를 받는 조직이었으므로 해군에서 제기하는 요구나 개선안에 대해서는 늑장을 부리며 더디게 반응했기 때문이다. 적어도 해군의 포술 담당 장교들의 눈에는 그렇게 보였다. 그들이 특히 애를 태운 부분은 1881~1887년에 조달국이 후장포로 전환하려는 해군의 계획에 필요한 예산을 3분의 1밖에 승인하지 않았던 점이다.[7] 그만한 행보 자체만으로도 혁명적이긴 했지만, 영국의 민간 대포제조업체뿐 아니라 프랑스 해군과 독일 해군까지 이미 잇달아 강철대포를 생산하여 영국 해군이 보유하고 있던 모든 장비를 완전히 구닥다리로 만들고 있는 마당에 그렇게 더딘 속도로 일을 진행한다는 것은 너무도 안이한 처사로 여겨졌다.

인색한 육군장교들과 영 못 미더운 조병창 관리들을 상대로 관료기구 내부에서 왈가왈부하는 것만으로는 이 같은 위기상황에 제대로 대처할 수 없다고 판단한 존 피셔 해군대령은 비밀리에 언론인 W. T. 스테드에게 정보를 흘렸다. 당시 피셔 대령은 스테드가 『펠멜 가제트』에 선동적인 연재기사를 쓰려 한다는 것을 알고 있었다. 이 작전의 첫 번째 공세는 1884년 9월호에 실린 「해군에 관한 진실」이라는 기사로, 여기에는 '사실을 아는 자'라는 자못 엄숙한 필명이 붙어 있었다. 기사는 많은 사람들의 관심을 불러일으켰다. 그도 그럴 것이 상세하고 풍부한 보강증거를 들며 "해군에 관한 진실이란 우리나라의 해군력 우위가 이제 거의 실재하지 않는다는 사실이다"[8]라고 주장하고 있었기 때문이다. 그 뒤로 몇 편의 기사가 이어졌고, 「해군을 위해 무엇을 해야 하는가」라는 제하의 상세한 기사가 마지막을 장식했다. 이 마지막 기사가 나간 것은 11월 13일로, 의회 개회 직후였다. 그로부터 2주 후 정부는 『펠멜 가제트』의 폭로기사가

## 제강기술과 군비의 대량생산

이 넉 장의 사진은 크루프사가 어떻게 제강기술에서의 우위를 살려 1890년대에 무기생산을 거대한 규모로 발달시켰는지를 보여준다. (a)철강을 제련하는 고로의 외관. (b)완성된 대포를 시험 발사하기 위해 메펜에 설치된 시연장. (c)포가(砲架)의 부품을 만드는 기계가 설치된 공장의 내부. (d)포신과 포강을 최종 가공하는 공장의 내부. 이 사진들은 1892년에 크루프사가 배포한 선전자료의 일부다.(시카고 대학 소장본에서 복제)

a

b

c

d

불러일으킨 전국적인 흥분상태에 대해 할 수 없이 대응책을 내놓았다. 정부는 해군 예산을 550만 파운드 증액해달라고 의회에 요청했으며, 이 550만 파운드는 5년에 걸쳐 지출하도록 했다. 1883년의 해군 예산이 1,030만 파운드였던 점을 감안하면 이 정도의 증액은 '사실을 아는 자'에게는 불만족스러웠겠지만,[9] 이 떠들썩한 소동을 만들어낸 자에게는 대승리라고 할 만한 성과였다.

은밀한 정보누출이라는 방식을 취하기는 했지만 어쨌든 피셔는 공민에 호소함으로써 자유당 정부도 해군 수뇌부조차도 내리려 하지 않았던 결정을 이끌어냈다. 당시 해군본부 제1군사위원이었던 애스틀리 쿠퍼 키 경은 이런 전술에 찬성하지 않았다. 그는 공민 선동을 싫어했으며, 해군 예산을 극적으로 증액하는 것은 전략적으로 바람직하지 않다고 생각했다. 그런 정책은 다른 나라를 자극하여 해군 예산을 증액하게 할 뿐이며, 그 결과 영국의 해군력 우위의 쇠퇴를 억지하기는커녕 가속화할 것이라고 믿었기 때문이다.[10] 쿠퍼 키는 해군의 수석 장교로서 자신의 본분은 당시의 정부가 배정해줄 수 있는 자금의 범위 안에서 최선을 다하는 것이라고 생각했다. 해군의 규율은 그 금액을 결정하는 정치과정에 개입하는 것을 금지하고 있었다. 그러나 피셔는 자신의 의지를 관철하기 위해 이 오래된 규범을 어길 각오가 되어 있었다. 그것은 한편으로는 피셔의 개인적 야심 때문이기도 했지만, 다른 한편으로는 기술 면에서 긴급사태에 이르렀다는 위기감 때문이었다. 피셔의 선임자들은 행정업무에만 파묻혀 이런 위기감이 없었다.

## 영국에서 출현한 군산복합체

말할 나위도 없이 피셔는 혼자서 움직인 것이 아니었다.

1884년은 불황의 해였다. 조업이 중단된 조선소는 일거리를 찾느라 여념이 없었고, 기자들은 주저 없이 다음과 같은 지적을 하고 있었다. "지금은 일석이조가 가능한 상황이다. 정부의 조선소만으로는 감당할 수 없는 물량을 민간 조선소의 생산으로 보완한다면 우리 함대에는 더 많은 군함이, 굶주린 직공들에게는 일자리가 생겨날 것이다."[11] 정부가 한창 해군 예산안 수정작업을 추진하고 있던 10월 25일 의회에서도 실업자 지원과 관련된 문제가 다루어졌다. 그리고 해군장관은 상원에 해군 관계 수정예산안을 공개하면서 다음과 같이 덧붙였다. "만약 우리가 해군 증강을 위해 돈을 쓰려 한다면, 이 나라의 큰 조선소들이 침체에 빠진 지금의 상황에서 추가적인 정부지출은 민간 조선소와의 청부계약을 통해 일자리를 늘리는 쪽으로 사용되는 것이 바람직합니다."*[12]

의회가 유산자와 납세자만을 대표하고 있던 1880년대 이전이었다면, 경제불황하에서는 세수가 줄어든 만큼 정부지출을 삭감하라는 요구가 틀림없이 제기되었을 것이었다. 그러나 1884년 해군 지출을 증액하는 수정예산안이 제출되기 겨우 2주일 전에 윌리엄 E. 글래드스턴이 이끄는 자유당 정부는 선거권자의 범위를 상당히 확대하는 내용의 새 선거법안을 의회에 제출했다. 이때부터 소득세 납부자는 선거권자의 작은 일부에 지나지 않게 되었다.† 한편으로 선거권을 가진 실업자가 정부로부터 수주계약을 따내려는 기업가의 후원을 얻어 압력을 가해 온다면 이제 어떤 의회도 오래 버틸 수 없게 되었다.

따라서 선거권자 범위의 확대는 정치의 역학을 변화시켰다. 이전에는 경제불황하에서는 거액의 해군 예산안이 의회를 통과하기 어려웠지만, 이제는 호황 때보다 오히려 불황상황에서 추가적인 정부지출이 더욱 긴

---

\* 해군장관 노스브룩 백작은 연설에서 네 차례나 민간 조선소와의 청부계약에 관해 언급했다. 그리고 질문에 대한 답변에서, 정부가 울리치 조병창에 새로운 대포제조용 금속인 강철을 생산할 능력을 갖추어주지 않고 있는 것은 정부가 '거대 철강제조업체'를 지원할 의도가 있기 때문이라고 언급했다.
† 1914년 당시 소득세를 내는 사람은 영국 경제활동인구의 7분의 1 미만이었다.[13]

급하고 바람직한 일이 되었다. 어쨌든 무기 조달계약을 통해 임금과 이윤을 회복하는 동시에 영국의 국제적 지위를 강화할 수 있었던 것이다. 이런 비용 부담을 달가워하지 않는 납세자의 의견은 이제 정치의 장에서 큰 문제가 되지 않았다. 그것은 특히 점점 더 많은 유권자들이 부자들이 그 비용을 감당할 수 있으며 또 감당하도록 만들어야 한다고 믿게 되었기 때문이다.*

정치적·경제적 이해관계의 이처럼 막연하고 전반적인 그러나 결정적인 재편성은 기술에 정통한 소수의 해군 장교들이 민간 무기제조업체들과 밀접한 협력관계를 맺는 돌파구를 마련해주었다. 피셔 대령은 여기서도 핵심적인 역할을 했다. 1883년에 그는 포츠머스에 있는 해군 포술학교 교장으로 취임했고, 1884년에는 이 유리한 직책을 발판으로 수뇌부 정치에 뛰어들었다. 해군의 포술 개선이라는 책무를 안고 있던 피셔는 민간기업이 개발한 것을 포함하여 입수할 수 있는 모든 대형포의 모델을 꼼꼼하게 조사하는 데 몰두했다. 그는 경쟁의 효용을 신봉했고, 해군에 최선의 결과를 가져다주기 위해 울리치 조병창과 민간제조업체 사이에 경쟁을 부추기는 것이 1884년 그의 목표였다.

그러나 이런 피셔의 이상은 실현되지 않았다. 울리치 조병창은 민간기업과 대등하게 경쟁하기 위해 필요한 생산설비를 끝내 갖추지 못했다. 아이러니컬한 것은 그런 결과를 초래한 것이 울리치 조병창에 대한 자신의 기대와 그 실현 사이에 육군장교들이 끼어들어 관료제적 지체가 발생하는 것을 참지 못했던 피셔 자신의 성격과 행동이었다는 점이다. 그 경

---

\* 보수당은 자유당보다도 국방비 지출에 더 호의적이었음에도 불구하고, 군함과 대포를 늘리는 데 필요한 비용을 조달하기 위한 방법으로 누진과세를 적용하는 것에는 난색을 표했다. 예를 들어 1889년에 총리였던 솔즈베리 후작은 재무장관에게 보낸 비밀서한에서, 이 해에 증액된 해군 예산을 조달하기 위해 재산세만이 아니라 소비세도 올리라고 촉구했다. "어려운 일이 생길 때마다 부동산세에만 의존하는 것은 위험하다. 부동산 소유자는 정치적인 입지가 매우 취약하므로 필경 이 해로운 재정상의 관행이 굳어져갈 것이기 때문이다."[14)]

과를 설명하자면 이렇다. 피셔는 1886년에 해군 조달국장이 되자, 울리치 조병창이 즉시 공급할 수 없거나 더 싸게 공급할 수 없는 모든 품목을 민간회사로부터 구입할 수 있는 법적 권리를 요구하여 승낙을 받았다. 그 시점에는 아무도 깨닫지 못했지만, 이 결정은 곧 해군이 갖고 있던 대형 무기 제조에 관한 사실상의 독점권을 민간 무기제조업체에 넘겨주는 결과를 낳았다. 이유는 단순했다. 전함에 탑재할 거대한 강철포나 회전포탑, 그 밖의 복잡한 장치를 제조하는 데 필요한 막대한 자본투자를 울리치 조병창이 감당하지 못했던 것이다. 다른 한편으로 1878년과 1879년에 크루프사의 대포 시연을 본 암스트롱은, 경쟁에서 뒤지지 않으려면 자신의 회사에도 당장 대형 강철 후장포 생산에 필요한 기계를 설치해야 한다는 것을 깨달았다. 지금까지 자신이 확고하게 수위를 지켜온 연안방위포 및 해군포 제조분야로 침입해온 크루프사의 위협에 대항하기 위해 암스트롱은 최신 제강시설과 조선소에 막대한 투자를 단행했다.*[15]) 그리하여 1886년에 암스트롱은 이미 여러 외국의 이름이 올라 있던 자신의 고객명단에 영국 해군을 포함시킬 준비를 마쳤고, 기꺼이 그 발주에 응했다. 당시 울리치 조병창은 이제 막 후장포를 제조하기 위한 개조를 시작했을 뿐이었다.

이후 30년 동안 이 격차는 전혀 줄어들지 않았다. 그것은 규모의 경제원리 때문이었다. 대포생산 자본설비를 계속(또는 거의 계속) 가동하려면 국제적인 판로가 필요하다는 것은 오래전부터 상식이었다. 국제적 판로가 확보되어 있다면 생산비는 현저하게 낮아지며, 바로 이것이 리에주가 15세기부터 19세기까지 유럽의 대포제조업계에서 지배적 역할을 했던 이유였다. 18세기를 거치면서 유럽의 주요 강국들은 모두 조병창을 설립

---

\* 1878년 이전까지 크루프는 육군의 야포에만 주력했고 해군포 제조는 암묵적으로 영국의 몫으로 남아 있었다. 1878년과 1879년 크루프의 대형포 실험은 장차 그런 시장분할을 뒤엎을 소지가 있는 것이었기 때문에 암스트롱은 적극적으로 대항조치를 취했던 것이다.

했지만, 조병창의 대포 제작기계는 거의 언제나 놀고 있었다. 그래도 조병창을 설립하지 않고서는 자국의 해군이 사용하는 대포의 생산을 완전히 주권적으로 통제할 수가 없었다. 그러다가 19세기 중반에 열강 가운데 가장 가난한 프로이센과 가장 산업화에 뒤떨어진 러시아가 크루프사에서 대포를 사들여 조병창의 생산을 보충했다. 그러나 프랑스나 영국(윌리엄 암스트롱의 회사가 반관반민적 지위에 있던 1859~1863년을 제외하고)에서는 국가 조병창이 1880년대까지 공식적으로 독점을 유지했다. 1860년대 이래 울리치 조병창은 영국 해군을 위해 점점 더 큰 가단주철 대포를 생산하기 위한 새로운 설비를 갖추는 데 투자해왔다. 그러나 강철 대포 생산으로 전환하려 하자 제조비가 급증했기 때문에, 울리치 조병창 책임자들은 강철대포 생산에 필요한 새로운 설비를 포기해버렸다.

설령 그들이 강철대포 생산설비를 들여놓았더라도 그 비싼 자본설비는 거의 언제나 놀고 있었을 것이다. 그런 설비를 계속 가동하기에는 영국 해군의 수요가 불충분했기 때문이다. 크루프나 암스트롱의 번영에 기반이 되었던 것 같은 국제적 판로를 갖는 것만이 새로운 자본설비를 갖춘 공장을 상시 가동상태에 가깝게 만들 수 있는 유일한 길이었다. 이것은 역으로 울리치 조병창이 영국 정부를 위해서만 대포를 생산하는 한 조병창의 생산비는 민간의 생산비를 상회할 수밖에 없음을 의미하는 것이었다.

따라서 1886년에 규정이 바뀌어 해군이 울리치 이외의 민간기업에서도 대포를 살 수 있게 되자 암스트롱은 울리치 조병창보다 낮은 가격으로 수주를 따내게 되었다. 1888년 이후에는 비커스도 여기에 가세했다. 울리치는 아예 경쟁상대가 되지 못했다. 1884년부터 1914년까지 30년 동안 해군-산업의 새로운 형태의 협력이 형성됨에 따라 기술이 가히 비약적으로 발전했으며, 이를 따라잡기 위해서는 자본설비를 엄청나게 확장해야 했다. 그러나 사실상 울리치 조병창의 책임자들은 그런 자본설비

확장을 원한 적도 없고 요청한 적도 없었다.

울리치 조병창과 영국 해군 조선소는 계속해서 영국 해군을 위해 많은 일을 했다.*[16] 그러나 이 국가시설들은 중요한 기술혁신을 이뤄내지는 못했다. 울리치에서도 때로는 신무기를 제조했지만, 그것은 초기 개발작업이 다른 곳에서 이미 완료된 이후의 일이었다. 예를 들면 자력추진 어뢰가 그런 경우로, 이 무기는 1871년 이후 울리치에서 제조되었다. 이 경우에는 발명자인 로버트 화이트헤드가 자진해서 특허권을 팔았기 때문에 조병창이 개입할 여지가 생겼던 것이다.†[17] 그러나 1884년에 하이어럼 맥심이 자신이 발명한 기관총을 만들기 위해 새로운 회사를 설립한 것처럼 발명자가 회사를 설립하려 할 경우에는, 법률에 따라 울리치는 특허권을 침해할 수 없었다.

영국에서 맥심 기관총을 주로 구매한 것은 당연히 해군이 아니라 육군이었다. 그런데 1884년 이래 실제로 전력에 보탬이 되는 신무기를 설계한 쪽은 민간제조업체뿐이었다는 사실이 신무기에 대한 육군의 불신감을 강화했던 것 같다. 식민지에서의 군사행동을 통해 맥심 기관총의 성능이 여러 차례 증명되었음에도 불구하고 어쨌든 육군성은 맥심 기관총을 아주 조금밖에 사들이지 않았다.#[18] 보어 전쟁(1899~1902) 이전까지 영국 육군은 조병창이 공급할 수 있는 무기에 대체로 만족하고 있었고, 부득이한 경우를 제외하면 민간회사와 계약을 맺지 않는 것을 원칙으로 했다. 이는 육군 장비의 기술혁신 속도가 상대적으로 완만했기 때문에

* 1881~1890년에 군수품을 위한 해군의 총지출 가운데 민간회사가 차지하는 비율은 35.7%에 불과했다. 그러나 이후 민간회사의 수주가 꾸준히 증가하여 1890~1900년에는 46.1%, 1900~1910년에는 58.5%가 되었다.
† 이후 화이트헤드는 수출용 어뢰를 제조하는 민간회사를 영국에 설립했다. 이 회사는 1906년에 비커스에 합병되었다.
# 1914~1918년에 무슨 일이 일어났는지를 알고 있는 우리로서는 당시의 결정이 어리석게 느껴지기도 한다. 그러나 1914년 이전의 모든 유럽 국가의 육군은 전장에서 기동성을 높이는 데 중점을 두고 있었기 때문에 분당 600발의 탄환을 발사하는 화기 따위는 그저 구색 갖추기용 이상으로 공급할 만한 물자수송능력이 없었다.

가능한 일이었다.* 모든 사람이 야전용 무기는 말이 끌고 운반할 수 있을 만한 무게여야 한다고 생각했다. 내연기관은 이미 1880년대부터 민간의 자동차 동력으로 개발되었지만, 아직 그 잠재적 가능성이 발휘되지는 않고 있었다. 이러한 기술상의 보수주의로 인해 영국의 군인들은 전통적으로 말에 대한 애착과 그에 못지않게 영리를 추구하는 사업가와 발명가에 대한 불신을 갖고 있었다. 이 점은 영국만이 아니라 유럽 대륙의 국가들도 마찬가지였다. 1871년 이래 야포에 관해서는 조병창보다 오히려 크루프와 거래를 해야 했던 독일에서조차 군인들은 내심 상거래의 본질적인 속성이라 여기고 있던 이기심과 탐욕을 깊이 혐오했다. 크루프의 달변에 귀를 기울이는 육군 장교들은 고립된 소수에 불과했고, 동료들 사이에서 의심의 눈길을 받고 있었다.[20] 역으로 1880년대 이후에도 모든 유럽 국가의 육군에서 이런 태도가 유지됨으로 인해 육군의 기술진보 속도는 같은 시기 해군의 기술진보와 비교할 때 달팽이 걸음만큼이나 더뎠다.

영국 해군에서는 일단 민간 제조업체로부터 대포와 그 밖의 중장비를 사들이기 시작하자 다름 아닌 장비 생산과정의 복잡성 때문에 육군의 경우와는 전혀 다른 태도가 생겨났다. 해군의 기술적인 면에 책임을 지는 장교들과 민간회사 경영자들 사이의 개인적 유대가 매우 밀접해질 수밖에 없었던 것이다. 한 예로 1885년에 해군의 수석 설계사가 된 윌리엄 화이트는 이 직책을 맡기 직전에 2년 동안 암스트롱사에서 일했다. 그때부터 화이트는 영국 해군과 민간산업 사이에서 가장 중요한 연결고리 역할을 했을 것이다.[21] 앤드루 노블 대령은 화이트와 반대방향으로 이동했다. 해군에서 암스트롱사로 옮겨간 그는 1900년에 창업자 윌리엄이 죽

---

\* 육군의 기술혁신 속도는 당시 비약적으로 진행되던 해군 장비의 기술혁신과 비교하면 완만한 편이었지만 과거 육군의 기준에 비춰보면 상당히 급진적이었다. 황동으로 만든 약협(1867년 이후), 강철대포(1883년), 탄창이 붙은 반자동 라이플총(1888년), 직접 시계에 들어오지 않는 표적을 정확하게 포격할 수 있게 해주는 포격통제장비 및 통신기기(1906년 이후) 등은 서로 상승작용을 일으키며 전술과 화력의 혁명이라고 할 만한 변화를 가져왔다.[19]

자 암스트롱사의 사장이 되었던 것이다. 1886년에 신생 노든펠트 총포·탄약회사의 이사회장이 된 애스틀리 쿠퍼 키 제독처럼 처음부터 기업의 정상에서 시작하는 사람도 있었다. 20세기로 들어서자 퍼시 스콧 제독처럼 직업군인으로 근무하는 동안 '부업으로' 한 발명에 관해 비커스사와 특허권 사용계약을 맺는 사람까지 나왔다.*

그러나 금전적인 치부는 육군에서뿐 아니라 해군에서도 역시 존경받을 만한 일이 아니었다. 스콧 제독도 사업수완이 있다기보다는 탐욕스러운 사람으로 간주되었다. 그럼에도 불구하고 개인 사업가와 해군 장교들은 서로 광범위한 거래관계를 맺고 기술과 재정 면에서 늘 서로 협의를 했으며 그러는 가운데 예전 같은 상호불신은 많이 해소되었다.

그렇다고 이 관계에서 마찰이나 속임수가 완전히 사라진 것은 아니었다. 그런 마찰이나 속임수는 결국 오래전부터 구매자와 판매자 사이에 존재하게 마련인 양면성을 둘러싸고 생겨나는 것이었기 때문이다. 그러나 신의를 저버렸다고 서로 비난하는 일이 간간이 있긴 했어도, 새롭고 더 훌륭한 군함을 설계하려는 데서 발생하는 무수한 문제를 해결하기 위해 서로 협력하는 경우가 훨씬 더 많았다. 소수의 테크노크라트들이 사업가와 해군 장교들 사이의 깊은 골을 연결해주는 이전에 없던 가느다란 다리를 놓은 것이다. 그렇게 함으로써 이들은 민주정치와 의회정치의 새로운 가능성이 신무기의 연이은 출현이라는 형태로 실현될 수 있는 길을 열어주었다. 신무기는 세대를 거듭할 때마다 점점 더 강력해지고 비싸졌으며 국민경제 전체에서 차지하는 중요성도 더욱 커져갔다.

1884년의 건함계획이 종료된 1889년 당시만 해도 해군과 무기산업 사이의 연결은 아직 약했고, 그 위를 오가는 교류도 적은 편이었다. 그러나 바로 이 해에 정부는 '해군방위법'을 의회에 제출하여 통과시켰다. 그

---

* 스콧 제독은 매우 괴팍하고도 독창적인 해군 사관이었다. 1920년에는 비커스사가 특허권 사용료를 일부 지불하지 않았다고 소송을 제기하여 승소했다.[22]

예산액은 2,150만 파운드로 1884년의 수정예산액 550만 파운드의 네 배에 가까웠으며, 70척이나 되는 함정을 건조하는데 그 중 절반은 민간 조선소에 발주하도록 되어 있었다. 이 대규모 계획을 공식적으로 정당화하기 위해 '2개국 함대주의'(two power standard)가 선언되었다. 이는 영국의 해군력은 언제나 전세계에서 영국 다음가는 두 나라의 해군력을 합친 것과 같거나 그것을 능가해야 한다는 뜻이었다. 그래야만 유사시에 영국의 안전이 보장될 수 있다는 것이었다.*

1889년의 건함계획에서 특히 놀라운 사실은 그 예산 규모가 해군본부가 요구한 액수를 웃돌았다는 점이다. 이미 개인적인 동기나 목적의식이 영향을 미칠 수 있는 상황은 아니었다. 이는 여러 조직화된 집단들이 상호 작용하는 가운데 관련자 중 누구도 완전히 이해할 수 없을 정도로 복잡한 과정이 전개된 끝에 나온 결과였다. 그러나 그 최종 결말은 뚜렷한 한 방향, 즉 정부가 군비 투자를 늘리도록 하는 방향으로 모아졌다.

1884년과 마찬가지로 당시에도 영국에서는 많은 사람들이 경계심을 갖고 도버 해협 건너편을 주시하고 있었다. 더욱이 프랑스는 이런 영국인들의 우려를 크게 자극했다. 그것은 프랑스가 1888년에 더 이상 어뢰정과 순양함으로 범위를 한정하지 않는 대규모 건함계획에 착수했기 때문이며, 다른 한편으로는 이 시기 프랑스에서 불랑제 장군이라는 영웅을 자처하는 인물을 받드는 징고이즘(jingoism, 호전적 애국주의)의 물결이 높아지고 있었기 때문이다. 프랑스의 징고이즘은 도버 해협 건너편에도 그에 상응하는 논의를 불러일으켰다. 영국에서 가장 존경받는 군인이었던 울즐리 경은 상원에서 다음과 같이 연설했다. "해군이 지금과 같이 약체인 한 여왕 폐하의 육군은……지금 우리가 있는 이 수도의 안전조차

---

\* '2개국 함대주의'는 대(大) 윌리엄 피트가 처음 제창했기 때문에, 그 유래가 오래되었다는 점에서도 존중할 만한 것으로 받아들여져 왔다. 그러나 1889년에 이 원칙을 제창한 사람들의 주장과 달리, 이것이 대(大) 피트의 시대 이래 줄곧 영국 해군정책의 지도원리가 되었던 것은 아니다.[23]

보장할 수 없습니다."²⁴⁾ 또 총리였던 솔즈베리 경은 "지금은 프랑스가 해협을 건너 침공해올 수도 있는 상황"이라고 확신하고 있었다.²⁵⁾

전반적인 번영에도 불구하고 제강업과 조선업만이 부진했다는 또 하나의 사실이 이 흥분된 분위기를 더욱 부채질했다. 그러나 정부의 판단에 가장 큰 영향을 준 것은 프랑스와 러시아의 함대가 공동작전을 펼치면 지중해에서 영국 해군을 몰아낼 수도 있을 것이라는 전략적 예측이었다. 게다가 1889년에 해군장관이었던 조지 해밀턴 경 같은 보수당 정치가는 해군 예산의 증액이 대중의 지지를 얻고 있으며 선거에서 당세를 확장하는 데 도움이 될 수 있음을 인식하고 있었다.*

이처럼 정당의 이해관계와 국익과 대중의 분위기가 하나같이 민간의 무기제조업이나 제강업, 조선업의 이익과 일치하는 쪽을 지향하고 있었기 때문에, 1889년에 해군본부가 새로운 군함을 구입하는 데 필요한 돈을 애초에 요구 또는 기대한 것보다 많이 얻은 것도 그다지 놀랄 일은 아니다. 그 결과 영국 사회 내에서는 해군 예산이 이대로 높은 수준을 유지하거나 오히려 더 증액됨으로써 기득권을 갖는 집단이 확립되고 강화되었다.†²⁷⁾

이런 경향은 1889년의 건함 5개년계획이 완료되어감에 따라 뚜렷이 드러났다. 1893년에 경제 전반이 불황에 빠지자, 총리직에 복귀해 있던 글래드스턴은 이 같은 불황기에 더 많은 군함을 건조하기 위해 증세를 한다는 안에 대해 진지하게 반대했다. 그러나 각료들 가운데 그의 견해에 찬성하는 사람은 결국 아무도 없었다. 몇 주일 동안 팽팽한 논쟁을 펼

---

* 제1차 세계대전 후에 쓴 회상록에서 조지 해밀턴 경은 다음과 같이 쓰고 있다. "1884년의 선거법 개정으로 유권자수가 현저히 증가함으로써 맨체스터 학파의 낡고 인색한 정책은 상당히 힘을 잃었다. 새롭게 선거권을 얻은 대중은 신규 지출항목의 주요 재원인 소득세를 내고 있지 않았던 것이다. 그러나 이런 손익계산과는 별개로, 임금노동자 계급은 우리 해군을 큰 자랑으로 여겼다."²⁶⁾
† 1889년의 건함계획안에 의해 건조된 영국 해군의 군함이 사상 최초로 니켈강 장갑을 사용하고 증기기관으로만 추진되는 군함이었다는 사실은 주목할 만하다. 그리고 구형 함정에서 마스트와 삭구(索具)를 제거하는 작업도 중요한(그리고 비용도 많이 드는) 부분을 차지하고 있었다.

친 끝에, 글래드스턴은 각료인 해군장관 스펜서 경이 제출한 건함계획을 지지하느니 차라리 사직하는 쪽을 택했다. 일단 글래드스턴이라는 장애물이 제거되자, 5년 동안 2,120만 파운드를 지출해야 하는 이 건함계획은 쉽게 의회를 통과했다. 정치평론가들은 신속하고 교묘하게 이 법안에 대한 지지 여론을 불러일으켰다. 이런 선동은 1894년에 '해군연맹'이 결성됨으로써 완전히 제도화되었다.

그러나 곧 새로운 위기가 다가왔다. 1890년대에는 미국이나 독일 같은 공업대국을 비롯한 다른 나라들 역시 건함열풍에 휩싸여 있었기 때문이다. 미국의 해군 장교 앨프레드 세이어 매헌은 미국인들에게 새롭고 근대적인 해군 건설의 중요성을 납득시키기 위한 노력의 일환으로 『제해권이 역사에 미친 영향』이라는 유명한 저서 1·2권을 1890년과 1892년에 출판했다. 그는 미국 국내뿐 아니라 국외, 특히 독일에 대단한 영향을 미쳤다. 그 결과 새로운 세기가 시작되자 영국은 '2개국 함대주의'를 실행할 수 없게 되었다. 마침 그때는 보어 전쟁의 발발로 영국의 국제적 고립이 극적으로 표출된 시기였다. 보어 전쟁의 예기치 않은 장기화와 고전으로 인해 육해군의 비용은 전례 없이 높아졌다. 따라서 새로운 자유당 정부가 출범하는 1905년까지는 군사비를 다시 엄격하게 제한하는 일이 없었다.

이 무렵 피셔 제독은 해군본부 제1군사위원으로, 1904년부터 1910년까지 재직했다. 그는 경비절감 요구에 응하여, 국내에서는 인사정책을 전환하고 해외에서는 해군기지를 폐지했으며, 낡은 군함을 가차 없이 폐기했다.* 동시에 그는 새로운 수퍼 전함 '드레드노트'를 건조하는 데 큰 힘을 쏟았다. 1906년에 이 가공할 전력의 드레드노트가 진수되자 경쟁상대인 여러 나라의 해군들, 특히 독일 해군은 이에 맞설 만한 군함을 설

---

* 해군 예산은 1905년 3,680만 파운드에서 1908년에 3,110만 파운드로 감액되었다.[28]

계할 수 있을 때까지 기존의 건함계획을 중단할 수밖에 없었다. 자유당 정치가들은 이제 당분간 영국은 군함 건조 속도를 늦추어도 될 것이라고 믿었다. 그래야만 해군 예산을 계속 줄여 나갈 수 있었기 때문이다.

그러나 이런 정책은 조선업을 비롯하여 건함과 관련된 업계 전반에 실업과 영업손실을 가져왔다. 해군 예산 삭감이 핼리팩스, 노바 스코샤, 바하마 등 의회 내 대표권이 없는 해외 영토에 악영향을 미치는 것은 둘째 치고, 영국 본토의 유권자들에게까지 영향을 주는 것은 문제가 되었다.* 보수당은 이 문제를 맹렬하게 물고 늘어져 군함의 건조수를 줄일 것이 아니라 더 늘려야 한다고 목소리를 높였다. 1908년에 독일이 새롭게 확대된 건함계획을 발표하자 상황은 결정적으로 보수당에 유리해졌다. 1909년에 드레드노트급 전함 4척을 건조하자고 제안했던 자유당 정부는 결국 8척을 건조하도록 승인하게 되었다. 윈스턴 처칠의 표현을 빌리면 "결국 기이하고도 독특한 해결책이 나왔다. 해군본부는 6척을 요구했다. 재정전문가들(처칠은 그 중 한 사람이었다)은 4척을 제안했다. 그리고 마침내 8척을 건조하기로 타협을 보았다."[30]

이런 정치적 결정들이 언제나 해군 예산을 증액하는 방향으로 내려졌던 것은 국가간 경쟁이나 영국 국내정치의 구조변화와 더불어 기술혁명이 급속하게 진행되었기 때문이다. 즉 강력한 순환구조가 형성되었던 것이다. 정부지출의 증대를 지지하는 경제적 이익집단이 출현하여 점차 늘어나는 해군 예산을 의회에서 통과시키지 않았다면 기술혁신은 그토록 빨리 진행될 수 없었을 것이다. 또한 매번 건함계획이 실시될 때마다 다시 한 단계 발전된 기술혁신의 길이 열리면서, 낡은 전함은 더 이상 쓸모없는 것이 되고 다음 번 계획 때는 한층 더 거액의 예산이 필요해졌다.

이런 식으로 해군 예산이 불어나도록 한 여러 가지 요인 가운데 기술

---

\* 코번트리 군수품 제작회사가 조업중단의 위기에 처하자, 그 경영자가 대외경각심을 부추기는 선전과 정치적인 막후작업을 벌여 드레드노트급 전함 8척의 건조를 수주했다.[29]

혁신이 어느 정도의 역할을 했는지는 단정할 수 없다. 그러나 기술혁신의 성격에 어떤 변화가 있었는지는 분명하게 알아볼 수 있다. 1880년대 이전에는 때때로 기술자나 숙련된 기계공에게 시제품을 만들게 한다거나 또는 발명가가 자신의 착상을 실물로 구현하는 데 그들의 도움을 빌리는 일이 있긴 했지만, 발명은 거의 언제나 개인의 작업이었다. 암스트롱이나 휘트워스도 그런 식으로 일을 했다. 새로운 대포나 그 밖의 기계들을 자신의 생각대로 개발하기 위해 각자 회사의 자원을 이용했다. 개발비는 기업가가 부담했으며, 개발비를 회수하고 이윤을 남길 수 있을지 여부는 의심 많은 구매자들(민간인 소비자든 육해군의 장교든)에게 자신의 발명품을 팔 수 있느냐 없느냐에 달려 있었다. 군사장비 사업은 위험부담이 매우 컸다. 1863~1864년에 휘트워스가 경험한 것처럼, 성능이 탁월한 제품조차도 재정 및 기술 면에서 보수적인 장교와 관료들에게 채택되지 않을 수 있었다.

이런 상황에서는 무기의 연구개발에 대한 투자가 비교적 소액에 그칠 수밖에 없었다. 그렇다 하더라도 앞장에서 살펴보았듯이 암스트롱이나 드라이저, 크루프 등 몇몇 혁신적 기업가들은 군사기술을 민간의 기술수준까지 끌어올리는 것만으로도 육해군의 장비를 혁신할 수 있었다. 그러나 이처럼 개인작업에 의존하는 19세기 중반의 발명방식으로는 1884~1914년에 실제로 달성된 정도까지 해군의 기술수준을 끌어올릴 수 없었다. 크루프나 암스트롱과 같이 성공한 대기업조차도 장차 구매자가 있을 것이라는 보장이 없다면, 눈덩이처럼 불어나는 실험비와 개발비를 부담할 수 없었다.

그러나 실은 1880년대 이후로 줄곧 해군본부는 민간기업에 필요한 구매 보장을 해주고 있었다. 해군의 기술관들은 새로운 대포나 동력기관이나 군함의 바람직한 성능 제원을 제시하고 거기에 맞는 설계를 해낼 것을 민간 기술자들에게 요구했다. 이리하여 발명은 구체적인 계획 아래 의도적으로 이루어지게 되었다. 물론 어떤 한도 내에서이긴 했지만, 먼저 전술적·전략적인 계획이 수립된 뒤에 거기에 걸맞은 성능을 갖춘 군함이 만들어졌던 것이다. 무엇보다 해군본부의 관리가 민간이 제안하는 신(新)발명을 심사하는 심판자가 되어 혁신에 제동을 거는 일이 없어졌다. 오히려 정력적인 성격의 피셔 제독 주위에 모인 기술지향적 해군 장교들은 혁신을 재촉했다. 세기가 바뀔 무렵부터는 해군본부가 특히 전망 있어 보이는 신장비의 시험이나 시운전 비용을 적어도 일부나마 지불해줌으로써 이전까지 발명가들을 괴롭히던 부담을 덜어주기 시작했다.

이렇게 '관제(管制) 기술개발'(command technology)로 얻어진 최초의 성과 가운데 하나가 속사포였다. 어뢰정의 위협이 여전히 새롭고 생생하던 1881년에 해군본부는 이 위험한 적과 싸우기 위해 필요한 속사포가 갖추어야 할 성능을 제시했다. 해군본부가 바란 것은 분당 12발 이상 발사할 수 있을 것, 그리고 접근해오는 어뢰정을 당시 자력추진 어뢰의 유효사거리였던 550m 이내로 들어오기 훨씬 전에 수상에서 날려버릴 수 있을 만큼 강력한 화력을 갖출 것 등이었다.*

조병창에서 공급할 수 없는 무기는 민간에서 조달할 수 있다는 허락을 피셔 제독이 받아낸 1886년에는 이미 해군본부가 1881년에 지정한 성능에 부합하는 설계가 두 건 있었다. 이 가운데 실제로 채택된 것은 노든펠트라는 스웨덴인 엔지니어의 설계였다. 노든펠트는 당장 새 회사를 설립하고, 퇴역한 애스틀리 쿠퍼 키 제독을 회장으로 맞아들여 자신이 설계한 속사포를 제조하기 시작했다. 같은 시기에 암스트롱은 대구경 속사포를 개발하고 있었는데, 그 위력은 1881년에 해군본부가 제시한 것보다 훨씬 강력했다. 그 가운데 가장 큰 모델은 유압식(油壓式) 반동 실린더를 이용하여, 한 발을 쏠 때마다 포신이 자동적으로 발사위치로 돌아

---

* 그 밖의 지정사항으로는 조작원 3명, 포탄 중량 2.7kg, 총중량 454kg 이내 등이 있었다.[31]

가도록 되어 있었다. 이와 더불어 포미의 개폐기구가 근본적으로 개량되고 점화 순간에 약실을 밀봉하기 위한 간단한 장치가 고안되면서(둘 다 프랑스의 대포설계에서 빌려온 것이었다) 1887년식 암스트롱 속사포는 가히 혁명적인 대포가 되었다. 이 세 가지 특징을 갖춘 대포는 1분 동안 여러 발을 쏠 수 있었으며, 몇 발을 쏘더라도 거의 일정하게 조준상태를 유지할 수 있었다. 사실상 이후에 나온 모든 대포는 기본적으로 이 모델을 계승하고 있다. 이 새로운 반동 실린더 개발의 주역은 조제프 바바쇠르였다. 그와 피셔 제독은 공적으로나 사적으로 매우 가까운 관계를 유지했는데, 자녀가 없었던 바바쇠르가 피셔의 아들에게 자신의 재산을 물려줄 정도였다.[32]

물론 '관제 기술개발'이 1881년에 처음 있는 일은 아니었다. 이미 4장에서 살펴보았듯이, 관료와 발명가 사이의 이런 관계는 18세기에도 종종 있었으며 아마 그 이전에도 있었을 것이다. 그러나 1860년대 이후 군함의 설계가 아주 빠르게 변경되기 시작하면서, 새롭게 건조해야 할 함정의 속도, 크기, 장갑, 무장 등의 기본적인 성능 제원을 해군본부가 미리 지정하는 일이 일반화되었다. 때로는 더욱 세밀한 요구가 제기되기도 했다. 예컨대 회전포탑이 처음 도입되었을 때는 어느 방향으로나 사격이 가능하도록 최대한 사각(死角)이 생기지 않아야 한다고 요구했다.[33]

1884년 이후의 상황이 그 이전과 구별되는 것은 이 시기에 해군에서 새롭게 전개된 관제 기술개발이 완전히 새로운 방식이었기 때문이 아니라 관제 기술개발의 깊이와 범위, 끊임없이 확장되는 세분화의 정도가 이전에 비해 현저히 컸기 때문이다.[34] 실제로 1884~1914년의 30년 동안 해군의 관제 기술개발은 그때까지 천하무적이요 영원불멸할 것으로 여겨지던 세계 시장경제의 조직 속에서 암세포처럼 자라고 있었다.

1884~1914년 사이에 해군이 거둔 기술혁신의 주요 이정표를 대강 더듬어보기만 해도 이 시기에 관제 기술개발의 적용범위가 크게 확장되

었음을 알 수 있다. 속사포가 개발된 다음에는(속사포는 발사속도가 조금 떨어지는 대신 아주 빠른 속도로 대형화되어갔다*), 함정의 항해속도가 향상되었다. 최초의 계기는 앨프레드 애로라는 선장(船匠)이 개발한 새로운 '수관(水管) 보일러'였다. 이후 애로는 해군본부로부터 신형 전함을 건조하는 계약을 따냈다. 이 전함은 처음에는 '어뢰정 파괴함'이라고 불리다가 곧 간단하게 '구축함'으로 불리게 되었다. 구축함의 역할은 어뢰정이 주력함에 위협을 가할 정도로 가깝게 접근하지 못하도록 하는 것이었다. 따라서 구축함은 어뢰정보다 빨라야 했으며 내항성(耐航性)도 커야 했다. 까다로운 주문이긴 했지만, 1893년에 진수된 첫 번째 구축함은 26노트 이상의 속도를 낼 수 있었다. 이는 당시의 어뢰정보다 2~3노트 빠른 속도였다. 4년 후 애로의 보일러가 증기 터빈(1884년에 찰스 파슨스가 특허를 얻었다)에 연결되자 함정은 36노트로 항해할 수 있게 되었다. 이는 10년 전의 전함보다 2배 이상 빠른 속도였다.[35)]

1898년과 1905년에 유럽에서 멀리 떨어진 해상에서 실제로 해전이 벌어지자 해군의 설계자들은 자신들이 설계한 신형 함정이 전투에서 얼마나 성능을 발휘할 수 있는지 더 잘 알게 되었다. 1898년의 미국과 스페인의 전쟁은 기술적으로 뒤떨어진 해군이 어떤 대가를 치르게 되는지를 보여주었다. 시대에 뒤떨어진 스페인 군함은 미국의 신형 군함과 상대가 되지 않았다. 그러나 다른 한편으로 바람 한 점 없이 잔잔했던 마닐라 만에서도, 약간 바다가 거칠었던 쿠바의 산티아고 만에서도 미국 해군의 포격 명중률은 한심할 정도로 낮았다.† 그 후 각국은 조준법을 개선하기

---

\* 대형포를 조준하거나 장전하는 데 필요한 대단히 정교하고 강력한 기계들도 개발해야 했고 또 끊임없이 개량해야 했다. 1914년에는 함저(艦底) 가까이에 깊숙이 뿌리를 박은 거대한 회전포탑이 출현했다. 각 포탑 안에서는 포의 방위각이나 앙각(仰角)에 상관없이 언제라도 장전을 할 수 있도록 장전장치가 포와 함께 움직이게 되어 있었다.
† 전후의 공식 집계에 따르면, 마닐라 만 해전에서 미국 함대는 5,895발을 쏘아서 겨우 142발을 명중시켰고 쿠바의 산티아고 만 해전에서는 8,000발 가운데 121발을 명중시켰다.[36)]

위해 많은 노력을 기울였고 대단한 성공을 거두었다. 1905년 쓰시마 해협에서 러시아 해군에게 완승을 거둔 일본 해군은 약 12km나 되는 거리에서 포격을 퍼부을 수 있었다. 이것은 7년 전 마닐라 만에서 미국 해군의 포수들을 허둥대게 했던 거리보다 거의 두 배나 먼 거리였다.[37]

이렇게 각 부문에 걸친 발달을 고려하여 영국 해군이 내린 해결책이 바로 전함 '드레드노트'였다. 사거리가 긴 탑재포에 맞추어 설계된 이 전함은 최상의 속도와 화력을 갖추고 있어서 기존의 어떤 군함보다도 성능이 뛰어났다. 드레드노트의 속력은 21노트로 당시의 모든 주력함을 2~3노트가량 앞섰으며, 여기에 탑재된 12인치 강선포 10문의 일제사격은 기존 전함들의 투사중량을 훨씬 상회했다. 뿐만 아니라 드레드노트는 석유를 연료로 사용하고 전례 없이 큰 터빈을 장착하고 있었기 때문에 특히 항해거리가 길었다. 장갑은 얇은 편이었지만 정확한 원거리 사격이 가능하다면 별로 문제가 되지 않았다. 워낙 속력이 빠르니까 드레드노트의 함장은 언제 어디서 어느 정도의 거리를 두고 적과 교전할지를 자유롭게 선택할 수 있었기 때문이다.[38]

그러나 1906년에는 영국 해군 역시 위아래로 흔들리는 갑판 위에서 움직이고 있는 적함을 쏘아 명중시키는 일이 큰 과제였다. 고속으로 항해하면서 교전하는 도중에 갑자기 침로를 바꾸거나 하는 상황에서 발생하는 이런 문제를 해결하기 위해 맹렬한 노력을 기울인 결과 해군포의 유효 사거리는 크게 늘어났다. 그러나 1914년에 전쟁이 발발했을 때 대부분의 영국 전함은 이미 개발되어 있던 개량된 거리측정기와 집중식 포격통제장치가 아직 장착되어 있지 않았다. 더구나 영국의 거리측정기는 독일의 기기보다 성능이 떨어졌으며 전반적인 시스템이 신형 함정에 탑재된 거포의 성능을 따라가지 못했으므로 포의 성능이 최대한 발휘될 수도 없었다. 예를 들어 1912년 암스트롱사에 발주된 15인치 대포는 최대 사거리가 3만 5,000야드(20마일)에 달했지만, 당시 영국 해군의 거리측

정기는 측정한계가 1만 6,000야드 이하였다.[39]

그러는 동안 어뢰의 사거리가 급속하게 늘어났다.* 그리고 어뢰를 탑재한 개량된 잠수함은 1880년대부터 사용된 어뢰정보다 영국 해군에게 훨씬 큰 위협이 되었다. 1887년에 귀스타브 제데가 최초로 원양항해를 할 수 있는 실용적인 잠수함을 설계함으로써 잠수함의 경우에도 어뢰정과 마찬가지로 프랑스가 앞서 나갔다. 1903년에는 잠망경이 발명되어, 잠수함은 잠항하면서 어뢰를 표적에 조준할 수 있게 되었다. 이리하여 영국의 해군력 우위를 무너뜨릴 신무기를 개발하겠다는 프랑스의 오랜 염원은 새롭게 구체화되었다. 그러나 프랑스와 영국 간의 해군군비 경쟁은 파쇼다 사건(1898) 이후 잠시 활기를 띠었을 뿐 곧 시들었다. 1904년에 영불협상이 이루어지면서, 영국에 대응하기 위해 잠수함을 건조한다는 프랑스 해군의 계획이 무의미해졌기 때문이다. 그 대신 프랑스는 지중해에서 경쟁관계에 있던 이탈리아나 오스트리아, 오스만 제국을 앞지르기 위해 경제자원을 집중하게 되었다.[41]

반면에 1898년 이후에야 본격화된 영국과 독일의 경합은 거의 주력함에만 집중되어 있었다. 그것은 티르피츠 제독과 그의 동료들이 매헌의 가르침을 진심으로 신봉했기 때문이었다. 티르피츠는 주력함만으로도 제해권을 장악할 수 있으며 잠수함 같은 것은 사소한 부속물 정도라고 여겼다. 이처럼 오로지 한 길에만 전념한 결과, 1906년 드레드노트 혁명 이후 10년 동안 전함의 성능은 당시 동력기관이나 대포나 장갑에 사용되

---

* 다음의 표는 화이트헤드 어뢰제작소가 공표한 제품의 성능보증 수치에서 사거리가 가장 긴 모델에 관한 수치를 보여준다.[40]

| 연도 | 어뢰의 사거리 |
|---|---|
| 1866 | 220야드 |
| 1876 | 600야드 |
| 1905 | 2,190야드 |
| 1906 | 6,560야드 |
| 1913 | 1만 8,590야드 |

던 특수강의 물리적 성질이 허용하는 최고치에 도달해가고 있었다.

그러나 안정화 단계에 접어들 기미를 보이던 전함의 설계는 곧 공군력의 대두에 의해 뒤집히게 된다. 그럴 가능성은 1914년 이전부터 분명 예견되고 있었다. 예를 들어 영국 해군은 1913년에 어뢰를 탑재한 항공기 실험에 성공했다. 다만 공중에서 투하된 어뢰가 수중에서 올바른 침로(針路)를 찾게 하려면 어떻게 해야 하는가 하는 문제는 제1차 세계대전이 시작될 때까지도 완전히 해결되지 않고 있었다.[42]

주력함과 관련해 이렇게 수중과 공중에서 이루어지던 새로운 도전들에 대해, 영국 해군본부는 1914년까지도 아무런 기술 대응책을 내놓지

### '관제 기술개발'의 성과들

아래 사진은 영국 전함 드레드노트다. 거포가 탑재된 고속의 이 전함이 1906년에 진수되면서, 영국과 독일이 벌이던 해군군비 경쟁의 기반이 바뀌었다. 좌우의 작은 사진들은 배의 고물과 이물 쪽에서 찍은 것이다. 그러나 (오른쪽 페이지 상단 그림에 나타나 있듯이) 이때 이미 잠수함은 최대한의 중무장·중장갑을 한 전함에도 위협이 되고 있었다. 3년 전에는 잠망경이 발명되었다. 항공기도 급속히 발달하고 있었다. 오른쪽 페이지 하단의 사진은 1906년에 프랑스의 한 비행사가 글라이더로 비행하는 모습이다. 비행사는 뒤쪽을 향하고 있는 것 같다.

*Illustrated London News*, 1906, pp. 548 (20 Oct.), 301 (1 Sept.), and 841(8 Dec.)

8장 군사·산업 간 상호작용의 강화, 1884~1914년　379

못했다. 1884년에 피셔가 영국 해군의 기술 근대화에 대한 공민의 지지를 동원하기 위해 조성했던 불안감은 이 무렵에도 여전히 생생하게 남아 있었을 뿐 아니라 기술적인 사실들에 의해 더욱 강하게 뒷받침되고 있었다. 『이상한 나라의 앨리스』에 나오는 붉은 여왕처럼 영국을 비롯한 모든 해상 강국들은 단지 제자리를 지키기 위해서 더 빨리 달려야 했다. 실제로 독일의 건함계획 때문에 1898년 이후 영국 해군은 1770년대 이래 가장 심각한 도전을 받게 되었다. 1884년에 피셔가 시작한 일이 가져올 결과에 대한 애스틀리 쿠퍼 키 제독의 예견이 실제로 증명되었던 것이다. 여기에 관해 논하기 전에 먼저 제1차 세계대전 이전의 10년 동안 해군 군비경쟁이 영국사회에 어떤 영향을 끼쳤는지를 고찰하는 것이 좋겠다. 이 시대야말로 현대의 군산복합체가 갑자기 성숙하여 유럽 자유주의의 보루였던 이 나라에서 자신의 의지를 멋대로 펼치기 시작한 시대였기 때문이다.

## 해군 군비와 경제의 정치화

우선 첫 번째로 군함의 건조와 군함에 사용되는 여러 기계류의 제조가 거대산업이 되었다는 점을 지적해야겠다. 윌리엄 암스트롱이 대포 제조도 현대의 기술수준을 따라잡아야 할 때가 왔다고 판단했던 1855년과 달리, 군사기술은 민간의 기술에 뒤처지기는커녕 오히려 영국의(그리고 세계의) 기술과 기술개발을 이끄는 선도적인 부문이 되었다.[43] 한 통계에 따르면 1897년에는 영국에서 약 25만 명의 민간인 또는 남성 경제활동인구의 2.5%가 해군이나 해군의 주요한 계약수주 기업에 고용되어 있었다.[44] 또 어떤 추정에 따르면 해군의 예산이 1897년 예산의 2배였던 1913년에는 영국 경제활동인구의 6분의 1이 해군과 관련된 일을

하고 있었다.[45]

　이처럼 복지와 군사가 함께 연결되어 해군 군비경쟁을 지지한 과정에는 떳떳하지 못한 면이 있었다. 그 과정에서 직접적인 뇌물수수나 부패보다는 진실을 은폐하거나 의도적으로 오도하는 일이 더 큰 역할을 했다. 계약을 수주하려는 사업가들은 해군본부의 장교들이 자사에 유리한 결정을 내리도록 설득하는 데 도움이 될 만한 지방의원들로부터 지원을 받았다. 또 한편으로 의원들 쪽에서는, 편의를 봐준 데 대한 사례나 혹은 그런 편의를 기대하면서 주는 정치헌금이 다음 선거자금을 조달하는 데 큰 도움이 되었다. 협조적인 언론인들에게 내부의 정보를 흘리거나, 혹은 융숭한 대접과 함께 다음날 세상을 떠들썩하게 만들 기밀사항을 넌지시 알려주는 식으로 신문에 의한 여론선동도 행해졌다.

　이런 방식을 응용함으로써, 해군 장교들은 의도적으로든 우발적으로든 언론에 대한 정보 누출을 통해 세력다툼을 벌이기 시작했고, 이 다툼은 때때로 추정이나 소문을 여과 없이 전달하는 기자들의 보도에 의해 더욱 격화되기도 했다. 특히 신문과 의회를 주무대로 하여 벌어졌던 피셔 제독과 찰스 베리스퍼드 제독의 사적 대립은 해군본부의 거의 모든 업무에 영향을 미쳤다. 해군 사관들은 오늘날의 영화배우처럼 대중지에서 스타 취급을 받았고, 때로는 멋대로 구는 악동처럼 행동하기도 했다.

　게임의 규칙은 아직 분명하지 않았다. 특히 당국에 대한 비판을 장기로 삼는 저널리즘이 크림 전쟁과 관련된 추문을 계기로 새롭게 생겨났고, 신문을 이용해서 공적인 사안을 조종하려고 하는 사람들은 사적 이익과 공익이라고 생각되는 것 사이에서 불편한 입장에 처했다. 진실을 희생하여 판매부수를 늘리려고 하는 언론인들 역시 자신들의 도덕적 기반이 의심스러움을 자각하지 않을 수 없었다. 정치가에게 선거자금을 대주고 해군의 계약수주에 영향을 미치려고 하는 제조업체들도 마찬가지였다. 상급자를 비판하는 수단으로 신문을 이용하거나 기밀정보를 흘려 정부의 정책에 영향력을 미치려고 하는 해군 장교들 역시 자신들의 도덕성을 확신할 수 없었다. 국가에 대한 '더 높은 차원의 의무'에 관한 개인적인 생각과 오랫동안 지켜온 복종과 규율이라는 규칙이 정면으로 충돌하고 있었기 때문이다. 그러나 존 피셔 제독의 예가 명백히 보여주었듯이, 그런 상황에서 어떤 수를 두는지가 개인의 출세를 좌우했다.

사회에서 중요한 변화가 일어나면 그때까지 지배적이었던 도덕규범과 행동방식에 혼란이 일어나기 마련이다. 1884년에 그토록 요란스럽게 시작된, 경제자원을 동원하는 새로운 방식에 내재하는 도덕적 모호함은 이 새로운 방식의 중요성을 보여주는 것일 뿐이라고 할 수도 있다.

아래의 표에는 그러한 방식이 얼마나 강력하게 작용했는지가 가장 잘 드러나 있다. 이 표에서 알 수 있듯이, 30년 동안 육군의 예산은 두 배도 채 늘지 않았는데 해군의 예산은 거의 다섯 배 가까이 늘었다. 더구나 당시는 물가수준이 대체로 안정적이던 시대였다. 분명히 영국 해군은 신기술을 받아들이고 민간부문을 군수품 공급자로 인정함으로써 정부예산에서 더 큰 부분을 획득하는 데 성공했다. 반면에 영국 육군은 구래의 운영방식을 충실히 따르면서 무기에 관해서는 조병창의 생산능력과 설계에 거의 완전히 의존함으로써 해군에 비해 크게 뒤처져 있었다.

산업계와 해군 사이의 상호작용이 강화되자 정부 운영의 다른 두 측

의회에서 승인된 예산(100만 파운드)

|  | 육군과 조달국 | 해군 |
| --- | --- | --- |
| 1884 | 16.1 | 10.7 |
| 1889 | 16.0 | 13.0 |
| 1894 | 17.9 | 15.5 |
| 1899 | 20.0 | 24.1 |
| 1904 | 36.7 | 35.5 |
| 1909 | 26.8 | 32.3 |
| 1914 | 28.3 | 48.8 |

출처: B. R. Mitchell, *Abstracts of British Statistics* (Cambridge, 1971), pp. 397~98.

면, 즉 재정과 기술 면에도 심각한 새로운 압력이 가해졌다.

재정문제가 특히 심각해진 것은 비용을 예측할 수 없게 되었기 때문이다. 새로운 장치와 제조공정이 너무 빨리 도입되는 바람에 비용을 예측할 수가 없었다. 유망하다고 생각된 새로운 아이디어가 막상 실현단계에 이르자 애초의 예상보다 훨씬 비용이 많이 드는 경우는 얼마든지 있었다. 그렇더라도 개발을 중단한다거나 실행가능성이 완전히 검증될 때까지 어떤 새로운 아이디어를 시도하려 하지 않는다면 다른 국가의 해군에게 기술 주도권을 넘겨주는 셈이 된다.

물론 영국 해군은 의회가 승인한 액수 이상의 예산을 사용할 수는 없었다. 그러나 실은 새뮤얼 피프스의 시대 이래로, 아니 그보다 훨씬 전부터 해군본부에는 지출이 의회가 승인한 액수를 초과할 때마다 경상비를 충당하기 위해 런던의 은행가들로부터 돈을 빌리는 관행이 있었다. 함정이나 대포의 발전속도가 완만하던 시대에는 비용을 예측하기가 쉬웠다. 따라서 신중한 해군본부 위원회라면 다급할 때 돈을 빌리고 의회가 과거의 적자를 보전하는 비용을 승인해주면 빚을 갚아서 누적채무가 위험수위에 이르지 않도록 조절할 수 있었다. 시스템이 이런 식으로 돌아가는 동안은, 의회는 거의 책정한 대로 예산을 집행했고, 해군본부도 유연성을 갖고 일을 해나갔다.

그러나 1880년 이후처럼 기술이 눈부시게 발전하기 시작하자 예측가능한 지출의 상한선을 알 수 없게 되었다. 초과 비용을 메우기 위해서는 빚을 낼 수밖에 없었다. 돈을 빌리지 않으면 새로운 전함의 완성이 늦어지거나 어떤 중요한 기술개발에서 독일군에 뒤떨어질 수 있었다. 그러나 초과 비용을 메우기 위해 빌린 돈의 액수가 너무 커지면 조만간 정부지출의 상당부분이 이자지불에 쓰이게 될 것이었다. 기술 면에서 아낌없이 돈을 쓰는 정책이 계속되는 가운데, 의회가 책정해주는 예산이 증가하고 있었음에도 불구하고 해군본부는 민간회사라면 파산이나 다름없는 상태를 향해 돌진해갔다.

이런 상황에서 해군 지출에 대한 의회의 통제가 무너지기 시작했다. 의회 내에서도 일반 의원들은 해군본부의 채무에 관해 거의 또는 전혀 알지 못했고, 일반 공민처럼 매년 책정되는 예산안에 따라 실제 사용되는 금액이 조정되고 규제되고 있을 것이라 여기고 있었다. 1909년에는 도저히 감당할 수 없는 상황이 되어버렸고, 과거의 누적채무를 상환하는 동시에 해군 군비를 더 확장하기 위해서는 새로운 세원을 찾아야 했다. 이 문제에 대한 정부의 해결책이 1909년에 재무장관 로이드 조지가 편성한 예산안이었다. 이 예산안의 골자는 부자의 부담을 늘리고 사회복지를 증진하는 것으로, 정부가 기존의 사회경제 관계에 과감하게 개입할 태세를 갖추고 전면적인 군비경쟁에 나설 수 있음을 명백하게 보여주었다. 공공의 목적을 위해 필요한 만큼 경제자원을 동원하기 위해서는 특히 사회 내부에서 분명히 부의 재분배를 감지할 수 있을 정도로 무거운 누진세가 반드시 필요했다. 로이드 조지의 예산에 의해 부과된 새로운 세금을 저지하려 했던 상원의 노력, 그리고 이런 상원의 부결을 무시하고 거부권을 무효화하겠다는 정부의 결의가 야기한 준혁명적인 분위기는 자유주의를 근간으로 하는 19세기 사회와 제도의 전면적 붕괴를 예고하는 중요한 요소였으며, 이 붕괴과정은 제1차 세계대전 기간에 최고조에 달했다.

재정적 불확실성과 습관화된 경영 패턴의 혼란은 해군본부나 재무성에만 국한되지 않았다. 신무기 기술은 민간 무기회사에서도 극도로 어려운 경영상의 문제를 야기했던 것이다. 이런 기업들의 경영상태는 엄청난 이득을 보거나 완전히 파산하거나 둘 중 하나였다. 몇몇 회사는 짭짤한 이익을 올린 반면(20세기 첫 10년 동안 비커스사의 연평균 배당률은 자본금 대비 13.3%였다),[46] 다른 회사는 파산했거나 파산 직전이었다. 어떤 회사가 번영하고 어떤 회사가 쇠퇴하는가를 결정하는 데 해군본부의 발주정책이 가장 큰 역할을 하곤 했는데, 그 정책 자체가 어떤 때는 좁게 금전적 측면만을 고려하고 또 어떤 때는 폭넓게 정치상황까지 고려하는 등 동요하고 있었다.

이런 환경에서는 일반적인 시장지향적 행동이 통용되는 범위가 한정될 수밖에 없었다. 누가 계약을 따고 누가 제외되는가를 결정할 때 조달 담당 관료나 기술혁신을 지향하는 해군 장교와의 특별한 관계가 입찰가격보다 중요한 경우가 많았다. 그러나 전문가들끼리의 이런 공모관계는 비용을 절감하라든가 불황을 겪고 있는 특정 지역이나 회사를 돕는 차원에서 일을 나누어주라든가 하는 외부로부터의 공공연한 정치적 압력으로 인해 혼란에 휘말리기도 했다.

이런 상황에서 무기회사를 경영하려고 하는 사람에게 통상적인 원가계산이란 불완전하기 짝이 없는 도구였다. 이제껏 지구상에 존재하지 않던 기계를 제조한다는 계약을 이행하기 위해서는 일반적으로 상당한 액수의 설비투자가 필요했다. 그러나 그 새로운 설비를 계속 사용할 수 있을지, 아니면 그새 어떤 새로운 장치나 설계가 등장하는 바람에 한 차례의 계약을 이행한 뒤 그 설비를 폐기하게 될지 아무도 확실하게 알 수 없었다. 그렇다면 어느 정도의 원가를 산정하는 것이 적절할까? 기업은 투자액 전부를 단 한 번의 계약으로 회수할 수 있고 회수해야 하는가? 만약 그렇다면 가격은 매우 높아져야 하며, 만약 새로운 자본설비를 다시 활용할 기회가 생긴다면 분명 어마어마한 이윤을 거두게 될 것이다. 그리고 바로 그 때문에 나중에 무기생산업체는 호된 비난을 받게 된다. 그러나 반대로 새로운 투자비용이 더 오랜 기간에 걸쳐 회수될 것이라고 가정한다면, 다음번에 새로운 계약이 체결되어 최초의 계약이 이행된 뒤에도 새로운 설비를 놀리는 일이 없으리라는 보장이 어디에 있겠는가? 기술이 빠르게 변화해가는 세계에서는 해군본부의 관료도 민간 기업가도 이런 물음에 대해 결코 정확한 답을 할 수 없었다. 그러므로 무기제조는 위험부담이 큰 사업일 수밖에 없었다.

물론 민간회사는 해외판매를 통해 이런 문제를 어느 정도 해결할 수 있었다. 그러나 그것은 부분적으로라도 공급을 지원받은 연구와 개발에서 나온 기술상의 비밀이 해외로 빠져나가는 것에 대해 해군본부가 제재를 가하지 않는 경우에만 가능했다.* 위험부담을 줄이는 더 확실한 방법은 입찰에 참여하는 기업들이 서로 담합을 하는 것이었다. 이에 대응하여 해군본부는 새로운 기업을 찾아내 무기산업에 참여하도록 유도함으로써 공급을 확대하고 가격을 인하하여 독점을 막으려 했다. 예컨대 1888년에 비커스사가 무기사업에 뛰어든 것도 그런 경우로, 비커스사는 장갑판 수주를 결정하는 입찰에 참여해달라는 해군본부의 간절한 요청에 응했다. 다른 한편으로 비커스사의 결정은 민간의 자유시장에서 미국 및 독일산 철강과 가격경쟁을 벌이기가 어려웠음을 반영하는 것이기도 했다. 무기생산에 뛰어듦으로써 비커스사는 외국과의 비용절감 경쟁을 피할 수 있게 되었다. 해군본부는 영국인이 아닌 공급자로부터 무기를 구입할 생각이 없었기 때문이다.[47]

민간측에서도 정부측에서도 이렇게 비용을 예측하기가 어려워지면서 경쟁과 공개입찰은 곧 현실성을 잃고 말았다. 비커스 같은 신규 회사도 재빨리 암스트롱 같은 기존의 무기제조업체와 협조하는 방법을 터득해 나갔다. 물론 새로운 특허를 가진 기업이라면 무기사업에 새롭게 진입할 수도 있다. 그러나 그런 회사는 보통 최초의 계약을 이행하고 나면 재정위기에 빠졌다. 그들의 자본설비를 계속 가동시킬 수 있을 만큼 새로운 주문이 이어지지 않는 경우가 대부분이었기 때문이다. 이런 상황에서 흔

---

* 이런 종류의 제재는 점점 더 중요해졌다. 사실상 신기술을 보호하기 위한 방법으로서 기밀 지정이 점차 특허를 대신하게 되었다. 특허를 받기 위해서는 발명 계획안이나 도면을 제출하여 누구나 열람할 수 있도록 해야 하는데, 그렇게 되면 경쟁기업이나 경쟁국가가 제멋대로 아이디어를 가로채거나(아마도 특허권 침해에 관한 법적 판단을 어렵게 하기 위해 내용을 조금 바꾸어서) 그 제품의 성능 제원을 파악한 후 그것을 능가하는 제품을 개발할 수도 있기 때문이다.

히 볼 수 있는 대응책은 기존의 무기제조업체와 합병하여 대기업을 만들고 풍부한 자금과 기술자원을 활용하여 기업 내부에서 위험부담을 분산시키는 것, 즉 해군본부(와 외국으로부터의 구매)가 그때그때 요구하는 대로 한 계약에서 다른 계약으로 인력과 기계를 기업 내에서 돌려가며 사용하는 것이었다.

이런 회사들은 점차 규모가 커지면서 다방면에 걸쳐 정부의 관료제와 비슷한 성격을 띠게 되었다. 이들은 복잡한 군수품을 만드는 능력 면에서 독점 또는 적어도 준독점적인 지위에 있었기 때문에 해군본부의 구매담당관과 거의 대등한 입장에서 교섭을 벌일 수 있었다. 고도로 특화된 (많은 경우 기밀사항인) 신형 장비를 구매하려고 할 경우 해군본부의 구매담당관은 다른 공급원을 찾기가 점점 더 어려워졌기 때문이다. 다시 말해 민간 무기제조업체는 점차 울리치 조병창을 닮아갔다. 차이가 있다면 해군과 그 공급자는 매우 급진적인 기술변화 속에서 생존하는 데 익숙해져 있던 반면, 육군과 울리치 조병창은 아직 한 번도 그런 복마전에 휩쓸린 적이 없었다는 점이다.

영국의 무기회사 간의 합병이 얼마나 빠르게 진행되었는지를 잘 보여주는 예가 맥심 총포회사의 역사다. 이 회사는 1884년에 기관총을 제조하기 위해 설립되었는데, 4년 뒤에는 재빨리 노든펠트사와 합병했다. 그 뒤 1897년에 맥심-노든펠트사는 비커스에 매각되었다. 암스트롱 역시 기업합병작업에 착수했다. 그 가운데 가장 중요한 것은 1897년에 오랜 경쟁상대였던 휘트워스사를 인수한 것이었다. 그리하여 1900년이 되자 암스트롱과 비커스라는 2대 회사가 영국의 무기업계를 지배하게 되었다. 이 두 회사와 해군본부의 관계는 준(準)공적인 성격을 띠었다. 어떤 새로운 큰 건의 계약을 두 대기업과 그 밖의 중소 경쟁업체 사이에 어떻게 배분하느냐에 따른 정치적·경제적 결과에 대한 고려가 입찰가격 못지않게, 때로는 그 이상으로 해군본부의 정책결정에서 중요한 판단기준

이 된 것이다.[48]

1885년 이후 크루프나 프랑스 최대의 무기제조업체인 슈네데르 크뢰조와의 경쟁이 격화된 외국시장에서는 기술적으로 뒤떨어진 국가가 어떤 대포나 군함을 구입할지를 결정할 때, 국가의 위신이나 외교관계나 노골적인 뇌물 등이 영향을 미치는 경우가 많았다. 이런 요소들보다 훨씬 더 결정적인 것은 신용대출이었는데, 이는 무기를 구입하는 나라들 가운데 사고자 하는 무기의 대금을 지불할 만한 자금을 보유하고 있는 나라가 거의 없었기 때문이다. 해외공관의 대표부는 종종 시중은행에 그런 신용대출을 알선하기도 했다.

비커스와 암스트롱은 일단 영국 국내시장에서 지위를 굳히고 나자 외국시장에서 상호 경쟁하는 것은 현명하지 않음을 깨달았다. 1906년까지 두 회사는 사실상 거의 지구 전체를 대상으로 하는 시장분할협정을 맺었다. 또한 크루프와 특허 및 특허사용료에 관한 협정을 맺음으로써 두 영국 기업은 야금과 관련된 크루프의 새로운 발명을 사용할 수 있게 되었고, 그 대신 크루프는 영국의 특허 몇 가지를 사용할 수 있게 되었다. 슈네데르와도 이와 유사한 협정이 맺어졌다. 그리하여 무기제조업체들의 국제적 카르텔이 형성되었는데, 이는 제1차 세계대전 이후 격렬한 비난의 대상이 되었다. 이 거대기업들은 돈벌이를 위해 공모하거나 입찰에서 담합하는 것을 예사로 여겼다. 그러나 다른 한편으로는 정치적 경쟁관계나 국가적 자부심 때문에 출혈을 무릅쓰는 과당경쟁을 하거나 때로는 손해를 감수하는 가격을 제시하기도 했다. 실제로 상황이 어떻게 전개되는가는 상반된 방향의 이 두 힘이 개개의 경우마다 어떻게 작동하는가에 따라 달랐다.

1850년대의 기술혁신 이래로 민간의 무기제조업체들은 기업의 수익을 늘리고 국내 수요의 증감으로 인한 경기변동의 영향을 줄이기 위한 방편으로 해외시장에 참여함으로써 번영을 누려왔다. 발명과 기술개발에 드는 모든 비용을 직접 부담하는 한, 민간회사의 해외시장 이용을 둘러싸고 미묘한 도덕적 문제가 제기될 일은 없었다. 그러나 1880년 이후 모든 중요한 신무기와 새로운 장비를 개발하는 과정에서 해군 장교들과 민간회사의 기술자 및 생산 전문가들 사이에 긴밀한 협력이 이루어지자 상황은 달라졌다. 해외판매와 관련하여 판매권을 누가 가지는가, 또 누구에게 팔 것인가 하는 중대한 문제가 제기된 것이다. 이익이 되는 거래일지라도 상대가 잠재적인 적국일 경우에는 국가에 대한 충성심이 거래를 가로막았다. 동맹국이나 제휴국과 거래할 때는 이 같은 문제를 피해갈 수 있었지만, 그것도 국제관계가 변화하지 않는 한에서만 가능했다. 또 영국의 무기회사와 크루프사 사이에 몇 가지 특허공용협정이 맺어지자(그 중 일부는 제1차 세계대전 중에도 준수되었다), 국가와 기업, 공공의 이익과 개인의 이익 가운데 어떤 것이 우선시되어야 하는가라는 문제가 특히 첨예하게 대두되었다.*

전체적으로 볼 때 제강기술, 화학공업, 전동기계, 무선통신, 터빈 기관, 디젤 기관, 광학기계, 계산기(포격 통제용), 유압기기 등 잇달은 신기술 개발에서 무기회사들이 선구적인 역할을 하게 되었고, 그에 따라 이 기업들이 준(準)공적인 성격을 띤 거대한 관료제적 기구로 급속하게 변

---

\* 트레빌콕(Trebilcock)은 『비커스가의 형제들』(*The Vickers Brothers*)에서 민간기업의 경영자가 위험부담을 최소화하려 애쓰고 자신이 제품을 공급하고 있는 시장의 동향에 합리적으로 대응해가는 과정을 특히 예리하게 다루고 있다. 트레빌콕은 세 편의 논문[49]을 통해 이 문제를 더욱 간결하고 전반적으로 다루고 있다. 이 가운데 마지막 논문이 특히 중요한데, 거기서 트레빌콕은 1890~1914년에 무기제조업에 대한 정부투자의 규모와 경제적 중요성은 이전 시기에 정부가 철도건설에 기울인 노력에 뒤지지 않는다고 논했다. 두 경우 모두 근대화를 위한 국가전략으로서, 민간자본이 자발적으로 흘러들지 않을 새로운 부문에 정부의 신용대출을 통해 막대한 투자를 한 것이었다. 나아가 트레빌콕은 군수산업의 파급효과는 이전에 철도가 미친 것만큼이나 큰 영향을 각국의 경제에 미쳤다고까지 논하고 있다. 그의 계산에 따르면 신무기 제조기술을 도입하려고 하는 각국 정부의 노력이 절정에 달했을 때, 스페인은 이를 위해 국민소득의 2%(1906)를 사용한 반면 일본은 10.3%(1903)를 썼다. 다른 나라들은 이 양극단 사이에 분포되어 있다. 그러나 어느 나라 할 것 없이 모두 막대한 노력을 기울였으며 새로운 기술, 새로운 수요, 새로운 신용대출과 세금의 흐름을 만들어냄으로써 국민경제 전반에 지대한 영향을 미쳤다.

모해갔던 것은 분명하다. 이 거대 기업들이 제조하는 무기의 실질적인 품질은 유럽 내의 경쟁국이나 그 육해군에게 대단히 중요한 문제였다. 1866년과 1870년의 전쟁 이후에는 새로운 기술적 우위를 획득하는 것이 전쟁에서 결정적으로 유리하다는 점을 모두가 인식하고 있었다. 따라서 무기 설계에서 기술적 선택 하나하나가 정치적·군사적으로 중요한 의미를 갖게 되었고, 모든 결정은 국익과 신무기를 개발한 회사가 얻게 될 수익이라는 두 측면을 모두 감안하여 내려져야 했다.

이리하여 군과 민간 사이에 빠르게 돌아가는 피드백 회로가 형성되면서, 해군본부의 회계·경영상의 결정과 아직 표면적으로는 민간회사인 무기제조업체의 회계·경영상의 결정이 서로 맞물리게 되었다. 공공정책과 사적인 이윤추구가 떼려야 뗄 수 없을 만큼 긴밀하게 얽혀 있었던 것이다. 1920년대와 1930년대의 자유주의적 비평가들, 그리고 1950년대 이후의 마르크스주의 또는 유사마르크스주의 역사가들은 이 관민혼합체 속에서 지배적인 요소는 사적인 이윤추구라고 주장했다. 이들의 견해에 따르면, 사실상 이윤추구가 이 혼합체의 원동력이었다. 그 밖의 모든 것은 그로부터 파생된 것이며, 자신과 자신이 섬기고 있는 주주들을 부자로 만들고자 하는 약삭빠르고 탐욕스러운 사람들에 의해 조작되었다는 것이다.

그러나 이 같은 주장은 인간의 동기와 행동에 관한 대단히 왜곡된 견해로 생각된다. 애국심과 이윤추구가 명백하게 같은 방향을 가리키고 있다고 여겨질 때 인간의 반응은 훨씬 더 기민했으며, 무기회사의 경영자들도 일반적으로 자신의 역할을 그 두 가지를 모두 추구하는 것이라고 인식했다. 그러나 손익과 상관없이 어려운 문제를 해결하려는 도전정신역시 일정 부분 인간의 행동을 지배했으며, 기술혁신적인 사고방식을 가진 사람들이 제1차 세계대전 이전 시기의 산업규모에 어울리지 않을 정도로 많이 무기제조업으로 모여들었던 것은 단지 이 분야에서 산업기술

연구가 활발하게 이루어지고 있었기 때문이다.* 한 사람의 혁신자가 연쇄적으로 다른 혁신자들을 불러들였던 것이다.

더욱이 모든 과정에서 대단한 역할을 했던 해군장교들의 정신을 지배한 것은 분명히 기술적 효용, 공공에 대한 봉사, 그리고 올바른 결정을 내리는 능력에 따른 승진 등의 관념이었다. 계급 승진이란 인간으로 하여금 야망을 좇아 맹렬한 노력을 하도록 하는 데 매우 큰 힘을 발휘하며, 근대의 육해군에서 근무한 적이 있는 사람이라면 누구라도 이 사실을 잘 알고 있을 것이다. 물론 승진에는 경제적 이득도 따르지만, 정말로 중요한 것은 계급이 올라감에 따라 더 많은 존경과 우선권을 받게 된다는 점이었다. 만약 이윤동기가 정말로 인간의 행동을 지배하는 결정적인 요소라면, 예를 들어 피셔 제독은 1887년에 휘트워스사가 제안한 직책을 거절하지 않았을 것이며, 해군의 설계기사였던 윌리엄 화이트도 2년 동안 암스트롱사에서 일할 때 받던 것의 3분의 1밖에 되지 않는 봉급을 받기 위해 해군본부로 돌아가지는 않았을 것이다.

해군의 명령체계 내에서의 출세욕에 물들어 있긴 했지만 이와 같은 공익과 더불어 내각과 의회로부터의 공공연한 정치적 압력이 기술혁신이라는 전반적 흐름의 향방을 결정하는 일에 있어서 사적인 이윤추구보다 훨씬 큰 힘을 발휘했다. 그러나 이런 복합적인 동기들 가운데 정책 결정을 지배한 요소가 무엇인가 하는 질문은 다분히 비역사적이다. 중요한 것은 공적 동기와 사적 동기가 어떻게 얽혀 있었는가 하는 점이다. 1914년 이전까지는 시장과 금전상의 손익에 대한 고려가 정치적 명령에 확고하게 종속되어 있지 않았고, 정치적·군사적 결정이 민간 제조업체의 이윤 극대화에 종속되어 있지도 않았다.[51]

---

* 비커스사의 번영을 일군 기업인이자 기술자였던 톰 비커스의 성격은 어떻게 기술 자체가 목적이 될 수 있는지를 보여준다. 톰 비커스는 오로지 자신의 일을 위해서만 살았다. 부와 회사의 소유권, 재산이 가져오는 허식 같은 것은 그에게 거의, 아니 어쩌면 전혀 의미가 없었다.[50]

정치적 결정을 경제적 혁신의 가장 중요한 토대로 삼으려는 움직임은 1914년 이전에 가장 허약하고 덜 산업화된 유럽 국가들에서 이미 뚜렷하게 나타나고 있었다. 일본에서도 이런 움직임은 명백했다. 그런데 영국과 독일 역시 1880년대 이래로 빠르게 같은 방향으로 움직이고 있었다. 거대한 무기회사는 기술의 고도화에서뿐 아니라 기업의 일상적인 경영을 좌우하는 의사결정이 정치화되어가는 면에 있어서도 다른 산업부문을 훨씬 앞지르고 있었다. 그리하여 무기회사와 그 거래처인 각국의 육해군은 20세기의 주요한 특징을 이루는 두 흐름, 즉 전쟁의 산업화와 경제의 정치화를 주도하게 되었다.

## 합리적 설계와 합리적 경영의 한계

1884년 이후 영국 해군에 봇물처럼 쏟아져 내린 신기술은 도덕성과 예산과 관리기구에만 해결과제를 안겨준 것이 아니었다. 폭주하는 기술 그 자체에 대한 제어가 불가능해지기 시작한 것이다. 제1차 세계대전 직전에 이르러서는 포격통제장치가 너무나 복잡해진 나머지, 어떤 설계를 채택하고 어떤 설계를 폐기할지를 결정해야 할 제독들마저 여러 설계안이 어떤 기술적 문제를 놓고 경합을 벌이는지 이해할 수 없게 되었다. 포격통제장치의 근거가 되는 수학적 원리나 그 연동기구의 메커니즘을 숙지하기란, 그렇지 않아도 일상업무 속에서 정신을 차리지 못하는 사람들에게는 불가능한 일이었다. 그 결과 담당자가 내용을 알지 못하는 상태에서 사안을 결정하곤 했으며, 재정적·개인적·정치적인 이유에서 결정이 내려지는 경우도 종종 있었다.

강철야금 또한 너무나 복잡했기 때문에 제독들은 대포나 장갑판의 성능을 혁명적으로 향상시킨 새로운 야금기술의 화학적 원리를 결코 이해하지 못했을 것이다. 그러나 대포나 장갑판의 성능을 시험하는 방식은 상당히 명확했고,* 성능시험이 끝난 뒤에는 누구나 어떤 대포, 어떤 장갑판의 시제품이 가장 나은지 알 수 있었다. 포격통제장치에 대해서도 유사한 시험을 실시할 수 있었을 것이다. 그러나 성능시험의 조건을 어떻게 설정해야 하는지에 관해서는 여러 이견이 있을 수 있었다. 표적함과 시제품 탑재함이 나란히 직진하는지 이리저리 진로를 바꾸는지에 따라 결과는 판이했으며, 또 시제품 탑재함의 속도에 따라서 함정의 상하 흔들림이 달랐고 날씨가 안 좋을 때는 그 편차가 더욱 커졌다. 더구나 전함한 척의 모든 포를 단일한 표적에 조준할 수 있도록 해주는 장치를 모든 포에 장착하려면 엄청난 비용이 들었다. 또 그런 설치작업은 전문가들에 의해 이루어져야 했으므로 그들은 함정의 최고 기밀에 속하는 내부구조를 파악해버리게 되었다.

그러나 가장 근본적인 문제는 바람직한 포격통제장치의 성능수준을 어떻게 규정하는가 하는 문제였을 것이다. 또 이것은 장래의 해전 양상을 어떻게 상정하느냐에 따라 달라졌다. 독일 해군이 적함에 접근하여 뱃전을 붙이다시피 하고 싸우는 넬슨식의 해전을 하려 한다면, 희미한 빛 속에서도 2만 야드(약 18km) 떨어진 적함을 포착하여 첫 번째 일제포격부터 근사치에 떨어뜨릴 수 있는 장비가 결정적으로 중요해지지는 않을 것이다. 그렇지만 그처럼 대단한 성능을 가진 기계가 발명될 수 있다면, 모든 해군은 그것을 장비하지 않고는 안심할 수가 없게 된다.

영국 해군에게 실제로 이 같은 딜레마가 닥쳐왔다. A. J. H. 폴렌이라는 발명재능이 있는 민간인이, 아래위로 흔들리면서 운항 중인 함정에서

---

* 그렇긴 했지만 영국 해군본부는 1916년 유틀란트 해전 때 장갑을 씌운 표면에 직각으로 부딪친 포탄과 비스듬히 부딪친 포탄의 위력이 다르다는 것을 뒤늦게 알게 되었다. 실전에서 예상보다 훨씬 먼 거리에서 독일 함정을 포격하게 된 영국의 포탄은 빗맞거나 장갑판에 도달하기 전에 폭발해버렸다. 독일 해군은 비스듬하게 맞추는 포격시험도 실시하여 포탄의 설계를 적절하게 개량했기 때문에 포격의 위력이 훨씬 컸다.

도 원거리의 목표를 정확하게 조준하기 위해 풀어야 할 수학적·기계적 문제를 해결했노라고 주장했을 때였다. 1906년에 폴렌이 해군본부를 찾아와 자기가 고안한 장치의 설계도를 제시하자, 피셔 제독은 그를 열렬히 환영하며 해군이 이 발명에 관한 독점적 권리를 반드시 획득해야 한다고 선언했다. 폴렌은 한 달도 채 지나지 않아서 계약에 서명했다. 그 계약의 내용은 이랬다. 실제 시험결과가 폴렌의 주장대로라면, 폴렌에게 우선 10만 파운드를 지불하고 미래의 판매에 대해서는 상당액의 특허사용료를 지불한다는 것이었다. 이 계약을 기초로 폴렌은 회사를 설립하고 자신의 발명품을 제작하기 시작했다. 그러나 그는 곧 재정문제에 부딪쳤다. 어떤 장치든 실제로 시제품을 제작하려면 예상치 못한 온갖 복잡한 문제가 생기게 마련이었다. 한편 해군본부 역시 재정적 어려움을 겪고 있었다. 때마침 기술 면에 정통한 한 해군 장교가 폴렌의 장치에 필적하는 장치를 설계할 수 있다고 주장하자, 해군은 폴렌에게 주기로 한 10만 파운드를 절약할 수 있는 길을 찾았다고 생각했다. 그런데 해군이 독자적으로 설계한 장치가 제대로 작동하기까지는 4년이 걸렸으며, 그나마도 1911년에 먼저 완성된 폴렌의 시제품을 표절하고서야 완성된 것이었다.\* 그럼에도 불구하고 1913년에 당시 해군장관이었던 윈스턴 처칠은 의회에서 다음과 같이 말했다.

> 해군본부는 폴렌 시스템을 채택할 생각이 없으며 해군 내의 전문가가 개발한 더 만족할 만한 시스템을 채택할 것입니다. ……저는 해군 동료들의 설명과 해군본부가 당연히 귀담아들어야 할 전문가들의 조언에

---

\* 국왕이 임명한 위원회는 1926년에 이 특허권 침해 사실을 공식적으로 인정하고 폴렌에게 배상금으로 3만 파운드를 지급하도록 했다.[52] 해군이 민간의 특허권을 좌지우지하는 일은 이전에도 있었다. 유명한 예를 들자면, 피셔 제독 자신이 앨프레드 애로가 신형구축함을 위해 설계한 보일러 설계도의 복사본을 경쟁 조선업자에게 보낸 적이 있었다. 애로는 범인을 찾는 데 단서가 될 만한 제보를 원한다는 광고를 냈다. 해군은 공식적으로 사과했지만, 끝내 피셔 제독의 이름을 거론하지는 않았다.[53]

따라 이런 결론에 이르렀습니다.[54]

그런데 "해군 내의 전문가가 개발한" 장치는 함정이 직진하면서 포격을 할 때만 작동되었다. 반면 폴렌의 장치는 함정이 포격 중에 진로를 바꾸더라도 거기에 맞게 조정될 수 있었다. 1913년 이후로 영국의 군함에 장비된 포격통제장치에는 또 다른 결함이 있었다. 특히 영국 해군의 광학적 거리측정기는 유틀란트 해전에서 독일 해군이 사용한 것보다 정확도가 크게 떨어졌다. 만약 경연을 실시했더라면 폴렌의 시스템이 낫다는 것이 입증되었겠지만, 그런 경연은 결국 열리지 않았다. 만약 경연을 통해 폴렌이 설계한 시스템의 우위가 입증되었다면, 해군본부는 폴렌이 개발에 성공했을 경우에 주겠다고 약속한 10만 파운드를 지불하는 것은 물론 해군본부 내의 영향력 있는 전문가집단의 신뢰성에도 손상을 입는 등 큰 타격을 받았을 것이다.*

물론 다음과 같은 주장도 있을 수 있다. 어떤 장치가 제한된 조건하에서이긴 하지만 어쨌든 작동에 큰 문제가 없고 가격도 훨씬 싸다면, 처칠이 의회에서 말한 것처럼 민간인이 설계한 값비싼 장치에 비해 '더 만족할 만한' 장치였던 것은 아닐까? 해군에 닥치기 시작한 재정 압박을 고려할 때, 그쪽을 택하는 것이 분별 있는 판단이 아니었을까? 더구나 종진(縱陣)에서 발포하는 것은 영국 해군의 전통과도 합치되었다. 지휘관이 함대를 완전히 장악하면서 최대한의 화력을 적에게 퍼부으려면 그것밖에 다른 방법이 없지 않은가. 극도로 혼란스러운 현대세계에서 해군의 전통을 유지할 수 있는 다른 방법이 도대체 무엇이 있을까. 만약 종진을 취했을 경우에는 지그재그 대형으로 포격할 때보다 쉽게 적군이 거리를 측정할 수 있지만 그래도 별 문제는 없다. 영국의 제독들이 선호하는 전

---

* 폴렌은 베리스퍼드 제독의 친구였다. 이 때문에 1906년 이래 해군본부를 지배하고 있던 피셔와 그의 동료들은 폴렌에게 호의를 가질 수 없었다.

술은 넬슨식 해전으로 돌아가 가능한 한 빨리 적과의 거리를 좁히고 결정적 승리를 거두는 것이 아닌가? 발명자말고는 정말로 이해하는 사람이 거의 없는 기계 한 대를 사용하기 위해 함대의 경영이나 전술상의 원리까지 변경해야 한다는 건 무리다.

명백한 것은 이 논쟁이 점차 흥분 섞인 동문서답으로 변질되어가면서 정작 쟁점이 되었던 기술적인 문제는 모호해져버렸다는 점이다. 쟁점이 무엇인지 제대로 이해하는 사람은 거의 없었다. 문제 전체가 기밀사항으로 간주되었고, 실제로 소수의 관계자를 제외하면 아무도 그 내용을 몰랐다. 그러나 결정을 내려야 할 사람들 역시 기술적인 사항을 반드시 잘 알았던 것은 아니며, 다른 사람들의 말에 의존했다. 이런 상황에서 폴렌은 걸핏하면 탐욕스럽다는 혐의를 받기 쉬운 민간인이었으므로* '해군 내의 전문가'들이 기술적으로 뒤떨어진 자신들의 발명을 옹호하고 나선다면 폴렌이 설계한 장치는 채택과정에서 절대적으로 불리할 수밖에 없었다. 1912년에 어떤 제독은 노여움에 못 이겨 다음과 같이 말했다.

> 폴렌 씨를 해군이 선호하는 발명가의 지위에 앉힌다면 해군은 그에게 포격통제 시스템 가운데 가장 정교한 장치들을 맡기게 되며, 또 그 정보를 영국 해군이 독점적으로 사용하려면 자기에게 큰돈을 지불하라는 압력을 폴렌 씨한테서 계속 받게 된다. 그리하여 해군이 그에게 돈을 줄 때마다 그는 점점 더 기밀정보에 정통하게 된다. ……이것은 우리

---

* 1912년에 폴렌의 포격통제장치를 채택하지 않는다는 결정이 내려진 후 폴렌이 설립했던 회사는 해군본부의 거래 후보기업 목록에서 제외되어버렸다. 그러자 폴렌은 1863년에 암스트롱사가 그랬던 것처럼 자신의 제품을 다른 나라 해군에 팔려고 했으며 결국 러시아 해군에게 팔았다. 그러나 그의 아들이 지적했듯이, 폴렌은 애국심 때문에 독일 해군에게는 팔려고 하지 않았다. 그렇지만 독일 해군의 전문가들이 관심을 가졌다면, 미국 해군이나 브라질·칠레·오스트리아·이탈리아 해군과 협상하여 폴렌의 포격통제장치의 원리에 관한 정보를 충분히 얻을 수 있었을 것이다.[55] 폴렌의 회사는 해군본부로부터 들어오는 선불금이 중단되자 극심한 자금난에 빠졌다. 이는 무기사업이 중소기업이 뛰어들기에는 위험한 분야라는 것을 보여주는 하나의 역사적 사건이다.

목에 감긴 사슬이며, 그 사슬은 시간이 갈수록 점점 더 우리를 꼼짝도 못하게 조여 올 것이다.[56]

이 시기 영국 해군이 최대한의 원거리 포격에 힘을 쏟고 있었던 것을 생각하면, 성능이 떨어지는 포격통제 시스템을 채택한 이 결정은 특히나 미숙한 판단이었다. 1905~1910년에 계속해서 건조된 이른바 '순양 전함'(battle cruiser)은 최대의 대포와 최고의 항해속도를 자랑했지만 장갑은 최소한으로만 사용되었다.[57] 순양 전함이 적함과의 대결에서 무사하려면 빠른 속도를 이용하여 적함의 사거리를 벗어나 외곽에서 포격을 퍼부어 적함에 타격을 가하는 전법을 취할 수밖에 없었다. 피셔 제독은 이 슈퍼 군함이 해군본부에서 자신이 막을 열었던 그 유명한 '드레드노트' 혁명에 필적하는 제2의 군함 설계 혁명이라고 생각했다. 그러나 그 육중한 함포의 우월한 사거리를 살릴 수 있는 포격통제장치가 없다면, 이런 함정은 그저 바다 위에 떠 있는 관이나 마찬가지였다.

너무나 아이러니컬한 일이지만, 영국 해군에서는 피셔 제독을 비롯하여 어느 한 사람도 그 점을 염려하지 않았던 것 같다. 피셔는 처음에는 폴렌의 발명에 매우 열광했지만 해군 내부에서 만든 더욱 값싼 장치도 쓸 만하다는 부하들의 말에 갑자기 태도를 바꾸었다. 새로운 순양 전함을 염두에 둔 피셔의 전술구상이 원칙으로 확립된 것도 아니었다. 그렇기는커녕 1913년에 순양 전함 함대의 사령관으로 임명된 데이비드 비티 제독은 자신의 함대가 이른바 해상 기병대로서 빠른 속도를 활용하여 정찰을 하고 해전에서 선봉대 역할을 해야 한다고 생각했다. 전통적인 사고방식을 가진 해군 사관들은 적의 사거리 밖을 돌면서 원거리에서 적을 포격하는 전법은 어쩐지 비열하고 넬슨답지 않다고 느꼈을 것이다. 어쨌든 당시 영국 해군이 갖추고 있던 포격통제장치로는 그러한 전술을 펴고 싶어도 펼 수가 없었다. 따라서 사격연습거리를 9,000야드(약 8km)로 정한 훈련규정이 계속 시행되었는데, 장갑판이 얇은 순양 전함이 이 거리까지 적함에 다가간다는 것은 거의 자살행위나 다름없었다. 관료기구 고질적 타성이 극도의 불합리성에도 불구하고 버젓이 통용되었던 것이다.[58]

돌이켜보면 파벌간의 다툼과 기술에 관한 무지, 푼돈에 벌벌 떠는 태도(순양 전함 한 척의 건조비와 사실 비교하면 사실 폴렌에게 지불할 10만 파운드 정도는 아무것도 아니었다)가 맞물려 모든 일을 엉망으로 만들어버렸던 것이다. 영국 해군은 유틀란트 해전에서 그 대가를 톡톡히 치렀다. 이 해전은 원거리를 사이에 둔 포격전이었고 접전 중에 여러 차례 침로를 변경해야 했기 때문에, 영국 해군은 기대했던 결정적 승리를 거둘 기회를 좀처럼 얻을 수 없었다.[59]

그러므로 제1차 세계대전 직전에 기술을 둘러싼 문제는 이미 제어할 수 없게 되었다고 보는 것이 정확할 것 같다. 기술문제를 다루는 기존의 방법으로는 더 이상 합리적이거나 만족스러운 결정을 보장할 수 없게 된 것이다. 기밀 유지라는 것 때문에 관계자들의 지혜를 모으기가 쉽지 않았고, 파벌싸움과 자신의 경쟁상대가 이익을 보고 있지 않을까 하는 의심도 마찬가지 결과를 낳았다. 무엇보다도 이것은 고도의 수학적 소양이 있어야만 이해할 수 있는 복잡한 문제였고 그 문제에 가장 밀접하게 관여하고 있던 사람들조차 대부분 이해할 수 없었기 때문에 최소한의 합리성마저 결여된 정책이 결정되었던 것이다.

1884년에 정신없이 쏟아져 나왔던 기술혁명이 이처럼 가장 얄궂은 결과를 낳았다. 20세기 초 건함 경쟁의 수많은 다른 측면과 마찬가지로, 이 포격통제 논쟁 역시 다가올 시대의 모습을 담고 있었다. 기술이 제어되고 있지 않고 또 제어될 수도 없는 바로 지금 우리가 살고 있는 것과 같은 시대를 예시한 것이다. 가장 큰 역설은 모든 일을 합리적으로 경영하려고 하는 인간의 노력이 모든 개별적인 측면에서는 위대하고 인상 깊은 성과를 거두었음에도 불구하고,* 사회 시스템 전체는 제어불가능한 방향으로 나아갔다는 점이다. 각 부분이 점차 합리적이고 경영하기 쉽고 예측할 수 있게 되어갈수록 인간의 전반적인 정황은 더욱 무질서하고 경영하기 어렵게 되어갔던 것이다. 영국 해군도, 그 경쟁상대인 다른 나라의 해군들도 이 역설로부터 벗어날 수 없었다.†

## 국제적인 영향

이 역설의 국제적인 영향을 살펴보면 그것이 가장 잘 드러난다. 잘 알다시피 군산복합체는 영국에서 다른 공업화된 나라들로 신속히 확산되어갔다. 1890년대까지는 영국 해군과 겨룰 만한 유일한 경쟁상대는 프랑스 해군뿐이었다. 그러나 프랑스의 납세자들은 1884년 이후 영국에서 생겨난 것 같은 자기지속적 피드백 회로를 발달시킬 만한 해군예산 증액에 여전히 소극적이었다. 1875년에 해군이 사용할 수 있을 만큼 품질이 한결같고 신뢰할 만한 특수강의 생산방법을 세계 최초로 발명하여 눈부신 기술혁신을 이룩했음에도 불구하고,[61] 프랑스 해군은 프랑스 금속공업이 의지할 만한 지속적인 시장을 제공해주지 못했다. 오히려 앞에서 보았듯이 프랑스 하원은 1881~1888년에 전함 건조를 완전히 중단해버렸다.

프랑스가 전함 건조를 중단한 것과 같은 시기에 독일 제강업체들은 저

---

* 해군이 사용하는 무기와 군수품이 근본적으로 변화해가던 이 태풍과 같은 수십 년 동안 인원의 선발·훈련·승진 역시 체계적으로 합리화되어 갔다.[60]
† 같은 시기에 진행된 산업경영 합리화에서도 같은 역설을 볼 수 있다. 1880년대 이래 대기업은 생산을 계획할 수 있게 되어 여러 생산요소가 작업현장, 제강공장 조립라인에서 순조롭게 돌아가도록 함으로써 대단한 성과를 이룩했다. 그러나 제2차 세계대전 이전에는 내부문제를 관리하는 각 기업의 향상된 능력이 경제 전체로 확산되지 않았다. 오히려 공산품에 붙인 '경직된' 관리가격이 1873년의 공황 이후부터 경기순환을 어지럽히는 방향으로 작용하기 시작했다.

가 수출 공세를 강화했다. 프랑스 정부는 여기에 대응하여 1881년에 보호관세를 부과했고, 1885년에는 외국인에 대한 무기 판매 금지를 해제했다. 이 금지조치는 그때까지 프랑스의 무기제조업체가 세계 무기시장에서 크루프나 암스트롱, 비커스와 경쟁하는 것을 막고 있었다. 프랑스 무기제조업계는 눈부신 성과로 금지해제에 화답했다.[62] 프랑스 굴지의 무기회사인 슈네데르 크뢰조는 1890년대에 크루프로부터 러시아 시장을 빼앗았다. 프랑스제 야포의 설계가 확실히 뛰어난 것은 사실이었지만,* 프랑스 기업이 러시아 시장에 참여할 수 있게 된 계기는 그것보다는 오히려 1891~1894년에 프랑스와 러시아가 정치적으로 가까워지면서 두 나라가 독일에 맞서는 동맹국이 된 것이었다. 그 후 프랑스 외무성의 알선에 따라 프랑스의 은행들은 러시아에 아낌없이 차관을 제공했고, 따라서 차르의 정부는 전략적 가치가 있는 중요 물자들을 프랑스로부터 수입할 수 있는 지불능력을 갖게 되었다. 러시아에게 무기 못지않게 중요했던 것이 철도건설에 필요한 철강이었는데, 러시아의 철강수요는 프랑스 제강업계에도 더할 나위 없이 반가운 일이었다. 프랑스 제강업은 이런 새로운 해외시장 덕분에 마침내 고효율의 신기술을 채용하는 최신식 제강공장을 세우더라도 채산이 맞을 만한 생산규모에 도달할 수 있었다. 그 결과 1914년 이전의 20년 동안 프랑스 철강업의 성장률은 독일마저도 능가했다.†[65]

---

* 1893년에 슈네데르 크뢰조사는 유명한 프랑스제 75밀리 속사야포를 공개했다. 이 포는 비할 바 없는 안정성으로 대포의 설계에 일대 혁신을 가져왔다. 1898년에 완성된 75밀리포는 전장에서 배치와 재배치를 쉽고 빠르게 할 수 있을 만큼 가벼웠을 뿐만 아니라 연속해서 여러 발을 쏘더라도 조준상태가 그대로 유지되어 포격을 할 때마다 조정할 필요가 없었으며, 다른 포보다 약 네 배나 빠른 분당 최고 20발의 속도로 정확한 포격을 할 수 있었다. 그 비밀은 발사의 반동으로 인한 에너지와 포를 발사위치로 되돌려놓는 압축공기 사이에 정확하게 균형을 맞추는 것이었다. 크루프의 설계는 르크뢰조의 속사야포를 몇 년 동안 따라잡지 못했고,[63] 영국 대포의 성능은 제1차 세계대전 기간 내내 이 포에 미치지 못했다.[64]
† 슈네데르사는 1885~1914년에 생산한 대포의 절반과 장갑판의 절반가량을 외국에 팔았다.[66] 장갑판을 구매한 나라는 15개국에 이르며, 그 중 이탈리아·스페인·러시아가 최대 고객이었다. 대포를 구매한 23개국 중에서는 러시아가 단연 1위였으며 스페인과 포르투갈이 그 뒤를 이었다.

프랑스 철강업이 고효율의 신기술을 보유하고 프랑스의 은행들이 신용도가 의심스러운 나라의 정부에도 까다롭게 굴지 않고 차관을 제공해준 덕분에 프랑스의 산업은 러시아뿐 아니라 중국, 이탈리아, 발칸, 중남미 등지에서 독일이 선점하고 있던 무기 및 철로 시장에 파고들 수 있었다.

무기와 철로 수출 못지않게 기술 수출도 활발했다. 특히 프랑스와 영국의 무기회사들은 1906년 이후 대대적으로 새로운 무기공장을 세우고 낡은 공장을 확장하면서 러시아를 돕기 시작했다. 독일 참모본부는 러시아가 재무장하고 기술적으로 근대화되는 데서 더 나아가 그 방대한 인력을 신속히 동원할 수 있는 철도망까지 갖춘다면 가공할 존재가 될 것이라는 위기감에 사로잡히게 되었다. 프랑스와 러시아가 금융과 기술 면에서 제휴하고 거기에 영국도 일정부분 가세하자, 나라가 포위되었다는 독일인의 공포감은 뚜렷한 현실성을 띠게 되었다.[67]

프랑스의 해외 무기시장 잠식은 크루프사와 독일 정부에게 경제적으로나 군사·전략적으로나 심각한 걱정거리였다. 크루프사는 기계제작 공장과 무기공장을 가동시키기 위해 언제나 해외시장에 의존해왔다. 예컨대 프랑스의 도전이 아직 해외판매에 이렇다 할 영향을 미치지 못하던 1890년과 1891년에는 크루프가 생산한 무기 가운데 자그마치 86.4%가 외국에 판매되었고 독일 정부가 사들인 것은 13.6%에 불과했다.[68] 그때 이후 해외 판매에 관한 수치는 공표되지 않았는데, 프랑스가(그리고 영국이) 새로 외국에 판매한 무기판매고는 분명히 크루프사가 차지했던 부분을 잠식한 것이었다. 이리하여 1914년에는 크루프사의 무기수출은 총생산량의 절반 이하로 떨어졌다. 전쟁 직전에는 슈네데르도 생산량의 절반가량을 수출하고 있었다. 반면 비커스사의 해외 판매는 총생산량의 3분의 1을 넘지 않았다.[69]

시간이 지남에 따라, 크루프사가 우위를 보였던 가격경쟁력보다는 정치경제학적 고려가 무기판매에서 결정적인 지위를 차지하게 되었다.

1903년 이후 크루프사는 프랑스의 은행들을 끌어들여 러시아와 그 밖의 재정이 빈약한 나라의 정부에 자금을 빌려주고 무기를 판매하는 사업을 더 이상 할 수 없게 되었다. 전통적으로 투자자본은 정치적 국경이나 동맹관계에 관계없이 최대의 이익을 얻을 수 있는 곳으로 흘러갔기 때문에 이전에는 이런 사업이 가능했지만, 1904년 이후에는 자금을 빌려주는 프랑스인들이 자금을 빌리는 사람에게 무기든 그 밖의 물자든 프랑스 제품을 살 것을 요구하게 되었다.[70] 슈네데르 크뢰조사의 대변인은 수년 뒤에 이렇게 말했다. "우리는 우리 자신을 정부의 협력자로 생각하며, 정부의 동의를 얻지 않은 거래처와는 애초에 교섭하지도 않고 사업을 하지도 않는다."[71] 이런 식의 정부와의 협력 덕분에 프랑스의 무기수출은 20년이 채 지나지 않은 기간에 2배 가까이 늘어났다. 그래서 1895~1904년의 10년 동안에는 수출액이 연평균 660만 프랑이었는데, 1905~1913년에는 연평균 1,280만 프랑에 달했다.[72] 당연히 크루프사는 해외시장이 위축됨에 따라 그것을 대체할 정치적으로 보증된 판로가 필요해졌다. 그리고 잘 알다시피 크루프의 경영진은 독일 해군의 건함계획이라는 해결책을 찾아냈다. 그 계획은 1898년에 시작된 이래 정기적으로 갱신되면서, 1914년까지 점점 규모를 키워갔다.

처음에 독일의 건함계획은 영국 해군의 해군력 우위에 대한 몇몇 유사한 도전 중 하나 정도로만 보였다. 독일보다는 오히려 동아시아 지역에서 일본이 해상강국으로 부상하고 있는 것이 훨씬 긴급한 사안이었다. 그로 인해 중국 주변해역의 세력균형이 결정적으로 바뀌었기 때문이다. 이에 대응하기 위해 영국은 1902년에 일본과 동맹을 맺었다. 또한 1898년의 대(對)스페인전 승리에서 드러났듯이 미국의 해군력도 성장하여[73] 카리브 해와 태평양에서 미국세력권을 공고히 했다. 1901년 영국 해군장관은 각료들에게, 미국을 잠재적 적국에 포함시킬 경우 영국은 '2개국 함대주의'를 유지할 역량이 안된다고 말했다.[74] 이후 미국 해역에서 영국과 미국의 함대는 보란 듯이 우호관계를 과시했다. 뒤이어 영국 함대는 미국 해역에서 철수했고, 캐나다의 노바스코샤, 브리티시컬럼비아, 카리브 해의 영국 해군기지는 거의 폐쇄나 다름없을 정도로 대폭 축소되었다. 이로써 피셔 제독은 '드레드노트'를 건조할 비용을 비축할 수 있었고, 아울러 영일동맹 덕분에 영국의 해군력을 본국 주변 해역에 집중할 수 있게 되었다. 더욱이 그전까지는 프랑스의 잠수함대가 영국 해군에게 제법 위협이 되고 있었지만, 1904년의 영불협상 이후로는, 영국과 프랑스가 우호협상관계에 들어갔다. 또 1904~1905년에 일본이 러시아를 물리침으로써 러시아의 해군도 세력균형을 좌우하는 중요한 요소에서 제외되었다. 이렇게 해서 독일만이 영국의 경쟁상대로 남게 되었다.

그런데 독일 해군장관 티르피츠 제독과 그 동료들은 결코 만만한 상대가 아니었다. 매헌의 충실한 제자이며 모든 해군정책의 궁극적 목표는 함대 결전에서 승리하는 것이라고 믿었던 티르피츠 제독은 전함 건조에 온힘을 기울였다. 이것은 분명 영국에 대한 위협이었다. 그러나 독일 정부는 새로운 독일 해군의 목표가 영국 해군을 도버 해협과 아일랜드 해에서 몰아내는 것이라고 공공연하게 선언하려 하지는 않았다. 그 대신 티르피츠는 '위험' 이론을 주창했다. 그것은 독일 함대가 충분히 강해져서 실제로 영국의 해군력 우위에 대한 위험요소가 되면, 영국은 세계강국으로서의 독일의 이해관계를 존중하지 않을 수 없을 것이라는 이론이었다. 그렇게 되면 또 그렇게 되어야만, 영국 해군에 의해 해외시장과 원료생산지로부터 차단될지도 모른다는 독일 사업가와 전략가들의 우려가 해소될 수 있다는 말이었다.[75]

1898년에 티르피츠는 독일 제국의회에서 건함계획 가결에 필요한 찬성표를 모으는 데 어려움을 겪었고, 결국 건함계획을 위해 세금을 신설하는 일은 없을 것이라는 약속을 해야 했다. 그러나 1906년에 피셔의 '드레드노트'가 출현하자 상황은 달라졌다. 독일 해군이 뒤떨어지지 않으려면 그때까지 구상해왔던 것보다 훨씬 비용이 많이 드는 군함을 건조해야만 했기 때문이다. 게다가 덩치가 큰 신형 군함이 발트 해와 북해 사이를 자유롭게 오갈 수 있으려면 킬 운하(1885년 개통)를 확장하는 공사를 해야 했고, 또 그 군함들이 빌헬름스하펜 등 북해의 군항에 출입할 수 있도록 준설작업을 해야 했다.

그러나 제국의회에 세금 신설을 요청한다면, 보수적인 농업 이익집단과 티르피츠 건함계획의 주요 지지층인 도시거주자 사이의 아슬아슬하고 미묘한 동맹관계가 깨질 우려가 있었다. 프로이센의 지주층은(이들은 전통적으로 육군장교들을 배출한 계층이었다) 수입곡물에 대한 높은 관세로 보호받고 있었음에도 불구하고 가까스로 적자를 면하는 형편이었기 때문에 어떤 형태로든 세금인상에는 강력히 반대했다. 이런 농업 이익집단에게는 전함 세 척에 육군의 5개 군단과 맞먹는 비용이 든다는 사실이 결코 좌시할 수 없는 문제였다. 그러나 티르피츠와 그의 부하들이 동원한 건함계획 지지자가 너무나 많았기 때문에 프로이센의 오래된 지배계급의 대표자들마저도 그 계획을 막을 수 없었다.*

독일 해군성이 처음으로 영국 함대에 맞설 수 있는 함대를 건조하려고 했을 때부터 티르피츠는 잠재적인 지지자를 동원해야 한다는 것을 알고 있었다. 그는 체계적으로 철저하게 그 일을 진행했다. 신문과 언론인, 실업가와 대학교수, 정치가와 성직자 등 독일 국내의 정치과정에 영향력을 미칠 수 있는 사람이라면 한 사람도 그냥 지나치지 않았다. 이 선전활동

---

* 독일의 건함계획이 국내정치의 긴장을 반영한다는 설은 케어(Kehr)가 처음 제기했다.[76] 이 설은 나치 정권하에서는 금기였지만 제2차 세계대전 후에는 독일 역사가들 사이에서 전형적인 사고방식이 되었다. 그러나 내가 보기에 독일의 학계는 예전의 관념론적 전통에 반발한 나머지 반대쪽 극단으로 치달아, 사리사욕의 영향을 실제 이상으로 지나치게 강조하고 있다고 생각된다. 국가의 위대함과 번영은 오로지 전쟁을 통해서만 쟁취할 수 있다는 신념은 1914년 이전의 모든 유럽 국가에서 정부의 정책 선택을 제약하고 있었다. 물론 이런 사고방식에 금전적인 사리사욕이 결부되었다면 인간을 움직이는 힘은 더욱 강해졌을 것이다. 그러나 사람들의 이런 사고방식은 그 자체로 반자율적인 생명을 지니고 있었으며, 해군을 강화해도 명확한 또 직접적인 개인적 이익을 얻을 리 없는 수백만 독일인의 행동에 영향을 미쳤다.[77]

이 얼마나 성공적이었는지는 1898년에 크루프사의 자금지원으로 설립된 '해군연맹'의 규모에서도 확인할 수 있다. 해군연맹의 회원은 설립 이듬해에 25만 명이나 되었는데,[78] 이는 3년 전 영국에서 설립된 같은 취지의 조직에 영국 해군이 끌어들였던 인원을 훨씬 넘어서는 숫자였다.

그 결과 영국 군함 드레드노트의 출현으로 자신의 당초 계획이 무산된 뒤에도 티르피츠는 1908년 새롭게 증액된 해군 예산을 제국의회에서 통과시킬 수 있었다. 그러자 앞서 살펴보았듯이, 1909년에는 영국 정부도 매년 건조되는 '드레드노트'급 전함의 수를 당장 8척으로 늘리기로 결정했던 것이다.

그러나 건함계획을 확대하는 데 필요한 세금을 어디에서 누구에게 부과할 것인지를 놓고 정쟁이 벌어지면서 폰 뷜로 총리의 제국의회 내 지지기반이 와해되었다. 결국 1909년에는 총리가 사임했다. 또 같은 해 영국에서는 재무장관 로이드 조지의 예산안을 둘러싼 논쟁으로 정국이 요동치기 시작했는데, 이 예산안 역시 확대된 건함계획의 재원을 마련하기 위한 것이었다. 분명 두 나라 모두 군비경쟁에 필요한 재원을 마련하는 데 어려움을 겪고 있었다. 그러나 건함경쟁을 중지하려는 노력은 1912년에 양국 정부 모두 거기에 관심을 표명했을 때에도 성과를 거두지 못했다.

건함은 계속되었지만 북해에서 영국 해군을 몰아낼 만큼 강한 함대를 건설하려던 티르피츠 제독의 계획은 1909년 이후 엉망이 되어버렸다. 애초에 그의 계획은 잘못된 가정하에 추진되었던 것이다. 티르피츠는 영국이 프랑스 및 러시아와 식민지 쟁탈전을 벌이느라 정신을 차리지 못할 것이라고 생각했다. 그러나 영국은 이 독일의 2대 적국과 외교적 협상관계를 수립해버렸다. 그리고 1910년에 영국 정부는 용단을 내려 해군과 사회복지비용을 위한 새로운 누진세를 도입했다. 이는 독일제국 정부로서는 꿈도 꾸지 못할 조치였다.

더구나 1912년에 티르피츠와 독일 해군은 국내에서 육군이라는 강력한 경쟁상대와 맞닥뜨리게 되었다. 1848년 이래 프로이센 육군의 장교들은 혁명이 일어나지 않을까 하는 불안에 사로잡혀 있었다. 1870~1871년의 대승리 후에도 육군 수뇌부는 진정한 국민군대가 현실화된다면 지주계급의 특권이 위협받지 않을까 두려워했고, 따라서 인구가 늘어나는데도 징병 가능한 연령층에서 실제로 병역에 복무하는 사람이 점점 줄어드는 기존의 시스템을 묵인해왔다. 제국의회 내에서 예산축소를 주장하는 의원들에게도 받아들여질 수 있을 정도로 육군의 규모를 제한한다면, 장교단의 출신배경을 대체로 균질적으로 귀족 출신에 가깝게 유지할 수 있었으며, 그런 장교단이야말로 사회주의자가 선동하는 잠재적 혁명을 막을 수 있는 가장 안전한 보루였던 것이다.

　그러나 20세기의 첫 10년이 끝나갈 무렵 주로 프랑스로부터 재정 지원을 받은 러시아가 재군비를 가속화하자, 이런 정책에 의문이 제기되기 시작했다. 독일의 지도를 받은 오스만 제국이 제1차 발칸 전쟁(1912)에서 프랑스 육군의 협력으로 장비를 일신한 발칸 제국(諸國)에 순식간에 패하자 독일의 고립감은 더욱 커졌다. 독일 황제의 군사고문들은 설령 혁명의 위험이 있더라도 해마다 징병대상 연령층 가운데 더 많은 수를 훈련시켜 육군의 규모를 확대해야 한다고 결론지었다. 그리고 육군에 더 큰 야포를 제공하기로 결정했다. 이런 육군 확대계획은 상당한 액수의 비용이 들었고, 해군 예산과 경쟁을 벌이게 되었다. 그리고 실제로 신임 총리 테오발트 폰 베트만 홀베크는 육군 확대계획을 적극 지지하고 나섬으로써 티르피츠 제독의 예산요구를 억제하려 했다.[79]

　뿐만 아니라 러시아가 러일전쟁의 패배에 이은 1905~1906년의 혁명적 동란으로부터 회복된 것처럼 보이자, 저 유명한 슐리펜 계획의 가능성마저도 의심을 받게 되었다. 만약 러시아가 충분히 조밀한 철도망을 발달시켜 그 방대한 인력을 신속하게 동원할 수 있게 된다면, 독일은 미처 프랑스를 제압할 여유를 갖지 못한 상태에서 러시아의 대군을 맞아 감당할 수 없는 큰 타격을 입을 수도 있었다. 1893년 이후 독일 대참모본부—1871년 이후 프로이센 참모본부의 바뀐 이름—는 두 개의 전선에서 전쟁을 치를 수 있는 유일한 방법은 러시아가 동원을 완료하지 않은 동안 먼저 벨기에 땅을 거쳐 진군하여 프랑스를 치는 것이라고 확신했다. 그것은 바로 1891~1905년에 대참모본부의 참모총장을 지낸 알프레트 폰 슐리펜이 1891~1894년의 프랑스와 러시아 간의 관계개선에 어떻게 대처할 것인가 하는 문제에 처음으로 직면하고서 내린 결론이었다.

슐리펜 계획은 독일의 경제자원 그리고 최신 군사첩보에서 보고되는 적국의 경제자원에 나타나는 변동을 감안하여 해마다 세심하게 개정되었다. 그러나 기본적인 틀은 처음 책정된 1893년부터 실행에 옮긴 1914년까지 변함이 없었다. 독일의 작전 입안자들이 보기에는 1839년에 프로이센도 조인했던 국제조약에 의해 벨기에의 중립이 보장되어 있다는 사실이 그다지 대수롭지 않았다. 독일이 벨기에를 공격하면, 오랫동안 벨기에의 독립상태를 유지하는 데 관심을 쏟아온 영국이 참전해올 수도 있었다.(애초에 벨기에의 독립을 위협할 것으로 예상되었던 나라는 프랑스였다.) 그러나 영불협상(1904)이 맺어지고 뒤이어 영국과 러시아 사이에도 유사한 조약(1907)이 체결되자, 독일은 전쟁이 나면 영국이 (개전 초부터는 아니더라도 조만간) 적측에 가담하여 참전할 것이라고 가정하게 되었다. 벨기에에 침입함으로써 영국과 대결할 시기가 앞당겨지기는 하겠지만, 만약 그렇게 함으로써 프랑스에 대한 신속하고 결정적인 승리가 보장된다면 그만한 대가는 감수할 만한 것이었다.[80]

1893~1914년에 수립된 독일의 공격계획은 너무나 상세하고 치밀한 탓에 오히려 큰 문제를 안고 있었다. 일단 동원명령이 내려지고 나면 되돌릴 방법이 없었던 것이다. 모든 일이 시계의 톱니바퀴처럼 정확하게 진행되어야 했다. 만약 어느 한 곳에서라도 차질이 빚어지면 당장 모든

작업이 뒤엉키고, 인력과 물자의 순조로운 흐름은 옴짝달싹 못하는 마비 상태에 빠지게 되는 것이다. 그러므로 군사행동을 정치상황에 맞춰 조절한다는 것—비스마르크가 1866년과 1870~1871년의 전쟁 때 이미 쉽지 않은 일임을 알게 되긴 했지만[81]—은 이제는 완전히 불가능해졌다. 일단 개전이 결정된 후에는 독일 황제라고 해도 작전을 바꿀 수 없었다. 이 같은 경직성은 프랑스나 러시아, 오스트리아에서도 나타났지만, 이 세 나라는 육군의 위세가 독일처럼 높지 않았기 때문에 위기의 순간이 닥치더라도 독일의 경우보다는 정치적 개입의 여지가 있었다.

전문가에 의한 합리적 계획의 비합리성이 이보다 더 분명하게 드러날 수는 없을 것이다. 실제로 1914년 8월에 전쟁을 향해 나아가고 있던 유럽 열국들의 몽유병자와도 같은 기괴한 행진은 우리 시대의 핵심 딜레마를 적절하게 상징하고 있다. 그것은 바로 각 구성부분의 조화와 조직화의 정도를 높일수록 오히려 전체적으로는 부조화가 일어나거나 기존의 부조화가 한층 더 격화되거나 한다는 점이다.

# 9장
## 20세기의 두 세계대전

1914년 8월, 유럽의 비교적 도시화된 지역에서는 남자들이 기꺼이 전쟁에 나갔다. 거의 모두가 기껏해야 몇 주만 지나면 전쟁이 끝날 거라고 생각했다. 단번에 전쟁의 승패를 가를 결전을 기대하며, 독일과 프랑스와 영국의 일반 대중들의 의식 내에서는 거의 광기와 같은 호전적 열기가 끓어올랐다. 따라서 기대가 배반당했을 때 그만큼 환멸도 컸다. 그러나 4년이라는 길고 음울한 기간 동안 엄청난 사상자 명단과 서부전선의 군사적 교착 앞에서도 끝내 전의(戰意)는 수그러들지 않았다.

이런 기괴한 행동의 이유에 대해서는 그저 추측해보는 수밖에 없다. 영웅적 행위에 대한 숭배가 애국심과 그리스-로마 고전연구를 강조하는 교육제도에 의해 육성되면서 이 현상에 영향을 미쳤을 것이다. 또 제1차 세계대전 전의 10년 동안 유럽의 강국들에서 국내분쟁이 곧 일어날 것 같았던 점도 이 현상에 영향을 미쳤다. 잠재적인 불평분자들은 외국인을 미워하고 두려워함으로써 바로 곁에 있는 동포에 대한 미움과 두려움을 지울 수 있게 되었다. 그것은 사실 유산계급만이 아니라 사회주의자나 프롤레타리아트에게도 대단한 안도감을 가져다주었다. 또한 농촌적 생활 패턴에서 도시적 생활 패턴으로 이동하는 데 필요한 갖가지 심리적 긴장이 1914년의 애국심과 군국주의에 대한 열광 속에서 배출구를 찾았던 것도 한 원인일 것이다. 전쟁에 대한 열광이 동유럽에서 훨씬 덜했던 사실은 이 견해를 뒷받침해준다. 동유럽에서는 도시화의 영향이 인구 가운데 훨씬 작은 부분에만 영향을 미쳤으며 인구의 대다수를 차지하는 농민은 여전히 전통적인 생활 패턴을 유지하고 있었기 때문이다. 그러나 이런 몇 가지 요인을 감안하더라도, 제1차 세계대전은 여전히 매우 이해

하기 어려운 전쟁이다.[1]

이 전쟁을 경험한 사람들은 그때 일어난 일들을 그 이전의 경험 가운데 어떤 패턴에도 적용할 수 없었다. 전쟁 초기 영광의 꿈에 취했던 사람들은 비참한 참호전이 몇 달이나 지속되자 덫에 걸린 듯한 절망감과 공포에 사로잡혔다. 1917년에는 윌슨주의와 레닌주의가 제기되었지만, 그것은 이 전쟁의 독특하고 예외적이며 유례없는 성격을 강조해줄 뿐이었다. 사람들은 종말론적인 상상에 휩싸였고, 마침내 전쟁이 끝나자 유혈사태와 관련된 모든 것에 대해 강력한 반발이 일어났다. 살아남은 사람들은 대부분, 1914~1918년에 일어난 일은 문명생활의 규범으로부터 잠시 일탈한 것이었다는 가정 위에서 행동하기 시작했다.

그러나 설령 우리가 동시대인의 판단을 그대로 받아들여 제1차 세계대전은 유럽과 세계 역사의 한 시대를 갑작스럽게 폭력적으로 종식시킨 일종의 아마겟돈이었다는 견해에 동의하더라도, 그 후 오랜 세월이 지난 오늘날에는 이 '대전'이 세계 역사상 새로운 시대를 열었고, 1980년대를 살고 있는 우리는 여전히 그 시대에서 허우적거리고 있다는 것을 분명히 알게 되었다. 그러므로 이제 제1차 세계대전을 역사발전의 정상적인 과정을 일시 중단시킨 유례없는 파국으로 취급하는 것은 실용적이지 않다. 어쨌든 그 후 제2차 세계대전이 일어남으로써 '대전'이 유례없는 일이 아님을 증명해주었다. 그리고 그 제2차 세계대전마저 현대인의 의식의 표면에서 사라지기 시작한 오늘날에는, 20세기 이 두 차례의 대규모 무력분쟁을 어느 정도 장기적인 관점에서 이해할 수 있을 것이다.

## 제1·2차 세계대전에서의 세력균형과 인구변화

특히 효과적으로 보이는 세 가지 접근방법이 있다. 첫 번째 접근법에 따르면 두 차례의 대전은 경쟁관계에 있는 국가들로 구성된 시스템 속에서 세력균형정치가 또다시 실행된 것으로 볼 수 있다. 확실히 두 차례의 세계대전에서 독일의 힘이 연합국측에 의해 상쇄된 과정은 과거 유럽 역사의 두 시대와 본질적으로 일치한다. 그 두 시대란 1567~1609년과 1618~1648년 합스부르크가의 힘을 봉쇄한 두 차례의 전쟁기, 그리고 1689~1714년과 1793~1815년 프랑스의 패권 장악을 저지한, 이전보다 간격이 크게 벌어진 두 차례의 전쟁기였다. 1914~1918년과 1939~1945년의 시기에도 그렇지만 이 두 경우 모두 머지않아 전 유럽의 패권을 확립할 것처럼 보이던 당대의 강자에 대해 여러 나라가 동맹으로 맞섰다. 또한 두 경우 모두 동맹국들 사이에 목적의 차이, 상호불신, 이데올로기의 근본적 차이 등이 있었음에도 불구하고, 동맹국측은 승리를 거두고 싸움이 끝난 뒤 서로 다툼을 할 수 있을 만큼 여유를 가질 수 있었다.[2]

예전에는 병사와 신민들이 세력균형에 관한 통치자들의 계산에 동참하지 않아도 되었다. 그러나 20세기의 두 세계대전에서는 양 진영을 비롯해 모든 교전국의 시민과 병사들이 전쟁의 목적을 그럴 만한 가치가 있는 것으로 믿도록 요구받았다. 그 목적이란 결코 세력균형에 관한 계산 따위를 국내문제에 대한 만족할 만한 지침으로 인정하지 않는 것이었다. 이 대전을 막지 못하고, 아니 오히려 그것을 야기하기까지 한 세력균형을 유지하기 위해 전장에서 고생을 하고 죽는다는 것은 병사들에게 도저히 받아들여질 수 없는 일이었다. 정치가들 역시 이데올로기적인 이유에서든 다른 이유에서든 저마다 기회가 있을 때마다 세력균형정치의 원리를 부인했다.*

---

* 러시아의 레닌도 미국의 우드로 윌슨이나 프랭클린 D. 루스벨트처럼 평생 세력균형정치는 사악하고 구시대적인 것이라고 공격했다. 히틀러마저도 때로는 세력균형이라는 게임의 규칙을 무시했다. 가장 두드러진 예로 1941년 일본이 진주만을 공격한 후 히틀러는 먼저 미국에 선전포고를 함으로써, 그러지 않았다면 출구 없는 딜레마에 빠졌을 루스벨트를 구해주었다. 독일이 선전포고를 했기 때문에 미

그러나 정치가와 시민과 군인들이 세력균형정치는 사악하며 효과도 없다고 말하고 또 그렇게 믿을지라도, 정부의 행동이나 여론의 동향은 피할 수 없는 세력균형의 구도를 충실히 따르고 있었다. 어쩌면 주권국가들이 존재하는 한, 그 중 한 나라가 다른 나라의 독립상태를 위협할 만큼 강력해지는 것처럼 보일 때마다 이런 상황이 벌어질 수 있다. 즉 잠재적인 패권국가에 대한 적의를 고취시키는 모든 요소가 위협을 느끼고 있는 나라들 사이에 의기투합하는 분위기를 만들어내는 것이다. 이런 상황에서는 사회적인 분위기나 대중적인 공감이 빠르게 바뀔 수 있으며 또 실제로 바뀌기 때문에 몇 주 내지 몇 달 사이에 동맹과 연합이 이루어지거나 깨진다. 세력균형정치에 반대하는 입장이나 그것을 비난하는 주장이 우위에 설 수 있는 것은 단지 세력균형을 추구하는 행동을 유발하는 대외적인 위협이 없을 때뿐이다. 예를 들면 두 세계대전 사이의 기간이 그런 시기로, 이때는 독일이 약해져 있었기 때문에 소련과 미국이 각각 의식적으로 세력균형정치를 넘어서려고 시도했다. 두 나라는 각기 자국의 국경 안에 틀어박힘으로써 그 이상을 실현하려 했고, 세력균형보다 더 고결하고 바람직한 정치적 신조를 지키려 했다.

그럼에도 불구하고 세력균형만으로는 두 대전을 충분히 설명할 수 없을 것 같다. 두 전쟁의 흉포함과 전쟁을 위한 노력이 불러일으킨 광범위한 변용은 각국의 사회를 완전히 바꿔놓았다. 전쟁의 목적에 대한 선전이나 정치 이데올로기에 현혹되어 모두가 깨닫지 못했을 수도 있지만, 이 두 차례의 쓰라린 투쟁의 이면에는 분명히 권력투쟁의 구도만큼이나 피할 수 없었던 인구문제의 요소가 있었다.

>>>>→

국도 그에 대응하여 12월 10일 독일에 선전포고를 하고, 이미 영국과 합의되어 있던 '독일에 대한 우선공격'이라는 전략을 취할 수 있었던 것이다. 히틀러가 선전포고를 하지 않았다면 루스벨트는 태평양에서 일본의 공격에 대한 보복을 하지도 않은 상황에서 독일과 전쟁을 시작하겠다고 의회에 요청하기가 어려웠을 것이다.

이런 인식이 두 대전을 이해하기 위한 두 번째 접근방법이다. 6장에서 지적했듯이 18세기 말의 민주혁명과 산업혁명이 무엇보다도 당시 서유럽을 괴롭히던 인구압에 대한 대응이었다면, 20세기의 군사적 격변 역시 인구증가와 농촌지역의 전통적 생활양식이 수용할 수 있는 인구 한계 사이의 충돌에 대한 대응이었다고 해석할 수 있을 것이다. 이 20세기의 인구과잉 현상은 특히 유럽의 중앙부와 동부에서, 그리고 아시아의 광범위한 지역에서 훨씬 다양한 형태로 나타났다. 농민의 자식들이 성년이 되어 결혼하고 어른 구실을 할 때가 되었는데도 먼 옛날부터 선조들이 해오던 대로 살아가기에 충분한 토지를 얻지 못하면, 어느 시대든 또 어떤 지역에서든 반드시 기존의 모든 사회관계에 근본적인 혼란이 일어나게 마련이다. 이런 상황에서 농촌의 전통적인 생활양식에는 극심한 긴장이 가해진다. 사람들은 가족 내의 의무나 마을의 관습에 따른 도덕적 책무를 이행할 수 없게 된다. 그러면 남은 문제는 불만에 찬 청년들이 여러 혁명사상 가운데 어느 쪽에 매료되는가 하는 것뿐이다.

18세기 중반 이후 유럽과 전세계의 인구는 균형을 잃었다. 사망률 하락으로 이전보다 훨씬 많은 아이들이 살아남아 어른이 되었지만, 출생률은 거기에 맞추어 저절로 낮아지지 않았다. 오히려 높아지는 경향을 보였다. 치명적인 유행병이 감소함에 따라 부부가 가임연령 내내 함께 살 확률이 높아졌기 때문이다.[3]

18세기에 이처럼 인구가 증가한 이후 1세기 또는 그 이상에 걸쳐 중유럽과 동유럽에서는 인구증가가 곧 부의 증가를 의미했다. 노동력이 늘면서 그만큼 경작방법이 개선되고 새로운 경작지가 개간되었으며, 여러 면에서 농업생산의 집약도가 높아졌기 때문이다. 그러나 이런 상황이 언제까지나 지속될 수는 없었다. 1880년대가 되자 유럽에서 라인 강과 돈 강 사이에 자리 잡은 모든 마을에서 더 이상 수확이 늘지 않는다는 것이 명백해졌다. 이것은 두 가지 변화로 가시화되었다. 그 첫 번째는 1880~

1914년에 이민에 의한 인구유출의 규모가 매우 커진 것으로 수백만의 사람들이 대서양을 건너 미국으로, 또 수백만의 사람들이 동쪽의 시베리아로 이주했다. 두 번째는 이 시기에 중부와 동부 유럽에서 다양한 형태의 혁명적 불만이 도시거주자뿐 아니라 농촌주민에게도 영향을 미치기 시작했던 것이다.

농촌의 관습과 전통적 사회 패턴에 가해진 압력은 1914년까지 심화되어갔다. 제1차 세계대전은 그 사회적 긴장에 새로운 배출구를 제공했으며, 또한 중부와 동부 유럽에서 수백만의 사람들이 전쟁에 희생됨으로써 농촌의 인구과잉 문제도 어느 정도 덜게 되었다. 그 후 제2차 세계대전으로 더 많은 인명손실과 대규모 인구이동과 대대적인 민족의 이동이 이루어졌고, 중부와 동부 유럽 사람들은 그제야 마침내 19세기 초에 프랑스인들이 경제의 현황과 전망에 따라 출생률을 조절함으로써 혁명적 동란에 대처했던 방식을 뒤따르게 되었다. 그 결과 1950년 이후 인구증가는 더 이상 유럽 사회를 심하게 압박하지 않게 되었다.<sup>4)</sup>

유럽의 강국들이 어떻게 인구증가에 대처했는가 하는 것은 제1차 세계대전 직전 각국의 태도와 행동을 상당부분 설명해준다. 우선 이미 6장에서 보았듯이 프랑스와 영국은 1780~1850년에 농촌인구가 급증함으로써 초래된 국내적인 긴장을 서로 대조적인 방식을 통해 19세기 중반까지 거의 해소했다.<sup>*</sup> 1850년대와 그 이후의 실질임금 상승이 이 사실을 말해준다. 프랑스에서는 의도적으로 출생률을 조절하여 인구규모를 경제의 현황과 전망에 맞추었다. 영국의 경우 국내에서 만족할 만한 일자리를 얻지 못한 사람은 해외로 나갔다. 해외의 유럽인 이주지역에서는

---

<sup>*</sup> 영국의 아일랜드 문제가 1845~1846년의 감자 흉작과 그에 따른 기근에 의해 해결된 것은 아니지만, 아일랜드의 인구는 이 기근을 경계로 갑자기 증가세에서 감소세로 바뀌었다. 이것은 인구의 해외 유출이 가속화되고, 또 청춘남녀가 토지를 상속할 수 있을 때까지 철저히 결혼을 미루었기 때문이다. 따라서 1845년 이후 아일랜드의 정치적 긴장이 고조된 것은 인구증가 때문이 아니라 토지를 상속받을 때까지 결혼을 할 수 없었던 아일랜드 농촌주민에게 숙명처럼 다가온 성적 욕구불만 때문이었다.<sup>5)</sup>

직업을 얻기가 쉬웠기 때문이다.*

러시아의 처지도 영국과 비슷했다. 자신의 고향마을에서 도저히 전통적인 생활양식대로 살아가기가 어려워진 농민층이 정치적으로 이주가 가능하고 인구가 희박한 변경지대로 옮겨갈 수 있었던 것이다. 1880~1914년에 600만 명 이상의 러시아인이 시베리아로 이주했고 카프카스 지방에도 400만 명이 정착했다. 동시에 러시아의 서쪽 끝에서도 약 250만 명이 해외로 이주했다. 다만 그들은 대부분 러시아계가 아니라 폴란드계와 유대계 주민이었다.[7] 더욱이 철도가 발달하고 육로 수송비가 낮아지면서 다양한 상공업이 발달한 덕분에 도시의 일자리도 늘었다. 그럼에도 불구하고 20세기의 첫 10년 동안 러시아 농촌의 대다수 주민은 불만으로 들끓고 있었고, 그것은 1905~1906년에 갑자기 타오른 혁명적 폭력으로 분출되었다.

19세기 말과 20세기 초 유럽에서 인구문제가 정말로 심각했던 곳은 서쪽의 영국·프랑스와 동쪽의 러시아 사이에 있는 지역들이다. 예컨대 독일에서는 1900~1910년의 10년 동안 매년 출생자수가 사망자수를 86만 6,000명이나 웃돌았다. 그러나 독일의 상공업이 눈부시게 발달하여 많은 일자리를 제공하는 바람에 동부 독일의 대농장에서는 폴란드인 농업노동자를 수입해야 할 정도였다.† 하지만 급격한 도시화는 오래된 생활 패턴에 큰 긴장을 가했다. 독일의 지배엘리트는 주로 농촌이나 소도시 출신으로 새롭고 자극적인 도시적 요소들에 위협을 느꼈다. 산업노동자 사이에 인기가 높았던 마르크스주의의 혁명적 주장은 특히 위협적이었다. 또한 많은 독일인은 동쪽에서 슬라브인들이 당장이라도 몰려들 것

---

* 성공한 이민자가 저축한 돈으로 친척의 이민비용을 대주는 식의 연쇄이민에 의해 아주 가난한 사람들도 상당수가 대서양을 건널 수 있었다. 1873년 이후 곡물농업의 쇠퇴로 영국 농촌이 텅 비다시피 했음에도 불구하고 영국에서 심각한 정치적 혼란이 일어나지는 않았다. 그 대신 영국제도(諸島)로부터의 이민이 1911~1913년에 사상 최고치에 달했다.[6]

† 1880~1914년에 50만 가까운 독일인 농업노동자가 동부 독일을 떠났다. 윌리엄 헤이건에 따르면 총수는 48만 2,062명이었다.[8]

같은 위기감을 갖고 있었다. 그 결과 독일인들 사이에 자신들이 포위되었다는 느낌이 강해졌고, 마침내 1914년 여름 독일인들은 너무도 강경하고 무모하게 오스트리아-헝가리 제국의 편을 들었다. 그런 식의 위기감이 없었다면 도저히 이런 일은 일어날 수 없었을 것이다.[*]

독일과 프랑스에서 전개된 상황의 차이를 살펴보면 아이러니를 느끼지 않을 수 없다. 만약 독일의 구체제가 그토록 성공적으로 19세기 말의 인구증가에 대처하지 못했다면, 독일에서도 혁명운동이 정권을 잡는 일이 충분히 일어날 수 있었을 것이다. 일찍이 18세기 프랑스 혁명의 이상이 그랬던 것처럼, 유럽의 다른 나라 국민들에게도 호소력을 가진 매력적이고 보편적인 이데올로기를 바탕으로 해서 말이다. 그러나 실제로 전 유럽에 대한 패권을 주장하려 했던 독일의 시도는 대단히 배타적이고 내셔널리즘적이고 인종주의적인 원리 아래 이루어졌고 따라서 다른 나라 국민들을 매료하기는커녕 그들에게 혐오감만 안겨주었다. 다시 말해 독일은 그처럼 빠르게 산업화에 성공함으로써 오히려 20세기의 두 세계대전에서 어떤 형태의 혁명적 사회주의의 이름으로 승리하는 더욱 원대한 기회를 차단당한 것일 수도 있다. 그리하여 마르크스주의라는 미래에 대한 처방전은 휴지가 되었다. 그 대신 카를 마르크스마저 놀랄 만한 운명의 장난으로, 1917년 이후 러시아가 마르크스주의를 국가권력의 이데올로기 수단으로 사용하게 되었다.

그러나 1917년 이전에는 누구도 이 놀랄 만한 배역의 반전을 예상하지 못했다. 유럽에서 독일의 동쪽과 남쪽에 자리 잡은 지역들에서는 산업 확대가 전혀 인구증가를 따라잡지 못했다.[†] 따라서 합스부르크 제국과 구 오스만 제국 영내에 있는 이 지역들에서 정치적 문제가 가장 첨예

---

[*] 전쟁 전야의 독일 정치지도층의 '구시대적' 성격이 어떻게 대전 발발이라는 파국을 불러오는 데 기여했는가에 관한 분석은, 프리츠 피셔(F. Fischer)가 이런 접근방법을 자신의 유명한 저서[9)]에서 처음 제기한 이래 독일 역사가들 사이에서는 하나의 표준적 해석이 되었다.
[†] 그레이트브리튼 섬과 아일랜드에서는 스코틀랜드 고지와 남부 아일랜드가 그런 형편이었다.

하게 표출되었다.(러시아의 폴란드인 지역들도 이 범주에 속한다.) 해외이주가 대규모로 이루어지긴 했지만,*10) 이 문제를 덜어주기에는 불충분했다. 화이트칼라가 될 자격을 얻기 위해 중등교육을 받은 청년들은 불만에 찬 같은 세대의 농촌 청년들에게 혁명적 정치이상을 전달하기에 적합한 전략적 위치에 있었다. 그들은 일찍이 1870년대에 불가리아와 세르비아에서,† 그리고 얼마 뒤에는 동유럽의 다른 지역에서도 대단한 성공을 거두었다. 그리하여 발칸 지역은 유럽의 화약고가 되었다. 이 화약고에 불씨를 당겨 제1차 세계대전을 유발하는 역할에, 세르비아인 청년 가브릴로 프린치프는 그야말로 제격이었다. 그는 고학으로 중등교육을 마쳤으나, 그 중등교육은 그에게 사회에서 성인 구실을 하기에 충분한 생활의 양식을 주는 대신 강렬한 혁명적 내셔널리즘을 불어넣었다.#

제1차 세계대전에 의해 중유럽과 동유럽 농촌의 인구과잉은 어느 정도 완화되었다. 수백만 농민의 아들들이 모든 교전국의 군대에 동원되어 약 1,050만 명이 숨졌다.☆ 대전 후에 일어난 합스부르크 제국 내의 내셔널리즘 혁명(1918~1919)과 러시아의 사회주의혁명(1917)은 농촌의 인구과잉을 완화하는 데 별 도움이 되지 않았다. 헝가리를 제외한 나라들에서는 이 두 혁명으로 대전 이전의 유산계급으로부터 대부분의 토지재

* 1900~1914년에 약 400만 명이 합스부르크가의 통치지역을 떠나 해외로 갔다. 러시아의 서부지역에서는 250만 명가량이 해외로 이주했고, 이탈리아에서는 너무 많은 사람이 이민을 해서 남부의 몇몇 마을이 공동화되기도 했다.
† 세르비아에서는 1879년에 창립된 급진당이 농촌에 당의 기구와 선전망을 구축하여, 10년 정도 만에 이 나라의 정치를 근본적으로 바꾸어버렸다.11)
# 유럽의 농민이나 농촌 출신의 도시거주자에게는 민족주의가 사회주의보다 호소력이 강했다. 왜냐하면 민족주의는 농민의 재산에는 조금도 손대지 않은 채 이민족인 지주나 도시 자산가의 재산을 몰수하는 것으로 해석될 수 있었기 때문이다. 따라서 세르비아 급진당은 농민의 지지를 획득하는 데 성공하자 그 창설자들의 사회주의를 버렸다.12)
☆ 이 수치는 Reinhard et al., *Histoire Générale*, p. 488에서 제1차 세계대전의 총사망자수로 들고 있는 1,300만에서 영국과 프랑스의 사망자수를 뺀 것이다. 이 추정치는 정밀하지 못하다. 모든 패전국에서는 기록관리체계가 붕괴되었고, 또 발진티푸스와 인플루엔자가 유행하여 병사들뿐만 아니라 민간인도 많이 죽었기 때문이다. 이런 전염병에 의한 사망자는 때에 따라 전쟁과 관련된 사망자수에 포함되기도 하고 제외되기도 했다.

산을 박탈하는 데 성공했다. 그러나 이미 궁핍화된 농민에게 토지를 재분배하더라도 생산성은 거의 향상되지 않았다. 실제로는 대체로 생산성이 낮아졌는데, 이는 새로운 자작농에게 효율적으로 농업을 경영하는 데 필요한 자본과 기술이 없었기 때문이다. 따라서 전후의 토지개혁은 너무 많아진 인구가 계속해서 전통적인 농민의 생활양식을 추구하려고 하는 데서 빚어지는 곤궁함을 구제하는 데 완전히 실패했다. 이에 대해 러시아인은 1928~1932년에 강제적 농업집단화로 뒷받침되는 국가적인 공업투자계획을 실시했다. 동유럽의 다른 지역에서는 1930년대에 불황이 닥치자 농촌의 고통이 보통 반유대주의로 표출되었다. 유대인 중간상인은 그 수가 매우 많았으므로 농민의 희생 위에서 농산물을 싸게 사서 비싸게 팔아 배를 채우고 있다는 비난을 받기 쉬웠기 때문이다.

그리하여 제2차 세계대전으로 동유럽에서 자그마치 4,700만 명에 이르는 엄청난 희생을 치르고 나서야*[13]) 너무 많은 인간이 너무 적은 토지에서 생계를 꾸리려 하는 데서 발생하는 문제에 대해 더욱 난폭하지만 영속적인 해결책이 수립되었다. 제2차 세계대전 기간과 그 이후에 동유럽 사람들이 출생률을 제한하기 시작한 것이다. 출생률은 빠르게 이전보다 큰 폭으로 낮아졌다. 사실상 너무나 낮아진 탓에 몇몇 나라에서는 외국인 이민이 유입되지 않으면 인구를 유지할 수 없을 정도였다.[14]

유럽 전역에 걸쳐 출생률과 경제전망이 계획적으로 연계됨에 따라,† 중유럽과 동유럽이 1880~1950년에 경험한 위기의 시대는 종말을 고했다. 가족의 구성과 성에 관한 관습이 변화하고 농민의 생활관습과 도덕관이 완전히 달라지자 두 세계대전을 촉발시킨 인구상황은 사라졌다.

---

* 제2차 세계대전의 사망자에 관한 추산은 제1차 세계대전에 관한 추산보다 훨씬 오차가 크다. 사망자의 절반 이상이 민간인이었다는 이유만으로 그럴 수밖에 없었다.
† 알바니아와 유고슬라비아 내의 알바니아계 주민들은 예외였다. 이슬람의 전통과 산악지대로 이루어진 주거환경 때문에 그들 사이에서는 성에 관한 태도나 가족의 패턴이 보존되었다.[15] 이에 따른 인구압 때문에 1981년 유고슬라비아에서 골치 아픈 정치분규가 발생했다.

물론 세계의 다른 지역에서는 인구증가 양상이 유럽과 달랐다. 예를 들어 중국에서는 일찍이 1850년부터 급증하는 농촌인구와 한정된 토지자원 사이에 충돌이 심해졌고, 이는 엄청나게 파괴적인 태평천국의 난(1850~1864)으로 표출되었다.* 이후 아시아의 농민층은 제1차 세계대전 후에야 다시 대대적으로 혁명적 이상에 감응하게 된다. 여기서는 모한다스 간디(1869~1948)와 마오쩌둥(1893~1976)의 경력을 언급하는 것으로 충분할 것이다. 간디가 처음 인도의 농촌주민들에게 영향을 미치기 시작한 것이 1920년대 초였으며, 마오쩌둥이 자기 나름의 마르크스주의에 대해 중국 농민의 지지를 동원할 수 있었던 것이 1927년부터였다. 유럽에서 볼 수 있었던 농촌의 인구과잉과 농촌주민의 혁명화 사이의 연계가 뒤이은 수십 년 사이에 아시아에서도 나타났으며,[16)] 아프리카의 몇몇 지역에서도 나타났다. 그러나 지역에 따라 상황은 크게 달랐고, 열대지역에서는 갖가지 열대병이 인구를 효과적으로 억제하는 상황이 제2차 세계대전 이후까지 계속되었다.

20세기 일본의 제국주의적 침략 역시 이 나라의 인구급증과 더불어 시작되었다. 일본에서 인구 증가폭이 최대치를 기록한 것은 제2차 세계

**일본의 인구**

|      | 총인구(만 명) | 10년간의 증가폭(만 명) | 10년간의 증가율(%) |
|------|---------|-----------------|----------------|
| 1880 | 3,640   | –               | –              |
| 1890 | 4,050   | 410             | 11             |
| 1900 | 4,480   | 430             | 11             |
| 1910 | 5,090   | 610             | 14             |
| 1920 | 5,590   | 500             | 10             |
| 1930 | 6,440   | 850             | 15             |
| 1940 | 7,310   | 870             | 13.5           |
| 1950 | 8,320   | 1,010           | 14             |

출처: Reinhard et al., *Histoire Générale*, pp. 479, 566, 640.

* 태평천국의 난으로 약 4,000만 명이 죽었고 그 후 수십 년 동안 800만 명의 중국인이 변방이나 해외로 이주했다. Reinhard et al., *Histoire Générale*, p. 476에 따르면 1850년에 4억 3,000만 명이던 중국의 인구가 1870년에는 4억 명으로 감소했다.

대전 후였지만, 증가율이 최고를 기록한 것은 전쟁 전이었다. 그러나 제2차 세계대전은 일본의 농촌생활에 결정적인 변화를 가져왔고, 전후 중유럽 및 동유럽과 거의 같은 시기에 출생률이 떨어지기 시작했다. 이런 정황으로 볼 때 일본 또한 그 나름으로 유럽의 대부분 지역과 마찬가지로 제2차 세계대전 기간에 근대의 인구위기를 벗어났던 것 같다.[17]

물론 토지가 부족해져서 부모와 같은 생활방식으로 살 수 없게 된 농촌 청년들의 불만이 혁명적으로 표출되는 현상이 지구상에서 모두 사라진 것은 아니다. 라틴아메리카, 아프리카의 일부 지역, 동남아시아에서는 여전히 소요가 일어나고 있다. 그러나 두 세계대전과 관련해서는 일본의 인구급증과, 거의 같은 시기 동유럽과 중유럽에서 일어난 인구위기가 가장 중요한 문제였다. 지금은 이들 지역의 인구변화 패턴이 달라진 만큼 이 지역들이 또다시 그와 같은 군사적·정치적 불안의 진원지가 되는 일은 없을 것이다.

그러나 인구변화와 오랜 생활양식의 붕괴로 인해 농민이 겪은 고통은 분명 20세기 두 대전의 끔찍한 성격에 관해 많은 부분을 설명해줌에도 불구하고, 또 하나의 특징에 관해서는 아무것도 해명해주지 못한다. 또 하나의 특징이란 선진공업국들이 전쟁을 수행하기 위해 누구도 예견 또는 예상할 수 없었던 방식으로 스스로를 재조직했으며, 그 결과 현대세계의 두드러진 특징이 된 몇 가지 관리경제가 시작되었다는 점이다. 여기에 주목하는 것이 두 세계대전을 이해하기 위한 세 번째 접근방식으로, 이 관점은 다른 두 가지 관점에 비해 가장 효과적이리라 생각된다. 20세기는 인간의 활동을 대규모로 동원하기 위한 방법으로서 시장보다 명령이 다시 우위에 서게 된 시대라고 볼 수 있기 때문이다. 따라서 나는 두 차례의 대전으로 초래된 경영의 변모에 관해 상당 분량을 할애하여 이야기하려 한다. 그것은 바로 이 측면이야말로 두 차례의 대전이 인류역사에 남긴 가장 중요하고 영속적인 결과였다는 점이 결국 밝혀지리라

믿기 때문이다.

## 제1차 세계대전기 경영의 변모: 첫 번째 국면, 1914~1916년

제1차 세계대전이 예상 밖으로 오래 지속되자 모든 교전국은 자국의 전쟁 노력의 효율을 향상시키고 규모를 확장하기 위해 후방의 생산활동을 재조직화해야 했다. 그 결과 기존의 경영방식이 전반적으로 달라졌다. 특히 전전(戰前)에는 시장을 매개로 한 경제관계라는 맥락 속에서 정도의 차이는 있더라도 제각기 독립적으로 행동하던 수많은 관료제적 조직들이, 전쟁 중에 서로 합쳐져서 결국 전쟁 수행을 위한 단일한 국민기업이라고 할 만한 것을 이루었다. 이러한 조직체계 내에서 가장 중요한 것은 영리법인들이었겠지만, 노동조합이나 정부의 각 부처나 육해군의 행정관 역시 국가 경영의 새로운 방법을 정식화하는 데 주도적인 역할을 했다.

수백만 명을 병사로 만들고 또 수백만 명을 군수산업 노동자로 만든 각 교전국의 테크노크라트 엘리트들은 과거의 모든 관습이나 제도를 바꾸어놓았다. 가족생활, 재산권, 소비물자의 입수, 지방적 특징과 계급관계 등 모든 것이 근본적으로 바뀌었다. 일상에서 일어난 변화든 이례적인 상황에서 생겨난 변화든 그 모든 변화들이 한데 어우러져, 곤충이 유충에서 성충으로 바뀌는 탈바꿈만큼이나 눈부시게(또한 자연스럽게) 사회를 변모시켰다.

어떻게 그런 일이 일어났을까?

처음에는 모든 사람들이 몇 주만 지나면 전쟁이 끝날 것이라고 생각했다. 대륙 국가들에서는 각 교전국이 완벽한 동원계획을 세워놓고 있었기 때문에 전쟁이 발발하자마자 평상시의 생활이 갑자기 중단되었다. "평상시대로"*인 곳은 영국뿐이었다. 프랑스에서는 건강한 남성이 깡그리 징집되어 공장과 농지에서 거의 자취를 감추게 되었다. 다른 나라들에서는 징집 가능한 남성이 모두 병사로 훈련받은 것은 아니었기 때문에 충격이 덜했다. 또 모든 교전국에서 '전쟁기간에는' 국내정치에 관한 논쟁이 중단되었다. 극소수의 교조주의적인 집단을 제외하면 사회주의자들도 모든 나라에서 혁명적 주장을 등지고 국민 모두의 적을 물리치기 위해 계급투쟁을 잠시 중단했다.

개전 이후 36일 동안은 이 전쟁이 단기간에 끝날 것이라는 예측이 맞아떨어지는 듯했다. 슐리펜 계획은 거의 독일 대참모본부가 바라던 대로 전개되었다. 독일군은 로렌에 대한 프랑스의 공격과 러시아의 동프로이센 침공을 모두 격퇴했다. 그 사이에 독일군의 주력부대는 영국군과 벨기에군을 물리치고 저지대국가들을 가로질러 프랑스군을 포위할 작정이었다. 그러나 행군과 전투를 계속하는 가운데 병사와 말들이 지쳐버렸다. 프랑스군은 때를 놓치지 않고 일단 공세를 중단하고 마른에서 대규모 반격에 나섰다.(9월 6일~12일) 그러자 독일군은 9월 9일에 퇴각하기 시작했다. 사흘 뒤 두 나라 군대는 완전히 기진맥진했고 이럴 수도 저럴 수도 없는 상황에 놓였다. 양국 군대는 각기 서둘러 참호를 파고 몸을 숨겼다. 전선에서는 탄약이 절대적으로 부족했고 다른 보급품도 마찬가지였다. 설상가상으로 그 후 몇 주 동안 양쪽 다 계속해서 적을 우회하여 측면을 포위하려 애쓰는 바람에 남쪽으로 스위스 국경에서부터 프랑스를 가로질러 북쪽으로 벨기에의 서쪽 끝까지 참호선이 이어진 채 전술적 교착상태에 빠져버렸다. 두 나라 모두 그 상황을 타개하려고 막대한 노력을 기울였지만, 그 후 4년에 걸친 암울한 세월 동안 서부전선은 거의

---

* "Business as usual." 이 문구를 생각해낸 것은 윈스턴 처칠이라고 한다.[18]

고정되어 있었다.

이 난처한 결과는 교전국들에 전혀 예상치 못했던 문제를 안겨주었다. 전진하기도 어려웠지만 포기할 수도 없었다. 따라서 각 교전국은 계속해서 자국 군대를 유지할 방안을 세워야 했다. 그야말로 수백만 명을 대상으로 식량과 장비와 군수품을 보급하고 훈련시키고 치료하고 매장해야 했던 것이다. 일찍이 이런 대사업이 수행된 적은 없었다. 과거의 관습과 제도가 쇠퇴하고 곳곳에서 새로운 방법과 원리가 확산된 것도 당연한 일이었다.

주요 교전국 가운데 프랑스는 개전 초 몇 주 동안 가장 큰 타격을 받았다. 초기의 인명손실은 극심했으며* 경제는 붕괴될 지경에 이르렀다. 전선이 교착되었을 때 독일군 점령지역에 군수산업의 원동력인 석탄과 철강의 주요 산지가 있었기 때문에 프랑스의 위기는 점점 더 심각해졌다.† 프랑스 쪽에 남아 있던 무기공장에서도 신체 건강한 노동자는 모조리 징병되었기 때문에 노동력이 많이 부족했다.# 따라서 포병대가 이제까지 상상도 할 수 없었을 만큼 다량의 포탄을 계속해서 참호선 너머로 쏘아야 한다는 사실이 명백해지자,☆ 프랑스의 육군장관은 일찌감치 1914년

---

\* 프랑스 육군에서는 전쟁 전에 공세를 예찬하는 분위기가 매우 강했으므로 전투가 시작되자 병사들은 탄창식 연발 라이플총과 기관총 사격이 빗발치는 가운데 엄폐물도 없는 개방된 지형에서 공격을 감행했고, 1914년 8월 1일에서 12월 1일에 이르는 4개월 동안 무려 64만 명이 전사했다.[19] 이 초기의 대출혈은 제1차 세계대전 전 기간에 발생한 프랑스군 전사자의 거의 절반에 달했다.
† 프랑스의 선철 생산능력의 64%, 강철 생산능력의 26%, 170기의 고로 가운데 85기가 독일군 점령지에 있었다.[20]
# 전전 계획으로는 전시에 매일 1만~1만 2천 발의 75밀리 포탄을 생산할 예정이었다. 따라서 동원시에 육군 조병창에는 생산에 필요한 7,600명의 노동자만 남고 나머지 4만 5천~5만 명은 징병되었다. 르크뢰조사의 경우 1만 3천 명의 노동자 가운데 1914년의 동원 후에 남은 사람은 6,600명이었다.[21]
☆ 이전의 모든 전쟁에서 야포는 발사지점으로 이동하는 데 거의 모든 시간을 허비했다. 실제로 적을 포격하는 것은 보통 몇 시간뿐이었기 때문에 포탄 소비량도 얼마 되지 않았다. 그런데 1914~1918년의 참호전에서는 상황이 완전히 달랐다. 대포는 줄곧 발사위치에 붙박여 있었고, 포격해야 할 적은 언제나 사거리 안에 있었다. 그러므로 포탄(과 소총탄)의 보급량이 이전의 어느 때보다도 작전의 실질적인 한계를 결정했다. 결국 병참과, 대포·탄약을 제조하는 공업생산력이 가장 중요한 요소가 되었다. 1915년 봄이 되자 모든 교전국이 이 전혀 예상치 못한 전쟁의 산업화라는 사태를 인식하게 되었다.

9월 20일에 필요한 포탄을 제조하기 위해 육군에서 병사를 빼내야 한다는 결론을 내렸다. 처음에는 혼란이 일어났다. 군수산업 고용주들에게 기차역 같은 장소들을 뒤져 일할 만한 사람을 차출할 권한이 주어졌던 것이다.*

프랑스의 제철소 대부분이 적의 손에 넘어가버렸기 때문에 처음부터 프랑스 정부당국은 그때그때 닥치는 대로 대책을 세워야 한다는 것을 알고 있었다. 따라서 업종에 관계없이 모든 회사가 각 현장의 조건이나 가능성에 따라 새로운 조립 라인을 설치하고 기존의 기계를 새로운 용도로 전환하고 새로운 생산방법을 발명하여 군수물자를 생산하도록 요구받았다. 1793년의 국민총동원 때 파리의 직인공방을 동원한 경험이 있었기 때문에 이 대대적인 임기응변은 그럭저럭 쉽게 진행되었다. 정치가들이 세세한 부분에 관한 결정권을 각 지방 기업인들의 위원회에 넘긴 것도 효과가 좋았다. 기업인들은 서로 수주계약과 업무를 배분하고 담당 각료와 빈번하게 협의†하여 자신들의 작업을 육군의 전반적 요구에 맞춰 조정했다.

태풍처럼 지나간 최초의 몇 주 동안은 비용 따위는 거의 문제가 되지 않았다. 약 2만 5천 개의 하청업체가 각종 탄약을 생산하기 시작했고 사용될 수 있는 기계는 모두 가동되었다. 나중에는 생산비가 높은 업체는 필요한 원료와 연료를 배급받지 못하게 되면서 배제되었다. 조립 라인에서 무기를 생산하는 대규모 신설 공장이 시간이 지남에 따라 점차 중요해졌다. 그렇지만 가장 크고 야심적인 공장들 중에는 1918년 전쟁이 끝

---

\* 육군에서 동원 해제되어 군수생산에 배치된 노동자의 신분을 규정하는 법률은 1915년 8월에야 제정되었다. 그들은 군의 지휘를 받았지만 민간인으로서 임금을 받았고 특별한 배지를 달았으며, 가장 일손이 부족한 곳에 배치되었다. 이때 주어진 일을 거부할 권리는 없었다. 규율을 어기면 전선으로 돌아가야 했다.[22]

† 최초의 회합은 1914년 9월 20일에 열렸다. 이 자리에서 육군장관은 75밀리 포탄을 하루에 10만 발씩 생산한다는 목표를 지시했다. 이런 회합은 처음에 매주 열리다가 격주로, 나중에는 한 달에 한 번 열리게 되었다. 1915년 5월 이후에는 신설된 군수성이 정부측 담당부서가 되었다.[23]

날 때까지 조업을 시작하지 않은 곳도 있었다.*24)

이런 상황에서 대기업은 성공적으로 일을 해나갔다. 원재료, 연료, 노동력 등의 희소자원을 배분하는 각 지방의 협의회는 기업인들에 의해 통제되었다. 대규모 생산업체는 생산비가 높은 소기업도 경영을 해나갈 수 있도록 책정된 가격수준에 납품함으로써 높은 이윤을 올릴 수 있었다. 정계, 금융계, 재계와 연계된 혁신적 기업은 대량생산방식을 통해 상당한 돈벌이를 할 수 있었다. 전쟁 중에 산업제국을 이룩한 루이 르노가 그 좋은 예다. 1918년에 르노는 2만 2,500명의 노동자를 고용하여 포탄, 트럭, 전차, 항공기, 총포 부품 등을 생산하고 있었다. 그는 파리 지역 기업인위원회 위원장이었으므로 새로운 계약에 참여하는 데 유리한 위치에 있었고, 그런 계약을 통해 그와 그의 회사는 많은 이익을 얻었다. 그것이 가능했던 것은 젊은 엔지니어들에게 의존하여 새로운 생산공정을 설계했기 때문이다.25)

프랑스가 성공을 거둔 또 다른 이유는 노동력의 성격이었다. 1914년에는 프랑스에 아직 대규모 공업이 드물었는데, 그마저도 대부분 독일에 점령되어 있었다. 따라서 전시 군수산업에 의해 신설된 생산설비에는 과거와 같은 노동방식이 거의 존재하지 않았다. 여성, 소년, 외국인, 전쟁포로, 상이군인과 군수산업에 배치된 병사들이 민간인 남성노동자보다 훨씬 많았다.† 프랑스에서는 독일이나 영국보다 이런 노동력을 사용하기가 더 쉬웠다. 독일이나 영국의 노동자들 사이에는 사회주의의 전통이나 직장의 오랜 규칙, 전통적 직능단체의 영향이 강했기 때문에 프랑스처럼

---

* 가장 유명하고 논란이 많았던 사례는 1916년 9월에 계획되어 결국 완성되지 않은 로안의 새로운 국영 조병창이었다.
† 1918년 11월에 프랑스의 군수산업 공장노동자는 전체 171만 1,000명 가운데 병사가 49만 7,000명, 여성이 43만 명, 프랑스 국적을 가진 민간인 남성이 42만 5,000명, 외국인과 식민지인이 16만 9,000명, 징집연령 미만의 소년이 13만 7,000명, 전쟁포로가 4만 명, 상이군인이 1만 3,000명으로 구성되어 있었다.26)

노동과정을 급격히 재조직하기가 어려웠다.

프랑스의 성공을 도운 두 가지 요인이 더 있었다. 먼저 정치적 측면을 보면 초대 군수장관 알베르 토마는 사회당 정치가이자 파리 고등사범학교 졸업생이었다. 그는 자기처럼 테크노크라트적 성향과 사회주의적 성향을 가진 파리 고등사범학교 동문들을 등용했다. 이런 관리자들은 독일에서 같은 역할을 하고 있던 오만한 육군장교들에 비해 훨씬 부드럽게 기업인이나 노동자를 다룰 줄 알았다.[27]

그리고 무엇보다 중요한 것은 프랑스의 전시 경제가 전적으로 자국의 자원에만 의존하지는 않았다는 점이다. 독일에 점령된 지역의 생산량을 보충하려면 다량의 석탄과 철강을 영국에서 수입해야 했다. 언제든 전략 물자가 부족해지면 영국이나 미국에서 사들일 수 있었다. 적어도 초기의 상황은 그랬다. 그러나 먼저 영국에서(1915), 뒤이어 미국에서(1917) 공급이 달리면서 상품 인도가 크게 지체되는 일이 많아지자 연합국 사이에 군수생산과 관련된 협조를 이루기 위해 새로운 방법이 필요해졌다. 결국 국제적 역할분담이 이루어졌는데, 연합국의 국제회의에서 그 내용이 계획되고 몇몇 국제적 관리기관에 의해 시행되었다. 그 가운데 가장 중요한 것이 연합국해상수송평의회였다.

프랑스는 원료와 연료, 그리고 점차 식량*까지도 영국과 미국에 의존하게 됨으로써 거액의 전채(戰債)를 지게 되었고, 이는 전후 국제관계를 혼란에 빠뜨렸다. 그러나 어쨌든 전쟁기간 동안 해외에서 물자를 구입할 수 있었기 때문에 프랑스는 자국의 자원을 탄약 생산과 전선에서 벌어지는 전투에 집중할 수 있었다. 한 예로 프랑스의 75밀리 포탄 생산은 1915년에 수요를 충족시키는 수준에 이르렀고, 최고에 이르렀을 때는 원래

---

* 프랑스의 곡물수확량은 1909~1913년에 평균 850만 톤이었는데 1917년에는 겨우 310만 톤에 그쳤다. 한때는 식량사정이 매우 심각해져서 육군의 비축식량이 이틀 치밖에 없었던 적도 있었다. 그러나 해외로부터 식량을 수입하는 데 선박을 할당함으로써 파국을 막을 수 있었다. 그에 따라 미국산 곡물이 대량으로 유입되었고 1918년 초에는 식량 비축량이 적정수준으로 회복되었다.[28]

생산계획의 20배에 달하는 하루 20만 발을 생산했다. 나중에는 단순히 포탄을 많이 생산하는 것보다도 대형 155밀리 포라든가 항공기나 전차 같은 최신 무기 등을 만들어내는 것이 더 중요해졌다. 이 방면에서도 프랑스는 다른 강국과 동등하거나 앞서 나갔다. 그래서 미국의 파견군은 프랑스에 처음 도착했을 때 사전 약속에 따라 프랑스의 민간공장이나 조병창에서 대형장비를 공급받았다.* 프랑스는 제1차 세계대전에서 영국보다 더, 그리고 미국보다는 훨씬 더 많이 민주주의의 조병창 노릇을 했다.†

독일은 다른 문제에 직면해 있었다. 독일의 공업자원은 프랑스보다 훨씬 많았고, 1914년에는 성인남자 노동력의 절반 가까이가 아직 동원되지 않은 채 군사훈련을 면제받고 있었다.# 따라서 가용 인력 및 원자재에 의해 결정되는 포탄생산량의 상한과, 정부 조병창에 비축되어 있던 포탄이 바닥나기 시작한 1914년 10월 이후 점점 더 증가하는 포탄 수요 사이에는 아직 상당한 여유가 있었다. 그러므로 독일 육군성의 장교들은 그저 민간경제에 증산을 요구하기만 하면 되었고, 몇 달 동안 독일의 민간경제는 프랑스의 경우처럼 처음부터 갑자기 경제 전반을 재편성하고 인력을 재배치하지 않고도 늘어난 수요에 대응할 수 있었다.

그런데 다른 한편으로 1914년 이전에 독일은 전쟁을 수행하는 데 불가결한 몇 가지 물자를 수입하고 있었다. 유탄(榴彈)의 외피와 전기기계를 만드는 데 필요한 구리가 칠레에서 수입되었다. 화약과 비료 생산에 필요한 질산염 역시 칠레에서 수입되고 있었다. 전쟁이 발발하자 영국 해군은 곧 독일 해안 봉쇄를 선언했고, 독일은 해외로부터 이런 물자를

---

\* 사실상 유럽에 파견된 미군의 대포나 전차는 모두 프랑스제였다. 또한 미군이 사용한 항공기 6,287대 가운데 4,791대가 프랑스제였고, 미군이 사용한 75밀리 포탄 가운데 1,000만 발도 프랑스제였다.[29]
† 무기의 종류별 생산량에 관해서는 Hardach, *The First World War*, p. 87을 참조. 프랑스는 소총과 기관총 이외의 모든 부문에서 다른 동맹국들을 앞섰으며 항공기 생산부문에서는 독일보다도 앞섰다.[30]
# 독일에서는 1913년의 육군개혁 이전에는 징집연령층의 53.12%만이 징집되었다. 반면 프랑스에서는 82.96%, 다시 말해 신체검사를 통과한 모든 사람이 징집되었다.[31]

공급받기가 갈수록 어려워졌다.* 영국의 봉쇄로 인해 독일 육군은 유탄의 외피나 화약 공급이 갑자기 끊기는 사태를 막으려면 이미 입수된 구리와 질산염을 신중하게 절약해서 사용해야 했다. 도이치 알게마이네 전기회사의 상속자인 발터 라테나우는 개전 초에 일찌감치 이 사실을 눈치챘다. 1914년 8월 8일에 그는 이 문제를 육군장관에게 말했고, 그로부터 일주일 후 구리나 초석을 비롯하여 군수생산과 공업생산에 필요한 희소 원료를 배분하는 일을 책임지게 되었다. 이렇게 생겨난 육군성 원료국은 그 후 3년 동안 군에 의한 독일 경제 경영의 포괄적인 시스템을 키워내는 온상의 역할을 했다.†34)

대기업가답게 라테나우는 전략물자를 배분하기 위한 특별 법인을 설립했다. 요컨대 부족해진 물자마다 전국적 카르텔을 결성하여, 그 물자가 입수되는 대로 경쟁관계의 기업들 사이에 배분했던 것이다. 프랑스에서와 마찬가지로 이런 카르텔은 기업인들에 의해 운영되었고 전반적인 지침에 관해서는 육군성의 지도를 따랐다. 곧 영국과 독일 정부 사이에 경제전쟁의 술래잡기가 시작되었다. 독일 정부는 어디든 필요한 원료가 있기만 하면 사들여 중립국의 기업이나 항만을 통해 수입할 방도를 모색했다. 반면에 영국 정부는 그런 물자 수송을 저지하려 했고, 독일과 거래를 한다고 알려진 회사들을 블랙리스트에 올렸다. 영국이 봉쇄망을 조금씩 조여옴에 따라 독일의 해외 수입품은 점점 줄어들었다.

그러나 전쟁 중에도 또 전후에도 영국의 봉쇄로 인한 타격은 심하게

---

\* 독일 당국이 전전의 계획단계에서 이 문제를 고려하지 않은 것은 아니었다. 그러나 독일의 관리들은 네덜란드 기업이 미국 국기를 단 배를 통해 모든 필요한 물자를 운반해올 수 있을 것이라고 생각했다. 1812년 전쟁의 경험에 비추어, 영국이 감히 공해상에서 미국 선박에 제재를 가하지는 않을 거라고 판단했던 것이다.32) 그러나 실제로 영국은 미국을 설득하여 독일에 대한 원거리봉쇄에 동의를 얻었다. 다만 봉쇄의 세부사항에 관해서는 마찰이 있었는데, 이는 미국이 참전하면서 정책을 180도 전환할 때까지 영미관계에서 계속 골치 아픈 문제가 되었다.33)
† 실제로 원료국 설치를 생각해낸 사람은 알게마이네 전기회사에 고용된 엔지니어 비하르트 폰 묄렌도르프였다고 한다.35)

과장되었다. 실제로는 수입할 수 없게 된 많은 품목에 대해 대체품을 찾을 수 있었다. 예를 들어 유탄의 외피는 구리가 아닌 다른 금속으로 만들어졌고, 반드시 구리를 써야 할 경우에는 합금이나 전기도금을 함으로써 제한된 분량으로 더 많은 제품을 생산할 수 있었다. 산업현장에서 이런 식의 연구가 수천 건 이루어져 희소 원료를 아껴 쓰게 되면서 생산고가 뚝 떨어지는 사태는 방지되었다. 그러나 화약의 재료인 질산염만은 다른 것으로 대체할 수 없었다. 당시 화학자들은 공기 중의 질소를 고정시켜 질산염을 만드는 방법을 알고 있었지만, 그 방법은 비용이 너무 많이 들어 공업적으로 실용화된 적이 없었다. 그러나 1914년 10월에 독일이 비축하고 있던 탄약이 떨어지자 전투를 계속하기 위해서는 완전히 새로 건설된 질소고정 공장의 질산염 공급에 의존할 수밖에 없게 되었다. 이 공급원이 없었다면 전쟁은 더 일찍 종결되었을 것이다. 독일이 영국의 봉쇄를 뚫고 칠레 초석을 몰래 들여온다는 것은 사실상 불가능했기 때문이다.

이 때문에 개전 후 2년 동안은 육군성이 매달 입수할 수 있는 화약의 양에 맞추어 작전을 세우고 전쟁을 위한 노력의 규모를 조정했다. 1914년에는 화약의 최대 생산량이 월 1,000톤이었는데, 육군이 대포를 마음껏 쏘려면 매달 7,000톤이 필요했다. 1914년 가을에 육군성은 월간 3,500톤이라는 생산목표를 처음으로 설정했다. 조기에 승리를 거둘 전망이 사라져버린 1914년 12월에는 생산목표를 월 4,500톤으로 올렸다. 1915년 2월에는 목표치가 6,000톤으로 치솟았다. 실제 생산량은 이 목표치에 미달하기는 했지만 크게 처지지도 않았는데, 1915년 7월에는 실제로 6,000톤이 생산되었다. 육군성과 독일 공업은 이 기록을 자랑스러워했겠지만, 월간 6,000톤의 화약생산량도 급등하는 수요를 충족시키기에는 여전히 부족했다.[36]

독일의 공업은 그 밖에도 육군에 필요한 수천 가지 품목을 그럭저럭 만족스러울 만큼 공급할 수 있었다. 원료나 연료 등이 부족해졌을 때는 경쟁관계의 사용자 사이에 우선순위를 정하거나 대체품을 찾아내어 어떻게든 성공적으로 조정을 했다. 육군의 사상자를 보충하기 위해 민간 노동자의 상당수가 징집되긴 했지만 아직 인력이 크게 부족하지는 않았다. 오히려 걱정스러운 것은 식량부족이었는데, 1916년 5월에는 사태가 상당히 심각해져서 전담 식량청을 설치해야 했다. 그러나 식량청은 민간 관료가 담당하는 부서로서 육군의 식량 구입에는 관여할 수 없었기 때문에 결국 유효한 식량배급 시스템을 만들어내지는 못했다.

전장에서 독일군이 성공을 거두고 있는 한 국내의 어려움은 크게 문제되지 않았다. 화약이 부족했음에도 불구하고 1915년의 전황은 대체로 독일에 유리하게 전개되었다. 독일군은 동부전선에서 승리를 거두어 러시아군을 독일 국경으로부터 멀리 밀어냈고 세르비아를 점령했으며, 독일의 동맹국 오스만 제국은 다르다넬스 해협 지구에 대한 적의 상륙작전을 격퇴했다. 그 사이 본국에서 화약이 증산되면서, 독일군 포병대는 서서히 본래의 공격력을 회복해갔다.

1916년 독일군의 전략적 계획은 중포의 우세를 살려 베르됭을 공략하는 것이었다. 독일군이 1914년 마른 전투에서 패한 뒤 대참모본부의 참모총장이 된 에리히 폰 팔켄하인은 이 작전으로 프랑스군에 막대한 인명피해를 줌으로써 영국의 신병부대가 전투에 가담할 준비를 갖추기 전에 프랑스가 강화를 요청할 수밖에 없도록 만들려고 했다. 그러나 1916년 2월부터 6월까지 계속된 베르됭 공격은 두 나라 군대에 막대한 인명손실을 가져왔을 뿐 독일이 기대했던 목표는 이루어지지 않았다.

베르됭의 실패에 이어 독일의 자신감을 뒤흔든 두 가지 충격이 찾아왔다. 영국군과 프랑스군이 솜에서 벌인 공세(1916년 7월~11월)는 영국이 이 전쟁에 모든 자원을 쏟아 부었음을 보여주었다. 이어서 동부전선에서는 러시아군이 오스트리아군에 공세를 가해 대단한 성공을 거두었고, 여기에 힘입어 루마니아가 연합국에 가담했다. 이 눈치 빠른 발칸 국가 루마니아가 독일의 적측에 가담했다는 것은 적어도 루마니아에게는 이 전쟁이 연합국의 승리로 끝나가고 있는 것으로 보였음을 의미했다.* 그런 결과를 막기 위해서는 분명히 후방의 노력이 더욱 강화되어야 했다. 독일은 영국과 프랑스의 동원에 맞먹거나 그것을 능가할 만큼 전쟁노력을 강화하는 것으로 이 상황에 대응했다. 그런데 여기서 1916년 8월 28일 육군원수에 취임한 파울 폰 힌덴부르크와 그의 병참감 에리히 루덴도르프가 독일군의 최고지휘권을 장악하면서 시작된 새로운 국면을 검토하기 전에, 영국, 미국, 러시아가 대전 1년째를 맞는 전황에 어떻게 대응했는지 간략하게 언급해야 할 것 같다.

다른 교전국들과 달리 영국은 처음부터 장기전에 대비하고 있었다. 만약 전쟁이 장기화되지 않았다면 영국군의 참전은 극히 미미한 수준에 그쳤을 것이다. 1914년의 서전에 겨우 4개 군단만이 참전할 수 있었기 때문이다. 그러나 여론은 영국이 주변적 역할에 그치는 것을 거부했으며, 신임 육군장관 키치너가 지원병을 모집하자 수많은 사람이 모여들었다. 그로 인한 혼란은 엄청났다. 기존의 행정업무는 달라진 작전의 규모를 고려하지 않은 채 수립된 것이었기 때문이다. 새로운 육군에 필요한 막대한 물자가 민간기업과 울리치 조병창에 발주되었다. 그런데 이런 주문은 프랑스 정부나 러시아 정부의 주문과 경쟁해야 했고 영국 해군의 발주와도 경쟁을 벌였다. 당장 생산에 과부하가 걸렸다. 물품 인도가 늦어졌고, 다른 한편으로 고조된 여론은 저마다의 산업기술이나 직무 내용에 관계없이 누구든 지원하여 입영하도록 압력을 넣었다. 이 때문에 군수산업 노동자 가운데 약 20%가 육군에 입대했고, 그에 따라 이미 공급이 많이 달렸던 포탄 및 대포 생산에 차질이 생겼다.[37]

당연한 일이지만 곧 심각한 포탄 부족이 프랑스에 파견된 영국군을 괴

---

* 루마니아 국왕은 호엔촐레른가(家)의 일원으로 독일 황제의 가까운 혈족이었다. 독일인들은 루마니아 국왕이 혈연을 배신한 데 대해 분개했다.

롭히기 시작했다. 1915년 5월에 파견군 사령관 존 프렌치는 육군 내의 상급자를 건너뛰어 여론에 직접 호소하기로 마음먹었다. 프렌치의 호소로 큰 소동이 일어나고 내각이 위기에 빠졌고 로이드 조지가 이끄는 군수성이 신설되었다. 로이드 조지는 당장 영국의 모든 공업자원을 전쟁을 위해 동원하는 단호한 조치를 취하기 시작했다. 그는 육군성의 요구수준을 훨씬 넘어설 뿐더러 육군성이 가능하리라 생각했던 상한마저 넘어선 생산목표를 설정했다.* 이 신설된 성(省)의 업무추진방식은 자발성과 강제를 섞은 것이었다. 한 예로 군수성이 처음 한 일 가운데 하나는 주소를 확인할 수 있는 모든 기업에 그 회사가 어떤 기계를 보유하고 있고 어떤 군수품을 생산할 수 있는지를 묻는 설문지를 보낸 것이었다. 마찬가지로 자발성을 중시하는 입장에서, 군수성은 노동조합을 설득하여 전통적인 작업규칙을 잠시 유보하고 파업을 하지 않겠다는 약속을 받아냈다. 이것은 중대한 양보였다. 왜냐하면 프랑스에서도 그랬듯이, 전쟁 중에 새로 도입된 기계 때문에 많은 생산 라인이 자동화되었고 이전에는 숙련노동자가 하던 일을 비숙련·반숙련 노동자도 할 수 있게 되었기 때문이다. 다른 한편으로 기업이윤은 전전의 평균을 20% 이상 넘을 수 없도록 법으로 제한되었다. 또 '병역기피자'를 비난하는 격렬한 전시 선전이 지원병 모집에 매우 효과적인 강제요소로 작용하여, 키치너의 육군은 1916년에 246만 6,000명에 이르게 되었다.

로이드 조지는 추진력이 강한 사람들을 모아 군수성에서 일하게 했는데, 이들은 주로 기업인이나 전문직업인 사이에서 선발되었다. 그들은 대체로 자유주의적인 성향과 사고방식을 가진 사람들로, 이 점은 프랑스 군수성의 좀더 사회주의적이고 테크노크라트적인 분위기와 대조를 이루

---

* 새로운 체제의 의기양양한 기세는 로이드 조지가 했다는 다음과 같은 말에 잘 드러나 있다. "키치너(육군장관)가 최대한이라고 잡았던 수치를 제곱하고 그 값을 또 두 배로 하시오. 그 목표가 달성될 수 있는 전망이 선다면, 행운을 위해 또다시 두 배로 하시오.[38]

었으며, 독일의 전쟁 노력을 관리한 사람들의 군사적 성격과는 정반대였다. 그러나 세 나라에서 실제로 나타난 결과는 큰 차이가 없었다. 예를 들어 영국의 포탄생산량은 첫 해에 10배로 늘어, 애초에 군수성이 설치된 이유였던 탄약 부족으로 인한 위기가 해소되었다. 1916년 7월에는 지원병으로 구성된 육군이 참전 준비를 마치고 솜 전투에서 맹렬한 포격을 퍼부어 독일군에게 큰 충격을 주었다. 따라서 독일군은 베르됭에서 프랑스군을 제압하려던 시도를 중단하고 이 새로운 공세에 대응할 수밖에 없었다. 그러나 솜 전투의 성과는 그것뿐이었다. 프랑스군이 전쟁 초기의 몇 주 동안 입었던 손실만큼이나 막대한 사상자가 발생하자* 영국의 여론은 전쟁의 열기를 완전히 잃어버렸다. 그리고 참호전이 끝도 없이 오래 이어지자 내각은 점차 더 이상의 쓸데없는 유혈을 피하기 위해 프랑스에서 생긴 결원의 보충을 꺼리게 되었다.

그런데 대서양 건너편에서 미국은 전쟁으로 인한 수요 급증으로 막대한 이익을 얻고 있었다. 전전에는 영국과 독일의 기업으로부터 상품을 공급받던 전세계의 수출시장, 특히 라틴아메리카 시장이 이제 미국에 손을 내밀고 있었다. 그 결과는 미국 경제의 엄청난 호황이었다. 전쟁 초기에는 독일에 대한 수출이 점차 줄어들다가 거의 중단되었다. 그러나 전쟁이 시작될 때 원거리봉쇄에 대한 국제법적 근거가 없었음에도 불구하고 미국은 영국의 독일 봉쇄에 반대하지 않았다. 연합국의 물자 매입만으로도 미국의 농장과 공장, 광산이 최대한 가동되고 있었기 때문에 굳이 영국의 무역규제를 빠져 나가야 할 이유가 없었던 것이다.

따라서 시간이 지남에 따라 미국의 물자공급은 점점 더 대대적으로 연합국의 전쟁 노력과 연관되었다. 처음에 영국은 미국에 투자한 자본을 헐값에 넘겨야 하긴 했지만 매입 물자의 대금을 평상시대로 지불할 수

---

* 공식 집계에 따르면 첫날 사상자가 약 5만 명, 전체 사상자수는 41만 9,652명에 이르렀다.[39]

있었다. 이윽고 영국의 현금이 바닥나자, 미국의 은행은 연합국에 돈을 빌려줌으로써 미국의 경제호황을 뒷받침했다. 훗날 미국의 인민주의자들이 지적했듯이, 이런 대출로 인해 1917년에는 뉴욕의 은행가들이 연합국의 승리에 막대한 금융자산을 걸고 있는 형국이 되었고, 미국의 경제자원은 점점 더 영국 및 프랑스의 전쟁 노력과 밀접하게 결합되어갔다.

영국과 프랑스는 미국뿐 아니라 다른 세계시장에 대해서도 문호를 개방하고 있었다. 특히 이 두 나라는 예전부터 아프리카·아시아·오세아니아에서 식민지를 경영해왔기 때문에 전쟁 수행을 위해 전세계의 자원을 한발 앞서 동원할 수 있었다. 그러므로 영국과 프랑스는 국내 생산을 계획하고 통제함에 있어 수요와 공급의 균형을 완전하게 맞출 필요가 없었다. 대부분의 경우 부족분을 해외에서 사들여 메울 수 있었기 때문이다. 물자의 인도가 늦어져서 난처해지는 일이 있긴 했지만, 1917년에 독일의 잠수함이 연합국의 생명선을 위협하기 전까지는 큰 문제가 되지 않았다. 어쨌든 그때까지는 국내의 통제경제와 해외시장 동원이 잘 결합되어 있었고, 미국의 은행대출을 통해 여기에 필요한 자금을 융통했다.

독일 역시 스웨덴, 네덜란드, 스위스 같은 인접 국가에서 물자를 구입해 국내의 자원을 보충했다. 독일이 점령하고 있던 벨기에와 프랑스 북부, 러시아의 폴란드인 거주지역에서도 식량이나 연료 등 전쟁을 위한 필수품을 조달했다. 그러나 점령지역의 주민들은 마지못해 독일군 당국에 협조하는 정도였고, 영국의 단호한 해상봉쇄로 중립국으로부터의 물자 구입은 대폭 감소했다.\* 따라서 독일은 주로 국내 자원에 의존하면서 합스부르크 영내의 각 지역이나 불가리아, 오스만 제국, 그리고 점령지역에서 끌어 모을 수 있는 물자로 보충해 나갔다. 이 권역 내에서 독일까지 물자를 운반하려면 상대적으로 비용이 많이 드는 육로를 이용해야 했

---

\* 1915년에 영국은 네덜란드, 스위스, 스칸디나비아 국가들과 협상을 벌여, 이 중립국들의 수입품목과 수입량을 자국의 국내 소비에 필요하다고 추정되는 수준으로 제한했다.

으므로 독일이 들여올 수 있는 자원의 양은 제한되었다. 또 아직 인구의 절대다수가 농민인 이들 나라에서는 행정업무 처리가 느슨했기 때문에 이 또한 제약요인이 되었다. 게다가 독일은 동맹국이나 점령지로부터 식량을 비롯한 물자를 들여오기 위해 거액의 외채를 얻을 수도 없었다. 오히려 전쟁이 몇 년씩 지속됨에 따라 장래 독일의 패권에 대한 불신이 강해지자 독일의 동맹국인 합스부르크 제국, 불가리아, 오스만 제국 등은 독일이 제안하거나 실시하는 사업에 점차 열의를 보이지 않게 되었다.

독일의 행정력을 짓누르고 있던 부담은 결국 행정력의 손상을 초래했다. 그때까지 누구도 외부에서 들여오는 대규모 자원 보충 없이 국민경제 전반을 관리해 나가는 방법을 명확히 구상하지 않았다. 장래 식량의 생산과 소비에 관한 추산 등의 중요한 통계수치는 아예 없거나, 아니면 모든 쟁점에 관한 최종결정권을 쥔 군인들에 의해 무시되었다.

러시아도 전쟁의 압력이 닥치자 국내 행정에서 심각한 어려움에 직면했다. 차르의 육군에 징집된 수많은 병사들에게 식량과 물자를 보급한다는 것은 어려운 일이었다. 그러나 군사와 관련된 사업에 절대적 우선권을 부여함으로써 러시아 역시 같은 시기 독일이나 프랑스나 영국이 이룩한 생산량 못지않게 기적적으로 공업생산을 증가시켰다. 러시아는 심지어 합스부르크 제국의 생산기록을 뛰어넘기까지 했다. 합스부르크 제국에서는 여러 민족 간의 내부 갈등과 행정적 허술함이 일상의 궤도를 벗어나는 일체의 증산 시도를 방해하고 있었다.[40]

프랑스나 독일과 마찬가지로 러시아도 군수품 생산에 관한 계약의 배분을 기업인들로 구성된 위원회에 맡겼다. 이들은 1915년 초에 월평균 약 45만 개이던 포탄 생산량을 1916년 9월에는 450만 개로 늘리는 데 성공했고, 다른 군수품 생산에서도 거의 이와 비슷한 생산증가를 달성했다.[41] 그러나 기업이윤은 생산보다 더 빠르게 늘어났고, 1916년에는 극심한 인플레이션이 발생했는데, 이것은 전쟁 노력으로 인해 러시아 경제에 과부하가 걸렸음을 알려주는 신호였다. 1916년 1월부터 12월 사이에 물가가 네 배 가까이 올랐으나 임금인상률은 여기에 훨씬 못 미쳤다. 그리고 무엇보다도 심각한 것은 시중에서 거의 소비물자를 살 수 없게 됨에 따라 식량을 생산하는 농민들이 돈을 마련하기 위해 수확물을 내다 팔 이유가 차츰 없어졌다는 점이다.

이런 상황에서 촌락생활에서는 자급자족의 패턴이 다시 강화되었다. 1913년에는 수확량의 25%가 시장에 나왔지만, 1917년에는 수확 자체가 감소했을 뿐 아니라 출하율이 15%로 내려갔다. 육군이 시중에 나온 곡물의 대부분을 우선적으로 사들였기 때문에 파멸적인 식량난이 도시를 강타했다. 이 때문에 1917년에는 공업생산까지 급감했고 곧 육군의 사기도 떨어졌다.[42] 물론 러시아군이 대패한 데는 전선에서 탄약이 부족했던 것도 영향을 미쳤을 것이다. 하지만 무절제한 포격이나 포병과 보병의 손발이 맞지 않는 협력관계로 인한 탄약의 낭비가 당시 군 당국자가 인정했던 탄약 부족문제보다 더 큰 요인이었다.*

합스부르크 제국의 군대에 대해서라면, 1916년의 갈리치아 공세에서 보듯이 러시아 군대도 아직 승리를 거둘 수 있었다. 하지만 1914년과 1915년에 독일군이 거둔 연전연승이 보여주듯이, 병사의 수가 많은 것만으로는 독일군의 기술에 대항할 수 없었다. 그러나 독일군이 1916년에 서부전선으로 주의를 돌려 먼저 베르됭을 공격하고 뒤이어 솜에서 연합국의 공격을 피하느라 고심하게 되자, 러시아는 다시 공세에 나설 힘을 회복했다. 동서 양쪽에서 협공당하는 것을 피하려면 독일은 동부전선

* 러시아군 보병은 매달 1인당 라이플 총탄 125발을 소비했는데 프랑스군은 겨우 30발, 영국군은 50발을 사용했다는 놀라운 통계가 있다.[43] 서부전선에서는 1915년에 이미 위장이나 간접사격이 상식적인 것이었는데, 러시아군 포병대는 이에 한참 뒤떨어져 있었다. 독일군 포병은 이런 기법을 구사하여 별다른 어려움 없이 러시아군의 포병진지를 공략했다. 러시아군 보병부대는 화력 지원 부족을 후방에서의 생산이 충분치 않기 때문이라고 탓했다. 그러나 실제로 러시아의 공업은 군수생산을 확대하는 데 훌륭한 성과를 거두고 있었지만 러시아군이 훈련부족으로 그 성과를 살리지 못했다는 편이 사실에 가깝다.

과 서부전선에서 동시에 대규모 전쟁을 수행할 수 있는 능력을 갖추어야 했다. 1916년 8월, 독일군의 최고사령탑에 오른 힌덴부르크는 바로 그 실현을 염두에 두고 있었다.

## 제1차 세계대전기 경영의 변모: 두 번째 국면, 1916~1918년

독일이 전시동원을 강화하면서 제1차 세계대전은 새로운 국면으로 접어들었는데, 여기에 관해 논의하기 전에 교전국들의 전쟁 노력에서 몇 가지 공통된 요소를 살펴보고자 한다. 이 요소들은 전쟁의 마지막 2년 동안 최고조로 분출되었지만 그전부터 이미 과거 유럽 사회의 모습을 근본적으로 바꾸기 시작하고 있었다.

공업 면에서 가장 중요한 공통적인 변화는 포탄과 거의 모든 종류의 보병 장비의 제조에 대량생산방식이 도입된 것이었다. 더 큰 품목에 대해서는 대량생산방식을 적용하기가 쉽지 않았지만, 그러나 전쟁이 끝날 무렵에는 승용차나 트럭, 항공기 엔진의 생산 라인이 표준화되었다. 이 과정은 특히 프랑스와 미국에서 빠르게 진행되었는데, 이 두 나라에서는 과거의 생산방식을 바꾸는 데 대한 노동자들의 저항이 영국이나 독일에서보다 훨씬 적었기 때문이다.* 7장에서 보았듯이, 대량생산방식은 1812년 미영전쟁 뒤에 미국의 소화기 제조업에서 처음 사용되었고 유럽도 크림전쟁 후에 대량생산에 필요한 기계를 잇달아 미국에서 수입하기 시작했다. 19세기 중반부터 늘 숙련노동자 부족에 시달리던 미국 기업인들은

---

* 루이 르노는 미국을 견학한 후 1911년에 승용차 차체 생산 라인을 도입했다. 이로 인해 파업이 일어났지만, 르노는 파업을 극복하고 승용차·트럭·항공기 제조의 모든 공정을 조립 라인으로 조직하여 전시에 급속한 사업확장을 준비했다.[44]

이 같은 방법을 다른 제조업 분야에도 적용했다. 그 중 가장 두드러진 대량생산 제품은 재봉틀과 타자기였다. 그러나 유럽에서는 제1차 세계대전 전까지는 대량생산 방면에 거의 진전이 없었다. 그러나 막대한 수의 동일한 군용 물품들이 필요해지는 긴급사태가 닥치자 유럽에서도 지그와 다이 같은 공작기기, 자동화기계와 조립 라인이 속속 채택되기 시작했다.

대량생산방식을 채택하자 군수품만이 아니라 대량소비용 공산품의 가격도 아주 저렴해졌다. 이전에도 종종 그랬지만, 이번에도 군대의 수요가 신기술 도입의 길을 연 것이다. 더욱이 그것은 포탄의 신관(信管)이나 전화에서부터 박격포나 손목시계에 이르기까지 대단히 광범위한 품목에 걸쳐 있었다. 크게 보아 그 후 세계의 산업사와 사회사는 제1차 세계대전이라는 긴급사태로 인해 엄청나게 영역이 넓어진 대량생산방식이 지속적으로 적용되어가는 과정을 중심축으로 해서 전개되었다. 현대의 주택에 설치되어 있는 설비를 대충 훑어보기만 해도 20세기 말에 살고 있는 우리가 이 산업의 변혁에 얼마나 큰 빚을 지고 있는지 금세 알 수 있을 것이다. 그 변혁은 점점 더 많은 포탄과 화약과 기관총이 주권국가로 살아남기 위한 대가가 되어버린 다급한 상황에서 시작된 것이었다.

대량생산방식의 도입만큼이나 중요한 것은 새로운 무기와 기계의 설계에 계획적인 발명이라는 새로운 수법이 광범위하게 적용된 점이다. 8장에서 보았듯이, 1914년 이전에는 주로 세계열강의 해군이 계획적인 발명을 후원하고 자금을 댔다. 군함을 건조하려면 거액의 예산이 필요했고, 해군의 장비가 매우 복잡했기 때문에 이는 당연한 일이었다. 제1차 세계대전을 계기로 의도적인 발명은 말하자면 뭍으로 올라왔고, 신무기와 재래식 무기에 모두 적용되었다. 독일은 재래식 무기의 성능을 향상시키는 데서 큰 성과를 거두었는데, 그것은 희소한 공업원료를 절약하기 위해 대포를 비롯하여 보병부대에 필요한 장비의 설계 및 제조 방법을 모든 면에서 세심하게 재검토해야 했기 때문이다. 잠수함이나 항공기 같은 비교적 새로운 무기들은 독일뿐 아니라 연합국에서도 아주 빠른 속도로 진화했다. 전장에서의 실제 체험을 바탕으로 이 모든 무기들이 갖추어야 할 성능제원이 제시되면, 기술자나 설계자의 능력이 닿는 한 그런 성능을 갖춘 무기가 실제로 만들어졌다. 이리하여 '관제(管制) 발명'이 일반화하고 군대의 모든 장비에 적용되게 되었다.

전차의 개발과정은 이런 방법을 통해 어떤 성과를 거둘 수 있는지를 가장 잘 보여주는 예이다. 대전 초기에 몇몇 사람들이 만약 무한궤도 장갑차가 있다면 무사히 적의 참호를 넘어 전진할 수 있겠다는 생각을 해냈다. 거기에다 적절한 포까지 탑재한다면 적의 기관총을 파괴하여 전면 돌파의 길을 열어줄 수도 있을 것이었다. 영국과 프랑스 당국은 이 구상을 실행에 옮기기 시작했다. 특히 영국의 경우, '관제 기술개발'이라는 해군의 경험이 여기서도 계속 이어졌다. 처음에 '육상순양함'이라고 불린 전차의 초기 개발을 해군 설계국이 담당했기 때문이다.

영국의 전차가 처음으로 실전에 참가한 것은 솜 전투의 마지막 몇 주(1916년 8월)였다. 그러나 이때는 기계적 결함도 있고 보병 및 포병과의 연계가 불완전했던 탓에 이 신무기의 위력이 발휘되지 못했다. 곧이어 프랑스도 같은 실패를 겪었다. 그러나 기술개발에 열의를 가진 몇몇 육군장교는 아직 실현되지 않은 이 무기의 가능성에 매달렸다. 마침내 1917년에 설계를 개량한(그에 맞게 전투훈련도 개선되었다) 신형 전차가 제한적이나마 실제로 전과를 거두었다. 1918년 6월 연합국의 최후 반격이 시작되었을 때는 모든 전선에서 새로운 세대의 전차가 보병의 전투를 지원했다. 당시 영국 최고사령부는 만약 실행되었다면 사상 최초의 '전격전'(電擊戰)이 되었을 1919년 작전계획을 잠정적으로 승인한 상태였다. 그로부터 20년 뒤 독일 육군은 폴란드에서 전차 종대로 적의 후방 깊숙이 침투하여 지휘계통과 보급체계를 붕괴시키는 전술을 사상 최초로 실전에서 선보였다.[45]

이 '1919년 작전계획'의 두드러진 특징은 계획이 수립될 당시에는 세상에 존재하지도 않았던 무기에 그 계획의 실현가능성이 달려 있었다는 점이다. 작전계획상의 구상대로 적의 후방으로 돌진하기 위해서는 속도와 기동성과 주행거리가 향상된 신형 전차가 필요했다. 따라서 '1919년 작전계획'은 그때까지의 군사작전들처럼 기존 무기의 성능을 바탕으로 수립된 것이 아니라, 기존의 기술을 작전계획의 요구에 맞게 의도적으로 맞춤으로써 미래를 만드는 것이었다. 물론 이 작전계획을 실전에서 펼칠 기회는 제1차 세계대전의 종전과 더불어 사라졌고, 개량된 장갑차량의 성능을 바탕으로 한 대규모 군사작전은 1939년이 되어서야 실현되었다. 그러나 '관제 기술개발'이 전전에 해전을 변모시켰던 것처럼 지상전도 전면적으로 변모시키기 시작했다는 것은 1918년에 이미 분명해져 있었다.

1914년 이전에 세계열강의 육군들은 군 조직을 뒤흔들 정도로 급속한 기술변화에 대해서 너나없이 저항했다. 철도가 부설되어 있지 않은 곳에서는 모든 이동을 말이 끄는 수레나 인간의 근력에 의지해야 했기 때문에 육군이 사용할 수 있는 장비의 규모와 복잡성은 제한될 수밖에 없었다. 그런데 제1차 세계대전이 진행되는 동안 내연기관이 이 한계를 제거했다. 그 발단은 1914년의 제1차 마른 전투를 위해 파리에서 프랑스군 병사들을 수송해준 택시였다. 그로부터 2년 뒤 프랑스군은 베르됭 요새에 대한 철도수송이 끊어진 뒤에도 로마제국 시대의 개선로를 통해 트럭으로 수송을 함으로써 요새를 지킬 수 있었다. 그리고 1918년이 되자 전통적으로 기병이 담당하던 정찰과 추격을 항공기와 전차가 맡게 되었다.

이런 과정을 거쳐 그때까지 전쟁의 산업화를 가로막고 있던 한계는 제거되었다. 그럼에도 불구하고 육군이 '관제 발명'의 가능성을 충분히 활용하게 된 것은 아직 미래의 일이었다. 제1차 세계대전은 이미 각국의 해군이 들어가 있는 꿈의 기계나라로 진입하는 문을 육군에게도 열어주었을 뿐이다. 그러나 무엇이 가능해질 것인가 하는 전망이 소수의 전차광들과

## '관제 기술개발'이 육상에서도 적용되다

제1차 세계대전 기간에 몇몇 몽상가들이 가솔린 엔진으로 움직이는 신무기를 개발하면 그때까지 인간의 근력으로 수행되던 지상전의 한계를 뛰어넘을 수 있겠다는 생각을 했다. 이 발상은 1914~1918년에는 그다지 성과를 거두지 못했지만, 연합군의 마지막 공세 때는 전차와 항공기가 상당히 큰 역할을 했다. 왼쪽 상단의 사진은 제1차 세계대전에서 가장 성공적인 전차 모델이었던 영국의 마크 5 전차다. 그 아래는 통칭 '휘핏'이라고 불린 마크 A 전차(1918)로, 속도가 매우 빠르고(시속 12.5km) 주행거리가 길었으므로(100km) 이 전차로 종대를 편성하여 독일군의 전선을 돌파한 뒤 후방으로 빠져 적의 사령부를 점령하고 지휘계통이나 보급선을 차단하고 전선에

>>>>——>

배치된 부대를 혼란에 빠뜨릴 수 있을 것으로 기대되었다. 그러나 1919년으로 예정된 이 대담한 작전을 시도하기 전에 제1차 세계대전은 끝나버렸다. 20년 후 독일 육군은 여기에다 항공지원을 추가하는 등의 개량을 추가한 작전을 실행하여 먼저 폴란드에서, 뒤이어 프랑스에서 기대했던 효과를 거두었다. 오른쪽 사진은 1930년대 후반에 '전격전' 전술을 훈련하고 있는 독일 육군부대의 모습이다.

Heinz Guderian, *Die Panzerwaffe* (Stuttgart: Union Deutsche Verlagsgesellschaft, 1943), Abbildungen 7, 12, and 41.

몽상가들의 눈앞에 어렴풋하게 보이기 시작하던 바로 그때, 1918년의 휴전이 일시정지를 명했고 그 정지상태는 15년가량 지속되었다.

이런 기술변화와 더불어 그에 못지않게 계획적인 변화가 인간사회와 일상생활에서 진행되었다. 수백만 명의 남자들이 육군에 징집되어 전혀 새로운 삶(그리고 죽음)의 조건을 받아들여야 했다. 또 다른 수백만 명은 공장과 정부 관청에서 일하거나 전쟁과 관련된 익숙하지 않은 일을 해야 했다. 노동력의 효율적인 배치는 곧 모든 나라의 전쟁 노력에서 가장 중요한 요소가 되었다. 그리고 병사뿐만 아니라 노동자의 복지도 중요해지기 시작했다. 노동자들이 영양상태가 나쁘거나 불만을 품고 있다면 최대의 산출을 기대할 수 없었기 때문이다. 식량공급이 부족해지자 회사 직원들에게 급식을 하는 직원식당이 긴요해졌다. 유아를 돌보아주는 탁아소 덕분에 젊은 어머니들도 군수 관련 업무를 수행할 수 있게 되었다. 때로는 군수산업 노동자들을 위해 특별한 주택이 건설되거나 기존의 주택이 할당되기도 했다. 공장 부설 스포츠클럽 역시 또다른 후생복지이자 사기 진작용 시설이었다.[46]

공장 경영자들이 제공하는 복지조치와 함께 노동조합의 역할도 확대되었다. 1914년 이전부터 노조가 튼튼히 뿌리를 내리고 있던 영국과 독일에서는 정부 관리들이 전쟁 노력을 위해 노동자를 조직화 및 재조직함에 있어 노조 지도자들의 협조에 의지하는 것이 도움이 되며 때로는 필요하다는 것을 깨달았다. 노사간에 충돌이 일어나면 정부 대표단은 노조의 편을 들곤 했다. 심지어 독일처럼 관료계급과 노동자 대표나 대변인들이 전통적으로 서로 반감을 품고 있던 경우에도 이는 마찬가지였다.[47] 정부관료와 노조관료와 기업관료가 서로 동맹을 맺고 일반인의 생활에 대한 집단적 지배와 효율적 통제를 확대하는 현상은 프랑스와 미국, 러시아에서는 그다지 현저하지 않았다. 이 세 나라에서는 노조가 아직 미약하거나 역사가 길지 않았기 때문에 혁명적 또는 준혁명적 이데올로기를 지지하고 있었다.[48] 따라서 프랑스와 미국과 러시아(1917년까지)에서는 기업인이 '연봉 1달러'로 정부의 관직에 취임하는 척 가면을 쓰거나 민간인으로서 정부와 계약을 맺는 편이 전시경제를 움직이는 데 있어 훨씬 더 운신의 폭이 넓었다.

보건위생 또한 정부의 관리대상이 되었다. 이전의 모든 전쟁에서는 적의 공격보다 각종 감염성 질병으로 인한 사망자가 훨씬 많았는데, 제1차 세계대전에서는 병사들에 대한 예방접종이나 그 밖의 조직적 예방조치가 이루어졌기 때문에 참호전의 교착상태가 그토록 장기간 유지될 수 있었다. 동유럽에서는 1915년 이후로 공중위생 행정이 붕괴하는 바람에 발진티푸스 등의 전염병이 예전처럼 위력을 떨쳐 병사와 민간인을 가리지 않고 많은 목숨을 앗아갔다. 그러나 1918년에 대단히 치사율이 높은 인플루엔자가 전세계를 휩쓸어 제1차 세계대전의 전사자보다 훨씬 많은 사망자를 내기 전까지, 서부전선에서는 참호의 비참한 생활조건에도 불구하고 군의관과 공중보건 당국의 관리들이 치명적인 감염증의 유행을 막을 수 있었다.* 다른 한편으로, 예방의학을 민간에까지 확대하는 조치는 거의 취해지지 않았다. 그런 일은 제2차 세계대전 때가 되어서야 이루어졌다.

1916년에 이르러서는 식량을 비롯한 소비물자 배급이 민간인 사회에서 관습화되어 있던 소비의 불평등 상태를 바꾸어놓았다. 그리고 그 후로 배급제도가 점점 더 엄격해지자 화폐소득이 평시에 갖고 있던 의의가 점차 사라졌다. 과세와 인플레이션도 나라마다 다양한 비율로 혼합되어 같은 작용을 했다. 자산 소유의 의의가 줄어들고, 군에서든 민간에서든 명령체계 안에서 차지하는 위치에 따른 지위가 상속받은 신분보다 중요해졌다. 물론 두 가지 지위가 일치하는 경우가 많았던 것은 사실이다. 과

---

* 1918~1919년의 인플루엔자로 인한 사망자 추계는 적게는 2,100만 명에서 많게는 헤아릴 수가 없을 정도였다. 이런 수치는 제1차 세계대전 전사자수의 두 배가 넘는다.[49] 영국군에서는 성병 역시 유행병이라고 할 만큼 만연했는데, 이것은 부분적으로는 군 당국이 성병을 의학적 문제라기보다 도덕적인 문제로 취급했기 때문이다.

거의 유제(遺制)가 남아 있긴 했지만, 국가사회주의(이 용어가 히틀러의 전유물이 아니라면)라고 할 만한 것이 유럽 국가들의 육해군 병영과 조달 담당부서에서 생겨났고, 대기업·노동조합·학계·정부 등의 행정엘리트들의 제휴에 힘입어 놀랄 만큼 짧은 기간에 유럽 사회를 근본적으로 바꾸어놓았다.

제1차 세계대전에서 전시동원을 성공으로 이끈 비결 가운데 하나는 그런 동원이 시작되었을 때 모두가 몇 달만 지나면 끝나리라고 생각했다는 점이다. 전쟁에 이기면 곧 모든 것이 정상으로 돌아올 것이라고 생각했기 때문에 익숙한 일상생활과 안락함을 희생하는 것도 그다지 문제가 되지 않았다. 과거의 방식을 고집하는 보수파도 이 점에 대해서는 반박할 여지가 없었다. 더구나 전선에서 고생하는 병사들에 비하면 후방의 민간인이 치르는 희생은 사소하게 여겨졌으며, 어떤 권리나 특권을 고집하는 사람들은 좋지 않은 평판을 들었다. 이런 분위기에서 새로 사회의 경영자가 된 사람들은 전쟁 노력을 추진하는 방식에 대해 정당성을 얻었다.

그러나 이 모든 일의 핵심에는 뜻밖의 결과를 가져올 수 있는 양의성이 있었다. 사회가 통치자와 피통치자로, 양치기와 양으로, 참모장교와 총알받이 병사들로 이분되어 있는 상태가 용인되는지 여부는, 어떤 대가를 치르더라도 이 전쟁을 끝까지 수행해야 한다는 확신이 얼마나 강하게 공유되어 있는가에 달려 있었다. 역설적이지만 그런 확신이 뒷받침될 때 복종은 자유의 표현일 수 있는 것이다. 그러나 그 확신이 흔들리거나 무너지면, 전쟁을 통해 지위를 얻은 새로운 통치엘리트들은 갑자기 자신의 사악한 목적을 위해 만인을 혹사시킨 악랄하고 포악한 강탈자로 비치게 된다. 다시 말해 사람들이 더 이상 어떤 희생을 치르더라도 승리해야 한다는 것을 자명한 선(善)으로 믿지 않게 되면, 이제까지 통치엘리트의 편에 있던 자유와 정의가 그들의 적으로 돌아선다. 언제 어디서든 이 같은 세계관의 역전이 일어나면, 후방의 민간인을 효과적으로 동원하기 위해 비정상적으로 확대되었던 공권력은 등장할 때보다 더 빠르게 붕괴될 우려가 있었다. 그 다음에 오는 것이 내란과 무정부상태와 패전과 국민 전체의 굴욕일지, 아니면 이제까지보다 공정한 새로운 사회의 시작일지는 예견이라기보다는 믿음과 두려움의 문제였다.

전쟁 노력에 내재하는 이런 측면은 1917년에 날카롭게 드러났다. 그해 3월 차르의 전제정치가 붕괴되자 러시아는 대의제 민주주의 국가의 진영으로 들어올 것처럼 보였다. 그러나 새 정부는 정통성을 확립하지 못했고, 도시지역을 괴롭히던 식량난도 전혀 해결하지 못했다. 그 결과 러시아의 전쟁수행 능력은 갈수록 쇠퇴했고 11월에는 파국을 맞았다. 이때 레닌은 인민에게 평화를, 농민에게 토지를, 러시아 여러 도시의 노동자에게 식량을 약속하는 대의를 내걸고 정권을 장악했다.

이제 대전에는 새로운 이데올로기적 국면이 더해졌다. 유럽과 세계 모든 나라의 정부가 가진 정통성에 대해 레닌은 명백하고 직접적으로 도전했다. 독점자본주의가 어떻게 전쟁을 불러왔는지, 그 결과 초래된 재난이 어떻게 국제전쟁을 계급전쟁으로 전화함으로써 해소될 수 있고 또 해소되어야 하는지에 대한 마르크스–레닌주의의 해석은 간단히 넘겨버릴 수 있는 문제가 아니었다. 사회주의자들과 노조 지도자들은 혁명적 행동에 나서라는 레닌의 호소가 과연 옳은지 판단해야 했다. 그리고 의기양양하게 국가 경영의 전면에 서 있던 엘리트들은 레닌의 주장에 의해 국내의 불만이 터져 나올 수도 있다는 전망에 위기감을 갖게 되었다.

이에 대한 독일의 대응은 전쟁 노력을 더욱 강하게 밀어붙이는 것이었다. 1916년 8월 이래 독일군의 최고 지휘권을 쥐고 있던 힌덴부르크와 루덴도르프는 이미 총력적 동원을 개시하고 있었다. 그들은 매달 화약을 얼마나 입수할 수 있는지를 계산하고 거기에 맞춰 모든 작전을 세워온 기존 육군성의 관행을 따르지 않았다. 오히려 이 새 작전입안자들은 군사목표를 먼저 설정했다. 다음 번 군사작전에 필요한 물자의 양을 결정하면 그것을 바탕으로 필요량을 주문하고, 경우에 따라서는 다른 분야의 경제활동을 대폭 줄여서라도 '불가능한' 목표를 달성할 것을 사회의 민간부문에 요구했다. 그리하여 독일은 원칙적으로 그리고 실제로도 상당 정도 병영국가가 되어, 최고사령부의 이듬해 작전계획에 따라 결정된 육군의 요구에 모든 것을 종속시켰다.

1916년의 '힌덴부르크 계획'은 원래 1915년에 로이드 조지가 영국의 군수품 증산을 호소하면서 벌였던 떠들썩한 캠페인을 본떠서 발표된 것이었다. 생산목표는 실현가능성을 거의 고려하지 않은 채 자의적으로 결정되기 일쑤였다. 영국의 계획도 그랬지만 개중에는 단지 선전에 불과한 부분도 있었다. 그러나 독일에서는 생산능력의 과장과 지나치게 야심적인 생산목표에서 오는 결과가 영국보다 훨씬 심각했다. 곧 생산력에 과부하가 걸렸다. 석탄과 철강과 철도수송력이 부족해지기 시작했고, 얼마 지나지 않아 식량부족이 가장 심각해졌다. 그런데 독일은 당국의 오판을 시정하기 위해 외국에서 물자를 사들일 수가 없었다. 반면 영국이나 프랑스에서는 정책적 결함이나 국내 자원에 대한 과도한 생산할당에서 오는 부족분을, 예전부터 이용해온 세계시장의 메커니즘에 의존하여 해외로부터 전략물자를 사들임으로써 보충할 수 있었다. 영국 해군은 독일이 그와 같은 일을 하도록 허용하지 않았다. 이 때문에 1916년 이래 독일은 군수품 증산에서 대단한 성공을 거두었으나 그 대신 전반적인 국민경제는 점차 심각한 기능 불능상태에 빠져들었다.

힌덴부르크 계획이 처음 발표되었을 때는 아무도 인력과 식량과 연료가 전쟁 노력을 조절하는 궁극적인 요소라는 사실을 명확하게 인식하고 있지 못했다. 1916년과 1917년에 독일의 당국자들은, 대전 전반기에 그랬던 것처럼 더욱 강경한 지시를 내려 증산을 요구하기만 하면 언제든지 민간경제로부터 더 많은 군수물자를 짜낼 수 있다고 생각했다. 그리고 그들은 실제로 그렇게 할 작정이었다. 여기에 대한 반대는 패배주의로 간주되었고, 민간인이 반대의견을 밝혔을 때는 반역자로 몰렸다. 병참감이자 최고사령부의 지도자였던 에리히 루덴도르프는 강한 의지와 자기희생을 발휘한 국민에게는 반드시 승리가 찾아온다고 믿었다. 그외의 모든 변수는 오직 의지력에 달렸다는 것이다. 그렇다면 유일한 걱정거리는 패기 없는 민간인, 특히 정치인들이 전쟁의 승패가 판가름날 중요한 시점에 독일 육군을 배신하면 어쩌나 하는 것뿐이었다.

독일군의 이런 원칙에는 프로이센 시대까지 거슬러 올라가는 역사적 내력이 있었다. 대선제후로부터 프리드리히 2세까지 프로이센의 여러 통치자들은 국가가 위기에 처했을 때는 민간의 이익을 가차 없이 국가 차원의 전쟁 노력에 종속시키고, 명령 하나로 필요한 군수물자를 거두어들였다. 프로이센은 그렇게 해서 대국이 되었다. 20세기에는 육군에 보급을 하기 위해 훨씬 더 복잡한 산업시설이 필요해지긴 했지만, 그렇다고 이 최우선적인 원칙이 바뀐 것은 아니었다. 다만 실제로 그 일을 책임지고 있는 장군들은 종종 애를 태워야 했다. 자금조달에 관한 요구나 논란이 끊임없이 말썽을 일으키고, 때로는 자신들의 요구에 대한 즉각적이고 공손한 복종 자체를 가로막기도 했던 것이다. 여러 물자가 잇달아 부족해지자 장군들은 군의 필요에 따라 경제를 개조하기 위해 점차 거대노조와 거대기업에 의존하게 되었다. 이 거래의 당사자들은 모두 다 바라던 것을 얻었다. 육군은 더 많은 군수품을 얻었고 기업인은 더 많은 이윤을 얻었으며,* 노동조합의 지도자들은 전국 노동자에 대한 확고한 권위

---

* 서로 경쟁하는 몇 개의 집단들로 나뉘어 있던 기업인들은 집단마다 각기 다른 방식으로 군수품 증산 요구에 대응하여 이익을 얻었다.[50] 육군장교들과 노동조합 지도부, 사회주의자들은 하나같이 기업인들의 금전적 계산에 대해 깊은 혐오감을 품고 있었다. 대전 말기 노동자의 사기 진작이 절실했을 때 루덴도르프는 군수품 생산기업을 국유화하여 기업이윤을 없애겠다는 생각을 한 적이 있다.[51] 기업인들이 선창을 하고 육군장교들이 그 장단에 맞춰 춤을 춘 셈이었다는 마르크스주의적 견해[52]는 매우 순진한 오류를 범하고 있다고 생각된다. 이 설은 시장을 통한 관계가 명령에 의한 동원이라는 오래된 원리에 종속되어버린 시대에도, 시장을 통한 사회관계가 가장 중요하다는 19세기적 관점을 여전히 고집하고 있다.

를 획득했다.

이 관계에서 제외되어 있던 농촌지역에서는 말과 인력과 비료가 다 부족했다. 1916년에는 날씨가 좋지 못해서 수확마저 감소했다. 농산물 가격을 동결하려 했던 정책은 효과를 거두지 못했고, 곳곳에 암시장이 성행하여 합법적인 식량배급체계를 잠식했다.[53] 독일 경제를 경영하는 지위에 있던 군인들이 군수품 생산에만 일방적으로 자원을 집중한 1918년 말에는 나라 전체가 기아의 갈림길에 서게 되었다.*

한 번만 더 최선의 노력을 쏟으면 결정적인 승리를 얻을 수 있다는 희망 속에서 당장 육군에 필요한 것을 위해 만사를 뒤로 미루었던 독일의 선택이 반드시 불합리했던 것만은 아니다. 미국의 참전에도 불구하고 실제로 1918년에는 독일의 승리가 코앞에 다가와 있었다. 만약 독일이 이겼더라면 힌덴부르크나 루덴도르프와 그들의 보좌관들은 걸출한 영웅으로 보였을 것이다. 어쨌든 그들은 군수품 증산에 성공했던 것이다. 처음에 화약은 독일의 전쟁수행능력에 한계를 지어주는 물자였지만 1918년 10월에는 그 생산량이 월간 1만 4,315톤으로 최고치에 달했고, 전쟁이 막바지에 달했을 때도 독일 육군이 군수품 부족 때문에 작전에 심각한 제약을 받은 일은 없었다.[54] 대전차포 같은 신무기도 필요할 때 지체 없이 출고되었다. 1918년 11월에 인력과 식량과 연료가 한꺼번에 부족해지기 전까지는, 예기치 않은 차질이 끊임없이 생겨나도 서둘러 자원을 재배치함으로써 언제나 해결하곤 했다.

전장에서도 동원 강화는 기대했던 결과를 거두었다. 러시아는 1917년에 독일군에 패하여 영토가 줄었다. 1918년 3월에 독일군은 새로운 침투전술로 프랑스에서 연합군의 참호선을 뚫었다. 승리한 독일군에게는 계

---

* 식량부족이 가장 심각했던 1918~1919년 겨울의 몇 달 동안 연합국의 봉쇄가 지속되었기 때문에, 휴전이 이루어진 뒤에도 식량위기를 봉쇄 탓으로 돌리는 견해가 당연시되었다. 그러나 독일이 모든 자원을 전쟁에만 집중하지 않고 식량 생산과 유통을 위해 필요한 몫을 비축했더라면 충분히 식량을 자급할 수 있었을 것이다.

속 전진하기 위한 수송수단이 부족하기는 했지만, 만약 1918년 11월 당시 약 200만 명의 미국군대가 유럽에 파견되어 물심양면으로 지원하지 않았다면, 지칠 대로 지친 영국군과 프랑스군은 독일의 춘계공세에 거의 살아남지 못했을 것이다. 그러므로 대전이 끝나기 몇 주 전까지만 해도 승리는 독일군이 조금만 손만 뻗으면 잡을 수 있는 곳에서 맴돌고 있었다. 워털루 전투에 대해 웰링턴이 했다는 말을 빌리자면, 제1차 세계대전은 누가 보더라도 '아슬아슬한 승부'(a near run thing)였다.

1918년 6월 이후 전세가 너무나 갑자기 역전되어 독일인들은 자신들이 이 전쟁에서 패했다는 사실을 미처 받아들일 시간도 없었다. 패배를 납득하지 못하는 분위기는 특히 육군 내에서 팽배했는데, 육군 지도부는 오래전부터 민간인에 대해 비우호적인 태도를 갖고 있었다. 민간인에 대한 의구심은 대전이 후반으로 접어들면서 더욱 커졌다. 특히 1917년에 제국의회가 '평화결의'를 채택하고 파업이 이어지면서, 민간인 중에는 육군 지도부가 당연시하는 만큼 전쟁 노력을 지지하지 않는 사람이 있다는 것을 알게 되었기 때문이다. 1918년 11월에 마침내 파국이 닥쳤을 때, 제반 상황은 이런 의구심을 더욱 증폭시키는 쪽으로 작용했다. 독일 육군은 아직 프랑스 영토 안에 머물러 있었고, 따라서 육군 지도부는 믿고 싶어 하는 사람들에게는 충분히 설득력 있는 주장을 하게 되었다. 독일 군대는 전투에서 진 적이 없지만 후방에서 매국적인 사회민주당원들을 비롯한 혁명가들에게 배반당했기 때문에 전쟁에 졌다는 것이었다. 나치 운동은 이 신화를 바탕으로 태동했으며, 민간인의 충성에 대한 깊은 불신은 1918년에 대한 히틀러의 기억에 근거하여 제2차 세계대전의 첫 번째 국면에서 독일의 국내정책을 지배하게 되었다.

1916년 8월 이후 강화된 독일의 전쟁 노력이 다방면에서 성공을 거두자 연합국은 심각한 문제에 직면했다. 특히 1917년 2월에 시작된 무제한적인 잠수함 작전은 영국 해군을 거의 무력화시켰다. 수중 폭뢰(爆雷)를 비롯한 대(對)잠수함 무기가 개발되거나 개량되기도 했지만, 연합국은 피해를 줄이기 위해 상선으로 선단을 꾸리고 그 주위를 구축함 같은 군함으로 에워싸고 호송하는 방법을 가장 중시했다. 그러나 연합국이 강구할 수 있었던 그 모든 대책에도 불구하고, 잠수함 작전이 시작된 지 1년이 지나도록 새로운 선박이 건조되는 것보다 보유 선박이 감소해가는 속도가 더 빨랐다. 이것은 영국과 프랑스와 이탈리아의 국내 자원 부족을 보전해주는 해외로부터의 공급이 지속적으로 감소한다는 것을 의미했다. 따라서 엄밀한 계산이 필요해졌고, 가용 선박이 줄어듦에 따라 수입품의 사용용도에 대한 통제가 강화될 수밖에 없었다.

이에 따라 프랑스에서는 에티엔 클레망텔이 이끄는 상무성이 군수성으로부터 군수생산을 조정하는 기본 역할을 넘겨받게 되었다. 클레망텔은 프랑스·이탈리아·영국의 전시 경제협력을 제도화하여 전쟁이 끝난 뒤에도 계속해서 독일의 공업 우위를 억제하려는 새로운 구상을 갖고 있었다. 이 같은 구상은 곧 미국의 의심을 사게 되었는데, 그런 경제 블록은 사실 독일 산업뿐 아니라 미국 산업에 대항하는 수단으로도 사용될 수 있었기 때문이다. 따라서 미국이 실제로 교전국이 되자 영국 및 이탈리아와의 경제협력을 상설화한다는 클레망텔의 계획은 유보될 수밖에 없었고, 민족자결을 주장하는 윌슨주의가 모든 다국적 조직에 관한 구상을 밀어내버렸다.[55]

대전의 마지막해에 프랑스와 영국의 경제계획을 주로 조정했던 기관은 1917년 12월에 설립된 연합국해상수송평의회였다. 전략물자를 수입하는 데 필요한 선박 총 톤수에 관한 각국의 계산서가 평의회에 쇄도했다. 이제 가용 선박이 부족할 때는 평의회가 우선순위를 매겨야 했다.[56] 1918년 4월 이후 U보트가 기존의 선박을 침몰시키는 것보다 빠른 속도로 새로운 선박이 건조되었기 때문에, 평의회가 일을 하기는 훨씬 쉬워졌다. 그렇지만 평의회는 선박의 할당 여부를 결정함으로써 여전히 각국의 국민경제에 심대한 영향을 미칠 수 있었다.

그리하여 이제까지 당국의 불완전한 예상으로 인한 물자부족을 보충하고 전시경제를 보완하기 위해 해외시장으로부터의 물자조달도 계획적인 경영의 영역 안으로 들어오게 되었다. 그런데 이런 종류의 할당제는 어차피 필요해질 수밖에 없었다. 미국이 참전하자 미군을 위한 막대한 양의 주문 때문에 미국의 공업생산력이 당장 과부하상태에 빠졌기 때문이다. 따라서 프랑스와 영국이 심각한 공급부족상태에 있는 물자들을 미국에서 계속 입수하기 위해서는 정치적 교섭이 필요했다. 이런 상황에서 유럽인들은 어떤 형태로든 해외시장에서의 구매와 관련해 계획을 세워야 했을 것이다. 그러나 그 이전에 선박수 부족이라는 상황이 이 문제를 피해 갈 수 없는 첨예한 문제로 만들었으며, 해상수송평의회에 의한 선박 톤수 배분은 연합국 정부들로 하여금 해외에서 수입하는 모든 물자의 수요량과 용도를 통제하도록 하는 간단하고도 매우 효과적인 방법이 되었다.

프랑스의 경우 이것은 대전 전반기에 국가 전체의 전시동원을 자유롭게 경영하던 기업인들의 위원회가 이제 상무성의 요구나 지시에 따라야 함을 의미했다. 때로는 이 새로운 규칙이 마음에 들지 않거나 손해가 되기도 했지만, 기업인들은 따를 수밖에 없었다. 그리하여 대전 전반기만 해도 사회주의자인 군수장관 알베르 토마조차도 수립은커녕 바랄 수도 없었을 만큼 대단히 국가통제적이고 테크노크라트적인 시스템이, 이제 우파인 에티엔 클레망텔하의 프랑스에서 출현하게 되었다.

영국도 점점 더 강제적인 규제에 의존하게 되었다. 한 예로 식량을 비롯한 각종 소비물자에 대해 배급이 이루어졌다. 그러나 영국에서는 대륙국가들에 비해 자발성을 중시하는 경향이 아직 많이 남아 있었다. 병역에 있어서는 1916년에 징병제가 도입되었지만, 민간인 노동력에 대해서는 많은 사람의 지지에도 불구하고 독일처럼 강제적 수단이 사용되는 일은 없었다. 마찬가지로 선박 부족으로 식량공급이 위태로워지자, 정부는 농산물 증산을 강력하게 호소하는 캠페인을 벌였고, 750만 에이커의 목초지를 농경지로 바꾸는 데 성공했다. 이를 위해 정부는 누구의 목초지를 경지로 전환할 것인가 하는 결정을 현지인들로 구성된 위원회에 맡기고, 국가 소유의 트랙터로 개간하게 했다. 그리고 그 후 1930년대에 소련인들이 농업집단화를 추진할 때 이용한 것 같은 '트랙터 보관소'를 각지에 설립하여 그 트랙터들을 관리했다. 이처럼 강제와 자발성을 결합하는 정책 덕분에 1918년에 영국의 밀과 감자 수확량은 전전의 평균을 40%나 넘어섰고, 식량수입을 3분의 1가량 줄일 수 있었다.*[57]

영국과 프랑스의 전쟁 노력을 독일의 경우와 비교한다면, 연합국 쪽이 좀더 나았다는 결론을 내리지 않을 수 없다. 특히 영국은 이윤을 제한하는 정책과 효율적인 배급제를 통해[58] 대륙 국가들이나 미국에 비해 훨씬 균등하게 전쟁비용을 국민들에게 부담시켰다. 이런 차이가 생겨난 것은 18세기까지 거슬러 올라가는 영국의 정치적 전통 때문이기도 했다. 전통적으로 부동산 소유자나 부자는 전시하에 무거운 세금을 부담하는 데 익숙해 있었던 것이다. 또 다른 이유는 영국처럼 수출입이 경제에서 큰 역할을 하는 나라에서는 경제를 통제하기가 비교적 쉬웠다는 점이다. 어떤 물자든 부두를 통해 드나들게 되면 당국의 눈을 피하기가 어려웠기 때문이다. 반면에 독일처럼 훨씬 자족적인 경제에는 그처럼 명백하고 손쉬운 검문소가 존재하지 않았다. 내륙국가에서는 희소자원의 출입에 관한 정확한 통계와 공평한 분배가 훨씬 더 어려웠다. 독일이 식량과 농업 부문에서 취약했던 것은 대체로 독일의 입지조건이 영국이나 프랑스의 그것과 차이가 났기 때문일 것이다.†

---

\* 영국이 농업에 높은 우선순위를 둔 것은 독일(그리고 프랑스)의 정책과 대조적이다. 누가 보더라도 영국이 기아에 취약했던 점이 이 차이를 낳은 이유일 것이다.
† 프랑스의 농업 경시는 독일보다 더하면 더했지 덜하지는 않았다.[59] 미국은 1914~1924년 사이에 프랑스에 842만 톤이나 되는 식량을 보냈다.[60]

연합국 열강들의 전시경제를 통합하려던 계획이 어느 정도 추진되기도 전에 전쟁은 끝나버렸다. 물론 200만 명의 미국 병사들이 순조롭게 프랑스로 수송되었을 때 시간과 선적공간을 절약하기 위해 미군이 사용할 육중한 장비들을 대부분 프랑스 현지에서 제공받았던 것처럼 성공적인 역할분담의 예도 있었다. 그 밖에도 대전 전반기에 허겁지겁 형성된 국가간 보완관계 가운데 몇 가지는 종전 때까지도 지속되었다. 그러나 가격이 자유로이 변동하는 시장에서는 이해관계의 대립이 부분적으로 은폐되곤 하지만, 계획적인 경영하에서는 그런 대립이 적나라하게 드러나면서 분쟁으로 악화되는 경우가 종종 있었다. 한 예로 선박 부족이 가장 심했던 1917년 4월에 영국은 그때까지 프랑스에 대한 물자보급에 할당하던 선박의 절반을 철수시키고, 만약 프랑스가 좀더 엄격하게 수입을 통제하지 않는다면 6월에는 나머지 절반도 철수시키겠다고 위협했다. 그 결과 물자 보급에 차질이 생겨 군수품을 포함한 프랑스의 공업생산이 몇 달 동안 감소했다.[61]

연합국 사이에서는 군대의 지휘권 통합도 시도되었지만, 대전이 막바지에 이르렀을 때 불완전한 형태로 이루어졌을 뿐이었다. 독일군이 참호선을 돌파한 1918년 3월, 프랑스에 있는 연합국의 육군들을 페르디낭 포슈 원수의 지휘 아래 통합한다는 결정이 내려졌다. 그러나 이 연합체제는 완전하게 가동되지는 못했다. 포슈는 연합국 총사령관이라는 직함을 달고 있긴 했지만, 사전에 영국군과 미국군 장군들의 견해를 넌지시 떠본 뒤에야 영국군과 미국군 부대에 명령을 내릴 수 있었다. 따라서 군사적인 지휘계통은 외교 및 전문가들 사이의 협의에 의해 조절되었다. 그렇다고 해서 대전의 마지막 몇 주 동안 프랑스·영국·미국·벨기에 육군이 매우 효과적으로 반격을 상호 조정하는 데 차질을 빚거나 하지는 않았다.

1917~1918년의 고조된 위기를 타개하기 위해 연합군이 취했던 대응조치들은 초국적 경영의 가능성을 어렴풋하게 보여주었을 뿐이다. 그것

은 제2차 세계대전에야 제대로 실현되었다. 그러나 각국 내부로 눈을 돌리면 독일·프랑스·영국의 인력 및 자원 동원은 제1차 세계대전이 끝날 무렵에는 거의 계획입안자들이 동원할 수 있는 절대적 한계치까지 이르러 있었다. 경영의 원리는 명백하게 관철되었다. 전문가들이 계획된 작전을 실행하기 위해 군대에 어떤 물자가 필요한지를 계산해냈고, 1918년 무렵에는 국가 전체의 자원을 조직해내는 행정기술도 충분히 축적되어 마치 국가 전체가 군대에 필요한 모든 물자를 조달하는 단일 회사처럼 움직이게 되었다.

이런 일을 해내기 위해 민간기업, 문민정부, 육해군이라는 기존의 세 관료기구가 힘을 합쳤다. 그러나 그 경영의 원리, 즉 적절하게 조합된 파괴의 요소들을 막힘없이 순환시킨 것은 1880년대 이래 민간의 대기업이 민간 소비재를 생산하고 유통시키기 위해 발달시켜온 원리와 같은 것이었다. 이에 대해 다음과 같은 반론이 나올 수 있을 것이다. 민간기업에서는 화폐로 계산되는 사업비용이 매우 중요하기 때문에 물자의 흐름에 관한 계획이 언제나 금전적인 계산에 엄격하게 종속되지만, 전쟁기간에 국가 전체의 계획과 경영을 담당하는 사람들은 대부분 생산을 위한 것이든 파괴를 위한 것이든 간에 실물적 요소를 금전적 비용보다 중시하므로 두 경우를 동일시할 수는 없다고. 그러나 실제로 각 교전국 내에서는 국가적인 차원, 즉 정부의 차원에서든 민간기업과 법인의 차원에서든 금전적인 통제가 활용되고 있었다.

금전적인 비용계산과 인력·식량·연료·수송·원료의 양에 관한 계산의 상호관계는 평시든 전시든 언제나 복잡하게 얽혀 있다. 제1차 세계대전 기간에 두 요소 가운데 어느 한쪽이 통제를 벗어날 경우에는 반드시 재난이 찾아왔다. 러시아의 인플레이션과 그에 뒤이은 1917년의 경제붕괴, 1918년 독일을 덮친 식량난과 인력난이 두 나라를 패전으로 이끌었던 사실은, 약간의 차이는 있지만 두 나라 안에서 계획적인 국가경영에 한계가 있었음을 보여준다. 전쟁 노력을 일관되게 유지하기 위해서는 물자에 관한 계획과 재정계획이 실태를 상당히 정확하게 반영하면서 함께 작동해야 했다. 제1차 세계대전에 참여한 주요 교전국들의 국가경영자들은 이전에 누구도 상상하지 못했을 만큼 성공적으로 이 일을 해냈다. 20세기 중반 이후에 '관리경제'가 전세계적으로 보급된 것을 볼 때, 이 점이야말로 제1차 세계대전이 다가올 미래에 남긴 가장 큰 역사적 의의였다고 할 수 있을 것이다.

## 전간기의 반동과
## 제2차 세계대전기 '관리경제'로의 회귀

제1차 세계대전을 겪고 살아남은 사람들은 '관리경제'를 맨 먼저 시작했다는 점이 그 전쟁의 가장 큰 의의였다는 이 견해에 대해 어처구니없다고 생각할 것이다. 전쟁이 끝나자마자 전쟁 노력을 담당하던 임시 행정부서의 관료기구는 해체되었고(이 점은 소련에서도 마찬가지였다), 그동안 민간인의 행동에 부과되었던 법적 제약들은 사라졌다. 1923년 무렵까지는 혁명과 혁명에 대한 공포가 중유럽과 동유럽을 지배했다. 미국에서조차 '평상으로의 복귀'라는 것은 효과적인 정치구호였을 뿐, 진지하게 시도된 적이 없었다. 전쟁기간 동안 많은 미국인이 맛보았던 대량생산과 도시생활의 새로운 혜택은 너무나 매혹적이어서 평화가 찾아왔다고 해서 포기할 수가 없었다.\* 각자가 자기 나름의 풍요로운 생

---

\* 제1차 세계대전 기간에 미국의 GNP는 약 두 배로 늘어났고, 1920년의 인구조사에서는 사상 처음으로 도시 거주자가 인구의 절반을 넘어섰다. 아마도 제1차 세계대전이 미국에 가져다준 가장 큰 결과는 미국의 농업이 가족영농에서 기업형 농업으로 변하는 데 결정적인 자극을 주었다는 점일 것이다. 정부가 보증하는 높은 농산물 가격은 농업생산량을 급증시켰고 트랙터 등 농기계에 대한 막대한 투자를 유발했다.[62]

활을 추구한다는 것이 당연한 일로 받아들여졌고, 1920년대의 미국은 자동차나 그 밖의 소비재의 대량생산이 가져다줄 풍요의 가능성을 어떤 나라보다도 더 열심히 추구했다.

소련은 미국과 정반대 입장에 있었다. 이 나라는 내전과 혁명으로 심각하게 곤궁해졌으며, 이데올로기적으로는 사회주의에 헌신하여 필요하다면 러시아 한 나라에서만이라도 그것을 실현하려 했다. 그러나 이 나라에서도 반동은 일어났다. 1921~1928년의 신경제정책(네프)이 공공연하게 농업과 수공업 수준의 제조업과 농업의 경영을 시장의 자극에 따르도록 했던 것이다. 다른 유럽 국가들에서는 전쟁의 잔재가 사라져가는 속도가 느렸다. 동유럽의 국경지대나 토지개혁, 프랑스의 부흥, 독일의 파멸적인 인플레이션, 그리고 모든 나라에 영향을 미친 전시 채무와 배상금 문제가 경제적 혼란을 지연시켰기 때문이다. 1924년 이후 미국이 독일에 몇 차례 차관을 제공하여 잠시 산업호황기가 왔지만, 1929년에 대공황이 닥치자 새로운 위기의 시대가 시작되었다. 이에 대한 대응은 나라마다 달랐지만, 1930년대 중반이 되자 소련과 독일과 미국에서는 제1차 세계대전 기간에 처음 시도되었던 정치적인 경영방식으로 회귀한다는 것이 자명한 사실이 되었다. 일본 역시 1932년 이후 동아시아에서 독자적인 전쟁경제를 건설하기 시작했다. 그리고 1930년대 말에 제2차 세계대전이 발발했고, 그 전쟁이 지속되는 동안 '관리경제'는 세계의 모든 선진공업국에서 통상적인 것이 되었다.

반세기가 지난 지금에 와서 돌이켜보면, 제1차 세계대전 때의 전시동원과 1930년대의 경제위기에 대한 정부의 대응조치 사이에는 분명 유사성이 있다. 그러나 당시에는 그것을 깨닫는 사람이 거의 없었거나, 깨달았더라도 인정하려고 하지 않았다. 예를 들어 1928~1932년 소련의 제1차 5개년계획은 사회주의 건설을 위한 기념비적 사업이라고 선전되었지만, 그것이 긴급한 군사적 목적을 갖고 있다는 사실은 조직적으로 은폐

되었다.[63] 그러나 1932~1937년의 제2차 5개년계획 때는 무기 생산이 급증함으로써 소련의 경제계획과 전시동원의 유사성이 더욱 명백해졌다. 실제로 소련의 경제계획과 관련된 용어들은 처음부터 군대식이었다. 소련의 노동'영웅'들은 농업과 공업의 두 '전선'에서 '승리'를 거두기 위해 '투쟁했다.' 정치선전은 경제계획 전체를 이데올로기적 열광의 안개로 감쌌는데, 그것은 당과 인민, 통치자와 피치자, 경영자와 피경영자를 연결시켜 단일한 협동체로 묶어내기 위해서였다. 전시의 선전 역시 이것과 매우 유사한 수단으로 똑같은 목적을 추구했던 것이다.*[64]

자원과 인력의 낭비가 많았고 또 몇 년 동안이나 농민층과 격렬한 충돌을 겪었음에도 불구하고 소련은 공업화를 가속화하는 데 대단한 성공을 거두었으며, 이는 제2차 세계대전에서의 성과로 드러났다. 러시아가 유리했던 것은 인구증가율이 높고 천연자원이 풍부하며 전제정치의 전통 때문에 유럽의 다른 나라들보다 명령에 대한 복종을 이끌어내기가 쉬웠다는 점이다. 또한 마르크스주의의 묵시론적 약속과 미래에 대한 믿음은 당대의 곤궁을 정당화해주었다. 혁명과 해방이라는 이데올로기와 준군사적인 행정의 역설적인 조합이 강력한 효력을 발휘했던 것이다.

일본은 아시아 대륙에서 침략적 팽창을 재개하는 것으로 불황에 대처했다. 1932년에 일본군이 세운 괴뢰국가 만주국에서는 국유회사가 매우 빠른 공업발전을 이룩했다. 석탄과 철 생산이 같은 시기 러시아의 국영기업이 시베리아 서부에서 새로운 탄전과 철광석 광산을 개발했던 것과 비슷한 추세로 급증했다.†[65] 일본 본국에서도 만주로부터의 원료수입에

---

* John Scott, *Behind the Urals: An American Worker in Russia's City of Steel* (London, 1942), pp. 8~9에는 다음과 같은 내용이 있다. "1931년 무렵 이후 소련은 줄곧 전쟁을 치르고 있었다. ……집단화와 공업화라는 작전을 수행하는 과정에서 사람들은 부상당하거나 죽었고 여자와 어린아이들은 얼어 죽었으며 수백만 명이 굶주렸고 또 수천 명이 군법회의에 회부되어 총살당했다. 러시아의 철강업이라는 전투에서만도 제1차 세계대전의 마른 전투 때보다 많은 사상자가 나왔을 것이다."
† 1936년에 일본은 소련 모델을 본떠서 만주국에 대한 5개년계획을 시작했다.

힘입어 1930~1942년에 중공업 생산이 5배 증가했다. 반면에 같은 시기의 경공업 생산은 거의 변화가 없었다.[66] 군비증강은 이 경제발전 전체의 점화 플러그였으며 주요한 성장점이었다.

중국은 도저히 일본의 군사적·경제적 융기에 대항할 수가 없었다. 미국도 국제연맹도 항의하는 것만으로는 1937년에 일본 육군이 중국 화베이 지방으로 군사행동을 확대하고 1939년에 중국의 연안 전체를 점령하는 것을 막을 수 없었다. 그러나 일본은 1938년 만주 접경지대에서 소련군과 충돌하여 패배했고, 1939년에는 더 크게 패했다. 이런 전투에서 겪은 소련군의 위력에 대한 생생한 기억은 제2차 세계대전 동안 일본의 대소련 정책에 큰 영향을 미쳤다.[67]

일본이 1930~1941년에 전시경제로 나아간 것은 제1차 세계대전의 경험보다는 1853년 이래 일본이 서양에 대응해왔던 방식을 따른 것이었다. 군사력을 강화하는 방향으로 국민 전체의 노력을 경영하는 것은 일본의 근대화과정 전체에서 중심에 있었다. 제1차 세계대전은 이런 노력의 한 국면을 보여주는 것으로, 이 전쟁에서 일본은 독일과 중국의 희생으로 쉽게 성과를 거두었지만, 전후에 중국의 저항과 미국 및 유럽 국가들의 외교적 압력으로 일정 부분을 양보해야 했다. 일본은 아시아 대륙에서 전시에 얻은 이득을 얼마간 포기했고, 1922년 워싱턴 해군군축조약에 조인함으로써 전면적인 건함경쟁에서 물러나게 되었다.*

따라서 1931년 이후의 영토 침략은 일본의 역사에 깊이 뿌리박고 있는 정책을 재확인하는 것에 불과했다.†[69] 토지 부족에 시달리던 농민의

---

\* 워싱턴 해군군축조약은 막 시작된 영미 간 군비경쟁의 싹을 잘라버리는 역할도 했다. 1934년에 일본은 공식적으로 조약 파기를 선언했고, 1936년에 그 효력이 발생했다. 이리하여 1937년을 경계로 해군군비경쟁은 다시 격화되었다.[68]
† 일본열도 안에서도 일본 민족은 남쪽에 있던 최초의 본거지로부터 몇 세기에 걸친 정복과 식민의 과정을 통해 영역을 확장해갔다. 북쪽의 홋카이도에는 19세기부터 20세기 초에 비로소 일본인이 대거 이주하여 정착하기 시작했다.

불만은 확장과 정복이라는 대외정책에 대한 지지로 쉽게 전환되었으며, 특히 농민 출신이 많았던 육군의 하급장교들 사이에서는 그런 성향이 더 강했다. 탐욕스러운 자본가나 상인에 대한 불신 또한 농민적 정서에 뿌리박고 있었는데, 만주와 중국에서 일본의 모험을 수행한 관동군(關東軍) 장교들에게서 이런 성향을 자주 볼 수 있었다.[70] 좀더 일반적으로 말하면, 일본식 명령경제의 강점은 시장을 통해 자원을 동원하거나 개인의 경제활동에 대한 보수를 조정하는 방식에 한 번도 완전히 동의한 적이 없었던 농촌적 생활양식을 토대로 하고 있었다는 점이다. 소련식 명령경제의 경우와 마찬가지였다. 고도의 기술을 다루는 기능과 '봉건적' 과거로부터 이어받은 여전히 강력한 잔재가 중첩되어 있던 상황은 제2차 세계대전에서 두 나라에 대단히 유리하게 작용했다. 불굴의 정신과 명령체계에 무조건 복종하는 자세가 성능 좋은 무기 및 그럭저럭 잘 짜인 보급체계와 결합되어 일본인과 러시아인을 매우 유능한 병사로 만들었으며, 일본과 소련 정부는 제1차 세계대전에서 달성했던 군사적 위력을 훨씬 넘어서는 성과를 거둘 수 있었다.

독일이나 서유럽 국가들이나 미국은 1930년대의 불황에 대처하여 일본보다 훨씬 더 명백하게 제1차 세계대전 시기의 경제동원 방식을 그대로 따라했다. 독일의 나치 정권(1933~1945)은 국내외 적들에 대한 적의를 끌어내기 위해 의도적으로 전시선전 수법을 부활시켰다. 1935년 이래 본격적으로 재군비가 시작되자 독일에서 무기제조업의 역할은 점차 커졌다. 그러나 사실 독일의 무기제조업이 제1차 세계대전 때의 수준에 근접하게 된 것은 1942~1945년이었다. 히틀러는 1866년과 1870년의 이상을 재확인했다. 그는 사전에 충분한 준비를 함으로써 1914~1918년에 겪었던 것처럼 국민경제의 생산활동을 절망적인 소모전에 맞추어야 하는 사태를 피하고 단기간의 군사작전으로 승리를 거두려고 했던 것이다. 무기 보급을 담당하는 독일군 장교들은 히틀러의 이 전략을 신뢰하지 않고, 소모전에 대비하는 것만이 현실적인 정책이라고 주장했다. 그러나 많은 독일군 장교들은 그런 전쟁이 반드시 초래할 장기적인 경제적 곤궁을 민간인들이 기꺼이 감내할 리가 없다는 히틀러의 우려에 공감했다. 이 때문에 장교들은 실현가능성이 높지 않은 전격전 준비를 진행한다는 히틀러의 방침에 아무도 강력히 반대하지 않았다.*

미국에서는 1932년 선거에서 우드로 윌슨이 이끄는 당이 다시 정권을 잡았다. 1933년에 프랭클린 D. 루스벨트가 제창한 뉴딜 정책은 1929년 이래 약 1,300만 명의 일자리를 앗아간 대공황에 대한 대책을 강구하는 가운데, 독일의 나치 정권처럼 제1차 세계대전에서 선례를 찾았다.[72] 히틀러와 마찬가지로, 루스벨트는 집권 초기의 몇 년 동안은 군사적 동원보다 공공사업을 통해 실업을 흡수하려 했다. 그런데 히틀러와 마찬가지로, 군사적 동원이 상당한 규모로 진행된 뒤에야 미국 정부는 실제로 실업을 줄이는 데 성공할 수 있었다.

서구에서는 독일이 가장 먼저 1935년부터 재군비에 착수했다. 재군비와 이를 보충하는 공공사업에 대한 막대한 지출을 통해 히틀러는 독일에서 다른 선진공업국들보다 먼저 완전고용을 회복했다. 이 업적 덕분에 히틀러는 국내외에서 대단히 높은 평가를 받았다. 그러나 프랑스와 영국에서는 국민들이 또다시 전쟁을 한다는 것을 너무나 싫어했기 때문에 재군비 움직임이 저지되었다. 따라서 무기 발주가 독일보다 소규모로 이루어졌으며, 실업문제는 대전 발발 후까지도 해결되지 않고 있었다. 한편 소련은 히틀러의 위협에 대응하여 적군(赤軍)과 공군의 장비를 대대적으로 교체하는 작업에 착수했다. 1939년에 시작된 미국의 재군비는 일본뿐 아니라 독일의 전력 증강에 대한 대응이기도 했다.

---

* 1934~1942년에 독일 육군성의 경제참모단(1939년 이후 국방경제군비청으로 개칭)을 이끌었던 게오르크 토마스 장군은 히틀러의 '넓고 얕은 군비'에 반대하며 이른바 '깊고 좁은 군비'를 제창한 중심인물이다.[71]

세계의 주요 공업국들이 잇달아 무기생산을 확대함에 따라 제1차 세계대전이 끝나면서 크게 저하되었던 무기설계의 개량 속도가 갑자기 빨라졌다. 특히 항공기와 전차가 급속히 발달했다. 군비경쟁의 기술적 측면은 제어할 수도 없고 또 제어되지도 않으므로 이미 제1차 세계대전 전야에 해군장비의 설계와 관련하여 큰 골칫거리가 되었는데, 이제는 그 문제가 모든 종류의 무기 전반에서 드러나며 대단히 곤혹스러운 상황을 초래했다. 어떤 해에 가장 뛰어난 항공기 및 전차 설계를 바탕으로 생산을 시작하더라도 2~3년만 지나면 그 항공기와 전차는 벌써 구형이 되어버려 그것을 채택한 군대를 난처하게 만드는 것이다. 프랑스와 러시아는 일찍 재군비를 시작한 탓에 1940년과 1941년에 이런 종류의 당혹감을 맛보아야 했다.*[73)] 뒤집어서 말하면, 가상 적국이 생산 라인을 어떤 특정 설계의 무기를 생산하는 데 투입할 때까지 충분히 기다리면 그보다 나은 장비를 생산할 수 있게 되는 셈이었다. 이런 유리함에 힘입어 1940년에 영국의 신형 전투기 스핏파이어는 당시 독일이 보유하고 있던 어떤 전투기보다도 성능이 좋았다. 그러나 1940년에는 스핏파이어의 수가 적었기 때문에 영국 공군은 독일 공군의 영국 공습을 격퇴하는 데 한계가 있었다.

시대에 뒤떨어진 무기라도 수가 많은 쪽이 유리한지, 아니면 수는 적더라도 최신 무기를 보유하는 쪽이 유리한지, 이 진퇴양난을 무사히 헤쳐 나갈 방법을 미리 알 수 있는 사람은 아무도 없었다. 그 결과 승패를 가를 중요한 결정이 계속해서 어림짐작으로 내려져야 했다. 당국자들은 나름의 신념과 희망과 두려움의 어정쩡한 혼합에 의존하여 어떤 종류의 신무기를 얼마나 많이 생산할 것인지 결정했다. 당국자들의 개인적인 영역확장 욕구나 병과(兵科)간·부서간, 기업간의 경쟁이 전반적인 재정에

---

* 1941년 6월에 가동되고 있던 소련 전차 약 2만 4,000대 가운데 당시의 독일 전차와 동등하거나 더 나은 신형 전차는 겨우 967대뿐이었다.[74)]

관한 계획 및 통제와 어우러져 이 결정에 영향을 미쳤다. 1936년에 공포된 독일의 4개년 계획은 고무나 석유 같은 전략물자의 대체품 개발에 의한 자급체제 수립을 지향하고 있었다. 이 정책의 이면에는 제1차 세계대전 때의 봉쇄에 대한 기억이 있었다. 영국은 제1차 세계대전 당시 참호 속에서 보내야 했던 황량한 세월을 상기하면서 프랑스에 군대를 파견하는 형식으로 새로운 대전에 개입하기를 주저했고, 해상과 영공 방위에 노력을 집중했다. 프랑스는 또다시 독일과 전쟁을 치르게 된다는 전망에 위축되어 새로운 전차나 항공기 설계를 늦추었고, 그 제조에는 더 늑장을 부렸다. 프랑스와 영국이 내린 모든 결정에는 그야말로 마지못해 전쟁을 준비한다는 감정이 깔려 있었다. 반면에 히틀러는 침략자로서의 이점을 갖고 있었으므로 필요하면 엄포를 놓기도 하고 위기를 불러일으킬 시간과 장소를 택할 수도 있었다.[75]

일본과 소련은 이들 나라보다 공업기반이 협소했지만 일찍부터 대대적으로 군수생산에 착수함으로써 그것을 보완했다. 이 두 나라를 제외한 다른 곳에서는 1916~1918년의 총력적인 자원동원에 가까운 노력은 시도되지 않았다. 1939년에 유럽에서 전쟁이 발발했을 때도 프랑스와 영국은 여전히 동쪽에서 쳐들어오는 나치의 전격전에 대해 서쪽에서 면밀하게 준비된 방어에 의지하는 교착전으로 맞서려 했다. 그러면서 해상봉쇄가 독일 경제에 타격을 주어 히틀러에 대한 독일 국내의 지지가 약화되기만을 기다렸다. 동원계획은 1914~1918년의 전쟁과 같은 장기전에 대한 예측을 바탕으로 수립되었다. 전략 또한 제1차 세계대전의 특징이었던 대규모 유혈사태의 재발을 피하는 방향으로 결정되었다. 특히 프랑스인들은 우세한 공군력이 뒷받침하는 전차 종대가 전의를 갖고 있지 않은 적의 후방을 얼마나 교란하고 사기를 떨어뜨릴 수 있는지를 과소평가하고 있었다. 그 결과 히틀러는 1940년 5월 생애 최대의 승리를 거두었다.

프랑스의 패배에 경악한 영국은 그와 같은 운명에 빠지지 않기 위해 전면적인 노력을 기울이기 시작했다. 재정적 제약이 제거됨으로써, 이제 무엇이 가능하고 무엇이 불가능한지를 결정하는 가장 중요한 요소는 재정이 아니라 인력이었다. 전쟁 노력은 제1차 세계대전의 경험만이 아니라 두 대전 사이에 발달한 경제이론에서도 도움을 받았다. 그 결과 공업과 군사가 한 덩어리가 되어 원활하고 효과적으로 전쟁 노력을 추진했으며, 이런 노력은 끝까지 독일에 저항해야 한다는 거의 전 국민적인 의지로 뒷받침되었다.[76] 미국도 프랑스의 패배에 대응하여 국내에서 전시동원을 강화했다. 또 무기대여법(1941년 3월)을 기초로 차후에 전액 상환을 요구하거나 기대하지 않으면서 독일·일본과 전쟁을 하고 있는 영국을 비롯한 여러 나라에 군수물자를 보급했다. 이리하여 제1차 세계대전 이후 국제관계를 옭죄었던 것과 같은 도저히 해결되지 않는 전채(戰債) 문제를 사전에 피할 수 있었다. 미국이 영국의 전시경제에 대해 제1차 세계대전 때 이루어졌던 것보다 훨씬 강한 공생관계를 발달시키고 있었음에도 불구하고, 다른 한편으로 스탈린은 히틀러를 자극하지 않기 위해 소련의 군수생산을 서두른다거나 1937~1938년의 장교단 대숙청으로 사기가 떨어진 적군(赤軍)을 재조직하려는 노력을 거의 하지 않았던 것 같다. 오히려 이 소련의 독재자는 1939년 8월의 독소불가침조약의 부속 무역협정에서 약속했던 대로 대량의 원자재와 식량을 꼬박꼬박 독일에 인도함으로써 평화를 확보하려 했다.[77] 이 때문에 영국의 봉쇄는 완전히 무의미해졌고, 독일은 철저한 동원을 피하고자 했던 전전의 정책을 계속 펴나갈 수 있었다. 심지어 1940년 가을, 히틀러가 영국과 강화하기 전 소련을 공격하기로 결정했을 때에도 독일은 이런 방침을 버리지 않았다. 그 결과 독일의 전차가 러시아로 밀고 들어가기 시작한 1941년 6월에 독일의 무기산업은 더욱 격렬해진 영국과의 해전 및 공중전에 이제 막 대처하기 시작한 단계였다.[78]

그런데 예상과 달리 소련의 적군은 나치의 공격에 무너지지 않았다.

1941년 12월 5일, 즉 일본이 진주만에서 미국 해군을 공격하여 미국을 정규 교전국으로 만들기 이틀 전에 히틀러는 독일 국방군의 모스크바 진격 중단을 선언해야 했다. 이것은 히틀러가 피하려고 애썼던 지구전의 그림자가 또다시 독일의 앞길에 불길하게 드리워지기 시작했음을 의미했다. 그러나 이번에는 독일이 유럽의 넓은 지역을 점령하고 있어서 그곳의 자원을 독일 자체의 생산을 보완하도록 조직할 수 있었기 때문에 1914년보다는 장기적 소모전을 수행하기에 유리했다. 이리하여 나치의 교의나 인종적 편견에도 불구하고, 1942년 이래로 독일은 초국적인 전쟁 노력을 통솔하게 되었다. 시간이 지남에 따라 독일은 실력행사와 위협을 통해 점점 더 가차 없이 점령지로부터 자원을 짜내게 되었다. 1944년이 되자 750만 명에 달하는 외국인 노동자가 독일 노동력의 거의 5분의 1을 공급했다. 그 중에는 전쟁포로도 있었고 적어도 명목상으로는 자유로운 노동자도 있었지만, 대부분은 인간사냥에 의해 모아져 독일로 끌려온 '노예노동'이었다.*[79)] 무기생산은 1944년 7월에 절정에 달했다가 그 후에는 거의 동시다발적으로 온갖 필수물자가 부족해지면서 독일 전시경제를 1945년 5월의 붕괴로 이끌었다.[80)]

다른 주요 교전국들도 모두 초국적인 기반 위에서 전쟁 노력을 추진했다. 태평양과 동아시아에서 일본이 시행한 '대동아공영권'은 그 중에서 가장 미약하고 통합도가 낮았다. 일본의 지배를 받게 된 지역의 주민은 압도적 다수가 농민으로, 그들의 기능과 자본과 생산력은 상대적으로 부족했으며 단시일 내에 향상될 수도 없었다. 그 중에서도 가장 인구가 많았던 중국인은 일본에 협력하려 들지 않았다. 처음에 백인의 지배에 대한 일본의 공격을 환영했던 지역에서도 새로운 지배자인 일본인에게 진심으로

---

\* 역설적인 일이지만, 많은 노동자가 독일에서 일한 경험을 갖고 있었다는 사실이 전후 유럽의 경제통합 움직임을 촉진한 한 요인이 되었다. 히틀러와 그의 잔인한 부하 프리츠 자우켈은 장 모네나 조지 마셜 장군과 나란히 유럽 경제공동체를 탄생시킨 사람으로 꼽힐 수 있다.

협력하는 사람은 별로 없었다. 일본의 선박이 미국의 잠수함에 침몰되거나 그 밖의 다른 사정으로 손실을 입으면서, 일본과 원격지를 연결하는 데 필요한 선적 톤수가 곧 심각하게 부족해졌다. 1943년에 이르면 일본은 원격지의 주둔부대에 보급을 할 수 없게 되었고, 새로운 항공기를 비롯한 신형 무기 설계도 다른 나라에서 이루어진 개량을 따라잡기에는 역부족이었다.[81]

소비에트 사회주의공화국연방은 나라 자체가 초국적이었으며, 소련의 전쟁 노력은 미국의 무기대여법이나 영소 상호원조조약을 통한 물자 제공에 의해 영미 경제와 연결되어 있었다. 이 물자 제공은 단 한 번도 러시아의 요구를 만족시킬 만한 규모에 이르지 못했기 때문에 스탈린은 언제나, 그 자신이 1939년에 바랐던 것처럼 서방국가들이 소련과 독일로 하여금 서로 국력이 고갈될 때까지 싸우게 해서 어부지리를 얻으려 한다고 의심했다. 그러나 전쟁이 끝날 무렵 소련의 적군은 무기대여법에 의해 제공받은 트럭과 군화와 식량 덕분에 전장에서 기동성을 유지할 수 있었다. 1942년 이후 소련은 적군에 상당한 수준의 보급을 할 수 있을 만큼 무기와 군수품을 생산했다. 그러나 이 성과는 민간 공업생산과 농업을 터무니없이 희생시키면서 이루어진 것이었다.[82]

제2차 세계대전 기간에 러시아의 대미관계는 제1차 세계대전 때 프랑스의 대영관계나 대미관계와 아주 비슷하다. 제2차 세계대전 때의 러시아나 제1차 세계대전 때의 프랑스나 모두 초기에 제철 설비에 큰 손실을 입었기 때문에 개전 이후 처음 몇 달 동안 공업자원을 근본적으로 재배치해야 했다. 게다가 두 경우 모두 군비와 병사 모집에 치중한 결과 공업면에서 독일보다 낙후되었음에도 불구하고 독일의 공격을 성공적으로 물리칠 수 있었다. 그러나 그 성공은 엄청난 인명손실을 수반했다. 뿐만 아니라 스탈린의 소련은 차르 시대와 마찬가지로 경제에 대한 여타의 요구를 모두 뒤로 미룬 채 군수생산과 중공업을 절대적으로 우선시하는 정책을 지속했다. 러시아가 제1차 세계대전 때와 같은 파국적 식량부족을 면했던 것은 적군을 먹여 살린 미국의 식량보급이 있었기 때문이기도 했지만, 실은 농업집단화의 공이 가장 컸다. 농업집단화를 통해, 실제로 농사짓는 사람들이 곡물을 어떤 소비재와 교환하길 원하는지 여부에 상관없이 수확물을 모조리 거둬들여 도시의 소비자들에게 공급하는 효과적인 행정수단을 확보할 수 있었던 것이다.[83]

초국적 전시경제 가운데 가장 규모가 크고 복잡한 것은 미국이 영국의 협력 아래 조직한 것이었다. 미국의 자원을 전면적으로 동원하는 계획이 구체적인 안으로 확정된 것은 진주만 공습으로 그 계획의 실행이 정치적으로 가능해지기 겨우 며칠 전이었다. 이 계획은 선전 목적에서 '승리계획'으로 불렸다. 장래에 있을 군사행동의 필요조건들을 바탕으로 수립된 이 계획에 따라 미국의 자원을 관리하기 위한 행정수단을 완전히 개발하는 데 다시 2년이 걸렸다. 그때까지는 수요와 공급, 계획과 실행 사이에 수많은 어긋남이 있었다. 때로는 희소한 원료나 그 밖의 생산요소의 배분을 둘러싸고 심각한 분쟁이 일어나기도 했다. 그럼에도 불구하고 최종결과는 미국 군수물자 생산의 괄목할 만한 증가였으며, 영국이나 소련을 비롯한 연합국의 전시경제를 보완하는 데 필요한 물자의 생산도 크게 늘었다. 큰 공장에서 복잡한 조립 라인이 원활히 돌아가게 하는 데 사용되는 스케줄링 수법이 사실상 미국 국민경제 전체에 적용되었다. 그렇게 해서 달성된 생산성 향상과 주문 생산된 물자의 양적인 증가는 이미 개별 기업에서 대량생산방식을 채택하여 얻은 결과와 유사한 것이었다.[84]

영국과의 결합은 대단히 긴밀해졌다. 영국과 프랑스의 전문가들이 미국인에게 전쟁 노력을 어떻게 조직할 것인지를 제안하는 데 참여했다.*

---

* 1917년에 연합국해상수송평의회의 프랑스 대표로서 공적인 경력을 시작한 장 모네는 1941년에 '승리계획'을 입안하도록 미국을 설득한 주역이었다.[85] 존 메이너드 케인스도 미국인에게 거시경제학의 이론과 전문지식을 전하는 데 중요한 역할을 했다.[86]

또 무기대여법에 의해 공급된 물자의 배분에 관한 교섭을 위해서는 군사작전만이 아니라 경제계획에 관해서도 지속적으로 정보를 교환해야 했다. 영국은 미국이 공급하는 식량과 원자재가 필요했다. 그 대신 영국은 그레이트브리튼과 아일랜드 두 섬에 주둔하는 미군에게 여러 용역을 제공했고, 영국제국이 지배하는 여러 지역에서 미국에 필요한 몇 가지 원자재를 공급했다. 그러나 전쟁이 몇 년이나 지속되면서 영국은 국내 자원 가운데 점점 더 많은 부분을 군대와 군수생산에 투입해야 했고, 점점 더 늘어가는 국내 생산의 부족분을 메우기 위해 러시아처럼 미국으로부터의 수입에 의존해야 했다.

이리하여 영국과 미국의 당국자간 협력에 의해 경제문제에서는 대체로 합리적이고 계획적인 역할분담이 이루어지고 유지되었다. 같은 원리가 연합국 군대의 지휘에도 적용되었다. 영국과 미국의 군대를 전장에서 지휘·통제하는 사령부의 참모들 사이에는 국적을 넘어서는 동료의식이 형성되었다. 군의 명령계통 정점에는 영미 합동참모본부가 구성되어 통상적으로 워싱턴에 자리했고, 때때로 수뇌회의를 개최하여 결정된 공동전략을 구사했다. 수뇌회의에서는 루스벨트 대통령과 처칠 총리가 (그리고 1943년 11월 이후에는 스탈린 원수도) 장래의 군사작전 계획을 결정하고 다른 고위급 정책에 관해서도 협의했다.[87]

전쟁이 끝날 무렵에는 연합국의 많은 나라와 망명정부, 나아가 '자유 프랑스' 같은 준정부기관까지도 권력의 핵심인 영국과 미국 주위에 모여들어 무기대여법에 의한 물자 할당에 참여하는 한편 연합국의 대의에 정신적·물질적 무게를 더해주었다.

아프리카와 인도, 라틴아메리카에서는 전쟁을 위한 동원의 강도가 높지 않았다. 그러나 이 지역의 자원 역시 일반시장에서의 매입이나 어떤 행정조치를 통해 흡수되어 영국과 미국의 전쟁 노력에 사용되었다. 예컨대 인도는 버마에서 일본군을 저지하는 작전을 수행하기 위해 대규모 부대를 편성했다. 이 부대에 필요한 장비의 제조는 인도의 공업화에 큰 자극을 주었고, 군수산업에서의 노동과 병역은 인도인의 집단의식에 강한 영향을 줌으로써 전후 인도의 독립을 피할 수 없게 만들었다.[88]

그리하여 제2차 세계대전에서는 초국적인 조직이 이전의 어느 때보다도 완전하고 훨씬 효과적인 형태로 달성되었다. 무기생산이 점점 더 복잡해지면서 이제 단일 국가는 전쟁을 치르기에는 너무 작은 단위가 되어 버린 것이다. 아마도 이것이 제2차 세계대전의 가장 중요한 혁신일 것이다. 이 점이 평화시의 국가주권에도 뚜렷하게 영향을 미치면서 국가 주권은 예전만큼 신성불가침의 것이 아니게 되었다. 그것은 전후 10년 동안 식민지의 지위를 벗어난 아시아 및 아프리카의 민족들을 고양시킨 민족자결에의 열렬한 동경과는 반대되는 현상이었다.

무기설계에 과학적 지식을 체계적으로 적용함으로써 초래된 결과는 제2차 세계대전에서 초국적 조직만큼이나 중요한 측면이다. 그런데 전시 중의 국제적 경제협력기관은 종전과 함께 대부분 해산된 반면 원자폭탄은 지금도 여전히 존재하고 있으므로, 장기적으로 보면 전쟁 노력의 이 두 번째 측면이 더 중요했다고도 할 수 있을 것이다.

제2차 세계대전 훨씬 이전에도 무기설계상의 결정적인 문제에 관해 과학적 조언이 요구되곤 했다. 기원전 212년에 아르키메데스는 로마군과의 전쟁에서 사용할 새로운 기계를 고안하여 시라쿠사의 참주(僭主)를 도왔다고 한다. 18세기에 그리보발도 탄도학상의 문제에 관해 당시 프랑스 과학의 최고 수준에 있던 사람들에게 지속적으로 조언을 얻었다. 저명한 물리학자 켈빈은 일찍이 1904년에 군함 설계상의 기술적 문제에 관해 영국 해군본부에 조언을 했으며, 제1차 세계대전 중에 해군본부는 독일의 잠수함 작전에 효과적으로 대처하기 위해 과학자들로 이루어진 특별 부서를 두었다. 이 부서의 중요한 성과는 보통 ASDIC라고 불리는 수중음파탐지기였는데, 1920년에야 완성되어 제1차 세계대전 때는 사용되지 못했다.[89] 독일에서도 프리츠 하버 교수가 질소 고정에 필요한 화학 전문지식을 제공했고 또 최초의 독가스를 발명했다.*[90] 그러나 항공기 설계 분야를 제외하면 제1차 세계대전 기간에 과학자들의 협력은 간헐적이고 주변적인 수준에 그쳤다.[92]

제2차 세계대전 때는 상황이 달랐다. 1930년대 후반부터 무기의 개량 속도가 현저하게 빨라지고 '의도적인 발명'이 가져온 새로운 가능성이 점차 다종다양한 무기에 퍼졌기 때문에, 전쟁이 시작될 시점에는 모든 교전국이 어떤 새로운 비밀병기가 이 전쟁의 승부를 결정지을 것이라고 느끼고 있었다. 따라서 과학자, 기술자, 설계기사, 생산성 향상 전문가들이 소환되어, 과거의 어느 때보다 큰 규모로 기존 무기의 개량과 신무기 발명을 추진했다.[93]

전장에서의 실제 경험은 곧 전문가들로 구성된 위원회에 신속하게 피드백되었고, 위원회는 기존 장치의 결함을 수정하여 더욱 성능이 좋은 새로운 장치를 설계해냈다. 그 결과 새로운 세대의 전차, 항공기, 야포가 잇달아 생산되었다. 각 세대의 무기들은 전 세대에 비해 현저하게 성능이 향상되었기 때문에, 적이 그와 같은 무기를 장비했을 경우에 대비하여 새로운 방어용 무기와 전술을 개발해야 했다. 그때마다 담당자들은 질을 우선할 것인지 양을 우선할 것인지를 선택해야 했다. 기존의 기계를 최고의 상태로 개량하려 한다면 항공기든 전차든 대포든 제조 수량이 크게 줄 것이기 때문이다. 이 점에 관해서는 나라마다 흥미로운 차이를 보였다. 독일과 영국의 개발 담당자들은 질을 우선시하는 경향이 있어서 수없이 개량을 거듭한 반면, 미국과 소련에서는 양을 우선시했으며 기존

---

* 전쟁 전에는 일반적으로 전투 때마다 처음 몇 시간 동안은 지독한 독가스 공격이 있을 것이라고 예측되었음에도 불구하고, 제2차 세계대전 때 왜 독가스가 사용되지 않았는가 하는 것은 흥미롭고도 중요한 문제다. 기술개발 담당자들의 관심이 독가스에서 전차나 항공기로 옮겨간 데는 어쩐지 떳떳하지 못하고 비영웅적으로 보이는 무기에 대한 군인들의 심리적 혐오감이 틀림없이 중요한 역할을 했을 것이다.[91]

의 조립 라인을 완전히 활용하지 못하는 개량은 가급적 삼갔다. 그러나 상황이 양을 요구할 때는 독일인들도 평소의 습관에서 벗어날 수 있었으며, 전쟁 막바지에는 최대한의 수량을 생산하기 위해 무기의 설계 변경을 완전히 중단했다.*94)

제2차 세계대전 때의 무기설계 경험을 통해 하나의 완결된 무기 시스템이라는 개념이 생겨났다. 그 시스템은 각 구성요소가 다른 모든 요소들과 정확하게 맞물려 돌아가는 것이었다. 예를 들어 포장용기의 치수를 표준화하여 기차나 항공기나 트럭의 표준화된 적재 공간에 꼭 들어맞게 하면 수송에 드는 시간과 노력을 크게 절약할 수 있었다. 라이플총과 권총과 기관총의 탄약을 표준화하면 보급이 훨씬 간단해졌다. 전차와 보병 수송차량과 자주포(自走砲)가 도로에서나 들판에서나 같은 속도로 달릴 수 있다면, 속도나 장애물 극복 능력이 차종마다 달라서 낙오하는 차량이 생기곤 하던 때보다 선봉부대의 위력을 현저하게 높일 수 있었다. 이런 식으로 또 그 밖의 여러 방식으로, 현대 기업들의 번영을 가져온 모든 생산요소의 원활한 흐름이라는 패턴을 파괴에 필요한 요소들을 조합하는 데 적용함으로써 예상대로 비용을 절감하고 산출을 늘리는 데 성공을 거두었다. 요컨대 산업이 군사화된 것만큼이나 군사적 측면도 산업화되었던 것이다.

이보다 더 눈부시고 아마도 더욱 중요한 것은, 제2차 세계대전 기간과 그 이전에 출현한 여러 새로운 장비일 것이다. 이런 장비 가운데 초기에 가장 주목을 받은 것이 레이더였다. 영국의 과학자와 기술자들은 단파의 반사를 이용하여 멀리 있는 항공기의 위치를 알아내는 방법을 발견했다. 그 덕분에 영국의 전투기 조종사들은 독일 공군의 영국 공습을 차단할 수 있었다. 전쟁기간에 레이더 관련 기술은 대단히 빠르게 발전하여, 선

---

* 영국의 스핏파이어 전투기는 1938~1945년에 1,000회 이상의 기술적 개량을 거쳤는데, 이 과정에서 최고 시속이 100마일 늘었다.

박과 항공기의 항법이나 대포의 조준 같은 분야에서 잇달아 새로운 사용법이 개발되었다. 이처럼 레이더는 초기에 가장 각광받는 신기술이었지만, 곧 제트기, 근접 폭발 신관(信管), 수륙양용차, 유도 미사일, 로켓, 그리고 무엇보다 가장 복잡한 핵탄두 등 수많은 신기술이 경쟁상대로 등장했다.

이 새로운 기술들을 어떻게 이용할 것인가, 그리고 그보다 덜 까다롭긴 하지만 전차나 대포나 항공기의 새로운 설계 가운데 어느 것을 채택할 것인가 하는 결정은 군사작전의 진행과 결과를 결정짓는 데 중대한 역할을 했다. 예를 들어 만약 히틀러가 1943년 7월 이전에 V-2 탄도 미사일 개발을 전폭적으로 지원했다면 아마도 연합국의 노르망디 상륙작전은 불가능했을 것이다.[95] 도버 해협을 건너기 위해 소함대들이 집결해 있던 영국 남해안의 항구는 모두 V-2 탄도 미사일의 좋은 표적이 되었을 것이기 때문이다. 또 한편으로 만약 유럽에서 망명해온 과학자들이 최초의 원자폭탄 제조에 필요한 연구와 개발이라는 엄청난 대사업에 착수하도록 영국과 미국 정부를 설득하지 않았다면,[96] 당연히 대일전의 최종 국면이 다르게 전개되었을 뿐 아니라 전후의 국제관계 자체도 완전히 달라졌을 것이다. 평화시에는 어떤 정부라도 그토록 위험부담이 큰 프로젝트에 엄청난 비용을 지불할 것으로 기대하기는 어렵기 때문이다.(맨해튼 계획이 한창 진행 중일 때는 12만 명이 그 작업에 종사하고 있었고, 그 중에는 세계 유수의 물리학자들이 상당수 포함되어 있었다. 비용은 20억 달러를 넘어섰으며, 원자이론이 폭발 가능한 탄두를 만드는 공학기술로 구체화될 수 있을지는 마지막 실험을 할 때까지 아무도 절대적으로 확신하지 못했다.)

널리 알려진 것도 있고 서류철에 파묻혀 잊혀진 것도 있겠지만, 이 밖에도 무수한 사례를 통해 과학적 합리성과 경영의 합리성이 군사에 적용되면서 발생하는 비합리성이 그 어느 때보다도 극적으로 표출되었다. 무엇보다도 원자폭탄을 발명함으로써 인간의 파괴력은 상상할 수도 없을 정도로 이전의 한계를 뛰어넘어 전혀 새로운, 자기파괴적인 수준에까지 이르렀다.

  복지와 전쟁도 제1차 세계대전 때보다 더욱 긴밀하게 연결되었다. 두 대전 사이에 인간이 음식에서 섭취하는 필수영양소에 관한 지식이 축적되면서 식량배급을 과학화할 수 있게 되었다. 각 집단별로 필요한 비타민·칼로리·단백질의 섭취량을 정확하게 산출하여 공급 여력이 있는 한 정확하게 그만큼을 배급했다. 실제로 영국에서는 전쟁기간에 국민의 영양상태가 개선되었는데, 이는 주로 식량배급 때문이었다. 또 민간인 사이에 전염병이 돌아서 잠시라도 군사작전계획이 방해받을 우려가 있으면, 숙련된 의료진이 신속히 유행병의 확산을 막았다.* 또 군사의학의 발달로, 전투지대에 있지만 않는다면 군인들에게 제2차 세계대전은 그 어느 때보다 훨씬 안전한 전쟁이 되었다. 술파제나 페니실린 등의 신약과 DDT 등의 살충제는 감염 위험을 줄였으며 생활환경 전체를 갑자기 바꿔놓았다.

  이처럼 행정명령에 의한 복지후생을 통해 각 교전국은 자국의 노동력에 가능한 한 최선의 노동조건을 마련해주었다. 하지만 이런 식의 복지후생의 반대쪽에는 독일의 '노예노동' 캠프나 수백만의 유대인과 나치 정권의 적이 굶주리고 학살당한 수용소가 있었다. 이것은 극도의 비인간성이 전쟁 노력의 다른 측면을 경영하는 데 사용된 것과 똑같은 방법을 통해 관료화되고 효율화된 모습이었다. 자연적·사회적 환경을 경영하고 통제하는 인간의 힘이 증대하면 거기에는 반드시 도덕적 양의성이 존재한다는 것을 근대사에서 이보다 더 극명하게 보여준 사건은 없었다. 독일 외에 다른 나라들의 포로수용소나, 전쟁 중에 미국과 소련에서 의심

---

* 1943년 나폴리에서 발생한 발진티푸스는 DDT를 이용한 대대적인 방역작업으로 인해 초기에 저지되었다. 북아프리카에서 두 차례에 걸쳐 발생한 선페스트 역시 연합국 의료진에 의해 마찬가지로 신속하게 종식되었다.[97]

의 대상이 된 민족집단에게 자행된 대대적인 강제이주 역시 20세기의 두 대전에서 왕성하게 발달한 행정능력의 악마적 측면을 보여주었다.

다른 한편으로 평화를 위한 계획은 전쟁이 끝나기 훨씬 전부터 자신만만하게 진행되었지만 매우 제한된 성과밖에 거두지 못했다. 전쟁 직후의 몇 개월 동안은 국제적인 구호기관인 UNRRA(유엔구제부흥기관)가 기아를 막았다. 그러나 정말로 효과적인 평화유지기구나 국제무역에서의 자유주의적 경제질서에 대한 미국의 기대는 좌절될 수밖에 없었다. 전쟁이 종결되고 겨우 2년밖에 지나지 않아서, 미국과 소련은 제2차 세계대전 기간에 그 유효성이 확실하게 증명된 초국적 군사·경제기구에 각기 의존하게 된 것이다. 1949년에 소련이 원자폭탄을 실험하자 1950년에는 군비경쟁이 재개되었다. 1950~1953년의 한국전쟁은 이 경쟁을 부채질했다. 그 후로 세계는 줄곧 버섯구름의 그림자 속에 살고 있다. 마지막 장에서는 그로 인한 우리 시대의 딜레마들을 살펴보려고 한다.

# 10장
## 1945년 이후, 군비경쟁과 명령경제의 시대

제2차 세계대전은 1945년에 끝났지만 세계는 전쟁 전의 상태로 돌아갈 수 없었다. 지구상의 많은 지역에서 예전의 정치체제는 신용과 인기를 잃었다. 패전국과 유럽의 대다수 식민지에서, 심지어는 실제로 전투를 거의 또는 전혀 치르지 않은 대부분의 지역에서도 상황은 마찬가지였다. 유럽에서는 추축국의 점령에서 해방된 지역과 새로이 연합국에 점령된 지역 모두에서, 전시의 파괴와 혼란에서 비롯된 비참한 생활이 전투행위가 끝난 뒤에도 오랫동안 지속되었다. 극심했던 전시의 경제동원 때문에 전승국에서도 자연스럽게 정상적인 상태로 복귀한다는 것은, 그 정상적인 상태를 어떻게 정의하든 간에 이미 불가능했다. 전시의 규제를 해제하는 것만으로는 부족했다. 계획적으로 동원된 상태를 되돌리려면 똑같이 계획적인 동원해제조치를 취하고 자원을 의식적으로 재배치해야 했다. 따라서 한 국가 단위에서나 초국적인 범위에서나 계획적인 경영과 명령경제는 전시처럼 전후에도 계속 필요했다. 자유주의적인 국제무역체계를 제도화하려고 했던 미국의 노력은 이 때문에 성과를 거둘 수 없었다.

전후 몇 년 동안은 전시에 생산과 파괴 양면에서 달성한 성과 못지 않은 놀라운 상황이 전개되었다. 전시에 엄청난 수의 탱크와 항공기를 비롯해 여러 무기들을 만들어내던 방법을 전후 복구작업에 적용하자 마찬가지로 놀라운 성과를 거둘 수 있었다. 적어도 무엇을 해야 하는지를 결정하거나 합의하기가 쉬웠던 초기에는 그랬다. 미국의 차관제공에 힘입어 1948~1953년에 서유럽 경제는 매우 빠르게 부흥했다. 소련과 동유럽 국가들은 그때까지 산업을 위해서는 거의 사용되지 않았던 풍부한 인력과 천연자원 덕택에 근소한 차로 그 뒤를 좇았다. 일본도 1950년 이래 공업과 무역에서 활력을 발휘하기 시작하더니, 마침내 독일이나 미국마저도 넘어서는 성장력을 보였다. 이는 일본 특유의 전통적인 사회적 연대의 형식을 산업화·도시화된 생활양식에 적응시킨 덕분이었다.

독일과 일본이 패배함으로써 네 개의 초국적 전시경제는 두 개의 경쟁적인 블록으로 해소되었다. 독일은 연합국들의 점령지구로 분할되었다. 전시에 독일이 유럽에서 점령했던 지역은 둘로 나뉘어, 동쪽은 소련의 지배를 받게 되고 서쪽에서는 곧 미국이 지도적인 역할을 하게 되었다. 일본의 대동아공영권도 분할되었다. 중국 본토는 1949년에 공산화되었고, 한반도와 인도차이나 반도는 분할되었으며, 일본 자체를 포함한 나머지 대부분 지역은 미국의 영향권으로 들어갔다. 유럽에서는 '철의 장막'이 격렬한 논쟁을 불러일으켰지만 실제로 무력분쟁이 일어나지는 않았다. 반면에 대동아공영권의 분할은 중국(1944~1949), 한반도(1950~1953), 인도차이나(1946~1954, 1955~1975)에서 장기간에 걸친 전쟁을 야기했고, 인도네시아와 말레이시아와 버마에서도 소규모 무력분쟁이 일어났다.

식민지 상태를 벗어난 신생국들은 대부분 새로 획득한 정치적 주권을 지키기 위해 소련과 미국을 중심으로 하는 두 강대국 진영 가운데 어느 쪽과도 일시적인 연합 이상의 관계를 맺지 않으려 했다. 그러나 실제로 신생국 정부들은 경제적 지원이 필요했고, 과거의 식민지 종주국 또는 그들이 물러난 후 새롭게 제국적 지위를 차지하려고 하는 미국이나 소련이 제공하는 해외 차관에 의지할 수밖에 없었다. 그럼에도 불구하고 신생국들이나 동서 양 진영에 가담하지 않은 나라들로 이루어진 '제3세계'는 전후 몇 십 년 동안 하나의 실체로 존재하면서 냉전의 단순한 양극 구도를 완화시키는 작용을 했다.

소련은 처음에 어려움을 겪었지만 1945년 이후에는 자급체제로 복귀하여 대전 막바지에 심화된, 미국의 무기대여법에 의한 물자 보급에 대한 의존을 벗어 던졌다. 그렇지만 점령하의 독일로부터 현물로 받은 배상과, 동유럽 국가들과 맺은 소련에 대단히 유리한 무역협정이 소련 경제가 전쟁의 상처를 복구하기 시작한 초기의 힘겨운 몇 달을 극복하는 데 분명 큰 도움을 주었다. 먼저 영국과, 뒤이어 미국과 갈등을 빚게 되면서 공산당 간부 사이에는 전쟁 중의 고립감이 여전히 유지되었다. 스탈린은 나치 독일과 다른 자본주의 국가들 사이에는 '일시적인 정치적' 차이가 있을 뿐이라고 말했으며, 다분히 그렇게 믿기도 했을 것이다.* 스탈린의 마르크스주의 입장에서는, 히틀러로 하여금 1941년에 사회주의의 조국을 공격하게 했던 충동과 같은 것이 전후 영국이나 미국 사회 내부에서도 어쩔 수 없이 작용하고 있다는 것이 당연한 사실로 여겨졌다. 그러므로 소련의 경제재건은 애초부터 지속적인 군사비 지출과 경쟁관계에 있을 수밖에 없었다. 특히 1945년에 미국이 일본에 사용한 것과 같은 원자폭탄을 개발하려는 노력은, 민간의 소비수준이 여전히 아주 낮았던 시점에도 분명 최우선 사항으로 추진되었다. 또 스탈린은 동유럽에 엄청난 규모의 군사력을 유지하고 있었으므로, 미국을 비롯한 관찰자들은 소비에트 적군이 전 유럽 대륙을 석권할 능력이 있으며 실제로 그런 유혹을 이기지 못할 수도 있을 것이라고 생각했다.

이에 대한 대응조치로 미국은 1946~1949년에 '자유세계'라는 다소 부정직한 명칭의 초국적인 경제적·군사적 권력기구를 결성했다. 확실히 많은 의미에서 '자유세계'는 소련이 지배하는 지역보다는 자유로웠다. 반대의견을 공공연하게 표명하는 것이 조직적으로 억압되는 일은 없었으며, 공산당이 지배하는 지역에서처럼 노동력이나 식량, 원료가 정부의 명령에 따라 대대적으로 배분되는 일도 없었다. 그에 따라 취업이나 소비, 여가에 관한 개인적 선택의 폭도 공산권보다 훨씬 넓었다. 그럼에도

---

* 1947년 4월 9일에 미국의 정치가 해럴드 스타슨과의 회견에서 한 말이다. 이 회견기는 *New York Times*, 4 May 1947에 실려 있다.[1)]

불구하고 개인이나 소집단의 선택이 정부와 민간의 행정관리자 계급의 새로운 공생관계에 의해 지배되는 사회 속에서 이루어진다는 점에는 다름이 없었다. '관리경제'는 모든 선진공업국에서 보편적인 상황이 되었고, 관리의 일반적 목적에 대해 일반 대중의 합의가 유지되고 있는 한은 누구도 거기에 강하게 반대하지 않았다. 다시 말해 대다수의 미국인, 서유럽인, 일본인에게 자유는 관과 민의 관료기구가 정해놓은 행동양식에 대한 복종이자 순종으로 퇴화되었다. 공산주의 국가에서도 복종과 순종의 태도는 마찬가지였다. 대부분의 러시아인과 동유럽인, 그리고 중국의 방대한 인구도 하나같이 상위자인 관료들이 정한 목표를 기꺼이 받아들이고 그에 따라 행동했다. 그 대가로 그들이 얻은 성과는, 생활수준이 급상승하여 곧 전전의 수준을 넘어선 서구나 일본의 그것에 비하면 약소했다. 그러나 공산권에서도 소비수준은 역시 향상되었고, 두 진영의 차이는 정도의 차이일 뿐이었다.

'자유세계'에서는 직접적인 정부의 행동에 의해 자원이 배분되는 비율이 작고 유동적인 가격이 경제행동의 조정자로서 큰 역할을 했기 때문에 아마도 공산권에 비해 경제효율이 높아졌을 것이다. 미국의 대기업 경영자들은 기업 내부에서는 명령만 하면 자원을 배분할 수 있었지만, 자기들이 직접 통제하고 있지 않는 상대에 대해서는 끊임없이 재화와 용역을 팔고 사야 했다. 거래 상대가 다른 대기업이나 정부일 경우에는 과점적 또는 독점적 시장에서의 대치상태가 초래되었다. 이럴 경우 가격은 어떤 '외부'로부터의 경쟁보다는 내부자끼리의 외교적 교섭에 의해 결정되었다. 그러나 일반 시민이나 조직력이 약한 거래상대에 대해서는 대기업이나 정부가 판매자로서도 또 구매자로서도 자신들에게 유리한 수준으로 가격을 정할 수 있었다. 그들은 단지 공급량을 조정하기만 하면 자신들이 공급하는 물자의 가격을 바라는 수준으로 유지할 수 있었던 것이다.

대규모 판매자와 구매자가 조직력이 약한 상대하고만 거래를 할 경우,

놀랄 만큼 정확한 대규모 경영이 가능했다. 재무계획과 실물계획이 맞아 떨어졌기 때문이다. 여러 나라가 전쟁의 상처를 복구함에 따라 경제가 번영하기 시작했다. 신규 투자가 급증하고 완전고용이나 그에 가까운 상태가 실현되었다. 대기업의 능란한 경영기법과, 거시경제학이라는 신학문을 통해 계발되고 군사와 복지비의 증가로 뒷받침된 정부의 재정정책이 서로 맞아 들어가면서 전전의 대공황과 같은 부조화상태는 사라졌다. 이렇게 여러 선진자본주의 국가에서 일어난 경영혁명으로 선진공업국은 이전의 어느 때보다도 자국의 운명을 완전히 지배할 수 있게 되었다. 또한 주요 국가들의 정부는 선거제를 유지하고 있었기 때문에 국내 일반인들의 이해관계나 욕구는 민주적 투표권에 의해 보호되었다.

다른 한편으로, 미국과 유럽의 대기업들은 조직화의 정도가 낮은 외국에서 조업할 경우 본국에서 흔히 부과되는 여러 정치적 제약을 벗어날 수 있었다. 농산물 생산국이나 광물 등의 천연자원 산출국들은 대부분 이런 외국기업들과 대등하게 맞설 수 있을 정도로 조직화되지 못했다. 1973년에 석유 수출국 정부들이 그와 같은 조직화에 성공하자, 명령경제와 대기업경제를 결합한 '자유세계'의 전후 경제 패턴은 20여 년 만에 처음으로 심각한 타격을 입게 되었다.[2)]

제2차 세계대전 종전 직후에 미국은 영국의 힘이 쇠퇴하면서 자신의 몫이 된 세력권을 지키기 위해 초국적 군사지휘권을 부활시키는 데 앞장섰다. 1949년에 설립된 북대서양조약기구(NATO)는 소련을 상대로 서유럽 방위를 총지휘하는 역할을 미국인 최고사령관에게 맡겼다. 처음에 동유럽에서는 동유럽 국가들에 주둔하는 소련군이 현지에서 모집된 군대보다 더 소비에트의 권익을 잘 지켜줄 것으로 생각했다. 그러나 1955년에 서독이 NATO에 가맹하자, 러시아는 NATO와 닮은꼴의 군사동맹이자 지휘계통으로서 이른바 바르샤바 조약기구를 설립하여 대응했다. 미국은 동남아시아나 중동 같은 지역에서도 유사한 지역방위기구를 설립하려 했지만 그다지 큰 성과를 거두지 못했다. 오직 유럽에서만 두 개의 초강대국이 명확하게 규정된 경계선을 사이에 두고 서로 대치하는 정세가 형성되었다. 이 두 세력은 제각기 면밀하게 상대편과 역량을 맞춘 다민족으로 주둔군을 두고 작전계획을 세우거나 군사훈련을 하거나 여러 가지 도상(圖上)연습에 몰두했다. 이런 것은 제2차 세계대전 이전에는 한 나라의 범위 안에서만 이루어지던 일이었다. 이렇게 해서 제2차 세계대전 기간에 형성된 초국적 군사기구가 평상시에도 제도화되었다. 예전과 같은 엄밀한 의미의 국가주권은 소멸했다. 이런 변화는 새로운 초국적 군사기구의 이점에 대한 어떤 적극적인 확신보다는 오히려 공포에 의한 것이었다.

유럽에서 국가주권이 잠식되어가는 과정에는 경제적·심리적 요인이 작용했다. 그러나 가장 중대한 요인은 핵무기가 가져온 완전히 새로운 종류의 위협이었다. 처음에 NATO는 동유럽에 주둔해 있는 적군(赤軍)의 대병력에 대응하기 위해 결성되었다. 적군 병력은 그 규모만 보더라도 언제든 유럽 대륙 전역을 석권할 수 있을 것 같았고, 그것을 저지하기 위해서는 핵이라는 궁극적 제재수단을 가진 미군이 영구적으로 개입할 수밖에 없었다. 러시아가 경영하고 통제하는 거대한 유라시아 세력권을 향해 위태롭게 머리를 들이밀고 있는 유럽의 교두보를 방위해야 했던 것이다.

한편 소련도 원자폭탄을 실은 미국의 폭격기가 생사여탈권을 쥔 상황을 언제까지나 묵과하려고 하지는 않았다. 스탈린은 핵무기를 보유하기 위해 수단과 방법을 가리지 않았다. NATO가 결성되고 5개월이 지난 1949년에 소련은 처음으로 원자폭탄을 폭발시켰다. 미국은 놀라고 당황했다. 대부분의 미국인이 소련은 극도로 복잡한 원자력 기술을 한동안 습득할 수 없을 거라고 믿고 있었기 때문이다. 과학과 기술 그리고 무기 설계에 관한 소련의 저력은 전후 군비경쟁의 그 다음 회전에서도 다시 입증되었다. 1950년에 미국 정부는 자국이 더 이상 원자폭탄을 독점하지 못하게 된 이 상황에 대처하기 위해 어쩔 수 없이 한층 더 가공할 만한 무기의 개발을 추진하기로 결정했다. 그것은 핵융합 기술을 사용한 수소폭탄이었다. 그러나 소련은 뒤떨어지지 않았다. 1952년 11월 미국이 태평양의 에니위탁 환초(環礁)에서 처음으로 핵융합반응 실험을 한 지 겨우 9개월 뒤에 소련 역시 자신들의 수소폭탄을 폭발시켰다.

수소핵탄두는 제조가 복잡하긴 했지만 초창기의 둔중한 우라늄 원폭이나 플루토늄 원폭에 비해 훨씬 가볍게 만들 수 있었다. 그러므로 폭격기가 아닌 로켓이 적합한 운반수단이었다. 고속으로 날아오는 로켓을 가로막을 수단은 없었다. 또 이미 1944년에 독일이 V-2 로켓으로 영국을 폭격한 일이 있었기 때문에 그런 무기가 어떤 위력을 발휘하는지도 잘 알려져 있었다. 이에 따라 미국은 1950년대 초부터 로켓 연구와 개발을 서두르기 시작했다. 그러나 소련은 미국보다 훨씬 먼저 로켓 개발을 시작하고 있었다. 상당히 크고 강력한 로켓이 아니면 무거운 원자핵탄두를 쏘아 올릴 수 없던 시절부터였다.\* 그 결과 소련은 1957년 10월에 작은 인공위성 '스푸트니크'를 지구 주위 궤도에 올려놓을 수 있는 추진력의 로켓을 발사했고, 뒤이은 몇 달 동안 점점 더 큰 유효탑재량을 가진 로켓을 쏘아 올렸다.†

이런 성과는 소련이 지구 어디에나 핵탄두를 떨어뜨릴 수 있는 기술력을 가졌다는 것을 뚜렷이 보여주었다. 1965년까지 미국의 로켓은 크기나 추진력에서 소련에 뒤져 있었다. 그렇긴 하지만 미국의 핵탄두 운반

---

\* 미국은 제2차 세계대전이 종결될 때 전략공군을 조직하고, 소련의 모든 지역으로 원자폭탄을 싣고 갈 수 있도록 여러 군데에 기지를 설치했다. 이로써 유인항공기를 통해 궁극적 억지력에 있어 강력한 기득권을 갖게 되었기 때문에, 미국은 이후 10년 동안 사거리가 긴 로켓에 대한 연구와 개발을 추진하지 않았다.[3]

† 스푸트니크 1호의 중량은 84kg이었고, 한 달 후에 발사된 2호는 508kg이었다. 1964년에 러시아는 1만 2,200kg이나 되는 중량을 궤도에 올려 놓았다.[4]

능력이 실제로 러시아보다 뒤떨어졌던 것은 아니었다. 미국 쪽에서는 언제든지 소련을 폭격할 수 있는 거리 내에 폭격기들이 배치되어 있었으며 해저에서 미사일을 발사할 수 있는 새로운 잠수함 탑재 미사일도 있었기 때문에, 소련의 도시들 역시 1958년 이후에 미국인들이 처한 것과 똑같은 절멸의 위협을 받고 있었다.

적보다 취약한 점이 생기긴 했지만 여전히 적과 같은 수준에 있다는 사실을 알았다고 해서 미국인들에게 위로가 되지는 않았다. 스푸트니크가 등장하기 전까지, 미국의 영토는 몇 세대 동안이나 외국의 공격으로 실질적인 위협을 받는 적이 없었기 때문이다. 따라서 이제는 상황이 달라졌고, 미국이 자랑하던 기술력이 적어도 중요한 한 분야에서는 소련에 크게 뒤떨어져 있음을 깨닫게 되자 그 충격은 엄청났다.[5] 이른바 '미사일 격차'가 1960년의 미국 대통령 선거에서 쟁점이 된 것도 놀랄 일은 아니었다. 1961년에 출범한 민주당 정권은 지구에서든 달에서든 로켓 기술에서 소련을 앞서겠다고 약속했다.

한편 소련은 기술적 우위를 충분히 살려 전세계에서 미국과 완전히 대등한 지위를 주장하려 했다. 그러나 1962년 10월, 쿠바에 중거리 탄도미사일을 설치하여 대부분의 미국 도시를 공격할 수 있는 거점으로 삼으려던 니키타 흐루시초프 서기장의 계획은 미국 해군이 미사일 설치에 필요한 장비의 수송을 봉쇄함으로써 좌절되었다. 일촉즉발의 대치 끝에 소련은 한발 물러나 쿠바에서 미사일을 철수하기로 동의했다. 그러나 이 굴욕에 자극받은 소련 해군은 그 후 몇 년 동안 장족의 발전을 이룩했다. 그 목표는 분명 해상에서, 그리고 특히 바다 속에서 미국의 군사력을 따라잡거나 능가하는 것이었다.[6]

그리하여 1960년대에 미국과 소련의 군비경쟁 규모는 더욱 확대되었다. 두 나라는 신기술과 신무기에 역점을 두었다. 당시의 군사력 자체보다는 장래의 군사력을 탄생시킬 연구와 개발을 더 중시했던 것이다. 방어용 무기든 공격용 무기든 장래에 획기적인 신기술이 등장한다면, 두 나라간 공포의 균형은 깨지거나 뒤집힐 수 있었다. 그 균형은 1957년 이래 10년 동안 두 나라가 장거리 탄도미사일을 수백 기씩 설치하여 몇 분 안에 상대 국가의 도시를 파괴할 수 있게 되면서 성립된 것이었다.

미국 정부는 연구개발에 아낌없이 자금을 쏟아 붓는 것으로 이 새로운 위기감에 대응했다. 군사 관련 사업에만 자금이 지원된 것은 아니었다. 미국의 정책을 지휘하던 사람들, 특히 하버드 대학과 MIT 출신들은 미국사회가 소련과의 경쟁에서 승리하려면 궁극적으로 인간이 노력을 기울이는 모든 분야에서 상대보다 뛰어난 기술을 개발해야 한다고 생각했기 때문이다. 이런 경쟁상황에서 현명하고 단호한 의지를 가진 정부라면 당연히 적절한 훈련을 받은 뛰어난 연구자들을 등용하여 특별대책반을 구성하고, 그들에게 전쟁용이든 평화용이든 새로운 기기를 끊임없이 개발하도록 할 것이다. 그런 노력을 통해 대내적인 번영과 대외적인 안보가 보장되기 때문이다. 이런 성공을 거두기 위해서는 새로운 기술이 발견될 수 있는 모든 분야를 장려하고, 예전부터 있어온 재정상의 제약을 해소함으로써 교육과 연구와 개발을 촉진해야만 했다.

그 결과 자연과학을 위시한 기초학문 분야의 연구붐이 일어났다. 여기에 필적할 만한 것으로는 항공우주과학과 전자공학 붐 정도만 있었다. 제2차 세계대전 중에 그토록 강력하게 사회의 전면에 나섰던 정부와 민간의 경영엘리트들은 이제 자신들의 야심과 기능을 발휘할 새롭고 더욱 테크노크라트적인 활동분야를 발견했다. 그들의 냉전은 광범위한 전선에서 진행되어야 하는 것이었기 때문이다. 더 좋은 사회를 이룩하기 위한 사회공학은 군비의 개량만큼이나 중요했다.

당시에는 많은 사람들이 국가는 모든 문제를 해결할 수 있고 모든 장애를 극복할 수 있다는 식으로, 국가의 능력을 확신했다. 이런 신뢰를 극적으로 보여준 것은 미국이 10년 안에 인간을 달에 보낼 것이라고 한

1961년 존 F. 케네디 대통령의 선언이었다. 이 대사업은 비군사적 우주개발기구인 NASA(미항공우주국)에 맡겨졌다. 그러나 인간과 기계를 우주공간에서 돌아다니게 하는 기술은 어찌 되었든 군사적 의미를 갖지 않을 수 없으며 또 군사적으로 응용될 수밖에 없다. 따라서 우주기술의 연구개발에서 군사적인 것과 비군사적인 것을 구별하는 것은 별 의미가 없다.[7]

소련도 이에 뒤질세라, 10년 이내에 1인당 생산력에서 미국을 앞질러 1980년대에는 공산주의('능력에 따라 일하고 필요에 따라 분배받는')를 실현할 수 있도록 할 것을 약속하는 새로운 강령을 1961년에 발표했다. 흐루시초프 서기장의 테크노크라트적 신념은 실제로 케네디 대통령 주위의 정책결정 집단을 움직인 신념과 매우 비슷했다. 양쪽 모두 그런 신념의 원천은 제2차 세계대전 기간과 그 직후에 의도적으로 사회공학과 기술공학을 적용함으로써, 불가능해 보였던 생산목표를 달성해낸 기억이었다.

그 밖의 나라는 대부분 애초부터 경쟁을 포기했다. 그러나 프랑스만은 샤를 드골 대통령이 미국은 부당하게 영국과 독일을 밀어주고 있다고 생각했기 때문에, 이에 대한 반발로 NATO를 탈퇴하고 스스로 '미국식' 연구개발 프로그램에 착수했다. 그래야만 프랑스가 미국의(또는 러시아의) 테크노크라시에 대한 유사 식민지적 의존에서 벗어날 수 있다는 것이었다.[8] 동아시아에서도 중국과 일본이 뒤늦게 우주기술 개발 경쟁에 가담하려고 했지만, 미국이 한 걸음 한 걸음 전진할 때마다 지지 않고 뒤쫓아 갈 수 있는 수단과 동기를 가진 나라는 소련뿐이었다. 소련 612회, 미국 537회, 프랑스 6회, 일본 4회, 중국 2회, 영국 1회.[9] 이 수치는 1957년부터 1972년까지 각국의 로켓 발사횟수인데, 이 15년 동안 우주기술 개발에서 두 초강대국이 달성한 압도적 우위를 잘 보여준다.

1960년대에 소련은 로켓이나 우주선만이 아니라 새로운 해군을 건설하는 데도 막대한 비용을 투자했다. 소련에서 신기술 연구개발에 지출된 비용은 미국에서 같은 용도로 사용된 액수와 대략 일치하리라 생각된다. 그러나 이런 식의 비교는 매우 부정확할 수밖에 없다. 지출 항목을 달리 기록하여 실제 예산의 사용처를 알 수 없게 한 경우와, 도무지 이해할 수 없을 만큼 복잡한 새로운 장비의 조달가격을 자의적으로 책정하는 경우가 양국 모두에 있었기 때문이다. 우주개발 경쟁에 관해서는 어느 나라에서나 그렇듯이, 어떤 신기술에 대해 단 하나의 제조업체와 단 하나의 구매자만 있을 경우 어떤 기계의 가격을 책정할 때 직접제작비와 간접제작비 가운데 어떤 것을 계산에 넣고 어떤 것을 제외할 것인가 하는 문제는, 이를테면 기업회계의 형이상학적 영역에 속한다. 그렇긴 하지만 미국과 소련 양국이 제2차 세계대전 기간 중 가장 지출이 많았던 때보다도 훨씬 많은 비용을 기술혁신을 위해 지출했다는 것은 분명하다.*

거액의 재정지출은 놀라운 성과를 가져왔다. 의심할 여지없이 가장 거창한 구경거리는 1969년 미국 우주비행사들의 달 착륙이었다. 태양계의 다른 혹성으로 발사한 탐사선들도 천문학자들에게 매우 흥미로운 자료를 보내왔으며, 탐사위성은 지구 표면에 관한 수많은 새로운 정보를 보내주었다. 무기 분야에서는 공상과학소설과 기술적 사실이 서로 섞여들어, 문외한으로서는 어디까지가 소설이고 어디까지가 사실인지 알아차릴 수 없을 정도였다. 예를 들어 1970년대에는 날아가고 있는 미사일의 탄도를 바꾸는 제어장치가 대단히 정밀해졌다. 따라서 이제는 미사일을 저지하기가 극도로 어려워졌다. 실제로 날아오는 미사일을 떨어뜨릴 수 있는 신뢰할 만한 방법은 개발되지 못했다. 미사일 개발 경쟁이 본격화

---

* 신뢰성이 떨어지기는 하지만, 스웨덴의 한 국립연구기관의 추산에 따르면, 1972년에 미국의 군사 관련 연구개발비는 72억 달러였고 소련의 경우는 41~61억 달러였다.[10] NASA의 여러 가지 연구 프로그램에는 군사와 관련된 것이 많음에도 불구하고, 미국 쪽 수치에는 NASA의 지출이 포함되어 있지 않다. 소련의 예산에서도 비군사적 지출처럼 기록되어 있는 군사적 지출이 미국만큼이나 막대할 것이며 어쩌면 더 많을 수도 있다. 게다가 미국과 소련의 통화가치를 환산하는 데도 어려움이 있기 때문에, 앞에 든 책의 저자들도 인정하고 있듯이 정확한 비교는 거의 불가능하다.

된 이후 적어도 4반세기 동안 레이저라든가 적의 탄두를 광속으로 맞받아 파괴하는 '살인광선' 따위는 아직 공상소설 속에나 있었다. 미국인도 소련인도 어느 날 갑자기 자기 나라가 지상에서 사라져버리는 악몽으로부터 자신들을 지켜줄 방법을 찾으려고 모든 노력을 기울였지만, 공포의 균형은 여전히 건재했다.

어떤 면에서 공포의 균형은 더욱 굳건해지기까지 했다. 1960년 이래 첩보위성이 발달함으로써 양측 모두 상대방의 미사일 지상 배치에 대한 확실하고 완벽한 정보를 입수할 수 있게 되었다. 이것은 미국에게 매우 유리하게 작용했다. 그동안 미국에서는 소련보다 기밀유지가 훨씬 어려웠기 때문이다. 현재는 두 나라가 우주공간의 위성에 의한 상호감시를 받아들이고 있는데, 이것은 소련이 처음 위성을 쏘아 올렸을 때 그 궤도가 당연히 국경 상공을 벗어날 수밖에 없었던 데서 초래된 우연적인 부산물인 것 같다. 뒤이어 미국이 똑같은 일을 했을 때 소련 정부는 반대를 할 수 없었던 것이다. 나아가 양국의 위성이 상대국의 상공을 가로지르기 시작했을 무렵에는 양국 모두 그 위성을 떨어뜨릴 수단을 갖고 있지 않았기 때문에 서로 묵인할 수밖에 없었다. 미국은 곧 고해상도의 카메라를 장착한 위성을 개발하여 러시아의 국토를 상세하게 촬영한 화면을 전송받게 되었다. 러시아는 여기에 이의를 제기하긴 했지만 그다지 강경하게 나오지는 않았다.

위성 정찰을 통해 그간 소련의 미사일을 둘러싸고 제기되었던 여러 가지 불확실성이 해소되었다. 실제로 1960년에 '하늘의 스파이'가 처음으로 그 마술과 같은 성능을 발휘하기 시작하면서 미국 정부는 곧 '미사일 격차'가 신화였음을 알게 되었다. 소련은 미국의 도시들을 공격하기 위해 로켓을 배치할 기술을 가지고 있긴 했지만, 실제로 이 값비싼 무기에 투자하는 일을 하지는 않았던 것이다. 그 후 양국 모두 주의 깊게 은폐·방어처리를 한 발사기지에 수백 기의 미사일을 배치했다. 그러나 그 과정에서 새로운 배치사실이 모조리 첩보위성에 탐지되어 상대방에게 알려지고 말았다. 기적처럼 백일하에 드러난 이 사실들에 대해서는 양국 정부 모두 확신을 가질 수 있었다. 발사기지가 일단 완성되고 나면 완전한 위장을 할 수도 있지만, 건설공사 도중에는 분명히 알아볼 수 있는 징후가 드러날 수밖에 없기 때문이다.

따라서 1960년대에 미국과 소련은 서로 상대방의 대륙간탄도미사일(ICBM) 배치상황을 확인할 수 있었던 것이다. 동시에 양국 모두, 몇 주 동안 바다 속에 조용히 숨어 있다가 유사시에 바다 속에서 핵탄두를 발사할 수 있는 잠수함을 건조하고 배치했다.* 이런 쌍방의 핵무기 증강에 의해 아래의 표에서 볼 수 있는 것과 같은 핵균형이 생겨났다.

여기에서 명확하게 볼 수 있듯이, 1970년대 초에는 실질적인 균형이 달성되었다. 두 강대국 모두 상대방에게 심각한 타격을 입힐 만큼 핵무기를 보유하고 있었기 때문에 더 이상 미사일을 제조하는 것은 쓸데없는

**핵무기 보유현황**

|   |   | 1970년 | 1980년 |
|---|---|---|---|
| 장거리 폭격기 | 미국 | 512 | 348 |
|  | 소련 | 156 | 156 |
| 잠수함 발사 미사일 | 미국 | 656 | 576 |
|  | 소련 | 248 | 950 |
| ICBM | 미국 | 1,054 | 1,052 |
|  | 소련 | 1,487 | 1,398 |
| 핵탄두 총수 | 미국 | 4,000 | 9,200 |
|  | 소련 | 1,800 | 6,000 |

출처: Stockholm International Peace Research Institute, *Yearbook 1981*, table 2:1, p. 21

* 조직적인 대규모 연구개발 프로그램 덕분에 기술의 진보 속도가 매우 빨라졌다는 것은 다음과 같은 사실에서 잘 알 수 있다. 1866년 발명 당시에 220야드(약 200m)였던 자력추진 어뢰의 사거리가 1905년 2,190야드(약 2km)로 늘어나기까지는 40년이 걸렸는데, 그것을 다시 1만 8,590야드(1913)로 늘리는 데는 6년밖에 걸리지 않았다. 한편 1959년에 처음 미국 잠수함에 장착된 폴라리스 미사일의 사거리는 불과 5년 만에 1,200마일(약 1,930km)에서 2,500마일(약 4,000km)로 늘어났다.[11]

일로 여겨지게 된 것이다. 1972년에는 5년의 기한을 둔 전략무기제한협정(SALT)이 체결되어 핵무기 보유에 상한을 두었다. 물론 이 협정이 군비경쟁을 중단시키지는 못했다. 연구개발팀은 협정을 맺을 당시에는 아직 세상에 없었다는 지극히 당연한 이유로 협정 조항에서 거론되지 않았던 신무기에 관심을 집중했던 것이다. 그리하여 1970년대 말에는 몇 가지 새로운 무기 시스템이 실험실에서 생산 라인으로 이동할 만반의 준비를 갖추게 되었다. 그러나 어떤 무기를 제조하고 어느 정도의 국가 자원을 가속화되는 군비경쟁에 쏟아 부을 것인지에 관해서는 1981년 현재 미국에서 아직 논의가 계속되고 있다. 분명히 소련에서도 이와 같은 논의는 진행되고 있다. 비록 미국처럼 의회를 설득하여 예산을 배정받기 위한 과정으로서 대중에게 다양한 선택안을 제시하는 절차는 없지만.

재래식 무기라 하더라도 성능이 향상된 신형 모델일 경우에는 충분히 세계의 세력균형을 무너뜨릴 수 있었다. 또 이제까지의 무기와는 완전히 다른 새로운 장치가 등장하여 갑자기 세계를 뒤흔드는 어마어마한 폭력의 길이 열릴 가능성도 언제나 있기 때문에, 세계의 강대국들은 도저히 안정되고 신뢰할 만한 상호공존을 이룰 수 없었다. 당장이라도 생화학무기에 대혁신이 일어나서, 핵무기를 바탕으로 형성된 공포의 균형을 우회하여 세계를 기습할 수도 있었기 때문이다. 그러나 1980년대에 가장 유망하다고 여겨진 것은 빛의 속도로 이동하는 갖가지 '살인광선'이었다. 이런 광선이 우주선이나 위성에서 발사된다면 날아오는 미사일을 저지하거나, 심지어 아직 발사기지에 있는 미사일을 파괴할 수도 있을 것으로 생각되었다. 이런 가능성이 어렴풋하게 보이기만 해도 1960년대 이래 세계를 유지해온 공포의 균형에는 심각한 불안정이 초래될 수 있었다.

물론 두 초강대국이 서로를 두려워하고 있는 상황에서는 비밀병기의 설계에 어떤 획기적인 방식을 도입하여 전략적 우위에 서려고 하는 경쟁을 멈추게 할 방법이 없었다. 새로운 세대의 더욱 복잡한 무기가 나올 때마다 점점 더 높아지는 비용이 일종의 브레이크 작용을 했다. 그러나 미국에서는 국가와 새로운 계약을 맺으려 하고 소련에서는 국가로부터 인력자원과 물자를 새로 할당받으려고 하는 군사 연구개발의 이해당사자들은 언제든지 상대 국가의 연구개발 노력에 대해 경고의 목소리를 높이곤 했다. 양국의 정치 경영자들은 민간경제의 요구와, 끊임없이 새로운 자원을 요구하는 군사 연구개발팀의 게걸스러운 요구 사이에서 어떻게든 균형을 잡아야 했다. 어떤 특정한 무기 시스템이나 개발 프로그램에 관해 미국이 찬성 또는 반대하는 결정을 내리면 뒤따라 소련에서도 같은 결정을 내리는 일이 자주 있었다. 그러나 대부분의 일이 기밀사항이었으며 특히 소련에서는 그 정도가 더 심했다. 일찍이 제1차 세계대전 전에 영국과 독일 사이의 해군 군비경쟁과 관련하여 치명적으로 드러났던 기술적·공학적 불확실성과 재정적·도덕적인 불확실성이[12] 이제 미국과 소련의 정책결정자들을 괴롭히고 있었다. 이전과 다른 것은 그 사이 몇 십 년 동안 만약 일이 잘못 되었을 때 치르게 될 비용이 몇 배로 늘었다는 점뿐이었다.

화려해 보이는 우주개발 프로그램은 군비경쟁이 미국과 소련에 국한된 사안이 아니라는 것, 또 두 강대국이 로켓과 핵탄두에만 관심이 있는 게 아니라는 사실을 가려버리곤 한다. 다음의 표는 제2차 세계대전 후 몇 십 년 동안 엄청나게 증가한 군사비 지출을 요약하고 있다. 여기에 제시한 수치들은 예산상의 위장과, 화폐 단위를 달러로 환산할 때 자의적으로 적용되었을지 모를 환율로 인해 매우 큰 오차가 발생할 수도 있다. 그러나 비교적 중립적이고 진실에 도달하려는 스웨덴 연구자들의 노력이 그런 왜곡을 모두 바로잡을 수는 없었다 하더라도, 두 초강대국의 군사비 증가에 대응하는 현상이 다른 나라에서도 일어났다는 점은 분명히 드러나고 있다. 실제로 1970년대에 제3세계 국가들의 군사비 증가율은 강대국들의 증가율을 넘어섰다.

| | 군사지출 | | | | | (1978년 달러, 단위: 억) | |
|---|---|---|---|---|---|---|---|
| 연도 | 1950 | 1955 | 1960 | 1965 | 1970 | 1975 | 1980 |
| 미국 | 395 | 982 | 1,000 | 1,072 | 1,309 | 1,012 | 1,112 |
| NATO | 673 | 1,426 | 1,503 | 1,681 | 1,940 | 1,849 | 1,939 |
| 소련 | 377 | 512 | 480 | 659 | 925 | 998 | 1,073 |
| 바르샤바 조약기구 | 407 | 542 | 513 | 713 | 1,008 | 1,103 | 1,195 |
| 비동맹국가들 | 257 | 296 | 346 | 579 | 857 | 1,237 | 1,419 |
| 전세계 합계 | 1,337 | 2,264 | 2,362 | 2,973 | 3,805 | 4,189 | 4,553 |

출처: Stockholm International Peace Research Institute, *Yearbook 1981*, Appendix 6A, p. 156.

따라서 군비경쟁은 그 전염력에 지구상의 모든 지역을 감염시킬 만큼 강력하다는 것을 알 수 있다. 그 가운데 유달리 눈에 띄는 봉우리(아니면 심연일까?)를 중동에서 찾아볼 수 있다. 이 지역에는 석유 판매대금에 의한 무기 구매력과 정치적 불안정, 게다가 아랍과 이스라엘의 분쟁을 비롯한 화해하기 어려운 국지적 충돌이 뒤얽혀 있었다. 재난을 불러올 수밖에 없는 요소를 골고루 갖추고 있었던 셈이다. 비록 동남아시아에서도 대규모 유혈사태가 발생하긴 했지만, 1947년 이래 중동에서 전개되는 양상보다 더 심각한 예는 달리 찾기 어려울 것이다. 한편 아프리카에서 일어난 인종·부족 간 전쟁은 그들의 신중함 때문이 아니라 그들의 빈곤과, 그로 인해 살상력이 높은 무기를 많이 갖출 수 없었기 때문에 규모가 제한되었다.

두 개의 초강대국은 이런 상황을 통제하기에 불리한 입장에 있었다. 늦어도 1960년대에 이미 미국과 소련 정부는 만약 한 쪽이 기습적으로 핵무기 공격에 성공하더라도 곧 상대방의 끔찍한 보복이 뒤따를 것임을 알고 있었다. 이 때문에 두 초강대국이 새로이 획득한 파괴력은 정책도구로서의 실용성을 잃고 말았다. 다른 나라 정부들도 곧 그 점을 알아차렸고, 이전보다 더 서슴없이 미국과 소련의 뜻에 반하는 행동을 했다. 1966년 프랑스의 NATO 탈퇴와 동유럽의 불온한 정세 확대는 그것을 잘 보여준다. 서로를 파괴할 수 있는 능력이 점점 더 확실해질수록 두 초강대국은 마치 두 사람의 골리앗처럼 자신이 가진 무기의 무시무시한 위력 때문에 오히려 행동에 구속을 받는 위험에 빠졌다. 역설적이게도 핵탄두를 사용할 수도 없고 핵탄두 없이 버틸 수도 없는 속수무책의 상황에 놓이게 된 것이다.

상상을 초월하는 힘을 상상을 초월하는 무력함으로 바꾸어버린, 마치 마술과도 같은 이런 상황은 역사상 미증유의 일이었다. 그러나 세계의 한쪽에서는 이런 상황이 빚어지고 있는데도 다른 한쪽에서는 여전히 핵이 확산될 수 있었고 또 실제로 확산되었다. 다만 정확하게 몇 나라의 정부가 핵탄두나 그 운반수단을 가지고 있는지는 비밀에 부쳐졌다. 공공연하게 핵탄두를 폭발시킨 나라는 여섯 나라뿐이었지만,* 그 밖에도 몇몇 나라들이 원자력발전소에서 생성된 플루토늄으로 핵탄두를 제조해 보유하고 있을 것이라는 혐의를 받고 있다.†

전후 수십 년 동안 핵우산도 국제적 평화유지기관의 노력도 국지적 분쟁이나 게릴라 활동의 발발과 진행을 막기에는 불충분했다. 수백 건의 무력분쟁이 발생했고, 무장세력들은 거의 예외 없이 국외의 무기 공급에 의존해야 했기 때문에 직접적으로든 간접적으로든 대부분 두 초강대국 중 한쪽에 도움을 청했다.# 그런 일에 관여하지 않고 초연한 자세를 취하기는 어려웠다. 예를 들어 1950~1953년의 한국전쟁에 상당한 병력의 미군 부대가 참전했고, 1964~1973년에는 더 많은 병력이 베트남에서

---

\* 1945년 7월 16일에서 1979년 12월 31일 사이에 이루어진 핵실험 회수는 다음과 같이 알려져 있다. 미국 667, 소련 447, 프랑스 97, 영국 33, 중국 26, 인도 1.[13]

† 1979년에는 국내에 핵분열물질 원료를 만들어낼 수 있는 원자력 발전소를 가진 나라가 36개국에 이르렀다. 그러한 물질의 사용을 감시·통제하려는 미국을 비롯한 핵물질 공급국들의 노력은, 아무리 좋게 말하려 해도 그 근거가 빈약했다. 일부 국가(예를 들어 이스라엘)는 핵물질 사용에 부과된 규제를 위반했을 가능성이 높다. 그러나 실상은 여전히 베일에 가려 있으며, 실제보다 풍문이 앞서 가는 경우도 자주 있었을 것이다.

# 제2차 세계대전 이후 '자유세계'에서나 공산권에서나 국제적 무기거래는 하나같이 정부의 통제를 받고 있었다. 정부의 규제를 벗어난 거래가 분명 있긴 했지만 거의 무시해도 될 만한 양이었다.[14]

헛되이 싸웠다. 소련 역시 1956년과 1968년에 자신의 말을 듣지 않는 동유럽 국가들을 침공했고, 1979년에는 아프가니스탄에서 똑같은 일을 시도했다. 미국은 한반도에서 어느 정도 성공을 거두었지만 베트남에서는 굴욕적 패배를 당했다. 소련도 헝가리와 체코슬로바키아에서는 어느 정도 성공했지만, 아프가니스탄에서도 그럴 수 있을지는 두고 볼 일이다.

높은 기술력을 보유한 사회가 그 엄청난 힘을 적들에게 행사할 수 있을지 여부는, 결국 자신들의 집합적인 기술과 노력을 쏟아 붓는 목적에 대해 그 사회에서 사전에 합의가 이루어지는가, 그렇지 않은가에 달려 있다. 이런 합의는 저절로 이루어지거나 보장되는 것이 아니다. 미국에서는 이것이 베트남 전쟁 기간에 분명하게 드러났다. 미국인이 대체 무엇을 위해 싸우고 있는지가 너무나 의심스러워졌기 때문에 정치적으로 철수할 수밖에 없었던 것이다. 미국의 기술적 우위는 베트콩을 물리치지 못했다. 파괴행위는 외국인을 보는 베트남인의 시선을 싸늘하게 만들었을 뿐이었다. 북베트남에서 총력전을 벌인다든가, 미국이 그들의 자유를 지킨다고 주장하고 있던 바로 그 사람들의 생명을 거의 다 빼앗을 만큼, 다시 말해 남베트남에서 파괴행위의 수준을 높일 만큼 전쟁을 확대할 작정이 아니라면, 확전은 해결책이 되지 못했다.

침략자들에 대한 베트남인의 감정이 악화되어가는 한편으로, 베트남에 대한 무력간섭이 정당하고 현명한 일인지를 둘러싸고 미국 내의 여론이 점차 첨예하게 분열되었다. 군에 대한 불신과 첨단기술에 대한 불신, 그리고 스푸트니크 충격에 대한 미국의 대응을 이끌어 온 관계(官界)·학계·군부·재계 엘리트층에 대한 불신이 광범위하게 확산되었다. 1960년대에 미국 정부가 우주계획을 시작했을 때 보였던 저 의기양양한 희망과 성급한 자신감은 모두 사라져버리고 쓰디쓴 뒷맛을 남겼다. 많은 젊은이들이 어떤 형태든 저항문화를 지지했고, 제2차 세계대전 기간과 그 이후에 지대한 영향력을 갖게 된 사회 경영의 패턴을 의도적으로 거부했다.

많은 사람들이 마약중독으로 자신의 죽음을 재촉한 데서 알 수 있듯이, 이들의 반란은 극단적인 경우에 자포자기의 형태로 나타났다. 또한 관료제적인 대기업 경영을 대체할 실행 가능한 대안을 만들어내지 못했다는 점에서도 이들의 반란은 유효성을 결여하고 있었다. 값싸고 대량으로 생산되는 소비재를 얻기 위해서는 생산작업이 물 흐르듯이 이루어지는 흐름유통 기술이 필요하며, 관료제적으로 경영되는 대기업만이 그것을 유지할 수 있다. 또 거대기업을 안전하게 경영하기 위해서는 거대기업 사이의 상호작용이 관료제적으로 규제되어야 했다. 이런 사회에서는 자발성이나 개인의 독립, 그리고 국외자에 반대하는 소집단 연대의 영역이 매우 제한될 수밖에 없다. 철저하게 그런 낡은 가치관과 행동양식으로 돌아간다면 물질적 궁핍화가 초래될 것인데, 대부분의 반란자들은 그렇게 값비싼 대가를 치르려 하지는 않았다.

반면 흐름유통 기술은 외부로부터의 교란에 너무나 취약했다. 공장을 효율화하여 생산비를 낮추려면 흐름 전체를 구성하는 무수한 생산요소들의 흐름이 정확하게 들어맞아야 했다. 어떤 방해를 받아 어느 한 곳이라도 흐름이 막히면 극도의 효율성은 곧 극도의 비효율로 바뀌게 된다. 그러므로 불평불만을 품은 집단이 적절하게 조직화되기만 한다면, 아주 쉽게 산업의 전과정을 마비시킬 수 있었다. 1880년대 이래 노동자들은 파업에 성공함으로써 이런 사실을 여러 차례 증명한 바 있다.

또 다른 한편으로, 가장 열렬한 혁명가집단이라 해도 이 세계에서 살아남으려면 자신들 내부에서 권력을 행사하는 관료제를 만들어내는 데 대한 대가를 치러야 했다. 그리고 관료제적으로 조직된 혁명가집단이, 정말로 강력한 존재가 되었을 때는 어느새 국가경영이라는 미궁과 같은 대사업 속에 흡수되고 말았다. 제1차 세계대전 이래 독일과 영국의 정치에서는 이 불가항력적인 과정이 분명하게 드러난다. 그러나 무엇보다도 소련이야말로 저항집단이 관료화되어 통치집단으로 변모한, 말하자면 그 과정을 논리적 극한까지 밀고 간 사례였다. 이 경우에는 예전의 혁명적인 당과 예전에 급진적 파괴력을 가졌던 노동운동조직이 산업노동자와 사회 전체에 대한 적나라한 국가통제의 수단이 되었다.

분명한 것은 관료제적으로 조직된 세계에서 각 집단은 스스로를 관료제적으로 조직함으로써만 효과적으로 자기주장을 펼 수 있었다는 점이다. 그러므로 1960년대 저항문화의 영향력은 오래 지속되지 못했다. 그렇긴 하지만 미국의 테크노크라트와 정치가들은 사회 경영에 관한 자신들의 새로운 권력에 이제껏 생각하지 못한 한계가 있다는 것을 인정해야 했다. 국민국가에 의해 구축되어 그 뼈대를 이루고 있는 거대 행정기구도 어떤 목표를 추구할 것인지, 그리고 누가 누구를 경영할 것인지에 관해서는 마음대로 결정할 수 없었다. 이 두 가지 문제를 결정하는 데 있어 이성과 면밀한 계산은 힘없는 조역일 뿐이고, 주역은 온갖 이상과 감정이었다. 대중에게 영향을 미치는 정치적 선전은, 대중 사이에 널리 공유되고 있는 오래된 신념에 의해 설정된 한계 내에서만 대중의 복종을 이끌어내는 정서를 조성할 수 있었다. 기술수준이 높고 분화가 뚜렷한 사회에 내재하게 마련인 다원화 경향은 정치적 지도력에 심대한 장애가 되었다. 정치지도자들이 시스템 분석이나 손익계산 등 근대 산업과 대기업의 경영수단으로부터 도움을 받는다 하더라도 이런 장애는 크게 줄어들지는 않았다.[15]

전후 수십 년 동안 일어난 가장 근본적인 변화는 아마도 정부와 공권력에 대한 충성심이 전반적으로 줄어들었다는 점일 것이다. 국민국가의 권위가 줄어든 반면 민족·지역·종교를 중심으로 한 집단화가 점차 중요해졌으며, 다른 한편으로는 다양하고 초국적이며 집단적인 복수(複數)의 정체성(identity)이나 행정기구 역시 유례없이 증대되었다. 따라서 1960년대와 1970년대에는 현대적 경영기법이 어떤 단위에서 어떤 목적을 위해 사용될 것인가 하는 문제가 구시대의 애국심이 뚜렷이 쇠퇴하고 있던 선진공업국에서 특히 활발하게 논의되었다. 이 문제에 대해 앞으로 어떤 답이 나오느냐에 따라 인류의 미래는 크게 달라질 수 있다.

소련 사회도 이런 경향을 벗어나지는 못했다. 언젠가 미래에 다가올 더 나은 생활을 누리기 위해 더 열심히 일하라는 공산당의 독려만으로는 모든 일의 관건인 생산성 향상이 이루어지지 않는다는 사실이 분명해지면서, 1960년대 초에 흐루시초프가 했던 확신에 찬 약속은 쓰디쓴 실망만을 안겨주었다. 스탈린 비판으로 유명한 흐루시초프의 1956년 비밀보고를 계기로, 경영엘리트들 사이에서 그때까지 억눌려왔던 현상에 대한 비판이 쏟아져 나왔다. 예컨대 소련의 계획경제 방식이 면밀하게 재검토되었고, 자원을 더욱 효과적으로 이용하는 방법을 둘러싼 논쟁이 전에 없이 허심탄회하게 진행되었다. 1960년대 중반에는 행정개혁에 관한 실험이 이루어졌다. 그러나 그 논쟁으로 소련 내의 여러 문제점과 의견대립이 너무 적나라하게 외부에 드러나는 바람에 공개적인 논의는 다시 금지되었다.[16] 그 후에는 이전의 소련에서 그랬던 것처럼(혁명 전에도 그랬지만) 경찰의 압력이 반대의견의 자유로운 표명을 억압했다.

그럼에도 불구하고 당국의 압력에 계속 저항하는 사람들의 목소리는 그 개인의 용기로 인해 큰 영향력을 갖게 되었다. 전후에 공산주의 세계 내부의 이의제기는 점점 증가해왔다. 그것은 일찍이 1946년에 유고슬라비아가 소련과는 다른 노선을 걷기 시작하면서 시작되었다. 뒤이어 다른 공산주의 국가들도 독자노선을 걸었는데, 그 가운데 가장 두드러진 예가 1961년 중국의 선택이었다. 이런 분열은 민족적 다양성과 국민감정을 반영하는 것이었다. 소련 내부에서 나온 이의제기 가운데도 이런 성격을 띤 것이 있었는데, 특히 유대인이나 무슬림의 경우가 여기에 해당한다. 그러나 그 밖에도 몇몇 탁월한 과학자나 문학가가 소련 내부에서 자행되는 진실과 개인의 자유에 대한 억압을 비난했다. 이들은 비밀경로를 통해 소련 국내나 외국으로 자신의 견해를 유포할 수 있었다.

이런 사실은 당의 권위에 도전한 소수의 개인들을 지지하는 사람들이 많았음을 말해준다. 지지자들은 반체제인사들에게 공감하여 그들의 글을 서로 돌려가며 읽고, 또 비밀경로를 통해 소련 경찰의 힘이 미치지 못하는 곳에 사는 사람들에게 전달했다. 관변 이데올로기에 대한 환멸을 보여주는 두 번째 징후는 팝 음악을 비롯해 서방의 청년문화로부터 수입된 것들이 유행했다는 점이다. 그리하여 미약하나마 분명한 실체를 가진 저항문화가 생겨나 소련의 체제에 대한 신뢰와 자긍심에 상처를 입혔다. 그것은 같은 시기 미국 젊은이들의 반란이 미국의 자본주의적·대기업적 가치관을 거슬렀던 것보다도 오히려 그 정도가 더 심했다.

　그러나 국민적 합의의 위기는 경찰과 군대의 중요성을 높이는 결과를 낳기 쉬웠다. 프랑스와 영국을 제외한 주요 선진공업국들은 전후 몇 십 년 동안 국내의 소요를 진압하기 위해 군대에 의존하는 일이 없었다. 그러나 더 가난한 나라들에서는 국내 분쟁이 격화되었을 때 군부가 전면에 나서는 일이 여러 차례 있었다. 어떤 근대국가든 경찰과 병사는 무기를 소지하고 있으므로, 그들 사이의 규율과 결집력이 붕괴하지 않는 한 국내 정치과정에 대해 최종적인 거부권을 행사할 수 있었다. 상황이 좋지 않은 시기에, 특히 국내의 민간인사회에 심각한 대립이 확산되어 있을 경우 군 내부의 규율을 유지하기 위해서는 군대가 스스로를 민간인사회와 격리시키고 뒤로 물러나야 한다. 반면 적절한 기술수준을 유지하기 위해서는 군대가 적어도 기술분야에서는 민간인사회의 몇몇 엘리트와 긴밀하게 접촉해야 한다. 그런데 이런 엘리트들은 특히나 무능하고 부패한 정부를 못마땅해 하며, 자기들이 나서면 더 잘 할 수 있다고 생각하기 쉽다. 이렇게 해서 민간인 기술엘리트가 군대의 엘리트와 손을 잡고 민간인사회의 다른 집단과 충돌하게 되면 누가 누구를, 무엇을 위해 경영하는가 하는 것은 실로 해결하기 어려운 문제가 된다.

　이러한 충돌이 쿠데타로 이어져 군부가 집권할 경우, 새로운 통치자들은 애초에 자신들을 권좌에 오르게 해주었던 그 군대 내의 단결과 사기를 그대로 유지하기가 어려웠다. 정권을 장악하는 순간에 아무리 순수한 충정을 가지고 있었다 하더라도, 개혁 프로그램을 실행하기란 언제나 어려운 일이었다. 또 정권을 가진 사람들에게는 언제나 그렇듯이 사적인 축재나 감각적인 즐거움을 향유할 기회가 늘어나게 되면, 병영이나 군사학교에서 배양된 이상은 사그라지기 쉬웠다. 이런 종류의 배신으로 인해 새로운 집권자들 자신이 보기에도, 사회의 다른 성원들이 보기에도 군사정권이 정통성을 잃어버리는 일은 자주 있었다. 이 때문에 현대의 군사독재는 대부분 오래 지속되지 못했다.

장기간 권력의 정통성을 유지하는 문제를 해결하고자 할 때 왕권과 제단의 동맹은 오랜 세월을 통해 입증된 전통적인 해답이었다. 그러나 20세기에는 어떤 명쾌한 대중적 합의가 없는 상태에서 그것을 대신하여 정부를 지지해줄 수 있는 신앙과 사제집단을 찾기가 어려웠다. 18세기와 19세기의 세속신앙이었다고 할 만한 이데올로기들은 선진공업국에서 힘을 잃어가고 있었다. 사실상 공적인 합의의 쇠퇴 자체가 이데올로기의 퇴조를 반영하는 것이었다. 대전 직후의 몇 십 년 동안은 마르크스주의와 내셔널리즘의 이상이, 유럽의 행정관이나 외국 자본가들에 대항하여 농민이 대다수를 차지하는 국민을 동원하는 데 매우 효과적이었다. 그러나 혁명정당이 정권을 잡고 일상 행정이라는 실제적 업무에 직면하게 되자, 내셔널리즘의 원리나 마르크스주의 신앙은 전혀 행동의 지침이 되지 못했다. 따라서 어김없이 실망과 환멸의 시기가 찾아왔다.

세계의 몇몇 지역에서는 전통적인 종교가 때로는 특정 종파의 형태를 띠면서 또 하나의 대안이 되어주었다. 특히 이슬람 세계에서는 그런 경향이 강했다. 이슬람교 개창 당시까지 거슬러 올라가는 그리스도교와 유대교에 대한 이슬람교의 오랜 적대감 덕분에, 이슬람 세계에서는 외국의 영향이나 그로 인한 타락을 공격한다든가 참된 신앙을 지킨다는 대의 아래 대중을 결집시키기가 쉬웠다. 그러나 코란에 충실하려고 하는 체제는 20세기의 기술과의 관계에서 어려움을 겪었다. 서양의 기술을 익힌 사람들이 마호메트의 가르침에 대해 열렬한 신앙을 갖고 있을 가능성은 적었기 때문이다.

국내에서 자발적인 합의가 형성되어 있지 않을 경우에는 언제나 외부의 위협이라는 것이 그것을 대신해왔다. 적이 국경을 넘어 밀려들어 온다면 어떻게 될까 하는 두려움은 공권력에 대한 복종을 낳았다. '알 수 없는 재난보다는 잘 아는 악당이 낫다'는 옛 원리를 따른 것이었다. 그러므로 공적인 합의가 약하고 깨지기 쉬운 아프리카나 아시아, 라틴아메리카 국가에서는 가까운 이웃나라와의 전쟁과, 곧 전쟁이 일어날 것이라는 소문이 당연히 잦았다. 어디든 인구가 너무 많아져서 자라나는 새 세대가 전통적인 방식으로 생계를 꾸리고 가족을 부양하는 데 충분한 토지를 얻을 수 없게 된 곳에서는 농민적 생활방식에 큰 부담이 가해졌다. 이런 상황에서 발생하는 새로운 신앙, 새로운 토지, 새로운 생활양식에 대한 불안하고 절박한 모색 앞에서는 어떤 형태의 정부든 혼란스러워질 수밖에 없다. 그런 혼란은 인구위기가 완화될 때까지 지속된다. 1750~1950년의 유럽 역사에 비추어보건대 그 과정에는 오랜 시간이 걸리고 많은 인명이 희생될 것이다.

그러므로 전쟁과, 전쟁 준비는 대다수의 제3세계 국가에서 계속 두드러진 현상이 될 가능성이 높다. 1960년대 이래 제3세계에서 일어나고 있는 거대한 규모의 군비확장은 이 사실을 증명해준다. 예전과 마찬가지로 현재에도 경제적 관점에서 볼 때 이런 군사비 지출이 언제나 전적으로 낭비인 것만은 아니다. 현대의 군용기 같은 복잡한 기계를 유지하는 데 필요한 신기술은 다른 부문에도 널리 응용된다. 적절한 조건이 갖추어진다면, 그러한 기술은 19세기 일본에서 그랬던 것처럼 산업발전을 촉진할 수 있다. 그러나 다른 한편으로 무기에 대한 과도한 투자는 다른 분야의 발전을 질식시켜버릴 수도 있다. 전반적으로 보아 1945년 이후 제3세계 국가들의 경제성장률과 군사비 증가율 사이에는 어떤 뚜렷한 상관관계가 없는 것 같다.[17]

그러나 어떤 나라든 국내 안정을 유지할 수 없다면 반드시 경제적 쇠퇴가 뒤따른다. 공공질서 유지가 어려워져서 정부가 외부의 적만큼이나 또는 그 이상으로 자국민을 두려워하게 된다면 경찰의 장비가 우선적으로 확충된다. 최근의 통계에 따르면, 1960년대 중반 이래 신생국들은 국외의 적에 대항하기 위한 장비보다 경찰력에 더 많은 투자를 해왔다.* 실질적인 국민적 합의가 없더라도 억압기구를 더 잘 정비하면 현존하는 정권의 안정성이 보장되는지 어떤지는 아직 두고 보아야 한다. 군인적인 규율과, 다른 국민으로부터 무장요원들을 격리시키는 정책은 확실히 어느 정도 성공할 가능성이 있다. 무엇보다도 과거 구체제시대에 유럽의 통치자들은 이 방법으로 성공을 거두었다. 더욱이 장비가 이전보다 더 비싸졌을 뿐만 아니라 살상력도 높아졌기 때문에, 19세기와 20세기 전반에 유럽의 전투를 지배했던 징집병들로 구성된 대규모 군대는 소규모 직업군인으로 구성된 군대로 대체될 가능성이 높다. 만약 그렇게 된다면 각국 정부와 군대는 국민의 지지가 없더라도 아무 상관이 없으며, 국민 일반으로부터 조직적으로 분리되어 있는 전문화된 직업군인들이 행사하는 무력과, 그런 무력을 행사하겠다는 위협에 의존하여 유지될 수 있다. 이런 통치양식은 현대의 정치적 수사나 민주주의 이론에는 전혀 맞지 않을지라도 과거의 규범에는 꼭 들어맞는다.

다른 한편으로 현대의 매스커뮤니케이션은 다분히 이와 반대방향으로

---

* Morris Janowitz, *Military Institutions and Coercion in the Developing Nations* (Chicago, 1977), p. 35에 따르면, 아프리카의 경우 1966~1975년에 경찰력에 대한 재정지출이 144% 증가한 반면 육군의 비용은 40% 증가했을 뿐이다. 그가 제시하는 수치에 따르면, 전세계 거의 모든 나라의 정부가 국내치안을 위한 지출을 그 밖의 방위비보다 급속히 늘려왔다. 또 경찰력이 강화되면서 군사쿠데타가 성공하기 어려워져 1960년대에 비해 1970년대에는 쿠데타가 적게 일어났음을 알 수 있다. Ibid., pp. 42, 70.

작용하여, 무장한 통치자와 복종하는 신민 사이의 그런 옛날식 양극화를 계속 불안정하게 만든다. 물론 인구의 어떤 특정 집단만 군복무를 한다면 군대와 일반 민간인과 신민 사이에 사회적 거리를 만들어낼 수 있을 것이다. 그러나 이런 군대가 그 나라 안에서 조직화된 폭력을 독점할 수 있는가 하는 것은 대체로 불만을 품은 혁명가집단이 무기를 입수할 수 있는지 여부에 달려 있다. 그 무기의 입수가능성은 혁명가집단이 얼마나 열렬하게 자신들의 대의를 신봉하는지, 그리고 외국 정부의 정책이 어떤지에 따라 결정된다. 서로 경쟁하는 국가들로 세계가 나뉘어 있는 한, 혁명가들은 외국의 후원자나 무기공급원을 찾아낼 수 있다. 상황이 이렇다 보니, 농촌인구의 급증현상에 대해 광범위하고 근본적인 불만이 발생하고 있는 지역에서 경찰이나 군대를 강화한다고 해도 정치적 안정이 보장되지는 않을 것 같다.

유럽이나 미국, 소련은 전혀 다른 종류의 인구압을 받고 있다. 미국의 히스패닉, 유럽이나 소련의 무슬림 등 이주자나 외국인의 처우에 관한 문제는 대단히 까다로운 사안이므로 아주 신중하게 대처할 필요가 있다. 그러나 이 문제가 기존의 정치질서를 위협하지는 않는다. 또 군인-기술 엘리트들과 사회의 다른 구성원들 사이에 이해관계가 대립한다고 해서, 물론 그들 사이에 경제자원을 둘러싼 다툼이 있긴 하지만 기존의 정치질서가 위협받는 것은 아니다. 반세기에 걸쳐, 군인-산업 엘리트들은 거의 언제나 별 어려움 없이 국내의 여러 경쟁상대를 압도해왔다. 외부의 적에 대한 두려움은 언제나 정치지도자나 일반 국민으로 하여금, 상대국가의 군비를 따라잡고 또 뛰어넘기 위해 새로운 노력을 기울이는 데 동의하도록 만들었던 것이다. 또한 가속화되는 군비경쟁은 국민의 순종과 복종을 유지하는 데 도움이 되었다. 언제나 그렇듯, 외부의 명백한 위협이야말로 인류가 알고 있는 한에서 사회를 가장 강력하게 결집시키는 시멘트였기 때문이다.

그러나 이런 식의 자가발전으로 어디까지 갈 수 있을지는 확실치 않다. 핵탄두는 게임의 규칙을 바꿔버렸다. 그리고 아무도 감히 사용하려 하지 않는 무기를 만들기 위해 막대한 경제자원을 투입하는 행위는 누가 보더라도 분명 어리석은 짓이다. 이것은 현재 NATO와 바르샤바 조약기구가 서로에게 들이대고 있는 방대한 군사조직이 외부의 공격에 의해서만이 아니라(이들 군사조직은 그 공격에 대해 살아남도록 설계되어 있다) 내부의 부식에 의해서도 붕괴할 수 있음을 말해준다. 이런 부식은 영웅적 행위와 군인의 직분에 관한 오래전의 관념이 최신 기술수준을 반영한 육해군과 차질을 빚는 과정에서 촉진된다. 작동 버튼을 누르는 것만으로 수행되는 전쟁은 육체적인 무용을 펼치는 것과 정반대의 위치에 있다. 또 매사를 관료제적으로 꼼꼼하게 기록하는 일상업무는 군인이 어떤 존재이며 무엇을 해야 하는가에 관한 소박하지만 진솔한 감정과 어긋난다. 이러한 군대 내부의 긴장은 전쟁이 관료화되고 산업화될 당시부터 있었다. 그러나 적으로부터 멀리 떨어져서 이루어지는 군사행동이 압도적으로 많아지고 육체적 힘은커녕 인간의 투입 자체가 없는 로켓 무기시대가 개막되면서, 전쟁의 기술에는 군인의 심리로는 쉽사리 따라갈 수 없는 근본적인 변화가 일어났다.[18]

그러나 전쟁에 지지 않는 한 군인의 사기가 급격히 저하되는 일은 일어나지 않을 것이다. 규율을 주입하고 유지시키기 위한 전통적인 군사훈련 방법은 지금도 매우 유효하다. 밀집대형 훈련은 여전히 거기에 참가하는 병사들 사이에 원시적 사회성을 불러일으킨다. 그것이 현대의 전투와는 무관하더라도 전혀 문제가 되지 않는다. 앞으로는 또 다른 형태의 의례나 일상활동이 발달하여 군 내부나 민간사회에서 인간의 행동양식을 유도하고 안정화하는 데 자기지속적인 힘을 발휘할 수도 있다. 열정적이고 개인적이고 혁명적인 신념은 일상 활동과 의례로 대체되기 마련이다. 마르크스주의든 자유민주주의든 간에 어떤 신념이 활력을 잃고 그저 진부한 구호가 되어버린 다음에는 의례와 일상활동만이 남는다.

과거에는 유럽을 비롯한 모든 지역의 군대에서 일상활동과 의례가 지배적이었다. 기술적인 격변이 민족의 성쇠와 전쟁의 승패를 좌우하긴 했지만, 그런 격변은 어쩌다 한 번씩 있는 일이었다. 그렇다면 전쟁의 산업화가 본격화된 이래 지난 150년 동안 진행된 이례적인 대혼란도 결국은 끝이 나고, 세계 각국의 군대는 또다시 변함없는 일상활동의 지속적이고 제약적인 체제 속으로 들어갈 수도 있다.

그렇지만 서로를 의심하는 나라들 사이에서 경쟁이 지속되는 한, 의도적이고 조직화된 발명은 비용이 아무리 많이 들더라도 계속될 것이다. 오늘날 절대적인 경제적 한계라는 것은 거의 사라졌다. 이론상으로는 신체적 생존에 필요하지 않은 모든 생산자원을 국방으로 돌릴 수 있다. 또 자동화기계로 인해 생산성이 크게 향상되었기 때문에, 사실상 군사비의 상한은 어떤 다른 요소보다도 전쟁을 위해 인간을 얼마나 효율적으로 조직할 수 있는가에 따라 결정지어지게 되었다. 따라서 또다시 합의와 복종이 문제가 된다. 거기에 비하면 물질적 한계는 사소한 부분이다.

조만간 무기 개발에 절대적인 물리적 한계가 닥칠 것이라고 생각하는 사람도 있을 것이다. 탄도 미사일을 움직이는 데 필요한 탈출속도는 일찍이 1957년에 달성되었다. 다음 세대의 무기는 우주에서 빛의 속도로 작동하게 될 것이며, 이미 그러한 제어 및 유도 시스템이 사용되고 있다. 그러나 물리적으로 절대적인 한계속도에 도달하더라도, 서로 경쟁하는 각국의 연구개발팀은 계속해서 제어와 조준의 정확도를 개선하는 한편 적의 방해를 막는 방법을 연구하기 시작할 것이다. 장래에 무기 시스템이 안정화된다 하더라도, 그것은 과학적 연구와 기술 분야에서 더 이상 탐구해야 할 영역이 남아 있지 않기 때문은 아닐 것이다.

군비경쟁을 멈추기 위해서는 정치적 변화가 필요하다. 만약 핵무기를 독점할 의지와 능력을 가진 전지구적 주권을 갖는 권력이 등장한다면,

그 권력은 연구개발팀들을 해산하고 핵탄두를 단지 상징적인 수량만 남겨두고 모조리 제거할 수 있을 것이다. 그 정도로 근본적인 변혁이 아니라면 도저히 군비경쟁을 멈추게 할 가능성이 없어 보인다. 어쩌면 그런 세계에서조차도 무력충돌은 사라지지 않을 것이다. 인간이 서로 미워하고 사랑하고 두려워하고 한데 모여 집단을 형성하며, 그 집단의 단결과 생존이 다른 집단과의 경쟁의 형태로 표현되며 또 경쟁을 통해 유지되는 한은 말이다. 그러나 지구제국은 다른 집단이 지구제국의 우위를 넘볼 정도의 고성능 무기로 무장하지 못하게 함으로써 폭력의 수위를 제한할 수는 있을 것이다. 그런 세계에서는 전쟁이 과거 산업화 이전 시대의 규모로 축소될 것이다. 테러, 게릴라 활동, 산적행위 등은 계속해서 인간의 욕구불만과 분노의 배출구가 되겠지만, 20세기에 겪은 것과 같은 조직화된 전쟁은 사라질 것이다.

이런 지구제국 외의 다른 길은 인간 종(種)의 돌연한 절멸뿐인 것 같다. 여러 국가들로 구성된 시스템으로부터 지구제국으로의 이행이 언제 실현될 것이며, 과연 실현될 것인가 하는 것은 인류가 직면한 가장 중대한 문제이다. 그 답을 얻기 위해서는 시간에 기댈 수밖에 없다.

# 결론

현재의 상태를 이해하기 위해서는 대담한 상상력을 발휘해야 한다. 산더미 같은 자료 속에서 무엇에 주의를 기울이고 무엇을 중요하게 생각할지를, 그렇게 함으로써 다른 자료들을 소홀히 하는 결과가 되더라도 어쨌든 결정해야 하는 것이다. 이런 상황에서는 잘못을 저지를 수도 있지만, 그것은 언제나 어쩔 수 없이 인간의 삶을 둘러싸고 있는 다른 불확실한 상황들과 다를 것이 없다. 우리의 먼 조상이 능숙한 사냥꾼이 되었던 것도, 그 후 수많은 것을 발명하고 집단적인 사회적 노력을 통해 지구의 생태계를 바꿔가기 시작했던 것도 그들이 중추신경계에 입력된 모든 감각적 요소들 가운데 어떤 작은 부분에 주의를 집중할 줄 알았기에 가능했다. 어떤 상황의 한 측면에 주의를 집중하게 하는 한편 나머지 측면들을 무시할 수 있게 해주는 말과 상징 이야말로 그런 눈부신 변화를 만들어낸 최상의 도구다. 그러므로 말을 사용해서 현재의 상태를 이해하려고 하는 우리는 조상들이 몇 천 년 동안 해왔던 바로 그 일을 하고 있는 것이다.

이런 성찰에서 용기를 얻어, 정치적 적대와 군비경쟁이라는 현대의 딜레마가 다행히 인간의 사회와 문명을 완전히 파괴해버리지 않고 해결된 이후의 시대에 관해 상상해볼 수도 있을 것이다. 내 생각에는 몇 백 년 후 우리의 자손들은 이 책에서 다루고 있는 서기 1000년에서 2000년 사이의 기간을 놀라운 격변기로 인식할 것 같다. 그 천년 동안은 인간의 활동에 대한 정치적 통제와 공적 경영방법의 발달이 수송과 통신망의 발달에 비해 대단히 뒤떨어져 있었기 때문에, 개인 또는 소집단의 이해관계와 의도가 인간의 일상적 행동을 결정하는 데서 예외적이고 과도적으로 매우 중요한 역할을 수행했다. 시장의 보이지 않는 손이 작용하여, 끊임없이 변동하는 가격을 통해 수백만, 수억에 달하는 사람들의 노동을 통제했다. 새로운 기술의 확산과 지역간의 자원 교환이 예상치 못했던 광범위한 영역에서 이루어졌고, 이전보다 많은 인구가 생존하게 되었다. 곧 발명 자체가 의식적이고 의도적으로 이루어졌고, 생산은 점점 더 큰 단위로 조직되었으며, 20세기에는 관료제적 경영과 자료 검색 기술이 마침내 통신과 수송을 따라잡음으로써 세계정부라는 것이 실현가능한 일이 되었다.

이런 가능성이 현실화되자 세계정부가 수립되었다. 세계정부는 지나치게 빠른 기술변화에 따르는 여러 비용을 면밀하게 검토한 결과, 당장 그런 기술변화를 정지시키는 계획을 수립했다. 입수할 수 있는 경제자원에 따라 계획적으로 인구를 조절하는 정책이 충분한 정확성을 갖고 수행되어, 경제적인 기대와 현실적 경험의 차이에서 생겨나는 인간의 고통이 경감되었다. 평화와 질서는 향상되었다. 인간의 생활은 갑작스러운 변화가 없는 안정된 생활을 누리게 되었다. 격변의 시대는 막을 내렸다. 정치적 경영이 공개적인 무장조직을 독점하여 인간의 행동에 관한 최고 지도권을 되찾았다. 사적인 이해관계를 비롯해서 매매를 통한 사적 이윤의 추구는 일상생활의 사소한 부분으로 축소되어 정치·군사 권력의 보유자가 설정한 범위 안에서만 정해진 규칙에 따라 이루어졌다. 다시 말해 인간사회가 정상상태를 회복한 것이다. 사회변화는 산업화 이전 또는 상업화 이전 시대의 느긋했던 속도로 돌아갔다. 수단과 목적 사이, 인간의 경제활동과 자연환경 사이, 또 상호작용하는 인간집단 사이의 관계가 확실히 조정되어 더 이상의 변화는 필요하지도 않고 바람직하지도 않게 되었다. 아니, 애초에 그런 변화가 허용되지도 않았다.

경쟁심이나 공격적 성향은 스포츠에서 만족할 만한 배출구를 찾았다. 지적이고 문학적인 창조성은 행정적·관습적 관행이 세세하게 규정됨에 따라 위축되어버렸다. 그러나 역사가들과 보통 사람들은 때때로 지나간

시대의 수많은 위험을 되돌아보면서, 서기 1000년에서 2000년 사이 천년 동안의 격변기에 나타났던 수많은 무분별한 적대관계와 잠시도 멈추지 않았던 창조성에 대해 두려움 섞인 경이감을 갖는다.

그 밀레니엄을 아직 벗어나지 않은 우리도 이 미래의 사람들과 마찬가지로 경이감을 품어야 할지 모른다. 가공할 힘과 가공할 딜레마가 오늘날만큼 어깨를 나란히 하고 있는 시대는 일찍이 없었기 때문이다. 그러므로 우리가 무엇을 믿으며 어떻게 행동할 것인가 하는 문제는 다른 시대에서보다 훨씬 큰 의미를 가진다. 어떤 미래든 그 미래로 가기 위해 우리가 할 일은 언제나 그렇듯이 불충분한 정보를 바탕으로 명석하게 생각하고 대담하게 행동해야 한다는 것뿐이다. 그렇게 해서 다다른 미래는 현재 우리의 의도와는 전혀 다른 모습일 것이다. 과거의 역사가 우리 조상들의 계획이나 바람과는 전혀 다른 것이었듯이 말이다. 그렇긴 하지만 과거에 대한 연구는 예상과 현실 사이의 괴리감을 덜어줄 수도 있다. 물론 그것은 예상치 못한 일이 생길 수 있다는 것을 늘 염두에 둠으로써 얻어지는 결과이다. 그리고 그 예상치 못한 일 속에는 내가 이 결론에서 제시한 미래의 패턴이 완전히 빗나가는 것도 포함된다. 불확실한 미래를 향해 살아가는 것이 아무리 두렵더라도, 결국 과거처럼 그 미래도 주로 집단행동의 목적에 관한 합의에 도달하는 역량에 의해 설정되는 한계 안에서 자연환경과 사회환경을 만들고 또다시 만드는 인간의 증명된 능력에 달려 있다는 점은 마찬가지다.

# 지은이 주

### 1장 고대와 중세 초기의 전쟁과 사회

1) 열왕기하 19장 20~36절.
2) G. A. Barton, ed. and trans., *Royal Inscriptions of Sumer and Akkad* (New Haven, 1929), pp. 109~11.
3) L. W. King, ed. and trans., *Chronicles concerning Early Babylonian Kings* (London, 1907) pp. 5~6.
4) 크세르크세스 원정의 보급 면에 관한 나의 이해는 G. B. Grundy, *The Great Persian War* (London, 1901); Charles Hignett, *Xerxes' Invasion of Greece* (Oxford, 1963)에 근거했다.
5) A. Heidel, ed. and trans., *The Gilgamesh Epic and Old Testament Parallels* (Chicago, 1946), tablet III, col. iv, lines 156-167.
6) Ibid., tablet V, col. iv, lines 20-28.
7) 조공무역에 관계된 흥미로운 분석은 Yü Ying-shih, *Trade and Expansion in Han China: A Study in the Structure of Sino-Barbarian Economic Relations* (Berkeley and Los Angeles, 1967).
8) 크세르크세스의 행군일수를 단정지을 만한 증거는 찾을 수 없다. 그러나 과거 1세기 남짓한 연구의 결과, 가능하게 된 추정치에 관한 신중한 논의가 이루어졌다. Hignett, *Xerxes' Invasion of Greece*, app. 14, "The Chronology of the Invasion," pp. 448~57.
9) 이 장의 이 대목 이후로 제기되는 논점은 William H. McNeill, *The Rise of the West: A History of the Human Community* (Chicago, 1963)에 더 상세하게 논의되어 있다.
10) 사르곤 시대에 아카드인이 합성궁을 발명했다는 기록이 Yigael Yadin, *The Art of Warfare in Biblical Lands in the Light of Archaeological Study*, 2 vols. (New York, 1963), 1: 57에 나온다. 이 견해는 사르곤의 손자이자 후계자인 나

람 신(Naram Sin) 왕의 모습이 그려진 석비에 근거한 것으로, 여기서 나람 신은 후대의 합성궁과 비슷하게 생긴 활을 가지고 있다. 그러나 석면에 새겨진 활의 휘어진 곡선을 어떻게 해석할 것인가에 관해서는 의견이 분분하다. 합성궁과 그 위력에 관해서는 W. F. Paterson, "The Archers of Islam," *Journal of the Economic and Social History of the Orient* 9(1966): 69-87; Ralph W. F. Payne-Gallwey, *The Crossbow, Medieval and Modern, Military and Sporting: Its Construction, History, and Management* (London, 1903), appendix.

11) 「판관기」 21장 25절(Theophile J. Meek의 번역에서).

12) 아시리아의 2인조 기마전사를 표현한 얕은 부조의 사진이 Yadin, *Art of Warfare in Biblical Lands* 2권 385쪽에 실려 있다.

13) Karl Jettmar, "The Altai before the Turks," Museum of Far East Antiquities, Stockholm, *Bulletin* 23(1951): 154-157.

14) Ping-ti Ho, *Studies in the Population of China, 1368-1953* (Cambridge, Mass., 1959); Hans Bielenstein, "The Census of China during the Period 2-742 A.D.," Museum of Far Eastern Antiquities, Stockholm, *Bulletin* 19 (1947): 125-163.

15) John W. Eadie, "The Development of Roman Mailed Cavalry," *Journal of Roman Studies* 57(1967): 161-173.

16) 등자와 기사에 관해서는 Lynn White, Jr., *Medieval Technology and Social Change* (Oxford, 1962); John Beeler, *Warfare in Feudal Europe, 730-1200* (Ithaca, N.Y., 1971), pp. 9~30을 보라.

17) 시카고 대학에 제출되어 현재 심사단계에 있는 제임스 리(James Lee)의 박사논문에 따랐다.

18) 중국에서 상인의 역할에 관해서는 Denis Twitchett, "Merchant Trade and Government in Late T'ang," *Asia Major* 14(1968): 63-95의 탁월한 고찰을 보라.

19) M. T. Larsen, *The Old Assyrian City-State and Its Colonies*, Studies in Assyriology, vol. 4(Copenhagen, 1976).

20) 고대 메소포타미아의 상인과 그 역할에 관해서는 A. Leo Oppenheim, "A New Look at the Structure of Mesopotamian Society," *Journal of the Economic and Social History of the Orient* 10(1967) : 1-16을 참조하라.

## 2장 중국 우위의 시대

1) 이 총인구 추계는 Ping-ti Ho, "An Estimate of the Total Population in Sung-

Chin China," *Etudes Song I: Histoire et institutions*, ser. 1(Paris, 1970), p. 52.

2) 다음 논문을 쓴 벌라주(Balazs)는 위대한 선구자로 불릴 만하다. "Beiträge zur Wirtschaftsgeschichte der T'ang Zeit," *Mitteilungen des Seminars für orientalische Sprachen zu Berlin* 34(1931): 21-25; 35(1932): 27-73. 그 뒤에 나온 그의 시론은 서로 중복되는 다음 두 논문집에 수록되어 있다. Etienne Balazs, *Chinese Civilization and Bureaucracy* (New Haven, 1964); *La bureaucratie céleste: Recherches sur l'économie et la société de la Chine traditionelle* (Paris, 1968). Yoshinobu Shiba, *Commerce and Society in Sung China* (Ann Arbor, Mich., 1970)는 근래 일본 학계의 성과를 대표하며, 그 영향을 받은 것으로 John W. Haeger, ed., *Crisis and Prosperity in Sung China* (Tucson, Ariz., 1975)에 수록된 일련의 시론과, 대담한 총괄적 시도인 Mark Elvin, *The Pattern of the Chinese Past* (Stanford, Calif., 1973)가 있다. 다음 책은 중국의 경제사를 현대 경제발전이론의 맥락에서 해석하려고 한 흥미로운 시도다. Anthony M. Tang, "China's Agricultural Legacy," *Economic Development and Cultural Change* 28(1979): 1-22.

3) Robert Hartwell, "Markets, Technology and the Structure of Enterprise in the Development of the Eleventh-Century Chinese Iron and Steel Industry," *Journal of Economic History* 26(1966): 29-58; "A Cycle of Economic Change of Imperial China: Coal and Iron in Northeast China, 750-1350," *Journal of Economic and Social History of the Orient* (JESHO), 10(1967): 103-159; "Financial Expertise, Examinations and the Formulation of Economic Policy in Northern Sung China," *Journal of Asian Studies* 30(1971): 281-314.

4) Joseph Needham, *The Development of Iron and Steel Technology in China* (London, 1958), p. 18.

5) Needham, ibid., p. 13. 또 ibid., pl. 11에는 현대의 직인이 이런 손바닥 크기의 도가니를 사용하고 있는 모습이 보인다.

6) Hartwell, "Markets, Technology and the Structure of Enterprise," p. 34.

7) Esson M. Gale, *Discourse on Salt and Iron* (Leiden, 1931) 참조.

8) Needham, *Iron and Steel Technology*, pp. 19~22; Hartwell, "A Cycle of Economic Change," pp. 123~45; Hartwell, "Markets, Technology and the Structure of Enterprise," pp. 37~39.

9) Hartwell, "Financial Expertise," p. 304.

10) Yang Lien-sheng, *Money and Credit in China: A Short History* (Cambridge,

Mass., 1952), p. 53. Robert Hartwell, "The Evolution of the Early Northern Sung Monetary System, A.D. 960-1025," *Journal of the American Oriental Society* 87(1967): 280-289.
11) Elvin, *Pattern of the Chinese Past*, p. 160에 번역 인용되어 있는 Li Chien-nung, *Sung-Yüan-Ming ching-chi-shih-kao* (Peking, 1957), p. 95의 한 구절.
12) Edmund H. Worthy, "Regional Control in the Southern Sung Salt Administration," in Haeger, *Crisis and Prosperity*, p. 112.
13) Yang, *Money and Credit*, p. 18.
14) Yoshinobu Shiba, "Commercialization of Farm Products in the Sung Period," *Acta Asiatica* 19(1970): 77-96; Peter J. Golas, "Rural China in the Song," *Journal of Asian Studies* 39(1980): 295-299.
15) Hugh Scogin, "Poor Relief in Northern Sung China," *Oriens extremus* 25 (1978): 41에서 인용.
16) 인용문은 1330년부터 1332년에 걸쳐 기록된 지방지의 한 대목이다. 요시노부 시바의 논문은 특정 지방의 상업화를, 그곳의 지리적 환경(구릉지인가 범람원인가)과 교역망 및 인구증가 등과 관련하여 훌륭하게 설명하고 있다. Yoshinobu Shiba, "Urbanization and the Development of Markets on the Lower Yangtse Valley," in Haeger, *Crisis and Prosperity*, p. 28.
17) Ibid., p. 36.
18) Etienne Balazs, "Une Carte des centres commerciaux de la Chine à la fin du XIe siècle," *Annales: Economies sociétés, civilisations* 12(1957): 587-593 참조.
19) Shiba, "Urbanization," p. 43.
20) Gale, *Discourse on Salt and Iron*, p. 74 참조.
21) Hartwell, "A Cycle of Economic Change," p. 147.
22) Herbert Franke, "Siege and Defense of Towns in Medieval China," in Frank A. Kierman, Jr., and John K. Fairbank, eds., *Chinese Ways in Warfare* (Cambridge, Mass., 1974), pp. 151~201.
23) Laurence J. C. Ma, *Commercial Development and Urban Change in Sung China (960-1279)* (Ann Arbor, Mich., 1971), p. 100.
24) Wang Ying-lin, *Yü Hai*, cited in Lo Ch'iu-ch'ing, "Pei-sung ping-chih yen-chiu"(The military service of the northern Sung Dynasty), *Hsin-ya Hsueh-pao* (New Asia Journal), 3(1957): 180. 번역은 Hugh Scogin.
25) 안루산의 난에 관해서는 Edwin G. Pulleybank, *The Background of the*

*Rebellion of An Lu-shan* (London, 1955) 참조. 송조의 군사정책에 관해서는 Jacques Gernet, *Le monde chinois* (Paris, 1972), pp. 272~75; Edward A. Kracke, Jr., *Civil Service in Early Sung China, 960-1067* (Cambridge, Mass., 1953), pp. 9~11; Karl Wittfogel and Feng Chia-sheng, *History of Chinese Society, Liao, 907-1125* (Philadelphia, 1949), pp. 534~37.

26) 여진족의 정복에 관한 상세한 내용은 Jing-shen Tao, *The Jürchen in Twelfth Century China: A Study of Sinicization* (Seattle and London, 1976), pp. 14~24.

27) 나는 이 정보를 하와이 대학의 사기(Steven F. Sagi), 케임브리지 대학의 예이츠(Robin Yates)와 개인적으로 서신을 교환하여 얻었으며, 문헌기록은 매우 불충분한 것 같다. C. M. Wilbur, "History of the Crossbow," *Smithsonian Institution Annual Report, 1936* (Washington, D.C., 1937), pp. 427~38; Michael Loewe, *Everyday Life in Early Imperial China* (London, 1968), pp. 82~86; Noel Barnard and Sato Tamotsu, *Metallurgical Remains of Ancient China* (Tokyo, 1975), pp. 116~17 참조. 유럽의 석궁에 관해서는 Ralph W. F. Payne-Gallwey, *The Crossbow, Medieval and Modern, Military and Sporting: Its Construction, History and Management* (London, 1903)라는 경탄할 만한 저작에서 명쾌한 정보를 많이 얻을 수 있다. 근대 중국의 석궁에 관해서도 조금 언급되어 있다.

28) Corinna Hana, *Berichte über die Verteidigung der Stadt Te-an während der Periode K'ai-hsi, 1205-1209* (Wiesbaden, 1970).

29) Joseph Needham, *The Grand Titration: Science and Society in East and West* (London, 1969), pp. 168~70.

30) 활 제작에 관해 문인이 남긴 글과 석궁 직인의 작업광경을 묘사한 판화가 쑹잉싱(宋應星)의 『천공개물』(天工開物)에 실려 있다. Sung Ying-Hsing, *T'ien-Kung K'ai-Wu*, translated as *Chinese Technology in the 17th Century*, by E-tu Zen Sun and Shiou-Chuan Sun(University Park, Pa., 1966), pp. 261~67.

31) Sergej Aleksandrović Skoljar, "L'artillerie de jet à l'époque Song," in Françoise Aubin, ed., *Etudes Song*, ser. 1(Paris, 1978), pp. 119~42; Joseph Needham, "China's Trebuchets, Manned and Counter-weighted," in Bert S. Hall and Delno C. West, eds., *On Pre-modern Technology and Science: A Volume of Studies in Honor of Lynn White, Jr.* (Malibu, Calif., 1976), pp. 107~38.

32) Joseph Needham, "The Guns of Khaifengfu," *Times Literary Supplement*, 11 January 1980; Herbert Franke, "Siege and Defense of Towns in

Medieval China," in Kierman and Fairbank, *Chinese Ways in Warfare*, pp. 161~79; L. Carrington Goodrich and Feng Chia-sheng, "The Early Development of Firearms in China," *Isis* 36(1946): 114-123; Wang Ling, "On the Invention and Use of Gunpowder in China," *Isis* 37(1947): 160-178.

33) Wang Ling, "Gunpowder," p. 165에서 인용.
34) 여진족에 맞서 한 지방도시를 방위하기 위해 기계나 인원이 어떻게 동원되었는지 자세히 살펴보려면 Hana, *Berichte über die Verteidigung der Stadt Te-an*을 참조하라.
35) Kracke, *Civil Service in Early Sung China*.
36) 왕안스가 한 말과 군사비는 Hsiao Ch'i Ch'ing, *The Military Establishment of the Yüan Dynasty* (Cambridge, Mass., 1978), pp. 6~7에서 인용되었다.
37) Wolfram Eberhard, "Wang Ko: An Early Industrialist," *Oriens* 10(1957): 248-252에 이 이야기가 나온다.
38) Ma, *Commercial Development and Urban Change in Sung China*, p. 34. 인용문은 1137년에 나온 어떤 칙령의 한 구절.
39) Ibid., p. 38. Lo Jung-pang, "Maritime Commerce and Its Relation to the Sung Navy," *JESHO* 12 (1969): 61-68 참조.
40) Herbert Franz Schurmann, *Economic Structure of the Yüan Dynasty* (Cambridge, Mass., 1967), pp. 3~4.
41) Herbert Franke, "Ahmed: Ein Beitrag zur Wirtschaftsgeschichte Chinas unter Qubilai," *Oriens* 1(1948): 222-236.
42) Lo Jung-pang, "Maritime Commerce," pp. 57~100.
43) Joseph Needham, *Science and Civilization in China* (Cambridge, 1971), 4, pt. 3: 476.
44) 수상전에 관한 상세한 내용은 Jose Din Ta-san and F. Olesa Muñido, *El poder naval chino desde sus orígenes hasta la caida de la Dinastia Ming* (Barcelona, 1965), pp. 96~98.
45) Needham, *Science and Civilization in China* 3, pt. 3, sec. 29, "Nautical Technology," pp. 379~699는 중국의 조선과 해군사에 관한 가장 면밀하고 설득력 있는 연구다. 해군의 발전에 관해 내가 서술한 것은 주로 이 책을 바탕으로 했으며, 보충적으로는 Din Ta-san and Olesa Muñido, *El poder naval chino*와, 잡지에 실린 Lo Jung-pang의 다음 세 논문에 의거하고 있다. "China as a Sea Power," *Far Eastern Quarterly* 14(1955): 489-503; "The Decline of the Early Ming Navy," *Oriens extremus* 5(1958): 149-168; and "Maritime

Commerce and Its Relation to the Sung Navy." *JESHO* 12(1969): 57-107.
46) Needham, *Science and Civilization in China* 4, pt. 3: 484.
47) 이 설에 관해서는 Lo Jung-pang, "Policy Formulation and Decision Making on Issues Reflecting Peace and War," in Charles O. Hucker, ed., *Chinese Government in Ming Times: Seven Studies* (New York, 1969), p. 54.
48) 중국의 해상수송이나 무역이 어떻게 자금을 조달받았는지, 배가 어떻게 운용되고 관리되었으며 승무원의 상황은 어땠는지에 관해서는 Shiba, *Commerce and Society in Sung China*, pp. 15~40을 보라. 대양 저편의 세상에 관한 중국 상인들의 지식이 어떠했는지에 관해서는 Chau Ju-kua, *On the Chinese and Arab Trade in the 12th and 13th Centuries*, trans. Friedrich Hirth and W. W. Rockhill (St. Petersburg and Tokyo, 1914) 참조.
49) August Toussaint, *History of the Indian Ocean* (Chicago, 1966), pp. 74~86; Paul Wheatley, *The Golden Khersonese: Studies in the Historical Geography of the Malay Peninsula before 1500 A.D.* (Kuala Lumpur, 1961), pp. 292~320; K. Mori, "The Beginning of Overseas Advance of Japanese Merchant Ships," *Acta Asiatica* 23(1972): 1-24.
50) Lo Jung-pang, "The Decline of the Early Ming Navy," pp. 149~68; Kuei-sheng Chang, "The Maritime Scene in China at the Dawn of the Great European Discoveries," *Journal of the American Oriental Society* 94 (1974): 347-359.
51) John V. G. Mills, ed. and trans., Ma Huan, *Ying-yai Sheng-ian: Overall Survey of the Ocean's Shores*[1433](Cambridge, 1970), Introduction 참조.
52) 실패로 끝난 이 군사작전의 상세한 내용에 관해서는 Fredrick W. Mote, "The Tu-mu Incident of 1449," in Kierman and Fairbank, *Chinese Ways in Warfare*, pp. 243~72를 보라.
53) 판치의 상소문. Lo Jung-pang, "The Decline of the Early Ming Navy," p. 167에 인용되어 있다. 이 철수 결정에 관한 상세한 내용은 Lo Jung-pang, "Policy Formulation and Decision Making," in Hucker, *Chinese Government in Ming Times*, pp. 56~60을 보라.
54) Matsui Masato, "The Wo-K'uo Disturbances of the 1550's," *East Asian Occasional Papers* 1(Asian Studies Program, University of Hawaii, Honolulu, 1969), pp. 97~107.
55) Jitsuzo Kuwabara, "P'u Shou-keng: A Man of the Western Regions," *Memoirs of the Research Department of the Toyo Bunko* 7(1935): 66.
56) 왜구에 관해서는 Kwan-wai So, *Japanese Piracy in Ming China during the*

*16th Century* (Lansing, Michigan, 1975); Louis Dermigny, *La Chine et l'occident: la commerce, à Canton au XVIIIe siècle* (Paris, 1964), 1: 95-99를 보라.

57) 훨씬 후대의 일이긴 하지만, 그 실례로서 Ping-ti Ho, "Salt Merchants of Yang-chou," *Harvard Journal of Asiatic Studies* 17(1954): 130-168을 보라.

58) Archibald Lewis, "Maritime Skills in the Indian Ocean, 1368-1500," *JESHO* 16 (1973): 254-258에 무역품목을 나열한 긴 리스트가 있다.

59) 말라카에 관해서는 Wheatley, *The Golden Khersonese*, pp. 306~20을 보라.

60) Lo Jung-pang, "Maritime Commerce," p. 69.

61) 아시아 남부의 연안에서 상인들과 통치자들이 어떤 식으로 교섭했는지에 관해서는 상당 부분 다음 책들에 의거하여 이해했다. Niels Steensgaard, *The Asian Trade Revolution of the Seventeenth Century: The East India Companies and the Decline of the Caravan Trade* (Chicago, 1974), pp. 22~111. 닐스 스틴스고르의 책은 1600년 무렵의 정세에 대해 서술하고 있으며 주로 대상무역을 다루고 있다. 그러나 무역과 과세에 관한 전략은 훨씬 이전부터 1600년 이후까지 크게 변화하지 않았으며, 통치자들과 육상으로 이동하는 상인들의 관계는 배를 타고 오는 상인들과의 관계와 크게 다르지 않았다. '보호 렌트'(protection rent)의 개념을 최초로 제기한 것은 Frederic Lane, "Economic Consequences of Organized Violence," *Journal of Economic History* 18 (1958): 401-417이다. 또한 그가 이 논문에서 지중해 연안의 중세 이탈리아의 상업기업에 관해 전개한 연구는 내가 인도양 연안에서 일어났을 것으로 믿는 일들에 대하여 하나의 모델을 제공해주었다. Lewis, "Maritime Skills in the Indian Ocean," pp. 238~64는 통치자와 상인의 관계를 직접적으로 다루지는 않았지만, 이 주제와 관련된 매우 시사적인 사실(史實)을 들고 있다.

62) Arthur J. Arberry, trans., *The Koran Interpreted* (London, 1955)에 따른다.

63) 다음 논문들은 이 점을 주요 논점으로 삼고 있다. Stefan Balazs, "Beiträge zur Wirtschaftsgeschichte der T'ang Zeit"(2장의 주2 참조); Jacques Gernet, *Les aspects économiques du Bouddhisme dans la société chinoise du Ve au Xe siècle* (Saigon, 1956).

64) 나의 동료 고(故) 마셜 호지슨(Marshall G. S. Hodgson)의 저작 *The Venture of Islam* (Chicago, 1974) 2: 403-404는 몇 년 전에 이 같은 내용을 시사했다. 가설을 뒷받침할 증거를 대지 못한 점도 마찬가지였다.

65) William H. McNeill, *Venice: The Hinge of Europe, 1081-1797* (Chicago, 1974), pp. 1~39 참조.

66) Archibald R. Lewis, *The Northern Seas: Shipping and Commerce in*

*Northern Europe, A.D. 300-1100* (Princeton, 1958) 참조.
67) Robert S. Lopez, *Genova Marinara nel Duecento: Benedetto Zaccaria, ammiraglio e mercanti* (Messina-Milan, 1933).
68) 지중해에 관해서는 Robert S. Lopez and Irving W. Raymond, *Medieval Trade in the Mediterranean World* (New York and London, 1955)가 연구의 출발점으로서 유용하다. 인도양에 관해서는 Michel Mollat, ed., *Sociétés et compagnies de commerce en orient et dans l'océan indien: Actes du huitième colloque internationale d'histoire maritime, Beyrouth, 1966* (Paris, 1970)가 얼마 되지는 않지만 현재까지 알려져 있는 사실을 가장 잘 총괄하고 있다. 중국에 관해서는 Shiba, *Commerce and Society in Sung China*, pp. 15~40을 보라. 인도 무역과 지중해의 무역관행이 일치한다는 점에 관해서는 S. D. Goitein, *Studies in Islamic History and Institutions* (Leiden, 1968), pp. 329~50이 흥미로운 부수적인 정보를 제공해준다.
69) Luc Kwanten, *Imperial Nomads: A History of Central Asia, 500-1500* (Philadelphia, 1979)이 현재와 관련해 알려져 있는 것을 잘 요약하고 있다.
70) Yü Ying-shih, *Trade and Expansion in Han China: A Study in the Structure of Sino-Barbarian Economic Relations* (Berkeley and Los Angeles, 1967), p. 209 and passim 참조.
71) Hsiao Ch'i Ch'ing, *The Military Establishment of the Yüan Dynasty*, pp. 59~60에 따르면, 매년 카라코룸에 배달되는 곡물은 20~30석(石)에 이르렀다. 1석은 157.89파운드에 해당하기 때문에 수수 같은 잡곡이라면 대략 3부셸, 밀이라면 2와 3/4부셸에 해당한다.
72) Jacques Gernet, *Le Monde chinois* (Paris, 1972), p. 351.
73) 이슬람 세계의 목축민과 도시민의 동맹에 관해서는 Xavier de Planhol, *Les fondements géographiques de l'histoire de l'Islam* (Paris, 1968), pp. 21~35 참조. 발칸 반도의 그리스도 교도 사회에서 일어난 현상에 관해서는 William H. McNeill, *The Metamorphosis of Greece since World War II* (Chicago, 1978), pp. 43~50 참조.
74) 이 '신세대' 유목민사회의 대표로서의 거란인에 관해서는 Gernet, *Le Monde chinois*, p. 308 참조. 중동의 노예군인에 관해서는 Patricia Crone, *Slaves on Horses: The Evolution of the Islamic Polity* (New York, 1980); Daniel Pipes, *Slave Soldiers and Islam: The Genesis of a Military System* (New Haven, 1981) 참조.
75) 여기서 서술한 사건을 재구성하기 위해 원용한 논의와 증거는 William H. McNeill, *Plagues and Peoples* (New York, 1976), pp. 149~65, 190~96에

제시해 두었다.
76) John E. Woods, *The Aqquyunlu: Clan, Confederation, and Empire: A Study in 15th/19th Century Turko-Iranian Politics* (Minneapolis, 1976)는 서기 1000년 이후 이슬람권이 작은 정치단위로 분열해가는 경향하에서, 도시적 요소와 부족적 요소가 어떻게 상호작용하고 (거의 언제나) 제휴하여 여러 불안정한 소국가 중 하나를 형성했는가 하는 표본을 제시하고 있다.
77) S. D. Goitein, "The Rise of the Near Eastern Bourgeoisie in Early Islamic Times," *Journal of World History* 3(1957): 583-604 참조.
78) 이 시대 중동의 기후변화에 관한 학문적 논의는 보지 못했다. 유럽에 관해서는 Emmanuel LeRoy Ladurie, *Histoire du climat depuis l'an mil* (Paris, 1967) 참조.

## 3장 유럽에서의 전쟁이라는 비즈니스

1) J. F. Fino, "Notes sur la production de fer et la fabrication des armes en France au moyen âge," *Gladius* 3(1964): 47-66 참조.
2) 북유럽인의 원시적인 흉포함에 관해서는 *Saga of Olav Trygveson* 참조. 또한 Georges Duby, *The Early Growth of the European Economy: Warriors and Peasants from the Seventh to the Twelfth Century* (London, 1973), pp. 96, 117, 163, 253, and passim 참조.
3) H. W. Parkes, *Greek Mercenary Soldiers from the Earliest Times to the Battle of Ipsus* (Oxford, 1933) 참조. 이 책은 이 현상의 첫 단계에 관한 흥미로운 내용을 구체적으로 담고 있다.
4) 헬레니즘 시대 대형 투석기의 놀라운 발달에 관해서는 E. W. Marsden, *Greek and Roman Artillery: Historical Development* (Oxford, 1969); Barton C. Hacker, "Greek Catapults and Catapult Technology: Science, Technology, and War in the Ancient World," *Technology and Culture* 9(1968): 34-50; W. W. Tarn, *Hellenistic Military and Naval Development* (Cambridge, 1930) 참조.
5) William H. McNeill, *Venice: The Hinge of Europe* (Chicago, 1974), pp. 48~51 참조.
6) 16세기 이전 유럽의 광업기술에 관한 만족스러운 역사서술은 존재하지 않는 것 같다. Maurice Lombard, *Les métaux dans l'ancien monde du Ve au XIe siècle* (Paris, 1974)는 유럽의 광산업이 약진하기 시작하는 대목에서 이야기를 중단해버린다. T. A. Richard, *Man and Metals* (New York, 1932), 2: 507-569에는 자료들이 산발적으로 실려 있다. Charles Singer, ed., *A History of*

*Technology* (Oxford, 1956), 2:11-24에는 전혀 새로운 것이 없다. John Temple, *Mining: An International History* (London, 1972)에도 역시 쓸 만한 정보는 실려 있지 않다. 문제의 원인은 아마도 광산업의 기술이 직인 작업의 일환으로서 발달했고, 1555년에 게오르크 바우어가 기술적 공정을 하나하나 삽화로 넣은 *De re metallica*(『광물에 관하여』)를 게오르기우스 아그리콜라라는 이름으로 출판할 때까지는 기록된 적이 없다는 데 있을 것이다. 리처드(Richard)도 싱어(Singer)도 템플(Temple)도, 기술부분에 관해서는 전적으로 아그리콜라의 정보에 의거하고 있다. *De re metallica*가 16세기 유럽의 광산업자들이 무엇을 달성했는지를 보여주었지만, 그 이전에 언제 어디서 기술적 진보가 일어났는지 알아내기 위해서는 힘겨운 고고학 조사가 필요할 것이다.

7) 시민민병대에서 직업군인으로의 이행에 관해서는 Michael E. Mallett, *Mercenaries and Their Masters: Warfare in Renaissance Italy* (London, 1974), pp. 1~51; D. P. Waley, "The Army of the Florentine Republic from the 12th to the 14th Centuries," in Nicholai Rubenstein, ed., *Florentine Studies* (London, 1968), pp. 70~108; Charles C. Bayley, *War and Society in Renaissance Florence: The "De Militia" of Leonardo Bruni* (Toronto, 1961)를 참조하라.

8) Freddy Thieret, *La Roumanie vénetienne au moyen âge* (Paris, 1959), p. 402 참조.

9) 이탈리아의 군사조직에 관해 이제까지 서술한 것은 주로 맬릿(Mallett)의 명저 *Mercenaries and Their Masters*와, 역시 맬릿이 쓴 "Venice and Its Condottieri, 1404-54" in John R. Hale, ed., *Renaissance Venice* (London, 1973), pp. 131~45에 따랐다. John R. Hale, "Renaissance Armies and Political Control: The Venetian Proveditorial System, 1509-1529," *Journal of Italian History* 2 (1979): 11-31, 그리고 Piero Pieri, *Il Rinascimento e la crisi militare italiana* (Turin, 1952) 참조. 피에로 피에리(Piero Pieri)의 책은 풍부한 정보를 담고 있지만, 용병부대에 관한 전통적인 부정적 평가를 지지하고 있다.

10) Ralph W. F. Payne-Gallwey, *The Crossbow, Medieval and Modern, Military and Sporting: Its Construction, History and Management* (London, 1903), pp. 62~91 and passim.

11) L. Carrington Goodrich, "Early Cannon in China," *Isis* 55(1964): 193-195; L. Carrington Goodrich and Feng Chia-sheng, "The Early Development of Firearms in China," *Isis* 36(1946): 114-123; and Joseph Needham, "The Guns of Khaifengfu," *Times Literary Supplement*, 11 January 1980 참조. 유

럽의 초기 대포에 관해서는 수많은 책이 있지만, 그 가운데 O. F. G. Hogg, *Artillery, Its Origin, Heyday, and Decline* (London, 1970)가 근년에 나온 훌륭한 책이다.

12) 영국 원정군의 장병모집에 관해서는 Kenneth Fowler, ed., *The Hundred Years War* (London, 1971), pp. 78~85; H. J. Hewitt, *The Organization of War under Edward III, 1338-62* (Manchester, 1966), pp. 28~49 참조.

13) Phillipe Contamine, *Guerre, état et société à la fin du moyen âge: Etudes sur les armées des rois de France, 1337-1494* (Paris, 1972)라는 명저를 참조. 영국군측에 관해서는 Hewitt, *Organization of War under Edward III, 1338-62*; K. B. McFarlane, "War, Economy and Social Change: England and the Hundred Years War," *Past and Present* 22(1962): 3-17; Edward Miller, "War, Taxation and the English Economy in the Late Thirteenth and Early Fourteenth Centuries," in J. M. Winter, ed., *War and Economic Development* (Cambridge, 1975), pp. 11~31. 그리고 주12에서 들었던 Fowler, *The Hundred Years War*에 실린 논문도 도움이 된다. 약탈의 경제적 효과에 관해서는 Fritz Redlich, *De Praeda Militare: Looting and Booty, 1500-1800* (Wiesbaden, 1956)과, 같은 저자의 주저 *The German Military Enterpriser and His Work Force*, 2 vols.(Wiesbaden, 1964), 1: 118 and passim 참조. 레틀리히(Redlich)가 다루고 있는 자료는 후대의 것이지만, 그가 경제학자로서 성장했고 경제학 어휘를 약탈과 용병군대의 현상을 분석하는 데 활용하고 있다는 점이 그의 저작에 독특한 가치를 부여하고 있다.

14) 이 수치들의 출처는 Contamine, *Guerre, état et société*, pp. 317~18이다.

15) Ibid., p. 200.

16) Thomas Esper, "The Replacement of the Longbow by Firearms in the English Army," *Technology and Culture* 6(1965): 382-393 참조.

17) Barton C. Hacker, "The Military and the Machine: An Analysis of the Controversy over Mechanization in the British Army, 1919-1939"(Ph.D. diss., University of Chicago, 1968).

18) J. R. Hale, "Gunpowder and the Renaissance: An Essay in the History of Ideas," in Charles H. Carter, ed., *From Renaissance to Counter-Reformation: Essays in Honor of Garret Mattingly* (London, 1966), pp. 133~34 참조.

19) Theodore A. Wertime, *The Coming of the Age of Steel* (Leiden, 1961), pp. 67~69; H. R. Schubert, *History of the British Iron and Steel Industry from c. 450 B.C. to A.D. 1775* (London, 1957), pp. 164ff.

20) Eli Heckscher, "Un grand chapître de l'histoire de fer: le monopole suèdois," *Annales d'histoire économique et sociale* 4 (1932): 127-139 참조.
21) Maurice Daumas, ed., *Histoire générale des techniques* (Paris, 1965), 2: 493.
22) Léon Louis Schick, *Un grand homme d'affaires au début du XVIe siècle: Jacob Fugger* (Paris, 1957), pp. 8~27.
23) Daumas, *Histoire générale des techniques* (Paris, 1965), 2: 487.
24) Carlo M. Cipolla, *Guns, Sails and Empires: Technological Innovation and the Early Phases of European Expansion, 1400-1700* (New York, 1965). pp. 1~73은 내가 본 한에서는 유럽 대포의 초기 발달에 관하여 가장 예리하게 서술하고 있다. 19세기의 대포에 관한 저작은 상세하면서 다소 골동취미적인 것이 많은데, 그 중에서 A. Essenwein, *Quellen zur Geschichte der Feuerwaffen*, 2 vols.(Leipzig, 1877; republished in facsimile, Graz, 1969) 등은 놀랄 만큼 세련된 내용을 담고 있다. 부르고뉴 공국의 대포의 발달에 관해서는 C. Brusten, *L'armée bourguignonne de 1455 à 1468* (Brussels, 1954); Claude Gaier, *L'industrie et le commerce des armes dans l'anciennes principautés belges du XIIIe à la fin du XVe siècle* (Paris, 1973) 참조.
25) Christopher Duffy, *Siege Warfare: The Fortress in the Early Modern World, 1494-1600* (London, 1979), pp. 8~9.
26) 오스만 제국에 관해서는 John F. Guilmartin, Jr., *Gunpowder and Galleys: Changing Technology and Mediterranean Warfare at Sea in the 16th century* (Cambridge, 1974), pp. 255~56 참조.
27) Duffy, *Siege Warfare*, pp. 4~7 참조.
28) Duffy, *Siege Warfare*, p. 15.
29) John R. Hale, "The Development of the Bastion, 1440-1534," in John R. Hale, ed., *Europe in the Late Middle Ages* (Evanston, Ill., 1965), pp. 466~94.
30) Halil Inalcik, "The Socio-Political Effects of the Diffusion of Firearms in the Middle East," in V. J. Parry and M. E. Yapp, eds., *War, Technology and Society in the Middle East* (London, 1975), pp. 199~200.
31) Richard Hellie, *Enserfment and Military Change in Muscovy* (Chicago, 1971), pp. 152~68.
32) John F. Guilmartin, Jr., *Gunpowder and Galleys*에 전개되어 있는, 지중해 해전 전술의 보수성은 사실상 합리적인 것이었다는 내용의 통찰력 있는 논의를 참조하라.

33) Fernand Braudel, *The Mediterranean and the Mediterranean World in the Age of Phillip II*, 2 vols.(New York, 1972, 1973).
34) Garret Mattingly, *The Defeat of the Spanish Armada* (London, 1959), pp. 215~16.
35) Ibid., p. 87에 따른다.
36) Kenneth R. Andrews, *Elizabethan Privateering, 1585-1603* (Cambridge, 1964), p. 22.
37) Andrews, *Elizabethan Privateering* 참조.
38) Richard Bean, "War and the Birth of the Nation State," *Journal of Economic History* 33(1973): 217의 계산에 따르면 1450년에서 1500년 사이에 서유럽 각국 중앙정부의 세수는 인구 1인당 실질액으로 두 배가 되었다. 그러나 그 후에는 증가 추세가 훨씬 완만해졌다.
39) Richard Ehrenberg, *Capital and Finance in the Age of the Renaissance* (London, n.d.); Frank J. Smoler, "Resiliency of Enterprise: Economic Crisis and Recovery in the Spanish Netherlands in the early 17th century," in Carter, *From Renaissance to Counter-Reformation*, pp. 247~68; Geoffrey Parker, "War and Economic Change: The Economic Costs of the Dutch Revolt," in Winter, *War and Economic Development*, pp. 49~71 참조.
40) Geoffrey Parker, *The Army of Flanders and the Spanish Road, 1567-1659* (Cambridge, 1972), pp. 336~41.
41) 스페인군의 군인반란에 관해서는 Geoffrey Parker, "Mutiny in the Spanish Army of Flanders," *Past and Present* 58 (1973): 38-52와, 같은 저자의 *Army of Flanders*, chap. 7에 실린 아주 명쾌한 논의를 참조. 파커가 헤아린 바에 따르면 1572~1607년에 스페인군 부대에서는 군인반란이 47차례 일어났다.
42) I. A. A. Thompson, *War and Government in Hapsburg Spain, 1550-1620* (London, 1976) p. 72.
43) 이 수치들은 모두 다음의 훌륭한 책에서 가져왔다. Thompson, *War and Government in Hapsburg Spain*, pp. 71, 73, 103. 1567년에서 1665년 사이에 해마다 스페인군에 복무했던 병사(그 대부분은 스페인인이 아니었다)의 수에 관해서는 역시 훌륭한 책인 Geoffrey Parker, *Army of Flanders*, p. 28을 참조하라.
44) 이 수치들은 Geoffrey Parker, "The 'Military Revolution' 1550-1660—a Myth?" *Journal of Modern History* 48(1976): 206에 따른다.
45) Kiyoshi Hirai, *Feudal Architecture in Japan* (New York and Tokyo, 1973)에 실린 사진 참조.
46) Jean Lejeune, *La formation du capitalism moderne dans la principauté*

*de Liège au XVI siècle* (Liège, 1939), p. 181; Claude Gaier, *Four Centuries of Liège Gunmaking* (London, 1977), pp. 29~31 참조.

### 4장 유럽의 전쟁기술의 진보

1) Charles Oman, *A History of the Art of War in the Middle Ages* (London, 1898), 2: 279 참조.
2) 란츠크네히트에 관해서는 Eugen von Frauenholz, *Das Heereswesen in die Zeit des freien Söldnertums*, 2 vols.(Munich, 1936, 1937); Fritz Redlich, *The German Military Enterpriser and His Work Force*, 2 vols.(Wiesbaden, 1964); Carl Hans Hermann, *Deutsche Militärgeschichte: Eine Einführung* (Frankfurt, 1966), pp. 58ff. 참조.
3) 발렌슈타인에 관해서는 Golo Mann, *Wallenstein* (Frankfurt am Main, 1971); Francis Watson, *Wallenstein: Soldier under Saturn* (New York, 1938); G. Livet, *La Guerre de Trente Ans* (Paris, 1963); Redlich, *The German Military Enterpriser*, 1: 229-336; Fritz Redlich, "Plan for the Establishment of a War Industry in the Imperial Dominion during the Thirty Years War," *Business History Reviews* 38 (1964): 123-26 참조.
4) Bellum se ipse alet(전쟁은 스스로를 부양해야 한다, 즉 전비는 전쟁에서 얻어지는 이득으로 충당되어야 한다는 뜻의 라틴어)는 이 스웨덴 국왕이 한 말이다. Michael Roberts, *Essays in Swedish History* (Minneapolis, 1967), p. 73 참조.
5) Eli Heckscher, "Un grand chapître de l'histoire de fer: le monopole suèdois," *Annales d'histoire économique et sociale* 4 (1932): 127-139.
6) Louis André, *Michel Le Tellier et Louvois*, 2d ed.(Paris, 1943); Louis André, *Michel Le Tellier et l'organization de l'armée monarchique* (Montpelier, 1906) 참조. 마셀리니와 그의 군사행정개혁에 관해서는 Michael E. Mallett, *Mercenaries and Their Masters: Warfare in Renaissance Italy* (London, 1974), pp. 126~27 참조.
7) Camille Rousset, *L'histoire de Louvois*, 4 vols.(Paris, 1862-1864), 1: 209에서 옮겼다.
8) André, *Michel Le Tellier*, pp. 399~401.
9) Roberts, *Essays in Swedish History*, p. 219.
10) 마우리츠의 개혁에 관해서는 앞에서 인용한 할프베크(Halbweg)의 저작과 M. D. Feld, "Middle Class Society and the Rise of Military Professionalism: The Dutch Army, 1589-1609," *Armed Forces and Society* 1(1975): 419-442의 매우 시사적인 지적들을 참조하라.

11) Maurice de Saxe, *Reveries on the Art of War*, trans. Thomas R. Phillips (Harrisburg, Pa., 1944), pp. 30~31 참조.
12) Jacob de Gheyn, *Wapenhandelinghe van Roers, Musquetten ende Spiessen, Achtervolgende de Ordre van Syn Excellentie Maurits, Prince van Orangie* (The Hague, 1607). 내가 본 것은 복제판(New York, 1971)으로 J. B. 키스트가 풍부한 정보를 주석에 달아 놓았다. 드 헤인의 책은 그 후 해적판이 여러 차례 나왔다. 그 중 가장 영향이 컸던 것은 Johann Jacob Wallhausen, *Kriegskunst zu Fuss* (1614)로, 이 책은 원본과 같은 동판을 사용하여 인쇄하고 문자 부분은 독일어로 바꾸어놓은 것이었다.
13) Richard Hellie, *Enserfment and Military Change in Muscovy* (Chicago, 1971), pp. 187~88.
14) 오스만 제국이 유럽식 훈련에 성공적으로 대응하지 못한 이유에 관해서는 V. J. Parry, "La manière de combattre," in V. J. Parry and M. E. Yapp, eds., *War, Technology and Society in the Middle East* (London, 1975), pp. 218~56 참조.
15) 상세한 내용은 James P. Lawford, *Britain's Army in India from Its Origins to the Conquest of Bengal* (London, 1978) 참조.
16) Frauenholz, *Das Heereswesen in die Zeit des freien Söldnertums*, 1: 36-39 참조.
17) Phillipe Contamine, *Guerre, état et société à la fin du moyen âge: Etudes sur les armées des rois de France, 1337-1494* (Paris, 1972), p. 284 참조. 외국인 용병의 사용 전반에 관한 논의는 V. G. Kiernan, "Foreign Mercenaries and Absolute Monarchy," in Trevor Aston, ed., *Crisis in Europe, 1560-1660* (New York, 1967), pp. 117~40 참조.
18) Halil Inalcik, "Military and Fiscal Transformation in the Ottoman Empire, 1600-1700," *Archivum Ottomanicum* 6(1980) 참조.
19) William H. McNeill, *Europe's Steppe Frontier, 1500-1800* (Chicago, 1964) 참조.
20) 이슬람 세계의 노예군인에 관해서는 David Ayalon, "Preliminary Remarks on the Mamluk Military Institution in Islam," in Parry and Yapp, *War, Technology, and Society in the Middle East*, pp. 44~58; Daniel Pipes, *Slave Soldiers and Islam* (New Haven, 1981); Patricia Crone, *Slaves on Horses: The Evolution of the Islamic Polity* (New York, 1980) 참조.
21) 이 분야의 기념비적 저작으로 A. Corvisier, *L'armée française de la fin du XVIIe siècle au ministère de Choiseul*, 2 vols.(Paris, 1964)가 있다.

22) 약간 지나치게 강조된 감이 있긴 하지만, 다음 책들에서 이 논점이 제기되고 있다. Jacobus A. A. van Doorn, *The Soldier and Social Change: Comparative Studies in the History and Sociology of the Military* (Beverly Hills, Calif., 1973), pp. 17~33; Lewis Mumford, *Technics and Civilization* (New York, 1934), pp. 81~106.
23) 머즐 링이 달린 총검의 발명과 도입에 관해서는 불확실한 점이 많다. David Chandler, *The Art of War in the Age of Marlborough* (New York, 1976), pp. 67, 83.
24) 이 통계수치는 Chandler, *The Art of War*, pp. 76~79에서 가져왔다.
25) 종종 있었던 세부적인 설계 변경과, 대량의 머스킷총을 단기간에 조달해야 하는 갑작스러운 위기를 맞았을 때 영국 육군의 조달국이 어떻게 대처했는지에 관해서는 Howard L. Blackmore, *British Military Firearms, 1670-1850* (London, 1961) 참조.

## 5장 유럽의 관료화한 폭력, 시련을 맞다

1) Jacques Godechot, *Les revolutions, 1770-1799* (Paris, 1970), pp. 93~95; Phyllis Deane and W. A. Cole, *British Economic Growth, 1688-1959: Trends and Structure*, 2d ed.(Cambridge, 1967), p. 103; M. Reinhard and A. Armengaud, *Histoire générale de la population mondiale* (Paris, 1961), pp. 151~201 참조. Thomas McKeown, R. G. Brown, and R. G. Record, "An Interpretation of the Modern Rise of Population in Europe," *Population Studies* 26(1972): 345-382에는 18세기 인구급증의 원인에 관한 인구학자들의 여러 가지 의견이 간략하게 요약되어 있다. 단일 요인으로서 가장 중요한 것은 치명적인 전염병의 발병률이 낮아졌다는 점일 것이다. William H. McNeill, *Plagues and Peoples* (New York, 1976), pp. 240~58 참조.
2) 본발에 관해서는 Albert Vandal, *Le pacha Bonneval* (Paris, 1885)을, 토트에 관해서는 그 자신의 저작인 Baron François de Tott, *Mémoires sur les Turcs et les Tartares* (Amsterdam, 1784) 참조.
3) François Crouzet, "Angleterre et France au XVIIIe siècle: Essai d'analyze comparée de deux croissances économiques," *Annales: Economies, sociétés, civilisations* 21(1966): 261-263 and passim 참조.
4) 남북 아메리카 신세계의 인구동태에 관해서는 Nicholas Sanchez-Albornoz, *The Population of Latin America* (Berkeley and Los Angeles, 1974), pp. 104~29; Shelbourne F. Cook and Woodrow W. Borah, *Essays in Population History: Mexico and the Caribbean*, 2 vols.(Berkeley and Los

Angeles, 1971, 1974). 태평양의 폴리네시아인이나 그외 섬 주민의 경우처럼 백인과 처음 접한 후 격심한 인구감소가 일어난 것은 주로 외래 병원체에 노출되었기 때문이었다.

5) Daniel A. Baugh, *British Naval Administration in the Age of Walpole* (Princeton, 1965), p. 496 and passim; Robert G. Albion, *Forests and Sea Power: The Timber Problem of the Royal Navy, 1652-1862* (Cambridge, Mass., 1926), p. 66 참조. 18세기 프랑스 육군의 급료 지불기일 준수 및 재정운영의 견실화 면에서 이루어진 개선에 관해서는 A. Corvisier, *L'armée française de la fin du XVIIe siècle au ministère de Choiseul: le Soldat* (Paris, 1964), 2: 822-824; Lee Kennett, *The French Armies in the Seven Years War* (Durham, N.C., 1967), p. 95 참조.

6) James P. Lawford, *Britain's Army in India, from its Origins to the Conquest of Bengal* (London, 1978) 참조.

7) Mark Bence-Jones, *Clive of India* (New York, 1974), pp. 133~43 참조.

8) Paul Bohannan and Philip Curtin, *Africa and Africans* (New York, 1971), pp. 273~76에 있는, 노예무역이 아프리카에 미친 영향에 대한 논의의 요약 참조.

9) 이 싸움의 경위에 관해서는 William H. McNeill, *Europe's Steppe Frontier, 1500-1800* (Chicago, 1964), pp. 126~221 참조.

10) Anton Zottman, *Die Wirtschaftspolitik Friedrichs des Grossen mit besondere Berücksichtigung der Kriegswirtschaft* (Leipzig, 1937); W. O. Henderson, *Studies in the Economic Policy of Frederick the Great* (London, 1963) 참조.

11) Otto Büsch, *Militarsystem und Sozialleben im alten Preussen* (Berlin, 1962), pp. 77~99 and passim; Herbert Rosinski, *The German Army* (New York, 1966), pp. 21~26.

12) Nestor Monasterev and Serge Terestchenko, *Histoire de la marine russe* (Paris, 1932), pp. 75~80; Donald W. Mitchell, *A History of Russian and Soviet Sea Power* (New York, 1974), pp. 16~102 참조.

13) Eugène Carrias, *La pensée militaire française* (Paris, n. d.), p. 170 참조.

14) Robert A. Quimby, *The Background of Napoleonic Warfare: The Theory of Military Tactics in 18th Century France*, Columbia University Studies in the Social Sciences, no. 596 (New York, 1957), p. 164 참조.

15) Christopher Duffy, *The Army of Frederick the Great* (Newton Abbot, 1974), pp. 135~36. 프랑스군이 안고 있던 보급의 한계에 관해서는 Kennett, *French Armies in the Seven Years War*, pp. 100~11 참조. 일반적인 개관으

로는 Martin L. van Creveld, *Supplying War: Logistics from Wallenstein to Patton* (Cambridge, 1977)도 흥미로운 자료를 포함하고 있다.

16) Paul Rehfeld, "Die preussische Rüstungsindustrie unter Friedrich dem Grossen," *Forschungen zür brandenburgischen und preussischen Geschichte* 55 (1944): 30.

17) Violet Barbour, *Capitalism in Amsterdam in the 17th Century*, reprint (Ann Arbor, Mich., 1963), pp. 36~42; J. Yerneaux, *La métallurgie liègeoise et son expansion au XVIIe siècle* (Liège, 1939); Claude Gaier, *Four Centuries of Liège Gunmaking* (London, 1977).

18) 이 문제에 관한 상세한 내용은 A. Dolleczeck, *Geschichte der österreichischen Artillerie* (Vienna, 1887)에 있는데, 나는 지금까지 이 책을 참조할 기회를 갖지 못했다.

19) François de Dainville, "From the Depth to the Heights," *Surveying and Mapping* 30(1970): 389-403; Pierre Chalmin, "La querelle des Bleus et des Rouges dans l'artillerie française à la fin du XVIIIe siècle," *Revue d'histoire économique et sociale* 46(1968): 481ff. 참조.

20) Dallas D. Irvine, "The Origins of Capital Staffs," *Journal of Modern History* 10(1938): 166-168; Carrias, *La pensée militaire française*, pp. 176ff.

21) Stephen T. Ross, "The Development of the Combat Division in Eighteenth Century French Armies," *French Historical Studies* 1(1965): 84-94.

22) Geoffrey Symcox, ed., *War, Diplomacy and Imperialism, 1618-1763* (London, 1974), p. 194에서 인용. 또 Duffy, *The Army of Frederick the Great*, p. 134 참조.

23) W. O. Henderson, *The State and the Industrial Revolution in Prussia, 1740-1870* (Liverpool, 1958), pp. 20~41 참조.

24) Gösta E. Sandström, *Man the Builder* (New York, 1970), pp. 200~01; Roy Devereux, *The Colossus of Roads: A Life of John Loudon McAdam* (New York, 1936) 참조.

25) Emile G. Leonard, *L'armée et ses problèmes au XVIIIe siècle* (Paris, 1958); Louis Mention, *Le comte de Saint-Germain et ses réformes, 1775-1777* (Paris, 1884); Albert Latreille, *L'armée et la nation à la fin de l'ancien régime: les derniers ministres de guerre de la monarchie* (Paris, 1914); Jean Lambert Alphonse Colin, *L'infanterie au XVIIIe siècle: La tactique* (Paris, 1907).

26) Rex Whitworth, *Field Marshal Lord Ligonier: A Story of the British Army*,

*1702-1770* (Oxford, 1958), p. 218 참조.

27) 전술논쟁에 관해서는 Colin, *L'infanterie au XVIIIe siècle*; Mention, *Le comte de Saint-Germain*, pp. 187~210; Quimby, *The Background of Napoleonic Warfare*; Robert R. Palmer, "Frederick the Great, Guibert, Bülow: From Dynastic to National War," in Edward M. Earle, ed., *Makers of Modern Strategy* (Princeton, 1943), pp. 49~74; Henry Spenser Wilkinson, *The French Army before Napoleon* (Oxford, 1915) 참조. 전술과 울타리의 관계에 대해서는 Richard Glover, *Peninsular Preparation: The Reform of the British Army, 1795-1804* (Cambridge, 1963), p. 124 참조. 산병과 경보병에 관해서는 Gunther Rothenberg, *The Military Border in Croatia, 1740-1881: A Study of an Imperial Institution* (Chicago, 1966), pp. 18~39 and passim; Peter Paret, *Yorck and the Era of Prussian Reform, 1807-1815* (Princeton, 1966), pp. 24~42 참조.

28) Lee Kennett, *The French Armies in the Seven Years War*, pp. 116, 140에 따른다.

29) 상세한 내용은 Gaier, *Four Centuries of Liège Gunmaking*, pp. 95ff. 참조.

30) *Grande Encyclopédie*의 Maritz, Jean의 항목을 참조. 또 P. M. J. Conturie, *Histoire de la fonderie nationale de Ruelle, 1750-1940, et des anciennes fonderies de canons de fer de la Marine* (Paris, 1951), pp. 128~35.

31) Rehfeld, "Die preussische Rüstungsindustrie unter Friedrich dem Grossen," p. 11 참조.

32) Clive Trebilcock, "Spin-off in British Economic History: Armaments and Industry, 1760-1914," *Economic History Review* 22 (1969): 477.

33) 18세기 말에 포병이 어떻게 움직였는가를 잘 보여주는 그림이 B. P. Hughes, *Firepower Weapons' Effectiveness of the Battlefield, 1630-1850* (London, 1974), pp. 15~36에 실려 있다.

34) E. W. Marsden, *Greek and Roman Artillery: Historical Development* (Oxford, 1969), pp. 48~49에 따른다.

35) 프리드리히가 귀족반동을 지지한 동기에 관해서는 Gordon Craig, *The Politics of the Prussian Army, 1640-1945* (Oxford, 1956), p. 16 참조. 프랑스군 내의 귀족반동에 관해서는 Kennett, *The French Armies in the Seven Years War*, p. 143; David Bien, "La réaction aristocratique avant 1789: L'example de l'armée," *Annales: Economies, sociétés, civilisations* 29(1974): 23-48, 505-534; David Bien, "The Army in the French Enlightenment: Reform, Reaction and Revolution," *Past and Present*, no. 85(1979): 68-98 참조.

36) 이 부분은 Howard Rosen, "The Système Gribeauval: A Study of Technological Change and Institutional Development in Eighteenth Century France"(Ph.D. diss., University of Chicago, 1981)에 크게 의존하고 있다. 이 학위논문에서 로즌(Rosen)이 보여준 몇몇 통찰은 그의 논문 "Le système Gribeauval et la guerre moderne," *Revue historique des armées* 1-2 (1975): 29-36에서도 볼 수 있다. 상세한 내용에 관해서는 Jean Baptiste Brunet, *L'artillerie française au XVIIIe siècle* (Paris, 1906) 참조. 육군 내의 내분에 관해서는 Chalmin, "La querelle des Bleus et des Rouges," pp. 490~505 참조.
37) 1791년에 프랑스 육군의 야포는 1,300문뿐이었다. 전거는 Gunther Rothenberg, *The Art of Warfare in the Age of Napoleon* (Bloomington, Ind., 1978), p. 122 참조.
38) Charles K. Hyde, *Technological Change and the British Iron Industry, 1700-1870* (Princeton, 1977), pp. 194~96.
39) Bertrand Gille, *Les origines de la grande industrie métallurgique en France* (Paris, 1947), pp. 131~35 and passim; Conturie, *Histoire de la fonderie nationale de Ruelle*, pp. 248~80; Theodore Wertime, *The Coming of Age of Steel* (Leiden, 1961), pp. 131~32; Joseph Antoine Roy, *Histoire de la famille Schneider et du Creusot* (Paris, 1962), pp. 11~15.
40) Gaier, *Four Centuries of Liège Gunmaking*, p. 60.
41) James Mavor, *An Economic History of Russia*, 2d ed.(New York, 1925), 1: 437-438 참조.
42) Arcadius Kahan, "Continuity in Economic Activity and Policy during the Post-Petrine Period in Russia," in William L. Blackwell, ed., *Russian Economic Development form Peter the Great to Stalin* (New York, 1974), p. 57 참조.
43) 이 책 168~69쪽 참조.
44) W. O. Henderson, *Studies in the Economic Policy of Frederick the Great* (London, 1963), p. 6.
45) Trebilcock, "Spin-off in British Economic History," p. 477.
46) Hyde, *Technological Change and the British Iron Industry*, p. 115.
47) Harry Scrivenor, *History of the Iron Trade*, 2d ed.(London, 1854), pp. 122~23; Arthur Henry John, *The Industrial Development of South Wales* (Cardiff, 1950) pp. 24~36, 99ff 참조.
48) 국가정책과 세력균형의 이 운명적인 전환에 관한 경위를 밝혀주는 두 권의 뛰어

난 책, John Ehrman, *The Navy in the War of William III, 1689-1697: Its State and Direction* (Cambridge, 1953); Geoffrey Symcox, *The Crisis of French Sea Power, 1688-1697: From the Guerre d'Escadre to the Guerre de Course* (The Hague, 1974) 참조.

49) 17세기와 18세기 해군함정의 기술적 한계에 관해서는 Ehrman, *The Navy in the War of William III*, pp. 3~37; G. J. Marcus, *Heart of Oak: A Survey of British Seapower in the Georgian Era* (London 1975), pp. 8~9, 39, and passim 등이 큰 도움이 된다.

50) Symcox, *War, Diplomacy and Imperialism*, p. 240에서 인용.

51) Paul Walden Bamford, *Forests and French Sea Power, 1660-1789* (Toronto, 1956).

52) Daniel A. Baugh, *British Naval Administration in the Age of Walpole* (Princeton, 1965), p. 205 참조.

53) 이때 기부를 받아 건조된 군함의 목록은 E. H. Jenkins, *A History of the French Navy* (London, 1973), p. 142 참조.

54) Symcox, *The Crisis of French Sea Power*, pp. 221ff.는 이 점에 관해 설득력 있는 논의를 전개하고 있다.

55) 내가 본 것 가운데 프랑스의 총기 제작에 관한 가장 훌륭한 서술은 Louis Joseph Gras, *Historique de l'armurerie stéphanoise* (St. Etienne, 1905), pp. 36~40, 59, and passim이다.

56) 육군에 빵을 납입하는 업자들과, 그들의 원활한 보급 여부가 전장에서 부대의 이동을 결정했던 사정에 관해서는 Kennett, *The French Armies in the Seven Years War*, pp. 97~104 참조. 프랑스는 전국이 상업적으로 통합되어 있지 않았다는 점에 관해서는 Edward Fox, *History in Geographic Perspective: The Other France* (New York, 1971) 참조.

57) P. K. Crimmin, "Admiralty Relations with the Treasury, 1783-1806: The Preparation of Naval Estimates and the Beginnings of Treasury Control," *Mariner's Mirror* 53(1967): 63-72; Bernard Pool, *Navy Board Contracts, 1660-1832* (Hamden, Conn., 1966), pp. 111~15; Albion, *Forests and Sea Power*, pp. 45ff.

58) Richard Glover, *Peninsular Preparation, 1795-1809* (Cambridge, 1963) 참조.

59) 미국 독립전쟁 중 병참 면에서 영국의 노력을 상세하게 다루고 있는 것으로 다음 세 권의 좋은 책이 있다. Piers Mackesy, *The War for America, 1775-1783* (Cambridge, Mass., 1964); David Syrett, *Shipping and the American War*,

*1775-1783: A Study of British Transport Organization* (London, 1970); R. Arthur Bowler, *Logistics and the Failure of the British Army in America, 1775-1783* (Princeton, 1975). 또 Norman Baker, *Government and Contractors: The British Treasury and War Suppliers, 1775-1783* (London, 1971)도 풍부한 정보를 담고 있다.

60) A. H. John, "War and the English Economy, 1700-1763," *Economic History Review*, 2d ser. 7(1954-55): 329-44.

### 6장 프랑스의 정치혁명과 영국의 산업혁명이 군사에 미친 영향

1) 이 점에 관한 자료는 매우 적다. 얻을 수 있는 자료가 허용하는 한 최대한의 논의가 W. H. McNeill, *Plagues and Peoples* (New York, 1976), pp. 240~56에 전개되어 있다.
2) George Rudé, *Paris and London in the Eighteenth Century: Studies in Popular Protest* (New York, 1971), pp. 35~36; Jacques Godechot, *La prise de la Bastille* (Paris, 1965), p. 75.
3) Oliven F. Hufton, *The Poor of Eighteenth Century France, 1750-1789* (Oxford, 1974)가 이 주제에 관해 훌륭하게 개관하고 있다.
4) Y. LeMoigne, "Population et subsistence à Strasbourg au XVIIIe siècle," in M. Bouloiseau et al., *Contributions à l'histoire démographique de la révolution française*, Commission d'histoire économique et sociale de la révolution, no. 14(Paris, 1962), pp. 15, 44.
5) Tony Haytor, *The Army and the Crowd in Mid-Georgian England* (London, 1978) 참조.
6) 당시 파리의 경찰에 관해서는 Godechot, *La prise de la Bastille*, pp. 95~115 참조.
7) A. Corvisier, *L'armée française de la fin du XVIIe siècle au ministère de Choiseul* (Paris, 1964), pp. 784~90.
8) Samuel F. Scott, *The Response of the Royal Army to the French Revolution, 1787-1793* (New York, 1978), pp. 26, 34. 이하, 프랑스 혁명 초기의 몇 년 동안 육군이 보인 반응에 관한 서술은 대부분 이 훌륭한 책에 의거한다.
9) Godechot, *La prise de la. Bastille*, pp. 289ff.
10) Scott, *Response of the Royal Army*, pp. 17, 45.
11) Louis Gottschalk and Margaret Maddox, *Lafayette in the French Revolution: Through the October Days* (Chicago, 1969), pp. 159~90, 256~340.

12) Scott, *Response of the Royal Army*, pp. 98~120; Henry S. Wilkinson, *The French Army before Napoleon* (Oxford, 1915), pp. 99~143.
13) Scott, *Response of the Royal Army*, pp. 157, 165, 180.
14) Jean-Paul Bertaud, "Voies nouvelles pour l'histoire militaire de la révolution," *Annales historiques de la révolution française* 47(1975): 83.
15) Crane Brinton et al.의 영문번역. Edward Mead Earle, *Makers of Modern Strategy* (Princeton, 1941), p. 77에 수록.
16) Richard Cobb, *Les armées révolutionaires: Instrument de la Terreur dans les départements, avril 1793-floreal an II*, 2 vols.(Paris, 1961)에 여러 가지 세세한 내용이 실려 있다.
17) S. J. Watson, *Carnot* (London, 1954), p. 88. 병역과 빈곤층의 관계에 대해서는 Alan Forrest, *The French Revolution and the Poor* (Oxford, 1981), pp. 138~67 참조.
18) Georges Lefebvre, *The French Revolution from 1793 to 1799* (London, 1964), p. 145. 젊은이들이 입대해버렸기 때문에 군중행동이 약해졌다는 이야기는 르페브르가 Ibid., p. 70에서 이미 서술하고 있다. Jacques Godechot, *Les revolutions, 1770-1799* (Paris, 1970), pp. 94~95.
19) Lefebvre, *French Revolution*, p. 315.
20) Gunther Rothenberg, *The Art of Warfare in the Age of Napoleon* (Bloomington, Ind., 1978), pp. 120~21.
21) Theodore Wertime, *The Coming of Age of Steel* (Leiden, 1961). p. 249.
22) 이 통계수치들은 Louis Joseph Gras, *Historique de l'armurerie stéphanoise* (St. Etienne, 1905), pp. 99, 225~27에서 가져왔다.
23) *Grande Encyclopédie*, LeBlanc, Carny 항목 참조.
24) Lefebvre, *French Revolution*, pp. 101~03; Shepard B. Clough, *France: A History of National Economics* (New York, 1939), p. 51.
25) David Chandler, *The Art of War in the Age of Marlborough* (New York, 1976), p. 65에 따른다. 혁명군의 규모에 관한 수치는 Lefebvre, *French Revolution*, p. 81에서 가져왔다.
26) Curt Jany, *Geschichte der Königlich Preussischen Armee* (Berlin, 1928-1937), 3: 257에 따른다.
27) Marcel Reinhard, *Le grand Carnot* (Paris, 1952), 2: 81-82.
28) Georges Lefebvre, *Napoleon* (Paris, 1947), p. 165.
29) Ibid., pp. 191, 195, 379, 513~14.
30) 독일의 인구압력과 그것이 정치에 미친 영향에 관해서는 Karl H. Wegert,

"Patrimonial Rule, Popular Self-Interest and Jacobinism in Germany, 1763-1800," *Journal of Modern History* 53(1981): 450ff. 참조.
31) Alan Palmer, *Alexander I: Tsar of War and Peace* (New York, 1974) 참조.
32) L. Bergeron, "Problèmes économiques de la France Napoléonienne," *Annales historiques de la révolution française* 42(1970): 89.
33) Clough, *France*, p. 49에 따른다.
34) F. R. C. Dupin, *Military Force of Great Britain* (London, 1822). Richard Glover, *Peninsular Preparation in 1795-1809* (Cambridge, 1963), p. 47에서 인용.
35) 이 수치는 William Page, ed., *The Victoria History of the County of Warwick II* (London, 1908), "The Gun Trade of Birmingham," pp. 226~32에 따른다.
36) Fernand Lelux, *A l'aube du capitalisme et de la révolution industrielle: Lieven Bauwens, industriel Gaulois* (Paris, 1969) 참조.
37) François Crouzet, "Wars, Blockade and Economic Change in Europe, 1792-1815," *Journal of Economic History* 24(1964): 567-588; Bertrand Gille, *Les origines de la grande industrie métallurgique en France* (Paris, 1947), pp. 206ff. 참조.
38) Joannes Tramond, *Manuel d'histoire maritime de la France: Des origines à 1815* (Paris, 1947), pp. 772ff.
39) 반도전쟁에 관해서는 Charles W. C. Oman, *A History of the Peninsular War*, 3 vols.(Oxford, 1902-1908) 참조.
40) 1812년 전쟁에 대한 나폴레옹의 보급준비에 관해서는 David G. Chandler, *The Campaigns of Napoleon* (New York, 1966), pp. 757~59 참조.
41) 이 학설은 Phyllis Deane and W. A. Cole, *British Economic Growth, 1688-1959* (Cambridge, 1962)의 중심적 주장이었고, 그보다 10년 후에는 W. A. Cole, "Eighteenth Century Economic Growth Revisited," *Explorations in Economic History* 10(1973): 327-348이 같은 주장을 제기했다. 또한 H. J. Habakkuk, *Population Growth and Economic Development since 1750* (New York, 1971), p. 48 and passim; D. E. C. Eversley, "The Home Market and Economic Growth in England, 1750-1780," in E. L. Jones and G. E. Mingay, eds., *Land, Labour and Population in the Industrial Revolution* (London, 1967), pp. 206~59도 참조하라.
42) Robert R. Palmer, *The Age of the Democratic Revolution: A Political History of Europe and America, 1760-1800*, 2 vols.(Princeton, 1959, 1964).

43) 이 수치는 Glenn Hueckel, "War and the British Economy, 1793-1815: A General Equilibrium Analysis," *Explorations in Economic History* 10 (1972): 371에 따른다. Patrick Colquhoun, *A Treatise on the Wealth, Power and Resources of the British Empire* (London, 1814), p. 47에 제시된 수치를 합하면 51만 1,679명이 된다.
44) H. J. M. Johnston, *British Emigration Policy, 1815-1830* (Oxford, 1972), pp. 6~7 참조.
45) Helen I. Cowan, *British Emigration to British North America: The First Hundred Years*, rev. ed. (Toronto, 1961), pp. 3~64 참조.
46) Michael E. Rose, *The English Poor Laws, 1780-1930* (New York, 1971), pp. 18~20 참조.
47) 아마도 가장 극단적인 입장을 취하고 있는 것이 John U. Nef, *War and Human Progress* (Cambridge, Mass., 1950)라고 생각되는데, W. W. Rostow, "War and Economic Change: The British Experience," *The Process of Economic Growth*, 2d ed.(Oxford, 1960), pp. 144~67도 유사한 결론을 내리고 있다. Phyllis Deane, "War and Industrialization," in J. M. Winter, ed., *War and Economic Development* (Cambridge, 1975), p. 101은 결론에서, 1793~1815년의 전쟁은 "영국 산업혁명의 진행속도와 내용에 표층적인 경기변동 이상의 영향을 미쳤다고는 생각할 수 없다"고 쓰고 있다.
48) Alan T. Peacock and Jack Wiseman, *The Growth of Public Expenditure in the United Kingdom* (Princeton, 1961), p. 37에 따른다.
49) John T. Sherwig, *Guineas and Gunpowder: British Foreign Aid 1793-1815* (Cambridge, Mass., 1969), p. 345.
50) J. L. Anderson, "Aspects of the Effects on the British Economy of the War against France, 1793-1815," *Australian Economic History Review* 12 (1972): 1-20.
51) Arthur Raistrick, *The Coalbrookdale Ironworks: A Short History* (Telford, 1975), p. 5.
52) Clive Trebilcock, "Spin-off in British Economic History: Armaments and Industry, 1760-1914," *Economic History Review* 22(1969): 477 참조.
53) 그러한 견해를 표명한 예로 Phyllis Deane, *The First Industrial Revolution* (Cambridge, 1965), p. 110이 있다. 그 밖의 부분에서는 훌륭한 명저인 Charles K. Hyde, *Technological Change and the British Iron Industry, 1700-1870* (Princeton, 1970), p. 129에서조차 "전쟁이 없었다면 철에 대한 총수요는 더 많았을 것이다"라고 쓰고 있다. 하이드(Hyde)는 이 놀랄 만한 판단에 아무런 설명

도 덧붙이지 않은 채 마치 여담처럼 이 한마디를 툭 던지고 있다. 영불전쟁이 영국 제철업에 미친 영향을 다룬 가장 세심한 평가는, 내가 본 바로는 다음 책의 다음 부분이다. Alan Birch, *The Economic History of the British Iron and Steel Industry, 1784-1879: Essays in Industrial and Economic History with Special Reference to the Development of Technology* (London, 1967), pp. 47~56.

54) 이 수치는 Deane and Cole, *British Economic Growth*, p. 8에 따른다.

55) Jacques Dupaquier and Christine Berg-Hamon, "Voies nouvelles pour l'histoire démographique de la révolution française: Le mouvement de population de 1795 à 1800," *Annales historiques de la Révolution française* 47(1795): 8에서는 프랑스의 전사자 총수를 130만 명으로 제시하고 있다. 그러나 르페브르가 6장 주21)의 문헌에서 들고 있는 1792~1799년의 전몰자 총수 60만 명에다, 다음 문헌에서 후다유(Houdaille)가 새롭게 산출한 나폴레옹 제정하에서의 전몰자수 90만 명을 더하면 모두 150만 명이 된다. J. Houdaille, "Pertes de l'armée de terre sous le premier Empire," *Population* 27 (1972): 42. Houdaille가 사용한 사료와 방법은 분명 그 이전의 시산에 비해 진전된 것이므로 150만 쪽이 옳을 가능성이 높다. Houdaille의 추산으로는, 1790~1795년의 6년 동안에 태어난 프랑스인 남성 가운데 전쟁과 관련하여 사망한 사람의 비율은 20.5%나 된다. 이들이 인구 피라미드 속에서 가장 큰 손실을 입은 연령층이다. Ibid., p. 50.

56) Jacques Duparquier, "Problèmes démographiques de la France napoléonienne," *Annales historiques de la Révolution française* 42(1970): 21은 내가 본 것 중 유일하게 전시 중 병사의 성체험이 1800년 이래 프랑스의 가족구성에 중요한 영향을 미쳤을 수 있음을 인정한 학술적 문헌이다. 그러나 20세기의 종군경험자라면 누구라도 이것이 충분히 가능한 얘기이되, 이를 입증할 만한 문서를 발견하기는 힘들다는 점에 동의할 수 있을 것이다.

57) Gordon A. Craig, *The Politics of the Prussian Army, 1640-1945* (Oxford, 1955), p. 43의 영역에 따른다.

58) Samuel F. Scott, *The Response of the Royal Army to the French Revolution, 1787-1793* (Oxford, 1978), pp. 153, 161.

59) 이 수치들은 Jany, *Geschichte der Königlich Preussischen Armee*, 4: 114에 따른다.

60) 프로이센 개혁시대의 역사는 예전부터 독일 애국자들이 가장 선호하는 연구분야였다. 프리드리히 마이네케의 시론, *The Age of German Liberation, 1795-1815* (Berkeley and Los Angeles, 1977; originally published 1906)은 주류를 이

루는 견해들을 단순하면서도 명료하게 요약하고 있다. 군사에 관해서는, 이미 언급한 고든 크레이그(Gordon Craig)의 명저 외에 William Shanahan, *Prussian Military Reforms, 1786-1813* (New York, 1945) 또는 Peter Paret, *Yorck and the Era of Prussian Reform, 1807-1815* (Princeton, 1966)가 있다. 파렛(Paret)의 책은 섀나한(Shanahan)의 저서 내용 가운데 몇 가지 세부적인 사항을 바로잡고 있으며 유용한 정보를 많이 담고 있다.

61) Willy Ley, *Rockets, Missiles, and Men in Space* (New York, 1968), pp. 61 ~75; Wernher von Braun and Frederick I. Ordway III, *Rocketry and Space Travel*, 3d ed.(New York, 1975), pp. 30~34 참조. 웰링턴이 콩그리브 로켓을 채용하지 않은 일에 관해서는 Glover, *Peninsular Preparation*, pp. 68~73 참조.
62) 러시아의 군사입식지에 관해서는 Alan Palmer, *Alexander: Tsar of War and Peace* (New York, 1974), pp. 344~48 참조.
63) Douglas Porch, *Army and Revolution: France, 1815-1848* (London, 1974), pp. 138~39 and passim.

### 7장 전쟁의 초기 산업화

1) Alfred D. Chandler, *The Visible Hand: The Managerial Revolution in American Business* (Cambridge, Mass., 1977) 참조.
2) 상용 증기선을 군함의 예비로 설정하는 정책에 관해서는 David B. Tyler, *Steam Conquers the Atlantic* (London, 1939), pp. 77~81, 170~72, 231~32 참조.
3) 이 통계수치들은 W. A. Baker, *From Paddle Steamer to Nuclear Ship: A History of the Engine-Powered Vessel* (London, 1965), pp. 41~58에서 가져왔다. Francis E. Hyde, *Cunard and the North Atlantic: A History of Shipping and Financial Management* (London, 1975); Tyler, *Steam Conquers the Atlantic* 참조.
4) Michael Lewis, *The History of the British Navy* (Baltimore, 1957), p. 224에서 인용.
5) Christopher J. Bartlett, *Great Britain and Sea Power, 1815-1853* (Oxford, 1963), p. 200 참조.
6) Stephen S. Roberts, "The Introduction of Steam Technology in the French Navy, 1818-1852" (Ph. D. diss., University of Chicago, 1976) 참조.
7) 라글루아르호의 등장으로 초래된 기술혁명에 관해서는 Paul Gille, "Le premier navire cuirassé: La *Gloire*" in Michel Mollat, ed., *Les origines de la navigation à vapeur* (Paris, 1970), pp. 43~57 참조.

8) 19세기 중반 프랑스 대 영국의 해군경쟁에 관해 앞서 인용한 문헌에 더하여, James Phinney Baxter, *The Introduction of the Ironclad Warship* (Cambridge, Mass., 1933); Bartlett, *Great Britain and Sea Power*; Oscar Parkes, *British Battleships, "Warrior" to "Valiant,"* rev. ed.(London, 1970), pp. 2~217; Bernard Brodie, *Sea Power in the Machine Age*, 2d ed. (Princeton, 1942); Wilhelm Treue, *Der Krimkrieg und die Entstehung der modernen Flotten* (Göttingen, 1954); William Hovgaard, *Modern History of Battleships* (London, 1920) 참조.
9) John Shelton Curtiss, *Russia's Crimean War* (Durham, N.C., 1979), p. 470.
10) 이 수치들은 Curtiss, ibid., pp. 339~40, 448에 따른다.
11) Howard L. Blackmore, *British Military Fire-arms, 1650-1850* (London, 1961), pp. 229~33; O. F. G. Hogg, *The Royal Arsenal: Its Background, Origin and Subsequent History* (London, 1963), 2: 736-40; James E. Hicks, *Notes on French Ordnance, 1717-1936* (Mt. Vernon, N.Y., 1938), p. 24.
12) Dennis Showalter, *Railroads and Rifles: Soldiers, Technology and the Unification of Germany* (Hamden, Conn., 1975), pp. 81, 96~98.
13) Gisela M. A. Richter, *The Sculpture and Sculptors of the Greeks*, 4th ed. (New Haven, 1970), p. 246.
14) Felicia Johnson Deyrup, *Arms Makers in the Connecticut Valley*, Smith College Studies in History, No. 33(Northampton, Mass., 1948) 참조.
15) 미국의 총기제조업에 관해서는 데이럽과 더불어 Merritt Roe Smith, *Harpers Ferry Armory and the New Technology* (Ithaca, N.Y., 1977); Robert J. Woodbury, "The Legend of Eli Whitney and the Interchangeability of Parts," *Technology and Culture* 1(1960): 235-251도 참조. 영국의 총기제조업과 1850년대에 도입된 혁명적 변화에 관해서는 Nathan Rosenberg, ed., *The American System of Manufactures: The Report of the Committee on the Machinery of the United States, 1855, and the Special Reports of George Wallis and Joseph Whitworth, 1854* (Edinburgh, 1969), Introduction; H. J. Habakkuk, *American and British Technology in the Nineteenth Century* (Cambridge, 1962); A. Ames and Nathan Rosenberg, "Enfield Arsenal in Theory and History," *Economic Journal* 78(1968): 825-842; Russell I. Fries, "British Response to the American System: The Case of the Small Arms Industry after 1850," *Technology and Culture* 16(1975): 377-403 참조.
16) O. F. G. Hogg, *Royal Arsenal* 2: 783, 792.

17) S. B. Saul, "The Market and the Development of the Mechanical Engineering Industries in Britain," *Economic History Review* 20(1967): 111-30; Fries, "British Response to the American System"; Conrad Gill, *History of Birmingham: Manor and Borough to 1865* (London, 1952), p. 295.
18) 다음의 문헌은 이 점에 관해 자랑스러운 듯이 기록하고 있다. Charles H. Fitch, "Report on the Manufacture of Interchangeable Mechanisms," U. S. Congress, *Miscellaneous Documents of the House of Representatives*, 4th Cong., 2d sess. 1882-82, 13, pt. 2: 613-14. 유감스럽게도 피치(Fitch)는 상세한 사실을 들고 있지 않기 때문에, 나는 이들 매입국 전부에 관해서는 뒷받침할 사료를 찾을 수 없었다.
19) Claude Gaier, *Four Centuries of Liège Gunmaking* (London, 1977), p. 122 참조.
20) Ibid., pp. 190~95.
21) Dennis Showalter, *Railroads and Rifles*, pp. 81~82, 95-98; Curt Jany, *Geschichte der Königlich Preussischen Armee* (Berlin, 1928-1937), 4: 199-202.
22) John D. Goodman, "The Birmingham Gun Trade," in Samuel Timmins, ed., *History of Birmingham and the Midland Hardware District* (London, 1866), p. 415.
23) Louis César Alexandre Randon, *Mémoires* (Paris, 1877), 2: 236-42에 따른다.
24) François Crouzet, "Recherches sur la production d'armement en France, 1815-1913," *Révue historique* 251(1974): 54 참조.
25) 1869년 이후의 독일에서 미국제 기계의 수요에 관해서는 Ernst Barth, *Entwicklungslinien der deutschen Maschinenbauindustrie von 1870 bis 1914* (Berlin, 1973), pp. 48~49 참조.
26) Gunther Rothenberg, *The Army of Francis Joseph* (West Lafayette, Ind., 1976), p. 43에 따른다. 러시아에 관해서는 J. G. Purves, "Nineteenth-Century Russia and the Revolution in Military Technology," in J. G. Purves and D. A. West, eds., *War and Society in the Nineteenth-Century Russian Empire* (Toronto, 1972), pp. 7~22 참조.
27) Rosenberg, *American System of Manufactures*, p. 29에 따른다.
28) Hogg, *Royal Arsenal* 2: 756-60.
29) Sir Henry Bessemer, *An Autobiography* (London, 1905), pp. 130~42에서

베서머는, 불충분하거나 아전인수 격의 설명도 다분히 있겠지만 어쨌든 자신이 어떻게 그것을 발견하게 되었는지 생생하게 서술하고 있다. Theodore A. Wertime, *The Coming of Age of Steel* (London, 1961)은 야금학의 역사를 잘 서술한 책으로, 기술적인 내용을 잘 알지 못하는 독자들도 쉽게 읽을 수 있다. 강철 대포의 채용에 대한 저항으로는 프로이센의 경우가 가장 좋은 예다. W. A. Boelcke, *Krupp und die Hohenzollern in Dokumenten* (Frankfurt am Main, 1970), pp. 106, 123 참조.

30) J. D. Scott, *Vickers: A History* (London, 1962), p. 25.
31) 휘트워스의 입장에서 그동안의 경위를 서술한 것으로는 James E. Tennant, *The Story of the Guns* (London, 1864) 참조. 암스트롱의 입장에 관해서는 David Dougan, *The Great Gunmaker: The Story of Lord Armstrong* (Newcastle-on-Tyne, n. d.) 참조.
32) Peter Padfield, *Guns at Sea* (New York, 1973), pp. 174~76; Ian V. Hogg, *A History of Artillery* (London, 1974), pp. 59~70; O. F. G. Hogg, *Royal Arsenal* 2: 773-78, 812-14; Charles E. Caldwell and John Headlam, *The History of the Royal Artillery from the Indian Mutiny to the Great War*, 2 vols. (Woolwich, n. d.), 1: 151ff.
33) Comité des Forges de France, *La sidérurgie française, 1864-1914* (Paris, n. d.), p. 310.
34) Stanley Sandler, *The Emergence of the Modern Capital Ship* (Newark, 1979)는 여기에서 언급한 발달에 관해 명쾌하게 서술하고 있다. Parkes, *British Battleships, "Warrior" to "Vanguard"*는 영국 해군의 군함에 관한 표준적인 문헌으로, 모든 기술적 사항에 관해 상세하고 풍부한 정보를 담고 있다. Brodie, *Sea Power in the Machine Age*는 좀더 짧고 예리한 서술이다.
35) 1859년 전쟁에서의 오스트리아군에 관해서는 Rothenberg, *The Army of Francis Joseph*, pp. 43~84 참조.
36) Pierre Chalmin, *L'officier français de 1815 à 1870* (Paris, 1957).
37) 나폴레옹 3세 통치하의 프랑스 육군에 관해서는 Ludovic Jablonsky, *L'armée française à travers les âges* (Paris, n. d.), vols. 4, 5; Chalmin, *L'officier français de 1815 à 1870*; David B. Ralston, *The Army of the Republic: The Place of the Military in the Political Evolution of France, 1871-1914* (Cambridge, Mass., 1967), chap. 1; Alphonse Favé, *The Emperor Napoleon's New System of Field Artillery*, trans. William H. Cox (London, 1854); Raoul Girardet, *La société militaire dans la France contemporaine, 1815-1939* (Paris, 1953); and Joseph Montheilhet, *Les institutions*

*militaires de la France, 1814-1924* (Paris, 1932) 참조.
38) Gordon A. Craig, *The Battle of Königgrätz* (Philadelphia, 1964), p. 8에 따른다.
39) Peter Young, *The Machinery of War* (New York, 1973), pp. 73~76 참조.
40) Gordon A. Craig, *The Politics of the Prussian Army, 1640-1945* (New York, 1964), pp. 138~48 참조.
41) Dennis Showalter, "Soldiers into Postmasters? The Electric Telegraph as an Instrument of Command in the Prussian Army," *Military Affairs* 27 (1973): 48-51 참조.
42) Craig, *Königgrätz*, p. 98.
43) Chandler, *The Visible Hand*, pp. 259ff.에 따른다.
44) Martin Van Creveld, *Supplying War: Logistics from Wallenstein to Patton* (Cambridge, 1977), pp. 79~82; Craig, *Königgrätz*, p. 49.
45) 샤스포총과 미트라외즈총에 관해서는 Maréchal Randon, *Mémoires*, 2: 234-36; E. Ann Pottinger, *Napoleon III and the German Crisis, 1865-66* (Cambridge, Mass., 1966), pp. 94~97; G. S. Hutchison, *Machine Guns: Their History and Tactical Employment* (London, 1938), pp. 9~15; Louis Etienne Dussieux, *L'Armée en France: histoire et organization* (Versailles, 1884), 3: 233; Michael Howard, *The Franco-Prussian War: The German Invasion of France* (London, 1961), p. 56.
46) 이 부분에 관해 군사적 측면을 가장 잘 서술·분석하고 있는 책으로는 Howard, *The Franco-Prussian War*를 들 수 있다. Alistair Horne, *The Fall of Paris* (New York, 1961)는 파리 코뮌에 관해 생생히 서술하고 있다. 또한 Melvin Kranzberg, *The Siege of Paris* (Ithaca, N. Y., 1950) 참조.
47) 귀족적 장교단에 관해서는 Martin Kitchen, *The German Officer Corps, 1890-1914* (Oxford, 1968); Girardet, *La société militaire*, pp. 198~291 참조.
48) Brian Bond, ed., *Victorian Military Campaigns* (London, 1967), pp. 7~8; Philip Mason, *A Matter of Honour: An Account of the Indian Army, Its Officers and Men* (London, 1974) 참조.
49) Bond, *Victorian Military Campaigns*, pp. 309~11의 집계에 따른다.
50) B. R. Mitchell, *Abstract of British Historical Statistics* (Cambridge, 1971), pp. 396~97.
51) Daniel R. Headrick, *The Tools of Empire: Technology and European Imperialism in the Nineteenth Century* (New York, 1981) 참조.
52) John Bushnell, "Peasants in Uniform: The Tsarist Army as a Peasant

Society," *Journal of Social History* 13(1980): 565-576; John Bushnell, "The Tsarist Officer Corps 1881-1914: Customs, Duties, Inefficiency," *American Historical Review* 86(1981): 753-80 참조.

53) 질병과 유럽의 확장에 관해서는 W. H. McNeill, *Plagues and Peoples* (New York, 1976), chap. 5 참조.

54) 19세기 유럽의 산업기술 및 인구유출에 대한 적절한 서술은 아직 이루어져 있지 않았다. 이 두 현상 중 한쪽에 관한 짧은 개관으로는 D. F. Macdonald, "The Great Migration," in C. J. Bartlett, ed., *Britain Pre-eminent: Studies of British World Influence in the Nineteenth Century* (New York, 1969), pp. 54~75 참조. 이 책에서는 1750~1900년 사이에 유럽을 떠나 해외로 이주한 2,300만 명 가운데 그레이트브리튼과 아일랜드 출신이 1,000만 명이었던 것으로 추정하고 있다.

## 8장 군사·산업 간 상호작용의 강화

1) David Dougan, *The Great Gunmaker: The Story of Lord Armstrong* (Newcastle-on-Tyne, n. d.), pp. 138~44; Donald W. Mitchell, *A History of Russian and Soviet Sea Power* (New York, 1974), p. 193.

2) 이 통계수치는 R. C. K. Ensor, *England, 1870-1914* (Oxford, 1936), pp. 115~16, 275, 284~86에 따른다.

3) Volkmar Bueb, *Die "Junge Schule" der französischen Marine: Strategie und Politik, 1875-1900* (Boppard am Rhein, 1971)이 내가 본 범위에서 최선의 서술이다. 프랑스측에서 본 견해는 Henri Salaun, *La marine française* (Paris, 1932), pp. 18ff. 참조.

4) 영국의 대응에 관해서는 Brian Ranft, "The Protection of British Seaborne Trade and the Development of Systematic Planning for War, 1860-1906," in Brian Ranft, ed., *Technical Change and British Naval Policy, 1860-1939* (London, 1977), pp. 1~22 참조.

5) 어뢰의 역사에 관해서는 Edwin A. Gray, *The Devil's Device* (London, 1975) 참조.

6) R. F. Mackay, *Fisher of Kilverstone* (Oxford, 1973), pp. 144~45; William Manchester, *The Arms of Krupp* (Boston, 1964), pp. 176~77; Ian V. Hogg, *A History of Artillery* (London, 1974), pp. 82~92 참조.

7) Mackay, *Fisher of Kilverstone*, p. 187 참조.

8) *Pall Mall Gazette*, 18 September 1884, p. 6.

9) Ibid., 8 December 1884, p. 1.

10) 쿠퍼 키의 견해에 관해서는 Richard Hough, *First Sea Lord.: An Authorized Biography of Admiral Lord Fisher* (London, 1969), p. 83 참조.
11) *Daily Telegraph* 기사. *Pall Mall Gazette*, 11 October 1884에서 재인용.
12) *Hansard*, 2 December 1884, col. 410.
13) Arthur Marwick, *The Deluge: British Society and the First World War* (London, 1965), p. 21에 따른다.
14) Gwendolyn Cecil, *Life of Robert, Marquis of Salisbury* (London, 1932), 4: 192에서 인용.
15) J. D. Scott, *Vickers: A History* (London, 1962), pp. 34~44.
16) Clive Trebilcock, "Spin-off in British Economic History: Armaments and Industry, 1760-1914," *Economic History Review* 22(1969): 480.
17) Gray, *The Devil's Device*, pp. 71, 88.
18) John Ellis, *The Social History of the Machine Gun* (London, 1975), pp. 79~109 참조.
19) Arthur Forbes, *A History of the Army Ordnance Services* (London, 1929), 3: 112-134; Charles E. Caldwell and John Headlam, *The History of the Royal Artillery from the Indian Mutiny to the Great War*, 2 vols. (Woolwich, n.d.), 2: 105 and passim 참조.
20) W. A. Boelcke, *Krupp und die Hohenzollern in Dokumenten* (Frankfurt-am-Main, 1970), pp. 104~06, 123은 빌헬름 1세와 빌헬름 2세가 모두 알프레트 크루프 및 그의 후계자와 개인적 친분을 맺었음에도 불구하고 독일 육군의 장교들이 얼마나 완강하게 민간 무기제조업자와의 협력에 냉담한 태도를 취했는지를 보여준다. 아이러니한 것은, 크루프 일가를 찬양하는 사람이든 비판하는 사람이든 독일 육군의 장교들과 크루프사 사이의 관계를 곡해한 점에서는 마찬가지였다는 점이다. 그 예로는 Wilhelm Berdrow, *The Krupps: 150 Years of Krupp History, 1787-1937* (Berlin, 1937)과 William Manchester, *The Arms of Krupp* (Boston, 1964) 참조. Gert von Klass, *Krupps: The Story of an Industrial Empire* (London, 1954)는 구매자와 판매자 사이에 만연했던 사회적 거리와 상호불신에 관해 가장 실정에 맞게 서술하고 있다.
21) Frederic Manning, *The Life of Sir William White* (London, 1923) 참조.
22) Peter Padfield, *Aim Straight: A Biography of Admiral Sir Percy Scott* (London, 1966), pp. 262~68 참조.
23) Arthur Marder, *British Naval Policy, 1880-1905: The Anatomy of British Sea Power* (London, n. d.), pp. 105~16 참조.
24) *Hansard*, 14 May 1888, vol. 326, col. 100.

25) Cecil, *Life of Robert, Marquis of Salisbury*, 4: 186.
26) Lord George Hamilton, *Parliamentary Reflections 1886-1906* (London, 1922), pp. 220~21.
27) Arthur J. Marder, "The English Armaments Industry and Navalism in the Nineties," *Pacific Historical Review* 7 (1938): 241-253은 이 점에 관해서 업계 대변인들의 말을 인용하고 있다.
28) B. R. Mitchell, *British Historical Statistics* (Cambridge, 1971), pp. 397~98.
29) 자세한 경위는 Philip Noel-Baker, *The Private Manufacture of Armaments* (London, 1936), 1:449-51 참조.
30) Winston S. Churchill, *The World Crisis*, abridged and rev. ed.(London, 1931), p. 39.
31) William Laird Clowes, *The Royal Navy: A History from Earliest Times to the Death of Queen Victoria* (London, 1903), 7: 48을 보라.
32) Mackay, *Fisher of Kilverstone*, p. 252.
33) Stanley Sandler, *The Emergence of the Modern Capital Ship* (Newark, N. J., 1979), pp. 306~13.
34) Hugh Lyon, "The Relations between the Admiralty and Private Industry in the Development of Warships" in Ranft, *Technical Change and British Naval Policy*, pp. 37~64가 유용한 객관적 서술을 제공하고 있다.
35) Oscar Parkes, *British Battleships: "Warrior" to "Vanguard,"* rev. ed., (London, 1970), p. 377; Clowes, *The Royal Navy*, 7: 39, 54.
36) Donald W. Mitchell, *History of the Modern American Navy from 1883 through Pearl Harbor* (London, 1947), pp. 73, 105.
37) Parkes, *British Battleships*, p. 461.
38) 군함 건조에 있어 '드레드노트 혁명'에 관해서는 Ibid., pp. 466~86; Arthur Marder, *The Anatomy of British Sea Power: A History of British Naval Policy in the Pre-Dreadnought Era, 1880-1905* (New York, 1940), pp. 505~43; Arthur Marder, *From Dreadnought to Scapa Flow*, vol. 1, *The Road to War, 1905-1914* (London, 1961), pp. 43~70; Mackay, *Fisher of Kilverstone*, pp. 293ff.; Richard Hough, *First Sea Lord: An Authorized Biography of Admiral Lord Fisher* (London, 1969), pp. 252ff.
39) Parkes, *British Battleships*, pp. 560, 592; Peter Padfield, *Guns at Sea* (New York, 1974), pp. 195~252에 따른다. Elting E. Morison, *Men, Machines and Modern Times* (Cambridge, Mass., 1966)는 해군의 대포 혁명의 초기단계에서 기존의 함내 관계의 패턴에 가해진 긴장에 관해 몇 가지 통찰력 있는 지적

을 하고 있다.
40) Gray, *The Devil's Device*, Appendix에서 인용.
41) 1884년부터 1914년의 프랑스의 해군정책에 관한 만족스러운 서술은 찾을 수 없었다. 당장은 Ernest H. Jenkins, *A History of the French Navy* (London, 1973), pp. 303ff.; Bueb, *Die "Junge Schule" der französischen Marine*; Joannès Tramond and André Reussner, *Eléments d'histoire maritime et coloniale contemporaine, 1815-1914*, new ed.(Paris, 1947), pp. 652ff.; Salaun, *La marine française*, pp. 1~75를 참조하다.
42) Gray, *The Devil's Device*, p. 206.
43) Trebilcock, "Spin-off in British Economic History," pp. 474~80.
44) W. Ashworth, "Economic Aspects of Late Victorian Naval Administration," *Economic History Review* 22(1969): 492.
45) Marder, *Anatomy of British Sea Power*, pp. 25~37. 이 추정은 아마도 과장되었을 것이다. 그러나 믿을 만한 계량경제학적 추정치는 따로 발견할 수 없었다. 해군의 경제적 역할에 관해서는 William Ashworth, *An Economic History of England, 1870-1939* (London, 1960), pp. 236~37을 보라.
46) Scott, *Vickers*, p. 81.
47) Scott, *Vickers*, pp. 20, 42.
48) 이제까지 서술한 내용의 바탕이 된 것은 매우 탁월한 다음의 두 책 Scott, *Vickers*와 Clive A. Trebilcock, *The Vickers Brothers: Armaments and Enterprise, 1854-1914* (London, 1977)이다. Noel-Baker, *Private Manufacture of Armaments*, vol. 1 그리고 Helmut Carl Engelbrecht and F. C. Hanighen, *Merchants of Death: A Study of the International Armaments Industry* (New York, 1934)는 1930년대에 지배적이었던, 무기산업을 적대시하고 추문을 들추어내는 관점에서 서술되어 있다. 반대로 Dougan, *The Great Gunmaker: The Story of Lord Armstrong*의 관점은 옹호적이다. 이 세 책은 하나같이, 전적으로는 신뢰할 수 없는 부분도 있지만 중요한 정보를 담고 있다.
49) Clive A. Trebilcock, "Legends of the British Armaments Industry: A Revision," *Journal of Contemporary History* 5(1970): 2-19; "A 'Special Relationship'—Government, Rearmament and the Cordite Firms," *Economic History Review* 19(1966): 364-79; "British Armaments and European Industrialization, 1890-1914," *Economic History Review* 26 (1973): 254-272.
50) Trebilcock, *The Vickers Brothers*, p. 33 참조.
51) Peter Wiles, "War and Economic Systems," in *Science et conscience de la*

société: Mélanges en honneur de Raymond Aron (Paris, 1971), 2: 269-97은 아주 신랄하고 파격적인 견해를 보이고 있다.
52) Anthony Pollen, *The Great Gunnery Scandal: The Mystery of Jutland* (London, 1980), p. 145 참조. 이 책은 발명가 폴렌의 아들이 쓴 것으로, 폴렌의 장치에 관한 이전의 잘못된 정보를 조목조목 바로잡고 있다.
53) Hough, *First Sea Lord*, p. 101; Eleanor C. Barnes, *Alfred Yarrow, His Life and Work* (London, 1923), pp. 102~05.
54) *Parliamentary Debates*, Commons, 30 June 1913, vol. 54, col. 1478.
55) Pollen, *The Great Gunnery Scandal*, pp. 96, 108, 114.
56) Ibid., p. 116.
57) Parkes, *British Battleships*, p. 486.
58) Stephen Roskill, *Admiral of the Fleet Lord Beatty: The Last Naval Hero* (London, 1980), pp. 59~72.
59) 이 포격통제를 둘러싼 논쟁에 관한 나의 이해는 Jon T. Sumida, "British Capital Ships and Fire Control in the *Dreadnought* Era: Sir John Fisher, Arthur Hungerford Pollen and the Battle Cruiser," *Journal of Modern History* 51 (1979): 205-30과, 같은 저자의 뛰어난 박사학위논문 "Financial Limitation, Technological Innovation and British Naval Policy, 1904-1910" (University of Chicago, 1982)을 기초로 하고 있다.
60) Paul M. Kennedy, *The Rise and Fall of British Naval Mastery* (New York, 1976); Michael A. Lewis, *The History of the British Navy* (Harmondsworth, 1957) 참조.
61) Duncan L. Burn, *The Economic History of Steel Making, 1867-1939: A Study in Competition* (Cambridge, 1940), pp. 52~53.
62) James Dredge, *Modern French Artillery* (London, 1892)는 프랑스 대포제조업의 기술적 탁월함을 영어권 국가들에 전하고 있다.
63) Bernhard Menne, *Krupp, or the Lords of Essen* (London, 1937), p. 237 참조.
64) O. G. F. Hogg, *The Royal Arsenal* (London, 1963), 2: 1421; I. V. Hogg, *A History of Artillery*, pp. 95~97 참조.
65) 프랑스의 금속공업 생산액의 성장에 관한 통계는 Comité des Forges, *La sidérurgie française, 1864-1914* (Paris, n. d.) 참조. 독일 국경 근처 브리에(Briey)에서 채굴되기 시작한 새로운 탄전은 프랑스 제강업의 눈부신 성장에 크게 기여했다.
66) Joseph A. Roy, *Histoire de la famille Schneider et du Creusot* (Paris, 1962),

pp. 88~89 참조.
67) Raymond Poidevin, *Les relations économiques et financières entre la France et l'Allemagne de 1898 à 1914* (Paris, 1969), pp. 290~98, 709~11, 811; René Girault, *Emprunts russes et investissements français en Russie, 1887-1914* (Paris, 1973), pp. 435~44, 536~40; Herbert Feis, *Europe, the World's Banker, 1870-1914* (New Haven, 1930), pp. 212~31; Rondo E. Cameron, *France and the Economic Development of Europe, 1800-1914: Conquests of Peace and Seeds of War* (Princeton, 1961), pp. 494~501; Trebilcock, "British Armaments and European Industrialization," pp. 254~72.
68) W. A. Boelcke, *Krupp und die Hohenzollern in Dokumenten* (Frankfurt am Main, 1970), Appendix.
69) Hartmut Pogge von Strandmann, *Vita Rathenau, Grand Master of Capitalism* (forthcoming)은 Gert von Klass, *Krupps*, p. 308이나 Boelcke, *Krupp und die Hohenzollern*, pp. 178~84에 나온 전전(戰前) 수십 년에 걸친 크루프사의 무기수출에 관한 개략적인 추계를 정정하고 있다. 슈네데르의 해외판매에 관한 수치는 Roy, *Histoire de la famille Schneider et du Creusot*, p. 89, 비커스에 관한 수치는 Trebilcock, *The Vickers Brothers*, pp. 20~22에 따른다.
70) Poidevin, *Les relations économiques et financières entre la France et l'Allemagne de 1898 à 1914*는 매우 우수하고 상세한 연구인데, 이 책은 국가간 대부에 있어 비정치적 시장이 명백히 소멸한 시점을 1911년으로 보고 있다.
71) Noel-Baker, *The Private Manufacture of Armaments*, 1: 57에 인용되어 있는 Paul Allard의 발언.
72) François Crouzet, "Recherches sur la production d'armements en France, 1815-1913," *Révue historique* 251(1974): 50에 따른다. Alan S. Milward and S. B. Saul, *The Development of the Economies of Continental Europe, 1850-1914* (London, 1977), pp. 79, 86~89는 제1차 세계대전 직전의 프랑스 금속공업의 확대에서 무기제조가 중요한 역할을 했다는 점에 주목하고 있다.
73) 상세한 내용은 Donald W. Mitchell, *History of the Modern American Navy from 1883 through Pearl Harbor* (London, 1947) 참조.
74) Kenneth Bourne, *The Foreign Policy of Victorian Britain, 1830-1902* (Oxford, 1970), p. 461에 인용된 각의(閣議) 의사록 참조.
75) 독일의 건함계획에 관해 매우 적절하고 명확하게 판단한 내용이 요약되어 있는 책으로 Volker R. Berghahn, *Die Tirpitzplan: Genesis und Verfall einer*

*innerpolitischen Krisenstrategie unter Wilhelm II* (Düsseldorf, 1971)을 들고 싶다. 베르크한(Berghahn)은 따로 자신의 견해를 요약해 Geoffrey Best and Anthony Wheatcroft, eds., *War, Economy and the Military Mind* (London, 1976). pp. 61~88에 싣고 있다. Holger H. Herwig, *"Luxury Fleet": The Imperial German Navy, 1888-1918* (London, 1980)은 독일 해군 운영의 기술적 측면에 관해 탁월하게 서술하고 있다.

76) Eckhardt Kehr, *Schlachtflottenbau und Parteipolitik, 1894-1901* (Berlin, 1930) 참조.
77) Jonathan Steinberg, *Yesterday's Deterrent: Tirpitz and the Birth of the German Battle Fleet* (New York, 1965)는 의도적인 여론 조작의 영향을 독일의 역사가들보다 더 강조하고 있는 것 같다. 그러나 이 역시 경제적인 사리사욕과 금전상의 합리적 판단에 대해 실제보다 지나치게 무게를 두고 있다고 생각된다.
78) Kehr, *Schlachtflottenbau und Parteipolitik*, p. 101; Wilhelm Diest, *Flottenpolitik und Flottenpropaganda: Das Nachrichtenbureau des Reichsmarineamptes, 1897-1914* (Stuttgart, 1976).
79) Fritz Fischer, *War of Illusions: German Policies from 1911 to 1914* (London, 1975), pp. 116ff.에 따른다. 또한 Bernd F. Schulte, *Die deutsche Armee, 1900-1914, zwischen Beharren und Verandern* (University of Hamburg dissertation, 1976)에 실린 독일 육군의 딜레마에 관한 흥미로운 분석을 참조.
80) 슐리펜 계획에 관해서는 Gerhard Ritter, *The Schlieffen Plan: Critique of a Myth* (London, 1958) 참조.
81) Gordon A. Craig, *The Politics of the Prussian Army* (New York, 1964), pp. 193~216.

## 9장 20세기의 두 세계대전

1) Marc Ferro, *La Grande Guerre* (Paris, 1969)와 Emmanuel Todd, *Le fou et le proletaire* (Paris, 1979)는 풍부한 상상력으로 이 문제를 설명하고 있다. 토드(Todd)는 1914년 이전에는 직인과 상인계급이 특히 사회적 압박을 강하게 받고 있었으므로, 국외의 적에게 적의를 돌림으로써 경제적·성적 불만을 승화시켰다고 주장한다.
2) 20세기의 대독전쟁에 관한, 이 견해에 입각한 간결한 서술로는 Ludwig Wilhelm Dehio, *The Precarious Balance: The Politics of Power in Europe, 1494-1945* (London, 1963) 참조. 더욱 사변적인 연구로는 Martin Wight, *Power Politics* (Harmondsworth, 1979) 참조.
3) '인구혁명'의 개념에 대해서는 K. F. Helleiner, "The Vital Revolution

Reconsidered," in D. V. Glass and D. E. C. Eversley, *Population in History* (London, 1965), pp. 79~86; Ralph Thomlinson, *Population Dynamics: Causes and Consequences of World Demographic Change* (New York, 1965), pp. 14ff.

4) 두 대전 기간의 인구감소에 관한 개관으로는 Eugene M. Kulischer, *Europe on the Move: War and Population Changes, 1917-1947* (New York, 1948) 참조.

5) 대기근 이후 아일랜드를 지배한 특이한 인구구조의 심리적·사회적 영향에 관해서는 Conrad Arensburg, *The Irish Countryman* (London, 1937) 참조.

6) R. C. K. *Ensor, England, 1870-1914* (Oxford, 1936), p. 500 참조.

7) Marcel Reinhard, André Armengaud, and Jacques Dupaquier, *Histoire générale de la population mondiale*, 3d ed.(Paris, 1968), pp. 401, 470; Donald W. Treadgold, *The Great Siberian Migration* (Princeton, 1957), pp. 33~35.

8) William W. Hagen, *Germans, Poles, and Jews: The Nationality Conflict in the Prussian East, 1772-1914* (Chicago, 1980).

9) *Griff nach der Weltmacht* (Düsseldorf, 1961)와 *Krieg der Illusionen* (Düsseldorf, 1969). 둘 다 영역본이 있다. *Germany's War Aims in the First World War* (London, 1967); *War of Illusions: German Policies from 1911 to 1914* (London, 1975).

10) Reinhard et al., *Histoire générale*, pp. 400~01은 제1차 세계대전 전의 10년 동안 유럽 각 지역의 해외 이주자에 관한 통계표를 싣고 있다.

11) Alex N. Dragnich, *Serbia, Nikola Pašić and Yugoslavia* (New Brunswick, N. J., 1974), pp. 17~22 참조. 불가리아에 관해서는 Cyril Black, *The Establishment of Constitutional Government in Bulgaria* (Princeton, 1943), pp. 39ff. 참조.

12) 세르비아 급진당이 본래 사회주의를 표방하는 정당이었다는 내용에 관해서는 Woodford D. McClellan, *Svetozar Marković and the Origins of Balkan Socialism* (Princeton, 1964) 참조.

13) Ibid., p. 573.

14) Ansley J. Coale et al., eds., *Human Fertility in Russia since the Nineteenth Century* (Princeton, 1979); David M. Heer, "The Demographic Transition in the Russian Empire and the Soviet Union," *Journal of Social History* 1 (1968): 193-240; Reinhard et al., *Histoire générale*, p. 610.

15) John Salt and Hugh Clout, *Migration in Post-war Europe: Geographical*

*Essays* (Oxford, 1976), p. 13 참조.

16) 중국에 관해서는 M. P. Redfield, ed., *China's Gentry: Essays in Rural-Urban Relations by Hsiao-tung Fei* (Chicago, 1953) 참조.

17) 일본의 농촌인구 증가와 정치적 항의운동에 관해서는 Takehiko Yoshihashi, *Conspiracy at Mukden: The Rise of the Japanese Military* (New Haven, 1963); Tadashi Fukutake, *Japanese Rural Society* (Tokyo, 1967); Ronald P. Dore, *Land Reform in Japan* (London, 1959); Cyril E. Black et al., *The Modernization of Japan and Russia* (New York, 1975), pp. 179~85, 281; Carl Mosk, "Demographic Transition in Japan," *Journal of Economic History* 37 (1977): 655-74 참조.

18) Samuel J. Hurwitz, *State Intervention in Great Britain: A Study of Economic Control and Social Response, 1914-1919* (New York, 1949), p. 63에 따른다.

19) Joseph Montheilet, *Les institutions militaires de la France, 1814-1924* (Paris, 1932), p. 350에 따른다.

20) Robert Pinot, *Le Comité des Forges en service de la nation* (Paris, 1919), p. 76.

21) 이 수치들은 Gerd Hardach, "La mobilization industrielle en 1914-1918: Production, planification et idéologie," in Patrick Fridenson, ed., *1914-1918: L'autre front* (Paris, 1977), p. 83에 따른다.

22) Gilbert Hatry, *Renault: Usine de guerre, 1914-1918* (n.p., n.d.), pp. 79, 92~93 참조.

23) 프랑스의 전시동원에 관해 무엇이 어떻게 처리되었는지를 명쾌하게 설명한 저작으로 다음 세 책이 있다. Arthur Fontaine, *French Industry during the War* (New Haven, 1926); John F. Godfrey, "Bureaucracy, Industry and Politics in France during the First World War"(D. Phil. thesis, St. Anthony's College, Oxford, 1974); and Etienne Clémentel, *La France et la politique économique interaliée* (New Haven, 1931). 앞에서 인용한 게르트 하르다흐의 짧은 에세이도 추천할 만하다.

24) 상세한 것은 Godfrey, "Bureaucracy," pp. 314~33 참조. 거의 조업을 하지 않았던 다른 유사한 사업을 경쾌하게 서술한 내용이 Albert G. Stern, *Tanks, 1914-1918: The Logbook of a Pioneer* (London, 1919), pp. 185~201에 실려 있다. 저자 스턴(Stern)은 프랑스 국내에 공장을 설립하여 미국제 엔진과 영국제 장갑판을 수입하고 안남(베트남 중남부)인 노동자를 고용하여 한 달에 전차 300대를 생산하려 했다.

25) 전시하 르노사의 급성장에 관해서는 두 권의 뛰어난 저작이 있다. Hatry, *Renault*; Patrick Fridenson, *Histoire des usines Renault*, vol. 1, *Naissance de la grande entreprise, 1898-1939* (Paris, 1972). 시트로앵을 비롯한 다른 기업의 유사한 성공에 관해서는 Gerd Hardach, "Französiche Rüstungspolitik 1914-1918" in H. A. Winkler, ed., *Organizierter Kapitalismus* (Göttingen, 1974), pp. 102~04 참조.

26) Gerd Hardach, *The First World War, 1914-1918* (Berkeley and Los Angeles, 1977), p. 86 참조.

27) 토마의 전기로 B. W. Schaper, *Albert Thomas: Trente ans de réformisme sociale* (Assen, 1959)가 있다. 토마를 옹호하는 입장에서 쓰긴 했지만 풍부한 정보를 담고 있다.

28) Clémentel, *La France et la politique économique interalliée*, p. 233 참조.

29) André Kaspi, *Le temp des Américains: Le concours américain à la France, 1917-1918* (Paris, 1976), pp. 244~45.

30) James M. Laux, "Gnôme et Rhône: Une firme de moteurs d'avion durant la Grande Guerre," in Fridenson, *1914-1918: L'autre front*, p. 186을 보라.

31) 이 수치들은 Hans Herzfeld, *Die deutsche Rüstungspolitik vor dem Weltkrieg* (Bonn- Leipzig, 1923), p. 9에 따른다.

32) Egmont Zechlin, "Deutschland zwischen Kabinettskrieg und Wirtschaftskrieg," *Historische Zeitschrift* 199 (1964): 389-90 참조.

33) 봉쇄와 그에 따른 분규에 관해서는 영국의 공인된 전사(戰史)인 A. C. Bell, *A History of the Blockade of Germany, Austria-Hungary, Bulgaria and Turkey, 1914-1918* (London, 1961); M. C. Siney, *The Allied Blockade of Germany, 1914-1916* (Ann Arbor, 1957); Hardach, *The First World War*, pp. 11~34 참조.

34) Walther Rathenau, *Tagebuch, 1907-1922* (Düsseldorf, 1967), pp. 186~88.

35) L. Burchardt, "Walther Rathenau und die Anfänge der deutschen Rohstoffswirtschaftung im Ersten Weltkrieg," *Tradition* 15(1970): 169-96 참조.

36) Ernst von Wrisberg, *Wehr und Waffen, 1914-1918* (Leipzig, 1922), pp. 86~92. Wrisberg는 독일 육군성의 보급담당 장교로, 전시에 자신의 부서가 너무나 '평소대로 영업 중'이었다는 비판이 전후에 제기된 데 대하여 자신이 한 일을 변호하기 위해 이 책을 썼다.

37) Clive Trebilcock, "War and the Failure of Industrial Mobilization, 1899 and 1914," in J. M. Winter, ed., *War and Economic Development*

(Cambridge, 1975), pp. 139~64 참조.
38) R. J. Q. Adams, *Arms and the Wizard; Lloyd George and the Ministry of Munitions, 1915-1916* (College Station, Tex., 1978), p. 174.
39) John Keegan, *The Face of Battle* (New York, 1977), pp. 204~80은 솜 전투에서 영국이 실패한 이유를 잘 분석하고 있으며, 1915~1918년의 참호전의 실상을 이전의 누구도 하지 못했을 만큼 간결하고 명쾌하게 설명하고 있다.
40) 그러나 어느 정도 성과는 거두었는데, 그 내용에 관해서는 Robert J. Wegs, *Die österreichische Kriegswirtschaft 1914-1918* (Vienna, 1979) 참조.
41) Norman Stone, *The Eastern Front* (New York, 1975), pp. 149~52 and passim은 제1차 세계대전 중 러시아 육군의 군수품이 부족했다는 정설을 반박하고 있다.
42) Stone, *The Eastern Front*, pp. 209, 287, 295의 다음 통계는 이런 상황을 잘 보여준다.(1푸드는 25.2kg)

| 곡물수확량 (100만 푸드) | | 도시지역에 대한 출하량(100만 푸드) | | 러시아의 물가수준(지수) | | 러시아의 공업생산지수 | |
|---|---|---|---|---|---|---|---|
| 1914년 | 4,309 | 1913~1914년 | 390 | 1914년 6월 | 100 | 1913년 | 100 |
| 1915년 | 4,659 | 1915~1916년 | 330 | 1915년 6월 | 115 | 1914년 | 101.2 |
| 1916년 | 3,916 | 1916~1917년 | 295 | 1916년 6월 | 141 | 1915년 | 113.7 |
| 1917년 | 3,809 | | | 1916년 12월 | 398 | 1916년 | 121.5 |
| | | | | 1917년 6월 | 702 | 1917년 | 77.3 |
| | | | | 1917년 12월 | 1,172 | | |

43) Ibid., p. 135.
44) Hatry, *Renault: Usines de guerre*, p. 15; Fridenson, *Histoire des usines Renault*, vol. 1, pp. 73~75 참조.
45) Basil Lidell Hart, *The Tanks: History of the Royal Tank Regiment and its Predecessors*, 2 vols.(London, 1959)는 영국의 반공식적인 전사다. 그 밖에도 J. F. C. Fuller, *Tanks in the Great War, 1914-1918* (London, 1920). '1919년 작전계획'에 관해서는 R. M. F. Cruttwell, *A History of the Great War, 1914-1918*, 2d ed.(Oxford, 1936), p. 547 참조.
46) 이 방면에서 르노사가 기울였던 노력에 관해서는 Hatry, *Renault: Usines de guerre*, pp. 94~102 참조.
47) 이것은 Gerald Feldman, *Army, Industry and Labor in Germany, 1914-1918* (Princeton, 1966)의 주요 주제다.
48) 1917년에 시작된 르노사와 노동조합의 대립에 관해서는 Hatry, *Renault: Usines*

*de guerre*, pp. 119~45 참조. 미국에 관해서는 David M. Kennedy, *Over Here: The First World War and American Society* (New York, 1980), pp. 70~73, 258~64 and passim이 경합관계에 있던 2대 노조연합 AFL과 IWW이 전시하에 수행한 역할에 관한 흥미로운 정보를 담고 있다. 러시아에 관해서는 Isaac Deutscher, *Soviet Trade Unions* (London, 1950), pp. 1~17 참조.

49) Alfred W. Crosby, Jr., *Epidemic and Peace* (Westport, Conn., 1976), p. 207 참조.

50) 독일 산업계가 어떻게 분할되어 있었는지에 관한 흥미로운 분석으로는 Hartmut Pogge von Strandmann, "Widersprüche in Modernisierungsprozess Deutschlands," in Bernd Jürgen Wendt et al., eds., *Industrielle Gesellschaft und politisches System* (Bonn, 1978), pp. 225~40 참조.

51) Gerald Feldman, *Army, Industry, and Labor in Germany, 1914-1918* (Princeton, 1966), pp. 494~96 참조.

52) 예를 들면 J. Martin Kitchen, *The Silent Dictatorship: The Politics of the German High Command under Hindenburg and Ludendorff, 1916-1918* (London, 1976)에 잘 나타나 있다.

53) August Skalweit, *Die deutsche Kriegsnährungswirtschaft* (Berlin, 1927)는 국가의 농업정책 실패에 관한 상세한 정보를 담고 있다.

54) Ludwig Wartzbacker, "Die Versorgung des Heeres mit Waffen und Munition," in Max Schwarte, ed., *Der Grosse Krieg* (Leipzig, 1921) 8: 129. Von Wrisberg, *Wehr und Waffen, 1914-1918*, pp. 51, 84도 힌덴부르크 계획에 대해서는 매우 비판적이긴 하지만, 독일군의 최종공세를 제한한 것은 대포와 탄약이 아니라 인력과 마필이었다고 결론짓고 있다.

55) 클레망텔 구상과 상무성이 프랑스의 전쟁 노력에 미친 영향에 관해서는 Godfrey, "Bureaucracy, Industry and Politics in France during the First World War," pp. 95~215 참조. 클레망텔 자신이 쓴 *La France et la politique économique interalliée*는 뉴욕 카네기 재단의 위탁연구로 쓴 책이기 때문에 반독일적이고 반미국적인 유럽 경제공동체에 관한 자신의 좌절된 구상을 서술하는 데 있어서 당연히 매우 신중한 태도를 취하고 있다.

56) J. Arthur Salter, *Allied Shipping Control: An Experiment in International Administration* (Oxford, 1921)에서 해상수송평의회 의장이었던 저자는 자신이 한 일을 상세하게 회고하고 있다. 프랑스측의 사정은 Jean Monnet, *Mémoires* (Paris, 1976), pp. 59~89 참조.

57) Hardach, *The First World War*, pp. 123~31.

58) William Beveridge, *British Food Control* (London, 1928), pp. 217~32.

59) Clémentel, *La France et la politique économique interalliée*, p. 233 참조.
60) William C. Mallendore, *History of the United States Food Administration, 1917-1919* (Stanford, 1941), p. 42.
61) Godfrey, "Bureaucracy, industry and politics in France during the First World War," pp. 84~86; Clémentel, *La France et la politique économique interalliée*, p. 321.
62) 제1차 세계대전기 미국 농촌생활의 변화에 관해서는 David Danbom, *The Resisted Revolution: Urban America and the Industrialization of Agriculture, 1900-1930* (Ames, Iowa, 1979), pp. 97~109 참조.
63) John Ericson, *The Soviet High Command: A Military-Political History* (London, 1962), pp. 303~06.
64) 5개년 계획이 일종의 전시경제였다는 점에 관해서는 Moshe Lewin, *Political Undercurrents in Soviet Economic Debates from Bukharin to the Modern Reformers* (Princeton, 1974), pp. 102~12 참조.
65) F. C. Jones, *Manchuria since 1931* (London, 1949), pp. 140~60.
66) Jerome B. Cohen, *Japan's Economy in War and Reconstruction* (Minneapolis, 1949), p. 2.
67) Ericson, *The Soviet High Command*, pp. 494~99, 517~22, 532~37은 잘 알려지지 않은 이 전투들에 관해 명쾌하게 서술하고 있다.
68) Stephen Roskill, *Naval Policy between the Wars*, vol. 1, *The Period of Anglo-American Antagonism* (London, 1968), and vol. 2, *The Period of Reluctant Rearmament, 1930-1939* (London, 1976) 참조.
69) Edwin O. Reischauer, *Japan Past and Present* (New York, 1964), pp. 158~68 참조.
70) Yoshihashi, *Conspiracy at Mukden*, pp. 116~18.
71) B. A. Carroll, *Design for Total War: Arms and Economics in the Third Reich* (The Hague, 1968), pp. 38~53 and passim 참조. 독일 국방군 지도자들의 정책에 관한 통찰력 있는 연구로는 Michael Geyer, *Rüstung oder Sicherheit: Die Reichswehr in der Krise der Machtpolitik, 1924-1936* (Wiesbaden, 1980), pp. 489~505 and passim.
72) Ellis W. Hawley, "The New Deal and Business," in John Braeman et al., eds., *The New Deal: The National Level* (Columbus, Ohio, 1975), p. 61; William E. Leuchtenburg, "The New Deal and the Analogue of War," in John Braeman et al., eds., *Change and Continuity in Twentieth Century America* (Columbus, Ohio, 1964), pp. 82~143; John A. Garraty, "The

New Deal, National Socialism, and the Great Depression," *American Historical Review* 78(1973): 907-44.
73) John F. Milson, *Russian Tanks, 1900-1920* (London, 1970), pp. 59~64.
74) Andreas Hillgruber, *Hitler's Strategie: Politik und Kriegsführung 1940-1941* (Frankfurt am Main, 1965), p. 509 참조.
75) D. C. Watt, *Too Serious a Business: European Armed Forces and the Approach of the Second World War* (London, 1975)는 현명하고 정보량도 많은 책이다. M. M. Postan, *British War Production* (London, 1952), pp. 9~114; Robert Paul Shaw, Jr., *British Rearmament in the Thirties: Parities and Profits* (Princeton, 1977); Walter Bernhardt, *Die deutsche Aufrüstung 1934-1938: Militärische und politische Konzeptionen und ihre Einschätzung durch die Aliierten* (Frankfurt am Main, 1969); Edward L. Homze, *Arming the Luftwaffe: The Reich Air Ministry and the German Aircraft Industry, 1919-1939* (Lincoln, Neb., 1976)도 참조. 나는 프랑스의 재군비에 관해서는 이 책들에 필적할 만한 개괄적 문헌을 발견하지 못했다.
76) W. K. Hancock and M. M. Gowing, *British War Economy* (London, 1949)은 가장 중요한 정책결정에 중점을 둔 훌륭한 권위 있는 역사서다. 포스탄(Postan)의 *British War Production*은 이에 못지않게 훌륭한 군수생산에 관한 권위 있는 역사서다.
77) Ericson, *Soviet High Command*, pp. 575~83.
78) Alan S. Milward, *The German Economy at War* (London, 1965), pp. 43~45; Barry A. Leach, *German Strategy against Russia, 1939-1941* (Oxford, 1973), pp. 133~46 and passim; B. Klein, *Germany's Economic Preparation for War* (Cambridge, Mass., 1959); Andreas Hillgruber, *Hitler's Strategie: Politik und Kriegsführung, 1940-1941* (Frankfurt am Main, 1965), pp. 155~66 and passim.
79) Edward L. Homze, *Foreign Labor in Nazi Germany* (Princeton, 1967), p. 232.
80) Albert Speer, *Inside the Third Reich: Memoirs* (London, 1970); Milward, *German Economy at War*; Alan S. Milward, *The New Order and the French Economy* (London, 1970); Friedrich Forstmeier and Hans-Erich Volkmann, eds., *Kriegswirtschaft und Rüstung, 1939-1945* (Düsseldorf, 1977). 마르크스주의 입장의 저작으로는 Dietrich Eicholtz, *Geschichte der deutschen Kriegswirtschaft, 1939-1945* (Berlin, 1969).
81) Cohen, *Japan's Economy in War and Reconstruction*, pp. 56, 267.

82) Alec Nove, *An Economic History of the USSR* (Harmondsworth, 1969), p. 272의 다음 통계수치에서 그 사정을 잘 알 수 있을 것이다.(표의 수치는 1940년의 생산량을 100으로 했을 때의 지수)

|  | 1941 | 1942 | 1943 | 1944 |
|---|---|---|---|---|
| 공업총생산 | 98 | 77 | 90 | 104 |
| 무기총생산 | 140 | 186 | 224 | 251 |
| 농업총생산 | 62 | 38 | 37 | 54 |

83) 앞에 든 Nove의 책 외에, 공식 발표된 통계를 매우 편리하게 요약한 것으로 Nikolai Voznesensky, *The Economy of the USSR during World War II* (Washington, D.C., 1948), and Roger A. Clarke, *Soviet Economic Facts, 1917-1970* (London, 1972) 참조.
84) 공표된 통계수치는 U. S., Civilian Production Administration, *Industrial Mobilization for War: History of the War Production Board and Predecessor Agencies, 1940-1945* (Washington, D.C., 1947)에 실려 있다. Donald M. Nelson, *Arsenal of Democracy* (New York, 1946)는 전시생산국(WPB)의 최고 간부를 지낸 인물의 개인적 회상기다.
85) Jean Monnet, *Mémoires*, pp. 179~212 참조.
86) Roy F. Harrod, *The Life of John Maynard Keynes* (London, 1951), pp. 505 ~14, 525~623 참조.
87) 제2차 세계대전에서 연합국 측의 전략 운영에 관해서는 많은 책이 있다. Robert E. Sherwood, *Roosevelt and Hopkins: An Intimate History* (New York, 1948)는 내부사정에 정통한 저자가 쓴 초창기의 저작으로 지금도 가장 흥미롭게 읽을 수 있는 책이다. William H. McNeill, *America, Britain and Russia: Their Cooperation and Conflict, 1941-1946* (London, 1953)은 초기의 총괄과 해석을 보여준다. 그 후 문서의 공개가 진행되었지만 전체 그림에는 큰 변화가 없다는 것을 John Lewis Gaddis, *The United States and the Origins of the Cold War, 1941-1947* (New York, 1972) 같은 문헌을 보면 알 수 있다.
88) Philip Mason, *A Matter of Honour: An Account of the Indian Army, Its Officers and Men* (London, 1974), pp. 495~522; Bisheshwar Prasad, ed., *Expansion of the Armed Forces and Defense Organization, 1939-1945* (n. p., 1956).
89) R. F. Mackay, *Fisher of Kilverstone* (Oxford. 1973), pp. 506~09; Richard Hough, *First Sea Lord* (London, 1969), p. 238.
90) L. F. Haber, *Gas Warfare, 1916-1945: The Legend and the Facts* (London,

1976), p. 8.
91) Barton C. Hacker, "The Military and the Machine: An Analysis of the Controversy over Mechanization in the British Army, 1919-1939"(Ph.D. diss., University of Chicago, 1968)는 이 선택에 관한 설득력 있는 심리적 해석을 담고 있다. 독일군 내부의 논의에 관해서는 Rolf-Dieter Müller, "Die deutschen Gaskriegsvorbereitungen, 1919-1945: Mit Giftgas zur Weltmacht?" *Militärgeschichtliche Mitteilungen* 1(1980): 25-54 참조.
92) 영국 쪽의 사정에 관해서는 John M. Sanderson, *The Universities and British Industry, 1850-1975* (London, 1972), pp. 228~30 참조. 미국에 관해서는 Daniel Kevles, *The Physicists* (New York, 1978), pp. 117~38 참조.
93) M. M. Postan et al., *Design and Development of Weapons: Studies in Government and Industrial Organization* (London, 1964)은 영국의 경우만을 다루긴 했지만, 무기 설계에 대한 과학자들의 개입 규모와 그 조직적 성격을 명확하게 보여준다. 특히 pp. 433~58, 472~85 참조. 미국에 관해서는 James Phinney Baxter III, *Scientists against Time* (Boston, 1946)이 훌륭한 공인 전사다. P. M. S. Blackett, *Studies of War: Nuclear and Conventional* (Edinburgh, 1962), pp. 101~19, 205~34는 좀더 개인적인 시각으로 서술하고 있다. Reginald Victor Jones, *Most Secret War* (London, 1978)는 한층 더 개인적인 시각에서 대적첩보활동을 다루었다. 독일과 일본과 러시아의 과학자 동원에 관해 깊이 있게 다룬 저작은 발견하지 못했다.
94) Alan S. Milward, *War, Economy and Society, 1939-1945* (Berkeley, 1977), pp. 184~93; Postan, *British War Production.*
95) Walter Dornberger, *V2* (London, 1954), pp. 93, 100; Dwight D. Eisenhower, *Crusade in Europe* (New York, 1948), p. 260 참조.
96) Martin J. Sherwin, *A World Destroyed: The Atomic Bomb and the Grand Alliance* (New York, 1975)는 새롭고 읽기 쉽고 판단력도 뛰어난 서술이다. Margaret Gowing, *Britain and Atomic Energy, 1939-1945* (London, 1964)는 뛰어난 공인 역사서다.
97) Harry Wain, *A History of Preventive Medicine* (Springfield, Ill., 1970), p. 306 참조.

### 10장 1945년 이후, 군비경쟁과 명령경제의 시대
1) 자본주의와 사회주의는 어쩔 수 없이 최후의 결전을 치러야 한다는 내용의 스탈린의 발언 중 가장 자극적인 것들을 모아놓은 Historicus, "Stalin on Revolution," *Foreign Affairs* 27(1949): 175ff. 참조.

2) 정치와 경제의 연관에 관한 신랄한 연구로는 Robert Gilpin, *United States Power and the Multinational Corporation* (New York, 1975); Charles E. Lindblom, *Politics and Markets: The World's Political-Economic Systems* (New York, 1977); Gavin Kennedy, *The Economics of Defense* (London, 1975).
3) Edmund Beard, *Developing the ICBM: A Study in Bureaucratic Politics* (New York, 1976) 참조.
4) Charles S. Sheldon, *Review of the Soviet Space Program with Comparative United States Data* (New York, 1968), pp. 47~49 참조.
5) Robert A. Divine, *Blowing in the Wind: The Nuclear Test Ban Debate, 1954-1963* (New York, 1978)은 이 정치적·심리적 긴장을 설득력 있게 고찰하고 있다.
6) Donald W. Mitchell, *A History of Russian and Soviet Sea Power* (New York, 1974), pp. 518~19. 쿠바 미사일 위기에 관한 다양한 해석을 잘 요약한 것으로 Robert A. Divine, ed., *The Cuban Missile Crisis* (Chicago, 1971)가 있다.
7) John M. Logsdon, *The Decision to Go to the Moon: Project Apollo and the National Interest* (Cambridge, Mass., 1970); Alfred Charles Bernard Lovell, *The Origins and International Economics of Space Exploration* (Edinburgh, 1973).
8) Robert Gilpin, *France in the Age of the Scientific State* (Princeton, 1968)은 미국이라는 본보기에 대한 프랑스의 반응을 상당히 호의적인 시각에서 분석하고 있다. 또 나는 Walter A. McDougall의 두 편의 논문, "Technology and Hubris in the Early Space Age"와 "Politics and Technology in the Space Age— Towards the History of a Saltation"에서 많은 도움을 받았다.
9) A. C. B. Lovell, *The Origins and International Economics of Space Exploration* (Edinburgh, 1973), p. 28.
10) Stockholm International Peace Research Institute, *Resources Devoted to Military Research and Development* (Stockholm, 1972), p. 58.
11) 어뢰의 사거리에 관한 수치는 Edwin A. Gray, *The Devil's Device* (London, 1975), Appendix를, 폴라리스의 사거리는 SIPRI *Yearbook, 1968-69* (London, 1969), p. 98 참조.
12) 이 책 8장을 참조.
13) SIPRI *Yearbook, 1981*, App. 11B, p. 382.
14) 통찰력이 뛰어난 서술로는 John Stanley and Maurice Pearton, *The*

*International Trade in Arms* (London, 1972)를 보라.
15) 이 난국이 지닌 양면을 잘 그려낸 책이 두 권 있다. 장래의 전망을 대단히 확신하는 Alain C. Enthoven and K. Wayne-Smith, *How Much Is Enough? Shaping the Defense Program, 1961-1969* (New York, 1971)와, 미래를 회의적으로 바라보는 Don K. Price, *The Scientific Estate* (Cambridge, Mass., 1965)이다.
16) Moshe Lewin, *Political Undercurrents in Soviet Economic Debates from Bukharin to the Modern Reformers* (Princeton, 1974), pp. 127ff.가 이에 대한 흥미로운 개관을 담고 있다.
17) Gavin Kennedy, *The Military in the Third World* (London, 1974), pp. 174~89.
18) 군인의 영웅적 역할과 테크노크라트적 역할 사이의 충돌에 관해서는 Jacques van Doorn, ed., *Military Profession and Military Regimes: Commitments and Conflicts* (The Hague, 1969) 참조.

# 찾아보기

‖ ㄱ ‖

가마(Gama, Vasco da) 70
간디(Gandhi, M.) 420
감자 196, 280, 415, 454
갑옷 14, 15, 37, 51, 56, 63, 86, 92, 107, 113, 114
강철/철강 49~51, 54, 55, 56, 57, 317~18, 319, 321, 342, 356~57, 358, 363, 364, 366, 386, 392, 400~01, 424, 427, 448
　또 철을 보라
거란(契丹)/거란족 86~87
게릴라(Guerrillas) 275, 338, 494, 506
고든 폭동(Gordon riots) 251
고로(高爐) 48, 56, 71, 119, 169, 227, 283, 358, 424
공급/보급 15~21, 56, 58, 68, 113, 154~55, 167~69, 215~16, 219~21, 242~47, 261~65, 273~75, 324~25, 334~35, 336, 343, 345, 365, 386~87, 423~24, 425~31, 432~33, 434~37, 447~48, 452~57, 461~62, 466~67, 479~80
　또 금융/재정을 보라
공안위원회(公安委員會) 260, 262, 263, 266
공황(1930년대) 458, 462, 482
관료제 18~19, 30~31, 41~42, 59, 71~76, 152, 153, 204, 357, 389~91, 455~57, 474, 496~97, 504, 509
　군대의 관료화 110~12, 150~52, 172, 190~91, 196, 222, 230, 268, 290~93, 331~33
광산/광업 103~04, 119, 154
교황청 99
구리 14, 103, 118~19, 240, 428~30
구스타프 아돌프(Gustaf Adolf, 스웨덴 왕) 168~70, 186
구체제 190, 196, 198~99, 217, 250, 253, 255, 256, 258, 261, 263, 266, 270~71, 274, 276, 288, 290, 294, 296, 300, 343, 348, 502
국민방위군(프랑스) 255~56, 257, 258
국민총동원(levée en masse) 198, 220, 259~60, 261, 262, 268, 425
국제연맹 460
군비경쟁 101, 113~14, 122~31, 232, 302~23, 380, 381, 384, 405, 460, 463, 475, 478~506, 508
군산복합체 360~80, 399
군인정신/집단적 일체감(Esprit de corps) 111, 162, 174, 182
군함
　갤리선 137, 139, 142
　구축함 375, 394, 452
　드레드노트 370~71, 376~77, 378, 397, 403, 405
　범선(帆船) 77, 137
　순양함 353, 354, 368, 397~98
　어뢰정 354, 355, 368, 373, 375, 377
　잠갑함 304, 320~22, 325, 354, 355, 369, 378, 392~93, 397, 398

전함 354, 377~78, 393, 397~98, 399, 403
증기선 300, 302~03, 344
귀엔(Guyenne) 117
그나이제나우(Gneisenau, Count A. N. von) 292
그단스크(Gdansk) 295
그레이트브리튼(Great Britain) 243, 277, 278, 280, 285, 287, 417, 469
또 영국을 보라
그리보발(Gribeauval, J. B. V. de) 228~34, 239, 240, 262, 265, 266, 291, 470
그리스 17, 24~25, 28, 101, 214
독립전쟁 304
글래드스턴(Gladstone, W. E.) 361, 369~70
금융/재정 47, 66, 106~12, 116, 140~58, 167, 169, 236, 239, 242~47, 262, 281~84, 344, 360, 361~64, 368~71, 380~92, 395, 400~06, 435, 457, 463, 465
기관총 309, 335, 341~42, 365, 387, 424, 428, 439, 440, 472
기병 25, 57, 58, 61, 87, 88, 98, 105, 130~31, 135, 163, 170, 172, 173, 187, 188, 192, 220, 230, 231, 232, 397, 441
기사/기사도 39~40, 61, 92~95, 96~99, 115~16, 130, 142, 144, 163, 170, 179, 231, 339
길가메시 20~21

‖　　　ㄴ·ㄷ　　　‖

나바리노(Navarino) 해전 304
나치 404, 451, 461, 462, 464, 465~66, 474, 480
나폴레옹 1세(Napoleon I) 198, 219, 252, 255, 263, 266, 267, 268~77, 287, 288, 290, 292~94, 296, 309, 312, 326, 327, 334, 339
나폴레옹 3세 306, 316, 326, 327, 335, 336, 338
나폴레옹 전쟁 198, 199, 229, 269~87, 308
나폴리(Napoli) 124, 127, 150, 474
남미/남아메리카 322, 347
남북전쟁(미국) 322, 324~25, 334, 338, 345
남아프리카 347

낭트(Nantes) 204
네덜란드 119, 139, 140, 142, 145, 149~50, 152, 162, 166, 169, 174, 186, 187, 190, 193, 199, 202~03, 206, 236, 238~39, 242, 276, 429, 435
또 저지대국가; 홀란트를 보라
네덜란드 독립전쟁(1568~1609) 145, 147~48, 155
넬슨(Nelson, H.) 제독 240, 283, 323, 355, 393, 396, 397
노동/노동력/노동자(labor) 31, 263, 416, 470, 480, 496~97
제1차 세계대전에서의― 422, 424, 426, 427, 428, 431, 432, 433, 438, 444, 446, 447, 449, 453, 459
제2차 세계대전에서의― 466, 474
노든펠트(Nordenfeldt) 367, 373, 387
노르만인 94, 96
노바스코샤(Nova Scotia) 403
노블(Noble, A.) 366
노예 84, 87, 102, 141, 188, 206, 207, 211, 212, 466, 474
농민 28, 29, 37, 38, 44, 86, 94~95, 151, 187, 216, 217, 255, 270, 271, 274, 418~21
누비아(Nubia) 27
뉴욕 32, 246, 435
뉴잉글랜드(New England) 243
뉴캐슬(Newcastle) 318, 319
능보(稜堡) 126, 129, 137
니네베(Nineveh) 32, 33
니들건(needle gun) 316, 328, 331, 334, 335, 337
다르다넬스(Dardanelles) 102, 200, 431
다윗 30, 355
당(唐) 왕조 48, 59
대동아공영권(大東亞共榮圈) 466, 479
대량생산 311~15, 425~26, 438~39, 450, 457~58, 468, 472, 496
대상(隊商) 80, 83~84, 113
대서양 82, 112, 137, 139, 140, 197, 206, 207, 273, 302~03, 311, 324, 353, 354, 415, 416,

434
대포(cannon) 90, 114~24, 134~39, 154~55, 163, 205, 224~30, 232, 235~38, 240, 273, 283, 290, 295, 303, 304, 305, 306, 309, 317~23, 336, 341, 342
데비트(Dewitte, Hans) 167, 169
덴마크 166, 314, 331, 332
도로 31, 219, 220, 221, 335, 472
도리아인(Dorians) 30
도쿠가와 막부(德川幕府) 135
독가스 471
독소불가침조약(1939) 465
독일/독일인 94, 102~03, 119, 127, 130~31, 163~66, 168, 169, 171
  1648년 이후의— 197, 199, 208
  1789년 이후의— 261, 266, 273, 288, 289, 295, 316, 329~30
  1866년 이후의— 333, 334~41, 346, 347, 348, 352, 357, 366, 370~71, 377, 378, 383, 386, 392, 393, 399~400, 401, 402~08
  제1차 세계대전과— 395, 413, 416~17, 423, 426, 427, 428~32, 434, 435~38, 439~40, 447~51, 453, 454, 455, 456
  1918년 이후의— 461, 462, 463, 464, 465, 466, 467, 479, 480, 484, 496
  서독 482
  또 오스트리아; 프로이센을 보라
돈 강(Don江) 414
동유럽 36, 37, 94, 95, 131, 134, 197~98, 208, 210, 213, 270, 286~87, 339, 348, 410, 414, 418~19, 421, 445, 457, 458, 478, 480~83, 493, 495
동인도회사 206
뒤펠(Düppel) 전투 331, 332
드골(de Gaulle, C.) 487
드네스트르 강(Dnestr江) 211
드라이저(Dreyse, J. N. von) 315, 316, 328, 372
드레이크(Drake, Sir Francis) 141
드 헤르(De Geer, L.) 169
등자(鐙子) 32, 40, 61, 114

디오니시오스1세(Dionysios I) 230
디우(Diu) 전투 139

‖     ㄹ · ㅁ     ‖

라로셸(La Rochelle) 171
라오그(La Hogue) 해전 239
라이프치히(Leipzig) 전투 295
라인 강 92, 95, 273, 414
라인란트(Rhineland) 253, 265, 267, 269, 329
라틴계 그리스도교권 39, 90, 92~95, 100, 155, 288
라틴아메리카 281, 346, 421, 434, 469, 501
라파예트(Lafayette, Marquis de) 256
란츠크네히트(Landsknecht) 164, 187
랜스(lance) 108, 110, 117
러시아/러시아인 86, 88, 89, 134, 135, 149, 152, 163, 169, 186, 188, 236
  1689년 이후의— 198, 199, 200, 201, 207, 208, 210~11, 212, 213, 221, 225, 232, 255
  1789년 이후의— 269~75, 282, 286, 287, 293, 294, 295
  1853년 이후의— 306~09, 311, 312, 314, 321, 340, 343, 344, 346~47, 348, 364, 400, 401, 402, 403, 405~08
  제1차 세계대전과— 416, 417, 418, 423, 431~32, 435, 436~37, 444~45, 450, 456
  혁명에서의— 418~19, 447, 463, 465
  제2차 세계대전과— 467~68, 469
  또 소련을 보라
러일전쟁 346, 406
런던 146, 204, 246, 250, 251, 253, 278, 282, 301, 304, 312, 316, 317, 318, 353, 383
레냐노(Legnano) 전투 96
레닌(Lenin, V. I.) 412, 447
레반트/레반트인(Levant) 82, 94, 95, 134, 202
레오나르도 다빈치(Leonardo da Vinci) 125
레이더 472~73
로(Law, John) 242
로렌(Lorraine) 338, 423

로마/로마인 18, 39, 77, 93, 96, 99, 100, 101, 108, 124, 174, 176, 178, 180~81, 184, 201, 267, 441, 470
로마노프(Romanov) 왕조 186, 270
로베스피에르(Robespierre, M.) 260, 265
로스바흐(Rossbach) 전투 218
로이드 조지(Lloyd George, D.) 384, 405, 433, 448
로켓
  V-2— 473, 484
  콩그리브— 294~96
  또 미사일을 보라
로크루아(Rocroi) 전투 171, 186
론 강(Rhone江) 273
롬바르디아 동맹 96
루덴도르프(Ludendorff, E.) 장군 432, 447, 449, 450
루르 강(Ruhr江) 221
루마니아 208, 431~32
루부아(Leuvois, F. M. Le Tellier) 172~74, 190
루스벨트(Roosevelt, F. D.) 412~13, 462, 469
루아르 강(Loire江) 236
루이 11세(Louis XI) 116, 188, 230
루이 13세 171
루이 14세 152, 171, 172, 181, 202, 241, 252, 265
루이 16세 236, 254, 255, 268, 278, 289
뤼엘(Ruelle) 227
뤼첸(Lützen) 전투 170
르노(Renault, Louis) 426, 438
르크뢰조(Le Creusot) 235~36, 237~38, 245, 400, 424
르 텔리에(Le Tellier, M.) 172
르페브르(Le Febvre, G.) 261, 270
리버풀(Liverpool) 353
리보니아(Livonia) 전쟁 135
리스본(Lisbon) 274
리에주(Liège) 119, 155, 169, 216, 224, 236, 237, 244, 245, 285, 314~15, 316, 363
리옹(Lyon) 225, 260, 262
마가다(Magadha) 201

마누엘(Manuel, 포르투갈 왕) 141~42
마닐라 만 전투 375~76
마르크스(Marx, Karl) 158, 417
마르티네(Martinet) 중위 173~74
마른(Marne) 전투 423, 431, 441, 459
마리냐노(Marignano) 전투 163
마리아 테레지아(Maria Theresia) 223
마리츠(Maritz, J.) 225, 226
마무드 1세(Mahmud I, 술탄) 200
마셀리니(Masselini, Belpetro) 172
마셜(Marshall, G.) 장군 466
마오쩌둥(毛澤東) 420
마우리츠(Maurits) 174~81, 184~86, 190, 192, 193, 329
마젠타(Magenta) 전투 326
마젤란(Magellan, F.) 70
마케도니아(Macedonia) 41, 200, 201, 267
마키아벨리(Machiavelli) 108, 111
마호메트 41, 80, 501
막시밀리안 1세(Maximilian I) 111, 121, 164
만주/만주족 35, 36, 56, 70, 88, 135, 459, 460, 461
말(馬) 26, 27, 28, 32, 33, 34, 38, 39, 40, 123, 188, 215~16, 246, 323, 335, 341, 366, 423, 441, 450
말라카(Malacca) 78~79
말레이 반도/말레이시아 70, 71, 78, 119, 479
말버러(Marlborough, J. Churchill) 공작 312
맘루크(Mamluk) 188
매캐덤(McAdam, John Louden) 221
매헌(Mahan, A. T.) 370, 377, 403
맥심(Maxim, Hiran) 365
맨체스터(Manchester) 277, 319
맨해튼 계획(Manhattan Project) 473
메메트 2세(Mehmet II) 90
메소포타미아 14, 16, 19, 25, 43, 79, 86, 87
메스(Metz) 336, 338
메클렌부르크(Mecklenburg) 166
메테르니히(Metternich, K. von) 272, 288
메펜(Meppen) 356, 358
멕시코 201, 203, 327, 345

명(明) 왕조 48, 67, 69, 71, 72, 73, 74, 85, 134, 135
모스크바 221, 223, 275, 466
목축 37, 84, 94
　또 스텝 지대; 유목민을 보라
목화/면직물/원면 78, 206, 272, 273, 277
몰타(Malta) 127
몰트케(Moltke, H. von) 293, 331~38
몽골/몽골인 33, 35, 36, 37, 46, 56, 64, 67, 69, 71~72, 85, 87~90
뫼녜(Meusnier, J. B.) 219
뫼즈 강(Meuse江) 95
무굴 제국 134
무기 거래(교역) 86~87, 113, 119, 155, 167~69, 316, 321~23, 362, 372, 386~92, 399~402, 494
무기대여법(Lend Lease) 465, 467, 469, 479
무기 제조 14~15, 25~26, 29, 92
　17세기—의 표준화 190~92
　대포, 18세기의 발전 224~31, 235~38
　제1차 세계대전에서의— 424~34, 436~44, 448~52
　제2차 세계대전에서의— 461~63, 466~73, 487~88, 501~02
　중국에서의— 49~50, 61~64, 90
　크림 전쟁에서의 소형무기 대량생산 310~23, 331, 339
　프랑스 혁명전쟁에서의— 262~64, 272~73, 283~84, 285
　흑색화약혁명 114~15, 117~23, 153
무슬림(Muslim) 41, 67, 70, 71, 79, 82, 83, 94, 200, 498, 503
무역/교역 15, 19, 20, 21, 22, 23, 43, 46, 52~55, 66~67, 77, 79~80, 82, 83~84, 93, 113, 143, 187, 194, 202~03, 206, 207, 213, 239, 243, 246, 252, 301, 348, 353, 435~36, 465, 479~80, 481~82
　또 무기 거래(교역)를 보라
무하마드 알리(Muhammad Ali) 305
미국/아메리카 213, 222, 245, 246, 261, 262, 279, 295, 313, 314, 316, 348, 352, 370, 386, 402~03, 412, 413, 457~58, 460, 461
　남북전쟁 322, 324~25, 334, 338, 345
　뉴딜 462
　제1차 세계대전과— 427, 428, 429, 434~35, 438, 444~45, 450~54, 457
　제2차 세계대전과— 465~69, 473, 474
　제2차 세계대전 이후의— 475, 478~97, 503
미국 남부연합(1860~1865) 324
미국 독립전쟁 245~47, 261, 274, 279
미국 해외파견군(American Expeditionary Force, AEF) 428, 451
미노아(Minoa) 문명 28, 252
미니에(Minié, C. E.) 310~11
미니에식 라이플(Minié rifles) 311, 312, 321, 327, 328
미사일 473, 485, 486, 488~91, 505
미케네(Mycenae) 문명 28, 93
미켈란젤로(Michelangelo) 125
미항공우주국(NASA) 487, 488
민덴(Minden) 전투 218
민병대 104~05, 108, 193, 202, 223
밀라노(Milano) 103, 109~10, 111, 114, 117, 127, 150, 168, 172, 193, 214

‖　　　ㅂ · ㅅ　　　‖

바르샤바 조약기구 482, 504
바르셀로나 97
바바쇠르(Vavasseur, J.) 374
바부르(Babur) 황제 134
바빌로니아 30
바스티유(Bastille) 254
바이쥐이(白居易) 51
바이킹 82, 93
바티니(Wattignies) 전투 266
바하마(Bahamas) 371
반달인 94
반란(mutiniy) 148
발라클라바(Balaclava) 전투 309
발렌슈타인(Wallenstein, A. von) 166~70
발리에르(Vallière, J.-F. de) 224

발미(Valmy) 전투 229, 265
발칸 반도 95, 98, 108, 188, 200, 418
발칸 전쟁 406
발트 해 93, 94, 95, 102, 213, 242, 404
방데(Vendée) 260
백년전쟁 115, 147
버마 88, 469, 479
버밍엄(Birmingham) 273, 312, 316
버지니아(Virginia) 325
베게티우스(Vegetius) 174
베네수엘라 345
베네치아 81, 102, 103, 108~12, 151, 172, 188, 193, 214, 326
베르됭(Verdun) 전투 431, 434, 437
베르사유 254, 256, 338
베를린 223, 225, 237, 282, 329, 332
베리스퍼드(Beresford, C.) 제독 381, 395
베서머(Bessemer, Henry) 318
베스트팔렌 조약 166, 171
베이징(北京) 73, 88
베트남 25, 72, 494, 495
베트남 전쟁(1964~1973) 72, 495
벨기에 119, 253, 261, 263, 265, 267, 269, 285, 314, 407, 423, 435, 455
  또 저지대국가를 보라
보니파키우스8세(Bonifacius VIII, 교황) 99
보르네오(Borneo) 70
보르도(Bordeaux) 204
보방(Vauban, S. Le Prestre) 241
보병(步兵)
  네덜란드의— 176~81
  독일의— 163, 187
  러시아의— 186, 437
  스페인의— 130
  영국의— 192
  오스만 제국의— 186
  오스트리아의— 223, 327~28
  이탈리아의— 96~99
  중국의— 57
  프랑스의— 172~73, 188, 223, 229, 230, 267, 327, 336

  프로이센의— 336~37
  또 창병을 보라
보불전쟁(1870~1871) 318, 323, 335, 342,
보스니아(Bosnia) 103
보스포루스(Bosphorus) 102
보어(Boer) 전쟁(1899~1902) 365, 370,
보헤미아(Bohemia) 95, 103, 119, 164, 166, 167, 168, 169, 333, 334
  또 체코슬로바키아를 보라
봉건제(feudalism) 40, 115
봉쇄
  1806~1812년 272
  제1차 세계대전 428~30, 434, 435, 450, 464
  제2차 세계대전 464, 465
부르고뉴(Burgogne) 116, 122, 124, 138, 163, 210
부르봉 왕가 171, 285, 296
부르세(Bourçet, P.) 장군 219
북대서양조약기구(NATO) 482, 483, 487, 493, 504
북아메리카 197, 203, 206, 207, 211, 213, 353
북아프리카 41, 82, 202, 474
북해(North Sea) 93, 102, 404, 405
불가리아 418, 435, 436
불교 80, 84
불랑제(Boulanger, G.) 장군 368
불로뉴(Boulogne) 268, 295
뷜로(Bülow, B. von) 405
브라이텐펠트(Breitenfeld) 전투 169
브라질 203, 396
브레스트(Brest) 242
브레시아(Brescia) 316
브뤼헤(Brugge) 102
브리스틀(Bristol) 204
브리티시컬럼비아(British Columbia) 403
블뤼허(Blücher, G. L. von) 장군 292
비스마르크(Bismarck, O. von) 330, 331, 333, 334, 337, 408
비잔티움/비잔틴 제국 39, 86, 95
비커스(Vickers) 364, 365, 367, 384, 386, 387, 388, 391, 400, 401

비티(Beatty, David) 제독 397
빅스버그(Vicksburg) 전투 325
빅토리아 여왕 344
빈(Wien) 282
빌헬름 1세(Wilhelm I) 209, 330~34, 337
빌헬름스하펜(Wilhelmshafen) 404
사략선(의 활동) 140~44, 239, 241, 244
사르곤(Sargon) 16~17, 18
사우샘프턴(Southampton) 102
사울(Saul, 왕) 30
사파비(Safavi) 왕조 134
삭스(Saxe, M. de) 184, 215, 219
『산악전의 원리』(Les principes de la guerre de montagne) 219
산업혁명 247, 277~87, 348
삼부회(三部會) 244, 247, 253
30년전쟁(1618~1648) 164~71, 188, 208
상(商) 왕조 27
상인 43, 46, 54~55, 60, 65, 66~67, 70, 73~74, 77~82, 90, 92, 93, 96, 136, 140, 142, 156, 202, 206, 244, 284
상트페테르부르크 221, 282
생쥐스트(Saint-Just, Louis Antoine De) 263
샤른호르스트(Scharnhorst, G. J. D. von) 288~89, 290, 292, 331, 334
샤를(Charles le Téméraire, 부르고뉴 공작) 116, 122, 163, 230
샤를 8세(Charles VIII) 124
샤를빌(Charleville) 263
샤승(夏竦) 54
샹양(襄陽) 68
샹파뉴(Champagne) 96
석탄과 코크스 48, 49, 56, 57, 66, 71, 80, 103, 221, 235, 277, 278, 283, 424, 427, 448, 459 또 연료를 보라
설탕 78, 273
세금 17~18, 40~41, 42, 51~52, 55, 66~67, 78, 79, 81, 105, 106, 111~12, 144~45, 146, 148~52, 190, 191, 193, 204, 209, 216, 217, 244, 268, 282, 330, 361~62, 369, 384, 389, 403~04, 405, 445, 454

세르비아 418, 431
세바스토폴(Sevastopol) 공성전(1904~1905) 308~09, 324, 338
세포이의 항쟁(1857~1858) 319
센 강(Seine) 92
소련 413, 454, 457, 458, 459, 460, 462, 463, 464, 465, 467, 468, 471, 474, 475, 478~99, 503
5개년 계획 458~59
또 러시아를 보라
소아시아 29, 33, 36
소화기(小火器) 89, 130, 134, 135, 190, 192, 263, 316, 317, 438
라이플총 273, 309~16, 321, 324, 326, 327, 335, 366, 424, 472
리볼버 313
머스킷총 130, 176, 177, 183, 184, 185, 191, 192, 216, 223~24, 233, 237, 238, 244, 253, 262, 273, 309, 310, 311, 315, 316
부싯돌식 발화장치 192, 233
화승총 176, 177, 192
후장총 233, 315, 316
솔즈베리(Salisbury, R. Gascoyne-Cecil) 362, 369
솔페리노(Solferino) 전투 326
솜(Somme) 전투 431, 434, 437, 440
송(宋) 48, 50, 51, 54, 55, 56, 57, 58, 59, 60, 63, 64, 67, 68, 69, 73, 75, 80, 87, 100, 348~49
송 태조(太祖) 64
수마트라(Sumatra) 78, 186, 252
수메르 20, 77, 173
슈네데르 크뢰조(Schneider-Creusot) 388, 400, 402
슈아죌(Choiseul) 244
슈타인(Stein, Baron Karl vom) 221
슈토이벤(Steuben, Fhedrich von) 222
슈판다우(Spandau) 225, 238
슐레스비히(Schleswig) 331
슐레스비히-홀슈타인 전쟁(1864) 331
슐레지엔(Schlesien) 209, 234

슐리펜(Schlieffen, Alfred von) 407
슐리펜 계획 406, 407, 423
스당(Sedan) 전투(1870) 336, 338
스웨덴/스웨덴인 119, 122, 152, 163, 166, 168
~69, 170, 186, 188, 199, 208, 211, 213, 236,
314, 373, 435, 488, 492
스위스/스위스인 116, 122, 130, 163, 170, 173,
187, 188, 225, 423, 435
스칸디나비아 28, 435
스코틀랜드 115, 139, 188, 221, 238, 241, 278,
279, 280, 283, 417
스콧(Scott, Sir Percy) 367
스키타이(Scythian) 32, 33, 35
스탈린(Stalin, J.) 465, 467, 469, 480, 483, 498
스테드(Stead, W. T.) 352, 357
스텝 지대 32~42, 61, 80, 84, 85~89, 184,
188, 208
또 목축: 유목민을 보라
스트라스부르(Strasbourg) 251, 263
스페인 41, 94, 95, 111, 119, 127, 130~31,
134, 139, 140, 142, 148, 149~52, 154~55,
163, 166, 171, 173, 174, 184, 186, 193, 199
1659년 이후의— 202~03, 207, 241, 268,
273~75, 314, 375, 389, 400, 402
스페인-미국 전쟁(1898) 375
스페인 왕위계승전쟁 152, 202
스펜서(Spencer, J. Poyntz) 370
스프링필드(Springfield) 313
스피넘랜드 제도(Speenhamland system) 280~
81
스헬데 강(Scheld) 95
시노프(Sinope) 해전 304, 308
시라쿠사(Syracusa) 230, 470
시리아 36
시베리아 149, 194, 207, 415, 416, 459
시에나(Siena) 103
시칠리아 96, 98, 230
식량과 사료 15, 22, 25, 36, 38, 58, 84, 85, 103,
207~08, 215~16, 220, 243, 244~45, 246,
259~60, 264~67, 278, 280, 308, 335, 353,
415, 427, 431, 435~36, 437, 444, 445, 447,

448, 450, 453~54, 456, 465, 467, 468, 469,
470
신병 징집/모집 106~07, 147, 163, 168, 187~
89, 198, 212, 222, 255~59, 268~70, 278~
79, 327, 329, 331, 340, 341, 343, 406, 424,
428, 436, 444, 453, 502
또 국민총동원을 보라
신성로마제국 96, 99, 111, 127, 164
실론 70, 78
십자군(Crusades)
제1차— 94, 108
제4차— 95
십진법 83, 87
쓰시마(對馬) 해전 376
쓰촨(四川) 50

‖  ㅇ  ‖

아그리콜라(Agricola, Georgius, 독일명 Georg
Bauer) 521
아나톨리아(Anatolia) 43, 98
아드리아 해 323
아라비아/아랍 41, 77, 78, 79, 86, 89, 493
아르마다(Armada) 139, 140
아르키메데스(Archimedes) 470
아르헨티나 322, 353
아메리카 인디언 18, 203, 205, 207
아바스(Abbas, Shah) 134
아스텍인(Aztecs) 201
아시리아/아시리아인 15, 30~33, 38, 43, 87,
201
아엘리아누스(Aeolian) 174
아연 118
아우크스부르크(Augsburg) 102
아일랜드 95, 188, 196, 241, 243, 251, 278~
80, 285, 286, 287, 403, 415, 417, 469
아카드(Akkad) 16, 201
아케메네스 왕조 17, 34
아테네 24, 214
아편전쟁(1839~1842) 344
아프가니스탄 495

아프리카/아프리카인 70, 71, 78, 82, 194, 200, 202, 205, 206, 207, 300, 301, 343, 344, 346, 348, 420, 421, 435, 469~70, 493, 501
악바르(Akbar) 대제 134
안남(安南) 72
안트베르펜(Antwerpen) 145~46
알래스카 207, 346
알렉산드로스 대왕 41
알렉산드르 1세(차르) 271, 295
알렉산드리아(Alexandria) 313
알마(Alma) 전투 309
알바니아/알바니아인 188, 200, 419
알자스(Alsace) 285, 338
알제리 296, 327
암스테르담 145, 216
암스트롱(Armstrong, William) 318~21, 342, 346, 363~64, 372~74, 380, 386~88, 400
암스트롱사(Armstrong's) 352~53, 366~67, 376, 391, 396
앵드레(Indret) 236, 237, 238, 245
약탈/습격(raid) 20, 21, 42, 44, 57~58, 59, 60, 93~94, 165, 166, 206, 223, 252
  또 사략선(의 활동)을 보라
양쯔 강 25, 53, 54, 66, 68, 69, 73
애로(Yarrow, Alfred) 375, 394
어뢰(魚雷) 354, 355, 365, 373, 377, 378, 490
얼스터(Ulster) 279, 280
에게 해 28, 102, 200, 304
에니위탁(Eniwetak) 환초 484
에드워드 3세(Edward III) 104
에센(Essen) 318
엔리케(Henrique O Navegador) 71
엔키두(Enkidu) 20, 21
엔필드 조병창(Enfield arsenal) 313~14, 316
엘리자베스 1세(Elizabeth I) 141, 142
엘베 강 94, 197, 220, 329
엘스위크 군수회사(Elswick Ordnance Company) 319, 320, 321
여진족 56, 58, 60, 63, 67, 68
연구와 개발 234, 372, 386, 470~74, 483~92, 505~06

연료 300, 333, 376, 425, 426, 427
  또 석탄과 코크스를 보라
연합국해상수송평의회(Allied Maritime Transport Council) 427, 452~53, 468
영국/영국인 115~17, 118, 119, 138, 139~40, 149, 163, 165, 187, 193, 196~97, 198, 199, 200, 201, 202, 203, 204, 205, 207, 210, 211~12, 213, 218, 219, 221, 225, 227, 235~36, 237~47
  1780년 이후의— 250, 251, 252, 268, 271, 272, 274, 277~87
  1815년 이후의— 295, 300, 301, 302~15, 317~18, 321, 322, 341, 343, 344, 345, 347~48
  1884년 이후의— 262~399, 402, 403, 404, 405, 407
  제1차 세계대전과— 413, 415, 416, 423, 426, 427, 428, 429, 431~36, 438, 440, 448, 452~56
  1918년 이후의— 462~65, 468~69, 471~74, 480, 482, 484, 487, 492, 496, 499
대영제국 200, 203, 303, 345
  또 그레이트브리튼을 보라
영국 대내란(English Civil War, 1642~1649) 189
영국 해군 244~45, 303~05, 363~66, 368~99, 470
영국 해외파견군(British Expeditionary Force, BEF) 432
예나(Jena) 전투 233, 289
예루살렘 15, 94, 96
예비군 293, 315, 329, 330, 331, 338, 339, 343
예카테리나 대제 211
오데르 강(Oder) 220
오브(Aube, H. L. T.) 제독 354
오세아니아 194, 435
오스만 제국 90, 111, 113, 115, 124, 127, 134~36, 139~40, 147, 149, 165, 184, 186, 188, 200, 208, 211, 213, 218, 223, 304, 305, 308, 314, 377, 406, 417, 431, 435, 436
오스트레일리아 200, 347, 353

오스트리아/오스트리아인
—와 프랑스 혁명 257~58, 266, 270, 282, 286, 288, 293
19세기의— 309, 316, 323, 326~27, 331, 334~35, 377, 396, 408
구체제의— 172, 190, 198, 200, 201, 208, 210, 218, 223, 232
제1차 세계대전과— 417
또 합스부르크가를 보라
오스트리아 왕위계승전쟁 209, 215, 218, 220, 223
오스트리아-프로이센 전쟁(1866) 293
왈론(Walloon) 119, 169
왕안스(王安石) 65
외인부대(Foreign Legion) 344
요새 31, 60, 124, 125, 127, 128~29, 165, 176, 202, 205, 224, 308~09, 331
또 포; 포위공격/공성전을 보라
요하네스 2세(Johannes II of Nassau, 백작) 184
용병대장(condottiere) 106, 107, 109, 150
우랄 211, 236, 238
우루크(Uruk) 20, 21
우주기술 487
우크라이나 33, 35, 36, 86, 196, 208, 211
운송/수송 15, 25, 95, 324, 366, 451, 509
　육상— 83~86, 215~16, 220~21, 273~75, 277~78, 300, 308, 309, 324~25, 332, 344, 345, 366, 416, 435, 441, 448, 472
　하천과 운하— 52, 56, 69, 73, 220~21, 273, 324~25
　항공— 472
　해상— 69~74, 82, 102, 245~46, 274, 300, 308, 309, 353, 427, 452, 453, 455
　또 도로; 운하; 철도를 보라
운하 50, 52, 56, 67, 208, 220~21, 236, 277, 404
대운하 54, 69, 71, 73, 75
울리치(Woolwich) 312, 313, 314, 317, 320, 321, 342, 352, 356, 361, 362, 363, 364, 365, 387, 432
울즐리(Wolseley, Garnet Joseph) 368

워싱턴(Washington, D. C.) 295, 469
워싱턴 해군감축조약(1922) 460
워털루 전투 451
원(元) 왕조 48, 56, 67
웨일스(Wales) 49, 115, 188, 197, 238, 283
웬델(Wendel, François Ignace de) 236, 237
웰링턴(Wellington, A. Wellesley) 274, 275, 294, 296, 451
윈난(雲南) 88
윌슨(Wilson. W.) 412, 462
윌슨주의 411, 452
윌크스(Wilkes, John) 278
유고슬라비아 419, 498
유교 54, 55, 60, 65, 67, 72, 80, 100
유대교 84, 500
유대인(Jews) 419, 474, 498
또 이스라엘을 보라
유목민 32~38, 41, 57~60, 63, 69, 75, 80, 84~90, 184
또 목축; 스텝 지대를 보라
유엔구제부흥기관(UNRRA) 475
유틀란트(Jutland) 해전 393, 395, 398
육군/군대
　그리스-로마의— 39, 176, 178, 180~81, 267, 470
　네덜란드의— 172~80
　덴마크의— 331
　독일의— 166~67, 172~80, 316, 339~41, 366, 423~24, 429~31, 442~43, 449, 450~51, 461~62
　러시아/소련의— 212~13, 255, 275, 290, 294, 295, 306, 308~09, 326, 329, 346, 431, 436~37, 461, 463, 465~66, 467, 468, 480, 482~83, 495
　몽골의— 68
　미국의— 311, 341, 355, 495
　벨기에의— 423, 455
　스웨덴의— 168~70
　스텝 지대의— 32~35, 86~88
　스페인의— 130~31, 147~48, 150
　아시리아의— 30~31

영국의— 115~17, 192, 290~91, 308, 321, 343, 344, 365~66, 423, 431~34, 451, 455
오스만 제국의— 135, 186, 200, 431
오스트리아의— 234, 290~91, 293, 316, 326~29, 331~35, 431
이탈리아의— 97~100, 104~12
인도의— 343
일본의— 460~61, 469
중국의— 56~65
페르시아의— 24
프랑스의— 116~17, 171, 172~74, 218~19, 221~32, 244~45, 252~60, 265~69, 273~75, 287, 290, 293, 308, 316, 321, 326~27, 329, 330, 335~39, 423, 431, 451, 455
프로이센의— 209, 215~16, 218, 255, 265~66, 288~93, 300, 311, 315~16, 321, 323~41
율리우스 2세(Julius II, 교황) 111
은(銀) 103, 119, 149, 150
은행/은행가 104, 119, 141, 142, 144, 148, 152, 156, 383, 388, 400, 401, 402, 435
의회(영국) 239, 244, 284, 330, 357, 360, 361, 381, 383, 384, 394, 395
이라크 41, 89~90
이란/이란인 37~42, 61, 87, 89, 134
이민/이주 279, 347~48, 415~18, 503
이스라엘 30, 31, 493, 494
이슬람 41~42, 84, 86, 89~90, 95, 136, 139, 154, 184, 186, 188, 200, 346, 347, 419, 500
이집트 14, 18, 27, 30, 32, 39, 188, 202, 230, 304, 305, 314, 321
이탈리아/이탈리아인 81, 95~112, 113~14, 115, 116, 125, 158, 163, 164, 165, 193, 214
  1494년 이후의— 124~25, 126, 127, 130, 150, 166, 168
  1789년 이후의— 219, 261, 265, 273
  1859년 이후의— 323, 326, 327, 330, 377, 396, 401, 418, 452
이탈리아 전쟁(1499~1559) 127, 130, 148, 171
이탈리아식 축성술(trace italienne) 126~29, 150
인공위성 484
인구 36, 52, 85, 86, 88, 89, 101, 196~97, 203, 214, 232, 250~52, 261, 269~70, 277~80, 284, 285~86, 347~48, 349, 410, 413~21, 459, 466, 481, 501, 503, 509
인노켄티우스 3세(Innocentius III) 교황 99
인도 14, 18, 27, 46, 77, 83, 89
  1498년 이후의— 119, 134, 139, 187, 194, 200, 202, 205, 206, 210, 211, 246, 295
  1857년 이후의— 319, 343, 420, 469~70, 494
인도네시아/인도네시아인 77, 80, 187, 206, 479
인도양 46, 48, 67, 69~71, 77~80, 82~83, 136, 137, 143, 187, 202, 207
인도차이나 346, 479
인키르만(Inkerman) 전투 309, 318
일본/일본인 46, 68, 70, 74, 87, 134, 135, 136, 153, 200, 252
  1854년 이후의— 301, 322, 343, 344, 346, 347, 389, 392, 402
  1931년 이후의— 412~13, 420~21, 458, 480, 481, 487, 501
잉글랜드 은행 239, 242, 245
잉카인 201

‖         ㅈ · ㅊ         ‖

자바(Java) 69, 252
자본주의/자본가 43, 60, 65, 76, 96, 146, 155, 158, 204, 205, 447, 461, 480, 482, 499, 500
  또 은행/은행가; 금융/재정을 보라
자유세계(Free World) 480, 481, 482, 494
자유 프랑스(Free French) 469
잠수함 137, 377, 378, 403, 435, 439, 451, 452, 467, 470, 485, 490
장교
  —훈련 186, 217, 218, 219, 289~93, 337
  육군— 110, 178, 183, 189, 205, 209, 210, 212~13, 219~20, 232~33, 253~54, 255, 256, 257, 267, 301, 327, 329, 330,

331, 339, 340, 341, 342, 343, 366, 404, 406, 427, 428, 440, 449, 461, 465
참모― 289~93, 326, 331~40
해군― 323, 353, 354, 357, 366, 367, 381~82, 389, 391
저지대국가(Low Countries) 95, 101~03, 122, 123, 124, 127, 145, 158, 163, 169, 174, 197, 204, 216, 322, 423
또 네덜란드; 부르고뉴; 홀란트를 보라
전략무기제한협정(SALT) 491
전면전(Blitzkrieg) 166, 202
전술/전략 32~34, 37~40, 57~58, 67~68, 69, 87, 96, 98~99, 117, 130~31, 136~37, 169~70, 178, 186, 222~23, 230, 266~67, 274, 275, 291, 315, 324, 327, 328, 335, 337, 366, 395~96, 423, 440, 443, 450
전신(電信)/통신 264, 332~33, 337
전쟁(군사)과 복지 19, 301, 349, 381, 405, 444~45, 474
전쟁기술 98~99, 131, 170, 171, 174, 342
전쟁의 상업화 44, 90, 100, 106~12, 140~59, 166~68, 190, 206
전차(chariot) 25~26, 27, 28, 29~30, 39, 40, 135
전차(tank) 426, 428, 440~42, 463, 464, 465, 471, 472, 473
전후의 안정
나폴레옹 전쟁과― 287~88, 293~97
제1차 세계대전과― 457~59
제2차 세계대전과― 478~83
정허(鄭和) 69~72
제1차 세계대전 309, 324, 341, 378, 380, 384, 388, 389, 390, 392, 398, 400, 410~57, 460, 461, 462, 463, 464, 465, 467~68, 470~71, 474, 492, 496
제2차 세계대전 115, 295, 341, 347, 399, 404, 411, 415, 419, 420, 421, 445, 451, 456, 457, 458, 459, 460, 461, 464~75, 478, 482, 483, 486, 487, 488, 495
제2청동기시대 118, 119, 122, 135
제3세계 479, 492, 501~02

제노바(Genova) 81, 82, 97, 103, 112, 114, 115, 141
제데(Zédé, G.) 377
제복 64, 190~91, 255
젤란트(Zeeland) 142, 174
젬파흐(Sempach) 전투 163
젱킨스(Jenkins)의 귀 전쟁 243
조달국(Board of Ordnance, 영국) 273, 342, 356~57, 363
조병창 50, 216, 225, 236, 262, 263, 312~18, 320~22, 342, 352, 356, 357, 361, 362~66, 373, 382, 387, 424, 426, 428, 432
또 개별 무기 이름을 보라
조선(造船)/건함 67~68, 70, 71, 101, 138, 154, 240, 268, 276, 302, 352, 367~68, 370~71, 380, 402~05, 460
조선/한국 46, 70
조지 3세(George III) 213
주(周) 왕조 33
주석(朱錫) 14, 19, 43, 103, 104, 118, 119, 184
중국/중국인 14, 18, 25, 27, 34, 36, 37, 40~41
960년 이후의― 46~90, 93, 95, 98, 99~100, 114, 115, 143, 153, 154, 278, 348~49
1500년 이후의― 200, 202, 250
1839년 이후의― 301, 322, 344, 401
1911년 이후의― 420, 460~61, 466, 479, 481, 487, 494, 498
또 각 왕조를 보라
중동/서아시아 18, 27, 28, 30, 33, 36, 37, 41, 42, 46, 79, 80, 82, 83, 86, 87, 89~90, 347, 482, 493
중상주의(重商主義) 66
증기기관 283
증기선 300, 302, 303, 344
지도 218, 219, 220, 221, 292
지브롤터(Gibraltar) 82, 102
지중해 18, 39, 40, 61, 81~83, 84, 93, 95, 101, 102, 127, 136~37, 139~40, 149, 162, 201, 202, 206, 213, 354, 369, 377
진(秦) 왕조 201
진주만(Pearl Harbor) 412, 466, 468

질병 15~17, 44, 88~89, 101, 301, 347, 414, 418, 420, 445, 474
참모본부
   독일의— 341, 401, 407, 423
   프로이센의— 291~93, 331~41
창병(pikemen) 67, 96, 97, 98~99, 130, 131, 163, 170, 173, 176~77, 184, 188, 192
채터누가(Chattanooga) 전투 325
처칠(Churchill, Sir Winston) 371, 394, 395, 423, 469
1812년 미영전쟁 295, 313, 429, 438
천푸(陳孚) 53
철(鐵) 29, 30, 48~51, 56, 57, 65, 103, 118, 119~22, 168~69, 232~38, 278, 282, 283~84, 305, 306, 318, 319, 424, 459
   또 강철/철강을 보라
철기시대 30, 40, 118
철도 283, 300, 324, 325, 327, 333, 335, 337, 338, 344, 389, 400, 401, 416
청동 14, 19, 25, 26, 118~19, 342
체코슬로바키아 495
초국적 조직 427~28, 434~36, 452~56, 466~70, 479~83, 497
총검(銃劍) 192, 233, 336
총재정부(1795~1799) 265, 267, 268
7년전쟁(1756~1763) 198, 209, 211, 213, 216, 218, 219, 221, 222, 234, 239, 244, 279
칠레 322, 353, 396, 428, 430
칭기즈칸 34, 56, 68, 85, 87

‖    ㅋ · ㅌ · ㅍ    ‖

카데시(Kadesh) 전투 32
카디프(Cardiff) 283
카라코룸(Karakorum) 85
카르노(Carnot, Lazare) 266
카를 5세(Karl V) 126~27, 131, 139, 151, 224
카를 마르텔(Karl Martel) 39
카리브 해 140, 202, 211, 346, 402, 403
카스티야(Castile) 150, 151
카이펑(開封) 50, 54, 55, 56, 58, 60, 67

카타이(Cathay) 71
카탈루냐 용병부대(Catalan Company) 98
카토-캉브레지(Cateau-Cambrésis) 조약 171
카파(Caffa) 102
카프카스 211, 308, 416
캉브레 동맹(League of Cambrai) 111
캐나다 210, 213, 243, 279, 403
케네디(Kennedy, J. F.) 487
켈빈(Kelvin, W. Thomson) 470
코노트(Connaught) 280
코사크(Cossacks) 188
코트(Cort, H.) 235, 238
코펜하겐(Copenhagen) 295
콘스탄티노플(Constantinople) 90, 115, 122, 304, 309
콘월(Cornwall) 104, 119
콜럼버스(Columbus, Christopher) 70, 71, 201
콜베르(Colbert. J. B.) 119, 236, 238, 243
콜브룩데일(Coalbrookdale) 283
콩그리브(Congreve, William) 295
쾨니히그레츠(Königgrätz) 전투 309, 328, 333, 335
쿠바 375, 485
쿠바 산티아고(Santiago) 만의 전투 375
쿠빌라이칸 56, 67~69, 85, 87
쿠퍼(Cooper Key, Sir Astley) 360, 367, 373, 380
크라(Kra) 지협 71
크레시(Crécy) 전투 115
크루프/크루프사(Krupps) 318, 321, 331, 342, 346, 356, 358, 363~64, 366, 372, 388~89, 400~02, 405
크림(Krym) 102, 211
크림 전쟁 300, 302, 304, 306, 308, 309, 311~19, 324, 326, 346, 381
크세르크세스(Xerxes) 17, 18, 22, 24, 25, 30, 34
키시(Kish) 16
키오스(Khios) 102
키치너(Kitchener, H. Herbert) 432, 433
킴메르인(Cimmerians) 33

태평양 71, 187, 207, 402, 413, 466, 484
태평천국의 난(1850~1864) 420
탱크 478
톈진(天津) 69
토레스베드라스(Torres Vedras) 전투 274
토리노(Torino) 285
토머스(Thomas, G.) 장군 462
토트(Tott, François de) 200
투석기 64, 86, 117, 230
툴라(Tula) 225, 236
툴롱(Toulon) 242, 260, 266
트라야누스(Trajanus) 황제 174
트라팔가르(Trafalgar) 해전 273, 283, 303
트란실바니아(Transylvania) 103, 208
트레사게(Tresaguet, Pierre) 221
티르피츠(Tirpitz, A.) 제독 377, 403~06
티푸 술탄(Tipoo Sultan) 295
파리 317, 338, 425, 426, 441
　코뮌(1870) 338
　프랑스 혁명에서의— 250~65, 278, 279, 280
파리강화조약(1763) 218
파벨 1세(Pavel I, 차르) 271
파쇼다(Fashoda) 사건 377
팔켄하인(Falkenhayn, E. von) 장군 431
펑지성(馮繼昇) 64
페루 201, 203
페르디난트 2세(Ferdinand II) 166
페르세폴리스(Persepolis) 17
페르시아 17, 24, 30, 201, 308
페르시아 만 43
페체네그인(Pechenegs) 86
페크상(Paixhans, H. J.) 303~04
펠리페 2세(Felipe II, 스페인 왕) 139~40, 142, 145, 146, 147, 149, 150, 151, 152, 154, 156, 158, 204
포(砲) 163, 172, 220, 224, 290, 294, 321, 336, 341, 352, 428, 437, 471
　공성(攻城)포 118, 120, 123~27, 130, 131, 153, 234, 235
　대전차포 450
　야포 170, 205, 217, 218, 228, 229, 233, 234, 240, 262, 265, 266, 292, 295, 318, 323, 328, 363, 366, 400, 406, 424, 471
　함포 134, 140, 224, 235, 276, 306, 320, 397
　해안포 362
　또 대포를 보라
포 강(Po) 110, 273
포르투갈 70, 71, 134, 139, 140, 141~43, 147, 149, 202~03, 274, 275, 400
포메라니아(Pomerania) 169
포슈(Foch, F.) 455
포위공격/공성전 31, 60, 68, 124~27, 130~31, 137, 150, 153, 179, 184, 338
포츠머스(Portsmouth) 362
폴란드/폴란드인 95, 104, 169, 208, 211, 266, 275, 308, 416, 418, 435, 440, 443
폴로(Polo, Marco) 67, 71
표트르 대제(Pyotr I, 차르) 199, 211, 212, 236, 237
표트르 3세(Pyotr III, 차르) 210
푸거(Fugger)가 119, 146
퓌토(Puteaux) 316
프란츠 2세(Franz II) 272
프랑스/프랑스인 111, 113, 115~24, 127, 130, 138, 140, 142, 163, 165, 166, 168, 171~72, 186, 188, 190, 193, 196
　1648년 이후의— 152, 187, 190~91, 197, 199, 200, 201, 202, 203, 204, 205, 209~11, 217~47
　1789년 이후의— 250~76, 285~86, 287, 288, 289, 293, 412, 417
　1815년 이후의— 286, 294, 303~11, 316, 320, 321, 322, 326~28, 334
　1870년 이후의— 323, 339, 342, 343~45, 347, 348, 352, 353~55, 357, 364, 368, 377, 399~403, 405, 406~07, 408, 416
　제1차 세계대전과— 423~29, 431~36, 438, 444~45, 448, 450~56, 467
　1918년 이후의— 458, 462, 463, 464, 465, 487, 493, 494, 499
프랑스 혁명 189, 198, 199, 213, 214, 217~19, 221, 222, 229, 233, 247, 250~52, 267, 277,

278, 294, 296, 348, 417
프렌치(French, Sir John) 사령관 433
프로이센 94, 198, 201, 208~11, 215, 216, 218, 220, 221, 225, 232~34, 237, 238, 255, 257, 258, 265~66, 270~71, 274, 275, 282, 287, 288~94, 300, 309, 311, 315~16, 321~22, 328~42, 352, 364, 404, 406, 407, 423, 449
프로테스탄트 131, 186, 279
프롱드(Fronde)의 난 172
프리기아(Phrygia) 33
프리드리히 2세(Friedrich II) 209, 210, 215~16, 220~21, 222~23, 232, 267, 294, 449
프리드리히 빌헬름 1세(Frederick Wilhelm I) 209
프리드리히 빌헬름 3세(Frederick Wilhelm III) 270, 289, 315
프리드리히 빌헬름(Friederich Wilhelm) 대선제후 209
프린치프(Princip, Gavrilo) 418
프톨레마이오스 2세(Ptolemaeos II) 230
플라시(Plassey) 전투 205
피렌체 103, 108, 109, 112, 124, 125
피사(Pisa) 125
피셔(Fischer, F.) 417
피셔(Fisher, J. A.) 대령/제독 352, 357, 360, 362~63, 370, 373~74, 380, 381~82, 391, 394, 397, 403
피에몬테(Piemonte) 269, 326
피우메(Fiume) 354
피프스(Pepys, Samuel) 205, 383
핀란드 211

‖ ㅎ ‖

하드리아누스(Hadrianus) 황제 39
하사관 162, 178, 193, 232, 253~55, 257, 327, 337
하트웰(Hartwell, R.) 48, 49~51, 55
한 무제(武帝) 40
한(漢) 왕조 37, 41, 50, 60, 61, 84, 85
한국전쟁(1950~1953) 475, 494

함부르크(Hamburg) 329
합동참모본부(合同參謀本部) 469
합스부르크(Hapsburg)가/합스부르크 제국 124, 126, 127, 131, 150, 163, 165, 166, 171, 188, 209, 211, 218, 270, 288, 335, 412
—와 나폴레옹 272, 334
제1차 세계대전과— 417, 418, 435, 436, 437
항공기 137, 378, 428, 438, 439, 441, 463, 464, 467, 471, 472~73, 478, 484
항저우(杭州) 54
해군/수군
  네덜란드의— 238~39, 276
  독일의— 370, 393, 395, 402~07
  러시아/소련의— 211, 304, 308~09, 369, 376, 396, 403, 485, 487
  미국의— 325, 370, 375~76, 396, 402~03, 466, 485
  영국 왕립의— 139~40, 205, 239~46, 264, 297, 300, 303~08, 320, 321, 322, 342, 352~99, 402~03, 405, 428, 432, 448, 451
  오스만 제국의— 136, 213, 304, 308
  오스트리아의— 323, 396
  이탈리아의— 323
  일본의— 376, 402
  중국의— 67~74, 87
  포르투갈의— 139, 141~43
  프랑스의— 119, 227, 236, 237~45, 273, 276, 300, 304~06, 320~21, 352~55, 368~69, 377, 399
해군연맹(Navy League) 370, 405
  독일의— 405
해밀턴(Hamilton, Lord George) 369
해방전쟁(Befreiungskrieg, 1813~1814) 270, 330
해적 69, 71, 74, 78, 79, 82, 93
핵무기 473, 483, 484, 490~91, 492~94, 504, 505, 506
핼리팩스(Halifax) 371
향신료(spices) 77, 78, 82, 102, 141, 206
허난(河南) 49, 50, 56, 65
허드슨 강 302

허베이(河北) 49, 50, 56, 65
헝가리/헝가리인 87, 90, 95, 130, 165, 200, 208, 417, 418, 495
헤로도토스(Herodotos) 17, 24
헤인(Gheyn, J. de) 184
헨리 8세(Henry VIII) 138
헨트(Ghent) 126, 147
호메로스 28, 39
호엔촐레른(Hohenzollern)가 208~09, 432
호킨스(Hawkins, Sir John) 138
혼데스호테(Hondeshoote) 전투 266
홀란트(Holland) 142, 146, 174
　또 네덜란드; 저지대국가를 보라
홀슈타인(Holstein) 331
홋카이도(北海道) 460
홍해(Red Sea) 70, 136
화약 77, 87, 114~15, 120, 123, 150, 177, 185, 216, 225, 229, 264, 308, 309, 345, 355~56, 428~29, 430, 431, 439, 447, 450
화약제국(Gunpowder empires) 134, 201~02
화이수이(淮水) 56
화이트(White, William) 366, 391

화이트헤드(Whitehead, Robert) 354, 365, 377
활
　대궁(大弓) 116
　석궁 40, 57, 61~63, 67, 97~99, 102, 114, 115, 137
　합성궁 26, 61
황동 118, 119, 366
황허(黃河) 27, 48, 53, 54, 56, 73
훈련 162, 172~90, 205, 210, 215, 229, 256, 311, 315, 321, 328~29, 337, 341, 504
휘트워스(Whitworth, Sir Joseph) 319~20, 321 ~22, 372
흐루시초프(Khrushchev, N.) 485, 487, 498
흑색화약 63~64
흑해 102, 188, 304
히브리인 30
히스파니올라(Hispaniola) 71
히틀러(Hitler, Adolf) 412~13, 446, 451, 461~ 62, 464~66, 473, 480
힌덴부르크(Hindenburg, P. von) 432, 438, 447, 450
　―계획 448